The Blue Book on the Development of Industry in China (2016-2017)

2016-2017年
中国工业发展
蓝皮书

中国电子信息产业发展研究院 编著

主 编／卢 山

副主编／宋显珠 王 鹏

人民出版社

责任编辑：邵永忠　刘志江
封面设计：黄桂月
责任校对：吕　飞

图书在版编目（CIP）数据

2016－2017 年中国工业发展蓝皮书／中国电子信息产业发展研究院 编著；卢山 主编．—北京：人民出版社，2017.8
ISBN 978－7－01－018089－2

Ⅰ.①2…　Ⅱ.①中…　②卢…　Ⅲ.①工业发展—研究报告—中国—2016－2017
Ⅳ.①F424

中国版本图书馆 CIP 数据核字（2017）第 205095 号

2016－2017 年中国工业发展蓝皮书

2016－2017 NIAN ZHONGGUO GONGYE FAZHAN LANPISHU

中国电子信息产业发展研究院 编著
卢　山 主编

人民出版社出版发行
（100706　北京市东城区隆福寺街 99 号）

三河市钰丰印装有限公司印刷　新华书店经销

2017 年 8 月第 1 版　2017 年 8 月北京第 1 次印刷
开本：710 毫米×1000 毫米 1/16　印张：46.5
字数：750 千字

ISBN 978－7－01－018089－2　定价：175.00 元

邮购地址　100706　北京市东城区隆福寺街 99 号
人民东方图书销售中心　电话（010）65250042　65289539

前　言

工业是立国之本、强国之本。改革开放以来，我国工业发展取得了令人瞩目的成就，规模总量和技术实力大幅度提升，制造业增加值跃居世界首位，形成了较为完备的工业体系和产业配套能力，孕育出一批具有国际竞争力的优势产业和骨干企业。在经济新常态下，坚定不移地走中国特色新型工业化发展道路，推动制造强国和网络强国建设，深入实施《中国制造 2025》，增强产业核心竞争力，推进我国工业由大变强，对支撑国民经济平稳运行、推进供给侧结构性改革和实施创新驱动发展战略具有重要作用，对持续增强我国综合国力和国际竞争力，实现"两个一百年"宏伟目标和中华民族伟大复兴的中国梦具有重大战略意义。

一

2016 年，我国工业和信息化领域迎难而上，奋发作为，多措并举，全面实施《中国制造 2025》，深入推进"互联网 +"行动和国家大数据战略，取得显著成果。工业发展整体呈现缓中趋稳、稳中有进、稳中提质态势，规模以上工业增加值增长 6%，工业企业利润由 2015 年的下降 2.3% 转为增长 8.5%。结构调整继续优化，新兴产业蓬勃兴起，传统产业加快转型升级，落后产能淘汰有序推进。生态绿色发展进展显著，全年退出钢铁产能超过 6500 万吨、煤炭产能超过 2.9 亿吨，超额完成年度目标任务，推动实现单位国内生产总值能耗下降 5%，工业发展的质量和效益明显提高。工业化与信息化融合发展、制造业与互联网融合不断深入，智能制造发展步伐不断加快，大众创业、万众创新广泛开展，实现了"十三五"良好开局。

展望 2017 年及今后一段时间，全球经济面临的不确定性和不稳定性因素增多，我国经济内生增长动力持续增强，稳增长、促改革、调结构、深融合、惠民生、保安全各项工作任务将提出新的更高要求。

从国际形势看，世界经济复苏缓慢，增长低迷态势仍在延续，全球 GDP 增速从 2006 年的 5% 下降到 2016 年的不足 3%，加之受多个“黑天鹅”事件影响，未来复苏的不确定性增强。“逆全球化”思潮和保护主义倾向抬头，主要经济体货币政策等逐步转向，外溢效应变数较大，不稳定不确定因素明显增加。新兴经济体预计将面临资本流出和货币贬值的双重压力，经济增长可能持续放缓。

从国内形势看，我国经济进入中高速增长的新常态阶段，土地、劳动力等要素价格增长较快，投资增长呈阶梯状下行态势，面临着增速放缓、成本优势和传统外贸竞争优势不断减弱等问题，需要构建新优势、运用新手段，拓展国内外市场。我国工业发展处在爬坡过坎的关键阶段，经济运行仍面临民间投资意愿不高、去产能任重道远、资金“脱实向虚”等突出矛盾和问题，必须加快转增长动能转换。

从技术趋势看，虚拟现实、人工智能等新一代信息技术快速演进，硬件、软件、服务等核心技术体系加速重构，高速宽带普及提升加速，工业互联网初步形成，分享经济蓬勃发展，在带来信息技术产业跨越发展战略机遇窗口的同时，也给工业化和信息化深度融合提供新动力。新技术、新应用可能带来产业格局的重组，世界主要国家和跨国龙头企业对新兴产业领域的布局更加重视、竞争更加激烈。

从应用需求看，制造强国、网络强国等一系列国家战略的实施和居民消费水平的快速升级，营造出更加广阔的发展空间。在国家政策的强力支持下，制造业与互联网融合从局部扩散加快向全面渗透，大企业双创平台建设热潮涌动，我国工业发展新动能正在孕育成形。

二

2017 年是我国推进“十三五”规划的关键年。面对工业和信息化领域新常态特征更加明显，新旧动能接续转换、结构转型升级到达关键时期的新形势、新要求，工业和信息化系统应坚持稳中求进工作总基调，牢固树立和贯彻落实新发展理念，适应把握引领经济发展新常态，坚持以提高发展质量和效益为中心，坚持以供给侧结构性改革为主线，立足制造强国、网络强国战略全局，全面实施“中国制造 2025”，深化创新驱动，全面做好稳增长、促改革、调结构、深融合、惠民生、保安全各项工作，加快新动能培育和传统动能修复，努力实现工业通信业平稳增长和提质增效，以优异成绩迎接中国共产党十九大的胜利召开。

为此，要把握好以下几个方面的问题：

一是更加注重深化供给侧结构性改革。紧紧围绕“中国制造 2025”的实施，把准提高供给质量的主攻方向，持续跟踪和深入研究市场变化，理解剖析现实需求和潜在需求，找准需求点、盯准需求点，实施创新驱动发展战略，着力扩大有效供给，在解放和发展社会生产力中更好满足人民日益增长的物质文化需要。加大企业技术改造力度，加强质量品牌建设，加快传统产业转型升级。加强关键核心技术攻关，提升工业基础能力，促进产业中高端发展。继续深化改革，充分发挥市场配置资源的决定性作用，进一步深化“放管服”改革，推进等重点领域改革，降低各类交易成本特别是制度性交易成本，增强微观主体的内生动力和活力，提高劳动生产率和全要素生产率。

二是更加注重务实推进制造强国建设。强化协同，汇聚各方资源，聚焦重点任务、重大部署，统筹推进“中国制造 2025”“1 + X”规划体系的实施。选好推进载体和着力点，针对各行业领域的不同特征、薄弱环节，深入探索实践各具特色的抓手，增强工作针对性、实效性。以重大技术装备作为切入点，依托重点工程、重大项目，突破一批关键技术、核心部件，开发一批标志性、带动性强的重点产品和短板装备，实现一批重大装备的工程化、产业化应用。切实抓好已有政策的落实，加大改革创新力度，研究制定一批针对性更强的财税、金融、土地、人才、进出口等政策措施，构建支撑制造强国建设的良好生态体系。

三是更加注重谋划推动网络强国建设。紧紧把握服务于党和国家大局的战略定位，持续深化网络强国战略研究，统筹把握安全和发展、开放和自主、管理和服务的关系，细化明确网络强国战略的目标、路径、重点任务、重大举措，研究布局一批重大工程、重点项目、重大政策。积极研究信息技术、网络技术发展态势和应用趋势，加快研究互联网领域新技术、新产业、新业态、新模式孕育发展的规律和路径，发力探索适合新兴产业发展特点的行业管理和服务方式，促进新兴产业业态规范有序发展。将网络信息安全保障摆在突出位置，统筹网络关键基础设施防护和数据安全管理、网络信息安全技术能力建设、网络环境综合治理、健全网络信息安全责任体系，不断提升网络信息安全工作水平。

三

赛迪智库研究编撰的《2016—2017 年中国工业发展蓝皮书》，从工业经济发展和结构调整亟待解决的重大问题出发，系统分析了 2016 年我国工业发展取得的成绩及存在的问题，总结了主要发达国家的工业转型经验和行业重点企业的创新发展经验，结合国内外经济发展新形势对 2017 年工业发展趋势进行了展望，并深入探讨了我国工业转型升级的有效路径。全书分为综合篇、行业篇、企业篇、产业篇、国际篇共 5 个部分。

综合篇，对工业经济运行、工业发展质量、产业结构调整、工业技术创新、两化融合、智能制造、工业节能减排等领域进行专题分析，研究探讨了这些领域在 2016 年取得的进展与成就，在 2017 年将面临的形势及趋势展望。

行业篇，对装备工业、原材料工业、消费品工业、电子信息制造业和软件产业、互联网产业、大数据产业、安全产业、北斗导航产业等进行专题分析，研究探讨了各产业领域 2016 年发展状况、重点政策、细分领域发展状况、区域发展情况、重点企业发展情况，分析了 2017 年发展环境，展望了产业发展趋势。

企业篇，重点针对中小企业，探讨分析了 2016 年取得的进展与成就、重点政策，以及 2017 年面临的形势和未来发展趋势展望。

产业篇，重点着眼战略性新兴产业，探讨分析了 2016 年取得的进展与成就、重点政策，以及 2017 年面临的形势和发展趋势展望。

国际篇，立足全球视角，分析了世界工业发展的总体现状、2016 年主要发达经济体和新兴经济体的工业发展动态、2016 年重点行业发展动态，并对 2017 年世界工业发展趋势做出展望。

2017 年将召开中国共产党第十九次全国代表大会，是党和国家事业发展中具有重大意义的一年。面对新技术、新业态、新模式交相涌现的新形势，我国工业和信息化领域应全面分析判断国内外发展环境，把握战略机遇，总结推广发展经验，直面应对问题矛盾，加快推进工业转型升级和创新发展，谋划和实现产业发展的更大作为。我们坚信，只要我们更加紧密地团结在以习近平同志为核心的党中央周围，坚定落实党中央、国务院的决策部署，牢固树立和贯彻落实新发展理念，适应把握引领经济发展新常态，解放思想、更新观念、凝心聚力、主动作为、狠抓落实，就一定能够推动工业由大变强，为实现中华民族伟大复兴的中国梦作出新的贡献！

目　录

前　言 …………………………………………………………………… 1

综 合 篇

第一章　工业经济运行 …………………………………………………… 3
　第一节　2016 年工业经济运行情况分析 …………………………… 3
　第二节　2017 年工业经济运行趋势展望 …………………………… 6

第二章　工业发展质量 ………………………………………………… 11
　第一节　工业发展质量基本理论 …………………………………… 11
　第二节　我国工业发展质量指数走势分析 ………………………… 28
　第三节　我国重点行业发展质量分析 ……………………………… 36
　第四节　提高我国工业发展质量的政策建议 ……………………… 41

第三章　产业结构调整 ………………………………………………… 48
　第一节　2016 年我国产业结构调整取得的主要进展 ……………… 48
　第二节　2016 年我国产业结构调整重点政策解析 ………………… 53
　第三节　2017 年我国产业结构调整面临的形势 …………………… 73
　第四节　2017 年我国产业结构调整趋势展望 ……………………… 76

第四章　工业技术创新 ………………………………………………… 79
　第一节　2016 年中国工业技术创新取得的主要进展 ……………… 79
　第二节　2016 年我国工业技术创新重点政策解析 ………………… 93
　第三节　2017 年我国工业技术创新面临的形势 …………………… 99
　第四节　2017 年我国工业技术创新趋势展望 ……………………… 106

第五章　两化融合 …………………………………………………… 110
第一节　2016 年我国两化融合取得的主要进展 ………………………… 110
第二节　2016 年我国两化融合重点政策解析 …………………………… 129
第三节　2017 年我国两化深度融合面临的形势 ………………………… 131
第四节　2017 年我国两化融合趋势展望 ………………………………… 135

第六章　智能制造 …………………………………………………… 138
第一节　2016 年我国智能制造取得的主要进展 ………………………… 138
第二节　2016 年我国智能制造重点政策解析 …………………………… 143
第三节　2017 年我国智能制造面临的形势 ……………………………… 152
第四节　2017 年我国智能制造趋势展望 ………………………………… 161

第七章　工业节能减排 ……………………………………………… 165
第一节　2016 年我国工业节能减排取得的主要进展 …………………… 165
第二节　2016 年我国工业节能减排重点政策解析 ……………………… 178
第三节　2017 年我国工业节能减排面临的形势 ………………………… 193
第四节　2017 年我国工业节能发展趋势展望 …………………………… 196

行 业 篇

第八章　装备工业 …………………………………………………… 205
第一节　2016 年我国装备工业整体发展状况 …………………………… 205
第二节　2016 年我国装备工业重点政策解析 …………………………… 209
第三节　2016 年我国装备工业重点行业发展状况 ……………………… 217
第四节　2016 年我国装备工业区域发展情况 …………………………… 225
第五节　2016 年我国装备工业重点企业发展情况 ……………………… 230
第六节　2017 年我国装备工业发展环境分析 …………………………… 237
第七节　2017 年我国装备工业发展趋势展望 …………………………… 241

第九章　原材料工业 ………………………………………………… 247
第一节　2016 年我国原材料工业整体发展状况 ………………………… 248

第二节　2016 年我国原材料工业重点政策解析 …………………… 251
第三节　2016 年我国原材料工业重点行业发展状况 ………………… 259
第四节　2016 年我国原材料工业区域发展情况 …………………… 265
第五节　2016 年我国原材料工业重点企业发展情况 ………………… 273
第六节　2017 年我国原材料工业发展环境分析 …………………… 279
第七节　2017 年我国原材料工业发展趋势展望 …………………… 282

第十章　消费品工业 ………………………………………………… 285
第一节　2016 年我国消费品工业整体发展状况 …………………… 285
第二节　2016 年我国消费品工业重点政策解析 …………………… 293
第三节　2016 年我国消费品工业重点行业发展状况 ………………… 297
第四节　2016 年我国消费品工业区域发展情况 …………………… 310
第五节　2016 年我国消费品工业重点企业发展情况 ………………… 320
第六节　2017 年我国消费品工业发展环境分析 …………………… 325
第七节　2017 年我国消费品工业发展趋势展望 …………………… 326

第十一章　电子信息制造业 ………………………………………… 328
第一节　2016 年我国电子信息制造业整体发展状况 ………………… 328
第二节　2016 年我国电子信息制造业重点政策解析 ………………… 332
第三节　2016 年我国电子信息制造业重点行业发展状况 …………… 340
第四节　2016 年我国电子信息制造业区域发展情况 ………………… 348
第五节　2016 年我国电子信息制造业重点企业发展情况 …………… 353
第六节　2017 年我国电子信息制造业发展环境分析 ………………… 360
第七节　2017 年我国电子信息制造业发展趋势展望 ………………… 361

第十二章　软件产业 ………………………………………………… 365
第一节　2016 年我国软件产业发展情况 …………………………… 365
第二节　2016 年我国软件产业重点政策解析 ……………………… 373
第三节　2016 年我国软件产业重点行业发展情况 …………………… 380
第四节　2016 年我国软件产业区域发展情况 ……………………… 386
第五节　2016 年我国软件产业重点企业发展情况 …………………… 391

第六节　2017 年我国软件产业发展环境分析 …………………… 396
第七节　2017 年我国软件产业发展趋势展望 …………………… 398

第十三章　互联网产业 ……………………………………… 403
第一节　2016 年我国互联网产业发展情况 ……………………… 403
第二节　2016 年我国互联网产业重点政策解析 ………………… 409
第三节　2016 年我国互联网产业重点行业发展情况 …………… 415
第四节　2016 年我国互联网产业区域发展情况 ………………… 421
第五节　2016 年我国互联网产业重点企业发展情况 …………… 425
第六节　2017 年我国互联网产业发展环境分析 ………………… 431
第七节　2017 年我国互联网产业发展趋势展望 ………………… 433

第十四章　大数据产业 ……………………………………… 437
第一节　2016 年我国大数据产业发展情况 ……………………… 437
第二节　2016 年我国大数据产业重点政策解析 ………………… 441
第三节　2016 年我国大数据产业重点行业发展情况 …………… 446
第四节　2016 年我国大数据产业区域发展情况 ………………… 452
第五节　2016 年我国大数据产业重点企业发展情况 …………… 460
第六节　2017 年我国大数据产业发展环境分析 ………………… 464
第七节　2017 年我国大数据产业发展趋势展望 ………………… 467

第十五章　安全产业 ………………………………………… 472
第一节　2016 年我国安全产业发展情况 ………………………… 472
第二节　2016 年我国安全产业重点政策解析 …………………… 475
第三节　2016 年我国安全产业重点行业发展情况 ……………… 479
第四节　2016 年我国安全产业区域发展情况 …………………… 489
第五节　2016 年我国安全产业重点企业发展情况 ……………… 495
第六节　2016 年我国安全产业发展环境分析 …………………… 501
第七节　2017 年我国安全产业发展趋势展望 …………………… 503

第十六章　北斗导航产业 …………………………………… 506
第一节　2016 年我国北斗导航产业发展情况 …………………… 506

第二节 2016 年我国北斗导航产业重点政策解析 …………………… 510
第三节 2016 年我国北斗导航产业重点行业发展情况 ……………… 517
第四节 2016 年我国北斗导航产业区域发展情况 …………………… 525
第五节 2016 年我国北斗导航产业重点企业发展情况 ……………… 529
第六节 2017 年我国北斗导航产业发展环境分析 …………………… 533
第七节 2017 年我国北斗导航产业发展趋势展望 …………………… 538

企 业 篇

第十七章 2016 年我国中小企业取得的主要进展 ………………………… 543
第一节 中小企业发展的国内环境 ………………………………… 543
第二节 2016 年中国中小企业发展状况 …………………………… 546
第三节 2016 年中国中小企业发展存在问题 ……………………… 549

第十八章 2016 年我国中小企业重点政策解析 …………………………… 556
第一节 《关于加快众创空间发展服务实体经济转型升级的指导意见》 …………………………………………………………… 556
第二节 《关于深化制造业与互联网融合发展的指导意见》 ……… 558
第三节 《普惠金融发展专项资金管理办法》 ……………………… 562
第四节 《关于推动小型微型企业创业创新基地发展的指导意见》 … 565
第五节 《关于完善制造业创新体系,推进制造业创新中心建设的指导意见》 ………………………………………………………… 567

第十九章 2017 年我国中小企业发展政策环境趋势 ……………………… 571

第二十章 2017 年我国中小企业发展趋势展望 …………………………… 578

产 业 篇

第二十一章 2016 年我国战略性新兴产业取得的主要进展 ……………… 591
第一节 我国战略性新兴产业发展概况 …………………………… 591
第二节 我国战略性新兴产业发展的主要制约因素 ……………… 595

第二十二章　2017 年我国战略性新兴产业发展需要关注的问题 …………598
第一节　推动新兴产业发展需聚焦三类创新 …………598
第二节　分享经济新业态的监管方式亟须创新 …………603
第三节　布局“机翻时代”助力“中国制造”扬帆出海 …………606
第四节　促进我国混合现实产业发展的几点思考 …………609
第五节　石墨烯产业发展的思考与建议 …………614
第六节　碳纤维产业发展的思考与建议 …………620
第七节　增材制造产业发展的思考与建议 …………624

第二十三章　2017 年我国战略性新兴产业发展趋势展望 …………630
第一节　2017 年战略性新兴产业总体形势判断 …………630
第二节　节能环保产业 …………633
第三节　新一代信息技术产业 …………635
第四节　生物产业 …………637
第五节　高端装备制造产业 …………639
第六节　新能源产业 …………641
第七节　新材料产业 …………642
第八节　节能与新能源汽车产业 …………644

国际篇

第二十四章　2016 年世界工业发展综述 …………649
第一节　总体现状 …………649
第二节　主要特征 …………656

第二十五章　2016 年主要发达经济体工业发展动态 …………659
第一节　美国 …………659
第二节　欧盟 …………667
第三节　日本 …………681

第二十六章　2016 年主要新兴经济体工业发展动态 …………687
第一节　巴西 …………687

第二节 印度 …… 691
第三节 俄罗斯 …… 696
第四节 南非 …… 700
第五节 韩国 …… 704
第六节 墨西哥 …… 710
第七节 中国台湾地区 …… 713

第二十七章 2016 年重点行业发展情况 …… 720
第一节 原材料工业 …… 720
第二节 装备制造业 …… 721
第三节 消费品工业 …… 722
第四节 电子信息产业 …… 723

第二十八章 2017 年世界工业发展趋势展望 …… 724
第一节 全球科技创新不断催生新产业新模式 …… 724
第二节 大宗商品价格回升有利于新兴经济体经济复苏 …… 725
第三节 产业转移加快全球产业格局调整 …… 725
第四节 智能制造引领全球制造业深刻变革 …… 726

后 记 …… 727

综 合 篇

第一章　工业经济运行

在经济结构调整和产业转型升级压力下，2016 年全年我国工业增速缓中趋稳，工业投资和出口表现略有下降，新旧动能转换和技术革新带动了一批新兴行业崛起和高新技术企业发展，工业发展重心从重速度向求质量转变。展望 2017 年，在全球经济缓慢复苏和国内经济新常态背景下，我国工业经济将继续呈现稳中有进态势，外贸对我国工业贡献度将逐步降低，工业投资和消费将成为工业发展的主体，各行业延续产业发展分化局面。总体来看，国内区域协同发展格局逐步形成，在东部地区强势带动下，中西部地区也将孕育发展新动能。

第一节　2016 年工业经济运行情况分析

2016 年，在稳增长调结构总要求下，实体经济发展向好态势明朗，供给侧结构性改革稳步推进，“三去一降一补”成为推动我国经济结构转型升级的重要抓手，培育实体经济增长新动能工作顺利进行。我国工业生产整体呈缓中趋稳、稳中有进、稳中提质态势。

一、工业增速稳中有进

从统计局口径来看，2016 年全年国内生产总值 744127 亿元，按可比价格计算，比上年增长 6.7%。在供给侧结构性改革及其他重大政策措施发力下，经济运行保持在合理区间，稳中有进，稳中向好。分产业看，2016 年第一产业增加值 63671 亿元，同比增长 3.3%；第二产业增加值 296236 亿元，增长 6.1%；第三产业增加值 384221 亿元，增长 7.8%。一、二、三产值增速均比

2015年有所下降，但总量增量优于2015年同期水平，同时产业结构更加完善。其中，2016年全年全国规模以上工业增加值同比实际增长6.0%，增速与前三季度持平。全年规模以上工业企业产销率达到97.8%。

二、企业效益改善

2016年全国规模以上工业企业实现利润总额68803.2亿元，同比增长8.5%，创三年以来最高增速。其中1—11月份，全国规模以上工业企业实现利润总额60334.1亿元，同比增长9.4%，11月份规模以上工业企业利润同比增长14.5%，增速为2014年7月份以来第二高点。总体来看，企业效益改善主要得益于工业生产和销售增长加快以及工业生产者价格上涨。原煤、钢材、成品油等大宗商品价格上涨，拉动了煤炭、钢铁和石油加工等企业利润快速增长，对全部规模以上工业利润增速提高产生明显推动作用。成本降低也提升了企业盈利空间，2016年全国规模以上工业企业主营业务收入利润率为5.97%，比上年提高0.19个百分点。分行业来看，2016年在41个工业大类行业中，29个行业利润总额比2015年增加，1个持平，11个减少。采矿业中2个细分行业比2015年有所增长，其中煤炭开采和洗选业利润总额1090.9亿元，同比增长223.6%，2015年同比下降65%；有色金属矿采选业利润总额483.3亿元，同比增长9.7%，2015年同比下降19.3%，这主要得益于有色金属价格普遍上涨，带动矿山企业及加工企业盈利增加。此外，建材、交通和施工房地产等行业实现利润同比增幅较大。

三、工业出口下降

2016年，我国货物出口同比下降7.7%，降幅较上年收窄7.5个百分点；其中服装及衣着附件、自动数据处理设备及其部件、电话机、手持或车载无线电话机、纺织纱线织物及制品这五类商品占出口总额比重都在5%以上（合计超过30%），分别同比下降9.4%、9.8%、6.7%、6.6%、4.1%；虽然自动数据处理设备及其部件出口降幅收窄，但其降幅比全国降幅更深。玩具同比增长17.4%，增速较上年加快6.6个百分点，但仅占出口总额的0.88%。可以看出，出口占比较高的商品大多负增长，出口增速较高的商品占比较低，因此整体外贸形势比较严峻。从工业出口交货值看，2016 年同比增长 0.4%，而上年为同比下降 1.8%；其中，计算机通信和其他电子设备制造业出口交货值占比超过40%，同比下降0.1%，降幅较上年收窄0.1 个百分点，为出口交货值增速转正奠定基础。

四、工业投资放缓

2016 年，我国工业投资 227892 亿元，同比增长 3.6%；其中，制造业投资 187836 亿元，同比增长 4.2%。工业和制造业投资增速在 8 月份跌入谷底之后，已连续 4 个月出现企稳回升态势；但较上年仍回落约 4 个百分点，增速仍处于较低水平；制造业投资占全部投资的比重为 31.5%，较上年回落 1.2 个百分点。此外，2016 年基础设施投资同比增长 17.4%，较上年加快 0.2 个百分点；占全部投资的比重为 19.9%，较上年提高 1.5 个百分点。2016 年房地产业投资同比增长 6.8%，较上年加快 4.3 个百分点；占全部投资的比重为 22.7%，较上年回落 0.3 个百分点。

五、高技术产业快速增长

2016 年我国工业企业的产值结构、投资结构和产品结构等继续优化，制造业与互联网融合发展取得积极进展。从产值结构看，2016 年我国高技术制造业增加值同比增长 10.8%，增速较上年加快 0.6 个百分点；占规模以上工业增加值的比重为 12.4%，较上年提高 0.6 个百分点；装备制造业增加值同比增长 9.5%，增速较上年加快 2.7 个百分点。从投资结构看，2016 年工业高技术产业投资同比增长 14.2%；占全部工业投资的比重为 10%，较上年提高 0.9 个百分点；装备制造业投资同比增长 4.4%，对制造业投资增长的贡献率为 41.9%。从产品结构看，符合产业升级和消费升级方向的产品增长较快，新能源汽车、工业机器人、集成电路和太阳能电池产量分别同比增长 58.5%、34.3%、21% 和 17.8%。从融合发展看，2016 年制造业数字化研发工具普及率达到 61.8%，企业云服务使用占比达 33.5%，重点骨干企业电子商务普及率达到 54%，搭建并运营协同创新平台的大企业占 47%。

六、工业增长新旧动能转换进行时

2016年全年新动能形成加速，绿色生产引领工业领域新发展。战略性新兴产业增加值同比增长10.5%，其增速比规模以上工业增加值高4.5个百分点，创造工业领域的新增长点。此外，工业短板领域投资加快，创新驱动发展战略的深入实施带动了一大批高技术高附加值产业发展，航天空间站、飞船火箭、量子通信、高速计算、对天观测、大飞机等领域科技成果不断涌现。随着大众创业万众创新政策扎实推进，全国新登记企业553万户，同比增长24.5%，平均每天新登记企业1.5万户。工业小微企业景气回升，2016年第一至第四季度景气指数分别为87.2，90.6，92.0，93.3。此外，2016年节能降耗成效突出，全年单位国内生产总值能耗比上年下降5.0%，水电、风电、核电、天然气等清洁能源消费比重比上年提高1.6个百分点。

第二节　2017年工业经济运行趋势展望

展望2017年，从国际形势看，发达经济体不确定性增强，但新兴经济体面临资本流出和货币贬值压力，趋弱态势依然难以扭转；从国内三大需求看，预计未来一段时间我国出口将呈低速增长，投资增速小幅回升，消费总体略显乏力。当前工业运行中仍存在一些需要关注的问题：民间投资意愿不高、高端产品供给不足、实体经济过度金融化等。未来应关注国际经贸规则新变化、新趋势，重塑我国工业竞争新优势。持续推进供给侧结构性改革，坚持创新引领，深化产融结合，继续激发企业投资活力。

一、全球经济缓慢复苏，外贸呈低速增长

2016年第三季度，美国实际GDP环比折年增长2.9%，高于市场预期；10月份制造业PMI产出指数和新订单指数持续处于扩张区间，显示复苏动力增强。但特朗普对内主张减税、加大基础设施投资等计划将进一步加剧美国财政赤字，推升债务风险；对外声称提高关税，联储加息预期越发高涨，使

得全球经贸规则谈判不确定性增多。英国脱欧使得欧洲贸易保护主义抬头，经济复苏存在变数。日本经济依然疲弱，经济观察家现况指数和前景指数均较上年同期水平有所下降，表明未来日本工业生产和投资活动将持续偏弱。巴西和南非 PMI 均处于荣枯线之下；俄罗斯 GDP 指数和工业生产指数均为负增长；仅有印度表现尚可，制造业 PMI 呈上升趋势。综合判断，发达经济体不确定性增强，但新兴经济面临资本流出和货币贬值压力，趋弱态势扭转难度加大。2017 年德国大选、法国大选，以及欧洲右翼势力兴起等事件，也加大了国际贸易格局走势的不确定性。从我国国内来看，资源、人工、物流等价格上涨不断推高我国加工贸易成本，传统的外贸竞争优势不断减弱的同时，新的竞争优势尚未形成，产业发展面临“双向挤压”。预计 2017 年我国出口增速将呈低速增长，全年出口交货值累计增速在 2% 左右。

二、我国工业经济增长动能转换加速，工业生产将保持平稳增长

投资增长有望筑底，实现小幅回升。近年来，工业投资增长呈阶梯状下行的趋势，目前仅处于 3% 左右的增长水平，明显低于全国固定资产投资增速。房地产投资方面，尽管目前仍处于消化库存过程中，但数据较 2015 年有明显改善。由于目前房地产投资增速尚处于温和增长区间，因此并不会受到本轮限购限贷政策的剧烈冲击，这将有利于投资筑底。1—9 月份，全国规模以上工业企业实现利润同比增长 8.4%，较上年同期增长 10.1 个点，受工业企业利润回暖的影响，预计民间投资增速持续下行的趋势将有所好转。在“十三五”开局之年的带动下，规划投资热点集中涌现，PPP 项目、专项建设债等融资工具将进一步发挥引导投资方向的作用。从新开工项目计划总投资增速来看，1—10 月同比增速为 21.8%，较 2015 年同期大幅提升 17.7 个百分点，亦对未来投资增长将构成利好。综上，预计 2017 年工业投资增长有望筑底，实现小幅改善，同比增长约为 5%。

政策因素叠加，零售消费增长略显乏力。近几年，消费增速缓慢下行，2016 年 1—10 月，社会消费品零售总额同比增长 10.3%，增速比上年同期有所下降。消费整体下行的背景下，部分行业仍保持了较快增长，尤其是享受型消费和新兴领域消费比较活跃，2016 年 1—10 月，全国网上零售额同比增

长25.7%，天猫“双11”交易额更是高达1207亿，较2015年同比大幅增长32%。“互联网+”“宽带中国”等战略的实施将进一步刺激新的消费需求的产生，尤其是网上零售将保持快速增长，成为支撑消费平稳增长的利好因素。但考虑到2016年第四季度房地产调控收紧，与房地产相关的下游行业如建筑装潢、家具销售恐将受到影响；由于汽车购置税减半政策年底到期，汽车销量将难以延续2016年的增长趋势；此外人均收入未出现显著增长也成为制约消费增长的因素，预计2017年消费整体趋稳，增长动力有所不足。

综合来看，我国工业经济增长动能转换加速迹象明显，有望保持平稳增长，预计2017年规模以上工业增加值增速在6%左右。

三、多因素导致工业各行业运行仍将延续分化态势

分行业看，一方面，由于大宗商品价格回调和地产基建行业的拉动，钢铁、有色、建材等上游产业去库存和盈利状况均有所改善；受需求疲弱和竞争力下降影响，纺织、轻工等行业去库存较为缓慢。另一方面，高技术产业对工业经济的支撑能力逐渐增强，医药、汽车保持两位数的增长水平，计算机、通信及其他电子设备制造业也保持较高增长。

装备工业。2016年，我国装备工业经济运行总体平稳。展望2017年，我国装备工业发展机遇与挑战并存，既有国内经济增长平稳、供给侧结构性改革政策效应逐步显现等积极因素，也有国内外需求持续低迷、企业面临的困难超出预期等不利因素，但总体上机遇大于挑战，我国装备工业将呈现新的发展形态和趋势，轨道交通装备、增材制造、通用航空等将成为新增长亮点。

原材料工业。2016年，在全球经济缓慢复苏和国内经济逐步企稳的背景下，我国原材料工业总体呈现稳中向好的趋势。2017年，预计全球经济仍难有较大改观，面临较大不确定性，我国经济下行压力不减，但总体会保持平稳增长，预计原材料工业会继续回暖，生产增速小幅反弹，进出口贸易逐步回稳，产品价格有涨有跌，行业经济效益有所改善，但受“去产能”的影响，投资增速会继续放缓。

消费品工业。2016年，消费品工业生产增速小幅下滑，内需增长乏力，

但出口形势有所改善。展望2017年，消费品工业发展面临的内外部形势依然复杂，随着国家各项政策红利的释放，消费品工业内需增长有望企稳回升。同时“十三五”规划的一些重点项目将在2017年全面启动，行业固定资产投资有望增加。

电子信息产业。2016年，我国电子信息制造业处于新旧动能更替的发展阶段，产业整体保持平稳较快发展，产业投资向好趋势进一步显现，但进出口形势依旧不容乐观。展望2017年，产业将进入新旧动能更替的新周期，更多新兴技术有望实现产业化，为“十三五”时期产业的创新发展提供动力支撑，预计我国电子信息制造业将保持平稳较快发展，但受全球经济缓慢复苏影响，出口将继续保持低位运行。

四、区域协同发展格局逐步形成，中西部增长动能加强

东部地区。尽管近年来受外贸形势严峻影响，东部地区经济增长面临较大下行压力，不过，上海、天津等东部省市作为自贸区试点，承载着国际贸易新规则如BIT等负面清单先行先试的任务，在国家较多优惠政策的引导下，自贸区试点市场化和国际化的进程不断加快；广东深圳以打造“未来产业”为目标，成为最具吸引创新元素的城市，揭阳则以中德中小企业合作为突破口，围绕解决金属表面处理等污染问题，逐步实现传统产业转型升级；浙江桐乡、义乌等新兴城市不断尝试“互联网+”推动产融结合新模式；预计2017年东部地区仍将保持平稳增长。

中部和西部地区。近年来，中西部地区规模以上工业增速、投资增速均高于全国平均水平，2016年10月份，中部地区工业增加值增长7.9%，西部地区增长7.1%，分别高于全国平均水平1.8个和1个百分点；2016年1—10月，中部与西部地区投资增速均为12.7%，高出全国平均水平4.4个点。受益于工业化和城镇化进程的加快，以及东部地区向中西部地区的产业转移，中西部地区获得较强增长动力。随着“一带一路”倡议、长江经济带的稳步推进，2017年中西部地区将继续保持较强的增长动能，担当区域新动力角色。

东北地区。继2015年的“断崖式”回落后，东北经济尚未出现好转迹

象，规模以上工业增加值持续负增长。2016 年 10 月份，东北地区同比下降 4.5%，较上年同期基本持平。不过随着东北振兴“十三五”规划的公布，东北地区迎来新的发展机遇。通过鼓励社会资本尤其是民间资本积极参与东北地区 PPP 项目建设，将有效激发东北地区经济活力，促进东北地区体制机制改革，改善目前经济断崖式下跌的情况。

第二章 工业发展质量

通过选取速度效益、结构调整、技术创新、资源环境、两化融合、人力资源等六个影响因素作为一级指标，在此基础上构建了工业发展质量评价体系，在行业和地区两个维度对全国工业发展质量指数走势进行了分析，形成我国工业发展情况总体定量评价结果。数据显示 2010—2015 年我国工业发展质量不断提升，但仍存在一定的改进空间。基于评价结果我们认为，为进一步提升我国工业发展质量，应积极应对国际环境变化，继续扎实推进“中国制造 2025”和新旧动能转换工作，深入推进市场化改革和财税金融体制改革，振兴实体经济。

第一节 工业发展质量基本理论

一、研究背景和文献综述

改革开放 30 多年以来，我国经济建设取得举世瞩目的成就。自 2010 年至今稳居世界第二经济大国，2016 年 GDP 初步核算达到 74.4 万亿元。在长期经济高速增长过程中，我国工业经济取得迅猛发展：从总量看，2016 年全部工业增加值达到 24.8 万亿元，是 1990 年工业增加值的近 36 倍；从增速看，1991—2012 年间均保持在 8% 以上的高增速，近年来虽然我国工业增速放缓，但从全球角度来看增速依然处于高位，2016 年工业增加值同比增长 6.0%；从工业门类看，目前我国已形成全球最完备的工业体系与产业配套能力，根据 IBM 统计，我国是世界上唯一在联合国工业大类目录中拥有所有工业门类的国家。但近年来工业经济发展也存在一些变化，一是从增速看，2013 年后工业增速持续低于 GDP 增速，二是从结构看，工业对 GDP 增长的贡献率总体趋势下降，这固然与第三产业发展，产业结构优化有关，但 2010 年后该比率持续下降，2016 年工业对 GDP 增长的贡献率仅占 30.7%。2016 年 12 月的中央经济工作会议提出要以推进供给侧结构性改革为主线，大力振兴实体经济，以期帮助制造业等实体经济走出困境。

当前中国经济发展已进入新常态，经济增速转向中高速增长，发展方式转向质量效率型集约增长，产业结构由中低端向中高端转换，增长动力由要素驱动向创新驱动、效率驱动转换。工业是振兴实体经济的主战场，是稳增长、转方式、调结构的主心骨，在新常态下应呈现如下特征：速度更加稳健、结构更加合理、动力更加多元、路径更加生态。为实现上述要求，就需要深入推进供给侧结构性改革，做好去产能、去库存、去杠杆、降成本、补短板五项重点任务。从 2016 年情况看，“三去一降一补”工作成效初显：钢铁、煤炭等传统产能过剩行业圆满完成全年去产能任务，全年原煤产量比上年下降 9.4%；全年规模以上工业企业产成品存货增速 3.2%，增速得到有效控制；工业企业资产负债率及成本均有所下降，但降幅并不明显，2016 年 12 月末规模以上工业企业资产负债率为 55.8%，同比下降 0.4 个百分点，主营业务成本率 85.52%，同比下降 0.16 个百分点；短板领域投资加快，全年生态保护和环境治理业、水利管理业等投资分别比上年增长 39.9%、20.4%，分别快于全部投资 31.8、12.3 个百分点。

深化供给侧结构性改革，还要继续加快推动“中国制造 2025”，变制造业大国为制造业强国，实现中国制造向中国创造转变，中国速度向中国质量转变，中国产品向中国品牌转变。2016 年“中国制造 2025”由文件编制进入全面实施新阶段，“1 + X”规划体系相继发布。从具体工作完成情况来看，与“中国制造 2025”相关的 5 大工程实施指南以及服务型制造、装备制造业质量品牌提升、医药产业发展等 3 个行动（规划）指南均已发布实施，并配套出台了“中国制造 2025”分省市指南，截至 12 月批复了 5 个城市和 3 个城市群开展城市（群）试点示范工作。此外，两化融合工作继续推动，2016 年 5 月《关于深化制造业与互联网融合发展的指导意见》（国发〔2016〕28 号）出台，把制造业、“互联网 +”和双创紧密地结合起来。该文件以激发制造企业创新活力、发展潜力和转型动力为主线，构建基于互联网的大型制造企业双创平台和为中小企业服务的第三方双创服务平台，营造大中小企业协同共进的双创新生态，积极培育网络化协同制造、个性化定制、服务型制造等网络化生产新模式，增强支撑制造业与互联网融合发展的基础技术、解决方案、安全保障等能力，激发制造业发展新动能。该文件与此前出台的《中国制造2025》《关于积极推进“互联网＋”行动的指导意见》形成了制造强国战略政策体系。

今后我国将着力振兴实体经济，工业发展将更加注重质量和效益，关注产业结构调整与工业转型升级。党的十八届三中全会明确提出，要完善发展成果考核评价体系，纠正单纯以经济增长速度评定政绩的偏向，加大资源消耗、环境损害、生态效益、产能过剩、科技创新、安全生产、新增债务等指标的权重，更加重视劳动就业、居民收入、社会保障、人民健康状况。2016年3月，第十二届全国人民代表大会第四次会议审查并通过了国务院提出的《中华人民共和国国民经济和社会发展第十三个五年规划纲要》，明确指出今后五年实现经济保持中高速增长，投资效率和企业效率明显上升，工业化和信息化融合发展水平进一步提高，产业迈向中高端水平，先进制造业加快发展，新产业新业态不断成长，坚持创新发展，着力提高发展质量和效益。2016年12月中央经济工作会议指出，要着力振兴实体经济，坚持以提高质量和核心竞争力为中心，坚持创新驱动发展，扩大高质量产品和服务供给。振兴实体经济，提高工业经济发展质量和效益，对我国经济社会可持续发展既充满机遇，又不乏挑战。从机遇看，一是稳增长调结构实效显现，工业经济形势企稳，包括工业增速逐渐趋稳，工业生产系统性下滑的风险有所缓解，消费增速保持平稳，钢铁、煤炭等行业去产能效果显著；二是多方发力推进“中国制造2025”，产业结构转型与升级工作有序推进，包括《中国制造2025》“1＋X”规划体系发布，制造业＋互联网融合发展新业态初步形成，结合“互联网＋”与“双创”行动积极培育新动能，促进新旧动能转换；三是优化完善创新生态系统，由投资驱动逐步转向创新驱动、效率驱动，包括积极布局建设制造业创新中心，打造制造企业互联网“双创”平台，推动互联网企业构建制造业“双创”服务体系，加大研发投入，企业创新能力显著提升。从挑战看，一是宏观经济下行压力依然存在，国内有效需求低迷与产能过剩依然是当前经济面临的基本环境，而美欧发达国家再工业化战略抢占制造业高端与东南亚、南亚发展中国家依靠廉价劳动力抢占国际市场带来的双重国际竞争压力依然存在，经济减速大背景下金融风险、产能过剩等矛盾将日益凸显；二是制造业大而不强，工业生产总体来看仍处于产业链低端，产品附加值低，技术含量低，工业技术过度依赖进口；三是工业生产成本走高制约企业发展，包括劳动力成本优势逐年递减，企业税负相对过重，近年来资本外流现象加剧；四是区域工业经济发展分化趋势加大，东部等工业强省提高布局转型升级，而中西部等省份工业经济增长依然主要靠投资拉动，部分过度依赖资源、产业结构单一的省份在转型阵痛期问题凸显。

我国专家、学者围绕供给侧结构性改革，针对如何推进“中国制造2025”，实现新旧动能转换展开了深入探讨。李伟（2016）认为，经济新常态的核心是实现动力转换，我国过去依靠廉价优质劳动力等支撑经济增长的基本动力已经发生转折性变化，经济发展动力要从大规模要素投入驱动增长转向创新驱动增长。李伟（2016）认为培育经济增长新动力的关键是壮大、做优、提升实体经济：在供给侧要继续扩大制造业总规模，加快提升制造业产品质量，适应新技术革命蓄势待发的大趋势，营造良好的创新生态环境；在需求侧要提高劳动报酬在国民收入分配中的占比，扩大内需，加快中西部地区的工业化和城镇化步伐，在全球化背景下创造市场机会。江飞涛、武鹏、李晓萍（2014）等在研究中国工业经济增长动力机制转换时指出，由政府主导、投资驱动的工业经济增长方式后续增长乏力，工业增长方式必须实现向创新驱动、效率驱动增长方式的转变。隆国强（2016）认为培育经济增长新动能应理清创新的三个维度，即坚持全球视野，把握新技术革命的重大机遇以及进行相应的体制改革。李佐军（2016）将新动能培育概括为培育新主体、培育新要素、培育新市场、培育新产业、培育新区域等五大路径。刘世锦（2016）认为新动能不能只盯住新兴事物，传统经济领域通过改革创新，加上新体制、新机制、新技术、新商业模式也是形成新动能的主要途径。李伟（2017）指出，新动能的培育不仅要有量的要求，更要有质的要求，现阶段应把创新重点放在既有产业和产品的升级上。

工业发展质量方面研究主要集中在工业运行质量和工业全要素生产率两方面。在工业运行质量方面，王必香（2015）、陈卫灵（2010）等学者通过构建相应的工业运行质量评价体系，分别对云南省、广东省工业增长质量进行了总体测度。研究表明：工业发展注重的方向逐步由数量向质量转变，但还存在一些问题，如：资源利用效率不高、科技进步水平较低、创新意识不强等。在工业生产效率方面，丁黄艳（2014）、吴海民（2008）等学者采用数据包络分析方法、Malmquist 指数法等计量方法对我国工业经济运行效率进行了测度和研究，研究表明我国工业运行效率呈现不断提高的趋势，发达地区的工业运行效率通过技术进步实现，而欠发达地区更多的是通过提高组织管理水平来实现。同时，净莉（2014）、李玲（2012）、时春红（2011）等学者对我国工业全要素生产率进行了研究。研究表明，技术进步已经成为全要素生产率增长的核心动力，必须大力促进工业技术进步，有效提高生产要素组合质量与使用效率，由此提高我国工业全要素生产率，进一步实现我国工业经济向集约型增长方式转变。

工业绿色可持续发展广受国内外关注。工业绿色可持续发展始终受到很多工业化先行国家的重视，20 世纪 90 年代，为了经济与环境的和谐发展，英美等国家提出的绿色 GDP、绿色经济等，保障经济的可持续发展。联合国工业发展组织定期发布《工业发展报告》和《全球制造业增长报告》，旨在通过形势分析和竞争力评估，引导全球工业持续增长。我国学者和研究机构针对经济可持续发展也进行了大量研究，如中国社会科学院工业经济研究所课题组（2011）从剖析工业绿色转型升级面临的体制机制障碍入手，绘制了我国工业绿色转型升级的路线图，通过详细分析工业绿色转型的成本收益，提出了促进工业绿色转型升级的机制创新和政策支撑体系的相关对策建议。此外，王永瑜和郭立平（2010）、向书坚和郑瑞坤（2013）、王军和耿建（2014）、钱争鸣和刘晓晨（2014）等学者围绕绿色经济发展指数、绿色经济效率等问题进行了研究。面对近几年持续不断的雾霾天气，党中央国务院和各级地方党委政府都更加重视绿色发展。为贯彻落实党的十八届三中全会加快生态文明制度建设、完善发展成果考核评价体系的有关要求，2015 年 3 月，国家统计局研究建立了循环经济综合评价指标体系，并据此对我国循环经济发展状况进行了测算。测算结果表明，以 2005 年为基期计算，2013 年我国循环经济发展指数达到 137.6，平均每年提高 4 个点，循环经济发展成效明显。其中，资源消耗减量化稳步推进、废物排放减量化效果明显、污染物处置水平大幅提高、废物回用进展较慢。党的十八届五中全会提出：“坚持绿色发展，着力改善生态环境，支持绿色清洁生产，推进传统制造业绿色改造，推动建立绿色低碳循环发展产业体系，鼓励企业工艺技术装备更新改造。”2016年4月和9月，工信部分别印发《绿色制造2016专项行动实施方案》和《绿色制造工程实施指南（2016—2020年）》，推动绿色制造加快发展。

创新发展、循环发展等方面的研究成果不断问世，相关政策陆续出台。国家统计局社科文司构建了中国创新指数（China Innovation Index，CII），根据课题组公布的测算结果，2015年中国创新指数为171.5，比上年增长8.4%，增速创十年来新高。分领域看，创新环境指数、创新投入指数、创新产出指数和创新成效指数分别为163.7、164.3、208.3和149.5，分别比上年增长5.3%、4.2%、17.6%和4.9%。其结果表明我国经济创新环境持续优化，国家和企业对创新投入力度继续加大，创新产出能力不断提高，创新成效进一步显现。在政策层面，2016年国务院出台了多项政策措施，营造创新的环境氛围，培育新业态，推动我国经济创新发展。2016年1月，国务院发布《关于促进加工贸易创新发展的若干意见》，加快推动加工贸易创新发展，提高发展质量和效益。2016年7月，国务院发布《关于印发“十三五”国家科技创新规划的通知》，明确“十三五”时期科技创新的总体思路、发展目标、主要任务和重大举措，是国家在科技创新领域的重点专项规划，是我国迈进创新型国家行列的行动指南。2016年10月工信部发布《产业技术创新能力发展规划（2016—2020年）》，提出健全以企业为主体、市场为导向、政产学研用相结合的产业技术创新体系，着力突破重点领域共性关键技术，加速科技成果转化为现实生产力，提高关键环节和重点领域的创新能力。

综合上述，当前以及未来相当长的一段时期内，我国工业经济发展更加关注和重视工业发展质量和效益。就当前国内外复杂形势看，亟须构建一套合理、完善的评价体系，来客观、科学反映和评价我国工业发展质量，引导和推动工业产业结构向更加合理方向调整。

二、工业发展质量的概念及研究意义

（一）概念及内涵

工业发展质量的衡量是多维度的，涉及生态效益、经济结构、创新能力、民生水平等多个方面。赛迪智库工业经济研究所认为，广义上，工业发展质量是指一定时期内一个国家或地区工业发展的优劣状态；狭义上，工业发展质量是在保持合理增长速度的前提下，更加重视增长的效益，不仅包括规模扩张，还包括结构优化、技术创新、资源节约、环境改善、两化融合、惠及民生等诸多方面。现阶段其内涵主要体现在以下六个方面。

第一，速度和效益有机统一。工业发展要以一定的增长速度为基础，尤其对于尚处在工业化加速发展阶段的国家而言。高增速意味着工业规模的快速扩张，是一国工业实力的硬性指标。然而，忽视效益的盲目扩张很可能以资源高消耗，环境高污染为代价，并可能引致产业结构失衡等一系列严重问题，将影响到工业的良性循环和健康发展。提升工业发展质量的关键在于实现速度和效益的有机统一。

第二，结构持续调整和优化。工业结构反映了生产要素在产业间、地区间、企业间的资源配置情况，是工业总体发展水平的重要评价维度。工业结构的优化升级有助于提高工业发展质量。必须要统筹处理好传统产业和新兴产业、劳动密集型产业和资本技术密集型产业、重化工业与轻工业、东部地区与中西部地区、大集团大企业与中小企业、国有企业与非国有企业等重要关系，优化生产要素配置。

第三，技术创新能力不断提高。产业技术创新能力是推动工业发展质量提高的坚实动力，提高产业技术创新能力，有助于实现内涵式发展，推动工业转型升级。目前，技术创新能力已成为制约我国工业发展的重要瓶颈。提高工业发展质量，要求完善创新生态体系，实现创新链、产业链与资金链的有机统一，保障科研经费投入，促进科技成果的转化。

第四，资源节约和环境友好。绿色发展是工业发展质量的重要要求，也是工业经济效益的具体表现方面之一。实践证明，粗放利用资源的发展模式只会加剧资源约束矛盾，而以损害环境为代价的工业发展具有极强的社会负外部性，需要回头补课。提升工业发展质量，必须提高资源利用效率，发展循环经济，有效控制污染排放。

第五，两化融合不断深化。新一代信息技术在工业领域的应用，信息技术、信息产品、信息资源、信息化标准等信息化要素，在工业技术、工业产品、工业装备、工业管理、工业基础设施、市场环境等各个层面的渗透与融合，是推动工业转型升级的重要科技助力，也是优化工业系统管理水平的重要手段。

第六，人力资源结构优化和待遇提升。随着我国人口老龄化的加剧，劳动力成本上升，以廉价劳动力为特征的人口红利在不断消失。但随着改革开放后我国人均受教育水平的提高，劳动力质量呈现明显改善，成为我国人口红利的新特征。提高工业发展的质量，既要充分依托我国在人才和劳动力资源方面的巨大优势，特别是要关注人均受教育水平的提高。同时还要着眼于解决广大人民群众的就业与收入问题，实现发展成果人民共享的同时，扩大内需增强国内购买力。

（二）评价意义

党的十八大明确提出了关于全面深化改革的战略部署，党的十八届三中全会提出完善发展成果考核评价体系，纠正单纯以经济增速为主的片面考核，党的十八届五中全会提出创新、协调、绿色、开放、共享的五大发展理念。结合实际情况，我们认为，未来我国工业发展质量的评价，不能片面追求高增速，而应综合考虑产业结构优化、协调发展、绿色发展、工业创新能力等多个维度，着力提高工业发展的质量和效益。加强对工业发展质量的评价和研究，是推进工业转型升级的重要基础性工作之一，也是深入贯彻落实党的十八届三中、四中、五中、六中全会及中央经济工作会议相关精神、实现《中国制造2025》发展目标的重要实践性工作之一，对经济新常态下我国工业实现健康平稳增长具有重要意义。

第一，研究和评价工业发展质量是科学衡量工业转型升级效果的迫切需要。加快工业转型升级已成为推进我国经济结构调整和发展方式转变的重大举措。工业转型升级主要体现在自主创新、结构优化、两化深度融合、绿色低碳、对外开放等诸多方面，其核心目标就是要实现工业发展质量的不断提升。工业转型升级是一个系统性工程，单一指标难以准确客观衡量转型升级的效果，当前亟须构建一套能够全面准确衡量工业发展质量的指标体系，引导地方政府和企业走内生增长、集约高效的发展道路。

第二，研究和评价工业发展质量是正确引导地方工业实现科学发展的有效手段。长期以来，片面追求规模、增速的指标扭曲了行业或地区工业发展的经济行为，一方面在推动工业规模高速扩张的同时，另一方面也还造成了资源浪费、环境污染、产能过剩、产品附加值低、竞争力不强等深层次问题。加强对工业发展质量的评价，有利于引导各级政府实现工业增速与效益的统一，通过加大创新投入、优化产业结构、推进节能减排等措施改善工业整体素质，引导地方将工作重心转移到发展方式转变上来。

第三，研究和评价工业发展质量是准确把握工业经济运行规律的内在要求。通过对工业发展质量的长期持续跟踪评价，有利于全面分析工业经济运行的中长期特点、趋势及影响因素，深刻剖析工业经济发展中的深层次问题和矛盾，准确把握工业经济运行的客观规律。进而在把握规律的基础上指导实践，提高政府决策的科学性与合理性。

因此，了解和掌握2016年我国工业相关政策，构建我国工业发展质量的评价体系，分析全国及地方省区市的工业发展质量水平和工业细分行业的发展质量情况，探讨工业发展质量的热点和面临的问题，展望工业发展存在的机遇与挑战，对促进我国工业健康平稳发展具有重要意义。

三、研究思路

党的十八届三中全会指出，要完善发展成果考核评价体系，纠正单纯以经济增长速度评定政绩的偏向，加大资源消耗、环境损害、生态效益、产能过剩、科技创新、安全生产、新增债务等指标的权重。《中华人民共和国国民经济和社会发展第十二个五年规划纲要》明确提出，要“弱化对经济增长速度的评价考核，强化对结构优化、民生改善、资源节约、环境保护、基本公共服务和社会管理等目标任务完成情况的综合评价考核”。《中国制造2025》将质量为先与创新驱动、绿色发展、结构优化和人才为本并列为其五大基本方针之一，提出实现制造强国的战略目标，必须加快制造业转型升级，全面提高发展质量和核心竞争力。党的十八届五中全会再次明确提出“十三五”时期仍要坚持发展是第一要务，以提高发展质量和效益为中心，加快形成引领经济发展新常态的体制机制和发展方式。《中华人民共和国国民经济和社会发展第十三个五年规划纲要》提出要“切实转变发展方式，提高发展质量和效益，努力跨越‘中等收入陷阱’，不断开拓发展新境界”，要“坚持发展是第一要务，牢固树立和贯彻落实创新、协调、绿色、开放、共享的发展理念，以提高发展质量和效益为中心，以供给侧结构性改革为主线，扩大有效供给，满足有效需求，加快形成引领经济发展新常态的体制机制和发展方式”。为深入贯彻落实这些国家宏观经济政策，更好地落实《中国制造2025》发展规划的战略目标，我们以构建工业发展质量评价指标体系为途径，以科学监测我国工业经济的发展质量，准确分析工业经济运行实力与潜力为目标，实现工业发展方式转变，工业结构整体优化提升。

评价体系的构建需要认真研究、不断尝试和逐步完善，必须在明确工业发展质量内涵的基础上，选取能够反映现阶段我国工业发展水平和能力的指标，对数据进行处理，并对初步测算结果进行分析与验证，然后根据验证结果再对指标体系进行必要的修改和调整，确立适合我国国情和工业化发展阶段的评价指标体系，最终用于全国及地方省市的工业发展质量评价。

指标选取。首先应根据工业发展质量的基本内涵，确定评价指标体系的基本框架和主要内容，并按内在逻辑要求选择重要而有代表性的指标组成初步的指标框架体系。在确立指标框架体系的基础上，按照系统性、可比性、可测度、可扩展的原则，选取具体指标。为保证评价结果的准确性和客观性，本书所需数据全部来源于国家统计局等权威机构发布的统计年鉴和研究报告。

权重确定。采用主客观综合赋权法，主观赋权法选用德尔菲法，客观赋权法选用变异系数法，这样不仅能够充分挖掘数据本身的统计意义，也能够充分利用数据指标的经济意义。主客观综合赋权法，能够客观、公正、科学地反映各指标所占权重，具有较高的可信度。为便于逐年之间的比较，采用2010—2015年主客观权重的平均值作为统一权重。

数据处理。首先计算无法直接获取的二级指标，如R&D经费投入强度、主要污染物排放强度、就业人员平均受教育年限等。对于截面指数，将所有指标进行无量纲化处理，利用无量纲化数据和确定的权重，得到地方省市的工业发展质量截面指数；对于时序指数，将所有指标换算为以2010年为基期的增长率指标，然后进行加权，得到全国及地方省市工业发展质量时序指数。

验证与调整。指标体系确定后，对全国及地方省市的工业发展质量进行试评。利用试评结果对工业发展质量进行纵向时序分析和横向截面比较，并结合全国及地方省市的实际情况，发现指标体系存在的问题，对指标体系进行修改和调试，直至形成科学、全面、准确的评价指标体系。

指数应用。利用调整后的指标体系，对全国及地方省市的工业发展质量进行评价。通过分析评价结果，发现我国及各省市工业发展过程中存在的问题，并据此提出促进工业发展质量提升的对策建议。针对行业的实际情况，对部分不适合指标和不可获得指标进行剔除，得到适用于行业之间比较的评价指标体系，并利用实际数据评价行业发展质量。

四、基本原则

（一）研究的指导原则

以创新、协调、绿色、开放、共享的发展理念为指导，以提高发展质量和效益为中心，以推进供给侧结构性改革为主线，坚定不移地走好中国特色新型工业化道路。紧紧围绕新型工业化道路和供给侧结构性改革的内涵，聚焦《中国制造 2025》规划的主要目标，在保证一定增长速度的前提下，工业应实现更具效益的增长，结构不断调整和优化，技术创新能力不断提升，资源环境不断改善，信息化与工业化融合不断加深，人力资源优势得到更充分发挥。

（二）指标的选取原则

指标的选择，首先应根据工业发展质量的基本内涵，确定评价指标体系的基本框架和主要内容，并按内在逻辑要求选择具有代表性的指标。同时，以指标数据的可获得性为前提并保证评价结果的客观性，指标数据应全部来源于统计年鉴或权威机构发布的研究报告。

（三）体系的构建原则

构建评价指标体系是开展工业发展质量评价工作的关键环节。针对工业发展质量的内涵和特征，在构建评价指标体系的过程中，要遵循以下四个原则。

第一，系统性原则。工业发展质量涉及经济、社会、生态等诸多方面，但评价指标体系不可能无所不包，只有那些真正能够直接反映工业发展质量内在要求的要素才能被纳入到指标体系之中。同时，评价指标体系不应是一些指标和数据的简单堆砌与组合，而应当是一个安排科学、结构合理、逻辑严谨的有机整体。

第二，可比性原则。指标的选择必须充分考虑到不同地区在产业结构、自然条件等方面的差异，尽可能选取具有共性的综合指标，并且代表不同经济含义、不同量纲的指标，在经过无量纲化处理后，可以相互比较。考虑到总量指标不具备可比性，指标选择尽量采用均量指标，兼顾采用总量指标；尽量采用普适性指标，兼顾采用特殊指标。

第三，可测度原则。要求所选择的指标应充分考虑到数据的可获得性和指标量化的难易程度，定量与定性相结合，既能全面反映工业发展质量的各种内涵，又能最大限度地利用统计资料和有关规范标准，采取各种直接的或间接的计算方法加以量化，否则就会失去指标本身的含义和使用价值。

第四，可扩展原则。指标的选取要突出现阶段工业发展的战略导向，构建出符合工业转型升级、两化深度融合等新形势新要求的指标体系。同时，由于受统计指标、数据来源等多种因素制约，建立评价指标体系不宜过分强调它的完备性。对于暂时无法纳入本评价体系的指标，要根据实际需要和可能，逐渐补充和完善。

五、评价体系

（一）概念

工业发展质量评价指标，是指能够反映工业经济发展质量和效益等多方面的各项具体数据。这些数据按照一定的目的和方式进行组织而形成的指标集合，构成了工业发展质量评价指标体系，它能够比较科学、全面、客观地向人们提供工业发展质量的相关信息。

（二）作用

工业发展质量评价体系，能够反映我国工业经济与社会发展的健康程度，能够指导我国走好新型工业化道路，有利于我国国民经济的持续稳定增长。

工业发展质量评价体系具有三大作用：

第一，描述与评价的功能，可以将工业经济的发展质量利用相关的指标进行具体描述，使工业经济可持续发展的现状一目了然。

第二，监测和预警的功能，可以监测战略目标的完成情况和政策实施的效果，为防止经济、社会和资源环境危害的产生，提供预警信息。

第三，引导和约束的功能，对于各地区的工业发展具有一定的导向作用，可以与周边类似省份互设标杆进行比较。

总之，工业发展质量评价体系提供了评价工业经济与社会、资源、环境等之间关系的量化工具。为了实现工业经济可持续发展的目标，我国有必要利用好这一工具，对工业发展的过程进行监测和评价、指导和监督、规范和约束。当然，工业发展阶段和水平是动态变化的，其评判标准并非一成不变，工业发展质量评价体系的内容也将与时俱进。

（三）框架设计

评价指标体系的框架设计，必须建立在准确理解和把握工业发展质量内涵的基础上。根据对工业发展质量内涵的理解和指标选取的基本原则，本书初步建立了由速度效益、结构调整、技术创新、资源环境、两化融合、人力资源共六大类、22 项具体指标组成的评价指标体系（见表 2－1）。

表 2－1　中国工业发展质量评价指标体系

总指标	一级指标	二级指标
工业发展质量	速度效益	工业增加值增速
		工业总资产贡献率
		工业成本费用利润率
		工业主营业务收入利润率
	结构调整	高技术产业占比
		500 强企业占比
		规模以上工业小企业主营业务收入增速
		工业制成品出口占比
	技术创新	工业 R&D 经费投入强度
		工业 R&D 人员投入强度
		单位工业 R&D 经费支出发明专利数
		工业新产品占比

续表

总指标	一级指标	二级指标
	资源环境	单位工业增加值能耗
		工业主要污染物排放强度
		工业固体废物综合利用率
		工业污染治理投资强度
	两化融合	工业应用信息化水平
		电子信息产业占比
		互联网普及率
	人力资源	工业职工平均工资增速
		第二产业全员劳动生产率
		就业人员平均受教育年限

资料来源：赛迪智库整理，2017 年 1 月。

需要说明的是，由于工业发展质量的内涵十分丰富，涉及领域较多，并且关于工业发展质量的研究尚处在探索阶段，目前社会各界对如何评价工业发展质量也还没有形成统一的认识。因此，构建评价指标体系是一项需要不断探索和长期实践，且极富挑战性的工作。经过近几年的摸索和调整，目前指标体系已相对稳定，本版仍沿用上一版的评价指标体系，但仍不排除未来会根据经济发展需要和数据获取情况进行微调。

六、评价方法

统计指数是综合反映由多种因素组成的经济现象在不同时间和空间条件下平均变动的相对数（徐国祥，2005）。从不同的角度，可以对统计指数进行不同的分类：按照所反映现象的特征不同，可以分为质量指标指数和数量指标指数；按照所反映现象的范围不同，可分为个体指数和总指数；按照所反映对象的对比性质不同，可分为动态指数和静态指数。

本书通过构建工业发展质量时序指数来反映全国及地方省市工业发展质量历年的时序变化情况，旨在进行自我评价；通过构建工业发展质量截面指数来反映地方省市工业发展质量在某一时点上的截面比较情况，旨在进行对比评价。在评价各行业时，我们拟采用截面指数来衡量各产业的发展质量，待数据库补充完整之后再构建时序指数。按照统计指数的分类，工业发展质量时序指数即为动态指数中的定基指数，工业发展质量截面指数即为静态指数，并在上述过程中计算了速度效益、结构调整等六个方面的分类指数，即个体指数。

1. 时序指数的构建

首先，计算 2010—2015 年 30 个省（区、市）各项指标的增速（已经是增速的指标不再计算）；然后，将增速调整为以 2010 年为基期；最后，加权求和得到各地区工业发展质量时序指数及分类指数。

2. 截面指数的构建

首先，按照公式（1）将 2010—2015 年 30 个省（区、市）的原始指标进行无量纲化处理；然后，按照公式（2）和（3）进行加权求和，分别得到各地区工业发展质量截面指数和分类指数。

$$X'_{ijt} = \frac{X_{ijt} - \min\{X_{jt}\}}{\max\{X_{jt}\} - \min\{X_{jt}\}} \tag{1}$$

$$IDQI_{it} = \frac{\sum_{j-1}^{22} X'_{ijt} W_j}{\sum_{j-1}^{22} W_j} \tag{2}$$

$$I_{it} = \frac{\sum X'_{ijt} W_j}{\sum W_j} \tag{3}$$

公式（1）至（3）中，i 代表 30 个省（区、市），j 代表 22 项三级指标，X_{ijt}代表 t 年 i 省 j 指标，max $\{X_{jt}\}$ 和 min $\{X_j t\}$ 分别代表 t 年 j 指标的最大值和最小值，X'_{ijt}代表 t 年 i 省 j 指标的无量纲化指标值，I_{it}代表 t 年 i 省的分类指数，$IDQI_{jt}$代表 t 年 i 省的工业发展质量截面指数，W_j 代表 j 指标的权重。

需要说明的是，因为全国工业发展质量无须做截面比较，因此全国工业发展质量指数是时序指数。

3. 权重确定方法

在指标体系的评价过程中，权重的确定是一项十分重要的内容，因为权重直接关系到评价结果的准确性与可靠性。从统计学上来看，权重确定一般分为主观赋权法和客观赋权法，前者一般包括德尔菲法（Delphi Method）、层次分析法（The Analytic Hierarchy Process，AHP）等，后者一般包括主成分分析法、变异系数法、离差及均方差法等。主观赋权法的优点在于能够充分利用专家对于各指标的内涵及其相互之间关系的经验判断，并且简便易行，但存在因评价主体偏好不同有时会有较大差异这一缺陷；客观赋权法的优点在于不受人的主观因素的影响，能够充分挖掘指标数据本身所蕴含的信息，但存在有时会弱化指标的内涵及其现实意义这一缺陷。为避免主观赋权法的经验性较强以及客观赋权法的数据依赖性较强，本书利用德尔菲法和变异系数法进行主客观综合赋权的方法。选择变异系数法的原因在于，从评价体系中的各项指标来看，差异越大的指标越重要，因为它更能反映出各地区工业发展质量的差异，如果全国各省市的某个指标没有多大差别，则没有必要再将其作为一项衡量的指标，所以对差异越大的指标要赋予更大的权重（曾五一和庄赟，2003）。

权重的测算过程如下，首先按照公式（4）计算各项指标的变异系数，然后按照公式（5）和（6）计算各项指标的客观权重，最后利用由德尔菲法得到的主观权重和由变异系数法得到的客观权重进行平均，得到各项指标的最终权重。

$$V_{jt} = \frac{\sigma_{jt}}{\overline{X}_{jt}} \tag{4}$$

$$W_{jt} = \frac{V_{jt}}{\sum_{j=1}^{22} V_j t} \tag{5}$$

$$W_j = \sum_{t=2010}^{2015} W_{jt}/6 \text{ (6)}$$

V_{jt}代表 t 年 j 指标的变异系数，σ_{jt}代表 t 年 j 指标的标准差，$\overline{X}_{jt}$代表 t 年 j 指标的均值，W_{jt}代表 t 年 j 指标的权重，W_j代表 j 指标的最终权重。

七、数据来源

（一）数据来源

本书所使用的数据主要来源于国家统计局发布的历年《中国统计年鉴》《中国科技统计年鉴》《中国高技术产业统计年鉴》《中国工业统计年鉴》

（2013 年以前为《中国工业经济统计年鉴》）《工业企业科技活动统计年鉴》（2012 年以前为《工业企业科技活动统计资料》）《中国劳动统计年鉴》《中国环境年鉴》，各省市统计局发布的历年地方省市统计年鉴，工信部发布的《中国电子信息产业统计年鉴》，工信部赛迪研究院发布的《中国信息化与工业化融合发展水平评估报告》和中国互联网络信息中心（CNNIC）定期发布的《中国互联网络发展状况调查统计报告》。

（二）数据说明

1. 研究对象

由于西藏缺失指标较多，故不参与本评价；加之港澳台地区的数据来源有限；因此，本书的最终研究对象为全国及 30 个省（区、市）。

2. 指标说明

由于历年统计年鉴没有直接公布全国及各地区 2010—2015 年的单位工业增加值能耗数据，为保证工业发展质量时序指数在时间维度上的可比性，我们利用各地历年统计年鉴中的工业增加值、工业增加值指数和工业能耗数据，计算得到 2010—2015 年 30 个省（区、市）以 2010 年为不变价的单位工业增加值能耗。

本书在计算第二产业全员劳动生产率和工业主要污染物排放强度这 2 项指标时，第二产业增加值和工业增加值数据都调整为 2010 年不变价，以保证时序指数能够真实反映走势情况；单位工业 R&D 经费支出采用 R&D 价格指数进行平减，该指数由固定资产投资价格指数和消费者价格指数等权合成。500 强企业占比这一指标，在衡量全国工业发展质量时是指世界 500 强企业中的中国企业数量所占比重，在衡量地方省市工业发展质量时是指中国企业联合会和中国企业家协会联合发布的历年中国制造业企业 500 强各省数量所占比重。

此外，由于单位工业增加值能耗和工业主要污染物排放强度均为逆向指标，在计算过程中我们对其进行取倒数处理以便于统一分析。

需要补充说明的是，本版在评估工业发展质量时将数据的基期调整为 2010 年（前几版都是以 2005 年为基期），最主要的考虑是“十二五”以来我国工业发展速度、结构等都发生较大变化，以 2010 年为基期，能够更好地反映这些年出现的一些新情况、新变化和新趋势。

第二节 我国工业发展质量指数走势分析

一、全国工业发展质量指数走势分析

利用本书所构建的评价体系，根据主客观综合赋权法，按照时序指数计算方法，得到2010—2015年全国工业发展质量指数及分类指数，结果见表2－2。根据表2－2中最后一行绘制全国工业发展质量指数走势图，结果见图2－1。需要说明的是，由于全国工业发展质量无须作截面比较，因此该指数即为时序指数。

结合表2－2和图2－1，2010—2015年，全国工业发展质量指数呈逐年提升趋势，从2010年的100.0提高至2015年的133.6，年均增速为6.0%。表明自2010年以来，我国工业发展质量稳步提升。

表2－2 2010—2015年全国工业发展质量指数及分类指数

	2010	2011	2012	2013	2014	2015	2010—2015年年均增速
速度效益	100.0	100.7	97.7	99.0	97.0	97.2	－0.6
结构调整	100.0	108.5	119.9	135.2	143.1	153.1	8.9
技术创新	100.0	107.4	115.5	119.3	123.2	125.7	4.7
资源环境	100.0	96.9	103.9	124.1	135.8	132.0	5.7
两化融合	100.0	106.1	115.3	120.9	127.4	137.5	6.6
人力资源	100.0	111.3	119.0	128.5	137.3	146.1	7.9
工业发展质量指数	100.0	105.1	112.4	122.6	128.9	133.6	6.0

资料来源：赛迪智库整理，2017年1月。

从增速看，2010年以来我国工业发展速度明显回落，全口径工业增加值增速从2010年的阶段性高点12.6%回落到2015年的6.0%，规模以上工业增加值增速从 2010 年的 15.7% 回落到 2015 年的 6.1%，增速明显放缓。2016 年我国全口径工业和规模以上工业增加值都比上年增长 6%，实现平稳发展，增速继续排在世界主要经济体最前列。当前，我国对世界经济增长的年均贡献率超过 30%，当之无愧地成为世界经济增长的第一引擎。

从结构看，2010 年以来我国产业结构不断优化，行业新动能加速释放。2016 年我国高技术产业增加值较上年增长 10.8%，高出规模以上工业 4.8 个百分点，增速较上年加快 0.6 个百分点；装备制造业增加值较上年增长 9.5%，高出规模以上工业 3.5 个百分点，增速较上年加快 2.7 个百分点。2016 年，我国部分工业行业一直保持两位数增长，计算机通信和其他电子设备制造业增加值增长 10%，汽车制造 15.5%，医药增长 10.8%；符合消费升级发展方向的智能手机、智能电视、集成电路、光电子器件等也增长较快。

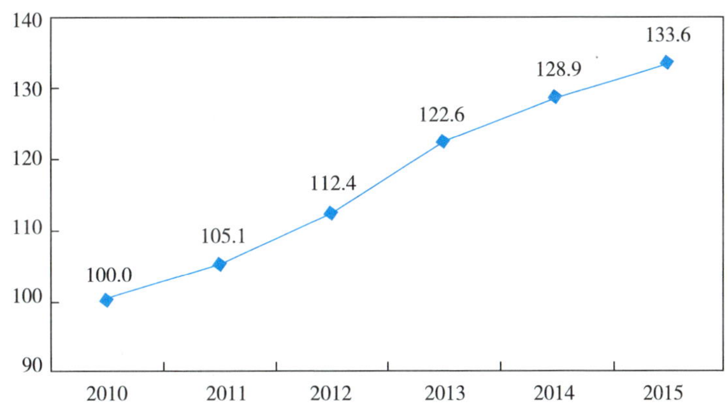

图 2－1　2010—2015 年全国工业发展质量指数

资料来源：赛迪智库整理，2017 年 1 月。

从国际看，2010 年以来我国工业产品国际竞争力显著增强。我国制造业产出占全球比重在 2010 年首次超过美国，此后一直保持世界第一。我国工业产品出口结构不断优化，中高端工业品的国际竞争力持续增强。2015 年我国工业制成品出口占全球出口比重达到 13.2%，比 2010 年提高 3.4 个百分点。由于我国工业制成品物美价廉，有助于降低全球生产成本、推动技术进步、改善各国人民生活。2016 年，我国规模以上工业企业实现出口交货值 11.9 万亿元，在持续低迷的国际贸易背景下，仍实现小幅增长。工业品出口结构也不断优化，2016年计算机通信和其他电子设备制造业出口交货值占比继续保持在40%以上，比2010年提高2.2个百分点；纺织业出口交货值占比降至3%，比2010年下降1.9个百分点。

综合来看，2010年至今，我国工业经济继续保持中速增长，但企业效益仍需改善；产业结构调整取得积极成效，技术创新能力不断提升，两化融合水平继续提高，资源环境有所改善，人力资源水平明显改善。整体看，工业发展质量稳步提高。

二、全国工业发展质量分类指数分析

（一）分类指数走势及其对总指数的影响

1. 评价结果分析

2010—2015年，全国工业发展质量的六个分类指数整体呈上升趋势，其中，结构调整指数、人力资源指数和两化融合指数快速增长，年均增速分别高达8.9%、7.9%和6.6%，增速均快于工业发展质量指数；资源环境指数和技术创新指数较快增长，年均增速分别为5.7%和4.7%，增速略低于工业发展质量；速度效益指数有所放缓，年均下降0.6%。

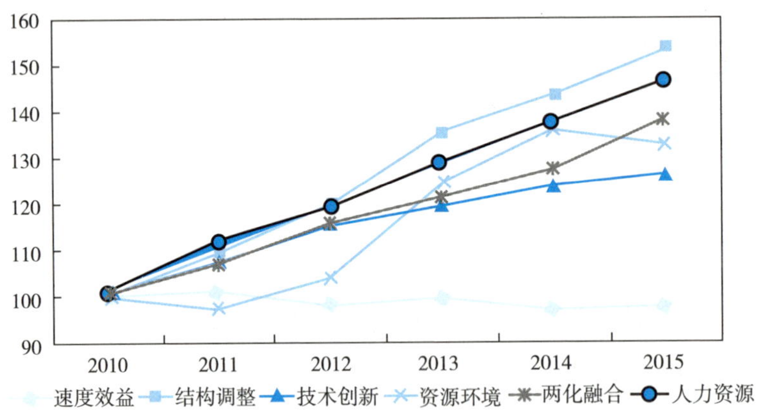

图2－2　2010—2015年全国工业发展质量分类指数

资料来源：赛迪智库整理，2017年1月。

从分类指数对总指数的影响看，与2010年相比，2015年六个分类指数对工业发展质量指数增长的贡献率和拉动作用差异较大（见表2－3）。其中，结构调整指数贡献率最高，达到41.1%，拉动工业发展质量指数增长2.5个百分点；资源环境指数和人力资源指数的贡献率都在15%以上，分别拉动工业发展质量指数增长1.0个和0.9个百分点；两化融合指数和技术创新指数的贡献率略低于15%，分别拉动工业发展质量指数增长0.9个和0.8个百分分点；速度效益指数的贡献率为负，拖累工业发展质量指数放缓0.1个百分点。

表2－3 六个分类指数对总指数增长的贡献率和拉动

	速度效益指数	结构调整指数	技术创新指数	资源环境指数	两化融合指数	人力资源指数	合计
贡献率（%）	－1.2	41.1	13.5	16.7	14.8	15.2	100.0
拉动（百分点）	－0.1	2.5	0.8	1.0	0.9	0.9	6.0

资料来源：赛迪智库整理，2017年1月。

2. 原因分析

（1）结构调整

2010年以来，我国工业在结构调整方面取得显著成效。

第一，高技术制造业规模不断扩大。2015年我国高技术制造业主营业务收入14万亿元，占规模以上工业企业主营业务收入的12.6%，比2010年提高1.9个百分点。2015年，我国高技术产业增加值占规模以上工业比重为11.8%，比上年提高1.2个百分点。

第二，装备制造业整体实力明显增强。近些年来，通过实施大型飞机、航空发动机及燃气轮机、高档数控机床与基础制造装备以及民机科研、高技术船舶科研、智能制造等一批创新和产业化专项及重大工程，推动装备制造业规模不断提升，综合实力显著提升。2015年，装备制造业增加值占规模以上工业比重为31.8%，比2008年提高3.8个百分点，对工业经济的支撑力度显著提高。2016年，中国商飞公司C919飞机首架机交付试飞中心；中国标准动车组成功完成世界首次420km/h交汇试验并进行载客试验；中国自主研制的“海斗”号无人潜水器完成最大下潜深度10767米，成为继日本、美国之后第三个拥有研制万米级无人潜水器能力的国家。这些都将进一步推动我国装备制造向高端攀升。

第三，工业企业组织结构不断优化。自2010年以来，国家大力推进兼并重组，鼓励企业之间实现强强联合，有条件的地区正加快实现上下游一体化经营。从兼并重组情况来看，2016 年国资委继续推动 5 对 10 户中央企业进行重组，目前中央企业户数已调整至 102 户，截至 2016 年底，国资委监管中央企业减至 102 家。这有助于调整优化产业结构，加快产业转型升级，提高国有资本配置效率，打造世界一流企业。从企业数量和就业来看，2015 年末，我国规模以上小型企业 319445 家，平均吸纳就业 3529.8 万人，在规模以上工业企业占比分别为 83.4% 和 36.1%。当前，中小企业已经成为支撑我国国民经济和社会发展的重要力量，在促进经济增长、保障就业稳定等方面发挥着不可替代的重要作用。可以预见，随着我国经济发展环境的逐步完善，大众创业、万众创新将成为我国经济增长的新引擎，中小企业特别是小微企业的发展活力将对宏观经济增长起到重要作用。

（2）两化融合

近几年，我国在两化融合方面取得较大进展，互联网基础设施、电子信息产业等都有明显突破。

第一，从互联网基础设施方面来看，截至 2016 年底，我国 IPv4 地址数量为 3.38 亿个，拥有 IPv6 地址 21188 块/32。我国域名总数为 4228 万个，其中“.CN”域名总数年增长为 25.9%，达到 2061 万个，在中国域名总数中占比达 48.7%。我国网站总数为 482 万个，年增长 14.1%；“.CN”下网站数为 259 万个。国际出口带宽为 6640291Mbps，年增长 23.1%。从网民规模来看，2008 年我国网民规模已跃升全球第一，到 2016 年末，我国网民规模达 7.31 亿，全年共计新增网民 4299 万人；互联网普及率也逐年提高，2016 年 53.2%，较 2015 年底提升了 2.9 个百分点。

第二，从电子信息产业的发展来看，2015 年，我国规模以上电子信息制造业增加值同比增长 10.5%，高出工业平均水平 4.4 个百分点；电子信息制造业实现主营业务收入 11.1 万亿元，同比增长 7.6%；电子信息产品出口 7811 亿美元，同比下降 1.1%；软件和信息技术服务业完成软件业务收入 4.3 万亿元，同比增长 16.6%；软件业实现出口 545 亿美元，同比增长 5.3%。

（3）技术创新

第一，从创新产出来看，近些年来我国工业企业专利数量不断攀升，2015 年，规模以上工业企业专利申请数达到 638513 件，其中发明专利数 245688 件，规模以上工业企业有效发明专利数为 573765 件。专利数量的持续增长，反映出我国工业自主创新能力和水平日益提高。目前，我国在载人航天、探月工程、载人深潜、新支线飞机、大型液化天然气船（LNG）、高速轨道交通等领域取得突破性进展并进入世界先进行列。信息通信行业中，TD－LTE 技术、产品、组网性能和产业链服务支撑能力等均得到提升，涵盖系统、终端、芯片、仪表的完整产业链已基本完成。

第二，从创新投入来看，2015 年，我国规模以上工业企业研究与试验发展（R&D）经费支出 10013.9 亿元，与主营业务收入之比达到 0.9%，比 2009 年提升了 0.21 个百分点；新产品开发经费支出为 10270.8 亿元，是 2009 年的 2.3 倍。从技术获取和技术改造情况来看，2015 年，规模以上工业企业的引进技术经费支出、消化吸收经费支出、购买国内技术经费支出和技术改造经费支出分别为 414.1 亿元、108.4 亿元、229.9 亿元和 3147.6 亿元。

（4）人力资源

近些年来，我国工业在科技人力资源方面保持稳定增长，科技人力投入不断增加，科技队伍进一步壮大。2015 年，我国规模以上工业企业 R&D 人员全时当量为 263.8 万人年，比 2009 年增加了 119.1 万人年。2015 年，规模以上工业企业科技机构人员数达到 266.8 万人，比 2009 年增加了 111.8 万人。

（5）资源环境

自 2010 年以来，我国主要工业行业能耗显著下降，污染物排放明显下降，环境明显改善；但工业固体废物综合利用率和环境污染治理投资力度有所放缓。首先，单位增加值能耗明显下降。2010 年以来，我国单位 GDP 能耗（2010 年不变价）持续下降，2012 年以来降幅持续扩大；2012—2015 年我国单位 GDP 能耗分别下降 4.7%、3.7%、4.8% 和 5.1%。从工业来看，2015 年，工业能源消费总量预计将达到 296700 万吨标准煤，以 2010 年为不变价的单位工业增加值能耗为 1.23 吨标准煤/万元。其次，主要污染物排放总量得到控制。2015 年工业废水中化学需氧量排放量 301.5 万吨，占全部排放量的 13.6%；工业废水中氨氮排放量 22.1 万吨，占全部排放量的 9.6%；工业废气中二氧化硫排放量 1617.4 万吨，占全部排放量的 87%；工业废气中氮氧化物排放量 1221.7 万吨，占全部排放量的 66%。再次，工业废物综合利用率有所下降。2015 年工业固体废物综合利用率为 51.6%，比 2010 年下降 9.5 个百分点。最后，环境污染治理投资力度有所放缓。2015 年，工业污染治理完成投资

773.7 亿元，占工业增加值的比重为0.33%，比重较上年回落0.1个百分点。

（6）速度效益

速度效益方面，从规模和速度来看，2015 年，全部工业增加值 235184 亿元，比上年增长 6.0%；规模以上工业增加值增长 6.1%，整体仍处于中高速增长水平。从经济效益来看，2015 年，我国规模以上工业企业资产负债率 56.2%、主营业务收入利润率 5.76%，每百元主营业务收入中的成本 85.68 元，每百元资产实现的主营业务收入 115.9 元，人均主营业务收入 117.4 万元/人，产成品存货周转天数 14.2 天，营收账款平均回收期 35 天。

综合来看，近些年来，我国工业发展取得了较大成绩，结构持续调整和优化，两化融合不断深化，技术创新能力明显提升，人力资源素质和待遇明显改善，资源环境束缚压力有所缓解，速度回落至中高速，企业效益有待提升。

（二）分类指数影响因素分析

为清楚地看到影响全国工业发展质量分类指数的内部因素，本书计算了22 项指标对各自所属分类指数的贡献率和拉动，计算结果见表 2－4。

从 2010 年到 2015 年，全国工业发展质量的六个分类中，结构调整指数、人力资源指数和两化融合指数快速增长，结构调整指数主要是由 500 强企业占比持续提高、规模以上工业小型企业主营业务收入以及工业制成品出口的强劲增长推动，贡献率分别为 46.1%、24.8% 和 21.9%，分别拉动 4.1 个、2.2 个和 1.9 个百分点。人力资源指数主要是由工业职工平均工资的快速增长推动，贡献率高达 60.4%，拉动 4.8 个百分点。两化融合指数主要是由电子信息产业占比、互联网普及率和工业应用信息化水平联合拉动的，贡献率分别为 39.2%、30.6% 和 30.2%，分别拉动 2.6 个、2.0 个和 2.0 个百分点。

技术创新指数较快增长，主要是由工业 R&D 人员投入强度和单位工业 R&D 经费支出发明专利数较快增长推动，对技术创新指数增长的贡献率分别为 38.1% 和 28.6%，分别拉动 1.8 个和 1.3 个百分点。

资源环境指数增长相对较慢，根源在于虽然工业主要污染物排放强度和单位工业增加值能耗显著下降，但工业污染治理投资强度放缓，且工业固体废物综合利用率出现下滑，抑制了资源环境指数的增长。速度效益指数出现负增长，虽然工业增加值继续保持中高速增长，但总资产贡献率、工业成本费用利润率和工业主营业务收入利润率都出现了下降，严重拖累速度效益指数的增长。

表 2－4　22 项指标对分类指数的贡献率和拉动

二级指标	三级指标	贡献率（%）	拉动（百分点）
速度效益	工业增加值增速	－443.7	2.5
	总资产贡献率	127.3	－0.7
	工业成本费用利润率	206.4	－1.2
	工业主营业务收入利润率	210.1	－1.2
	合计	100.0	－0.6
结构调整	高技术产业占比	7.2	0.6
	500 强企业占比	46.1	4.1
	规模以上工业小企业主营业务收入增速	24.8	2.2
	工业制成品出口占比	21.9	1.9
	合计	100.0	8.9
技术创新	工业 R&D 经费投入强度	20.6	1.0
	工业 R&D 人员投入强度	38.1	1.8
	单位工业 R&D 经费支出的发明专利数	28.6	1.3
	工业新产品销售收入占比	12.8	0.6
	合计	100.0	4.7
资源环境	单位工业增加值能耗	11.1	0.6
	工业主要污染物排放强度	66.7	3.8
	工业固体废物综合利用率	－9.5	－0.5
	工业污染治理投资强度	31.8	1.8
	合计	100.0	5.7
两化融合	工业应用信息化水平	30.2	2.0
	电子信息产业占比	39.2	2.6
	互联网普及率	30.6	2.0
	合计	100.0	6.6
人力资源	工业职工平均工资增速	60.4	4.8
	第二产业全员劳动生产率	34.8	2.7
	就业人员平均受教育年限	4.8	0.4
	合计	100.0	7.9

资料来源：赛迪智库整理，2017 年 1 月。

第三节 我国重点行业发展质量分析

一、指标体系的构建与指标选取

行业和地区是衡量我国工业发展质量的两个维度。构建行业评价指标体系要遵循可获取性、可比性等原则。而在地区工业发展质量评价指标体系中，有部分指标不适用于进行行业评价，如结构调整类指标。资源环境、两化融合和人力资源的大部分行业数据较难搜集，且由于行业自身特点，这三类指标行业间比较意义不大。因此，为体现行业之间的差异和特色，以下构建速度效益和技术创新两大类共计八项指标的体系，对2015年我国38个工业行业发展质量进行评价。2011年国家统计局将我国工业行业调整为41个，但由于开采辅助活动、其他采矿业和废弃资源综合利用业三个行业的部分指标数据缺失，因此最终选取参与评价的行业为38个。具体评价指标如表2-5所示。

表2-5 2015年38个工业行业速度效益、技术创新类共计八项指标

	速度效益				技术创新			
	工业增加值增速（%）	工业资产负债率（%）	工业成本费用利润率（%）	工业主营业务收入利润率（%）	工业R&D经费投入强度（%）	工业R&D人员投入强度（%）	单位工业R&D经费发明专利数（件/亿元）	工业新产品销售收入占比（%）
总计	6.10	56.61	6.07	5.96	2.70	0.90	24.53	13.59
煤炭开采和洗选业	1.90	68.70	1.78	1.70	0.99	0.60	4.40	2.46
石油和天然气开采业	4.20	46.86	11.79	8.75	3.13	0.79	18.37	0.78
黑色金属矿采选业	2.50	58.02	6.41	7.20	0.59	0.13	44.60	0.43
有色金属矿采选业	4.30	52.41	7.98	7.23	0.77	0.35	7.69	2.43
非金属矿采选业	6.60	46.31	8.53	7.80	0.52	0.19	21.34	1.64
农副食品加工业	5.50	50.59	5.23	5.24	1.03	0.33	18.85	4.36

续表

	速度效益				技术创新			
	工业增加值增速（%）	工业资产负债率（%）	工业成本费用利润率（%）	工业主营业务收入利润率（%）	工业R&D经费投入强度（%）	工业R&D人员投入强度（%）	单位工业R&D经费发明专利数（件/亿元）	工业新产品销售收入占比（%）
食品制造业	7.50	44.77	9.16	8.55	1.49	0.62	19.77	6.08
酒、饮料和精制茶制造业	7.70	45.22	11.09	10.36	1.26	0.52	13.26	5.78
烟草制品业	3.40	25.47	14.86	12.84	1.86	0.22	57.14	17.67
纺织业	7.00	52.20	5.69	5.56	1.33	0.52	17.43	11.86
纺织服装、服饰业	4.40	47.05	6.27	6.13	0.73	0.41	17.33	8.22
皮革、毛皮、羽毛及其制品和制鞋业	4.90	45.14	6.85	6.69	0.61	0.35	13.87	6.19
木材加工及木、竹、藤、棕、草制品业	6.30	42.10	6.52	6.29	0.87	0.31	18.43	3.84
家具制造业	6.90	49.67	6.76	6.51	0.98	0.42	37.11	7.64
造纸和纸制品业	5.30	56.78	5.61	5.69	1.74	0.77	13.04	11.97
印刷和记录媒介复制业	6.70	43.56	8.27	7.81	1.35	0.50	26.80	7.64
文教、工美、体育和娱乐用品制造业	5.80	51.37	6.03	5.84	1.17	0.46	27.20	7.11
石油加工、炼焦和核燃料加工业	7.40	66.39	1.94	2.12	1.70	0.29	9.66	7.25
化学原料和化学制品制造业	9.50	57.02	5.72	5.59	3.73	0.95	20.52	12.81
医药制造业	9.90	41.48	11.37	10.56	5.58	1.72	22.70	18.41
化学纤维制造业	11.20	60.02	4.46	4.26	4.05	1.09	11.15	23.78
橡胶和塑料制品业	7.90	47.95	6.48	6.33	2.06	0.78	21.63	9.65
非金属矿物制品业	6.50	52.42	6.52	6.44	1.34	0.47	18.73	4.93
黑色金属冶炼和压延加工业	5.40	67.59	0.82	0.94	2.62	0.89	10.85	10.52

续表

	速度效益				技术创新			
	工业增加值增速（%）	工业资产负债率（%）	工业成本费用利润率（%）	工业主营业务收入利润率（%）	工业R&D经费投入强度（%）	工业R&D人员投入强度（%）	单位工业R&D经费发明专利数（件/亿元）	工业新产品销售收入占比（%）
有色金属冶炼和压延加工业	11.30	64.73	2.70	2.84	3.06	0.72	10.66	11.32
金属制品业	7.40	51.63	6.02	6.01	2.33	0.76	24.12	9.54
通用设备制造业	2.90	52.23	6.88	6.68	4.36	1.34	26.47	17.10
专用设备制造业	3.40	53.07	6.23	6.10	4.80	1.58	32.08	16.80
汽车制造业	6.70	57.72	9.23	8.78	4.61	1.27	14.20	26.85
铁路、船舶、航空航天和其他运输设备制造业	6.80	63.61	6.51	5.80	5.80	2.28	20.61	33.94
电气机械和器材制造业	7.30	56.55	6.70	6.54	4.29	1.46	30.53	23.85
计算机、通信和其他电子设备制造业	10.50	57.46	4.93	4.98	4.69	1.76	37.56	33.47
仪器仪表制造业	5.40	44.98	9.17	8.51	6.43	2.07	36.22	21.43
其他制造业	6.10	55.60	6.68	6.64	2.62	0.99	32.45	9.64
金属制品、机械和设备修理业	8.80	57.73	5.28	5.01	3.53	1.22	20.68	14.96
电力、热力生产和供应业	0.50	62.46	9.13	8.79	0.74	0.14	115.96	0.44
燃气生产和供应业	11.10	54.15	7.87	8	0.58	0.10	10.65	0.42
水的生产和供应业	5.60	56.24	9.65	9.83	0.41	0.34	15.65	1.05

资料来源：国家统计局，赛迪智库整理，2017年1月。

二、38 个行业发展质量评价

为体现我国 38 个行业自身特性，八项评价指标的权重不应有明显差距，因此本书在确定指标权重时，对八个指标取相等权重，计算截面指数，综合判断 38 个行业的速度效益类和技术创新类指标的得分和排名。

有两点需要说明：第一，由于行业自身特点不同，部分评价指标并不具有绝对可比性。第二，对行业发展质量进行排名旨在找出相对差距。基于行业发展质量的评价指标体系，采用相等权重，计算得出 2015 年我国 38 个行业发展质量指数及分类指数，得到结果见下表。

表 2－6　2015 年 38 个工业行业发展质量截面指数、分类指数及排名

	指数			排名		
	速度效益	技术创新	发展质量	速度效益	技术创新	发展质量
煤炭开采和洗选业	15.77	4.84	20.62	38	34	38
石油和天然气开采业	28.44	11.31	39.75	11	20	17
黑色金属矿采选业	23.28	5.04	28.32	29	32	33
有色金属矿采选业	25.17	3.31	28.48	25	35	32
非金属矿采选业	27.16	3.10	30.26	16	36	30
农副食品加工业	21.49	5.70	27.19	35	30	37
食品制造业	29.11	9.03	38.14	6	24	20
酒、饮料和精制茶制造业	33.09	7.15	40.23	3	27	15
烟草制品业	28.36	16.05	44.40	12	13	12
纺织业	24.44	10.04	34.48	26	21	26
纺织服装、服饰业	21.06	6.77	27.83	36	29	34
皮革、毛皮、羽毛及其制品和制鞋业	22.19	5.05	27.25	31	31	35
木材加工和木、竹、藤、棕、草制品业	22.21	4.99	27.21	30	33	36
家具制造业	25.55	9.36	34.90	23	23	24
造纸和纸制品业	23.87	11.88	35.75	27	19	21
印刷和记录媒介复制业	26.26	9.44	35.70	20	22	22
文教、工美、体育和娱乐用品制造业	23.40	8.71	32.12	28	25	28
石油加工、炼焦和核燃料加工业	22.05	6.91	28.96	32	28	31

续表

	指数			排名		
	速度效益	技术创新	发展质量	速度效益	技术创新	发展质量
化学原料和化学制品制造业	28.78	18.19	46.97	8	11	10
医药制造业	35.01	28.74	63.75	1	4	2
化学纤维制造业	29.10	22.70	51.79	7	9	7
橡胶和塑料制品业	25.77	12.71	38.48	21	18	19
非金属矿物制品业	25.59	7.34	32.94	22	26	27
黑色金属冶炼和压延加工业	17.85	13.61	31.46	37	15	29
有色金属冶炼和压延加工业	27.52	13.83	41.35	14	14	14
金属制品业	25.50	13.36	38.86	24	17	18
通用设备制造业	21.94	24.03	45.97	33	8	11
专用设备制造业	21.58	26.81	48.39	34	6	8
汽车制造业	32.22	26.39	58.61	4	7	5
铁路、船舶、航空航天和其他运输设备制造业	28.49	38.02	66.51	10	1	1
电气机械和器材制造业	27.98	27.53	55.51	13	5	6
计算机、通信和其他电子设备制造业	28.73	34.43	63.15	9	3	3
仪器仪表制造业	26.70	35.18	61.88	17	2	4
其他制造业	26.40	16.24	42.64	18	12	13
金属制品、机械和设备修理业	27.18	20.13	47.31	15	10	9
电力、热力生产和供应业	26.34	13.44	39.78	19	16	16
燃气生产和供应业	34.25	1.05	35.30	2	38	23
水的生产和供应业	32.00	2.88	34.88	5	37	25

数据来源：国家统计局，赛迪智库整理，2017年1月。

2015年，全国38个工业行业中，工业发展质量排在前五位的分别是铁路船舶航空航天和其他运输设备制造业、医药制造业 、计算机通信和其他电子设备制造业、仪器仪表制造业、汽车制造业，工业发展质量指数分别为66.51 、63.75、63.15、61.88、58.61。铁路船舶航空航天和其他运输设备制造业、仪器仪表制造业、计算机通信和其他电子设备制造业发展质量指数高，主要得益于技术创新指数高，分别位于全国前三位。医药制造业速度效益指数排名由第四位升至第一位，同时该行业技术创新指数排名第四位，发展质量位列第二，这也印证了其高技术产业的战略地位。而烟草制品业以往年度由于速度效益指数高，其发展质量指数也相对较高，但伴随烟草制品业速度效益指数下滑到第 12 位，其发展质量指数也下滑到第 12 位。

位于 38 个行业发展质量后五位的行业分别是纺织服装服饰业、皮革毛皮羽毛及其制品和制鞋业、木材加工及木竹藤棕草制品业、农副食品加工业、煤炭开采和洗选业，工业发展质量指数分别为 27. 83、27. 25、27. 21、27. 19、20. 62。煤炭开采和洗选业得分明显低于其他四个行业。从分类指数来看，五个行业的速度效益和技术创新指数均位于第 29 名以外。此外，燃气和水的生产和供应业虽然发展质量指数排名靠中间，但技术创新指数排名最后。

综合来看，运输设备、计算机、仪器仪表、医药等高端制造业的发展质量水平较高，而石化、矿采选、部分纺织、轻工行业发展质量水平较低，表明传统高耗能行业和劳动密集型行业下行压力较大，速度效益和技术创新水平亟待提高。

第四节　提高我国工业发展质量的政策建议

2017 年是实施“十三五”规划的重要一年，是供给侧结构性改革的深化之年。在过去的 2016 年，经济形势总体缓中趋稳、稳中向好，经济运行保持在合理区间，质量和效益均有所提高，实现了“十三五”的良好开局。在工业领域，产业结构转型升级工作有序推进，两化融合工作大力推动，相关文件陆续出台，多方发力实施“中国制造 2025”。目前，“1 + X”规划体系编制完成，五大工程率先启动实施，钢铁等行业过剩产能化解以及“僵尸企业”处置等政策文件相继出台，2017 年预期将加强前期政策与发展规划的落实，细化相关指导意见的实施细则，推动分省“中国制造 2025”规划的制定与落实。改革必然带来阵痛，我国工业经济面临当前“三期叠加”的国内背景与日益严峻的国际经贸环境，以绿色工业、工业智能化为特征的产业结构升级离不开相关的财税和金融体制改革与政策扶持。面对逆全球化呼声的日益高涨，预期我国将面临外部贸易环境的恶化，出口压力加大，也需要相应贸易政策调整。

一、扎实推进“中国制造2025”，促进新旧动能转换

一方面，国际金融危机爆发后，以美国、德国为首的发达国家开始实施“再工业化”战略，谋求抢占制造业制高点，强化高端制造业的竞争优势。另一方面，印度、越南等发展中国家也开始积极参与全球产业再分工，发挥劳动力等方面的成本优势，承接产业及资本转移。我国制造业面临这种“双向挤压”的严峻挑战，但同时也孕育了机遇。伴随着《中国制造2025》的出台，高端装备制造、智能制造、互联网及物联网等相关产业以及新的区域经济带孕育的优势产业将成为未来中国工业发展的中坚力量。

（一）加快产业结构调整优化，化解过剩产能

根据中央经济工作会议判断，当前产能过剩和需求结构升级矛盾突出，将继续以“三去一降一补”五大任务为抓手，深化供给侧结构性改革。在去产能方面，将继续推进钢铁、煤炭以及其他产能严重过剩行业的过剩产能化解工作。一方面，依托市场、法治办法，严格执行环保、能耗、质量、安全等方面的相关法律法规和标准，通过提高行业门槛淘汰落后产能，对于不适应转型升级的“僵尸企业”，创造条件推动企业兼并重组等方式予以处置。另一方面，结合“一带一路”倡议，鼓励工业企业“走出去”，预期国家将出台更多的政策措施加强对外开放，我国对外开放内容也将发生变化，转变原有以招商引资、扩大进出口贸易为主的开放形式，积极支持中国工业企业对外交流，输出产能与技术，提高出口产品附加值。此外，吸取既往化解钢铁、煤炭等行业产能过剩的经验，要慎防因为价格波动引发的已化解产能死灰复燃。

（二）坚持创新驱动发展，推进“1+X”体系细化落实

“1+X”规划体系包括“中国制造2025”规划本身以及相关配套规划及政策。目前，制造业创新中心、智能制造、工业强基、绿色制造及高端装备等五大工程实施指南已经发布。根据全国工业和信息化工作会议对2017年的工作部署，将重点推进制造业创新中心，围绕产业链部署创新链，围绕创新链完善资金链，打造创新生态系统，建设新型创新载体。推进工业强基工程，弥补核心基础零部件（元器件）、先进基础工艺、关键基础材料和产业技术基

础等工业基础能力的短板，大力拓展重大技术装备及工业“四基”应用。实施高端装备创新工程，抓好高档数控机床与基础制造装备、大飞机、“两机”等国家科技重大专项。上述工程的核心在于创新能力的提升，创新已成为中国由工业大国向工业强国转型的必由之路，只有通过创新驱动才能实现工业产品质量和工业企业效益的双重提升，创新激励将成为未来政策工具的核心着力点。

（三）推动制造业与互联网融合，制造强国政策体系成型

新一代信息技术的发展为工业转型升级提供了契机。一方面可以促进制造业的生产智能化，发展智能制造，另一方面可以促进制造业服务能力的提高，发展服务型制造。为推动制造业与互联网融合，加快新旧发展动能和生产体系转换，2016 年 5 月《关于深化制造业与互联网融合发展的指导意见》（国发〔2016〕28 号）出台。该文件与此前出台的《中国制造 2025》《关于积极推进“互联网 +”行动的指导意见》形成了制造强国战略政策体系。预期未来将以激发制造企业创新活力、发展潜力和转型动力为主线，通过构建基于互联网的大型制造企业“双创”平台与为中小企业服务的第三方“双创”服务平台，培育壮大新业态新模式。在生产方面，深入实施智能制造工程，持续推进智能制造专项；在服务方面，利用互联网、物联网等信息技术，加强生产厂商与消费者的互动，针对消费端需求提供个性化定制型服务，推进服务型制造发展。

二、深入推进市场化改革，激发经济发展活力

党的十八届三中全会明确提出市场在资源配置中起决定性作用，是对政府与市场关系认识的进一步深化，将深入推进市场化改革作为改革的重要内容。在“供给侧结构性改革”思路的引领下，一方面通过推动“大众创业，万众创新”打造经济增长的新引擎，另一方面通过推动“放管服”改革，减少行业准入门槛，简化行政审批手续，减轻企业的体制成本。

（一）推动双创发展，激发市场活力

当前我国面临产能过剩与需求升级的突出矛盾，产业结构转型升级要求迫切。传统国有大型企业拥有较强的技术创新能力，但同时存在体制僵化、

创新束缚较多、市场需求反应灵活性差等弊端。推动“大众创业，万众创新”是培育和催生经济社会发展新动力、激发各类市场主体活力的必然选择，推动双创发展，将会在如下方面发挥重要作用：一是推动体制机制改革，大众创业培育了大量新兴市场主体参与竞争，这批市场主体具有体量小、灵活性强等特点，体制约束少、管理模式创新空间大，同时对市场需求反应快速灵活，有助于新业态新模式培育；二是激发技术创新活力，万众创新有助于激发全社会的创新活力，大型企业可以利用互联网开展技术研发的外包，广泛调用社会创新资源，同时，在互联网等信息技术领域，大批创新人才可以通过双创平台完成技术研发，提供多样化产品。围绕“大众创业，万众创新”，未来政策还会有如下侧重点：一是继续加快“众创空间”等平台建设，以现有的国家自主创新示范区、国家高新区、创业孵化园区为依托，加强高校及社会科研人员与企业的交流及工作对接，一方面通过技术、产品等研发外包，提高企业调动全社会创新资源的能力，另一方面降低新的科技成果的转化成本；二是加强体制创新，完善平台双创服务，理顺科技成果转化渠道，切实做好知识产权保护工作。通过推动双创发展，期望在工业领域实现良好的创新环境，既要有制造业创新中心等工程在重点领域攻坚克难，又可以依托大型制造企业“双创”平台与服务于中小企业的“双创”服务平台，激发全社会创新潜能，实现创新驱动发展。

（二）深化“放管服”改革，降低体制成本

2017 年中央经济工作会议强调，要深入推进简政放权、放管结合、优化服务改革。2016 年 5 月，国务院发布《2016 年推进简政放权放管结合优化服务改革工作要点》，文件指出，“放管服”改革内涵包括：简政放权，深化行政审批改革，继续加大放权力度，深入推进投资审批改革，扩大企业自主权，持续推进商事制度改革等；加强监管创新，构建事中事后监管体系，促进各类市场主体公平竞争；优化政府服务，提高“双创”服务效率，提高公共服务供给效率，提高政务服务效率，加快推动形成更有吸引力的国际化、法治化、便利化营商环境。具体到工业领域，预期未来将加快政府职能转变和“放管服”改革，探索编制工业和信息化部权力清单和责任清单，落实法治政府建设实施纲要，开展制造强国战略、网络强国战略配套立法研究。

三、稳妥推进财税金融体制改革，着力振兴实体经济

中国工业的转型升级，既要有效发挥市场机制的作用，同时也离不开政府产业政策的支持，其中财税、货币政策是政府宏观调控的有力工具。必要的财税扶持政策与金融体制的完善，将有助于减轻企业在转型升级中的负担，振兴实体经济。

（一）推进结构性减税，降低工业企业税收负担

随着全面营改增的完成，地方税主体税种缺失，抓紧提出健全地方税体系方案已成为下一阶段财税体制改革不容回避的任务。随着经济增速的回落，企业税负感日益加剧，结构性减税的压力加剧。另一方面，美欧等发达国家开展再工业化，通过减税吸引外部资本。上述国际国内环境导致国内企业税负感过重，甚至出现“死亡税率”的舆论观点并引发广泛关注。在这一大背景下，为促进中国工业的进一步发展，需要调整国内企业的税费负担，完善增值税税制，简并税率，降低税率水平。整理税收优惠政策，落实研发费用加计扣除、高新技术企业等所得税优惠政策，积极研究完善科技企业孵化器税收政策。

（二）加强财政支持力度，发挥政府引导作用

在当前三期叠加，经济进入新常态的条件下，中国工业转型升级面临着改革阵痛，其应对不仅需要有效发挥市场机制的作用，同时也离不开财政资金的支持。一是通过财政补贴，发挥政府引导作用，例如对高端装备制造企业引进国外的先进技术和高端设备予以财政补贴；制造业创新中心首次商业化的技术装备列入《首台（套）重大技术装备推广应用指导目录》的，通过首台（套）重大技术装备保险补偿政策，支持应用推广。二是通过财政相关基金支持，预期未来产业投资基金将发挥重要作用，要完善产业投资基金对于提升工业质量的目标，首先要规范政府在产业投资基金出资中的行为，制定政府出资的标准和方式，并建立退出机制；其次要对不同产业投资基金进行区分，通过政府资金撬动民间资本投入战略性新兴产业以及先进制造业领域；最后要对政府财政资金与产业投资基金的支持领域进行划分，避免财政金融资源的过分集中。

（三）推进产融合作，为工业升级提供融资支持

当前，实体经济与虚拟经济发展不平衡，振兴实体经济已成为未来的政策方向。工业企业，尤其是中小企业、民营企业融资难、融资成本高也要求相关金融领域改革推进。2016 年 7 月，产融合作试点城市申报工作开展，拟通过 3 年左右的时间，实现如下目标：产业信息与金融机构对接机制基本建立并有序运转，金融服务产业的能力进一步提高，产业与金融互动良好，重点产业健康发展，企业核心竞争力有效提升。扎实推进重点城市和重点企业开展产融合作试点工作，支持开展信用贷款、融资租赁、质押担保等金融产品和服务创新，为工业升级提供融资支持。未来将鼓励金融机构利用“双创”平台提供结算、融资、理财、咨询等一站式系统化金融服务，进一步推广知识产权质押，创新担保方式，积极探索多样化的信贷风险分担机制。

（四）完善 PPP 模式，撬动社会资本

近年来大力推动的 PPP 模式，极大程度上缓解了地方政府的债务压力，为地方政府开展基建投资，撬动社会资本提供了有效渠道。截至 2016 年底，我国 PPP 项目总入库数达 11260 个，总投资额 13.5 万亿，其中项目落地率达 31.6%。从 PPP 项目投资方向看，交通运输与市政工程分别占总投资额的 29.3% 和 28%，片区开放占比 10.36%，75% 以上的投资用于基础设施建设领域。伴随新型城镇化的推进，我国还需继续开展基础设施建设，2016 年 3 月《交通基础设施重大工程建设三年行动计划》涉及了 4.7 万亿投资额，预期未来 PPP 模式在基建领域将继续发挥作用。但为保障 PPP 模式的可持续运行，相关政策还需完善：一是法律保障政策衔接有待完善，PPP 模式与现行法律法规及项目审批存在冲突，导致项目面临合规问题；二是 PPP 模式投资对象所处的体制机制有待深化改革，如供水、管网等市政工程管理体制亟待改善，市场化程度较低，项目的预期回报难以有效吸引社会资本进入；三是项目实施有待规范，明股实债、小股大债等灰色操作蕴藏风险。

四、积极应对国际经济环境变化

在当前全球经济持续低迷情况下，世界面临的不确定性上升，虽然全球化仍是国际社会的主流共识，但反全球化思潮抬头，英国脱欧、特朗普当选

美国总统等都是去全球化潮流下的表象。去全球化浪潮下，我国出口贸易环境可能面临恶化，需要作出相应对策。

（一）紧密跟踪国际经贸环境变化，相机进行政策调整

世界金融危机以来，美国、欧盟等对华贸易摩擦加剧，贸易保护主义抬头。美国新任总统特朗普政策主张具有明显的去全球化色彩，预期未来中美贸易摩擦可能加剧，考虑到美国对华政策的示范效应，我国的出口贸易环境不容乐观。未来应跟踪美欧等贸易政策变化，为国内产业发展和对外经贸关系做好准备。对于美欧日等国对华发起的贸易调查，做好诉诸 WTO 争端解决机构的准备，维护自身权益。

（二）推进“一带一路”战略，构建多边贸易体制

虽然美国退出 TPP，但不意味着美国放弃重返亚太的战略，因此我国推进“一带一路”的总体战略仍不容乐观。预期新一届美国政府将随后通过双边谈判的形式重新与相关国家商议协定。但这一期间我国将获得提出新的更大范围的多边贸易投资协定的机会。我国将大力建设共同发展的对外开放格局，推进亚太自由贸易区建设和区域全面经济伙伴关系协定谈判，构建面向全球的自由贸易区网络。我国将继续推进“一带一路”倡议，扩大“一带一路”的“朋友圈”。

第三章　产业结构调整

2016年是“十三五”时期的开局之年，也是全面推进供给侧结构性改革“三去一降一补”五大重点任务的重要一年。虽然近年来我国工业整体增速进一步放缓，但与2015年相比，2016年工业企业效益呈现明显好转态势。在创新驱动战略、制造强国战略以及重大区域发展战略等国家宏观政策下，优化产业组织、促进技术升级、治理产能过剩、淘汰落后产能、优化产业布局等各方面政策环境持续优化，我国产业结构调整取得显著成效。2016年，高技术产业快速增长形成工业发展新动能，过剩行业“去产能”成为供给侧结构性改革工作的重要突破口，推动企业提质增效、增加高端供给成效显著，推动央企兼并重组成为国企改革和优化产业结构的重要抓手，区域发展战略的实施推动产业转移步伐进一步加快。2017年我国工业发展仍将面临“去”和“增”的双重挑战，钢铁、有色、建材、船舶等重点行业仍将为结构调整的重点领域。建议我国产业结构调整进一步提升自主创新能力，加强工业基础能力建设，强化“去产能”政策托底，消除跨区域企业兼并重组和产业协同的制度障碍，着力推进企业降本减负。培植新业态、形成新动力，通过调整存量、培育增量，进一步释放市场发展活力，实现我国产业发展的新旧动力接续和转换。

第一节　2016年我国产业结构调整取得的主要进展

一、高技术产业快速增长形成工业发展新动能

随着高技术产业规模的不断扩大，其对产业结构调整的引领、带动作用

不断增强，为产业结构优化升级提供了动力，经济增长新动能也快速形成。2016年，高技术产业增加值呈现快速增长，比上年增长10.8%，比规模以上工业快4.8个百分点，占规模以上工业比重为12.4%，比上年提高0.6个百分点；高技术制造业利润增长14.8%，增速加快5.9个百分点；装备制造业利润增长8.4%，增速加快4.4个百分点①。2016年，工业战略性新兴产业增加值同比增长10.5%，增速比规模以上工业快4.5个百分点。

从工业主要门类看，2016年1—12月份，规模以上工业增加值累计同比增长6%，按照行业大类分，其中医药、仪器仪表、汽车、电气机械和器材；计算机、通信和其他电子设备等制造业累计增加值增速分别达到10.8%、9.4%、15.5%、8.5%和10.0%，分别高出工业增加值增速4.8、3.4、9.5、2.5和4.0个百分点。

从工业主要产品看，2016年1—12月，我国工业机器人生产达72426台/套，同比增长34.3%；集成电路产量达1329.2亿块，同比增长21.0%；锂离子电池生产达784158.1万只，同比增长35.8%；光电子器件产量达亿只9301.1片（套），同比增长38.7%；电工仪器仪表产量达20411.7万台，同比增长18.5%。传统产业产品增速放缓明显，粗钢产品同比增长1.2%，平板玻璃产品同比增长5.8%，水泥同比增长2.5%。新兴产业产品快速增长带动我国产业产品结构升级。

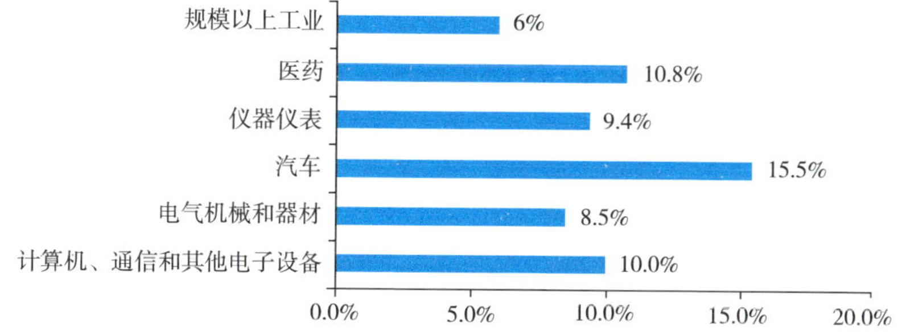

图3-1　2016年1—10月主要大类行业累计增加值增速

资料来源：国家统计局，2017年2月。

① 国家统计局数据。

从工业投资看，2016 年工业投资增速虽有所回落，但高技术产业投资保持快速增长。1—10 月份，工业高技术产业投资 18274 亿元，增长 12.7%，比工业投资高 9.7 个百分点；占全部工业投资的比重为 9.8%，比上年同期高 0.8 个百分点；2016 年全年高技术产业投资增长 15.8%，增速快于全部投资 7.7 个百分点。在高增长投资拉动下，高技术产业保持快速增长态势。随着制造强国战略将加快推进，制造业创新中心建设、工业强基、智能制造、高端装备创新等重点工程的落实为高技术产业发展提供强大推动力，新型、智能化、自动化设备和高端信息电子产品等新兴工业产品逐渐释放增长潜力，智能制造成为领军创新驱动的新引擎。高技术产业的快速发展成为工业增长新动能，加快推动我国产业竞争优势重塑。

二、过剩行业“去产能”成为供给侧结构性改革工作重要突破口

我国在近几年来实施积极的化解过剩产能政策，但由于部分行业产能过剩矛盾突出，去产能又是一项长期、复杂的工作，因此钢铁、煤炭、水泥等行业的长期积累的供需矛盾问题仍然没有得到根本解决。2016 年 2 月，国务院先后发布《关于钢铁行业化解过剩产能实现脱困发展的意见》和《关于煤炭行业化解过剩产能实现脱困发展的意见》，文件明确提出，从 2016 年开始，用 5 年时间再压减粗钢产能 1 亿—1.5 亿吨；用 3—5 年时间，再退出煤炭产能 5 亿吨左右、减量重组煤炭产能 5 亿吨左右。2016 年的去产能工作取得初步成效。根据中国钢铁工业协会数据，2016 年 1—8 月份全国已累计压减钢铁产能 3468 万吨，完成全年任务量的 77%。宝钢、河钢、首钢、武钢等众多钢企纷纷减产，通过企业控制产能释放，1—8 月全国累计生产粗钢 6.17 亿吨，同比下降 0.1%，生产生铁 6.17 亿吨，同比下降 0.5%，生产钢材 6.17 亿吨，同比下降 0.5%，全国钢铁产量有所减少；钢铁价格也呈现触底反弹，到 9 月末钢材综合价格指数为 75.56，比年初上涨 34.04%，与上年同期相比上涨 23.48%，大部分企业实现盈利。虽然当前产能过剩行业整体效益有所好转，但市场仍处于供大于求状况，钢铁、煤炭等重点原材料价格仍处于低位，困难局面没有根本改变。2017 年，重点省份和地区继续积极采取行动，加紧落实去产能任务，例如钢铁大省河北提出，到 2020 年钢铁产能要压减到 2 亿吨

以内，煤炭大省山西、内蒙古等六省份也已经公布了未来3—5年内的煤炭去产能目标，计划削减产能总量已经高达3.3亿吨。随着从中央到地方层面加大去产能工作力度，化解产能过剩工作将全面深入推进。

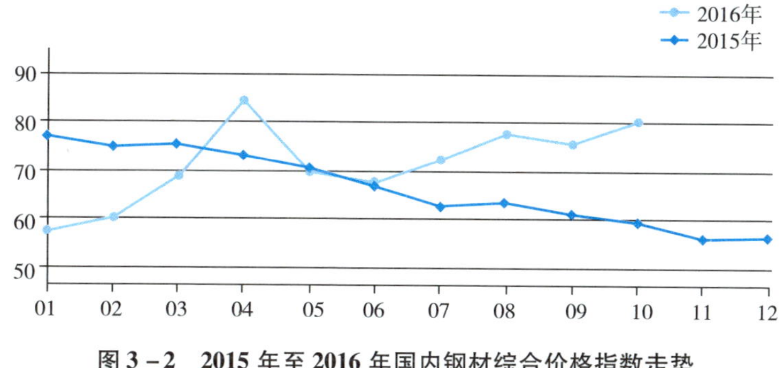

图3－2　2015年至2016年国内钢材综合价格指数走势

资料来源：中国钢铁工业协会，2016年11月。

三、推动企业提质增效、增加高端供给，促进制造业升级

当前，随着我国消费结构的不断升级，国内中高端消费供给短缺的问题较为突出，这导致“中国制造”发展后劲不足。在品牌咨询公司Interbrand公布的2015年“全球最佳品牌百强”排行榜中，只有华为（第88名）和联想（第100名）两个中国品牌，而美国拥有超过50%的品牌，我国企业在品牌设计、品牌建设和品牌维护方面的投入严重不足。国家监督抽查产品质量不合格率高达10%，出口商品长期处于国外通报召回问题产品数量首位。我国主导制定的国际标准占比不到0.5%，标准更新速度缓慢，“标龄”高出德、美、英、日等发达国家1倍以上。2016年，国务院办公厅先后发布了《关于开展消费品工业“三品”专项行动营造良好市场环境的若干意见》（国办发〔2016〕40号）、《发挥品牌引领作用推动供需结构升级的意见》（国办发〔2016〕44号）、《消费品标准和质量提升规划（2016—2020年）》（国办发〔2016〕68号）等文件，积极推进增品种、提品质、创品牌“三品”战略，加快质量安全标准与国际标准接轨，浙江、上海、山东、湖北等地区纷纷打出“品牌战略”，积极抢占品牌优势。2017年，我国将会加强消费需求集中的食品、家用电器、消费类电子、装饰装修、服装服饰、化妆品和日用化学

品、文教体育休闲用品等一般消费品领域的产品质量提升和标准体系建设，加大汽车、飞机、高端装备及工业机器人等领域自主品牌的培育，着力缩小和国际品牌差距，加强知识产权保护和运用，助力创新、创业，提升我国自主品牌的内在价值，推动产品结构升级和“中国制造”形象的提升。

四、推动央企兼并重组成为国企改革和优化产业结构的重要抓手

煤炭、钢铁、水泥、船舶等重点行业是供给侧结构性改革的重点部门，也是国有资产较为集中的行业领域，随着国企改革与结构性改革两大国家战略重叠面的增加，推进央企并购重组成为国企改革的一大主线，也是去产能、去杠杆、降成本、增效益的重要途径。自 2015 年初至 2016 年 10 月底，我国发生了 10 起央企合并案例，其中 2015 年 6 起，2016 年至今 4 起，整合成为目前的 103 家，例如南北车与中车、中国远洋与中国海运、五矿与中冶、宝钢和武钢等央企合并，行业覆盖轨道交通、航运、建材、有色、核电等。2016 年 7 月公布的《国务院办公厅关于推动中央企业结构调整与重组的指导意见》首次提出“四个一批”概念，明确了央企兼并重组的目标及重点工作，再一次拔高了兼并重组在国企改革全盘工作中的重要地位。2017 年，产能过剩行业的央企进行并购重组还存在很大空间，这些行业领域的央企重组很可能是政策调控的重点。

五、区域发展战略的实施推动产业转移步伐进一步加快

2016 年，“一带一路”、长江经济带建设和京津冀一体化三大发展战略取得显著成效，推动形成国内外区域协调发展的新格局。根据商务部数据，2016 年前三季度，中国与“一带一路”沿线国家的贸易额达到 6899 亿美元，在沿线国家建设了 50 多个境外的经贸合作区，累计投资 179 亿美元，签订的承包合同总额达 746 亿美元，中老铁路、土耳其东西高铁等一大批有影响力的标志性项目逐步落地，区域合作机制也迈出实质性的步伐。2016 年 3 月，国家发改委、科技部、工业和信息化部联合发布《长江经济带创新驱动产业转型升级方案》；9 月，《长江经济带发展规划纲要》正式印发，提出“一轴、两翼、三极、多点”发展格局，长江经济带沿线省市的产业聚集效应也在逐

渐显现。京津冀协同发展已经进入“快车道”。2016 年 6 月，工业和信息化部会同北京市、天津市、河北省人民政府共同制定了《京津冀产业转移指南》，京津与石家庄、唐山、沧州、保定、张家口、承德等城市开始共建不同形式、不同类型的产业园区，发展“飞地”经济，建立起协同创新机制，形成中关村“一园多地”的发展布局，京津冀交通、能源、信息等重大基础设施互联互通取得实质进展，加快要素市场一体化建设。三大区域发展战略的实施加快推进我国产业在更大区域内实现转移，在转移中实现调整升级，引领我国未来若干年区域结构发展新格局。

第二节　2016 年我国产业结构调整重点政策解析

一、优化产业组织政策

从目前我国出台的企业兼并重组政策来看，主要聚焦于促进钢铁、煤炭等产能过剩行业企业的兼并重组、中央企业的兼并重组以及“僵尸企业”兼并重组。

（一）促进传统产能过剩行业企业的兼并重组

近年来，我国传统行业，如钢铁、煤炭等行业产能严重过剩，扭曲了资源配置。通过兼并重组尤其是减量化重组可以有效去除部分过剩产能。

针对钢铁行业，我国出台了《关于推进钢铁产业兼并重组处置僵尸企业的指导意见》（国发〔2016〕46 号）、《国务院关于钢铁行业化解过剩产能实现脱困发展的意见》（国发〔2016〕6 号）等，鼓励有条件的钢铁企业实施跨行业、跨地区、跨所有制减量化兼并重组，重点推进钢铁产量大的区域的企业兼并重组，促进部分过剩产能退出。对重组“僵尸企业”、实施减量化重组的企业办理生产许可证时，优化程序，简化办理。设立工业企业结构调整专项奖补资金，按规定统筹对地方化解过剩产能中的人员分流安置给予奖补，引导地方综合运用兼并重组、债务重组和破产清算等方式，加快对“僵尸企业”处置，实现市场出清。6 月底，宝钢和武钢的重组正式开启，这是落实这些文件的一项重要举措。针对煤炭行业，《国务院关于煤炭行业化解过剩产能实现脱困发展的意见》（国发〔2016〕7号），鼓励减量化重组，鼓励大型煤炭企业兼并重组中小型企业，培育一批大型煤炭企业集团，支持社会资本参与企业并购重组，拓展并购资金来源，鼓励保险资金等长期资金创新产品和投资方式，参与企业并购重组。

（二）为企业并购重组提供资金支持

当前，企业融资难问题依然较为严重。八部委联合发布的《关于金融支持工业稳增长调结构增效益的若干意见》（银发〔2016〕42号），明确金融机构应加强对工业企业兼并重组和“走出去”的支持力度。该意见提出通过取消或简化兼并重组行政审批或许可，优化审核流程，充分发挥市场的决定性作用等手段来优化兼并重组政策环境。提出拓展兼并重组融资渠道，增强并购贷款、债券、股票等对企业兼并重组的支持力度，支持债务重组。对于工业企业“走出去”，该意见提出进一步提高“两优”贷款支持力度，支持生产型海外项目建设。企业可以采取政府和社会资本合作（PPP）方式进行境外项目合作。工业企业应用好“外保内贷”政策，“走出去”企业可以用境外资产和股权、矿权等权益为抵押获得贷款。

《国务院关于钢铁行业化解过剩产能实现脱困发展的意见》提出，在遵循风险可控、商业可持续的原则下，加大对化解过剩产能、进行兼并重组以及前景好、有效益的钢铁企业的信贷支持力度，支持各类社会资本参与钢铁企业并购重组。《国务院关于煤炭行业化解过剩产能实现脱困发展的意见》拓展并购资金来源，支持社会资本参与企业并购重组，鼓励保险资金等长期资金创新产品和投资方式，参与企业并购重组。

（三）央企、“僵尸企业”成为重点重组对象

中央企业通过兼并重组，推进混合所有制改革，促进企业做优、做强。国务院办公厅发布的《关于推动中央企业结构调整与重组的指导意见》（国办发〔2016〕56号），重点任务主要包括巩固加强一批、创新发展一批、重组整合一批、清理退出一批。意见提出要搭建重组平台，建立或改革国有资本投资、运营公司，优化国有资本布局，促进国有资本合理流动，对于企业中低效无效资产以及数量较多、规模较小、产业集中度低、产能严重过剩行业

中的中央企业，集中于国有资本投资、运营公司处理。对于重组整合，主要是推进强强联合，推进装备制造、建筑工程、电力、钢铁、有色金属、航运、建材、旅游和航空服务等领域企业重组；推动专业化整合，鼓励通信、电力、汽车、新材料、新能源、油气管道、海工装备、航空货运等领域的企业整合；加快推进企业内部资源整合；开展并购重组时，应以获取关键技术、核心资源、知名品牌、市场渠道等为主要目的。

《推动钢铁行业重组处置“僵尸企业”工作方案》（国发〔2016〕46 号）明确钢铁行业的“僵尸企业”的处理办法。浙江省发布的 2016 年促进企业兼并重组工作要点提出要大力推进“僵尸企业”的兼并重组。河北省提出对工艺技术较为先进、有品牌、有市场，但暂时陷入困境的企业，特别是产业集中度不高、同质化竞争严重行业中的困难企业，积极引入战略投资者通过市场方式实施兼并重组。对资不抵债濒临破产，但市场前景较好，有维持价值和再生希望的企业，鼓励债权人、股东依法进行业务重组和债务调整，优化内部管理和股权结构，帮助企业走出困境、恢复活力。

二、促进技术升级政策

2016 年，中央财经领导小组会议在“供给侧结构性改革”方案中提出要实施创新驱动战略，开辟供给空间。随之，国家出台《国家创新驱动发展战略纲要》《“十三五”国家科技创新规划》等系列指导性文件。由此可见，创新发展已经上升至国家战略高度，成为国民经济发展的关键之举，成为新时期经济发展的重要引擎。

（一）依托制造业创新中心建设，加大共性技术创新

2016 年 8 月，工业和信息化部等四部委印发制造业创新中心等 5 大工程实施指南，分别为制造业创新中心建设、工业强基、智能制造、绿色制造和高端装备创新 5 大工程实施指南，目的在于通过政府引导，形成行业共识，汇聚社会资源，突破制造业发展的瓶颈和短板，抢占未来竞争制高点。其中，制造业创新中心建设工程主要是为了完善制造业创新体系，提升制造业创新能力，以制造业转型升级、培育发展新动力的重大需求为导向，以集成优化创新资源配置为核心，以建立健全产学研用协同机制为手段，汇聚整合企业、

科研院所、高校等的资源及优势，突出协同配合，加强国际合作，打造贯穿创新链、产业链的制造业创新生态系统为主要载体展开攻关，突出我国关键共性技术的创新。

一是建设国家级制造业创新中心，逐行业解决关键共性技术需求。目前来看，中国制造业存在核心技术和共性技术竞争能力有限等为问题，另外还存在人才培养不足，缺少商业模式创新等短板。二是建设省级制造业创新中心，加强区域协同创新能力。按照《中国制造 2025 分省市指南》布局要求，重点产业集聚的省市可选择优势领域建设省级制造业创新中心，打造区域制造业创新平台。省级制造业创新中心应汇聚区域创新资源，探索多种产学研协同的组建模式，围绕区域性重大技术需求，探索实现多元化投资、多样化模式和市场化运作，打造新型研发机构。

（二）依托产业技术创新发展规划，强化企业技术改造

2016 年 10 月，工业和信息化部印发《产业技术创新能力发展规划（2016—2020 年）》（工信部规〔2016〕344 号），旨在加快推进产业技术创新能力发展。其中，规划提出虽然“十二五”时期，我国工业和信息化领域产业技术创新取得了显著成果，产业技术创新能力有了较大提升。但是我国产业技术创新能力发展仍存在一些亟待解决的问题，主要表现在：技术创新能力与发达国家相比依然存在较大差距，部分关键核心技术及装备依赖进口；成果转化机制不灵活，科技对产业的贡献率较低，许多研发成果停留在实验室阶段或中试阶段；企业技术创新投入较低，组织机制尚不完善；协同创新模式较为单一，缺乏能够长久合作的机制；国家层面的创新支撑服务体系尚不完善，产业各方对产业共性关键技术的研发积极性不足，各类创新平台对于技术创新的支撑服务作用尚不明显。一是以建设制造业创新中心和公共服务平台建设为抓手着力完善产业创新体系。二是以强化企业技术创新主体地位为抓手逐步健全企业主导产业技术研发的体制机制。三是以协同创新和产业重大技术需求为抓手加大共性关键技术开发力度。四是逐步完善综合标准化体系，进一步提升企业知识产权运用能力。五是依托国家重大战略和《中国制造 2025 分省市指南》培育区域创新能力。

（三）依托国家知识产权类系列规划，加强知识产权和标准化体系建设

2016 年 12 月，国家知识产权局、工业和信息化部联合制定《关于全面组

织实施中小企业知识产权战略推进工程的指导意见》（国知发管字〔2016〕101 号），其旨在深入贯彻《国务院关于新形势下加快知识产权强国建设的若干意见》（国发〔2015〕71 号）、《国务院关于扶持小型微型企业健康发展的意见》（国发〔2014〕52 号），落实国家实施创新驱动发展战略和知识产权战略的部署，加快形成适应经济发展新常态的知识产权体制机制和发展方式，提高中小企业知识产权创造、运用、保护和管理能力。2016 年 12 月，国务院印发《“十三五”国家知识产权保护和运用规划》（国发〔2016〕86 号），其旨在深入实施《国务院关于新形势下加快知识产权强国建设的若干意见》（国发〔2015〕71 号），全面提升我国知识产权保护和运用水平，其中，规划一是明确知识产权保护和运用的目标。以改善知识产权保护环境、充分显现知识产权运用效益及大幅提升知识产权综合能力三点为主线，以建成一批知识产权强省、强市，建设知识产权强国为最终目标，以多维度细化的指标（如 PCT 量、计算机软件著作权登记数、万人有效发明专利数、知识产权使用费出口额等）为依据进行全方位多层次加快知识产权强国建设。二是以九大工程为抓手分解主要任务。分别通过实施知识产权法律完善工程、知识产权保护工程、专利质量提升工程、知识产权强企工程、知识产权评议工程、知识产权海外维权工程、知识产权投融资服务工程、知识产权信息公共服务平台建设工程及知识产权文化建设工程九大工程来实现主要任务及发展路径。

（四）依托促进科技成果转化法，加速转移转化科技成果

为加快实施创新驱动发展战略，落实《中华人民共和国促进科技成果转化法》，2016 年 2 月，国务院印发关于实施《中华人民共和国促进科技成果转化法》若干规定的通知（国发〔2016〕16 号），分别围绕促进研究开发机构、高等院校技术转移，促进研究开发机构、高等院校技术转移，营造科技成果转移转化良好环境三大主要任务来细化措施，推进产业技术升级和经济提质增效升级。一是技术转移方面，国家鼓励研究开发机构、高等院校通过转让、许可或者作价投资等方式，向企业或者其他组织转移科技成果；研究开发机构、高等院校应当建立健全技术转移工作体系和机制，完善科技成果转移转化的管理制度等。二是激励科技人员创新创业方面，明确了国家鼓励企业建立健全科技成果转化的激励分配机制，充分利用股权出售、股权奖励、股票期权、项目收益分红、岗位分红等方式激励科技人员开展科技成果转化；国家设立的研究开发机构、高等院校科技人员在履行岗位职责、完成本职工作的前提下，经征得单位同意，可以兼职到企业等从事科技成果转化活动，或者离岗创业等。三是营造环境方面，主要涉及加大对科技成果转化绩效突出的研究开发机构、高等院校及人员的支持力度；做好国家自主创新示范区税收试点政策向全国推广工作，落实好现有促进科技成果转化的税收政策等。

三、治理产能过剩政策

面对严峻的产能过剩问题，自 2010 年起我国便陆续发布与完善化解产能过剩矛盾的重要政策，诸如《国务院关于进一步加强淘汰落后产能工作的通知》（国发〔2010〕7 号）、《国务院关于化解产能严重过剩矛盾的指导意见》（国发〔2013〕41 号）、《国家发展改革委 工业和信息化部关于坚决遏制产能严重过剩行业盲目扩张的通知》（发改产业〔2013〕892 号）等政策，协调各部门积极开展化解产能过剩矛盾工作。2016 年，国务院办公厅、国家发改委、工业和信息化部、财政部等多部门化解产能过剩矛盾的政策主要集中在三个方面：发布重点行业化解产能过剩实现行业脱困发展的指导意见，不断完善人才安置、债务清算、金融支持、财政鼓励等配套政策，出台重点行业调结构促转型增效益的相关规划。

（一）重点行业化解产能过剩实现脱困发展的政策情况

根据《工业和信息化部 国家能源局联合公告2015 年各地区淘汰落后和过剩产能目标任务完成情况》（公告 2016 年第 50 号）资料显示，我国在电力、炼铁、炼钢、煤炭、水泥、有色金属、平板玻璃等 16 个行业仍存在较为严重的产能过剩问题，重点行业化解产能过剩问题势在必行。2015 年 12 月，中央经济工作会议将“去产能”作为 2016 年推进供给侧结构性改革的首要任务，去产能工作集中在开展淘汰落后、违法违规建设项目清理和联合执法三个专项行动；落实去产能的公示公告工作，严防落后产能死灰复燃；严控新增产能，防止边减边增。

2016 年 2 月，国务院办公厅连续发布《关于钢铁行业化解过剩产能实现脱困发展的意见》（国发〔2016〕6 号）、《关于煤炭行业化解过剩产能实现脱困发展的意见》（国发〔2016〕7 号）两项政策文件，对钢铁和煤炭两大产能严重过剩行业突破发展困局及实现去产能工作目标做出具体要求。2016 年 3 月，工业和信息化部与国家发改委联合发布《关于认定山西等六省区水泥在建项目的通知》（工信部联原函〔2016〕65 号）、《符合要求的水泥、平板玻璃建成项目名单》（中华人民共和国工业和信息化部 中华人民共和国国家发展和改革委员会公告 2016 年第 8 号），及工业和信息化部发布《高耗能落后机电设备（产品）淘汰目录（第四批）》（中华人民共和国工业和信息化部公告 2016 年第 13 号）等文件，坚决落实淘汰落后和过剩产能的相关工作。2016 年 8 月与 10 月，工业和信息化部针对水泥行业化解过剩产能发布《关于同意吉林省开展压减水泥过剩产能加快行业脱困转型发展试点的批复》（工信部原函〔2016〕306 号）与《关于进一步做好水泥错峰生产的通知》（工信部联原〔2016〕351 号）两项政策文件。2016 年 12 月，国家发改委、工业和信息化部、国家质量监督检验检疫总局、国家能源局、国家煤矿安全监察局五部门联合发布《关于坚决遏制钢铁煤炭违规新增产能 打击“地条钢”规范建设生产经营秩序的通知》（发改运行〔2016〕2547 号），严格控制钢铁煤炭等违规新增产能，淘汰落后产能，真正意义上解决劣币驱逐良币的问题。

（二）支持化解过剩产能的人才、财政等配套政策情况

坚决落实去产能相关工作，特别是在处置“僵尸企业”的过程中，人员安置与分流、企业债务、财政支持、金融扶持等方面的配套政策亟待完善与落实。2016 年 3 月，国土资源部发布《关于支持钢铁煤炭行业化解过剩产能实现脱困发展的意见》（国土资规〔2016〕3 号）文件，着重发挥国土资源在严格控制新增产能、支持过剩产能企业退出、转产和兼并重组方面的作用。2016 年 4 月，人力资源和社会保障部、发改委、工业和信息化部、财政部、民政部、国资委、全国总工会七部门联合发布《关于在化解钢铁煤炭行业过剩产能实现脱困发展过程中做好职工安置工作的意见》（人社部发〔2016〕32 号），主要解决钢铁煤炭严重产能过剩行业在去产能过程中人员安置与分流的问题。2016 年 7 月，工业和信息化部发布《关于印发工业绿色发展规划（2016—2020 年）的通知》（工信部规〔2016〕225 号）；8 月工业和信

息化部与环境保护部联合发布《关于印发〈水污染防治重点行业清洁生产技术推行方案〉的通知》（工信部联节〔2016〕275号），通过设定环保标准的手段完善淘汰落后产能退出机制。2016年底，中国银监会、发改委、工业和信息化部联合发布《关于钢铁煤炭行业化解过剩产能金融债权债务问题的若干意见》（银监发〔2016〕51号），着重解决钢铁煤炭行业去产能过程中面临的金融债权债务问题。至此，化解产能过剩工作的政策体系已初步完成。

（三）重点行业调结构促转型增效益的政策情况

除了以钢铁、煤炭两大重点行业为重点，专门发布行业化解过剩产能实现脱困发展的意见政策外，针对其他产能过剩行业，如有色金属、石化、建材、船舶、纺织、化纤等行业，中央层面着重行业调结构、促转型、增效益，陆续发布诸多行业调整升级规划。2016年3月与2017年1月，工业和信息化部发布《关于印发〈船舶配套产业能力提升行动计划（2016—2020年）〉的通知》（工信部装〔2015〕486号）与《六部门关于印发〈船舶工业神话结构调整加快转型升级行动计划（2016—2020年）〉的通知》（工信部联装〔2016〕447号），着重推进船舶行业转型升级，化解过剩产能。2016年5月，国务院发布《关于促进建材工业稳增长调结构增效益的指导意见》（国办发〔2016〕34号）。2016年10月至11月，工业和信息化部连续发布《关于印发建材工业发展规划（2016—2020年）的通知》（工信部规〔2016〕315号）、《关于印发有色金属工业发展规划（2016—2020年）的通知》（工信部规〔2016〕316号）、《关于印发石化和化学工业发展规划（2016—2020年）的通知》（工信部规〔2016〕318号）、《关于印发钢铁工业调整升级规划（2016—2020年）的通知》（工信部规〔2016〕358号）等政策，旨在促进建材、有色金属、石化和化工、钢铁等行业调结构、促转型、增效益的长远发展。2016年12月，国家发改委与国家能源局联合发布《关于印发煤炭工业发展“十三五”规划的通知》（发改能源〔2016〕2714号），工业和信息化部与国家发改委联合发布《关于印发〈化纤工业“十三五”发展指导意见〉的通知》（工信部联消费〔2016〕386号），为煤炭与化纤行业淘汰落后和过剩产能，引导行业加快转型升级奠定了政策基础。

四、淘汰落后产能政策

（一）结合环保、能耗、技术等政策要求推动淘汰落后产能

近年来，中央和地方政府层面不断推出淘汰落后和过剩产能的相关政策，各个部门采取一系列强有力的措施，通过经济、法律、行政等手段，贯彻落实《国务院关于进一步加强淘汰落后产能工作的通知》（国发〔2010〕7号）、《国务院关于化解产能严重过剩矛盾的指导意见》（国发〔2013〕41号）等政策，淘汰落后和过剩产能退出政策体系逐步建立与完善。2016年，中央层面更注重进一步完善落后产能退出协调机制，加强各个部门之间协调配合，加大环保、安全、能耗等执法力度，进一步加快推进淘汰落后产能工作。在能耗方面，2016年3月，工业和信息化部发布《关于印发〈2016年工业节能监察重点工作计划〉的通知》（工信部节函〔2016〕89号）和《高耗能落后机电设备（产品）淘汰目录（第四批）》（中华人民共和国工业和信息化部公告2016年第13号）两文件，6月，工业和信息化部、国家发改委联合发布《关于开展钢铁行业能耗专项检查的通知》（工信厅联节函〔2016〕386号）文件；在环保方面，2016年7月，工业和信息化部发布《关于印发工业绿色发展规划（2016—2020年）的通知》（工信部规〔2016〕225号）、《关于印发高效节能环保工业锅炉产业化实施方案的通知》（工信厅节函〔2016〕492号）两文件，着重推进绿色制造；在技术方面，2016年8月，工业和信息化部、环境保护部联合发布《关于印发〈水污染防治重点行业清洁生产技术推行方案〉的通知》（工信部联节〔2016〕275号）文件；在全面推进淘汰落后和过剩产能方面，10月，工业和信息化部、国家能源局联合发布《两部门联合公告2015年各地区淘汰落后和过剩产能目标任务完成情况》（公告2016年第50号），统计和公开2015年淘汰落后和过剩产能具体工作目标任务完成情况，各省（区、市）及新疆生产建设兵团均完成了2015年淘汰落后和过剩产能目标任务。

2017年2月，工业和信息化部、国家发展改革委员会、财政部、人力资源和社会保障部、国土资源部、环境保护部、农业部、商务部、中国人民银行、国家能源局、国务院国有资产监督管理委员会、国家税务总局、国家工

商行政管理总局、国家质量监督检验检疫总局、国家安全生产监督管理总局、中国银行业监督管理委员会等十六部门联合发布《关于利用综合标准依法依规推动落后产能退出的指导意见》（工信部联产业〔2017〕30号），旨在通过实现工作方式由主要依靠行政手段，向综合运用法律法规、经济手段和必要的行政手段转变；实现界定标准由主要依靠装备规模、工艺技术标准，向能耗、环保、质量、安全、技术等综合标准转变；建立市场化、法制化、常态化的工作推进机制，促进淘汰落后产能工作。

（二）规范重点行业生产，加快重点行业压减产能

严控行业准入申报、新增产能审批、规范行业生产秩序等行政手段是短期内快速实现淘汰落后产能的主要方式之一。2016年初，工业和信息化部陆续发布《〈铅蓄电池行业规范条件（2015年本）〉企业名单（第一批）》（中华人民共和国工业和信息化部公告2016年第5号）、《关于做好焦化行业准入公告企业监督检查和第十一批准入公告申报工作的通知》（工产业函〔2016〕52号）、《符合铝、铜、铅锌规范条件企业名单（第三批）》（中华人民共和国工业和信息化部公告2016年第7号）等文件，均是通过规范行业生产秩序，提高行业准入，加快淘汰落后技术、设备及产能。2016年3月，工业和信息化部、发改委联合发布《关于认定山西等六省区水泥在建项目的通知》（工信部联原函〔2016〕65号）、《符合要求的水泥、平板玻璃建成项目名单》（中华人民共和国工业和信息化部 中华人民共和国国家发展和改革委员会公告2016年第8号）两文件；8月工业和信息化部发布《关于同意吉林省开展压减水泥过剩产能加快行业脱困转型发展试点的批复》（工信部原函〔2016〕306号）文件；2017年2月，工业和信息化部发布《工业和信息化部关于同意河北省沙河市开展玻璃产业压减产能提质增效转型发展试点的批复》（工信部原函〔2017〕35号）政策，通过行政审批等必要的行政手段，严控新增产能，提高生产规范标准，加快淘汰落后产能。

五、优化产业布局政策

在2016年国家部委、各省、直辖市和自治区不断深化落实“一带一路”建设、京津冀协同发展、长江经济带三大战略，继续推动东、中、西、东北

地区四大板块协调发展，以支撑产业转移为重点，在产业布局、区域协作、园区建设、建设规划、金融服务等方面出台了不少相关配套政策。

（一）“一带一路”建设相关政策

2016年1月，国务院发布《国务院关于促进加工贸易创新发展的若干意见》（本段简称《意见》），强调推动劳动密集型产业优先向内陆沿边地区梯度转移，实现一体化集群发展。在《意见》影响下，部分省份相继出台配套文件，促进产业转移。2016年8月，在湖北省《关于促进加工贸易创新发展加快承接产业转移的实施意见》中指出要制定湖北省承接加工贸易转移项目指导目录和负面清单，明确发展方向和区域布局重点；要大力发展电子信息、移动通信、汽车及零部件、集成电路、海洋装备等先进制造业加工贸易；湖北各地要规划一批高起点特色鲜明的加工贸易产业集群（聚集区），引导湖北省汽车、电子信息、生物医药等支柱产业，重点进口关键零部件和原材料，扩大加工贸易出口。2016年9月，安徽省出台《关于促进外贸回稳向好的实施意见》，强调在加工贸易方面，抢抓国家鼓励加工贸易向中西部转移的政策机遇，综合运用财政、土地、金融等支持政策，主动承接加工贸易产业转移；鼓励转移到安徽省的加工贸易企业参与电力直接交易；鼓励金融机构为加工贸易梯度转移项目提供金融支持；国家级加工贸易梯度转移重点承接地要加快研究出台承接加工贸易产业转移的专项政策措施。

2016年8月，国家发改委发布《关于贯彻落实区域发展战略促进区域协调发展的指导意见》，指出促进产业有序转移与承接。本指导意见的出台是结合国家三大战略的推进与实施，充分发挥中西部和东北地区比较优势，落实和完善相关支持政策，加强对重点地区产业转移的政策引导，支持承接产业转移示范区建设，进一步优化产业空间布局，引导产业集聚发展。坚持市场导向，完善产业协作体系，尊重企业在产业转移中的主体地位，充分利用信息化手段推动区域产业结构优化调整，探索建立区域产业转移引导制度和区域产业链条上下游联动机制。充分发挥高新技术产业开发区在产业转移升级中的作用，积极推进产业技术协同创新，鼓励新业态新模式，发现和培育新的经济增长点。要严把产业承接准入门槛，加强重点用能企业节能监管，加大污染防治和环境保护力度，发展循环经济，推动产业转移、经济发展与资源环境相协调。

2016年9月，国家发改委就《中西部地区外商投资优势产业目录》修订稿征求意见，明确提出这一产业目录的主要原则是支持中西部地区承接产业转移，发展外向型产业集群。随着湖北、重庆、四川和陕西等第三批七个自贸区的设立，西部口岸逐步加大开放后，产品可以直接输送到国际市场，将明显节省人力物力成本，加速产业向西部转移。

2016年12月，广东省发布《促进粤东西北地区产业园区提质增效的若干政策措施》，强调省内产业转移，建立产业转移倒逼机制：建立用地倒逼机制，建立环保倒逼机制，建立产业转移项目库；强化产业转移政策支撑：引导加工贸易企业转移。鼓励珠三角产业转出市明确加工贸易项目转移原则及标准，省加大资金支持力度，培育和扶持一批加工贸易转移示范企业；加大产业转移帮扶力度，积极探索灵活多样的合作共建模式，支持双方本着互利共赢的原则签订合作协议，明确责任义务。

（二）京津冀协同发展相关政策

2016年2月，《“十三五”时期京津冀国民经济和社会发展规划》印发，是全国第一个跨省市的区域“十三五”规划，使京津冀地区未来五年的发展目标更加明确，把京津冀作为一个区域整体统筹规划，在城市群发展、产业转型升级、交通设施建设、社会民生改善等方面一体化布局，努力形成京津冀目标同向、措施一体、优势互补、互利共赢的发展新格局。

2016年6月，工信部和北京、天津、河北三地发布《京津冀产业转移指南》，坚持产业转移与产业转型升级、创新能力提升相结合，与培育产业集群竞争力、适应资源环境承载力相结合，不断调整优化区域产业布局，构建“一个中心、五区五带五链、若干特色基地”（简称“1555N”）的产业发展格局。推进财政和税收体制改革，建立产业转移项目投资共担和收益共享机制，落实《京津冀协同发展产业转移对接企业税收收入分享办法》，进一步简化纳税人跨省（市）迁移手续。建立京津冀产业转移对接平台，开展不同层次、不同行业、不同规模的产业转移对接活动，为政产学研用各方创建交流沟通平台。鼓励三省市共同出资，与社会资本合作成立产业投资基金，支持产业转移承接平台和承载园区建设。鼓励跨省市共建产业转移合作园区，创新合作体制机制，促进要素汇集、资源共享，实现互利共赢。建好产业园区。按照总体导向要求，京津冀各产业园区（基地）要依托现有产业基础，将承接新产业与淘汰落后产能、处置“僵尸企业”相结合，将谋求新发展与转型升级相结合，合理确定主导产业和发展方向，做好园区发展规划并同步开展规划环境评价工作，引导相关产业向园区转移集聚，形成与资源环境承载力相适应的产业空间布局。

（三）长江经济带相关政策

2016 年 3 月，国家发改委发布《长江经济带创新驱动产业转型升级方案》，根据长江沿线各个城市地方产业特征，从产业转移和优化布局的角度提出：（1）以产业链为整体，加强上中下游产业互动，推进区域协同发展。结合重大生产力布局规划、主体功能区定位，坚持政府引导和市场机制相结合、产业转移与升级相结合、优势互补与互利共赢相结合、资源开发与生态保护相结合，创新园区合作管理模式和运作机制。推进安徽皖江城市带、江西赣南、湖北荆州、湖南湘南、重庆沿江、四川广安等国家级承接产业转移示范区建设。搭建区域间产业转移促进服务平台，推动区域间的园区跨省市合作共建，引导长江经济带地区间产业合作和有序转移。（2）综合运用产业政策、土地政策、环境容量和资源配置等手段，加强产业转移的政策引导和宏观调控。在长江上游地区，坚持要素成本优势与市场优势双轮驱动，高起点、有针对性地承接下游产业转移，重点推动与中下游省市园区合作，形成长江上游地区与中下游地区互动型发展模式；在中游地区，鼓励中游地区产业积极承接下游地区产业转移，支持湖北荆州、湖南湘南、江西赣南、皖江城市带等国家级承接产业转移示范区建设；长江下游地区，围绕产业高端化、服务化、知识化、低碳化发展的要求，加强与中上游地区合作，鼓励高能耗、高污染行业向外转移。

（四）振兴东北老工业基地相关政策

东北地区一直以来是我国工业的摇篮和重要的农业基地，是全国经济的重要增长极，当前阶段，东北地区空间结构优化明显依赖于区域内工业城市的建设和发展。在京津冀协同发展、“一带一路”建设战略背景下，“十三五”时期是推进东北老工业基地全面振兴的时期，为适应把握引领经济发展新常态，贯彻落实发展新理念，努力克服东北地区经济下行压力增大、体制机制问题进一步显现、经济增长新动力不足和旧动力减弱的结构性矛盾突出等问题，2016 年，中共中央、国家部委及东北地方政府相继出台促进东北振兴发展的政策。

中共中央、国务院于 2016 年 4 月，出台《关于全面振兴东北地区等老工业基地的若干意见》。到 2020 年末，东北地区产业转移及优化布局可以从以下几方面取得突破：（1）与周边国家和地区积极扩大合作，支持企业“走出去”。扩大与俄罗斯、蒙古、朝鲜、韩国、日本等周边国家的边境贸易，创新边贸方式，实现边境贸易与东北腹地优势产业发展的互动，促进东北进出口贸易水平不断提高；支持有实力的龙头和优势产业、骨干产品“走出去”，重点推进国际产能和装备制造合作，培育开放型经济新优势。加快推动东北地区通关一体化。（2）积极主动对接京津冀等经济区构建区域合作新格局。与京津冀地区融合发展，在创新合作、基础设施联通、产业转移承接、生态环境联合保护治理等重点领域取得突破，加强在科技研发和成果转化、能源保障、统一市场建设等领域务实合作，建立若干产业合作与创新转化平台。支持辽宁西部地区加快发展，打造对接京津冀协同发展战略的先行区。（3）全方位区域合作。加强与山东、河北环渤海地区的经济联系，积极推进东北地区与山东半岛经济区互动合作；支持东北地区与长江经济带、港澳台地区加强经贸投资合作；深化东北地区内部合作，完善区域合作与协同发展机制，支持省（区）毗邻地区探索合作新模式，规划建设产业合作园区。

2016 年 10 月，辽宁省发布《加快推进辽宁老工业基地新一轮振兴发展三年滚动计划（2016—2018 年）（修订稿）》，推动辽宁与京津冀地区在科技研发和成果转化、产业转移承接等重点领域开展合作，打造若干合作平台。建设面向京津冀地区清洁能源输出基地。积极推动辽宁西部地区打造对接京津冀协同发展战略先行区并开展务实合作。

（五）城市发展等区域相关政策

1. 国家发改委出台系列城市群发展规划

2016 年国家发改委发布系列城市群发展规划，促进产业转移，优化产业布局，促进区域协调发展。2016 年 3 月发布《哈长城市群发展规划》，要求进一步增强哈尔滨、长春的集聚和辐射能力，促进两市分工协作、互动发展，提升服务和开放功能，引领带动周边地区产业转移和要素流动，促进区域协同发展。2016 年 4 月发布《成渝城市群发展规划》，以成都和重庆为发展中心：加快推进新型工业化进程，培育壮大新动能，加快发展新经济，实施“互联网 +”行动计划，创新承接产业转移，发展壮大先进制造业和现代服务业，打造全国重要的先进制造业和战略性新兴产业基地。在长江经济带发展战略机遇下，该规划为进一步协调成渝地区发展、承接产业转移和优化产业布局方面起到巨大的推动作用，特别提出加强长江中下游地区合作，使成渝地区成为中西部地区的重要经济增长极。

2. 加强与长江中游和长三角城市群的合作

依托长江黄金水道为主的综合立体交通走廊，加强与中下游港口协作，优化沿江经济产业布局，扩大沿江物流、人流、信息流和资金流流动，有效承接产业转移和人口回流。各地方政府之间积极主动消除行政壁垒，建立共同市场。将江津、永川、泸州地区定位于承接重庆主城区产业转移，共建基础设施和产业园区，加强电子政务、电子商务合作，推进信息资源共享，推进公共服务和社会管理合作。在铜梁、潼南、资阳地区，以打通“断头路”为重点，加快规划衔接和基础设施一体化建设，共同打造承接产业转移集中区。在荣昌、内江、泸州之间合作共建川渝合作高新技术产业园，积极承接产业转移，重点布局装备制造、生物医药、新材料、电子信息等产业。

2016 年 6 月发布《长江三角洲城市群发展规划》，在合肥、南通、扬州、泰州、宁波、绍兴、台州、芜湖、马鞍山、滁州、宣城等城市，要积极发展特色产业，有效承接产业转移，合理布局产业空间，促进产城融合，提升公共产品和公共服务水平，营造宜居环境，提高人口吸引集聚能力。

2016 年 12 月发布《中原城市群发展规划》，强调高水平承接产业转移，建立国家级承接产业转移示范区，以郑州为中心积极推动国际服务业产业转移。（1）要求推进有条件的地区有力有序承接符合环保标准和市场需求的国内外先进产业转移，探索产业承接发展新模式、新路径，促进产业转型升级和产城融合发展，强化节能减排和环境保护，着力优化产业发展环境，培育新的经济增长点。建立健全产业转移推进对接机制，重点依托省级以上开发区、产业集聚区、海关特殊监管区域等载体，建设一批沿海产业转移的重点承接地，办好高水平的产业转移系列对接活动。创新承接产业转移方式，推行园区整体开发的集群引进模式。支持有条件的地区创建国家级承接产业转移示范区。（2）加快推进郑州中国服务外包示范城市建设，引进国内外知名企业，承接国际服务业产业转移。积极承办国际性会议（展），共建中原城市群联合招商和商贸合作平台。提高河南国际投资贸易洽谈会、中国国际徽商大会、郑州产业转移系列对接活动等既有大型活动知名度。

3. 泛珠三角区域合作得到深化

泛珠三角区域包括福建、江西、湖南、广东、广西、海南、四川、贵州、云南等九省区和香港、澳门特别行政区，拥有全国约五分之一的国土面积、三分之一的人口和三分之一以上的经济总量，是我国经济最具活力和发展潜力的地区之一，在国家区域发展总体格局中具有重要地位。

2016 年 3 月国务院发布《关于深化泛珠三角区域合作的指导意见》，指出引导产业有序转移承接。以国家级、省级开发区为主要载体，建设承接产业转移示范区；加大对加工贸易梯度转移承接地的培育支持力度；建立产业转移跨区域合作机制，制定产业转移指导目录，明确产业承接发展重点；积极支持东部沿海地区产业及国内外知名企业生产基地向中西部地区有序转移，促进产业组团式承接和集群式发展。

李克强在 2017 年的《政府工作报告》中强调，“要推动内地与港澳深化合作，研究制定粤港澳大湾区城市群发展规划，发挥港澳独特优势，提升在国家经济发展和对外开放中的地位与功能”。香港、澳门和珠三角 9 市（广州、珠海、中山、佛山、江门、肇庆、深圳、东莞、惠州），2016 年 GDP 总量超过 1.3 万亿美元，港口集装箱年吞吐量超过 6500 万标箱，机场旅客年吞吐量达 1.75 亿人次，是亚太地区经济最具活力、最具发展潜力的地区之一①。在“一带一路”背景下，粤港澳大湾区城市群建设和泛珠三角区域协调发展将具有巨大的发展潜力。为配合国务院《关于深化泛珠三角区域合作的指导意见》的实施，琼、滇、湘、赣、闽、桂、贵、川等省份纷纷相继出台实施意见。

① 中国政府网：《〈政府工作报告〉里有个“湾区”，是个啥概念?》2017 年 3 月 9 日，见 http://www.gov.cn/xinwen/2017-03/10/content_5176060.htm#1。

六、工业设计发展政策

（一）国家层面的政策

我国政府十分重视对工业设计乃至创新设计发展的引导和支持。在实施创新驱动发展战略，推动贯彻落实《中国制造 2025》，促进大众创业万众创新方面，工业设计作为创新设计的重要内容，在多部政策文件中均有体现，工业设计的发展进入到了一个新阶段。

在提升经济发展核心竞争力方面，2016 年 11 月 29 日，国务院印发了《“十三五”国家战略性新兴产业发展规划》（国发〔2016〕67 号）（本段简称《规划》）。《规划》中明确指出，提升创新设计水平。挖掘创新设计产业发展内生动力，推动设计创新成为制造业、服务业、城乡建设等领域的核心能力。聚焦在工业设计层面，《规划》强调要强化工业设计的引领作用。此外，《规划》还将创新设计发展工程列为战略性新兴产业在“十三五”时期实施的 21 项重大工程之一。

在延伸产业价值链方面，2016 年 7 月 12 日，工业和信息化部、国家发改委和中国工程院联合发布了《发展服务型制造专项行动指南》（工信部联产业〔2016〕231 号）。文件着力推动实施设计服务提升行动、制造效能提升行动、客户价值提升行动和服务模式创新行动等四项主要行动。在设计服务提升行动中首先强调的就是推动创新设计发展，通过制订制造业创新设计发展行动纲要，加快工业设计发展，鼓励工艺装备创新设计，建设创新设计公共服务平台等措施加以保障。

在推动工业文化发展方面，2017 年 1 月 6 日，工业和信息化部联合财政部印发了《关于推进工业文化发展的指导意见》（工信部联产业〔2016〕446 号）。文件中，推动工业设计创新发展是发展工业文化产业的一项重要内容。通过对工业设计产品、平台、企业、产业的相关扶持，发展体现中国实力和文化魅力的设计产品和设计服务。

（二）地方层面的政策

2016 年，随着各地对于《中国制造 2025》的深入贯彻落实，对于服务型制造宣贯推广和生产性服务业相关内容的实施的深入推进，各地加深了关于工业设计对于促进产业发展的重要作用的认识，各地政府所出台的相关支持政策也较往年有所增多。部分经济较为发达的地区已逐步由支持工业设计延伸为促进当地创新设计的发展阶段上。

2015 年 12 月 9 日，北京市经济和信息化委员会发布了《〈中国制造 2025〉北京行动纲要》，明确提出了大力发展生产性服务业，以工业设计、产品检测认证、标准创制和垂直领域电子商务为重点，建设一批生产性服务业公共平台。同时文件聚焦发展设计创意产品等五类产品，推动文化、科技与制造融合，发展高附加值创意设计产品，重点发展工业设计、工程设计、集成电路设计、软件设计、数字内容等产品，将文化资源优势和工业遗产资源有机结合，发展工艺美术、个性化消费品等都市产品①。

天津市在广泛征求意见后，于 2016 年 10 月 28 日出台了《天津市工业和信息化委关于加快推进工业设计发展的指导意见》（津工信产业〔2016〕11 号），明确了本市工业设计发展的指导思想、发展目标、发展方向及重点领域，目前已下发各区工业和信息化主管部门和各工业集团并加大宣贯力度，系统推进工业设计工作。

2017 年 1 月 9 日，上海市经济和信息化委员会印发了《上海创意与设计产业发展“十三五”规划》（沪经信都〔2017〕22 号）②，上海每年将安排专项文化创意产业发展资金，支持企业工业设计中心、设计创新服务平台、设计众创空间等项目建设，其中直接用于工业设计的项目资金在亿元以上。

2016 年 9 月 2 日，江苏省经济和信息化委员会印发了《江苏省“十三五”工业设计产业发展规划》（苏经信运行〔2016〕558 号）③，围绕工业设计与制造业融合发展主线，以设计成果引领企业竞争力提升、服务产业转型为导向，提出江苏工业设计的发展目标、重点任务和保障措施。到 2020 年，全省工业设计产业增加值将突破 1000 亿元，建成 10 家国家级工业设计中心、200 家省级工业设计中心，培育 100 家具有较强市场竞争力的工业设计企业。

2016 年 6 月 15 日，浙江省经济和信息化委员会发布了《浙江省工业设计

---

① http：//news. xinhuanet. com/2015 - 12/09/c_ 1117409821. htm.

② http：//www. shanghai. gov. cn/nw2/nw2314/nw2319/nw12344/u26aw51073. html.

③ http：//www. jseic. gov. cn/xxgkjxw/xxgkjxwlm/201610/t20161010_ 206297. html.

产业“十三五”发展规划》[①]。2016年12月2日，在首届世界工业设计大会召开之际，浙江省政府与工业和信息化部签订了《关于共同推进浙江省工业设计产业发展的战略合作协议》。“十三五”期间，浙江省将借与工信部签订部省共同推进工业设计产业发展的战略合作协议的有利时机，努力抓主体培育、抓创新、抓平台、抓人才、创环境，进一步推进本省工业设计快速发展。

2016年10月12日，福建省经济和信息化委员会印发了《福建省工业设计发展行动方案（2016年—2020年）》（闽经信服务〔2016〕535号）（以下简称《行动方案》）[②]。文件明确今后5年全省工业设计工作目标、主要任务和保障措施。《行动方案》明确提出到2020年的发展目标：在全省建成80家以上省级工业设计中心，其中国家级工业设计中心10家以上；重点支持建设和完善5个以上工业设计园区，支持工业设计园区建设工业设计公共服务平台，服务园区入驻企业；支持建设和推广30项以上工业设计与制造业企业融合对接示范项目。为确保以上工作目标全面完成，《行动方案》还从加大专项资金扶持力度、强化工业设计人才队伍建设、加强知识产权保护、营造良好的工业设计产业发展环境、协调落实工业设计优惠政策等方面提出了具体的保障措施。

2016年4月8日，江西省工业和信息化委员会印发了《江西省工业设计发展三年行动计划（2016—2018年）》（赣工信产业字〔2016〕141号）[③]，提出了工作设计的总体思路、主要目标和六大重点任务，并从组织保障、资金扶持、政策引导、协调推进等方面给予保障实施。力争到2018年，全省工业设计产业发展水平和服务水平显著提高，拥有1—2家国家级工业设计中心，认定30家左右省级工业设计中心，引进和培育50家专业设计企业，打造5家省级工业设计示范区；研发工业设计重大创新成果100项以上；工业设计高等教育和职业教育取得较大发展。此外，江西省于2016年3月出台了《江西省级工业设计中心认定管理办法（试行）》，提出了企业工业设计中心、工业设计企业、工业设计基地的基本条件和认定程序。认定了10个省级工业设计

① http：//www. zjjxw. gov. cn/art/2016/12/14/art_ 1086962_ 4404744. html.

② http：//www. fujian. gov. cn/zc/zxwj/bmwj/201610/t20161025_ 1224000. htm.

③ http：//www. jxciit. gov. cn/Item/42414. aspx.

中心，发挥示范带动作用，引导企业重视工业设计中心建设，促进工业设计创新发展。3月，江西省还出台了《江西省工业设计发展专项资金操作办法》（赣工信产业字〔2016〕72号）①，规范和加强省级工业设计发展专项资金的管理，明确了专项资金重点用于支持企业创建设计中心，扶持工业设计领域重点企业、重大项目和推广活动。

2016年3月28日，山东省人民政府印发了《〈中国制造2025〉山东省行动纲要》（鲁政发〔2016〕9号）②。关于工业设计的政策支持，提出发展服务型制造工程，结合不同产业特点，推进制造延伸服务链条，大力发展工业设计、总集成总承包、个性化定制、全生命周期管理、产品远程故障诊断、远程在线运行维护等新型业态。

2016年1月11日，广西壮族自治区工业跨越发展领导小组办公室印发了《关于加快我区工业设计发展的指导意见》（桂跨越办〔2016〕1号）③，对促进广西工业设计产业发展、工业设计创新有积极作用。从中也可以看出部分中西部地区对于工业设计的认识正在逐步加深并不断加以重视。

2016年10月14日，重庆市经信委、重庆市发改委、重庆市科委、重庆市商务委联合发布了《重庆市发展服务型制造专项行动计划（2016—2018年）》（渝经信发〔2016〕75号）④，行动计划明确指出，全面提升工业设计能力，推进工业设计中心以及工业设计公共服务平台建设，加强企业与工业设计机构对接，促进设计资源开放共享和工业设计成果转化，支持万众创新，通过创新设计提高产品技术附加值和竞争力。重庆市人民政府还出台了《重庆市人民政府办公厅关于加快发展战略性新兴服务业的实施意见》，确定了以设计研发为重点的十大战略性新兴服务业。在工业设计具体工作方面，重新修订了《重庆市市级工业设计中心认定管理办法》并制定专门的扶持政策，加大对设计中心特别是国家级中心的奖补力度。

2016年6月16日，云南省工业和信息化委员会印发了《云南省工业设计

① http：//www. cnqyzc. com/News. aspx? id =21459.

② http：//news. sdchina. com/show/3752019. html.

③ http：//www. gxgxw. gov. cn/CommonPage/ArticleDetails. aspx? articleId = b981b423 – cd78 – 4905 – 8561 – 5ce2fc40c2ee.

④ http：//wjj. cq. gov. cn/xxgk/xzgw/81870. htm.

中心认定实施方案》①，努力培育一批创新设计企业和搭建一个创新设计平台。结合“双创”活动，培育一批众创、众包等网络化创新设计平台和创新设计企业。开展多层次、多渠道、多方式的工业设计机构和制造业企业的对接活动，加快设计（创意）成果的转化、运用和推广，提升本省工业创新设计能力，提高消费品文化附加值，引领消费需求。

在工业设计职业资格制度建设方面，广东省走在了全国前列。在全国率先构建了工业设计职业资格（专业技术人员）制度试点的专业能力评价以及基于工业设计职业技能鉴定的评价体系。在职称序列方面，广东省在全国率先评出了37名高级工业设计师，目前已有865人通过考试取得了工业设计高级、中级和初级资格。在职业技能鉴定方面，将评价与职业教育有机结合，将技能资质与国际认证结合，走出了一条独特的人才评价路径。

第三节　2017年我国产业结构调整面临的形势

一、工业基础能力薄弱成为产业升级的关键制约

基础材料、基础零部件（元器件）、基础工艺和产业技术基础（以下简称“四基”）构成了整个工业的基础能力，这些基础环节的缺失造成我国工业长期依赖进口，工业基础能力的问题解决不好，导致整个制造业的提升受到制约。从基础材料方面，我国在高性能不锈钢和镍基合金两种材料领域的产量远远无法满足国内发展的需要，目前世界高性能不锈钢产量约为30万吨，而中国产量只有1万吨。长期以来，我国缺“核”少“芯”的问题一直存在。目前国内近八成的芯片依赖进口，其中高端芯片进口率超过九成，芯片也超过石油成为国内第一进口大户。在2015年银行卡“磁条卡换芯”工作中，仅荷兰恩智浦一家公司就占据我国超过95%的市场份额，剩余市场也被德国英飞凌与韩国三星等国际巨头瓜分。在软件方面的操作系统等基础软件基本上

① http：//www. ynetc. gov. cn/Item/13405. aspx.

都由国外掌控，光纤光缆生产所需的四氯化硅等关键材料严重依赖欧洲和日本企业。其他基础零部件也是如此，例如滚动轴承的40多项国际标准没有一项是我国轴承行业主持执行或参与制定的，甚至圆珠笔头上的圆珠也仍然需要进口。

二、"去产能"工作存在较大困难和风险

本轮"去产能"要比以往面临更多的风险，但可用政策工具的实际调控能力相对却弱化，处置起来尤为困难。一是职工安置风险，能否妥善安置这些职工将成为"去产能"工作能否顺利进行的关键。虽然国家已经制定实施了内部安置、外部转岗、扶持创业、内退和公益性岗位"托底"等安置职工的政策，中央财政资金拿出1000亿元主要用于职工安置，但操作起来困难依然很大。钢铁等产能严重过剩行业职工长期以来存在职业惯性，一方面现有技能无法适应新的岗位，另一方面很多人年龄偏大力不从心，心理上无法接纳转岗，如处理不好，引发职工不满，就可能造成群体性事件，影响社会稳定。二是债务风险。钢铁、煤炭等产能严重过剩的行业都属于高负债率行业，不仅欠银行的债，还可能欠其他企业甚至是一些民间资本的债，特别是一些民营钢铁企业，由于获得银行贷款相对困难，很可能会大量向民间资本借债，并形成连环债，一旦某一个环节破裂，会引发金融系统连锁反应。因此，银行及其他债权人一般不希望企业走破产清算的道路，地方政府部门也不敢轻易让企业破产清算，这些都给落后产能退出带来巨大阻力。

三、地区工业经济增速两极分化进一步加剧

2016年全国各省市区工业经济增长稳中趋缓，同时地区两极分化的问题仍在加剧。从工业增速来看，1—12月份，东部地区的天津、江苏、浙江、福建、山东、广东等省份的工业增加值增速高于全国6%的平均水平，分别达到8.4%、7.7%、6.2%、7.6%、6.8%和6.7%；中西部地区的重庆市达到了10.3%的工业增加值增速，位列全国第二（西藏位列第一）；而东北地区增长缓慢，辽宁省呈现-15.2%的负增长，比去年同期的-4.8%的增速继续下调了10.4个百分点，黑龙江省增速2.0%，低于全国水平4.0个百分点；山西

省工业增加值增速为1.1%，低于全国平均水平4.9个百分点。从数据看，产业结构合理、转型升级超前的地区，经济保持了持续健康发展，而以石油、煤炭、钢铁等重化工业为主要支柱产业的地区，受传统原材料产业持续低迷的影响导致工业增长动力不足。虽然一个地区的产业结构在发展过程中存在一定惯性，但产业结构单一地区加快产业结构调整已经刻不容缓。

四、中西部地区承接产业转移面临诸多不利因素

在“京津冀一体化”“长江经济带建设”等诸多国家战略深入推进的大背景下，我国区域产业转移的步伐也在逐步加快。但随着经济下行的压力加大，劳动力成本的持续上升，不少企业为维持利润空间和市场竞争力，采取裁员降薪等措施，中西部地区人才吸引力逐渐下降，劳动力市场收窄，抑制了部分产业向中西转移的动力。2016年1—10月，黑龙江、山西、青海、宁夏等中西部省份的累计固定资产投资都是个位数增长，辽宁省固定资产投资累计增长甚至达到-63.7%的负增长，而在东部等其他地区大部分省份的固定资产投资都达到两位数的增速。中西部地区的物流成本、产业配套、基础设施条件以及法律法规和市场环境等因素尚待进一步完善，公共服务能力也有待进一步提升。在推动产业转移的政策执行方面，多采取建园区、搭平台等方式，区域特色优势及差异化发展战略不明晰，减缓了地区间产业转移的步伐。

五、企业普遍经济效益下滑为转型升级带来压力

2016年度，工业亏损企业累计45008家，比上年同期增长0.2%，亏损数占到全部工业企业总数的15%左右。其中，国有工业企业亏损833家，比上年同期增长1.2%，占国有工业企业总数的三分之一以上。中国中小企业协会公布的2016年第四季度中国中小企业发展指数（SMEDI）为92.5，由降转升，比上季度上升0.2点，总体平稳趋强，但中小企业发展指数低位小幅波动的态势将持续。随着企业的利润空间收窄，企业降本增效的压力逐渐加大。2016年度，规模以上工业企业每百元主营业务收入中成本为85.5元，略低于上年同期的86.0元，但工业企业生产成本上升的总体趋势并没有得到根本转

变。发改委公布的数据显示，中国中小企业融资成本长期居于高位；中国社会物流总费用与 GDP 的比率在 16% 以上，物流费用占企业主营业务收入的比重至今未低于 8%，这些指标均高于同期的美国、日本等国。为企业降成本成为支持实体经济发展的重要举措。

第四节　2017 年我国产业结构调整趋势展望

一、兼并重组为过剩产能行业去产能重要路径

在推进去产能过程中，兼并重组不仅是促进去除产能的重要方式，也是推进国企改革的重要手段。中央经济工作会议指出，2017 年经济工作的重点之一就是推动企业兼并重组。2017 年，钢铁、煤炭行业将继续推进去产能，中央企业要化解钢铁过剩产能 595 万吨，化解煤炭过剩产能 2473 万吨。而且，去产能的领域还将进一步扩大到有色金属、船舶、炼化、建材、电力等领域。2017 年，我国要处置“僵尸企业”300 家。所以，未来一年，兼并重组将是这些行业发展的重要主题。到目前为止，我国绝大部分省区市明确将国有企业改革列为 2017 年的重点工作，并提出部分领域向社会资本开放。以混合所有制为导向的兼并重组将不断提速，通过兼并重组，加快国企改革速度，将不断提高资源配置效率。

二、国家制造业创新体系将初步建立

伴随着《中国制造 2025》的加快落实，以创新中心为载体、以公共服务平台和工程数据中心为重要支撑的国家制造业创新体系将初步形成。一是国家制造业创新中心建设将加快。在国家有关部门政策推动下，企业、科研院所、高校将组成创新共同体，已经在重点领域启动创新中心试点，开展关键共性技术研究和产业化应用示范，2016 年有望建成 2—3 家国家制造业创新中心。二是制造业创新公共服务平台将不断完善。随着工业强基工程的加快实施，国家计划发布 2016 年版工业“四基”发展目录，并依托国家新型工业化

产业示范基地，布局一批产业技术基础平台和服务支撑中心。三是制造业重点领域工程数据中心建设将启动。在国家促进大数据发展的大环境下，有关部门将启动工程数据中心建设工作，并不断推动创新知识和工程数据的开放共享力度。

三、作为供给侧结构性改革重点，过剩产能将加速退出

2016 年，全国经济工作以“三去一降一补”五大任务为抓手，推动供给侧结构性改革取得初步成效，部分行业供求关系、政府和企业理念行为发生积极变化。以钢铁和煤炭行业为例，2016 年钢铁行业提前超额完成去产能目标 4500 万吨，完成煤炭去产能目标 2.5 亿吨，截至年底重新安置职工约 70 万人。钢铁与煤炭行业扭亏为盈，改变了 2014—2015 两年间行业面临全面亏损的困局。2017 年是供给侧结构性改革的深化之年，也是实施“十三五”规划的重要一年，将继续深入推进“三去一降一补”。针对化解过剩产能矛盾，去产能方面将继续推进钢铁、煤炭等产能过剩行业淘汰落后和过剩产能，一是以处置“僵尸企业”为主，严格执行环保、能耗、质量、安全等相关法律法规和标准；二是创造条件推动企业兼并重组；三是妥善处置企业债务，做好人员安置工作；四是要防止已经化解的过剩产能死灰复燃；五是用市场、法治的办法做好其他严重过剩行业去产能工作；六是防止边去边建，严格控制新增产能；七是按照既定规划目标，落实和完善 2017 年的去产能目标和任务。针对钢铁行业，将严厉打击“地条钢”，2017 年全年将所有“地条钢”全部清除。

四、区域协同发展成为产业转移的重要突破口

我国未来的产业转移活动应是在遵循市场规律的基础上，通过政府的作用破除产业发展障碍，实现要素有序自由流动的进程。在这一进程中，地方自由平等的投资环境、高效率的投资运行体制、公正透明的投资奖励政策，是吸引企业落户发展的重要条件。政策协同是实现资源要素空间布局优化调整的基本条件，也是实现不同区域分工协作的必备条件。因此，应将地方政府间的政策协同作为推动区域协同发展的首要突破口。尽快消除影响要素跨

区域流动的政策壁垒和地域歧视性政策，加强区域之间基本公共服务和社会保障政策的一致性；加快构建以要素流动、利益共享为核心的区域合作机制。

五、产业间的融合创新将催生发展新动能

第一，数字创意产业与其他相关产业的融合发展，改变了人们的生活和消费方式。3D 打印、大数据、物联网、云计算、5G、无人驾驶汽车、无线电力、意识控制等新兴信息领域不断衍生，产业生命力和扩张能力均很强，全球信息技术产业和经济增长相互起到拉动作用。第二，生物技术加速变革使其迅速向农业、工业、能源等应用领域渗透和扩散。随着生物技术的突破，蛋白质组、功能基因组、生物芯片、转基因生物育种、干细胞、动植物生物反应器等领域实现了大规模工业量产。第三，节能环保产业与新能源产业融合发展，两个产业间的技术不断突破并融合，反推两个产业的成长。节能环保材料和应用技术的升级，引致风力发电、太阳能光热利用、太阳能光伏发电、生物质能源等产业快速发展，新能源汽车也在节能环保材料产业化和成熟应用的情况下产业化稳步推进。

第四章　工业技术创新

创新将成为国家命运所系和世界大势所趋、成为引领发展的第一动力。当前，我国工业技术创新处于关键窗口期，创新体系、创新环境、创新生态不断优化，以创新为主要引领和支撑的经济体系和发展模式逐步形成，创新基础和能力得到明显提升，工业技术创新逐步成为稳增长、促改革、调结构、惠民生、打造经济发展新动能的重要引擎。从体制机制来看，全国将大力促进科技成果转化和重点规范高新技术企业认定等工作，各地推出了相应政策和法规；从制造业创新举措来看，聚焦重点领域和方向，重点探索不同类型区域推进制造业转型升级的模式和路径，推进国家和省级制造业创新中心建设；从工业技术知识产权和标准发展形势来看，知识产权保护体系面临新冲击，互联网经济下的新业态新模式急需保驾护航，知识产权支撑作用急需增强，我国工业软件业知识产权储备、布局、海外纠纷防范应对等能力急需提升；从质量品牌发展形势来看，在日益激励的国际竞争中，质量品牌的重要作用将日益凸显，质量品牌的政策将进一步得到落实，“增品种、提品质、创品牌”的“三品”战略将继续在智能制造装备、消费品等制造业领域开展。

第一节　2016 年中国工业技术创新取得的主要进展

2016 年是我国“十三五”规划的开局之年，在国际竞争加剧和国内工业经济放缓的背景下，工业技术创新成为我国转变产业发展方式、实现工业转型升级的重要支撑。2016 年，我国工业技术创新领域亮点纷呈，创新基础和能力得到明显提升，工业技术创新逐步成为稳增长、促改革、调结构、惠民生、打造经济发展新动能的重要引擎。

一、中国工业技术创新情况

党的十八大以来，在以习近平同志为核心的党中央领导下，我国工业技术创新工作卓有成效，新一代信息技术、智能制造和机器人等重点领域关键核心技术从量的积累转向质的飞跃，创新资源、要素、载体等组成的创新体系建设从点的突破转向系统化能力的提升，重点产业、重点领域的竞争力从关注单一产品或市场向关注产业综合整体竞争力转变，大众创业、万众创新、政产学研用的创新环境从局部改善转向整体协同。创新对产业转型升级的引领支撑作用不断增强。但是我国工业技术创新取得诸多成绩的同时，仍存在着科技成果转化率较低、创新载体建设分散等问题。

（一）全国形成创新驱动发展合力，技术创新进一步引领制造业变革

2016 年，是国家创新驱动发展战略实施最为关键的一年。这一年，《国家创新驱动发展战略纲要》（中发〔2016〕4 号）正式发布，确定了创新驱动发展战略的顶层设计。2016 年 7 月，国务院出台了《“十三五”国家科技创新规划》（国发〔2016〕43 号），明确了未来 5 年国家科技创新发展的战略目标和重点任务。2016 年 5 月召开了“科技三会”，习近平总书记立足于我国新的历史发展起点，面向世界科技前沿热点、全球经济主战场和国家重大需求，在会上提出了建设世界科技强国的总体要求。2016 年 10 月，工信部发布了《产业技术创新能力发展规划（2016—2020 年）》（工信部规〔2016〕344 号），明确了“十三五”时期我国产业提升技术创新能力的发展目标、重点领域的任务和方向。在发展目标方面，主要是提升产业技术创新能力、加强企业技术创新主体地位、增强工业企业运用知识产权能力和标准创新能力。重点任务主要围绕产业创新体系、企业技术创新主体地位、共性关键技术研发、标准化体系完善和区域创新能力展开，重点方向主要涉及高效绿色的原材料工业、高端装备制造业、高附加值的消费品工业和新一代信息技术等。

（二）我国工业技术创新要素总量持续增加，企业技术创新的基础更加坚实

依据 2016 年 9 月国家统计局发布的《2016 年中国统计年鉴》数据，2015 年，我国技术创新经费投入持续增加，全国科技经费投入、研究与试验发展（R&D）经费投入力度不断加大。R&D 经费支出 14169. 9 亿元，较 2014 年增

长 8.9%。从整个"十二五"期间来看，我国研发投入总量从 2011 年的 8687 亿元快速增长至 2015 年的 14169.9 亿元。在我国经济发展进入新常态的情况下，研发投入增速放缓，但增长率仍保持在 9% 左右。研发投入强度（即研发投入占 GDP 的比重）也从 2011 年的 1.78% 稳步提高到 2015 年的 2.07%。

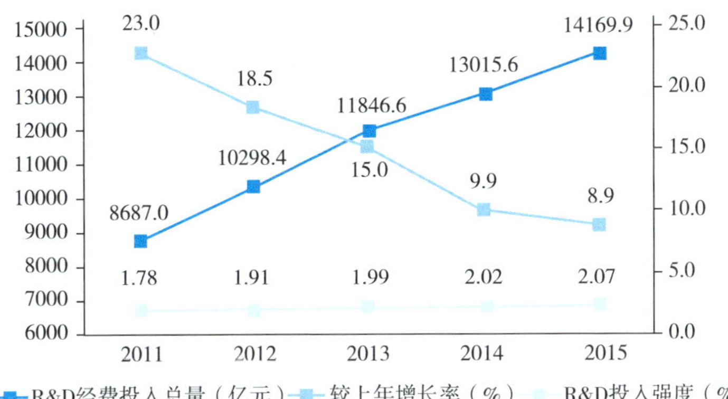

图 4－1　2011—2015 年我国研发投入总量、增长率及研发投入强度情况

资料来源：2016 年中国统计年鉴。

2015 年，企业作为技术创新的主体，研发投入占据全国研发投入的较高比例，R&D 经费支出增长率保持较高水平，研发投入增长态势良好。在党中央国务院对科技创新工作的大力推进下，2016 年先后发布《国家创新驱动发展战略纲要》《国家"十三五"科技创新规划》等文件。

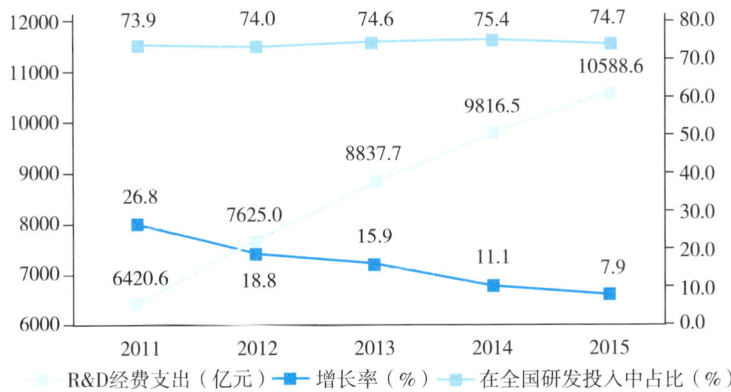

图 4－2　2011—2015 年我国企业 R&D 经费支出、增长率与占全国研发投入经费比例

资料来源：2016 年中国统计年鉴。

2015 年，企业研发人员规模保持在较高水平。从图 4 - 3 可以看出，2004—2015 年间规模以上工业企业研发人员全时当量由 2004 年的 54.2 万人/年提高到了 2015 年的 263.8 万人/年，在全国企业中所占比例达到 70% 左右。

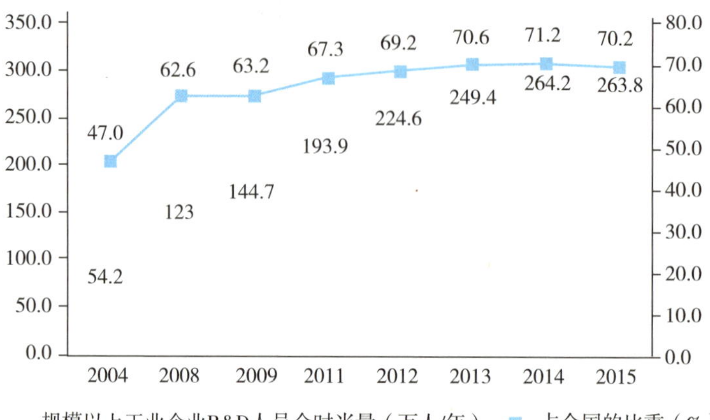

图 4 - 3　规模以上工业企业 R&D 人员全时当量情况

资料来源：2016 年中国统计年鉴。

从工业企业投资建设研发机构的数量和比例来看，呈现快速增长趋势。图 4 - 4 显示，2004—2015 年间规模以上工业企业建立的研发机构数量大幅增长，规模以上工业企业开展研发活动的企业比例由 2004 年的 6.2% 提高到了 2015 年的 19.2%。

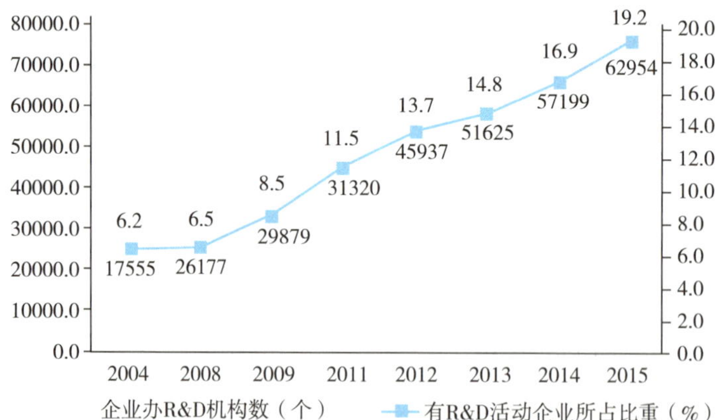

图 4 - 4　规模以上工业企业有研发机构企业与有研发活动企业占比情况

资料来源：2016 年中国统计年鉴。

（三）我国工业技术创新能力持续提升，创新成果不断涌现

党的十八大以来，我国着力实施创新驱动发展战略，成效显著。据世界知识产权组织、美国康奈尔大学和英士国际商学院共同发布的《2016 年全球创新指数》报告显示，2016 年，我国首次跻身全球创新指数 25 强。2015 年 12 月，国家统计局发布的《国家创新指数报告》显示，2014 年中国创新指数为 158.2（以 2005 年为 100），比上年增长 3.7%。在国际专利方面，2016 年，中国 PCT 国际专利受理 4.22 万件，其中广东、北京、江苏、上海和浙江排名前五。2016 年，国内授权发明专利达到 30.21 万件，同比增长 14.7%，发明专利总授权量累计达到 146.41 万件。

表 4－1　2016 年国内发明专利授权状况表

类别	当年累计			总累计	
	授权量（件）	构成	同比增长	授权量（件）	构成
职务	276007	91.4%	15.6%	1262205	86.2%
非职务	26129	8.6%	6.1%	201910	13.8%
小计	302136	100.0%	14.7%	1464115	100.0%

资料来源：国家知识产权局，2017 年 1 月。

2016 年，我国国内发明专利授权数量前十位的地区占 2016 年授权量的 75.4%，专利总累计量占全国总量的 72.2%，且与 2015 年前十位的地区相同，主要为我国江苏、北京、广东、浙江、上海等经济较为发达的地区。在同比增长方面，多数地区保持在 10% 以上，部分地区同比增长甚至高达 35% 以上。

表 4－2　2016 年国内发明专利授权前十位地区状况表

序号	地区	当年累计（件）	同比增长	总累计
1	江苏	40952	13.7%	165448
2	北京	40602	15.0%	207375
3	广东	38626	15.4%	200036
4	浙江	26576	13.8%	116896
5	上海	20086	14.1%	110195
6	山东	19404	14.9%	84776

续表

序号	地区	当年累计（件）	同比增长	总累计
7	安徽	15292	36.8%	45023
8	四川	10350	13.7%	46954
9	湖北	8517	9.7%	41992
10	陕西	7503	10.1%	38208

资料来源：国家知识产权局，2017年1月。

在全国技术市场的交易情况方面，从图4－5可以看出，2008年至2015年，我国技术市场成交额保持高速的增长态势。近三年仍保持14%以上的增长速度，2015年，交易额达到9836亿元，2016年全年我国技术市场成交额则突破10000亿元大关。

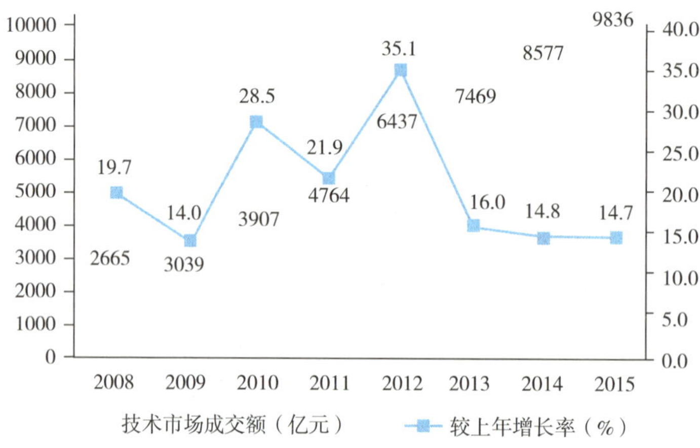

图4－5 全国技术市场历年成交额

资料来源：2016年中国统计年鉴。

（四）科技创新对制造业发展的支撑能力有待加强，创新载体建设亟待加快

长期以来，我国制造业创新体系中存在着企业的创新主体作用发挥不够，科技与经济结合不紧密，产业协同创新不足，科技成果转化率较低等问题。据有关统计显示，我国科技成果转化率与发达国家相比差距很大。此外，我国产业共性技术的供给不足，在我国大院大所改革后，部分原来承担行业共性技术研究的科研院所被推向了市场，大院大所将更多的资金、人力和管理从行业共性技术领域抽离出来，投入到应用技术和商业化领域，技术到产业

之间的创新链出现了断层，基础材料、基础零部件、基础工艺和产业技术基础薄弱成为严重制约我国产业发展的瓶颈。

当前我国在工业技术创新领域呈现创新载体分散重复建设，由此导致创新资金、设备等资源配置的重复浪费现象严重。现有创新载体无法发挥整合资源、协同创新的枢纽作用，创新过程中的“孤岛现象”十分普遍。自 20 世纪 80 年代以来，我国陆续建成各类创新载体，如国家工程研究中心、国家工程技术研究中心、国家重点实验室、国家工程实验室等，但这些创新载体对产业创新发展的支撑作用有限，各类载体处在“技术产生—扩散—首次商业化—产业化”链条上的不同位置，难以形成创新合力，导致一些重点领域迟迟无法实现整体突破发展。

二、中国工业质量品牌情况

当前，面对全球范围内掀起的科技革命和工业变革狂潮，激烈的竞争已经对工业产品质量提出了越来越高的要求。我国继续大力推行质量品牌战略，已经成为当前我国建设制造强国，促进工业提质增效、改善工业发展质量效益的必要手段。经过多年努力，2016 年我国质量品牌工作已经取得了多项突破，多地工作推进有亮眼表现。但由于我国质量品牌的系统性推进工作起步较晚，仍然存在诸多问题需要解决。

（一）质量品牌工作取得一定突破

整个“十二五”时期，以工业和信息化部（以下简称“工信部”）为主的质量品牌重点工作取得巨大成绩，主要包括三方面：

一是着力提升产品质量。制定发布了《工业产品质量发展“十二五”规划》（工信部规〔2011〕520 号），组织开展“质量兴业”活动，遴选确定全国质量标杆 139 个，参与标杆经验交流分享活动的企业达到 3 万多家，核定工业产品质量控制和技术评价试验室 177 家，累计培训质量管理人员 220 多万人次。

二是加强自主品牌培育。工信部牵头印发了七部委《关于加快我国工业企业品牌建设的指导意见》（工信部联科〔2011〕347 号）。宣传推广先进经验，组织开展品牌培育试点工业的企业达到 4000 多家，培育了品牌培育示范企业175家。启动建设产业集群区域品牌，核定试点地区37个，逐步建成一部分区域品牌示范区，实现企业品牌与区域品牌互动发展。

三是加强工业产品质量安全保障。2011—2015年期间，工信部组织参与质量信誉承诺活动的企业多达5000多家，建成了行业自律规范和企业产品质量自我声明平台，强化企业质量主体责任。

（二）质量品牌工作取得新进展

1. 发挥合力营造质量品牌建设环境

国务院办公厅先后出台了《关于开展消费品工业“三品”专项行动营造良好市场环境的若干意见》（国办发〔2016〕40号）、《关于发挥品牌引领作用推动供需结构升级的指导意见》（国办发〔2016〕44号）、《消费品标准和质量提升规划（2016—2020年）》（国办发〔2016〕68号）。工信部联合质检总局、国防科工局、国家标准委等部门编制印发了《促进装备制造业质量品牌提升专项行动指南》（工信部联科〔2016〕268号）、《装备制造业标准化和质量提升规划》（国质检标联〔2016〕396号）等，在国家制造强国建设领导小组组成部门范围内组织实施，形成政策合力。

2. 扎实推进工业质量品牌管理提升

2016年，工信部新核定工业产品质量控制和技术评价实验室23家，对54家首批实验室进行了复核，遴选确定了全国质量标杆33项、工业品牌培育示范企业76家、产业集群区域品牌建设试点单位38个，首次评选确定了区域品牌建设示范单位6个，推动引导地方和行业协会开展质量管理培训、先进质量管理方法推广、质量诊断咨询、品牌培育等活动。参加品牌培育试点的企业又增加到1800多家，其中多家企业的品牌管理体系实现了有效运行。

3. 产品质量提升工作取得务实推进

以工信部为代表的政府机关梳理了机械、电子等重点领域的非竞争性质量共性技术问题，积极争取中央财政资金，启动了质量品牌公共服务平台建设和行业非竞争性质量技术应用推广项目。在产业集群区域品牌建设试点示范区内组织开展质量升级活动，围绕“增品种、提品质、创品牌”等任务要求，总结打造优质产品团体标准、加强区域品牌宣传和保护、加大质量技术共性平台建设投入、引导产业联盟开展自律等形式的区域品牌建设经验，组织经验交流以及专家团队提供技术服务，加大对区域品牌建设的支持力度。

（三）“十二五”时期部分地区质量品牌建设情况

1. 上海市以品牌经济为抓手，加快促进产业转型升级

积极推进品牌经济概念的体系化研究和实施。建立了上海城市品牌、产业（区域）品牌、产品（企业）品牌的多层品牌经济发展架构，一手牵品牌企业一手牵专业机构，搭建一个面向全社会优秀专业服务机构开放的、与品牌企业广泛接触的对接平台。通过深化供给侧结构性改革，把推动上海经济发展的各类政策举措聚焦到品牌经济发展之中，印发实施了《上海市贯彻〈国务院办公厅关于发挥品牌引领作用推动供需结构升级的意见〉的实施办法》。

2. 山东实施“互联网＋好品山东”行动，提升山东制造形象

积极开展“好品山东”质量提升专项行动，运用互联网＋平台资源优势，创建“好品山东”市场营销服务平台，提高工业产品的网上销售率，提升山东制造形象。“十二五”期间，共推荐“好品山东”名企221家，“好品山东”名品334个；17275家企业完成平台上线，比2013年增长了225.9%，其中包括5223家上网实际交易的企业；“十二五”末带动企业完成509.04亿元交易额，成效显著。

3. 宁波市积极实施质量提升等工程，扎实推动经济社会转型升级

在实施质量提升工程上，大力开展以联盟标准促进产业质量提升活动，共制订产业联盟标准26项，同时每年组织开展以技术、品牌、标准、服务为主要内容的产业（行业）质量提升项目，推动重点产业整体提升。在实施质量创先工程上，组织开展了争创质量强市工作十个先进行业、十个先进乡镇，百家先进企业、百名先进个人的“双十双百”争创活动，积极培育质量示范典型，激励企业、组织和个人崇尚质量荣誉，同时大力培育质量强市创建示范点，分区域、分领域、分层级分别树立了80多个创建示范点，通过召开创建示范现场会，总结交流创建经验，充分发挥示范点的辐射带动作用。

除以上地区，还有一些地方工作推进有较好成绩。2016年，福建省政府出台《福建省促进大数据发展实施方案（2016—2020年）》（闽政〔2016〕27号）。以大数据为核心要素、建设支撑的产业集群的大平台；同年，宁夏中小

企业公共服务平台正式上线运行，该平台能够为辖区内中小企业提供多项有保证的公共服务，目前该平台以自治区平台为枢纽，覆盖节点包括市级综合窗口平台6个以及产业集群窗口平台8个，完全依托网络，实现公共服务资源和服务平台之间的互联互通，最终统筹辖区内所有服务资源，形成综合性网络服务平台。

（四）中国质量品牌面临的问题与挑战

我国受到传统粗放型发展方式的长期影响，工业质量和品牌发展还存在诸多问题。一是产品质量发展差异大，部分产品质量低，难以与国际先进水平相抗衡。二是标准相对缺失，现有的部分标准与市场环境不匹配，表现出适用性差、无法贯彻执行的现象，尤其是新兴领域中，一些产品的标准以及检测方法都无法适应新研发的产品。三是品牌建设相对落后，我国制造业的自主品牌有约170万之巨，虽然品牌数量多，但是市场认可度尤其是国际市场的认可度较低，品牌附加值和竞争力都不能与国际知名品牌相抗衡。四是企业主体地位模糊，质量意识落后，对于质量信誉和品牌管理方面缺乏意识和经验。五是质量安全保障体系作用发挥有限，监督检测能力还有待提升，产生恶劣影响的产品质量和安全事件仍不时发生。六是质量基础建设能力投入不足，包括检测、控制和技术评价等基本能力无法得到有效培育，尤其是质量品牌领域的关键共性技术，有一批此类技术亟待突破，投入不足成为瓶颈。另外，质量品牌的公共服务供给与其企业需求的错位也是我国质量品牌建设进程中无法忽视的问题。

三、中国部分工业领域知识产权和标准情况

依据世界知识产权组织2016年11月23日发布的《2016年世界知识产权指标》，2015年，中国知识产权局受理超100万件专利申请，几乎相当于美国（589410件）、日本（318721件）和韩国（213694件）的总和，专利授权量为359316件。同时我国的商标申请按类计为283万，工业品外观设计569059项，均处于世界第一。但是我国各领域专利在海外申请布局仍有待进一步提升，美国2015年的海外申请位于全球第一，为237961件，同比增长6%，其次是日本，为195446件，德国为101892件，我国仅为42154件，相比之下，

差距明显。

（一）新一代信息技术

新一代信息技术是当前全球产业发展热点，市场规模急剧扩张，逐步成为带动世界经济复苏的新增长点。新一代信息技术作为我国战略性新兴产业发展迅速，在2016年11月29日国务院印发的《“十三五”国家战略性新兴产业发展规划》中，明确提出，要在2020年系统突破产业薄弱环节，总产值超过12万亿元。国家电网、华为、中兴通信、大唐电信、联想、腾讯等均为我国典型代表企业。

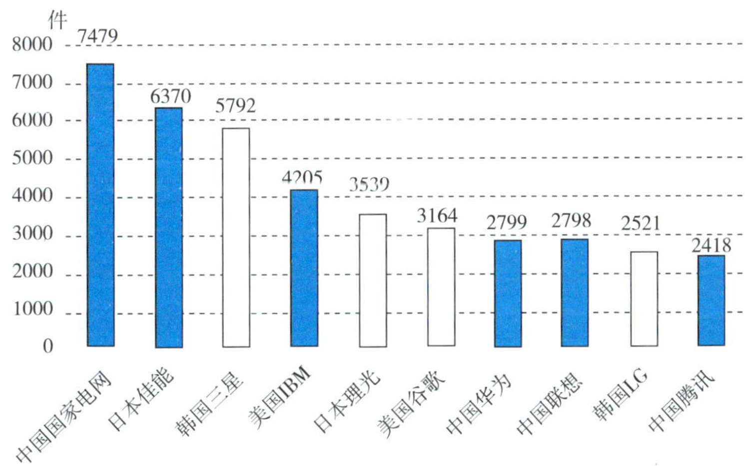

图4－6　截至2015年信息技术领域全球前十创新机构发明数量

资料来源：汤森路透2016全球创新报告，2016年5月。

截至2015年，在全球新一代信息技术专利申请的全部国家/地区分布上，美国专利商标局获得申请数量最多，为1053369件；其次为我国，我国国家知识产权局获得申请463050件，占全球比重为20%，日本特许厅获得的申请数量为281032件，占全球比重为12%；向韩国国家知识产权局提出的专利申请数量为227009件，占比10%，位居全球第四；欧洲专利局获得的申请数量为83186件，占全球比重为4%，位列全球第五位。其次为德国、法国、瑞士、芬兰、澳大利亚等国。从上述新一代信息技术领域专利数据可以得出，美国整体上仍处于全球领先位置，我国技术快速发展，紧随其后。日本和韩国则整体技术实力相当。在高端装备和仪器制造、集成电路领域，我国申请人与国外申请人仍存在较大差距。[①]

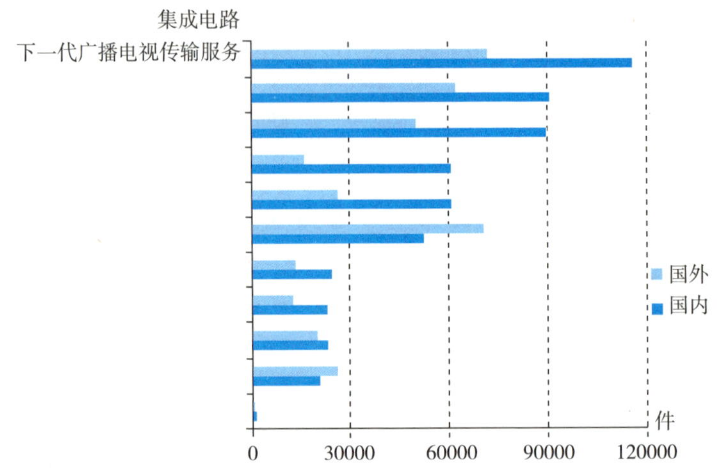

图4-7　截至2015年新一代信息技术国内外申请人在华专利申请技术布局对比

资料来源：国家知识产权局，2016年3月。

（二）新能源汽车

新能源汽车已经成为全球各主要经济体的重点关注领域，尤其在全球日趋严重的环境危机下，新能源汽车已经成为全球汽车行业的重点发展方向。近些年，我国高度重视新能源汽车发展，先后颁布了《节能与新能源汽车产业发展规划（2012—2020年）》（国发〔2012〕22号）、《关于加快新能源汽车推广应用的指导意见》（国办发〔2014〕35号）等，致力于推动新能源汽车产业快速发展壮大，构建可持续发展新模式，明确实施新能源汽车动力电池提升工程。2016年6月，作为我国首家制造业创新中心，国家动力电池创新中心在北京成立，致力于解决新能源汽车动力电池领域的行业共性技术。

在全球新能源汽车专利申请原创国家/地区方面，日本遥遥领先，申请量为87434项，占全球总申请量的比重为46%，主要原因是日本早在20世纪60年代就认识到了开发新能源汽车的必要性和重要性，并于1965年将电动车列入国家项目，比全球其他国家早了将近30年的时间。我国新能源汽车技术起

① 专利统计简报：《新一代信息技术产业专利技术动向分析报告》（上）（2016年第17期），国家知识产权局，http://www.sipo.gov.cn/tjxx/zltjjb/201603/P020160603258868367036.pdf.

步较晚，但是发展迅速，目前申请量为 34191 项，位居全球第二，占比为 18%，美国、德国相比于日本起步稍晚，发展平稳，目前位居全球第三和第四位。韩国近些年也在大力发展新能源汽车技术，目前以 14687 项的申请量位居全球第五。①

表 4－3　新能源汽车技术全球专利申请原创国家/地区分布表

排名	国家或地区	申请量（项）	排名	国家或地区	申请量（项）
1	日本	87434	11	意大利	425
2	中国	34191	12	澳大利亚	345
3	美国	20298	13	瑞典	330
4	德国	15850	14	印度	286
5	韩国	14687	15	加拿大	261
6	法国	4392	16	西班牙	227
7	国际局	4079	17	奥地利	221
8	欧专局	2695	18	巴西	218
9	英国	1205	19	荷兰	105
10	俄罗斯	495	20	瑞士	76

资料来源：国家知识产权局，2016 年 3 月。

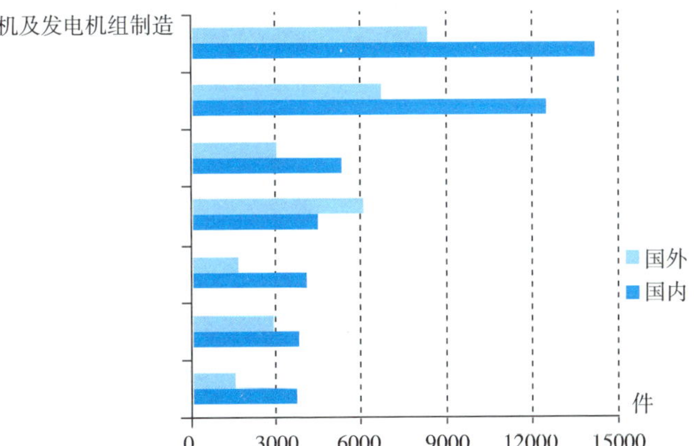

图 4－8　截至 2015 年新能源汽车国内外申请人在华专利申请技术布局对比

资料来源：国家知识产权局，2016 年 3 月。

① 专利统计简报：《新能源汽车产业专利技术动向分析报告》（上）（2016 年第 15 期），国家知识产权局，http：//www. sipo. gov. cn/tjxx/zltjjb/201603/P020160323522820930598. pdf.

（三）新材料

2016年12月，国务院成立国家新材料产业发展领导小组，主要负责新材料产业发展的总体部署、重要规划，统筹研究重大政策、工程和工作安排，协调解决重点难点问题等。“十三五”国家科技创新规划明确指出，要围绕重点产业、战略性新兴产业等对新材料的重大需求，发展多种新材料的技术和应用。截至2015年，在全球新材料专利申请方面，日本以617716项位居全球第一，我国以252990项位居第二，美国则以200804项居于第三。第四位的德国仅为88668项。我国虽然在新材料领域起步较晚，但是随着政府的大力支持和持续技术攻关，在部分领域也已经达到全球领先位置。

以石墨烯为例，目前，我国石墨烯申请量已经占据全球40%以上。在专利主要申请人方面，截至2016年，我国主要申请人为深圳海洋王共计400件专利，其中发明专利396件，实用新型专利4件。浙江大学共计238件专利，其中发明专利227件，实用新型专利11件。清华大学共计182件专利，其中发明专利180件，实用新型专利2件。上海交通大学共计151件发明专利。哈尔滨工业大学共计154件发明专利。但是在专利质量方面，从总被引频次、年平均被引、同组专利数和权利要求计数方面来看，我国石墨烯领域占据产业链核心位置的高价值专利相对较少，全球占据核心位置的主要为三星、IBM等公司。

表4-4　截至2016年三星石墨烯重要专利情况

公开号	总被引频次	专利剩余年限	专利公开年限	年平均被引	同族专利数	权利要求计数
US20090110627A1	111	13	6	18.50	9	21
US20090155561A1	81	13	6	13.50	5	20
US20090068471A1	69	13	6	11.50	9	33
US20090146111A1	58	13	6	9.67	4	12
US20100176337A1	45	14	5	9.00	2	25
US20090071533A1	47	13	6	7.83	4	19
US20110123776A1	24	15	4	6.00	3	21

资料来源：Thomson Innovation数据库，2016年6月。

表 4-5　截至 2016 年 IBM 石墨烯重要专利情况

公开号	总被引频次	专利剩余年限	专利公开年限	年平均被引	同族专利数	权利要求计数
US20090020764A1	81	12	6	13.50	2	20
US20100006823A1	41	13	5	8.20	2	20
US20110101309A1	28	14	4	7.00	2	8
US20110042650A1	28	14	4	7.00	9	5
WO2011057833A1	28	15	4	7.00	12	15
US20120056161A1	17	15	3	5.67	6	24
US20110068323A1	22	14	4	5.50	2	16
US20120085991A1	15	15	3	5.00	2	20

资料来源：Thomson Innovation 数据库，2016 年 6 月。

第二节　2016 年我国工业技术创新重点政策解析

一、主要政策分析

技术创新作为工业经济可持续发展的动力源泉，是转变经济发展形势、实现产业结构调整、工业转型升级的重要支撑。国家高度重视科技创新，党的十八大明确提出："科技创新是提高社会生产力和综合国力的战略支撑，必须摆在国家发展全局的核心位置"，强调实施创新驱动发展战略。随后，一系列相关政策出台，包括《关于深化体制机制改革加快实施创新驱动发展战略的若干意见》《中国制造 2025》《国务院关于积极推进"互联网 +"行动的指导意见》《国家创新驱动发展战略》等，为创新驱动发展战略提供了支撑。

2016 年，作为创新主体，相关部门先后发布了《长江经济带创新驱动产业转型升级方案》《国家小型微型企业创业创新示范基地建设管理办法》《十一部门关于引导企业创新管理提质增效的指导意见》《制造业创新中心建设工程实施指南》《产业技术创新能力发展规划（2016—2020 年）》等创新政策措施（详情见表 4—6），涉及科技体制机制改革、区域协同创新、小型微型企业创业创新示范基地、科技成果转移转化、制造业创新中心建设，以及综合性改革政策措施等内容。

表 4－6　2016 年我国重点技术创新政策

发布时间	发布部门	政策
2016 年 3 月	国家发改委、科技部、工业和信息化部	长江经济带创新驱动产业转型升级方案（发改高技〔2016〕440 号）
2016 年 2 月	国务院	实施《中华人民共和国促进科技成果转化法》若干规定（国发〔2016〕16 号）
2016 年 4 月	国务院	促进科技成果转移转化行动方案（国办发〔2016〕28 号）
2016 年 4 月	国务院	上海系统推进全面创新改革试验加快建设具有全球影响力科技创新中心方案（国发〔2016〕23 号）
2016 年 5 月	国务院	国家创新驱动发展战略纲要
2016 年 6 月	工业和信息化部	国家小型微型企业创业创新示范基地建设管理办法（工信部企业〔2016〕194 号）
2016 年 8 月	工业和信息化部 、国家发展和改革委员会、财政部等	十一部门关于引导企业创新管理提质增效的指导意见（工信部联产业〔2016〕245 号）
2016 年 8 月	工业和信息化部	关于完善制造业创新体系，推进制造业创新中心建设的指导意见（工信部科〔2016〕273 号）
2016 年 8 月	工业和信息化部、发改委、科技部、财政部	制造业创新中心建设工程实施指南
2016 年 9 月	国务院	北京加强全国科技创新中心建设总体方案（国发〔2016〕52 号）
2016 年 9 月	工业和信息化部、国家发展和改革委员会	智能硬件产业创新发展专项行动（2016—2018 年）（工信部联电子〔2016〕302 号）
2016 年 10 月	工业和信息化部	产业技术创新能力发展规划（2016—2020 年）（工信部规〔2016〕344 号）
2016 年 11 月	工业和信息化部	制造业创新中心知识产权指南（工信厅科〔2016〕159 号）
2017 年 1 月	国务院	关于创新管理优化服务培育壮大经济发展新动能加快新旧动能接续转换的意见（国办发〔2017〕4 号）

资料来源：赛迪智库整理。

（一）促进科技成果转移转化行动方案

继修订《促进科技成果转化法》、制定《实施促进科技成果转化法若干规定》之后，2016 年 11 月，国务院印发《促进科技成果转移转化行动方案》（以下简称《方案》），旨在部署实施一系列具有针对性的重要举措和具体任务。本次《方案》充分发挥企业在科技成果转化过程中的主体地位，围绕科技成果转移转化的关键问题和薄弱环节，系统部署 8 个方面、26 项重点任务，涵盖科技成果信息咨询、协同创新、科技成果中试和产业化载体、交易平台、人才队伍建设、科技成果转移转化、金融资本投入等。其中明确提出建立国家科技成果信息系统、国防科技工业成果信息与推广转化平台、科技成果产业化基地，以及国家技术交易网络平台，同时开展科技成果转化为技术标准试点和区域性科技成果转移转化试点示范。根据《方案》“十三五”规划目标，“十三五”期间，我国将建设 100 个示范性国家技术转移机构，支持有条件的地方建设 10 个科技成果转移转化示范区，培养 1 万名专业化技术转移人才，全国技术合同交易额力争达到 2 万亿元。

（二）国家创新驱动发展战略纲要

创新驱动作为引领经济社会发展和培育国家综合竞争力的第一动力。党的十八大基于当前世界形势、科技革命新趋势，以及我国经济发展新阶段提出实施创新驱动发展战略，并于 2016 年 5 月由中共中央、国务院印发实施了《国家创新驱动发展战略纲要》（以下简称《纲要》）。《纲要》紧扣科技前沿和国家重大需求脉搏，明确我国创新发展的主攻方向和关键领域，破除制约创新体制机制障碍，按照“坚持双轮驱动、构建一个体系、推动六大转变”进行布局，构建新的发展动力系统。《纲要》将数字化、网络化、智能化、绿色化作为提升产业竞争力的技术基点，分别选取新一代信息网络技术、智能绿色制造技术、生态绿色高效安全的现代农业技术、清洁高效的现代能源技术、引领产业变革的颠覆性技术等十项重点技术领域，加快推动我国产业技术体系创新，培育发展新优势。《纲要》首次将原始创新作为重点任务之一，全面强化面向国家战略需求的基础前沿和高技术研究，大力支持自由探索的基础研究。同时，《纲要》围绕区域创新、军民融合、创新主体、创新创业、创新人才培育等方面做了详细部署，如在壮大创新主体方面提出培育世界一流创新型企业、建设世界一流大学和一流学科、建设世界一流科研院所、发展面向市场的新型研发机构、构建专业化技术转移服务体系等五项重点任务。在第五部分“战略保障”中，《纲要》明确提出重构我国科技创新体制机制，建立国家高层次创新决策咨询机制、构建国家科技管理基础制度、全方位推进开放创新、完善突出创新导向的评价制度等多项内容。根据《纲要》规划，提出2020年、2030年、2050年三步走战略目标，第一步，到2020年进入创新型国家行列，科技进步贡献率提高到60%以上，知识密集型服务业增加值占国内生产总值的20%。第二步，2030年跻身创新型国家前列，发展驱动力实现根本转换，主要产业进入全球价值链中高端，研究与试验发展（R&D）经费支出占国内生产总值比重达到2.8%。第三步，到2050年建成世界科技创新强国，成为世界主要科学中心和创新高地。

（三）关于建设大众创业万众创新示范基地的实施意见

为在更大范围、更高层次、更深程度上推进大众创业万众创新，加快发展新经济、培育发展新动能、打造发展新引擎，建设一批双创示范基地、扶持一批双创支撑平台、突破一批阻碍双创发展的政策障碍、形成一批可复制可推广的双创模式和典型经验，2016年5月，国务院发布《关于建设大众创业万众创新示范基地的实施意见》，以及首批双创示范基地名单，其中包括北京市海淀区、天津市滨海新区中心商务区、辽宁省沈阳市浑南区、上海市杨浦区等17个区域示范基地，4个高校和科研院所示范基地，以及中国电信集团公司、中国航天科工集团公司、招商局集团有限公司、海尔集团公司等7个企业示范基地。

（四）技术创新能力发展规划（2016—2020年）

2016年10月，工业和信息化部印发《技术创新能力发展规划（2016—2020年）》，作为“十三五”期间我国工业领域技术创新的纲领性文件，规划旨在建立市场化的创新方向选择机制，强化企业技术创新主体地位，加大共性关键技术开发力度，提升企业知识产权运用能力，构建跨区域协同创新网络。根据规划目标，至2020年，我国工业和信息化重点领域产业技术创新能力明显提高，规模以上工业企业研发经费内部支出占主营业务收入的比重超过 1.17%，行业领军企业研发经费内部支出占主营业务收入的比重超过 3%。规模以上工业企业每亿元主营业务收入有效发明专利数达到 0.61 件。围绕智能制造、新材料等重点领域制修订标准 10000 项以上，主导形成国际标准 120 项以上，重点领域国际标准转化率达到 90% 以上，国际标准话语权大幅提升。

（五）关于创新管理优化服务培育壮大经济发展新动能加快新旧动能接续转换的意见

2017 年 1 月，为破解制约传统动能改造提升，新动能培育发展的体制机制障碍，营造包容支持创业创新和推动传统产业提质增效的制度环境，国务院发布《关于创新管理优化服务培育壮大经济发展新动能加快新旧动能接续转换的意见》，提出主动适应新动能加速成长和传统动能改造提升的需要，加快转变政府职能，提高行政审批服务效能，推动法规政策标准动态调整、建立创业创新服务效率，从而形成创新驱动体制机制健全，全社会创业创新生态持续优化，人才、技术、知识、数据资源更加雄厚，政府服务的响应速度和水平大幅提升，包容和支持创新发展的管理体系。

二、主要特点分析

（一）中小微企业在创新中的重要位置更加突出

小微企业作为国家科技创新的重要推动力，在科技创新体系中具有不可或缺的位置，国际统计显示，80% 以上的颠覆式创新来源于中小企业。为大力推进大众创业万众创新和构建“双创”平台战略部署，释放小微企业创新活力，2016 年，我国先后发布《关于建设大众创业万众创新示范基地的实施意见》《国家小型微型企业创业创新示范基地建设管理办法》《关于推动小型微型企业创业创新基地发展的指导意见》《国家创新驱动发展战略纲要》等相关政策文件。其中，在《关于推动小型微型企业创业创新基地发展的指导意见》中提出采用 PPP、政府采购等形式支持小微企业双创基地基础设施改造、信息化建设、服务能力提升等，小微企业双创基地符合科技企业孵化器、大学科技园税收政策条件的，可享受有关税收优惠。

（二）首次提出打造全球原始创新策源地

随着我国三十多年的快速发展，科技创新体制逐渐完善，创新实力得到进一步加强，我国创新能力已呈现由量变向质变转变的阶段，逐步摆脱模仿、追随发达国家的发展思路向创新型国家转变。为强化我国原始创新能力，推动技术创新体制机制向有利于形成原始创新环境方向发展，2016 年，国家先后发布《关于完善制造业创新体系，推进制造业创新中心建设的指导意见》《上海系统推进全面创新改革试验加快建设具有全球影响力科技创新中心方案》《北京加强全国科技创新中心建设总体方案》《产业技术创新能力发展规划（2016—2020 年）》等创新政策，明确提出将上海建成具有全球影响力的科技创新中心，至 2020 年，上海 R&D 经费支出占全市地区生产总值比例超过 3.8%；战略性新兴产业增加值占全市地区生产总值的比重提高到 20% 左右。北京则定位为世界知名科学中心，超前部署应用基础及国际前沿技术研究，形成领跑世界的原始创新策源地。在《国家创新驱动发展战略纲要》中提出强化原始创新，增强源头供给，加强面向国家战略需求的基础前沿和高技术研究，大力支持自由探索的基础研究。根据《科技创新能力发展规划（2016—2020 年）》规划，至 2020 年，我国关键领域科学研究实现原创性重大突破，战略性高技术领域技术研究能力明显提升，若干领域创新成果水平进入世界前列。

（三）技术创新体系更加具有开放性和协同性

随着我国创新体制机制改革的不断深入，逐步打破分割式条块化管理模式，不断消弭原有区域和行业壁垒，加速推进创新资源的不断融合，有效增强各创新主体的协同性、互补性。在国家层面，根据《中国制造 2025》重点领域，布局国家制造业创新中心，形成支撑国家制造业创新体系的核心节点。在省级层面，通过龙头企业以资本为纽带，联合具有较强研发能力的高校、具有行业领先地位的科研院所或能够整合区域服务的产业园区平台，构建多种产学研协同组建模式，围绕区域性重大技术需求、产业链，开展关键共性技术研究。而在企业层面，重点推动企业与科研机构、高等院校共同开展科技创新，建立协同创新联盟或产学研协同创新机构。而对外创新合作则更加灵活，采取人才引进、技术引进、参股并购、专利交叉许可等多种形式，与全球创新要素深度融合。作为补充，积极推动地方创新资源互联互通和开放共享，通过建立跨区域协同创新网络的形式，促进区域间技术转移、研发合作，推进知识产权证券化试点和股权众筹融资试点。

（四）技术创新生态环境更加具有包容性

随着全球创新创业进入高度密集活跃期，为加快营造包容支持创业创新和推动传统产业提质增效的制度环境，国务院发布实施《关于创新管理优化服务培育壮大经济发展新动能加快新旧动能接续转换的意见》，明确提出探索包容创新的审慎监管制度，完善负面清单产业准入制度，建立更加公平开放的市场准入标准，进一步放开增值电信业务与基础电信运营领域，探索动态包容审慎监管制度，对跨界融合新产品、新服务、新业态的部门协同监管。在创业创新环境方面，激励勇于创新、敢于拼搏的企业家精神，依法保护创新收益和财产权。在政府部门和国有企业招投标活动中，不得以企业经营年限、注册资金等资质要求变相歧视新创办企业，逐步加大对新创办企业的支持。在人才激励方面，根据《关于深化人才发展体制机制改革的意见》，国家将进一步营造尊重、关怀、宽容、支持企业家的社会文化环境，遵循企业家成长规律，拓宽培养渠道。建立有利于企业家参与创新决策、凝聚创新人才、整合创新资源的新机制。

第三节　2017 年我国工业技术创新面临的形势

一、国际形势分析

（一）各国加快制造业创新计划落实，将进一步提升制造业创新能力和竞争水平

从全球范围来看，世界经济面临上行阻力和处于下行趋势之中，新工业革命孕育兴起，主要发达国家意识到“制造业回归”和“创新驱动”的重要性，纷纷加快创新战略部署，试图在新工业革命中抢夺制高点。为此，各国高度重视制造业创新，将制造业创新作为全球论坛的重要议题。2016 年 1 月，世界经济论坛（冬季达沃斯）以“掌控第四次工业革命”为主题；2016 年 9 月，20 国集团举行的 G20 峰会将创新、新工业革命、数字经济和结构性改革

作为未来发展的四大行动。预计2017年，各国将进一步聚焦制造业创新发展，进一步发挥创新在经济和产业各层次各方面的推动作用。

美国将以创新为动力、以扩大内需为引擎，加快落实新版创新战略和制造业创新网络计划。继2015年10月美国政府发布新版《美国创新战略》后，2016年2月，又发布了《美国国家制造业创新网络计划战略》和《美国国家制造业创新网络计划年度报告》，并陆续启动了制造业环境下的机器人等6家创新中心建设计划。预计2017年，美国将继续围绕先进制造等九大战略领域布局建设制造业创新中心，加快制造业创新网络建设。2016年11月，美国新任总统特朗普在胜选演讲中提到将重建美国的基础设施，预计2017年美国将围绕高速、桥梁、隧道、机场、学校、医院等重点内需行业。

英国自2010年开始建设“弹射中心”，通过聚集整合已有创新资源，促进科技成果向产业转移转化，至今已建成了11家。2016年，英国新建生物医药研发弹射中心、化合物半导体材料应用弹射中心两家弹射中心，并已经全部完成英国弹射中心计划中“初期建设阶段”布局的高价值制造中心、细胞与基因疗法中心等11家弹射中心的建设，预计2017年，英国将以弹射中心为载体，吸引不同规模的企业进行跨领域的合作，同时促进企业与高校和科研院所合作，初步形成英国新的技术创新框架体系。

（二）知识产权保护体系面临新冲击，互联网经济下的新业态新模式亟须保驾护航

互联网从广度和深度上与传统产业不断融合，开拓新的发展空间，催生以互联网为基础的新兴业态密集涌现，如互联网金融、智慧电网、智能家居、云计算、大数据、智能制造、共享经济等。互联网经济形态呈现出不同于传统经济形态的鲜明特征，给现有知识产权运用和保护体系造成不可忽视的冲击，给企业有效运用和保护知识产权提出了新的要求。互联网内容产业不断扩张，著作权侵权行为出现复杂多样、易发多发、难于监管和预防的情况，知识产权立法和执法滞后于形势发展变化，著作权保护面临新挑战。

作为竞争高地的工业互联网、物联网等新兴产业，对企业尽快提升专利战略布局和知识产权运用能力提出了迫切要求，而新商业模式因现行专利法对单纯商业方法不予授予专利难以受到充分有效的保护。跨界融合使所涉及的商标表达形式和利益诉求更为复杂多样，网络技术在促进电子商务繁荣的

同时也为侵权假冒活动的组织、实施、传播提供了多重便利，品牌与商标权运用与保护形势极为严峻。商业秘密作为一种更有力的知识产权保护手段重要性日趋凸显，企业技术秘密的保护和运用能力迫切需要提高。

（三）国际知识产权纠纷日趋常态化，亟须增强适应能力

知识产权在当前世界经济低迷，创新成为治疗复苏缓慢“良方”的形势下，战略性资源价值凸显。知识产权通过多种途径影响和塑造创新：保障创新获益、激励创新活动；便利成果许可或转让，推动创新成果商业化；规制工人流动，实现技术扩散与保护商业秘密间的平衡，激发创新系统活力。正因为如此，新一轮科技变革和全球产业格局调整和重构中，知识产权与创新、产业发展关系更加紧密，围绕既有技术优势的维护和巩固、战略必争领域制高点的争夺与捍卫，将更多地体现为知识产权竞争，如智能终端领域的“专利战”、商业秘密争端、国际贸易中的知识产权调查等。

（四）中美在知识产权问题上面临的不确定性增加，制造业外部知识产权环境堪忧

中美之间的知识产权问题历来是双方经贸领域中的焦点，美国知识产权政策动向直接影响到中美知识产权问题的解决，关系到我国制造业创新发展的外部知识产权生态环境。2016 年 9 月 G20 杭州峰会期间，中美就知识产权达成了一系列重要共识。首先，中美强调对知识产权的有效和平衡保护。美国是制造业强国，制造业领域知识产权优势明显，企业利用知识产权维护市场竞争地位的要求更加迫切，手段更加复杂多样，如 Google、苹果、微软等大公司不惜发动专利战打击竞争对手，某些做法已经有违知识产权制度维护创新成果、激励创新活动的初衷。某些专利投机公司已经悄然在我国开始不正当收购、捆绑式专利许可及其他不法行为，严重威胁我国制造业创新发展环境。对于我国而言，在加强知识产权保护的同时，抵御知识产权滥用的任务也逐渐变得迫切。其次，中美双方确认“发展和保护包括商业秘密在内的知识产权的重要性”。自 2013 年美国首次在特别 301 报告中专门提出中国商业秘密窃取问题之后，商业秘密就成为特别 301 报告每年必然强调的重点，2015 年特别 301 报告中更是以“很严重的、不断恶化的问题”之类的严厉措辞，对我国商业秘密问题予以指责。中美双方舍弃专利、商标而专门提出商业秘密，这反映了商业秘密作为一种更新、更有力的知识产权保护手段重要性日趋显现的趋势；同时，近年中美两国在商业秘密问题上龃龉不断，美国针对中国企业的商业秘密侵权和经济间谍案件每年增加约10%，而多数均为不实指控，由此可见发起商业秘密诉讼已成为美国打击我国企业的又一重要手段，围绕商业秘密层面的共识更多体现了美国方面的强硬立场。可以预见，中美两国间制造业领域的商业秘密争端将延续日趋频繁趋势。

2017年1月20日特朗普走马上任美国总统，中美知识产权问题面临的不确定性骤然上升。在特朗普商业帝国的建立过程中，知识产权“功不可没”。除在美国拥有300余件商标外，特朗普还在中国积极布局知识产权，在中国申请商标达到78件之多。然而，有着强烈的知识产权保护意识和丰富的知识产权运用经验的特朗普当选美国总统，给中美知识产权问题进而给我国的制造业外部知识产权环境带来了极大的不确定性。一方面，特朗普在上台后即宣布废除设立了更高知识产权保护标准和执法要求的TPP，明显对我国构成利好。另一方面，特朗普政策取向极端多变、价值诉求极端利己、贸易保护主义倾向明显。在知识产权方面，特朗普早在当选美国总统之前就将中国视为对手，无理指责中国“偷窃”了美国知识产权。另外，白宫知识产权执法协调员办公室（IPEC）近期发布了2017至2019年特朗普担任总统期间美国知识产权执法联合战略计划的目标，其中最重要的一点是严厉打击盗用商业秘密和知识产权侵权行为。该计划被视为特朗普政府知识产权执法工作的蓝图。考虑到特朗普政策上的极端利己主义、制造业回归美国的主张和对于中国的敌视态度，预示着中美知识产权问题将面临更大的不确定性，中美经贸关系将更加复杂，而我国制造业创新发展方面的外部知识产权生态环境不仅将可能难以有所改善，甚至有恶化之虞。

二、国内形势分析

（一）创新驱动和创新创业政策环境不断优化，落实科技创新战略刻不容缓

2016年是国家创新驱动发展战略实施的最关键一年。这一年，《国家创新驱动发展战略纲要》（中发〔2016〕4号）正式发布，确定了创新驱动发展战

略的顶层设计；国务院出台了《“十三五”国家科技创新规划》（国发〔2016〕43号），明确了未来5年国家科技创新发展的战略目标和重点任务；5月召开了“科技三会”（全国科技创新大会、两院院士大会、中国科协第九次全国代表大会），习近平总书记在会上提出了建设世界科技强国的总体要求。同时，工信部发布了《产业技术创新能力发展规划（2016—2020年）》（工信部规〔2016〕344号，明确了“十三五”时期我国产业提升技术创新能力的目标和重点领域的任务。在此背景下，创新将成为国家命运所系和世界大势所趋、将成为引领发展的第一动力，我国应顺势抓紧落实科技创新战略，不断优化技术创新体系、创新环境、创新生态。

2012年至今，国务院出台了至少46份相关文件促进创新创业，其中2012年1份、2013年3份、2014年9份、2015年23份、2016年10份，主要有《关于发展众创空间推进大众创新创业的指导意见》《关于进一步做好新形势下就业创业工作的意见》《关于大力推进大众创业万众创新若干政策措施的意见》《关于支持农民工等人员返乡创业的意见》等。一系列的改革行为，围绕科技人员、高校毕业生、农民工、退役军人、失业人员、留学人员、小微企业等群体，聚焦创新体制机制、优化财税政策、搞活金融市场、扩大创业投资、发展创业服务、建设创业创新平台、激发创造活力、加强统筹协调等方面，切实推进全民创新创业工作，为企业创新发展营造健康环境，为国家经济发展注入新活力。

（二）“中国制造2025”重点领域核心竞争力不足，知识产权支撑作用亟须增强

当前我国信息通信设备、工业软件、工业机器人等重点领域虽然近年来发展较快，但国际产业竞争力较弱，亟须提高知识产权能力，建设良好知识产权生态，为制造强国建设发挥有力支撑作用。以5G信息通信技术为例，我国针对5G技术已经设立国家科技重大专项重点推进，旨在集合社会资源加强研发，有力推动全球5G统一标准的形成，促进5G技术研发与产业发展。以华为为代表的我国信息通信设备制造商也主动加大研发力度，近期在5G通信技术方面取得新突破。在3GPP RAN187次会议关于5G短码方案讨论中，中国华为推荐的PolarCode（极化码）方案击败美国的LDPC方案和法国的Turbo2.0方案，获得认可，最终成为控制信道上行和下行的编码方案。标志着以华为为代表的中国企业摆脱3G、4G时代亦步亦趋的技术形势，在5G规则制定上将拥有更多话语权。同时，围绕5G规则制定话语权的争夺仍不可轻视。国内企业知识产权积累、储备、布局等能力普遍较弱，在通信领域的核心元器件方面，我国对外依存度仍然不低，美国将有可能针对我国亟须的技术或元器件进行限售，或者借知识产权问题予以压制。另一方面，美国、欧盟对5G的扶持、重视程度丝毫不弱于中国，均从国家战略高度，大量投入资金、频谱资源等积极推动。在相信未来我国将能够对5G技术标准形成发挥有利作用的同时，必须清醒地认识到未来面临的挑战仍十分严重，围绕5G标准制定话语权争夺业将非常激烈。

高端工业软件领域同样如此。发展自主安全可控的高端工业软件对于实现“中国制造”向“中国创造”转变，推动我国制造强国建设具有重要意义。由于我国工业软件起步晚，技术基础薄弱，知识产权积累少，普遍集中于低端软件，系统复杂性低、不能适应极端环境应用等劣势明显，高端领域国产品牌仍难以抗衡国外品牌。目前，国外品牌基本主导产业格局。以GE、西门子、三菱等为首的工业软件产品覆盖全球，扼守产业链高端环节，形成规模化覆盖。同时，借助先发优势，依托高品牌附加值，塑造用户使用习惯，“锁定”用户群体。如AutoCAD在二维CAD市场高度垄断，形成该领域事实上的标准。另外，国际工业软件巨头知识产权保护意识强烈，形成了以软件著作权为主，综合利用专利、商标、商业秘密等各类知识产权的严密的创新成果保护体系。为维护竞争优势，不时地以非法制售、复制和安装盗版软件，窃取商业秘密等为由对包括我国在内的竞争对手进行知识产权侵权指控。甚至借助品牌优势，压低产品价格，以不正当竞争手段抢占国内市场。近年来，相关企业还利用其影响力鼓动政府不断加强打击侵权盗版执法力度，借助国家执法力量，打压包括我国在内的竞争对手。反观国内，我国软件企业海外知识产权纠纷应对能力较为薄弱，胜诉案例仍屈指可数，而行业组织协同运用知识产权应对海外知识产权纠纷的机制尚付之阙如。我国工业软件业知识产权储备、布局、海外纠纷防范应对等能力亟须提升。

（三）政府亟须加大质量品牌工作力度，为工业发展提质增效

我国受到传统粗放型发展方式的长期影响，工业质量和品牌发展面临的

形势不容乐观。一是产品质量发展差异大，部分产品质量低，难以与国际先进水平相抗衡，尤其是在产品的安全性、一致性、稳定性、可靠性和寿命等方面还存在瑕疵，使得我国产品的国际声誉难以提振。二是标准相对缺失，现有的部分标准与市场环境不匹配，表现出适用性差、无法贯彻执行的现象，尤其是新兴领域中，一些产品的标准以及检测方法都无法适应新研发的产品，更遑论高新技术和高附加值产品内含的高精尖技术，与之相匹配的检测技术还是空白，这种情况难以支持高速发展和高度竞争的市场需求。三是品牌建设相对落后，我国制造业的自主品牌有约 170 万之巨，虽然品牌数量多，但是市场认可度尤其是国际市场的认可度较低，品牌附加值和竞争力都不能与国际知名品牌相抗衡。四是企业主体地位模糊，质量意识落后，对于质量信誉和品牌管理方面缺乏意识和经验，不能实现系统和有效率的管理，拖累了企业发展。五是质量安全保障体系作用发挥有限，监督检测能力还有待提升，产生恶劣影响的产品质量和安全事件仍不时发生，使得国内广大消费者对国货产生不信任感。六是质量基础建设能力投入不足，包括检测、控制和技术评价等基本能力无法得到有效培育，尤其是质量品牌领域的关键共性技术，有一批此类技术亟待突破，投入不足成为瓶颈。另外，质量品牌的公共服务供给与其企业需求的错位也是我国质量品牌建设进程中无法忽视的问题。

因此，政府亟须加大质量品牌工作力度，将质量品牌提升战略作为当前我国建设制造强国，促进工业提质增效、改善工业发展质量效益的必要手段，从质量品牌的角度考虑促进我国工业转型升级。以工业和信息化部、质检总局等部门为主要牵头单位，围绕实施质量品牌的规划（行动计划），加强组织领导，积极部署工作，在主管部门内部建立起质量品牌推进工作的协同机制，统筹质量品牌的建设工作，通过加大宣传力度，提升企业的质量品牌意识，加大对质量品牌工作支持力度，继续完善质量品牌政策支持体系，在创新驱动、知识产权保护等方面加大政策支持，为企业积极营造良好的发展环境，实现“十三五”时期质量品牌工作的良好开局。

第四节　2017 年我国工业技术创新趋势展望

展望 2017 年，各国加快创新战略部署，进一步提升制造业创新能力和竞争水平。国内工业技术创新体系、创新环境、创新生态将不断得到优化，创新将成为国家命运所系和世界大势所趋、成为引领发展的第一动力。针对当前科技创新对制造业发展的支撑能力有待加强，互联网经济下的新业态新模式急需知识产权保驾护航，工业品牌发展与国民经济发展严重不匹配等问题，赛迪智库提出几点建议：加快落实国家创新驱动发展战略，鼓励和促进科技成果转移转化；聚焦重点领域和方向，加快国家制造业创新中心组建和运行模式探索；多管齐下，营造新业态新模式下创新发展的良好知识产权环境；加快推进工业“三品”战略，发挥品牌引领作用。

一、形势判断

（一）全国形成创新驱动发展合力，技术创新将进一步引领制造业发展态势

随着科技体制改革的深化和创新驱动发展战略的落实，2017 年，我国工业技术创新体系、创新环境、创新生态将不断优化，创新将成为国家命运所系和世界大势所趋、将成为引领发展的第一动力。从体制机制来看，围绕 2016 年发布的《实施〈中华人民共和国促进科技成果转化法〉若干规定》（国发〔2016〕16 号）、《促进科技成果转移转化行动方案》（国办发〔2016〕28 号）和《高新技术企业认定管理工作指引》（国科发火〔2016〕195 号），2017 年，全国将大力促进科技成果转化和重点规范高新技术企业认定等工作，各地也将积极推出相应政策和法规；从制造业创新举措来看，2017 年将积极落实《“中国制造 2025”城市试点示范工作方案》（工信厅规〔2016〕14 号）、《制造业创新中心建设工程实施指南（2016—2020 年）》和《关于完善制造业创新体系，推进制造业创新中心建设的指导意见》（工信部科〔2016〕273 号），探索不同类型区域推进制造业转型升级的模式和路径，推进国家和省级制造业创新中心建设。

（二）我国工业技术创新能力将持续提升，创新成果将不断涌现

党的十八大以来，我国着力实施创新驱动发展战略，成效显著。世界知识产权组织、美国康奈尔大学和英士国际商学院共同发布的《2016 年全球创新指数》报告显示，2016 年我国首次跻身全球创新指数 25 强。2015 年 12 月，国家统计局发布的《国家创新指数报告》显示，2014 年中国创新指数为 158.2（以 2005 年为 100），比上年增长 3.7%。从这个趋势看，预计 2017 年中国创新指数将达到 170。

在国际专利方面，预计 2017 年，中国 PCT 国际专利受理仍将继续大幅增长；在发明专利方面，我国发明专利的授权数量呈逐年递增态势，预计 2017 年仍将继续增长。

互联网从广度和深度上与传统产业不断融合，开拓新的发展空间，催生以互联网为基础的新兴业态密集涌现。互联网经济形态呈现出不同于传统经济形态的鲜明特征，对现有知识产权运用和保护体系造成不可忽视的冲击，对企业有效运用和保护知识产权提出了新的要求。互联网内容产业不断扩张，著作权侵权行为出现复杂多样、易发多发、难于监管和预防的情况，知识产权立法和执法滞后于形势发展变化，著作权保护面临新挑战。

（三）推进行业质量品牌战略专项行动，工业质量将进一步得到提升

2017 年将继续推进行业质量品牌专项行动，一方面，继续落实消费品工业和装备制造业领域的质量品牌专项任务和工作重点，包括消费品领域的质量标准对标、加强社会监督检查力度、强化创新提升质量水平、丰富品种品牌等。装备制造业的汽车、高档数控机床、轨道交通装备、通信设备等领域，要强化产业技术基础公共服务平台作用，率先开展质量提升工业和共性质量问题攻关行动，提高产品的可靠性、安全性等。另一方面，继续向其他领域如原材料、智能制造、电子信息等领域推广质量品牌专项行动，以促进产业转型升级，提升工业经济发展质量和工业整体竞争能力。

企业作为建设主体，将继续被突出和引导。一方面，引导企业建立完善质量品牌管理体系，加强全面质量管理、卓越绩效、六西格玛、精益生产等先进质量管理方法的运用，促进企业增强质量品牌管理能力。另一方面，加强质量品牌建设经验的推广宣传，针对质量品牌建设成功的典型企业，进行

深度调研研究，形成典型案例进行宣传推广，特别是在“互联网+”、智能制造、在线检测重要领域，引导企业开展标准对比、质量比对、质量攻关等质量提升活动，挖掘中国质量管理的新模式、新特色并加以推广。

二、对策建议

（一）加快落实国家创新驱动发展战略，系统推动科技成果转移转化

当前，我国工业技术创新处于关键窗口期，必须加快落实《国家创新驱动发展战略纲要》，建设和完善产业技术创新体系。一是围绕《中国制造2025》十大重点领域和传统产业转型升级的重大需求，加强原始创新，组织实施重大科技项目和工程，壮大创新主体，优化区域创新布局和深化军民融合，加快建设企业为主体、政产学研用相结合的产业技术创新体系，全面推动制造业转型升级。二是通过加大落实《促进科技成果转化法》和《促进科技成果转移转化行动方案》，建设科技成果中试与产业化载体，加强市场化服务，探索多元化资金投入模式，建设科技成果转移转化人才队伍，深入开展产学研协同，促进科技成果转移转化。

（二）聚焦重点领域和方向，加快国家制造业创新中心组建和运行模式探索

制造业创新中心工程是《中国制造2025》规划纲要中的五大工程之一，组建制造业创新中心是落实制造强国战略的重要实践。目前，我国建成了国家动力电池创新中心并于2016年6月30日正式挂牌成立，国家增材制造创新中心也已正式批复。一是围绕《〈中国制造2025〉重点领域技术路线图》，将进一步聚焦机器人、石墨烯、光通信等重点领域，继续推进国家制造业创新中心建设；二是将跟踪动力电池、增材制造两家创新中心的建设和运行情况，探索新机制、新模式和多样化的资金投入方式，分析总结有益经验，为建设新的创新中心提供参考；三是将继续在北京、江苏、湖北、广东等多个省市推动建设省级制造业创新中心，按照“一案一例一策”方式，探索创新中心建设的共性规律和特性做法，加强经验推广。

（三）多管齐下，营造新业态新模式下创新发展的良好知识产权环境

加强互联网经济新业态新领域创新成果的保护。2017年，为更好地适应

互联网经济发展趋势，一是通过延展知识产权保护范畴，如借鉴美国、欧盟和日本等发达国家立法经验，研究对商业方法软件或承载商业方法的电子模具授予专利，拓展可专利对象范围；二是加快《著作权法》修改完善步伐，通过完善定义、拓展外延等加强对计算机软件和网络作品著作权保护，针对商业秘密，出台专门的《商业秘密保护法》；三是加强对数据信息的知识产权制度研究与立法等，密切与国际组织和境外执法部门沟通协作，提高跨境知识产权侵权案件的执法力度，增强知识产权保护有效性；四是及时跟进增材制造、VR 等新业态新领域制造业创新中心建设，同步推进知识产权能力提升工程，支撑新业态新模式创新体系。推动知识产权（信息）服务类产业技术公共服务平台建设，鼓励以知识产权为纽带的科技创新成果转移转化，为科技创新成果向科技型中小企业、初创企业扩散提供专业、高效、便捷的知识产权服务。新业态新领域企业应主动提高组合运用知识产权意识和能力，强化知识产权积累和储备，抢占产业竞争战略高地。

（四）加快推进工业“三品”战略，发挥品牌引领作用

2017 年，我国应继续加大推进质量品牌建设力度，促进工业提质增效升级。以提高发展质量和效益为中心，化解“三期叠加”风险、破解产能过剩难题；以供给结构升级工程为抓手，以增品种、提品质、创品牌为主要内容，打造中国品牌价值。一是要建立长效机制，完善政策法规环境，营造良好社会氛围，推进质量品牌基础建设保障工作；二是建立完善质量品牌信息共享平台，运用互联网和大数据等信息技术，综合分析来自政府、行业组织、专业机构、企业、消费者和社会的质量品牌信息，构建共创共享的信息服务能力；三是要解决质量品牌建设突出问题，加快推广先进质量管理技术和方法，深化工业品牌培育力度，打造一批特色鲜明、竞争力强、市场信誉好的产业集群区域品牌；四是推进消费品行业“三品”战略示范工程，将“三品”战略逐渐向其他行业领域扩展，以提高我国经济发展的整体竞争力。

第五章　两化融合

2016年，是“十三五”的开局之年，也是两化深度融合渐入佳境的一年。在制造业与互联网融合相关政策的推动下，制造企业与互联网企业融合意愿日趋强烈，智能机器人、无人机、智能工厂、工业云、工业大数据等新技术新模式不断涌现，共享技术、设备、资金等资源在制造企业初现端倪，大企业“双创”热潮涌动成为提升企业全球影响力、知名度和竞争力的有力抓手，自动控制与感知技术、工业软件、工业互联网、工业云和智能服务平台不断演化升级为工业“新四基”。尽管当前阶段我国两化深度融合发展已取得一定程度的进展，但仍面临基础设施不能满足两化深度融合的需要、信息通信技术和产业支撑能力薄弱、数据资源开发利用水平不高等一系列突出问题。展望2017年，从中央到地方，对“一硬”（自动控制和感知技术）、“一软”（工业核心软硬件）、“一网”（工业互联网）和“一平台”（工业云和智能服务平台）等工业“新四基”建设布局将持续加快，虚拟现实、机器视觉等人工智能技术在制造企业的应用将愈发深入，行业系统解决方案将成为制造企业和互联网企业竞相角逐之地，智能制造试点的示范带动作用将日益凸显，智能化生产方式将更加普及。

第一节　2016年我国两化融合取得的主要进展

2016年，中央和地方政府陆续出台实施了一系列推动制造业与互联网融合发展的政策措施，大企业“双创”平台建设如火如荼，工业云与工业大数据创新应用步伐加速，大数据驱动的智能制造模式开始显现，工业“新四基”建设布局加速推进，人工智能技术加速向工业领域深入渗透，一批行业系统解决方案涌现，智能制造生产方式加快普及。

一、国家政策强力支持两化融合发展

2016 年，国家政策强力支持制造业与互联网融合发展，制造业与互联网融合成为“十三五”时期两化深度融合的主要方向。4 月，工业和信息化部发布了《两化深度融合创新推进 2016 专项行动实施方案》，提出要组织开展制造业与互联网融合发展试点示范。5 月，国务院发布《关于深化制造业与互联网融合发展的指导意见》，部署制造业与互联网融合发展，协同推进“中国制造 2025”和“互联网 +”行动，加快制造强国建设。山东、山西、河南、新疆、大连、济南、锦州等省市加紧制定实施方案，以新一代信息技术与制造业深度融合为主线，推动制造业转型升级。

二、宽带网络对两化融合的基础性作用日益凸显

目前，高速泛在、宽带泛在、海陆对接、天地一体是新一代信息基础设施的重要演进方向，对经济社会发展转型的战略性、基础性和先导性作用日益凸显。为贯彻落实“十三五”规划纲要，加快推进“宽带中国”战略、“互联网 +”行动等重大部署，国家发改委组织实施了新一代信息基础设施建设工程。

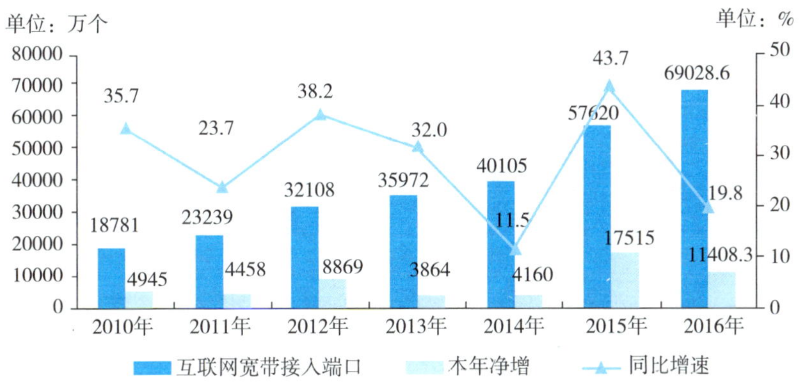

图 5－1　2010—2016 年互联网宽带接入端口发展情况

资料来源：工业和信息化部运行监测协调局，2017 年 1 月。

2016 年，互联网宽带接入端口数量达到 6.9 亿个，比上年净增 1.14 亿个，同比增长 19.8%。互联网宽带接入端口“光进铜退”趋势更加明显，xDSL 端口比上年减少 6259 万个，总数降至 3733 万个，占互联网接入端口的比重由上年的 17.3% 下降至 5.4%。光纤接入（FTTH/0）端口比上年净增 1.81 亿个，达到 5.22 亿个，占互联网接入端口的比重由上年的 59.3% 提升至 75.6%①。

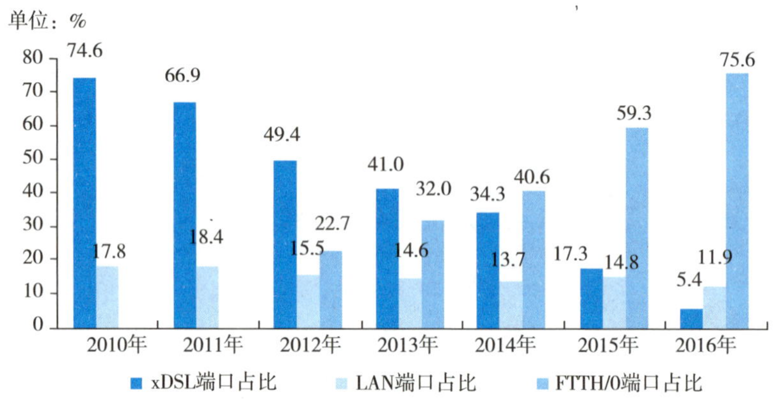

图 5－2　2010—2016 年互联网宽带接入端口按技术类型占比情况

资料来源：工业和信息化部运行监测协调局。

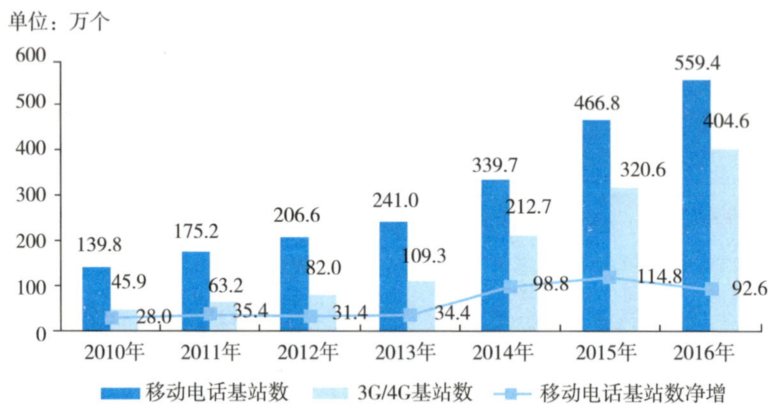

图 5－3　2010—2016 年移动电话基站发展情况

资料来源：工业和信息化部运行监测协调局，2017 年 1 月。

① 运行监测协调局：《2016 年通信运营业统计公报》2017 年 1 月 22 日，http：//www.miit.gov.cn/n1146285/n1146352/n3054355/n3057511/n3057518/c5471292/content.html.

2016年，基础电信企业加快了移动网络建设，新增移动通信基站92.6万个，总数达559万个。其中4G基站新增86.1万个，总数达到263万个，移动网络覆盖范围和服务能力继续提升。

2016年，全国新建光缆线路554万公里，光缆线路总长度3041万公里，同比增长22.3%，整体保持较快增长态势。

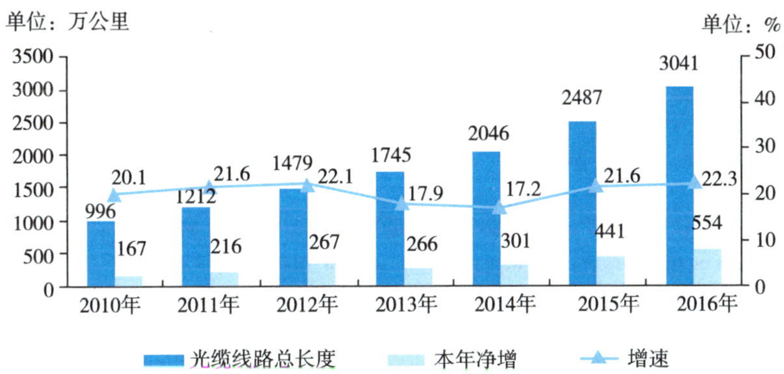

图5-4　2010—2016年光缆线路总长度发展情况

资料来源：工业和信息化部运行监测协调局，2017年1月。

全国新建光缆中，接入网光缆、本地网中继光缆和长途光缆线路所占比重分别为62.4%、34.3%和3.3%。其中长途光缆保持小幅扩容，同比增长3.5%，新建长途光缆长度达3.32万公里。

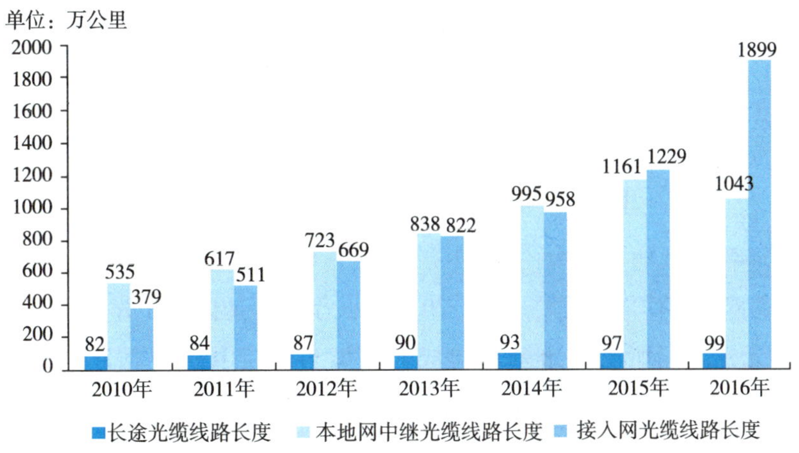

图5-5　2010—2016年各种光缆线路长度对比情况

资料来源：工业和信息化部运行监测协调局，2017年1月。

2016 年，4G 用户数呈爆发式增长，全年新增 3.4 亿户，总数达到 7.7 亿户，在移动电话用户中的渗透率达到 58.2%。2G 移动电话用户减少 1.84 亿户，占移动电话用户的比重由上年的 44.5% 下降至 28.8%。

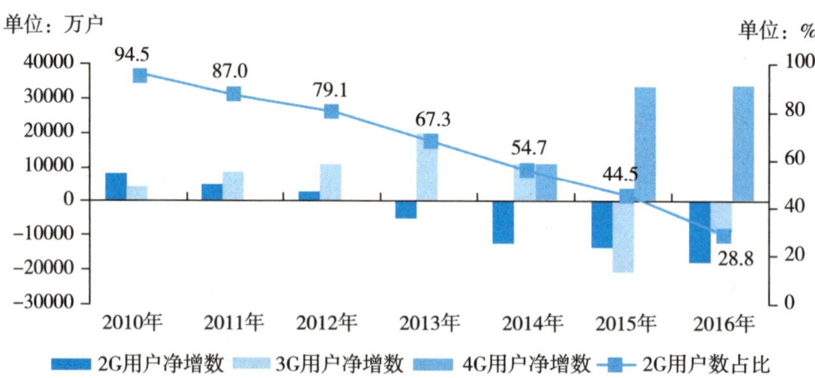

图 5-6　2010—2016 年各制式移动电话用户发展情况

资料来源：工业和信息化部运行监测协调局，2017 年 1 月。

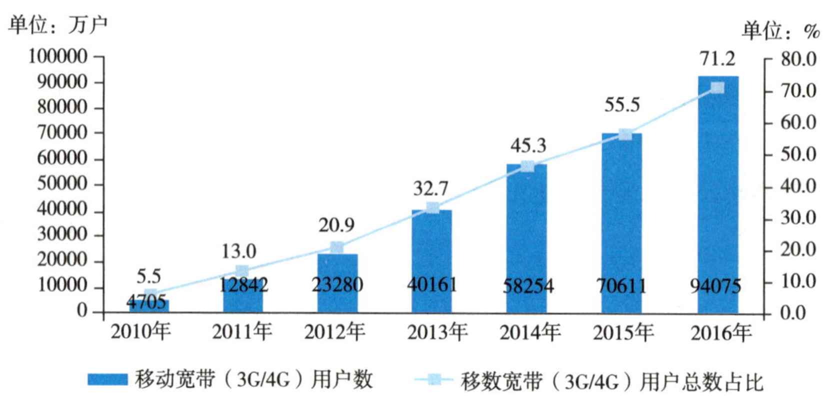

图 5-7　2010—2016 年 3G/4G 用户发展情况

资料来源：工业和信息化部运行监测协调局，2017 年 1 月。

提速降费工作取得重要进展。2016 年，全国提速降费工作完成投资超过 4300 亿元，全国所有地市基本建成光网城市，其中光纤光带用户占比为 72%，4G 用户达到 7 亿户。网间带宽新扩容 950G，新增 3 个互联网骨干直联点；全国固定宽带平均接入速率是 2015 年底的 2 倍，固定宽带单位带宽和移动流量平均资费水平进一步下降。宽带接入网业务试点扩大，累计吸引社会投资超过100亿元[1]。黑龙江省2016年大力推进提速降费工作，取得优异成绩。目前，黑龙江省已基本建成覆盖城乡的光纤网络和4G网络，固定宽带平均接入速率为21.2Mbps，是2015年底的2.3倍。单位固定宽带和手机上网流量平均资费同比下降超过40%[2]。重庆市都市功能核心区、都市功能拓展区全域、其他区县（自治县）城区和乡镇实现3G、4G网络全覆盖，成为国家第17个互联网骨干直联点城市，网间互联带宽200G，省际出口带宽4.74T[3]。

新型基础设施战略性地位不断凸显。2016年10月，习近平总书记在中共中央政治局第三十六次集体学习中，提出要建设全国一体化的大数据中心，为移动互联网时代新型基础设施建设指明道路。当前，全国各地都加快建设新型基础设施。上海市与中国联通展开合作，加强城市光纤宽带网络覆盖，率先部署覆盖全市的NB－IoT物联专网，提升高速宽带通信网络能级，推动新一代信息技术在各领域的深度渗透，助力提升城市运营管理能力和效率。围绕上海“四个中心”建设，中国联通在浦江镇建设了上海国际出口局第二机房、浦江数据基地和临港云数据中心基地，推动服务上海城市管理和社会服务的公共云平台、服务重点行业的云平台、大数据平台建设，打造“互联网＋”背景下的新型基础设施[4]。

三、大企业“双创”热潮涌现

大企业“双创”是激发制造业创新活力的关键抓手。“双创”不仅是小微企业的生存发展之路，也是大企业繁荣兴盛之道。大企业有雄厚的经济实力、先进的技术条件、较强的产业链整合和资本运作能力，是制造业“双创”的主力军。在多种举措的支持下，目前全国“双创”热度高企，大企业“双

① 《2017年全国工业和信息化工作会议》，2016年12月26日，见http：//news.xinhuanet.com/info/ttgg/2016－12/26/c_ 135933460htm.

② 《黑龙江“提速降费”工作成效显著》2016年12月30日，见http：//www.miit.gov.cn/n1146290/n1146402/n1146450/c5449018/content.html.

③ 《重庆研究5G建设推进网络提速降费》，2017年1月22日，见http：//www.iot－online.com/IC/commnet/2017/012236157.html.

④ 邓云岚：《中国联通与上海签署“互联网＋”合作协议 加速信息基础设施建设 推动“互联网＋”创新应用》，2016年5月5日，见http：//www.cnii.com.cn/wlkb/rmydb/content/2016－05/05/content_ 1725191.htm.

创”正步入全面实施、快速迭代、自我完善的阶段，积累了丰富的经验。具体来看，主要采用了以下几种典型做法和模式：

围绕集聚利用各类创新要素和制造资源，搭建基于互联网的开放创新平台，不断突破地域、组织、技术的界限，在全球范围内推动制造资源的高效对接和优化配置，有效提升企业的设计、制造、管理和服务水平。一是通过自建“双创”平台整合资源。不少大企业利用技术、资金等资源优势，集中力量搭建了一批开放创业创新平台，集聚企业内外部创新资源为自身发展所用。海尔集团打造了开放创新平台 HOPE，聚集了 10 多万家创新资源，实现与全球专家、用户、发烧友的实时互动，大幅提升了产品研发效率，如家电模块商基于 HOPE 平台的产品研发效率提高 30%，开发时间缩短 70%。中航

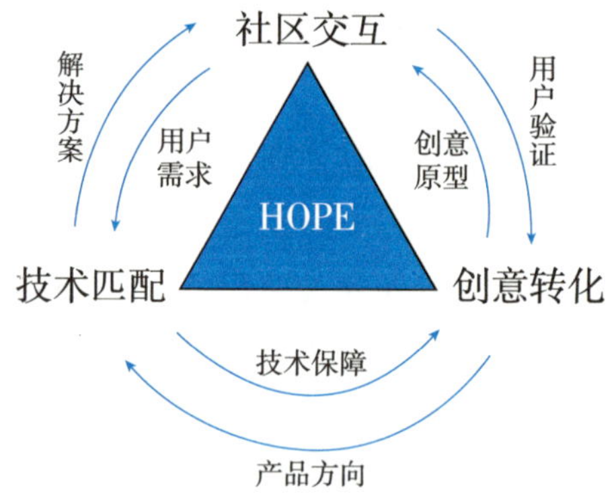

图 5－8　海尔 HOPE 双创平台模式

资料来源：it168 网站。

工业的爱创客平台以企业资源和产业生态为核心，推动基于互联网的开放式创新和联合创业，实现以企业自身资源牵引各类创新创业要素聚集、开放、融合和共享。二是与其他创新机构合建开放创新平台。一些技术、资金等实力不足的大企业，通过与其他创新机构开展合作，联合建立开放创新平台，实现强强联合、优势互补，加速了企业创新发展进程。恒瑞医药牵头组建抗肿瘤药物技术创新产学研联盟，整合 12 家业内优秀医药企业和科研院所，成为面向行业的开放式共性技术开发平台，在抗肿瘤药物生产行业关键技术、共性技术的创新突破中发挥着重要作用，目前已有 2 个创新药物提交上市申请，17 个创新药物处于临床阶段。三是利用第三方创新平台。与自建开放式

创新平台的高门槛、高投入、高风险相比，利用第三方创新平台开展低成本高效率的创新活动，成为一些风险规避型大企业利用外部创新资源的重要方式，典型第三方创新平台包括众包、众设、产业联盟、技术创新联盟等。由北大、清华、中科院等13家学术单位和商飞、潍柴等70多家行业领军企业共同成立的北京协同创新研究院，正在推动建设仿真与设计、智能机器人等18个协同创新中心，全力打造行业重大技术联合攻关与高端人才培养的新高地，为重大科技突破与转化、行业技术进步、中小企业产品创新提供强有力的技术支撑。

围绕挖掘内外部创新潜力，大型制造企业在建设“双创”平台过程中，通过组织结构与管理机制创新，促进企业内部“众”部门、“众”环节、“众”员工的创业创新潜力释放，推动企业向网络化、平台化、扁平化创新型组织转型发展。一是完善企业员工创新激励制度。激励企业内部员工创新潜力的制度安排由来已久，可以追溯到1872年德国克虏伯提出的合理化建议管理理念。从实践看，采用这种传统但有效的制度安排激励内部员工创新活力的大企业较多，也有不少大企业仅开展创业创新竞赛活动。例如，哈尔滨一机集团、中国一重、盾安集团、广汽集团等通过合理化建议制度有效激发了员工创业创新活力。其中，盾安集团在2010—2015年间采纳合理化建议累计达3万余项，产生效果显著；广汽集团十年共产生改善提案253万余条，参与人数超27.5万人次，为集团创造直接经济效益达30.3亿元。又如，亚宝药业、杭叉集团、中钢集团等大企业在国家“双创”政策的引导下积极开展创业创新大赛活动，也有效提升了企业创新发展活力。其中，亚宝药业全面开展“五小”（小发明、小创造、小革新、小设计、小建议）竞赛活动，在促进企业提质增效方面效果显著。二是推动管理体制微创新。国外企业发展经验表明，企业的创新发展往往依赖于稳扎稳打的微创新，而非激烈的“颠覆式”创新，不管技术还是管理均如此。我国大企业规模大、人员多，管理体制大变革难度高，在国家“双创”政策支持与引导下，通过在企业内部设立创业创新部门、推动管理体制微创新，已经成为不少大企业创新发展的现实选择，并取得了积极成效。例如，大华股份鼓励技术骨干与公司共同组建创业团队，横店东磁在基层生产经营和管理单位组建先进会、智慧创想会等创新小组，山东临工摸索出“一全二创三结合”的全员创新管理模式，中信重工开设创客工作室、大工匠工作室等创新单元，一拖集团创建劳模创新工作室，中钢集团建立创新社群“中钢创新思享会”等等。其中，中信重工通过聘请10位中国工程院院士和15位行业领军人才，牵头组建了18个技术创新团队，并建立了劳模工作室、大工匠工作室和工人创客群体，直接参与者超过500人，带动4000多名一线工人成长成才，并且5个大工匠领衔的创客工作室仅在2014年就取得了创新成果46项，为企业创造价值1285万元。三是推动组织结构平台化变革。除传统的创新激励管理措施和企业管理体制微创新外，有个别大企业充分借助互联网技术力量，已经完成了企业组织结构的变革与重构，实现了从传统科层制管理到扁平化、平台化、创新型组织的转型。海尔是其中的典型，海尔集团打散了传统的“金字塔”型多层级企业组织结构，去掉中间管理层，在8万多名企业员工中组建起2000多个自决策、自创新、自驱动、自运转、自结算的创业型“自主经营体”，集团为这些自主经营体提供完善的研发资金、试验设备、供应链资源等平台服务。在“自主经营体”内，负责人竞争上岗且时刻受到员工监督，在报酬方面则打破过去按级别、职务拿薪酬的办法，实行“超利分享”，即当创造的利润超过行业平均水平1.2倍以后就可以加速分享收益，极大地激发了员工创业创新活力。

围绕创新技术和产业布局，资源整合能力突出的大企业通过“双创”平台集聚产业链上的创业创新资源，推动产业链协同创新与生态化发展，激发产业链上不同企业、消费者的创新优势和活力，打造“抱团”发展的综合竞争新优势。一是利用综合优势构建产业生态。一些大型制造企业“双创”平台面向产业链上下游开放“双创”平台资源，并利用自身资源整合能力集聚产业链上企业间以及消费者的创新优势，不断丰富创业孵化、专业咨询、人才培训、检验检测、投融资等服务，加强了与中小企业的专业分工、服务外包、订单生产等多种形式协作，形成资源富集、创新活跃、高效协同的产业创新集群。鲜易控股打造了一个开放共享、共生共赢的智慧生鲜供应链创业创新生态圈，汇集了数万个供应商、采购商、品牌商、运营商和服务商，共享金融、数据、技术、标准、信息等资源要素。报喜鸟服饰利用互联网技术、大数据技术等建立了大规模个性化智能定制系统，消费者可随时通过官网、移动互联网、第三方电商平台、门店智能终端等渠道接入公司开放定制平台，进行自主DIY设计和面料、辅料、工艺、款式、领型、纱线颜色等个性化需求选择，并通过智能化数据分析和信息整合生成订单信息指令，驱动智能工厂进行大规模个性化制造。二是利用技术优势推进产业链协同创新。一些大企业通过“双创”探索出了一系列带动产业链上其他相关方协同发展的新模式新业态。例如，山东如意集团创造性地探索出“1 + X + N”的家庭工厂模式，通过为农户提供设备、资金、培训等开办家庭工厂，挖掘广大农户闲时劳动力，激发创业活力，实现产业链生态化发展。鲜易控股打造了一个开放共享、共生共赢的智慧生鲜供应链创业创新生态圈，数万个供应商、采购商、品牌商、运营商和服务商成为生态圈在线员工，共享金融、数据、技术、标准、信息等资源要素。目前，公司建立内部自主创新体 500 多个，3300 多名员工参与创业创新，在册员工与在线员工比例达到 1∶10，生态圈带动种养（场）户 18 万户，带动农村经合组织 306 个，培训农民 12 万人次。三是利用资金优势发展产业链金融。大企业资金实力雄厚，利用资金优势开展产业链金融服务，带动产业链上创新能力强、资金需求大的中小企业协同创新，是构建产业综合竞争新优势的重要途径。通过调研，不少大企业将发展产业链金融作为推动“双创”的主要手段。例如，森源电气通过融资租赁、回购承诺等“销售 + 金融”的模式，支持难以获得银行贷款的民营企业或弱势区域企业发展，不仅有效缓解了中小企业融资难题，而且带动相关设备制造稳步增长。

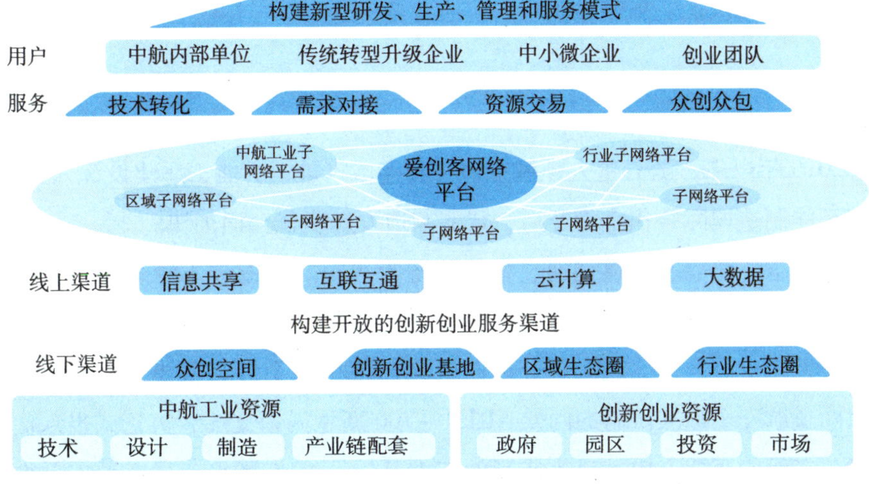

图 5－9　中航爱创客“双创”平台

资料来源：赛迪智库整理。

除大型制造企业外，基础电信企业、互联网企业也积极开展面向制造业的“双创”服务生态建设。三大电信运营商等基础电信企业，通过产业孵化服务平台，集聚整合大型企业、产业链上下游企业、智库机构、金融资本、孵化管理、创业培训等优质资源，为“双创”提供精准的要素配置服务。以阿里巴巴为代表的互联网企业，通过网络化生产能力要素配置平台，实现产业资源的实施在线监测、需求精确匹配，有效改善产业链运转效率不高、产能过剩等问题。数码大方、索为云网等互联网企业基于自身制造技术和知识优势，发展面向制造企业的“双创”服务平台及解决方案，提供软件按需取用、在线协同合作、技术资源交易和专业知识自动化等共享服务，促进实现数据的自动流动和隐形知识的显性化，推动新型制造模式发展。

总体来看，大企业“双创”建设基本遵循从单环节突破向体系化演进的路径。企业在“双创”平台建设时，往往从需求最为迫切、条件较为成熟、创新资源最为充足的研发环节入手，通过研发设计工具的应用，推动创新业务突破研发部门边界，逐步覆盖制造、采购、营销等部门，从而形成协同创新模式。同时，充分利用互联网的扁平化、网络化、去中心化的特性，把生产与消费无缝衔接，把散乱小的供给与复杂多变的市场需求有效对接，引入分享、众扶、众创、众筹等模式，激发和调动每一个体的积极性，推动创新向更灵活、更快速、更贴近用户的方向转变。

四、智能制造进入务实推进期

2016 年以来，随着重大领域专项工程实施推进，智能工厂建设深入推进，中德智能制造国际合作全面开启，智能制造发展步伐全面加快。

以航空、船舶、轨道交通、智能装备为代表的关键技术装备取得积极进展。在航空装备方面，具有完全自主知识产权的中国商飞公司 C919 飞机首架机交付试飞中心，已完成大部分地面试验，2017 年初即将首飞；首次全面按照国际适航安全标准研制的两架 ARJ21－700 新型涡扇支线客机正式投入商业运营。在船舶装备方面，自主研制的“海斗”号无人潜水器完成最大下潜深度 10767 米，我国成为继日本、美国之后第三个拥有研制万米级无人潜水器能力的国家；21000TEU 超大型集装箱船开始承接批量订单；世界首只极地模块运输船、世界最大吨位的10万吨级半潜运输船建成交付；中船动力6EX340EF自主品牌二冲程低速柴油机填补空白，上海船用柴油机研究所自主知识产权低速机低压选择性催化还原（SCR）系统获型式认可证书，大连华锐批量承接世界冲程最长、单支重量最大的船用曲轴订单，自主品牌锚绞机、舱口盖、贝克舵等甲板机械实现批量装船。在轨道交通方面，中国标准动车组成功完成世界首次420km/h交会试验，并进行载客试验，160km/h城际动车组完成运行考核获得制造许可。在重大装备方面，中车株洲电机公司首次将永磁技术运用于大型机械重工领域，成功研制全球首套盾构机永磁同步电机并启动试运行，实现永磁同步电机搭配系统使用后比同功率异步电机效率高出10%以上，每小时可省电100度以上，有效提升了盾构机的整体效能。在智能制造装备方面，高速/高效/高精、多坐标/复合/智能型、大规格/大吨位/大尺寸数控机床等一大批新产品相继进入重点应用领域，其中高精度数控齿轮磨床、高精度/高效/复合数控磨床、多轴控制/精密重型机床、数控冲压生产线等产品跻身世界先进行列，比如，32束丝复合材料自动铺放机在航空航天大型复合构件中成功投入使用，高温合金航空发动机叶片五轴联动加工中心主要性能指标达到了国际先进水平；多通道、多轴联动等高性能数控系统产品主要技术指标已基本达到国际主流高档数控系统的水平，实现了为多种高速、精密数控机床配套；高档数控系统在重点军工企业实现小批量应用，仅在沈飞公司就有30多台国产数控系统配套机床并投入生产使用；沈阳新松研制成功首台柔性多关节机器人、双臂协作机器人等等。

智能工厂成为传统制造企业转型升级的主要突破方向。机械、船舶、汽车、家电等离散型行业围绕制造单元、加工中心、生产线和车间智能化改造，推动全面感知、设备互联、数据集成、智能管控，促进生产过程的精准化、柔性化、敏捷化。例如，宇通集团通过模块化设计、模块化销售和高效、智能、柔性化生产相结合的方式，探索节能与新能源客车制造的新模式；广州数控通过工业以太网将单元级的传感器、工业机器人、数控机床，以及各类机械设备与车间级的柔性生产线总控制台相连，通过以太网将总控台与企业管理级的各类服务器相连，再通过互联网将企业管理系统与产业链上下游企业相连，打通了产品全生命周期各环节的数据通道，实现了生产过程的远程数据采集分析和故障监测诊断；沈阳新松打造的数字化智能工厂，集智能仓储、物料输送、上下料、点焊、激光焊接等技术于一体，在规划设计层面运用计算机辅助数字仿真与优化，在管理层基于ERP系统提供质量管理、生产绩效和生命周期管理等的业务分析，在控制层通过MES系统快速响应生产状态变化，在执行层利用工业机器人等实现自动化生产流程。石化化工、钢铁、有色、建材等流程型行业针对生产过程的工艺控制、状态监测、故障诊断和质量控制的智能化需求，加快设备智能化改造，推动先进过程控制和制造执行系统的部署和优化升级，促进生产过程集约高效、动态优化、安全可靠。例如，镇海炼化应用XPIMS、ORION等优化软件建立了炼油装置的计划调度一体化模型，实现乙烯装置全流程在线实时闭环优化。

智能制造国际合作加快推进。2016年，中德智能制造联盟正式成立，建立副部长级、司局级、执行平台三个层次的联合工作机制。围绕制造业与互联网融合发展，建立了中德智能制造合作项目库，开展中德合作项目试点示范，发布实施了2016年首批15个试点示范项目，举办了中德智能制造企业家大会。推动中欧绿色智慧城市建设合作，发布了中欧智慧城市合作白皮书，试点城市签署了“中欧绿色智慧城市合作宣言”，在双方30个试点城市中，有一些城市已经进入了实质性合作阶段。

五、制造业与互联网融合模式创新不断

随着制造业与互联网融合发展态势的不断演进，以往发生在个别行业与环节的融合模式创新开始向更广范围、更深程度拓展，网络化协同制造、个性化定制、服务型制造等生产制造新模式、新业态不断涌现。一些企业加强自身新陈代谢，积极推进以新一代信息技术为驱动的新型制造模式升级，深度挖掘工业生产价值潜力；一些企业向外延伸补给，利用互联网企业向制造业深度渗透的迫切意愿，与互联网企业强强联合，打造以智能产品为核心的生态圈。

网络化协同在多环节初步展开。借助互联网的力量，制造业生产逐步由集中式控制向分散式控制转变，网络化协同制造由此产生。一些企业利用互联网平台跨时空、无边界、促共享的特性，实现企业内部与企业之间各类资源的集聚整合，推动制造活动从单打独斗向产业协同转变。家电、服装等与

消费端衔接紧密的行业搭建开放网络平台，畅通与用户交互渠道，广泛采集用户需求，发展按需定制业务。海尔等大型企业进一步探索发展众包模式，在掌握消费者实际需求的基础上，通过构建交互创新社区（HOPE）吸引企业内部员工、社会研发机构开展有针对性的产品创意设计，发布了雷神笔记本等一系列互联网创新产品。机械、航空等离消费端较远的行业注重集聚共享生产要素与资源，实现产业链上下游协同设计。如，中国商飞基于网络协同设计平台，高效协调了全球数十家设计商、几千名工程师，完成 C919 型飞机的在线协同设计，大大缩短研发周期。还有一些企业以快速响应市场动态变化为核心，通过互联网平台整合制造商、供应商、销售商、物流服务提供商和客户资源，以信息流、技术流、资金流、物资流引导带动供应链资源优化配置，提高供应链竞争力和创新力。如，一汽集团建立了 TEEMS 系统平台，并通过与电子商务系统的集成与供应商、客户、合作伙伴建立产品信息共享，甚至已经尝试将概念车设计方案以三维数据形式传递给供应商，吸引供应商主动参与产品设计和生产。美特斯邦威服饰股份有限公司建立了供应链信息整合管理平台，加强了对服装设计、试装、定稿、样衣制作、货量统计、大货生产、物流配送等供应链环节的控制能力，将平均库存周转期降至 70 天左右，远远领先于国内同行平均水平。

个性化定制形成热潮。大批量的规模化生产是传统制造业生产的基本模式，企业通过单一产品大批量生产实现了规模经济，降低了生产成本，并进一步带来了市场规模的扩张，这一传统的“福特制”成为工业生产方式最基本的特征。随着市场、产品同质化竞争的加剧和消费文化的变革，传统制造企业不断寻求新的价值增长点，逐渐把打造满足消费者个性需求的产品作为塑造企业竞争力的核心，传统的基于规模经济的大批量生产模式向小批量、多品种、个性化定制模式演进。互联网应用环境下，企业一方面利用用户交互平台将碎片化、个性化需求汇聚成批量订单，另一方面通过信息物理系统，促进制造工艺和流程的数字化管理与产品个性化消费需求的柔性匹配，从而实现个性化定制生产。当前，在服装、家电、家具、电子、汽车等领域，以消费者深度参与为特征的个性化定制生产模式已经成为企业发展的重要方向，企业将消费者个性化需求融入产品设计中，让消费者成为“合作生产者”，在价值链各环节为消费者提供符合其个性化需要的“产品系统”，实现顾客的价值。最常见的是电商平台上衍生形成的一种订单拉动式定制模式，即企业采用预售方式发布产品样板，利用平台采集消费者购买订单数据，以此决定批量生产的规模。严格来说，这还算不上完全意义的个性化定制，但由于制造活动与消费者需求存在纽带关系，较早地实践了以需定产的有效途径，因此可以看作是个性化定制的雏形。淘品牌茵曼服饰是采用聚定制方式的首批服装企业之一，先基于电商数据设计服装款式并开放预售通道，再依据订购数据安排生产和销售，同时还根据退换货和消费者反馈情况对下一批服饰生产进行动态调整，既顾及了服装款式多样化需求，又避免了过剩产能市场无法消化的矛盾。还有一些企业通过线上线下相结合（O2O）的方式与消费者就产品设计、制造进行实时互动交流，并根据需求进行排产，利用柔性生产线的低成本、高质量、高效率特点，为消费者提供定制产品和服务。尚品宅配是该模式家具行业的最佳实践者，其依托自身的O2O电子商务平台，线上展示设计、收集用户需求，线下用户体验、免费测量尺寸，从用户个性化需求中提取共性需求，打造全新的家装服务模式，实现收入增长率和板材利用率远高于全国平均水平。青橙定制手机N1是全球第一款从外观到硬件、服务、软件、配件、签名都能进行自由定制的手机，开创了手机定制的先河，其运作模式就是支持消费者提出需求，通过自由组合、优化排产，为消费者打造独一无二的手机。

服务型制造正在兴起。服务型制造既包括制造企业基于互联网平台推动服务模式、业态模式创新，也包括生产性服务业平台化、专业化发展。主要表现为数据化在线化服务、生产性服务等两种类型。数据化在线化服务是指制造企业利用互联网、物联网、云计算、大数据等技术，基于被植入了通信和智能模块的产品，开展远程诊断、在线运维和产品全生命周期管理等服务，推动生产型制造向服务型制造转变，促进制造业价值链持续提升。比如，徐工集团建设了工程机械全球物联网，通过车载智能终端，借助移动互联网络，实时向总部传输车辆位置及工况信息，实现工程机械车辆的定位跟踪、远程故障诊断以及面向终端用户的设备管理等应用功能。同时，结合工程机械一机一册电子发布物（PDS）和手机APP等技术，为用户提供主机档案等应用程序，方便最终用户进行设备维护保养服务及备品备件的在线订购，帮助公司拓展后市场业务。上海三菱电梯运用电梯远程监视系统将分布在全国各地的电梯组织成物联网，对电梯运行数据进行实时采集、分析，一旦发现异常、故障的隐患就在第一时间自动向分公司、维保站发出急修信号；同时，通过定期的远程数据采集和汇总，根据每一台电梯的不同情况，制定有针对性的个性化维保作业计划，目前已接入远程监视的电梯达34000多台。青岛特锐德电气通过构建充电网、互联网、车联网“三网融合”体系，打造智能充电服务云平台，推行设备免费、建设免费的运营方式，同时积极发展O2O电商、互联网金融、汽车后服务及增值服务等多样化业务，实现从卖产品到卖服务的跨越。随着电子商务在制造企业营销服务中的应用日益深入，直销电商、社交电商、跨境电商等网络营销新模式不断涌现。一些传统制造企业通过自建电商平台，实现“从工厂直达顾客（F2C）”，既能减少渠道推广费用，又与顾客建立了直接联系，基于客户细分特征精准开发差异化、个性化产品。同时，通过进一步分析用户社交和偏好信息，企业广泛开展基于具体场景的社交式营销。如，苏宁云商提出了移动互联网社交营销解决方案，打造“云信”等社交平台，满足用户社交购物需求。

六、共享工厂雏形初现

共享工厂是制造企业基于互联网将制造资源数字化、在线化，通过向社会分享技术、装备、服务等，促进线上、线下资源互动整合，并借助互联网平台，充分挖掘“云（云计算）+网（互联网）+端（智能终端）”信息传导模式下数据和信息的价值，大幅提升边际效率，促进形成具有更高生产效率的产业体系，是共享经济在制造业领域的延伸和拓展。随着制造业与互联网加速融合，机械、电子、航空航天等行业纷纷基于互联网开展以协同与交易生产装备、系统解决方案、制造能力为主要内容的共享工厂建设，有效改变了生产、技术、物流、人才、资本等资源的原始配置方式，为提升传统生产要素的生产率、实现碎片化市场需求与集聚化生产供给的精准对接提供了新途径，催生了基于网络和平台的新型生产方式。从我国制造业共享经济的实践来看，共享工厂主要有以下四种类型：

一是共享智能互联的生产装备。据统计，当前我国部分行业数控机床利用率不超过50%，有的还不到30%。与此同时，大量中小企业因资金、人才缺乏，无力购买智能装备、数控机床、机器人、柔性生产装备、生产系统等设备。一方面大型企业设备闲置，另一方面中小企业有需求却无法使用。为缓解这一矛盾，沈阳机床研制出了融合工业化、信息化、网络化、智能化、集成化特点的i5智能机床，通过大数据平台分析其运行状态和使用时间，采用融资性租赁、经营性租赁、生产力租赁等手段，以计时付费方式，即用户按照机床加工零部件的品种、数量、加工时间进行付费。对于用户而言，用户购买的是i5机床的加工能力；对于沈阳机床而言，出售的是i5机床的使用权。在这一过程中，沈阳机床基于大数据平台，构建了融合消费者、设计师、制造商、解决方案提供商、硬件供应商的分工协作、价值共享的产业生态利益分成模式。

二是共享行业系统解决方案。当前，智能制造热度高企，但是如何改造现有生产单元和生产线，建立智能车间、智能工厂，很多企业苦于搜寻不到可行的系统解决方案。为解决这一难题，上海名匠智能系统有限公司通过对生产车间不同设备之间的系统整合，以制造设备数据采集、集成、处理为重点，集自动化设备改造、工业网络架构设计、关键智能设备生产于一体，形成了智能工厂设计、规划、改造、实施等行业系统解决方案。在此基础上，上海名匠推行为用户建设智能车间和智能工厂，用户租赁工厂或使用车间加工产品数量付费的新型制造模式。对于用户而言，不再需要投资建设生产线、车间、厂房等硬件设施；对于名匠而言，出售的是一整套行业系统解决方案。这彻底改变了制造业基于对土地、设备、劳动力等生产要素占有才能生产的传统方式。

三是共享海量分散的生产能力。围绕解决制造资源分散、供需不能有效对接带来的产业链运转效率不高、产能过剩等问题，阿里巴巴、航天二院等企业借鉴分享经济的理念，以生产能力的精准供需对接为突破口，通过构建网络化的生产能力配置平台，实现产能资源的实时在线监测、需求精确匹配。航天二院通过实施云制造，将下属600余家企业的制造资源、生产能力进行集成整合、在线分享和优化配置，可实现上下游多用户、多任务并行协同，有效解决了有的生产单元闲置、有的超负荷运转等问题，提升了集团整体生产效率。阿里巴巴构建的淘工厂平台，两年多时间聚集了上万家淘工厂企业，通过整合利用各工厂的空闲档期，为淘宝卖家快速找到生产厂家提供定制化的生产能力供给服务，可以实现一个订单多家工厂加工能力的在线协同，有效地满足了淘宝卖家对生产小批量多批次产品的需求。这种将工厂产能在线化、商品化的模式为传统的生产外包转型提供了借鉴。

四是共享开放协同的“双创”资源。当前，越来越多的大型制造企业将分享经济与“双创”平台建设相结合，有效促进了创新资源的汇聚、整合、共享和再利用，为牵引、挖掘技术产品、组织管理、经营机制的创新潜力提供新手段。海尔集团构建了全球性、跨行业的开放式平台“海立方”，向全社会分享企业的技术、设备、资金、供应链等创新资源，同时又利用各类社会资源创新企业管理模式，加快向研发设计、增值服务等价值链高端环节延伸。目前该平台已集聚50多亿创业孵化资金、1300多家风险投资机构、3万多家销售渠道资源、6万多家加工制造资源和98家孵化器资源。中航工业集团以中航工业的资源和产业生态为核心，构建了线上共享、线下合作的双创平台“爱创客”。该平台既是支撑中航工业开展业务的技术平台，同时也将航空领域工业设计、增材制造等专业资源，以及政府、科研院所、供应链企业、第三方平台等资源进行汇聚、整合、共享。平台上线9个多月的时间就聚集了18000多项技术，调动了140余家成员单位的创新活力。

总体来看，共享工厂模式能够打破企业界限，将规模庞大的制造资源数字化、在线化，促进线上、线下资源互动整合，并借助互联网平台，充分挖掘“云（云计算）+网（互联网）+端（智能终端）”信息传导模式下数据和信息的价值，大幅提升边际效率，促进形成具有更高生产率的产业体系：一是推动制造从“硬件式”向“软硬件”结合方式发展。长期以来制造业遵循的是“硬件式”发展模式，即通过对生产资源的占有和不断扩大对土地、设备、厂房、技术、劳动力等传统生产要素的投入，来提升制造能力、扩大市场规模和品牌影响力。然而，当前市场需求日益个性化、多元化、碎片化，市场竞争已从单一企业间的竞争向产业链竞争转变，急需制造业放弃传统的“硬件式”思维模式，向拥有生产装备、系统解决方案、生产能力的企业借力，通过共享、集成、重组资源，快速响应市场。二是推动形成按需产业组织方式。共享工厂模式以研发、生产、管理等环节的制造资源供需撮合为突破口，以构建大规模一体化生产能力分享平台为依托，实现对产业链上下游产能、生产装备等资源的实时在线监测、统一调度和需求匹配。同时，共享工厂模式最大化发挥了互联网对于资源的统筹整合能力，使生产活动能够突破市场半径和企业边界的约束，沿信息网络的极限，按照接近消费者的方式组织生产，实现价值传递再造。三是推动制造范式从规模经济向范围经济转变。共享工厂模式将平台经济与分享经济有机结合，促使原来以横向分工占主导地位的经济范式加速向纵向分工为核心的新经济范式发展。一方面，制造业的制造能力通过共享工厂转化为面向全社会的制造基础设施；另一方面，共享工厂将消费者、设计师、制造商、解决方案提供商、硬件供应商、供应链，以及越来越多的社会参与者连接在一起，形成了超大规模分工协作、价值共享、利益分成的产业生态系统，过去大规模、单一中心的规模经济正转向以价值网和挖掘平台共享能力为核心的范围经济。

七、工业“新四基”成为产业布局的重点方向

2016 年，我国工业“新四基”建设持续推进，自动控制与感知技术逐步走向成熟，工业软件发展进入快车道，工业互联网应用进程不断加快，工业云和智能服务平台正成为构建面向智能产品的行业级制造生态，以及面向协同制造的跨行业、综合性制造生态的核心支撑。

自动控制与感知规模不断扩大，应用日趋广泛。部分企业研发了具有自主知识产权的自动控制与感知技术产品，北京方正科技开发的机器人焊接系统，开拓了一种柔性自动化新方式，提高了焊接质量和焊接效率；MEMS（微机电系统）在消费电子、汽车等领域应用广泛，在航空航天、医学和工业的应用也逐渐普及。

工业软件企业竞争日趋激烈，跨界发展成为趋势。以用友为代表的国内管理类软件厂商逐渐向企业互联网、数字营销等领域突破；宝信软件涉足金融业务、石化盈科布局互联网协同应用，围绕自身核心业务跨界发展趋势明显。

工业互联网政产学研协同推进，标准初步建立。2 月，工业互联网产业联盟成立，聚集工业和信息通信领域的相关机构，支撑政府决策，促进工业互联网企业交流合作。此外，联盟还制定《工业互联网体系架构（版本 1.0）》白皮书，为开展工业互联网技术创新、标准研制、试验验证、应用实践、产

业生态等提供参考和引导。

基于大数据的工业云和智能服务平台加快布局。如，阿里与徐工打造工程机械类 predix 云平台，对各地运行的机器进行 24 小时数据采集，实现了远程监控、动态管理。同时，研发人员利用大数据分析对产品进行升级优化，研发推出的 G 系列定制产品，更好地满足了用户个性化需求；航天科工打造“航天云网”平台，通过平台上汇集的行业大数据，牵引上下游企业，提高资源配置效率，其上线一年来，注册量已经突破 17.7 万户，覆盖金属、装备、电工、电子等制造行业，平台整体成交额已达 97.65 亿元。

第二节　2016 年我国两化融合重点政策解析

2016 年，无论是国家还是地方都发布了一系列政策措施促进两化融合发展，为两化深度融合营造了良好的发展环境。这里重点对国家层面比较有针对性的政策进行解析。

一、《关于深化制造业与互联网融合发展的指导意见》

2016 年 5 月 20 日，李克强总理签批，国务院印发《关于深化制造业与互联网融合发展的指导意见》（以下简称《意见》），以部署深化制造业与互联网融合发展，协同推进“中国制造 2025”和“互联网 +”行动，加快制造强国建设。

《意见》指出，制造业是国民经济的主体，是实施“互联网 +”行动的主战场。推动制造业与互联网融合，有利于形成叠加效应、聚合效应、倍增效应，加快新旧发展动能和生产体系转换。要以激发制造企业创新活力、发展潜力和转型动力为主线，以建设制造业与互联网融合“双创”平台为抓手，围绕制造业与互联网融合关键环节，积极培育新模式新业态，强化信息技术产业支撑，完善信息安全保障，夯实融合发展基础，营造融合发展新生态，充分释放“互联网 +”的力量，发展新经济，加快推动“中国制造”提质增效升级。

《意见》提出，要坚持创新驱动，激发转型新动能；坚持融合发展，催生制造新模式；坚持分业施策，培育竞争新优势；坚持企业主体，构筑发展新环境。到2018年，制造业重点行业骨干企业互联网“双创”平台普及率达到80%，成为促进制造业转型升级的新动能来源，制造业数字化、网络化、智能化取得明显进展；到2025年，力争实现制造业与互联网融合“双创”体系基本完备，融合发展新模式广泛普及，新型制造体系基本形成，制造业综合竞争实力大幅提升。

《意见》明确了深化制造业与互联网融合发展的7项主要任务，包括打造制造企业互联网“双创”平台，推动互联网企业构建制造业“双创”服务体系，支持制造企业与互联网企业跨界融合，培育制造业与互联网融合新模式，强化融合发展基础支撑，提升融合发展系统解决方案能力，提高工业信息系统安全水平。

《意见》提出了完善体制机制、深化国有企业改革、加大财政支持力度、完善税收和金融政策、强化用地用房等服务、健全人才培养体系、推动国际合作交流等7个方面的政策支撑和保障措施。要求各地区、各部门高度重视深化制造业与互联网融合发展工作，统一思想，提高认识，加大工作力度，切实抓好政策落实。

二、《工业和信息化部办公厅关于组织开展2017年制造业与互联网融合发展试点示范工作的通知》

为贯彻落实《国务院关于深化制造业与互联网融合发展的指导意见》（国发〔2016〕28号），推动基于互联网的制造业技术、模式、业态等创新和应用示范，工业和信息化部决定组织开展2017年制造业与互联网融合发展试点示范工作。

试点示范工作的目标：制造业与互联网融合发展步伐不断加快。培育一批工业云、工业大数据等试点示范服务平台，工业云企业用户年均增长20%；培育一批具有行业知名度和影响力的大企业采购销售平台和第三方工业电子商务服务平台，平台交易额年均增长35%；信息物理系统技术支撑和测试验证能力显著提升，培育一批可推广、可复制的行业应用模式；培育一批行业系统解决方案试点示范企业，形成一批成熟的行业系统解决方案。

试点示范内容：一是工业云平台试点示范。围绕加快制造企业和信息技术企业各类工业云平台建设，探索企业基于工业云的生产、经营和管理新机制。二是工业大数据服务平台试点示范。支持制造企业探索工业大数据平台建设、应用和服务模式，培育数据驱动型企业。三是工业电子商务平台试点示范。支持制造业骨干企业、电子商务平台服务企业建设工业电子商务平台，深化重点行业电子商务应用，创新应用和商业服务模式。四是信息物理系统（CPS）试点示范。支持制造企业联合系统集成企业、研究院所建立信息物理系统测试验证平台，开展行业应用试点示范。五是行业系统解决方案试点示范。围绕提升智能制造系统集成企业架构设计、综合集成和解决方案能力，开展设计工具、基础资源库、关键集成技术等研发和应用示范。

第三节　2017 年我国两化深度融合面临的形势

一、发展形势

当前，新一轮科技革命和产业变革蓄势待发，国内外经济形势分化显著，各国围绕抢占新一轮产业竞争制高点、打造国家竞争新优势的竞争日趋激烈。随着信息化和工业化深度融合步伐加快，以工业互联网、信息物理系统、制造业创新网络等为特征的智能工业将引领我国工业迈入转型发展的新时代。新常态下，要准确把握当前两化深度融合发展面临的新形势，推动发展方式转变，重塑国际竞争优势。

（一）国内外经济分化态势明显，推动两化融合是实现工业转型升级的内在需要

2016 年全球贸易增速创 2009 年以来最低水平，经济增速亦不及此前预期，但全球经济总体保持了温和复苏的发展态势。2016 年前三季度，国内生产总值同比增长 6.7%，其中第一、二、三产业分别增长 3.5%、6.1% 和 7.6%，第三产业增加值占比继续提高，固定资产投资增速小幅回落，消费增速总体平稳，进出口增速下降，贸易顺差基本稳定，CPI 与 PPI 背离的剪刀差有所缩小，居民收入稳定增长。预计 2016 年中国经济可以实现年初预期的经济增长目标，增长 6.7% 左右，继续保持在经济增长的合理区间。

当前，我国经济下行压力持续存在，未来加大积极财政政策的实施力度十分必要。适度扩大财政赤字规模；以“稳增长”为目标，供给侧改革和扩大内需并重；切实有效减轻企业税费负担，推进个人所得税改革；着实推进财税体制改革，尽快实施房产税、遗产与赠与税等；提高财政资金使用效率。同时，综合应用货币政策工具及创新，保持银行体系流动性适度宽松，促进金融支持实体经济的社会融资存量稳定增长；稳定政策利率调整和人民币汇率贬值预期；发挥窗口指导和广义信贷政策的结构调整引导功能，引导信贷结构改善和金融配置，支持国民经济重点领域和薄弱环节；加强监测和管理金融转型过程中隐含的金融系统性风险。今明两年中国经济增长将在新常态下运行在合理区间，就业、物价保持基本稳定，中国经济不会发生硬着陆。

两化融合是推进工业转型升级、提升经济发展质量的有效抓手。之所以如此，是因为两化融合为工业转型升级提供了有效途径，是解决节能环保、资源短缺、绿色低碳、循环再生等要素制约问题的根本出路。信息技术是当今创新最活跃、带动性最强、渗透性最广的领域。信息化不断引领生产方式的新变革，成为企业竞争力提升的内生动力。主要表现在：首先，伴随着信息网络技术的突破和扩散，柔性制造、网络制造、绿色制造、智能制造、全球制造日益成为生产方式变革的方向，正在加速构建新型工业生产体系。比如，3D 打印技术融合了智能装备、软件、新材料、网络等科技成果，有可能成为先进制造业发展的引领性重大突破，将带来工艺流程和制造模式的新变革。其次，两化融合正成为发展现代产业体系的重要途径。信息技术与能源、材料、生物和空间技术日益交叉、不断融合，催生了新兴业态的发展。电子商务、现代物流、工业设计、软件和信息服务等现代生产性服务发展步伐不断加快，成为制造业的“心脏”和“大脑”。比如，阿里巴巴创造了电子商务新业态，形成了基于互联网、移动通信等技术的商业生态模式，还带动了物流等线下业务的发展。再次，信息技术的广泛深入应用极大地提高企业研发创新的能力和效率，促进企业管理和商业模式创新。比如，波音公司通过构建全球化的研发和制造体系，实现了波音 787 在全球 30 多个国家、135 个地方、180个供应商之间的协同研发和制造，成为研发制造效率最高的机型。宝钢通过构建全流程的管理体系，实现了信息流、物流、资金流的协同，产品交货时间、供应链管理水平等已居全球领先地位。最后，工业技术的不断进步与信息技术的广泛应用日益结合，提高了能源和资源的综合利用水平。据全球气候组织预测，到2020年，应用普及信息通信技术将帮助其他行业减少78亿吨二氧化碳排放，可减少全球约15%的碳排放。

还需要特别关注的是，自第三次工业革命浪潮以来，信息技术的发展和应用特别是互联网（宽带）技术的发展和应用，与两化深度融合的发展方向是一致的，发生的领域是相同的。推进两化融合有利于我国抓住产业变革带来的机遇和挑战，抢占新一轮产业革命发展的制高点。因此，如果我国抓住信息化机遇，持之以恒地大力推进两化深度融合，完全可能走出一条新路，实现工业高水平发展。

总的来说，推进两化深度融合，既是未来破解工业转型升级难题、促进工业持续健康发展的现实需要，也是积极应对新一轮科技和产业革命、打造工业竞争新优势的战略选择。

（二）信息通信技术处于加速发展和跨界融合的爆发期，成为引领新一轮科技革命的主导力量

信息通信技术在新一轮科技革命中创新最活跃、交叉最密集、渗透性最强，以无线、宽带、移动、泛在为特征的网络建设和应用推动着群体性技术突破。一是信息通信技术创新步伐不断加快，技术创新活力和应用潜能裂变式释放。新一代感知、传输、存储、计算技术加速融合创新，万物互联、模式识别、语义分析、深度学习、虚拟现实共同驱使人类智能迈向更高境界。二是信息通信技术与制造、能源、材料、生物等技术加速交叉融合，引领新一轮科技革命。智能控制、人机交互、分布式能源、智能材料、生物芯片、生物传感等领域的融合创新方兴未艾，孕育了工业互联网、能源互联网、新材料等新产品和新业态，引发多领域的系统性、革命性、群体性技术突破。

（三）新一代信息通信技术与制造业加速融合，推动生产方式持续变革

新一代信息通信技术与制造业融合发展，是新一轮科技革命和产业变革的主线，是德国工业4.0、美国工业互联网的核心。一是智能制造正成为新一轮产业竞争的制高点。新一代信息通信技术的持续演进，推动着制造业产品、装备、工艺、管理、服务的智能化，高度智能化产品的商业化步伐不断加快。跨领域、协同化、网络化的创新平台正在重组传统的制造业创新体系。二是消费互联网持续扩张，工业互联网快速兴起。互联网日益融入到媒体、教育、医疗、物流、金融等领域各环节，推动形成新的消费理念、商业模式和产业形态。工业互联网快速发展，新的生产方式、产业形态和商业模式不断涌现。信息经济新形态、新模式竞相浮现。三是互联网日益成为创新驱动发展的先导力量。创新主体互动、创新资源组织和创新成果转化更加网络化、全球化和快捷化，开启以融合创新、系统创新、迭代创新、大众创新、微创新为突出特征的创新时代。

（四）围绕数字竞争力的全球战略布局全面升级，塑造国家长期发展新优势的国际竞争加剧

信息已经成为与能源、材料同等重要的战略资源，成为重要生产要素和社会财富，不断强化信息化背景下经济社会发展的主导权，是国际社会的共同选择。一是打造未来网络强国成为全球主要大国的共识。主要国家围绕建立数字竞争优势，加快在宽带信息基础设施、核心技术产业、国家数据战略资产、以智能制造为核心的网络经济体系等领域的战略部署。二是构建线上国家综合优势已成各国网络空间国家战略的优先选项。网络空间正在成为陆海空天之后的第五疆域，各国都在力图掌控网络空间国际规则话语权和国际治理体系主导权。三是网络安全形势更趋严峻。新技术、新业务带来的安全挑战不断涌现，网络安全威胁更趋隐蔽复杂，并从网络扩展到工业控制、基础设施乃至实体经济的每个行业和社会生活的各个方面。

二、存在的问题

我国是一个正在不断加速工业化的国家，与世界发达国家先工业化、后信息化的发展进程不同，我国在工业化还未完成的时候迎来了信息化发展的浪潮，面临着实现工业化和加快信息化的双重历史使命。我国工业化尚未完成，亟待通过信息化实现工业跨越式发展，工业化基础薄弱大幅增加了通过信息化解决工业化发展不足的难度。总体来讲，尽管当前阶段我国两化深度融合发展已取得一定程度的进展，但仍面临一系列突出问题。一是与信息网络在国家发展战略和规划布局中的基础性、先导性地位相比，政策支持力度和投入明显不足，基础设施仍不能满足两化深度融合的需要，宽带网络速率相对国际先进水平差距较大。二是信息通信技术和产业支撑能力薄弱，标准和知识产权缺失、关键器件依赖进口、集成服务能力差、核心技术受制于人，国产研发设计工具、制造执行系统、工业控制系统、大型管理软件相对缺失，跨学科、跨领域政产学研协同、以企业为主体的制造业创新体系尚不健全。三是数据资源开发利用水平不高，数据共享安全隐患问题突出，数据跨区域、跨部门的应用、保护和开放缺少统一规定。四是政策缺乏合力，新一代信息通信技术与制造业融合发展过程中的技术、产品、安全、应用协同互动机制尚未建立，技术资本密集型产业融资体系不健全，支持融合发展的财政、税收、金融等政策仍需进一步加强协调配合。五是制度和法律体系亟待完善，新一代信息通信技术发展和应用带来新业态、新模式，电子商务、数据开放、信息安全、互联网金融等新业务健康发展亟待更加完善的制度和法律环境。

面对全球制造业创新交叉融合、快速迭代、异地协同的发展趋势，亟须构建跨领域、网络化、虚拟化的创新组织方式。面对无所不在的感知、连接、计算所形成的万物互联时代的到来，亟须形成自主可控的智能产品研发生产体系。面对智能制造单元、智能车间、智能工厂向重点行业不断推广普及，亟须构建快速响应、精准管理、柔性制造的新型生产组织方式。面对服务型制造日益广泛普及的新趋势，亟须培育新业态新模式。这些挑战和趋势就是制造强国必须解决的重大课题，也是两化深度融合的主攻方向，是实现制造强国的战略选择和必由之路。

第四节　2017 年我国两化融合趋势展望

展望 2017 年，全国两化融合向更深层次拓展，工业“新四基”建设不断加快，人工智能在制造领域应用不断深入，一批行业解决方案不断涌现，智能制造进入务实推进期。

一、工业“新四基”建设布局不断加快

在政策的强力支持下，“一硬”（自动控制和感知技术）、“一软”（工业核心软硬件）、“一网”（工业互联网）和“一平台”（工业云和智能服务平台）等工业“新四基”建设布局将不断加快，进一步构建起智能制造产业发展的新基础。国务院2016年5月印发的《关于深化制造业与互联网融合发展的指导意见》中提出，要组织实施“芯火”计划和传感器产业提升工程，加快计算机辅助设计仿真、制造执行系统、产品全生命周期管理等工业软件产业化，构建信息物理系统参考模型和综合技术标准体系，建设测试验证平台和综合验证试验床，强化融合发展基础支撑。此外，山东、山西、河南、新疆、大连、济南、锦州等省市的《中国制造2025》行动方案，也都对相关领域进行了重点部署。

二、工业领域人工智能技术应用不断深入

当前，虚拟现实、机器视觉等人工智能技术在工业领域的应用正引发智能制造领域变革。虚拟现实技术已得到一些汽车制造商的重视，奥迪结合3D投射和手势控制，使流水线工人在三维虚拟空间内完成对实际产品装配工作的预估和校准；吉利帝豪GS的上市也借助了虚拟现实技术，用户戴上特制眼镜就可在家中触摸产品，变换车身颜色、旋转汽车方向，甚至可进行虚拟试驾体验。机器视觉的应用更多是通过嵌入具备机器视觉技术的自动化设备辅助智能工厂建设，如利用基于机器视觉的检测系统可实现产品自动检测以控制产品质量，EMS系统与机器视觉定位技术的整合则可以应用于物料、条形码管理和成品检测领域。预计2017年，人工智能技术将不断向工业领域渗透，推动生产制造智能化步伐加快。

三、将涌现一批行业系统解决方案

当前，提升行业系统解决方案能力正成为两化融合的关键。金蝶、步科推出了智慧工厂解决方案，通过透明的管理模式、柔性的生产模式和智能的运营模式，致力于解决中小制造企业成本高、自动化程度低等问题。用友通

过 iUAP 平台为企业向互联网转型提供整体解决方案，满足企业传统业务与互联网业务需求，包含互联网与云服务、移动与统一通信、企业大数据平台、开发与集成四大领域产品及服务，帮助企业快速实现内外部的数据整合、O2O 互联。预计 2017 年，随着制造业与互联网融合加速向广度和深度拓展，将会有越来越多的生产设备制造商、工业软件企业、互联网企业投身于行业系统解决方案的研发和产业化。

四、智能制造生产方式加快普及

6 月 17 日，工业和信息化部公布了第二批智能制造试点示范项目，进一步扩大试点示范领域和范围，加大对智能制造标准和模式的探索。海尔的沈阳智能互联家电工厂通过打造集成设计制造一体化、物流管理、制造执行、企业资源管理等系统的智能生产线，使得物料配送、工艺调整和设备使用更加灵活，实现了单线 500 多种型号产品的柔性生产。九江石化建立了生产炼化控制中心，集成了 DCS 控制、生产运行、视频监控、环境监测、全流程优化等多个系统，形成数据驱动的数字化生产管控模式，实现了企业控制率提高 10%，数据自动采集率超过 90%，以及对污染排放的 100% 自动监控。预计 2017 年，通过两批试点示范项目的推进，原材料、装备、消费品等领域将涌现一大批智能制造模式。

第六章　智能制造

近年来，随着新一代信息技术和制造业的深度融合，我国智能制造发展取得积极进展，成为全球最大的智能制造需求市场、智能制造关键技术装备取得重要突破、新一代信息通信技术与制造业加速融合、智能制造发展环境初步形成、一批可复制可推广的智能制造新模式初步形成。2016 年，工业和信息化部发布了《智能制造发展规划（2016—2020 年）》《智能制造工程实施指南》《国家智能制造标准体系建设指南》等政策措施，组织开展智能制造试点示范专项行动和综合标准与新模式应用，基本完成推进智能制造发展的顶层设计。展望 2017 年，智能制造将成为重构全球制造业格局的重要力量，是培育我国经济增长新动能的必由之路，但与工业发达国家相比，我国发展智能制造的任务更艰巨、形势更复杂。为此，建议：着力提升智能制造创新水平、加快培育智能制造系统集成商、打造智能制造人才队伍、多方协同推进智能制造发展。

第一节　2016 年我国智能制造取得的主要进展

一、我国成为全球最大的智能制造需求市场

改革开放以来，我国制造业实现了持续的快速发展，总体规模大幅度提升，综合实力不断增强，不仅拉动国内经济和社会的快速发展，还成为全球经济的重要力量。2015 年我国工业增加值达到 22.9 万亿元，占国内生产总值的比重达到 35.85%。2010 年，我国制造业总产值超过美国成为世界第一制造大国，至今已连续 7 年保持这一地位。此外，我国还建立起了门类齐全、

独立完整的制造业体系，是全世界唯一拥有联合国产业分类中全部工业门类的国家。在500多种主要工业产品中，我国有220多种产量居世界第一。规模巨大、门类齐全的制造业为推进智能制造发展提供了广阔的市场需求空间。

近几年，随着《智能制造发展规划（2016—2020年）》《智能制造工程实施指南（2016—2020年）》、智能制造试点示范专项行动、智能制造综合标准化与新模式应用等一系列政策措施的落实，我国智能制造发展的政策环境进一步优化。在政策推动和市场需求的“双重作用”下，广大制造业企业发展智能制造的内生动力被进一步激发，自发地组织开展高档数控机床、工业机器人、智能传感与控制装备、智能检测与装配装备、智能物流与仓储装备等智能制造关键技术装备与企业生产工艺的集成创新，推动CAD/CAE/CAPP等数字化研发设计软件、制造执行系统MES、企业资源计划管理系统ERP、产品全生命周期管理系统PLM、物流仓储管理系统WMS、供应链管理系统SCM、商业智能软件BI等核心工业软件与企业业务流程的深度集成，并积极探索离散型智能制造、流程型智能制造、网络协同制造、大规模个性化定制、远程运维服务等智能制造新模式。总体上来看，我国已经成为世界上规模最大的智能制造需求市场，为推动智能制造发展提供了良好的基础。未来，我们要主动利用好这一巨大的市场需求，把大力发展自主品牌的智能制造关键技术装备、核心工业软件作为推动智能制造的工作重点，积极推进试点示范，实现自主品牌智能制造装备和解决方案的大规模工程应用。

二、智能制造关键技术装备取得重要突破

深入实施工业强基、重大装备专项工程，大力发展先进制造行业，推进中国制造向中高端迈进。针对实施智能制造所需关键技术装备受制于人的问题以及重点装备关键技术和产品的急需的现实情况，鼓励优势企业开展产学研用联合攻关，突破重点领域发展的基础性瓶颈。聚焦感知、控制、决策、执行等智能制造核心关键环节，依托制造业各重点领域智能工厂、数字化车间的建设以及传统制造业智能转型，支持核心基础零部件和关键技术装备开发，突破高档数控机床与工业机器人、增材制造装备、智能传感与控制装备、智能检测与装配装备、智能物流与仓储装备五类关键技术装备，提高质量和

可靠性，实现工程应用和产业化。建立奖励和风险补偿机制，采用首台套、首批次的保险补偿机制政策方式降低企业创新风险。

在国家重点工程、重大科技专项等的推动下，超重型数控立式车铣复合加工机床、大型立式五轴联动加工中心、8 万吨级模锻液压机、千万吨级大型炼油装置智能控制系统等一批长期依赖进口的智能制造关键技术装备实现突破，大型快速高效全自动冲压生产线实现了对发达国家的批量出口。成功研发我国首款柔性复合工业机器人，并已形成小批量供货能力，实现了批量生产 RV 减速器并获得国外订单，实现了规模化生产谐波减速器。采用电子束熔丝沉积成形技术制造的飞机钛合金零件和采用激光选区熔化技术制备的空间曲面复杂孔格金属结构零件均在国际上率先实现了装机应用，为我国发展智能制造奠定了核心基础。

三、信息通信技术快速发展，并与制造业加速融合

新一代信息通信技术创新应用、网络基础设施建设迈上新台阶。高性能计算、网络通信设备、智能终端、软件等领域取得突破，移动互联网、大数据、云计算等技术发展迅速，并在业务、应用、产品创新等领域落地，形成了一批领军企业。同时，信息通信技术正与制造技术加速融合，推动产品、生产方式、创新方式、组织方式的快速变革，为我国发展智能制造提供了重要保障。

在智能制造试点示范专项行动和智能制造专项的持续推动下，机械、汽车、航空、石化化工、钢铁、家电、食品、电子信息等基础条件较好、需求强烈的制造业重点领域智能转型成效明显。潍柴动力、九江石化、海尔集团、蒙牛乳业、东莞劲胜等企业建成了一批智能工厂/数字化车间，陕鼓动力、沈阳机床、中国商飞、青岛红领、长虹集团等企业积极开展智能制造模式创新，我国制造企业智能转型的基础已初步建立。

我国电子信息领域主导企业也已经开始在智能制造进行积极布局，华为、中兴等企业投资建立智能工厂，浪潮、紫光等与传统制造业企业紧密合作，力求在“工业 4.0”时代掌握新的竞争优势，占据有利竞争地位。华为已经可以为制造企业提供智能工厂解决方案，能提供面向服务的、可弹性扩展的

一体化制造云解决方案，为制造业的大数据分析、存储及计算提供强有力的信息技术基础设施保障。浪潮集团将为国内 40 万家制造业企业提供“互联网+制造”信息服务，计划通过关键环节技术应用、整体技术应用、智慧企业“三步走”的策略，帮助更多传统企业转型创新，并联合多家企业和机构推动国家智能制造产业相关标准制定。

四、智能制造发展环境初步形成

企业研发设计、生产装备、流程管理、物流配送、能源管理等关键环节的智能化水平不断提升，规模以上企业数字化研发设计工具普及率超过 58%、关键工序数控化率达到 33%，智能制造标准体系初步构建，人才培育长足进步，一批智能制造系统解决方案供应商孕育形成，我国智能制造发展环境初步形成。

2015 年 5 月，国务院出台了《中国制造 2025》，提出了五大重点工程，其中智能制造工程就是其中重点实施工程之一。2015 年 12 月，工信部和国家标准委联合印发《国家智能制造标准体系建设指南（2015 年版）》，提出要建成覆盖 5 大类基础共性标准、5 大类关键技术标准及 10 大领域重点行业应用标准的国家智能制造标准体系。为了进一步推进智能制造工程实施，2016 年 4 月，工信部、发改委、科技部和财政部四部委联合印发了智能制造工程实施指南，提出“攻克五类关键技术装备，夯实智能制造三大基础，培育推广五种智能制造新模式，推进十大重点领域智能制造成套装备集成应用”。从《中国制造 2025》开始，国家加大了对智能制造项目的扶持力度，2015 年、2016 年工信部连续开展两批次总计 109 个的智能制造试点示范项目，2015 年工信部还开展了 94 个项目的智能制造专项。

我国智能制造装备、工业软件等整体发展迅速。高档数控机床与工业机器人、增材制造装备、智能传感与控制装备、智能检测与装配装备、智能仓储与物流装备等智能制造装备取得积极进展，工业设计仿真软件、工业控制软件、企业经营管理软件等核心工业软件发展迅速。智能产品领域正蓬勃发展，初步形成了智能穿戴设备、智能家居设备、智能服务机器人、智能车载设备、智能无人机等规模化产品领域。

国家成立国家智能制造标准化协调推进组、总体组和专家咨询组，先后支持93个智能制造标准研制及试验验证项目。2016年10月，工业和信息化部公布了首批《智能制造系统架构》等12项国家智能制造标准计划项目。智能制造标准体系框架及多部门协调、多标委会协作的工作推进机制基本形成。2017年，在智能制造专项的持续支持下，围绕互联互通、多维度协同等瓶颈领域，将组织开展智能制造基础共性标准、关键共性标准和行业应用标准研究，搭建一批标准试验验证平台（系统），开展全过程试验验证。此外，还将加快智能制造标准制修订，在制造业各个领域全面推广，智能制造标准体系将逐步完善。

五、初步形成一批可复制、可推广的智能制造新模式

近几年，相关制造企业积极探索智能制造新模式，形成了以满足用户个性化需求为引领的大规模个性化定制模式、以缩短产品研制周期为核心的产品全生命周期数字一体化模式、基于工业互联网的远程运维服务模式、以供应链优化为核心的网络协同制造模式、以打通企业运营“信息孤岛”为核心的智能工厂模式、以质量管控为核心的产品全生命周期可追溯模式、以提高能源资源利用率为核心的全生产过程能源优化管理模式、基于云平台的社会化协同制造模式、快速响应多样化市场需求的柔性制造模式等较成熟、可复制、可推广的发展模式与经验。

其中，红领集团以超过200万名顾客的版型数据为基础，构建了由1万多个设计要素组成的工艺数据库，能满足99.9%的个性化设计需求，通过个性化定制服务平台与消费者直接互动，公司净利润率从2011年的2.8%上升为2015年的27%；商飞公司围绕C919飞机的研制，建立基于模型的数字化产品研发平台和智能制造平台，实现了数字化、智能化、网络化产品研发，支持三维制造数据向生产车间的发布，确保设计、工艺、制造技术状态的一致性；金风科技建立风机远程运维服务平台，实现风机和风电场的智能监控、故障诊断、预测性维护和远程专家支持，比传统方法维护成本减少20%—25%，故障预警准确率达91%以上，发电效益提高10%—15%；西飞公司构建飞机协同开发与云制造平台（DCEaaS），实现10家参研厂所和60多家供应

商的协同开发、制造服务和资源动态分析与弹性配置；海尔集团应用物联网技术实现了从企业、工厂、车间到设备“物物互联”，应用SACDA系统实时采集生产设备数据，构建海尔制造执行系统iMES和企业资源计划管理系统ERP，并实现iMES系统和ERP系统的互联互通，可自动传输基础数据、订单信息、产品下线、报工和发货信息等；蒙牛乳业利用信息系统与数据采集技术，通过产品赋码、读码、信息关联，形成从原料、半成品、成品到销售终端的全链条的端到端的互联互通，随时可以查询物料走向和状态情况，实现质量报告自动生成，产品质量一键追溯；九江石化构建能源综合监测系统，覆盖能源供、产、转、输、耗全流程；建立生产与能耗预测模型、产能优化模型，实现能源生产和能源消耗的一体化优化和协同，提高能源生产效率，建立一体化的能源管控中心平台，实现能源计划、能源生产、能源优化、能源评价的闭环管控；北京航天智造构建云制造公共服务平台，覆盖研发、生产、管理、服务等多个环节和企业、生产线、造制单元等多个层级，实现“云中资源共享、供需能力匹配、按需动态协作、整体能力提升”；宁夏共享应用TC、UG、MAGMASOFT等技术实现全过程仿真模拟，并与ERP等集成，实现设计、铸造、质量、基础信息有效传递，基于ERP系统、LIMS等系统及双向集成平台，实现了主生产计划、车间作业计划、质量检验的集成、闭环控制，基于物联网技术和智能装备，在关键工序建立通信管理、人机交互系统，并与MES系统等集成。

第二节 2016年我国智能制造重点政策解析

一、智能制造发展规划（2016—2020年）

（一）背景

移动互联网、云计算、大数据等新一代信息通信技术与制造技术加速融合，正引发以智能制造为核心的新一轮产业变革，数字化、网络化、智能化已成为全球制造业的重要发展趋势。世界主要工业发达国家纷纷实施“再工业化”战略，不断推出发展智能制造的新举措，政府、行业组织、企业等共同推进，力图抢占先进制造业发展的制高点。我国必须把握全球制造业发展趋势，积极应对挑战，推动信息技术与制造技术深度融合，促进制造业智能转型，加快构建新型制造体系。

我国经济发展进入新常态，增长速度逐步放缓，转型升级的压力日益加大。长期支撑我国制造业快速增长的人口红利正逐步消失，资源和环境承载力已接近极限，依靠资源要素投入、规模扩张的粗放发展模式难以为继，新的竞争优势尚未形成，制造业调整结构、转型升级、提质增效刻不容缓。智能制造是基于新一代信息通信技术与先进制造技术深度融合的新型生产方式，能够有效缩短产品研制周期，提高生产效率和产品质量，降低运营成本和资源能源消耗，并促进基于互联网的众创、众包、众筹等新业态、新模式的孕育发展。从生产端入手，加快发展智能制造，对于提高制造业供给结构的适应性和灵活性、培育经济增长新动能等都具有十分重要的意义。

我国制造业仍处于机械化、电气化、自动化、信息化并存，不同地区、不同行业、不同企业发展很不平衡的阶段。发展智能制造，还面临关键核心技术和高端装备受制于人、共性关键技术亟待突破、智能制造标准/软件/网络/信息安全基础还比较薄弱、系统集成解决方案供给能力不足等突出问题。与工业发达国家相比，我国在发展智能制造方面还存在较明显的差距，推进智能制造发展的任务复杂而艰巨，必须紧抓机遇，积极应对挑战，加强统筹谋划，走出一条中国特色的智能制造发展道路。

（二）政策要点

1. 提出指导思想

《智能制造发展规划（2016—2020年）》（以下简称《规划》）提出“将发展智能制造作为长期坚持的战略任务，分类分层指导，分行业、分步骤持续推进，‘十三五’期间同步实施数字化制造普及、智能化制造示范引领，以构建新型制造体系为目标，以实施智能制造工程为重要抓手，着力提升关键技术装备安全可控能力，着力增强基础支撑能力，着力提升集成应用水平，着力探索培育新模式，着力营造良好发展环境，为培育经济增长新动能、打造我国制造业竞争新优势、建设制造强国奠定扎实的基础”。

2. 明确发展目标

2025年前，推进智能制造发展实施“两步走”战略：第一步，到2020年，智能制造发展基础和支撑能力明显增强，传统制造业重点领域基本实现数字化制造，有条件、有基础的重点产业智能转型取得明显进展；第二步，到2025年，智能制造支撑体系基本建立，重点产业初步实现智能转型。到2020的具体目标是：

智能制造技术与装备实现突破。研发一批智能制造关键技术装备，国内市场满足率超过50%，突破一批智能制造关键共性技术，核心支撑软件国内市场满足率超过30%。

发展基础明显增强。智能制造标准体系基本完善，制（修）订智能制造标准200项以上，面向制造业的工业互联网及信息安全保障系统初步建立。

智能制造生态体系初步形成。培育40个以上主营业务收入超过10亿元、具有较强竞争力的系统解决方案供应商，智能制造人才队伍基本建立。

重点领域发展成效显著。企业数字化研发设计工具普及率超过70%，关键工序数控化率超过50%，数字化车间/智能工厂普及率超过20%，运营成本、产品研制周期和产品不良品率大幅度降低。

3. 确定重点任务

为了落实《规划》提出的指导思想和发展目标，结合我国智能制造发展的实际情况，《规划》提出“十三五”期间要重点聚焦十项任务。

一是加快智能制造装备发展，攻克关键技术装备，提高质量和可靠性，推进关键技术装备、核心支撑软件、工业互联网等系统集成应用，加快智能网联汽车、服务机器人等智能产品的研发、设计和产业化。

二是加强关键共性技术创新，突破先进感知与测量、高精度运动控制、高可靠智能控制、建模与仿真、工业互联网安全等一批关键共性技术，研发智能制造相关的核心支撑软件，布局和积累一批核心知识产权。

三是建设智能制造标准体系，开展基础共性标准、关键技术标准、行业应用标准研究，搭建标准试验验证平台（系统），加快标准制修订和推广工作。

四是构筑工业互联网基础，研发新型工业网络设备与系统、信息安全软硬件产品，构建工业互联网试验验证平台和标识解析系统，搭建信息安全保障系统与试验验证平台，建立健全工业互联网信息安全风险评估、检查和信息共享机制。

五是加大智能制造试点示范推广力度，在基础条件好和需求迫切的重点地区、行业开展智能制造新模式试点示范，遴选智能制造标杆企业，不断总结形成有效的经验和模式，在相关行业进行移植、推广。

六是推动重点领域智能转型，在《中国制造2025》十大重点领域试点建设数字化车间/智能工厂，加快智能制造关键技术装备的集成应用，在传统制造业推广应用数字化技术、系统集成技术、智能制造装备，提高设计、制造、工艺、管理水平。

七是促进中小企业智能化改造。引导有基础、有条件的中小企业推进生产线自动化改造，建立龙头企业引领带动中小企业推进自动化、信息化的发展机制，建设云制造平台和服务平台，在线提供关键工业软件及各类模型库和制造能力外包服务。

八是培育智能制造生态体系，加快培育一批有行业、专业特色的系统解决方案供应商，大力发展具有国际影响力的龙头企业集团，做优做强一批传感器、智能仪表、控制系统、伺服装置、工业软件等“专精特”配套企业。

九是推进区域智能制造协同发展，推动以产业链为纽带、资源要素集聚的智能制造装备产业集群建设，促进区域智能制造差异化发展，加强基于互联网的区域间智能制造资源协同，促进区域优势资源互补和资源优化配置。

十是打造智能制造人才队伍，健全人才培养机制，加强智能制造人才培训，建设智能制造实训基地，培养智能制造高层次领军人才、跨界复合型人才、专业技术人才、高技能人才，构建多层次的人才队伍。

（三）政策解析

《规划》在准确把握全球智能制造发展趋势以及我国发展智能制造所面临的问题和瓶颈的基础上，明确了“十三五”时期我国推进智能制造的指导思想和发展目标，提出十项重点任务和四个专项行动以及加强统筹协调、完善创新体系、加大财税支持力度、创新金融扶持方式、发挥行业组织作用、深化国际合作等六个方面的保障措施。

《规划》指明了我国智能制造发展的重点方向，是国家发展智能制造的总体部署，也标志着我国发展智能制造由宏观的战略布局向到具体的推进实施过渡。这有利于调动企业发展智能制造的内生动力，有利于整合中央财政、地方财政、产业基金、风险投资基金及其他社会资源共同支持智能制造的发展。

《规划》的发布对贯彻落实《中国制造2025》，推动我国制造业供给侧结构性改革，加快传统制造业转型升级，培育智能制造生态系统等均具有重要意义。

二、智能制造工程实施指南（2016—2020年）

（一）背景

随着物联网、云计算、大数据、移动互联等新一代信息通信技术的快速发展并和先进制造技术不断深度融合，全球兴起了以智能制造为代表的新一轮产业变革，数字化、网络化、智能化日益成为未来制造业发展的主要趋势。世界主要工业发达国家加紧谋篇布局，美国提出先进制造伙伴计划、德国实施工业4.0、法国推动新工业法国计划等制造业发展战略都将智能制造作为制造业发展和变革的重要方向，支持和推动智能制造发展，以占领制造业竞争制高点。同时，我国制造业发展面临诸多挑战。首先，我国制造业尚处于机械化、电气化、自动化、信息化并存，不同地区、不同行业、不同企业发展不平衡的阶段。发展智能制造面临关键技术装备受制于人、智能制造标准/软件/网络/信息安全基础薄弱、智能制造新模式推广尚未起步、智能化集成应用缓慢等突出问题。其次，我国要素成本不断上升，传统比较优势削弱，资源环境压力加大。最后，我国人口老龄化进程加快，农业现代化、城镇化进程加快，人民受教育的水平不断提高，人力成本显著提高，人口红利缩减，招工难将成为常态。因此，相对世界主要工业发达国家，推动我国制造业智能转型，环境更为复杂，形势更为严峻，任务更加艰巨。

为加速我国制造业转型升级、提质增效，国务院发布实施《中国制造2025》，并将智能制造作为主攻方向，加速培育我国新的经济增长动力。《中国制造2025》明确将智能制造工程作为政府引导推动的五个工程之一，目的是更好地整合全社会资源，统筹兼顾智能制造各个关键环节，突破发展瓶颈，系统推进技术与装备开发、标准制定、新模式培育和集成应用。加快组织实施智能制造工程，对于推动《中国制造 2025》十大重点领域率先突破，促进传统制造业转型升级，实现制造强国目标具有重大意义。

（二）政策要点

1. 明确智能制造工程的目标

《智能制造工程实施指南（2016—2020 年）》（以下简称《实施指南》）提出工程分为两个阶段实施："十三五"期间通过数字化制造的普及，智能化制造的试点示范，推动传统制造业重点领域基本实现数字化制造，有条件、有基础的重点产业全面启动并逐步实现智能转型；"十四五"期间加大智能制造实施力度，关键技术装备、智能制造标准/工业互联网/信息安全、核心软件支撑能力显著增强，构建新型制造体系，重点产业逐步实现智能转型。

具体目标为：关键技术装备实现突破，关键技术装备国内市场满足率超过 50%；智能制造基础能力明显提升，初步建立基本完善的智能制造标准体系，具有知识产权的智能制造核心支撑软件国内市场满足率超过 30%；智能制造新模式不断成熟，试点示范项目运营成本降低 30%、产品生产周期缩短 30%、不良品率降低 30%；重点产业智能转型成效显著，数字化研发设计工具普及率达到 72%，关键工序数控化率达到 50%，十大重点领域智能化水平显著提升，完成 60 类以上智能制造成套装备集成创新。

2. 制定智能制造工程的重点任务

《实施指南》制定了我国推进智能制造工程的 4 项重点任务：一是攻克关键技术装备；二是夯实智能制造基础，构建国家智能制造标准体系，提升智能制造软件支撑能力，建设工业互联网基础和信息安全系统；三是培育推广智能制造新模式；四是推进重点领域集成应用。并通过 6 个专栏具体阐述了关键技术装备研制重点，智能制造重点标准，智能制造核心支撑软件开发重点，工业互联网基础和信息安全系统建设重点，智能制造新模式关键要素和十大领域智能制造成套装备集成创新重点，指明了智能制造工程的具体实施内容。

3. 提出智能制造工程的组织方式

《实施指南》提出在智能制造工程推进的组织过程中要发挥市场主体作

用，坚持需求导向，充分发挥企业内生动力，支持组建产业创新联盟；调动多方积极性，鼓励各地方、行业协会、产业创新联盟等协同推进智能制造；创新资金支持方式；分类遴选项目承担单位。

（三）政策解析

《实施指南》准确把握我国智能制造发展所面临的国际国内形势，提出了我国智能制造发展的总体要求，在坚持五大发展理念的基础上，明确了我国发展智能制造目标、主线和原则，阐明了我国智能制造发展的长期性和分步、分层推进的特点。在“十三五”期间的重点任务中提出同步实施数字化制造普及、智能化制造示范，重点聚焦“五三五十”重点任务，即：攻克五类关键技术装备，夯实智能制造三大基础，培育推广五种智能制造新模式，推进十大重点领域智能制造成套装备集成应用，持续推动传统制造业智能转型，为构建我国制造业竞争新优势、建设制造强国奠定扎实的基础。

为使《实施指南》的操作性更强，通过专栏形式，有针对性地提出了破解智能制造瓶颈的重点和关键要素。同时注重工程实施的系统性、整体性，细化明确了组织方式，通过顶层设计、全社会协同、构建创新体系、财税金融支持、国际合作、人才培育等全方位、多维度的保障措施，切实保障智能制造工程的实施。未来几年，正是智能制造推进的重要窗口期，《实施指南》的发布将为我国制造业转型升级提供有力保障。

三、智能制造试点示范专项行动

（一）背景

当前，以智能制造为代表的新一轮产业变革迅猛发展，数字化、网络化、智能化日益成为制造业的主要趋势。为加速我国制造业转型升级、提质增效，国务院发布实施《中国制造 2025》，将智能制造作为主攻方向，加速培育我国经济增长新动力，抢占新一轮产业竞争制高点。

目前，我国制造业机械化、电气化、自动化、信息化并存，不同地区、不同行业、不同企业发展不平衡，发展智能制造面临关键技术装备受制于人、智能制造标准/软件/网络/信息安全基础薄弱、智能制造新模式推广尚处于起步阶段、智能化集成应用缓慢等突出问题。实施专项行动，是落实《中国制造2025》以及《智能制造发展规划（2016—2020年）》的重要措施，对于实现制造强国目标具有重要意义。

（二）政策要点

1. 分类开展智能制造试点示范项目

贯彻落实《中国制造2025》，坚持“立足国情、统筹规划、分类施策、分步实施”的方针，以企业为主体、市场为导向、应用为切入点，聚焦制造关键环节，在基础条件好、需求迫切的重点地区、行业，优先从符合两化融合管理体系标准要求的企业中选择试点示范项目，分类开展离散型智能制造、流程型智能制造、网络协同制造、大规模个性化定制、远程运维服务五种新模式的试点示范。

（1）离散型智能制造试点示范

在机械、航空、航天、汽车、船舶、轻工、服装、医疗器械、电子信息等离散制造领域，开展智能车间/工厂的集成创新与应用示范，推进数字化设计、装备智能化升级、工艺流程优化、精益生产、可视化管理、质量控制与追溯、智能物流等试点应用，推动企业全业务流程智能化整合。

（2）流程型智能制造试点示范

在石油开采、石化化工、钢铁、有色金属、稀土材料、建材、纺织、民爆、食品、医疗、造纸等流程制造领域，开展智能工厂的集成创新与应用示范，提升企业在资源配置、工艺优化、过程控制、产业链管理、质量控制与溯源、能源需求侧管理、节能减排及安全生产等方面的智能化水平。

（3）网络协同智能制造试点示范

在机械、航空、航天、船舶、汽车、家用电器、集成电路、信息通信产品等领域，利用工业互联网网络等技术，建设网络化制造资源协同平台，集成企业间研发系统、信息系统、运营管理系统，推动创新资源、生产能力、市场需求的跨企业集聚与对接，实现设计、供应、制造和服务等环节的并行组织和协同优化。

（4）大规模个性化定制试点示范

在石化化工、钢铁、有色金属、建材、汽车、纺织、服装、家用电器、家居、数字视听产品等领域，利用工业云计算、工业大数据、工业互联网标识解析等技术，建设用户个性化需求信息平台和个性化定制服务平台，实现研发设计、计划排产、柔性制造、物流配送和售后服务的数据采集与分析，提高企业快速、低成本满足用户个性化需求的能力。

（5）远程运维服务试点示范

在石化化工、钢铁、建材、机械、航空、家用电器、家居、医疗设备、信息通信产品、数字视听产品等领域，集成应用工业大数据分析、智能化软件、工业互联网等技术，建设产品全生命周期管理平台，开展智能装备（产品）在线检测、健康状况监测、预测性维护、运行优化、远程升级等服务试点。

2. 重点行动及保障措施

（1）重点行动

组织制订智能制造试点示范要素条件，开展智能制造综合标准化体系建设，开展智能制造试点示范项目，组织论证智能制造重大工程，开展智能制造网络安全保障能力建设，开展智能制造战略研究，开展智能制造试点示范项目评估与总结等重点任务。

（2）保障措施

一是加强组织领导。继续加强专项行动领导小组的领导，有效推进专项行动的组织实施和协调。加强与地方工业和信息化主管部门、行业协会的联动，协同推进智能制造试点示范工作。加强与国家其他重点工程、科技计划的衔接。加大系统解决方案供应商培育力度，推动组建智能制造产业联盟，鼓励龙头企业建设“双创”平台，推进开发创新。

二是加强财税金融支持。充分利用工业转型升级资金、专项建设基金等现有渠道，加大中央财政资金对专项行动的支持力度。研究鼓励智能制造发展的税收优惠政策。鼓励建立按照市场化方式运作的各类智能制造发展基金，加强政府、企业和金融机构的对接，引导金融机构创新产品和服务。

三是大力推进国际合作。在智能制造标准制定、试点示范宣传推广等方面广泛开展国际交流与合作，不断拓展合作领域。支持国内外企业及行业组织间开展智能制造技术交流与合作。鼓励跨国公司、国外机构等在华设立相关研究机构、人才培训中心等，建设智能制造示范工厂。

四是加强人才培养。组织发布智能制造重点领域的人才需求预测，充分利用现有技能人才培养平台，有针对性地实施技能人才培育，开展智能制造职业技能竞赛表彰活动。鼓励试点示范企业加强顶层设计人才、跨足人才培养，建设智能制造人才培训基地。

（三）政策解析

2015年以来，政府连续组织实施智能制造试点示范专项行动，至2016年分别遴选支持了109个试点示范项目和156个新模式应用项目，带动各企业积极探索智能制造新模式。通过试点示范，关键智能部件、装备、工业互联网创新能力和系统自主化能力大幅提升，产品、生产过程、管理、服务等智能化水平显著提高，智能制造标准化体系初步建立，智能制造体系和公共服务平台初步成形，实现“两提三降”，即生产效率提高20%，能源利用率提高4%，运营成本降低20%，产品研制周期缩短20%，产品不良品率降低10%。另外，形成了一批可复制、可推广的智能制造新业态、新模式，对国内其他地区、企业起到良好的引领带动效应。

第三节　2017年我国智能制造面临的形势

一、智能制造成为重构全球制造业格局的重要力量

当前，移动互联网、云计算、大数据等新一代信息通信技术与先进制造技术加速融合，正引发以智能制造为核心的新一轮产业变革，数字化、网络化、智能化已成为全球制造业的重要发展趋势。世界主要工业发达国家纷纷实施“再工业化”战略，不断推出发展智能制造的新举措，政府、行业组织、企业等共同推进，力图抢占先进制造业发展的制高点。

（一）美国

一是美国联邦政府积极推动智能制造关键共性技术创新。2011年提出先进制造业伙伴计划（Advanced Manufacturing Partnership，AMP），以期通过政府、高校及企业的合作来强化美国制造业，保障美国制造业在全球的领导地位。2012年3月，美国宣布成立国家制造业创新网络（National Network for

Manufacturing Innovation，NNMI），支持新技术新工艺新材料的应用研究，计划投资 10 多亿美元，拟在 10 年内成立 45 个制造业创新研究中心。2016 年 9 月，国家制造业创新网络更名为美国制造业（Manufacturing USA），进一步表明其推动美国制造业复兴并与全球制造业接轨的决心。在已创建的制造业创新研究中心中，与智能制造相关的有 2 个创新研究中心，分别为数字制造与设计创新研究中心和智能制造创新研究中心，分别由国防部和能源部牵头，重点支持先进传感、控制与制造平台技术和可视化、信息与数字制造技术两类智能制造关键共性技术。

二是行业组织重点搭建智能制造系统平台。2006 年，通用电气、通用汽车、美国铝业公司、美国能源部、美国国家标准与技术研究院、国家科学基金、美国制造技术协会、机械工程协会等共同发起成立了美国智能制造领导联盟（Smart Manufacturing Leadership Coalition，SMLC）。2011 年，该联盟发布了《实施 21 世纪智能制造》报告，明确推进智能制造发展的目标和路径，提出为中小企业建立智能制造系统平台，到 2020 年将智能软件和系统成本降低 80%—90%，并提出要构建一个基于云的、开放式架构的软件平台，实现相关工厂的数据、系统的集成，并为业务的实时运行提供决策支持。在这个平台上，智能制造系统实时地将生产数据与工厂、供应链集成，包括设计、工程、计划、生产、配送等环节。此外，还提出了四个方面的行动计划，即：搭建面向智能制造工业界建模与仿真平台；构建经济可承受的工业数据收集与管理系统；在商务系统、制造工厂和供应商之间实现企业级的集成；加强智能制造相关的培训和教育。

三是企业联盟注重智能制造商业模式创新。2014 年 3 月，通用电气公司与 AT&T、思科、IBM 和英特尔发起成立工业互联网联盟，旨在协调降低应用工业互联网的障碍，加速工业互联网技术的应用。2015 年 6 月，该联盟发布了工业互联网参考架构，以指导工业互联网相关标准的制订，打破技术壁垒，实现不同厂商设备之间的数据共享，实现云计算系统、计算机、网络、仪表、传感器等不同类型的物理实体互联，加快物理世界和数字世界的融合，提升产业链的效率。2015 年，GE 公司开放了 Predix 操作系统，为机器设备提供标准、可靠的数据传输接口，对各种设备进行互联和实时监测，帮助制造企业开发自己的工业互联网应用，从而建立起涵盖装备制造企业、用户企业和 IT

企业的商业共同体。

（二）德国

德国长期坚守制造业强国的理念，将制造业作为国家振兴的支柱，在全球范围内树立了“德国制造”的品牌。2013 年 4 月，德国发布《保障德国制造业的未来：关于实施工业 4.0 战略的建议》，提出工业 4.0 战略，核心内容是发展基于信息物理系统（Cyber Physical System，CPS）的智能制造。工业 4.0 的核心内容可归纳为：建设一个网络、研究三大主题、实现三项集成。

建设一个网络，即信息物理系统 CPS。信息物理系统 CPS 就是在物理设备具备传感、计算、通信、控制等功能的基础上，通过网络将设备与信息、物体、人员等连接在一起，从而实现虚拟网络空间和现实物理空间融合的系统。

研究三大主题：即智能工厂、智能生产和智能服务。“智能工厂”是未来智能基础设施的关键组成部分，重点研究智能生产系统、网络化分布生产设施的实现。“智能生产”则侧重于将人机协同、增材制造等先进技术应用于整个生产过程，从而形成高度灵活、个性化、网络化的产业链。三是“智能服务”，通过移动互联网、物联网等技术，动态监测产品或服务的运行情况，及时做出响应和反馈，在提升服务水平的同时形成大数据以支撑产品的迭代升级。

推动三项集成，即横向集成、纵向集成和端对端集成。CPS 与制造系统的深度融合，使得人、机器、系统、服务之间可以互联互通，从而实现横向、纵向和段对端的高度集成。横向集成是指企业间通过价值链以及信息网络实现的资源整合，为实现企业间的无缝合作，提供实时产品与服务，推动企业间研发设计、生产制造、供应销售、经营管理与生产控制、业务与财务的无缝衔接和集成，实现产品开发、生产制造、经营管理、售后服务等环节在企业间的信息共享和业务协同。纵向集成主要是企业内部信息流、资金流和物流的集成，解决企业内部“信息孤岛”的问题，解决信息系统与物理设备之间的联通问题，追求的是企业内部所有环节信息的无缝衔接。端对端集成是围绕产品全生命周期的价值链创造，通过价值链上不同企业资源的整合，实现从产品设计、生产制造、物流配送、使用维护的产品全生命周期的管理和服务，其目的是最大限度地实现个性化定制。

总的来看，“工业 4.0”的核心就是通过 CPS 网络实现人、设备与产品的实时联通、相互识别和深度集成，从而构建一个高度灵活的个性化和数字化的智能制造模式。其中，CPS 是核心、互联互通是关键、信息集成是重点、数据分析是灵魂。

（三）日本

为应对德国工业 4.0 战略，日本先后提出了物联网、机器人等方面的若干政策，但始终没有直接提出智能制造方面的政策措施。与我国制造企业注重企业内部的互联互通、消除“信息孤岛”不同，日本产业界更加注重企业之间的互联互通、协同合作等问题。2015 年 6 月，日本机械工程学会联合相关的制造业企业、设备供应商、系统集成商等共同发起成立工业价值链促进会（Industrial Value Chain Initiative，IVI），意图打造一个互联互通的生态系统，实现系统内所有企业的整体利益最大化。2016 年 12 月 8 日，日本工业价值链促进会正式发布工业价值链参考架构（Industrial Value Chain Reference Architecture，IVRA），这标志着日本智能制造策略正式落地，并确立了日本在全球智能制造领域的地位。类似于美国工业互联网联盟的参考架构 IIRA、德国工业 4.0 参考架构 RAMI4.0，日本工业价值链参考架构 IVRA 明确了日本智能制造的基本模式。

与德国工业 4.0 平台的 RAMI4.0 架构类似，日本工业价值链参考架构也是一个三维模式，其中每一块被称为智能制造单元（Smart Manufacturing Unit，SMU）。其中，纵向轴为“资源”，包括员工层、流程层、产品层和设备层；横向轴是“执行”，包括计划、执行、检查和纠正（即 PDCA 循环）；内向轴为“管理”，包括质量、成本、交货周期和环境。

工业价值链参考架构通过若干个智能制造单元 SMU 的组合来描述制造业的产业链和工程链等，这种组合被称为通用功能块。通用功能块纵向标识企业或工厂，包括企业层、部门层、车间层和设备层；横向表示生产流程，包括市场需求与设计、架构与实现、生产、维护和研发等；内向表示需求与供给的过程，包括计划、采购、生产、物流销售和售后服务等。

此外，工业价值链参考架构还将智能制造单元 SMU 之间的联系定义为轻便载入单元，包括价值、物料、信息和数据等四个部分。通过改进这四个部分在智能制造单元 SMU 之间的传递准确度，来提高智能制造的效率。

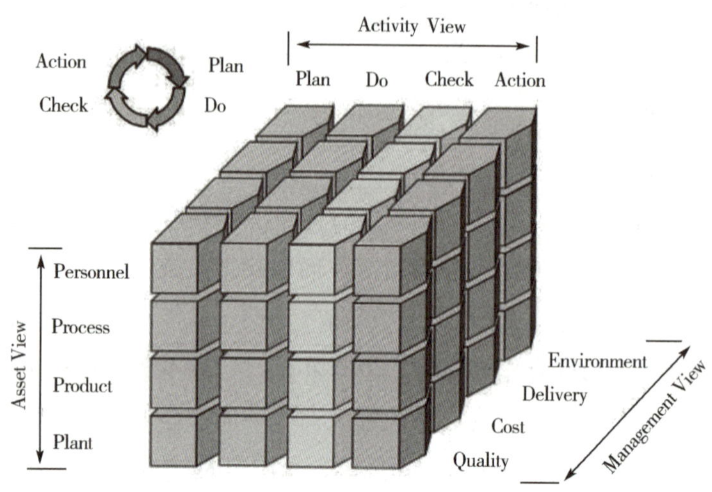

图 6－1　日本工业价值链参考架构图

资料来源：《Industrial Value Chain Reference Architecture，IVRA》赛迪智库，2016 年 12 月。

总体上来看，智能制造已经成为重构全球制造业竞争格局的重要力量，我国必须把握全球制造业发展趋势，积极应对挑战，推动信息技术与制造技术深度融合，促进制造业智能转型，加快构建新型制造体系，抢占制造业新一轮国际竞争制高点。

二、智能制造是培育我国经济增长新动能的必由之路

我国经济正在向形态更高级、分工更复杂、结构更合理的阶段演化，经济发展进入新常态，增长速度逐步放缓，转型升级的压力日益加大。国际金融危机发生以来，世界各国经济复苏普遍乏力，多数发达经济体回升不及预期，增长水平在低位徘徊，新兴经济体增速也普遍回落，巴西、俄罗斯等国甚至出现负增长。发达国家高端制造回流与中低收入国家争夺中低端制造转移同时发生，对我国形成“双向挤压”的严峻挑战。一方面，高端制造领域出现向发达国家“逆转移”的态势。制造业重新成为全球经济竞争的制高点，各国纷纷制定以重振制造业为核心的再工业化战略。目前，制造业向发达国

家的回流已经开始。如，苹果电脑已在美国本土设厂生产，日本制造企业松下将把立式洗衣机和微波炉生产从中国转移到日本国内，夏普计划在本土生产更多机型的液晶电视和冰箱，TDK 也将把部分电子零部件的生产从中国转移至日本秋田等地。另一方面，越南、印度等一些东南亚国家依靠资源、劳动力等比较优势，也开始在中低端制造业上发力，以更低的成本承接劳动密集型制造业的转移。一些跨国资本直接到新兴国家投资设厂，有的则考虑将中国工厂迁至其他新兴国家。如：微软计划关停诺基亚东莞工厂，部分设备转移到越南河内；耐克、优衣库、三星、船井电机、富士康等知名企业纷纷在东南亚和印度开设新厂。我国制造业正面临着发达国家“高端回流”和发展中国家“中低端分流”的双向挤压。受各种内部因素和外部压力的影响，我国制造业发展进入新常态，增长速度从高速转向中高速，发展方式从规模速度型转向质量效益型，结构调整从增量扩能为主向调整存量、做优增量并举转变。随着我国经济发展进入新常态，我国工业经济由高速增长到中高速增长的转折点已经到来。首先，自国际金融危机以来，长期支撑我国制造业快速增长的人口红利正逐步消失，资源和环境承载力已接近极限，依靠资源要素投入、规模扩张的粗放发展模式难以为继，我国经济的潜在增长率已有明显下降，这是我国经济进入正常增长周期的主要原因。其次，在当前全球需求结构深刻调整背景下，国际贸易的大幅下滑已成必然趋势。最后，近年来钢铁、造船、水泥等行业的非理性高速增长，使得过剩产能已成为当前我国制造业领域最为突出的矛盾。这是一个十分重要转折的关头，我国制造业传统经济增长动能减弱，新的竞争优势尚未形成，制造业调整结构、转型升级、提质增效刻不容缓。

科技创新始终是推动人类社会生产生活方式产生深刻变革的重要力量。智能制造是基于新一代信息通信技术与先进制造技术深度融合的新型生产方式，能够有效缩短产品研制周期，提高生产效率和产品质量，降低运营成本和资源能源消耗，并促进基于互联网的众创、众包、众筹等新业态、新模式的孕育发展。当前，信息技术、新能源、新材料、生物技术等重要领域和前沿方向的革命性突破和交叉融合，正在引发新一轮产业变革，将对全球制造业产生颠覆性的影响，并改变全球制造业的发展格局。特别是新一代信息技术与制造业的深度融合，将促进制造模式、生产组织方式和产业形态的深刻变革，智能化服务化成为制造业发展新趋势。虚拟化技术、3D打印、工业互联网、大数据等技术将重构制造业技术体系，如3D打印将新材料、数字技术和智能技术植入产品，使产品的功能极大丰富，性能发生质的变化；在互联网、物联网、云计算、大数据等泛在信息的强力支持下，制造商、生产服务商、用户在开放、共用的网络平台上互动，单件小批量定制化生产将逐步取代大批量流水线生产；基于信息物理系统（Cyber Physics System，CPS）的智能工厂将成为未来制造的主要形式，重复和一般技能劳动将不断被智能装备和生产方式所替代。随着产业价值链重心由生产端向研发设计、营销服务等的转移，产业形态将从生产型制造向服务型制造转变。网络众包、异地协同设计、大规模个性化定制、精准供应链管理等正在构建企业新的竞争优势；全生命周期管理、总集成总承包、互联网金融、电子商务等加速重构产业价值链新体系。

新一轮科技革命与产业变革给我国的制造业发展带来重要机遇。当今，我国在相当一些领域与世界前沿科技的差距都处于历史最小时期，已经有能力并行跟进这一轮科技革命和产业变革，实现制造业的转型升级和创新发展。从生产端入手，加快发展智能制造，对于提高制造业供给结构的适应性和灵活性、培育经济增长新动能等都具有十分重要的意义。

三、我国发展智能制造的任务更艰巨、形势更复杂

我国仍是一个发展中的国家，工业化任务尚未完成，制造业尚处于机械化、电气化、自动化、信息化并存，不同地区、不同行业、不同企业发展很不平衡的阶段。发展智能制造，还面临如下突出问题：关键核心技术和高端装备受制于人，大量的关键零部件、系统软件和高端装备基本依赖进口，2013年我国芯片进口总额达到了2313亿美元，进口额超过了原油成为我国第一大进口商品；先进感知与测量、高精度运动控制、建模与仿真、工业互联网、人工智能等发展智能制造所必需的共性关键技术亟待突破；智能制造标准/软件/网络/信息安全基础还比较薄弱，智能制造新模式成熟度不高，系统集成解决方案供给能力不足，缺乏国际性的行业巨头企业和跨界融合的智能制造人才，智能制造装备产业的发展速度跟不上推进智能制造的进度等。与

工业发达国家相比，我国在发展智能制造方面还存在较明显的差距，推进智能制造发展的任务复杂而艰巨，必须紧抓机遇，积极应对挑战，加强统筹谋划，把握推进的时序，加快发展智能制造装备产业的步伐，走出一条中国特色的智能制造发展道路。

（一）生产力水平发展差异较大

我国制造业中相当一部分是劳动密集、处于价值链低端的产业，我国制造业所处阶段，大致在工业 2.0 和 3.0 之间。因此，我国推进智能制造的并行战略是“2.0 补课、3.0 普及、4.0 示范”，在推进中发挥引领、移植和带动的三重作用。一部分企业朝工业 4.0 方向前进，发挥在行业中的引领作用。将实施 4.0 中的数字化技术移植到 3.0 的企业，将自动化技术移植到 2.0 的企业。智能制造区域、行业和企业发展水平差异较大。从区域来看，上海、广东、江苏、浙江、山东等东部沿海省市由于经济发达，企业智能化改造起步较早，进度较快，区域企业整体智能制造水平相对较高，部分企业已经从数字化阶段向软件化、网络化和智能化阶段迈进，企业数字化、软件化和网络化改造比较全面，而西部省市目前制造业水平普遍处在机械化向自动化、数字化迈进阶段。从行业来看，电子信息、工程机械、石化冶炼、生物制药、家电电器等行业智能制造水平较高，普遍开展了数字化研发设计、软件化控制生产和网络化经营销售。从企业来看，部门企业智能制造已经走在了前列，涌现出了海尔家电智能制造、青岛红领服装个性化定制、陕鼓动力装备智能服务、沈阳机床智能机床等一批试点示范项目。

（二）智能制造技术基础薄弱

我国智能化技术尚处于起步阶段，数控系统、关键部件的自主创新能力薄弱，精密测量技术、智能控制技术、智能化嵌入式软件等先进技术自给率偏低。基于模型的数字化产品研发能力不足，仿真能力弱、数据积累不足；面向制造的设计能力较弱，设计和制造部门的工作协同无法做到全面和及时。智能制造所需的设计制造共性技术基础和关键工艺能力严重不足，数字化制造发展水平不均衡，现有软硬件资源配套投入与实际应用效果存在反差。

（三）系统解决方案供给能力不足

我国已成为世界上最大的智能制造需求市场，但智能制造系统解决方案供给能力不足，缺少具有较强竞争力的系统集成商。受核心技术薄弱、人才缺失、应用领域单一等因素影响，我国的智能制造系统集成商普遍规模不大。另外，国产智能制造系统解决方案的功能还有待完善。从企业系统架构来看，智能制造解决方案应包括数据采集层、执行设备层、控制层、管理层、企业层、云服务层、网络层等，需实现横向集成、纵向集成以及端到端集成。各行业企业自身都存在工艺方法多样、工序复杂繁多等情况，各行业企业的智能化改造多处于起步阶段，目前还普遍缺乏成熟的智能制造生产模式和解决方案，也缺乏国内能集成整个架构体系的智能制造解决方案供应商。

（四）企业智能制造发展路径不清晰

企业是实施智能转型的主体，然而国内企业对智能制造内涵的认识和理解差异较大，对推进智能制造的发展路径不够清晰。有的企业认为智能制造是生产过程的智能化，有的认为是产品的智能化，有的简单地认为是“生产自动化”+“管理信息化”。在推进智能化改造过程中，有些企业并未从自身实际需求出发，而仅仅关注引进工业机器人、自动化设备等，进行简单的“机器换人”。此外，有些企业则容易盲目求全求大，仓促上阵，缺乏整体规划。未来，应通过咨询、交流、培训等方式加强对企业实施智能制造的指导和引导。

（五）多层次的人才队伍亟待构建

人才是建设制造强国的根本，是制造业创新的主体。在推进智能制造方面还存在人才缺乏的问题，具体表现在如下几个方面：一是智能制造人才总量短缺，结构不合理，领军人才匮乏。没有足够的智能制造人才支撑，智能工厂无人可以操作，新兴产业生态缺乏管理，也很难有自己独立的知识产权去开发高端装备的智能化，进入产品链高端领域。二是制造业人才培养与实际需求脱节，课程体系建设与职业标准脱节，校企合作缺乏长效机制，缺少具有丰富实践经验和知识结构的复合型人才。三是企业在制造业人才发展中的主体作用尚未充分发挥，积极性不高。

第四节 2017 年我国智能制造趋势展望

2016 年是我国系统推进智能制造的元年，智能制造成为贯彻落实《中国制造 2025》的主攻方向，在推动我国制造业转型升级、加快迈向中高端过程中发挥关键作用。展望 2017 年，随着智能制造政策环境进一步优化、关键共性技术和核心装备不断突破以及智能制造标准体系逐步完善，新一代信息通信技术将与生产工艺、管理流程、装备及产品等加速融合，我国智能制造将加速推进。

一、制造业重点领域加速推进智能转型

随着物联网、云计算、大数据等新一代信息通信技术与先进制造技术的加速融合，在智能制造试点示范专项行动和智能制造专项的持续推动下，机械、汽车、航空、石化化工、钢铁、家电、食品、电子信息等基础条件较好、需求强烈的制造业重点领域智能转型成效明显。制造业规模以上企业的数字化研发设计工具普及率达到 58% 以上，关键工序数控化率达到 33% 以上。企业方面，潍柴动力、九江石化、海尔集团、蒙牛乳业、东莞劲胜等企业建成了一批智能工厂/数字化车间，陕鼓动力、沈阳机床、中国商飞、青岛红领、长虹集团等企业积极开展智能制造模式创新，我国制造企业智能转型的基础已初步建立。

展望 2017 年，随着《智能制造发展规划（2016—2020 年）》《智能制造工程实施指南（2016—2020 年）》《国家智能制造标准体系建设指南（2015 年版）》等政策的发布和实施，智能制造试点示范专项行动、智能制造专项等行动的持续推进以及地方政府支持政策的逐步完善，我国发展智能制造的政策环境进一步优化、发展基础进一步夯实、企业内生动力进一步激发，预计我国制造业重点领域的智能转型将进一步加快，智能工厂/数字化车间加速建设，智能制造新模式不断涌现、成熟并快速推广应用。

二、智能制造装备（系统）发展迅速

在我国巨大需求市场的带动下，高档数控机床与工业机器人、增材制造装备、智能传感与控制装备、智能检测与装配装备、智能仓储与物流装备等智能制造装备取得积极进展，工业设计仿真软件、工业控制软件、企业经营管理软件等核心工业软件发展迅速。以工业机器人为例，2015 年我国工业机器人销量超过 7.5 万台，同比增长 36.6%，已连续 3 年成为全球第一大工业机器人应用市场。其中，自主品牌工业机器人占我国市场的份额首次突破 30%，呈现出非常迅猛的发展态势。

展望 2017 年，随着我国制造业智能转型的加速推进以及《机器人产业发展规划（2016—2020 年）》《智能硬件产业创新发展专项行动（2016—2018 年）》等一系列政策的出台和实施，智能制造装备和核心工业软件将继续高速发展。另外，随着移动互联网、大数据、云计算等新兴技术与制造装备的深度融合，装备制造业服务化的发展趋势日益显著，具体表现在以下两个方面：一是越来越多的装备制造企业通过构建智能装备/产品远程运维服务平台，为用户提供在线监测、故障预警、故障诊断、预测性维护、运行优化、远程升级等服务；二是产业链的核心企业通过构建基于互联网的制造业资源协同平台，集成产业链上下游企业的相关管理信息系统，实现研发设计、生产能力和服务能力等制造资源共享，开展制造过程关键环节的并行组织和协同优化。

三、智能产品供给能力进一步提升

当前，智能产品领域正蓬勃发展，初步形成了智能穿戴设备、智能家居设备、智能服务机器人、智能车载设备、智能无人机等规模化产品领域。2015 年全球智能穿戴设备出货量为 7810 万部（IDC 统计），虚拟现实产业约 15.4 亿美元，智能服务机器人市场规模超过 80 亿美元（IFR 估测数据），智能车载设备市场规模也在快速增长。我国智能产品领域与全球同步发展，智能穿戴设备、虚拟现实、智能家居设备等产品出货规模均已超过千万部，部分产品市场增长快于全球。在智能穿戴设备、智能无人机等领域已经出现了一批规模和技术均具有领先优势的龙头企业。

展望2017年，随着智能产品功能的进一步丰富、用户消费习惯的逐步形成以及《“互联网+”人工智能三年行动实施方案》《智能硬件产业创新发展专项行动（2016—2018年）》等一系列政策的出台和实施，我国高端智能穿戴设备、智能车载设备、智能医疗健康设备、智能服务机器人等智能产品供给能力将进一步提升，产品的功能性、易用性将进一步加强，多元化、个性化和定制化的供给模式将快速推广应用，基于智能产品的增值服务和商业模式将加速发展。

四、一批可复制、可推广的智能制造新模式初步形成

近两年，政府连续组织实施智能制造试点示范专项行动和智能制造专项，分别遴选支持了109个试点示范项目和156个新模式应用项目，带动各企业积极探索智能制造新模式，加快信息通信技术向设计、生产、管理、服务等环节渗透，推动智能制造装备、工业软件与企业生产工艺、管理流程的深度集成，形成了航空装备网络协同开发、重大技术装备领域远程运维服务、石化行业智能工厂、水泥行业财务业务一体化管控、服装行业个性化定制、乳制品行业全流程质量追溯、民爆行业本质安全生产等较成熟、可复制、可推广的智能制造新模式。

《智能制造工程实施指南（2016—2020年）》提出“重点培育离散型数字化制造、流程型智能制造、网络协同制造、大规模个性化定制、远程运维服务等五种智能制造新模式，开展重点领域的试验验证和试点示范，条件成熟后在制造业领域全面推广”。2017年，随着我国制造业智能转型的加速推进，智能制造试点示范转型行动和智能制造专项的持续实施，新一代信息通信技术、智能制造关键技术装备、核心工业软件等与企业生产工艺、管理流程深度融合，推动企业商业模式持续创新，将加速形成一批较成熟、可复制、可推广的智能制造新模式。

五、智能制造标准体系逐步完善

标准化是发展智能制造的重要基础和推进抓手，国家发布《国家智能制造标准体系建设指南（2015年版）》、成立国家智能制造标准化协调推进组、

总体组和专家咨询组。此外，连续两年组织实施智能制造专项，先后支持93个智能制造标准研制及试验验证项目；2016年10月，工业和信息化部公布了首批《智能制造系统架构》等12项国家智能制造标准计划项目。智能制造标准体系框架及多部门协调、多标委会协作的工作推进机制基本形成。

2017年，在智能制造专项的持续支持下，围绕互联互通、多维度协同等瓶颈领域，将组织开展智能制造基础共性标准、关键共性标准和行业应用标准研究，搭建一批标准试验验证平台（系统），开展全过程试验验证。此外，还将加快智能制造标准制修订，在制造业各个领域全面推广，智能制造标准体系将逐步完善。

第七章　工业节能减排

2016 年，我国工业能源消费总量略有增长，而能源消费结构得到进一步优化，能源资源利用效率显著提升，单位工业增加值能耗水耗显著下降；工业结构不断优化，淘汰落后产能任务顺利完成，供给侧改革初见成效；污染物排放持续下降，资源综合利用水平不断提高。政策方面，《工业绿色发展规划（2016—2020 年）》《绿色制造工程实施指南（2016—2020）》发布实施，为贯彻落实绿色发展新理念，加快实施《中国制造 2025》，促进工业绿色发展提供了依据和指南；强调能效提升、清洁生产、资源综合利用、低碳节水和绿色制造为主要目标任务；推行试点示范与绿色认证，促进平台体系建设。2017 年我国工业节能减排形势机遇与挑战并存，节能减排任务目标明确，政策方案基本就绪，但工业绿色发展模式尚在探索，各区域领域绿色发展水平不一，绿色创新不足，产能过剩等问题仍有待解决。2017 年，工业经济仍将平稳运行，工业结构继续优化，结构性节能，污染减排将进一步完善；未来工作建议进一步加强绿色制造体系建设，持续淘汰落后产能，细化差异化政策引导，并强化技术创新与成果转化。

第一节　2016 年我国工业节能减排取得的主要进展

一、工业能源资源消费概况

（一）能源消费概况

根据《中华人民共和国 2016 年国民经济和社会发展统计公报》公布的数据，2016 年能源消费总量 43.6 亿吨标准煤，比 2015 年增长 1.4%；全社会用电量59198亿千瓦时，同比增长5.0%。能源消费结构进一步优化，煤炭消费量下降2.0%，占能源消费总量的62%，水电、风电、核电、天然气等清洁能源消费量占能源消费总量的19.7%，比2015年提高1.7个百分点。

我国工业能源消费占比仍居高位。根据国家能源局发布的电力消费数据，2016年全国工业用电量41383亿千瓦时，比上年上升2.9%，占全社会用电量的比重为69.9%。其中，轻、重工业用电量分别为7016亿千瓦时和34367亿千瓦时，同比分别增长4.4%和2.6%。2016年全国规模以上工业增加值累计同比增长6.0%，规模以上工业单位增加值能耗下降5.5%左右。截至2016年12月底，全国规模以上工业单位增加值能耗为1.34吨标准煤，比2010年的1.92吨标准煤下降30.2%。

（二）矿产资源消费概况

根据《中华人民共和国2016年国民经济和社会发展统计公报》，2016年我国水资源总量为30150亿立方米，全年总用水量6150亿立方米，比上年增长0.8%，万元国内生产总值用水量为84立方米，比上年下降5.6%。其中，工业用水减少0.4%，万元工业增加值用水量53立方米，下降6.0%。万元工业增加值用水量呈逐年下降趋势，如表7－1所示。

表7－1　2011—2016年万元工业增加值用水量

年份	2011	2012	2013	2014	2015	2016
万元工业增加值用水量（立方米）	82	76	68	64	58	53

资料来源：《中华人民共和国国民经济和社会发展统计公报》（2011—2016）。

2016年，我国原煤产量持续负增长，原煤产量累计达到33.6亿吨，较上年减少9.4%。受国际油价持续低位震荡影响，原油生产企业实施计划性减产，原油产量2.0亿吨，较上年同期减少6.9%。受国家鼓励天然气消费政策和下游用户企业经济低迷的双重影响，天然气产量保持低速增长，天然气产量1235.4亿立方米，比上年同期增长2.2%。受固定资产投资增长、建材价格上升影响，水泥、平板玻璃等产品产量增速由负转正，分别较上年增长2.5%、5.8%。

表 7－2 2016 年我国主要矿产品产量及增长速度

产品名称	单位	产量	比上年增长（%）
原煤	亿吨	33.6	9.4
原油	亿吨	2.0	－6.9
天然气	亿立方米	1368.3	2.2
粗钢	亿吨	8.1	1.2
铁矿石	亿吨	12.8	－3.0
黄金	吨	453	0.76
十种有色金属	万吨	5283.2	2.5
磷矿石	万吨	14439.8	1.0
原盐	万吨	6309.5	1.0
水泥	亿吨	24.0	2.5
平板玻璃	万重量箱	77402.8	5.8

资料来源：国家统计局，2016 年 12 月。

二、工业节能减排进展

（一）工业节能降耗进展

从全社会看，2016 年全国单位国内生产总值能耗下降 5%，降幅比 2015 年的 5.6% 收窄 0.6 个百分点。从工业看，2016 年全年万元工业增加值能耗同比下降 5.5%、万元工业增加值用水量同比下降 6.0% 左右，能够完成年度目标。

表 7－3 2011—2016 年万元工业增加值能耗下降情况

年份	2011	2012	2013	2014	2015	2016
万元工业增加能耗下降（%）	3.5	7.5	5.0	7.0	8.4	5.5

资料来源：赛迪智库，2017 年 2 月。

2016 年单位工业增加值降幅明显收窄，部分高载能行业生产开始恢复，粗钢、生铁、水泥和平板玻璃产量同比分别增长 1.2%、0.7%、2.5% 和 5.8%。受工业生产回暖影响，重点行业全面推广节能减排技术，效果明显，重点产品单耗均有不同程度下降，表 7－4 是 2016 年主要工业产品能耗下降情况。

表 7－4　2016 年主要工业产品能耗下降情况

指　标	比上年下降（%）
吨粗铜综合能耗	9.45
吨钢综合能耗	0.08
单位烧碱综合能耗下降	2.08
吨水泥综合能耗	1.81
每千瓦时火力发电标准煤耗	0.97

资料来源：国家统计局，2017 年 2 月。

1. 工业结构持续优化

高耗能行业增长明显放缓。2016 年，六大高耗能行业增加值比上年增长 5.2%，增速较上年回落 1.1 个百分点。分季度看，第一季度增长 6.3%、第二季度增长 6.1%、第三季度增长 5.1%、第四季度增长 3.6%，逐季度回落态势明显。其中，钢铁行业增加值下降 1.7%，上年为增长 5.4%。

供给侧结构性改革取得阶段性成果。钢铁、煤炭行业完成了去产能的年度目标任务，《钢铁煤炭行业淘汰落后产能专项行动实施方案》发布以来，共排查出炼铁落后产能约 700 万吨、炼钢约 1100 万吨，并于 2016 年 9 月底前已全部关停。“十二五”期间累计淘汰炼铁产能 9089 万吨、炼钢 9486 万吨、电解铝 205 万吨、水泥（熟料及粉磨能力）6.57 亿吨、平板玻璃 1.69 亿重量箱，分别超额完成“十二五”目标的 44%、51%、128%、40% 和 54%。

2. 节能与绿色发展体制机制建设取得初步进展

加快推进绿色发展顶层设计和平台建设工作。发布《工业绿色发展规划（2016—2020 年）》，加强工业绿色发展宏观指导。发布《绿色制造工程实施指南（2016—2020 年）》，推进绿色制造体系建设，实施绿色制造工程专项。加快绿色制造相关标准制定和发布。开展工业节能与绿色发展评价中心推荐工作，确定了第一批节能与绿色发展评价中心。

强化工业节能法制建设和工业节能监察新机制。发布《工业节能管理办法》，对重点用能企业节能工作提出明确要求。开展 2016 年国家重大工业节能专项监察，对全国范围内 4131 家重点用能企业实施国家重大工业节能专项监察，在钢铁行业能耗专项检查中，全面核查具有冶炼能力的钢铁企业 568 家，督促违规企业落实整改，有力地促进了钢铁行业化解过剩产能。

节能技术支撑体系逐步完善。健全节能技术遴选、评定及推广机制，发布《节能机电设备（产品）推荐目录（第七批）》等一批节能、低碳、节水、综合利用技术装备目录，实施能效、水效“领跑者”引领行动。重点淘汰高耗能终端用能设备，发布《高耗能落后机电设备（产品）淘汰目录（第四批）》，开展钢铁行业能耗专项检查。

3. 高耗能行业用电量下降，钢铁行业用电量出现负增长

2016 年，制造业用电量增长 2.5%，增速比上年提高 3.1 个百分点，其中钢铁、化工、有色行业用电量增速居制造业用电量后三位，建材行业用电量增速排倒数第六位，钢铁行业用电量出现负增长。1—11 月份，化学原料制品、非金属矿物制品、黑色金属冶炼和有色金属冶炼四大高载能行业用电量合计 15922 亿千瓦时，同比下降 0.9%，增速比上年同期提高 1.9 个百分点。其中，化工行业、建材行业用电量分别为 3956 亿千瓦时、2911 亿千瓦时，均较去年有所增长，同比分别增长 1.2%、2.4%，增速比上年同期回落 1.1 个百分点、提高 8.8 个百分点；黑色金属冶炼行业用电量 4407 亿千瓦时，同比下降 5.0%，增速比上年同期提高 3.4 个百分点；有色金属冶炼行业 4647 亿千瓦时，同比下降 0.4%，增速比上年同期回落 3.2 个百分点。其他制造业保持一定增长，其中装备制造、新技术产业增长较快。

4. 东、中部用电量稳定增长，东北地区用电形势好于上年

东、中、西部和东北地区全社会用电量同比分别增长 5.9%、5.4%、3.7% 和 2.7%，东、中部地区用电形势相对较好，是全国用电增长的主要拉动力。各地区分季度用电走势均呈现前低后高的趋势（见表 7－5），下半年以来各地区用电均实现较为明显的提高。西部地区高耗能产业比重大，受供给侧结构性改革影响，上半年用电增速较上年同期出现回落，东北地区受上年用电基数偏低影响，2016 年用电量扭转了负增长态势，总体形势好于上年。

表7-5　2016年各地区分季度用电量增速

	东部	中部	西部	东北地区
第一季度	4.1%	4.7%	1%	1.5%
上半年	3.6%	3.5%	0.9%	0.6%
前三季度	5.5%	5.5%	2.6%	1.4%
全年	5.9%	5.4%	3.7%	2.7%

资料来源：中国电力企业联合会，2016年12月。

5. 工业领域积极应对气候变化，碳减排力度加大

开展低碳工业园区试点工作。在前期工作基础上，深入开展工业绿色低碳试点示范，2016年，工业和信息化部、发改委批复了第二批12家国家低碳工业园区。实施重点行业能源利用高效低碳化改造，发布《国家重点节能低碳技术推广目录》，涉及煤炭、电力、钢铁、有色、石油石化、化工、建材、机械、轻工、纺织、建筑、交通、通信等13个行业，共296项重点节能技术。

建立了节能低碳认证认可制度，形成了包括节能产品认证、低碳产品认证、森林认证、能源管理体系认证、碳排放量审定/核查以及相关合格评定机构认可在内，适应我国产业结构特点和节能减排目标需求的认证认可体系，并应用于碳排放权交易市场试点、低碳城市创建等项目。稳步推进碳市场建设工作。为确保2017年启动全国碳排放权交易，实施碳排放权交易制度，切实做好启动前的准备工作，发改委下发《关于切实做好全国碳排放权交易市场启动重点工作的通知》，明确了2016年的工作目标、工作任务以及保障措施。

（二）工业领域主要污染物减排进展

《中国环境状况公报2015》数据显示，全国化学需氧量、二氧化硫、氨氮和氮氧化物排放总量分别比2014年下降3.1%、5.8%、3.6%和10.9%。深入推进工业节能法制建设和主要污染物减排，加大重点行业规范管理力度，工业源主要污染物排放总量分别较上年下降5.7%、10.6%、6.5%、15.9%。

1. 工业废水及污染物排放情况

《中国环境统计年报2015》的数据显示，2015年，全国废水排放量735.4亿吨，比上年增加2.7%；其中，工业废水排放量199.5亿吨，比上年减少

2.8%。全国废水中化学需氧量和氨氮排放量分别为2223.5万吨、229.9万吨，分别比上年减少3.1%和3.6%。2015年，全国工业废水中重金属汞、镉、六价铬、总铬、铅和砷排放量分别为1吨、15.5吨、23.5吨、104.4吨、77.9吨和111.6吨；其中，重金属镉、铅、砷的排放量分别比上年增加42.9%、8.5%和2.2%，六价铬和总铬排放量分别比上年减少32.5%、20.8%。

表7－6　“十二五”期间废水及主要污染物排放总量和工业源排放情况

年份	废水排放量（亿吨）		化学需氧量排放量（万吨）			氨氮排放量（万吨）
	总量	工业	总量	工业	总量	工业
2011	659.2	230.9	2499.9	354.8	260.4	28.1
2012	684.8	221.6	2423.7	338.5	253.6	26.4
2013	695.4	209.8	2352.7	319.5	245.7	24.6
2014	716.2	205.3	2294.6	311.3	238.5	23.2
2015	735.3	199.5	2223.5	293.5	229.9	21.7

资料来源：2015年《中国环境统计年报》。

2. 工业废气及污染物排放情况

2015年，全国二氧化硫、氮氧化物、烟（粉）尘排放量分别为1859.1万吨、1851.9万吨、1538万吨，较上年分别减少5.8%、10.9%、11.6%。其中，工业源排放量分别为1556.7万吨、1180.9万吨、1232.6万吨，较上年分别减少10.6%、15.9%、15.4%。

“十二五”期间，安装脱硝设施的煤电机组由0.8亿千瓦增加到8.3亿千瓦，安装率由12%增加到92%。安装脱硫设施的钢铁烧结机面积由2.9万平方米增加到13.8万平方米，安装率由19%增加到88%；安装脱硝设施的新型干法水泥生产线由0增加到16亿吨。

3. 工业固体废物产生情况

2015年，我国一般工业固体废物产生量为32.7亿吨，比上年增加0.4%。其中，综合利用量为19.9亿吨，较上年减少2.7%，综合利用率为60.3%。全国工业危险废物产生量为3976.1万吨，较上年增加9.4%。其中，综合利用量为2049.7万吨，较上年下降0.6%；处置利用率为79.9%，较上年增加

1个百分点。

表7－7 "十二五"期间一般工业固体废物产生及处理情况

（单位：万吨）

年份	产生量	综合利用量	处置量	贮存量
2011	322722	195215	70465	60424
2012	329044	202462	70745	59786
2013	327702	205916	82970	42634
2014	325620	204330	80388	45033
2015	327079	198807	73034	58365

资料来源：2015年《中国环境统计年报》。

表7－8 "十二五"期间工业危险废物产生及处理情况

（单位：万吨）

年份	产生量	综合利用量	处置量	贮存量	处置利用率
2011	3431.2	1773.1	916.5	823.7	76.5%
2012	3465.2	2004.6	698.2	846.9	76.1%
2013	3156.9	1700.1	701.2	810.9	74.8%
2014	3633.5	2061.8	929.0	690.6	81.2%
2015	3976.1	2049.7	1174.0	810.3	79.9%

资料来源：2015年《中国环境统计年报》。

4. 重点行业污染物排放情况

（1）废水及主要污染物排放情况

2015年，在调查统计的41个工业行业中，废水排放量位于前4位的行业依次为化学原料和化学制品制造业，造纸和纸制品业，纺织业，煤炭开采和洗选业，共排放废水82.6亿吨，占重点调查工业企业废水排放总量的45.5%。化学需氧量排放量居前4位的行业依次为农副食品加工业，化学原料和化学制品制造业，造纸和纸制品业，纺织业，共排放废水128.9万吨，占重点调查工业企业排放总量的50.4%。氨氮排放量位于前4位的行业依次是化学原料和化学制品制造业，农副食品加工业，石油加工、炼焦和核燃料加工业，纺织业，共排放氨氮10.5万吨，占重点调查工业企业排放总量的

53.6%。工业行业重金属污染排放情况见表7－9。

表7－9 工业行业废水重金属污染物排放情况

污染物	排放量（吨）	主要行业及所占比例
汞	0.98	有色金属冶炼和压延加工业29.4%，有色金属矿采选业24.2%，化学原料和化学制品制造业23.0%
镉	15.5	有色金属冶炼和压延加工业69.7%，有色金属矿采选业19.2%，黑色金属冶炼和压延加工业2.6%
铅	77.9	有色金属冶炼和压延加工业41.6%，有色金属矿采选业39.4%，化学原料和化学制品制造业6.2%
砷	111.6	有色金属矿采选业38%，化学原料和化学制品制造业29.5%，有色金属冶炼和压延加工业23.8%
六价铬	23.5	金属制品业67.6%，黑色金属冶炼和压延加工业10.8%，皮革、毛皮、羽毛及其制品和制鞋业9.0%
总铬	104.4	皮革、毛皮、羽毛及其制品和制鞋业49.8%，金属制品业35.1%，黑色金属冶炼和压延加工业6.2%

资料来源：2015年《中国环境统计年报》。

（2）废气及主要污染物排放情况

在调查统计的41个工业行业中，电力、热力生产和供应业，非金属矿物制品业，黑色金属冶炼及压延加工业共排放二氧化硫883.2万吨，排放氮氧化物869万吨，均居工业行业二氧化硫和氮氧化物排放量前三位，分别占重点调查工业企业排放总量的63.1%和79.9%。黑色金属冶炼及压延加工业，非金属矿物制品业，电力、热力生产和供应业共排放烟（粉）尘825.2万吨，居工业行业烟（粉）尘排放量前三位，占重点调查工业企业排放总量的74.5%。“十二五”期间，电力、热力生产和供应业，非金属矿物制品业，黑色金属冶炼及压延加工业三个行业占重点调查统计企业排放量比重分别减少9.9个百分点、3.6个百分点和8.6个百分点。

表7-10 电力、钢铁和建材行业废气中主要污染物排放量占重点调查统计企业排放量比重

年份	二氧化硫	氮氧化物	烟（粉）尘
2010	73.0%	83.5%	65.9%
2011	71.4%	88.6%	68.2%
2012	69.7%	87.9%	68.9%
2013	68.2%	86.6%	70.0%
2014	65.9%	84.0%	76%
2015	63.1%	79.9%	74.5%

资料来源：2015年《中国环境统计年报》。

在废气主要污染物排放量居前三位的行业中，电力、热力生产和供应业二氧化硫、氮氧化物、烟（粉）尘排放量分别为505.8万吨、497.6万吨和227.7万吨，较上年分别减少18.6%、30.2%和16.4%；黑色金属冶炼及压延加工业排放量分别为173.6万吨、104.3万吨和357.2万吨，其中，二氧化硫、烟（粉）尘排放量分别较上年减少19.3%、16.4%，氮氧化物排放量较上年增加3.4%；非金属矿物制品业排放量分别为203.8万吨、267.1万吨、240.3万吨，较上年减少2.3%、8.2%、9.1%。

表7-11 2015年重点行业废气主要污染物排放情况

污染物种类	电力、热力生产和供应业		黑色金属冶炼及压延加工业		非金属矿物制品业	
	排放量（万吨）	同比变化率（%）	排放量（万吨）	同比变化率（%）	排放量（万吨）	同比变化率（%）
二氧化硫	505.8	-18.6	173.6	-19.3	203.8	-2.3
氮氧化物	497.6	-30.2	104.3	3.4	267.1	-8.2
烟（粉）尘	227.7	-16.4	357.2	-16.4	240.3	-9.1

资料来源：2015年《中国环境统计年报》。

5. 大气污染防治重点区域废气污染物排放情况

2016年，京津冀、长三角、珠三角等重点区域空气质量整体向好，但京津冀仍是全国大气污染形势最严峻的地区。环境保护部督查组对京津冀及周边城市进行督查，督促少数存在严重违法排放行为、应急响应措施落实不到位的企业尽快落实整改要求并依法严肃处理。京津冀地区共完成80万户散煤替代工作，削减散煤约200万吨。发布实施超低排放环保电价、北方采暖季水泥错峰生产、船舶排放控制区等政策措施。

表7-12 2016年三大重点区域主要污染物排放情况

污染物种类	京津冀地区		长三角地区		珠三角地区	
	平均浓度（μg/m³）	变化率（%）	平均浓度（μg/m³）	变化率（%）	平均浓度（μg/m³）	变化率（%）
PM 2.5	71	-7.8	46	-13.2	32	-5.9
PM 10	119	-9.8	75	-9.6	49	-7.5

资料来源：《74城市空气质量状况报告》，2016年12月。

2015年，大气污染防治重点区域工业废气排放量为375223亿立方米，较上年减少1.3%。二氧化硫、氮氧化物、烟（粉）尘排放量分别为697.3万吨、564.7万吨、554.3万吨，较上年分别减少排放量21.3%、43.6%、27.3%。

表7-13 2015年“三区十群”工业废气主要污染物排放情况

区域	二氧化硫		氮氧化物		烟粉尘	
	排放量（万吨）	变化率（%）	排放量（万吨）	变化率（%）	排放量（万吨）	变化率（%）
京津冀	100.6	-21.6	97.7	-23.0	119.8	-24.5
长三角	142.3	-10.3	133.3	-18.5	103.4	-14.6
珠三角	36.1	-10.0	34.8	-19.1	13.3	-28.5
辽宁中部城市群	43.8	-11.3	33	-12.5	58.4	-5.0
山东城市群	122.1	-10.2	94.8	-15.6	90.3	-11.8
武汉及周边城市群	26.5	-8.6	19.5	-12.2	25.5	-11.1
长株潭城市群	8.7	-13.0	6.9	-8.0	8.2	-20.4
成渝城市群	88.1	-11.7	42.9	-20.4	43.6	-4.4
海峡西岸城市群	31.7	-6.2	28	-7.0	32.2	-7.7
山西中北部城市群	28.1	-18.8	22.2	-25.5	25.5	-5.6
陕西关中城市群	35.2	-12.2	25.2	-21.5	19.6	-11.3
甘宁城市群	21.7	-6.9	15.2	-16.9	7.4	-28.2
新疆乌鲁木齐城市群	12.4	-16.8	11.2	-29.1	7.1	-35.5
总计	697.3	-12.6	564.7	-18.5	554.3	-15.0

资料来源：2015年《中国环境统计年报》。

（三）工业资源综合利用情况

2015 年，我国加大资源综合利用行业规范管理力度，发布《新能源汽车废旧动力蓄电池综合利用行业规范条件》和《新能源汽车废旧动力蓄电池综合利用行业规范公告管理暂行办法》，发布一批符合轮胎翻新行业、废轮胎综合利用行业、废塑料综合利用行业等规范条件的企业名单。深入推进京津冀及周边地区工业资源综合利用示范工程，推动区域资源综合利用产业与生态协同发展。开展电器电子产品生产者责任延伸试点工作。组织开展再制造产品认定，编制《再制造产品目录（第六批）》。“十二五”期间，我国工业领域资源综合利用规模稳步扩大，2015 年工业资源综合利用率达到 60. 3%，固体废物综合利用率达到 65%，其中大宗工业固废（不含废石）综合利用率 50%；主要再生资源回收利用量 2. 2 亿吨；五年共利用大宗工业固体废物达 70 亿吨、再生资源 12 亿吨。

表 7－14　“十二五”期间工业资源综合利用率

年份	2011	2012	2013	2014	2015
工业资源综合利用率	59. 9%	61%	62. 2%	62. 1%	60. 3%

资料来源：2011—2015 年《中国环境统计年报》。

1. 大宗工业固废综合利用情况

《2016 年全国大中城市固体废物污染环境防治年报》数据显示，2015 年，大、中城市一般工业固体废物产生量为 19. 1 亿吨，其中，综合利用量 11. 8 亿吨，处置量 4. 4 亿吨，贮存量 3. 4 亿吨，倾倒丢弃量 17. 0 万吨。一般工业固体废物综合利用量占利用处置总量的 60. 2%，处置和贮存分别占比 22. 5% 和 17. 3%。

开展工业固体废物综合利用基地建设试点工作和 2016 年水泥窑协同处置固体废物试点示范，推动工业资源综合利用产业规模化、高值化、集约化发展。积极贯彻落实《京津冀及周边地区工业资源综合利用产业协同发展行动计划（2015—2017 年）》，实施京津冀及周边地区工业资源综合利用产业协同发展示范工程，成立京津冀尾矿综合利用产业技术创新联盟。

表 7－15　重点发表调查工业企业大宗工业固体废物综合利用情况

种类	单位	产生量	综合利用量	综合利用率（%）
尾矿	亿吨	9.6	2.7	28.5
煤矸石	亿吨	3.9	2.6	65.5
粉煤灰	亿吨	4.4	3.8	86.4
冶炼废渣	亿吨	3.4	3.1	91.5
炉渣	亿吨	3.2	2.8	88.2
脱硫石膏	亿吨	8678	7512.7	86.1

资料来源：《2016 年全国大中城市固体废物污染环境防治年报》。

2. 再生资源利用规模不断扩大，回收模式创新趋势明显

“十二五”以来，我国再生资源产业规模不断扩大，2015 年，我国主要再生资源回收利用量约为 2.46 亿吨，比上年增长 0.3%，产业规模约 1.3 万亿元。其中，报废汽车增幅最大，回收量同比增长 170.8%，回收价值同比增长 85%；报废船舶降幅最大，回收量下降 16.5%，回收价值下降 47.2%。

2016 年，工业和信息化部积极探索再生资源产业发展新机制、新模式，实施国家资源再生利用重大示范工程，在废钢铁、废有色金属、废弃电器电子产品、废旧轮胎、废塑料、建筑废弃物、报废汽车、废纺织品、废矿物油等 9 个领域共计开展 85 个示范工程项目，提高再生资源行业整体水平。

从 2015 年开始，我国再生资源回收利用领域开始涌现 PPP 模式，再生资源回收行业向信息化、自动化、智能化方向发展，不少互联网企业积极搭建在线交易平台，促使再生资源交易市场由线下向线上线下结合转型升级，减少了回收环节，降低了回收成本。

表 7－16　我国 2015 年主要再生资源类别回收情况

（报废船舶回收量单位：万轻吨，其余类别回收量单位：万吨，回收值单位：亿元）

种类	回收量（万吨）	同比增长（%）	回收值（亿元）	同比增长（%）
废钢铁	14380	－5.6	1984.4	－36.5
废有色金属	876	9.8	1395.6	5.4
废塑料	1800	－10	810	－26.4
废纸	4832	9.3	642.7	4.3

续表

种类	回收量（万吨）	同比增长（%）	回收值（亿元）	同比增长（%）
废轮胎	500.6	16.3	65.1	-5.4
废弃电器电子产品	348	11	78.3	-0.1
报废船舶	91	-16.5	11.5	-47.2
报废汽车	871.9	170.8	122.1	85
废玻璃	850	-0.6	21.3	-17.1
废电池（铅酸除外）	10	5.3	18.5	-6.6
合计	24550.4	0.3	5149.4	-20.1

资料来源：商务部《中国再生资源回收行业发展报告（2016）》。

3. 再制造工作稳步推进，关键技术取得突破进展

2016年，发布《再制造产品目录（第六批）》，积极开展再制造产品认定工作，开展机电产品再制造第一批试点单位验收和公布第二批试点单位名单。积极推进内燃机等重点产品再制造，召开技术交流会，讨论技术发展、管理理念、营销模式、旧件回收体系等重要议题。11月，我国首台国产主轴承的再制造盾构机成功下线，突破了主轴承自主研制瓶颈。

第二节　2016年我国工业节能减排重点政策解析

一、工业绿色发展规划（2016—2020年）

（一）发布背景

为贯彻落实绿色发展新理念，加快实施《中国制造2025》，促进工业绿色发展，工业和信息化部制定《工业绿色发展规划（2016—2020年）》（以下简称《规划》），对“十三五”时期工业绿色发展的目标原则、主要任务及保障措施作出明确部署。《规划》主要包括面临的形势、总体要求、主要任务和保障措施等四个部分。其中十大主要任务包括大力推进能效提升、大幅减少

污染排放、加强资源综合利用、削减温室气体排放、提升科技支撑能力、加快构建绿色制造体系、推进工业绿色协调发展、实施绿色制造＋互联网、提高绿色发展基础能力、促进工业绿色开放发展。

（二）政策要点

1. 大力推进能效提升，加快实现节约发展

“大力推进能效提升，加快实现节约发展”是《工业绿色发展规划（2016—2020年）》十大重点任务之首。包括以供给侧结构性改革为导向推进结构节能、以先进适用技术装备应用为手段强化技术节能、以能源管理体系建设为核心提升管理节能、加强工业节水、推广节材技术工艺等五方面。

“十三五”时期，我国工业将以系统节能改造为突破口，促进工业节能从局部、单体节能向全流程、系统性优化转变，实现工业能源利用效率大幅提升。在继续推进单体节能的同时，更加注重设备、企业、园区的多层级系统节能，在抓好重点行业节能的同时，面向工业全行业全面推进工业节能，在继续重视大企业能效提升的同时，着力推动中小企业节能。

2. 扎实推进清洁生产，大幅减少污染排放

“十三五”时期我国工业清洁生产推行的主要思路是：按照全生命周期污染防治理念，围绕国家“十三五”污染物减排要求，以提升工业清洁生产水平为目标，针对产品生命周期的各个环节创新清洁生产推行方式，从关注常规污染物减排向特征污染物减排转变，深入开展绿色设计、有毒有害原料替代、生产过程清洁化改造和绿色产品推广，创新清洁生产管理和市场化推进机制，强化激励约束作用，突出企业主体责任，实现减污增效，绿色发展。

3. 加强资源综合利用，持续推动循环发展

深入推进资源综合利用，将有力地促进经济发展从低成本要素投入、高生态环境代价的粗放模式向创新发展和绿色发展双轮驱动模式转变，能源资源利用从低效率、高排放向高效、绿色、安全转型。“十三五”时期经济建设和生态文明建设要协调推进，资源综合利用在其中发挥着必不可少的重要作用，要加大工业资源综合利用力度，持续推动循环经济发展。

“十三五”时期应加大工业资源综合利用力度，推进资源综合利用向高值化、规模化、集约化方向发展，建立技术先进、清洁安全、吸纳就业能力强的

现代化工业资源综合利用产业新模式，促进工业领域资源综合利用与信息产业、工业服务业、城镇化建设和社会管理服务深度融合，持续推动循环经济发展。

4. 削减温室气体排放，积极促进低碳转型

随着我国工业发展进入新常态，我国产业结构发生了重大变化，钢铁、水泥等产业出现明显的产能过剩，部分行业的碳排放量接近峰值。控制部分行业的碳排放量，有助于推动我国工业低碳转型发展。“十三五”规划中明确提出，应有效控制电力、钢铁、建材、化工等重点行业碳排放，推进工业等重点领域低碳发展。《规划》中提出，2020 年单位工业增加值二氧化碳排放要比 2015 年下降 22%，绿色低碳能源占工业能源消费量比重达到 15%。这些要求必将推动工业低碳转型发展，对未来工业发展产生重要而深远的影响。工业是碳减排的重点领域，为实现 2020 年碳减排目标任务艰巨，必须在加大工业节能力度的同时多举措并行。

5. 加强工业节水，提高用水效率

深化工业节水工作是推动我国水资源可持续利用，缓解水资源环境压力的重要战略举措。《规划》深入贯彻落实《关于实行最严格水资源管理制度的意见》《水污染防治行动计划》和《中国制造 2025》等国务院文件精神，明确了“十三五”时期工业节水三大重点方向：一是强化高耗水行业节水管理和技术改造；二是推进水资源循环利用和废水处理回用；三是加快中水、再生水、海水等非常规水资源的开发利用。

6. 加快构建绿色制造体系，发展壮大绿色制造产业

《规划》提出“围绕绿色产品、绿色工厂、绿色园区和绿色供应链构建绿色制造标准体系”，同时注重平台建设、国际合作和政策工具创新。

（三）重点内容解析

1. 大力推进能效提升，加快实现节约发展

（1）结构节能

推进工业节能，优化工业结构是根本，优化能源消费结构是关键。“十三五”时期，工业内部结构优化将是实现工业节能目标的主要途径。结构优化包括能源消费结构优化、产品结构优化和产业结构优化，“十三五”时期我国工业将围绕上述领域推动结构节能。首先，推进产业结构优化，一方面提高

高耗能行业准入门槛，积极淘汰落后和化解过剩产能，严控新增产能，另一方面，加快能耗低、污染少、高附加值、高技术含量的绿色产业发展。其次，推进产品结构优化，积极开发高附加值、低能源消耗、低排放的产品。最后，降低传统能源使用和提高煤炭清洁高效利用水平以达到优化能源消费结构。

（2）技术节能

技术进步是提升工业能效的不竭动力，是实现工业节能目标的重中之重。“十三五”时期，要通过系统性、综合性的节能技术改造，鼓励应用先进适用技术装备，持续激发工业节能潜力。首先，继续推动钢铁、建材、有色金属、化工、纺织、造纸等高耗能行业节能技术改造。其次，大力提升工业锅炉、窑炉、电机系统、配电变压器等高耗能通用设备能效水平。再次，鼓励先进节能技术的集成优化运用，加强能源梯级利用。最后，推动余热余压高效回收利用，推进钢铁、化工行业低品位余热向城市居民供热，促进产城融合。

（3）管理节能

管理节能是企业节能工作中的薄弱环节。“十三五”时期，要以能源管理体系建设为主线，坚持标准宣贯和制度建设双管齐下，构建工业节能管理长效机制。第一，围绕重点企业提升能源管理水平，推动重点企业能源管理体系建设。第二，通过施行“能效领跑者”制度，开展能效对标达标工作，带动重点行业提高整体能效。第三，搭建公共服务平台，组织开展节能服务公司进企业活动，帮助中小工业企业提升节能管理能力，提高中小企业能源管理意识。第四，以强制性能耗、能效标准贯标及落后用能设备淘汰等为重点，依法实施能耗专项监察和工作督查。第五，持续完善健全工业节能监察体系和工作机制，提升节能监察人员业务水平，有效服务于工业节能与绿色发展。

2. 扎实推进清洁生产，大幅减少污染排放

清洁生产是从源头提高资源利用效率、减少或避免污染物产生的有效措施。当前，我国工业污染物减排仍面临巨大压力，清洁生产技术水平仍有很大提升空间。“十三五”时期我国工业清洁生产推行的主要思路是：按照全生命周期污染防治理念，围绕国家“十三五”污染物减排要求，以提升工业清洁生产水平为目标，针对产品生命周期的各个环节创新清洁生产推行方式，从关注常规污染物减排向特征污染物减排转变，深入开展绿色设计、有毒有害原料替代、生产过程清洁化改造和绿色产品推广，创新清洁生产管理和市场化推进机制，

强化激励约束作用，突出企业主体责任，实现减污增效，绿色发展。

“十三五”时期工业清洁生产的主要目标是：到2020年，重点区域、重点流域清洁生产水平大幅提升，重点行业主要污染物排放强度累计下降20%；针对具体污染物，通过实施传统产业清洁化改造工程，实现全国削减烟粉尘100万吨/年、二氧化硫50万吨/年、氮氧化物180万吨/年，削减废水4亿吨/年、化学需氧量50万吨/年、氨氮5万吨/年，削减汞使用量280吨/年，减排总铬15吨/年、总铅15吨/年、砷10吨/年；到2020年，创建百家绿色设计示范企业，百家绿色设计中心，力争开发推广万种绿色产品。

针对产品生命周期的关键环节，“十三五”工业清洁生产设置了五项重点任务：

（1）减少有毒有害原料使用

鼓励企业在生产过程中使用无毒无害或低毒低害原料，从源头减少污染物的产生，积极推进有毒有害物质替代品，适时修订国家鼓励的有毒有害原料替代目录，推广使用评估目录中的各种绿色原料。认真贯彻落实八部委《电器电子产品有害物质限制使用管理办法》以及《汽车产品有害物质和可回收利用率管理要求》，推进重点产品中有毒有害物质的限制使用。

（2）推进清洁生产技术改造

结合“大气十条”“水十条”“土十条”的贯彻落实，针对二氧化硫、氮氧化物、化学需氧量、氨氮、烟（粉）尘等常规污染物，积极引导重点行业企业实施清洁生产技术改造。针对重金属、持久性有机污染物、挥发性有机物等非常规污染物，继续实施高风险污染物削减行动计划，强化汞、铅、高毒农药等减量替代，逐步扩大实施范围，降低环境风险；推进工业领域土壤污染源头防治，推广先进适用的土壤修复技术装备和产品。

（3）开展绿色产品开发和推广

引导企业开发绿色产品，推行生态设计，着力提高产品节能环保低碳水平，带动绿色生产和绿色消费。充分发挥市场机制作用，积极推进绿色产品第三方评价和认证，发布工业绿色产品目录，引导绿色生产，促进绿色消费。壮大绿色企业，支持企业实施绿色战略、绿色标准、绿色管理和绿色生产。建立各方协作机制，开展典型产品评价试点，建立有效的监管机制。进一步转变职能，创新行业管理方式，推行企业社会责任报告制度，开展绿色评价。

增加绿色服务供给能力，倡导绿色消费，弘扬绿色文化。

（4）推广绿色基础制造工艺

选择一批铸、锻、焊、热处理等行业的龙头企业实施“绿色基础制造工艺技术与装备应用示范”，针对基础工艺关键工序开展生产工艺绿色化改造，重点推广绿色、先进的铸造、锻压、焊接、切削、热处理、表面处理等基础制造工艺技术与装备。建立绿色化数字化车间/工厂，建立数字化、柔性化、绿色、高效的铸造车间，以锻压设备为中心构建数字化冲压车间，建设数字化焊接车间、数字化热处理车间、高效绿色切削加工中心。

（5）创新清洁生产管理和服务

推进清洁生产管理服务的载体创新，利用互联网、大数据等信息化手段，构建“互联网＋”清洁生产信息化服务平台。推进清洁生产管理服务的模式创新，对于大型企业，继续发挥其清洁生产引领示范作用；对于行业、工业园区和集聚区，探索开展清洁生产整体推行模式；对于中小企业，加大政策支持力度，尝试清洁生产义务诊断等创新服务模式。鼓励清洁生产中心、行业协会、咨询机构等创新服务模式，加快向市场化方向转变，不断提升服务机构的服务能力。

3. 加强资源综合利用，持续推动循环发展

（1）继续推进工业固体废物综合利用

开展工业固体废物综合利用基地建设评估验收，支持创建资源综合利用示范基地，支持尾矿、粉煤灰等大宗工业固废资源综合利用重大示范工程。开展水泥窑协同处置生活垃圾试点，制定行业规范条件。“十三五”要在总结“十二五”期间第一批工业固体废物综合利用基地建设试点经验的基础上，围绕大宗工业固废及主要再生资源，选择产业集聚和示范效应明显的地区，扩大基地建设试点范围，依托基地建设，实施一批示范性强、辐射力大的重点项目，打造完整的工业固体废物综合利用产业链。

（2）加快推动再生资源高效利用及产业规范发展

以废钢铁、废有色金属、废纸、废橡胶、废塑料、废油、废旧电器电子产品、报废汽车、废旧纺织品、废旧动力电池、建筑废弃物等主要再生资源为重点，加强行业规范管理，定期发布符合行业规范条件的企业名单，开展试点推动落实生产者责任延伸制度。

(3) 积极发展再制造

在传统机电产品、高端装备、在役装备等重点领域，打造若干再制造产业示范区。加强再制造关键共性技术工艺的研发与推广。引导再制造企业建立覆盖再制造全流程的产品信息化管理平台，促进再制造规范健康发展。推进产品认定，鼓励再制造产品推广应用。

(4) 全面推行循环生产方式

在钢铁、有色、化工、建材等重点行业，按照物质流和关联度统筹布局，促进企业间、园区间、产业间耦合共生，减少原料使用和废物排放。利用现有水泥窑协同处置生活垃圾、污泥等固体废物，推进生产与生活系统循环联节，推动各类园区的循环化改造。

4. 削减温室气体排放，积极促进低碳转型

(1)“十三五”工业低碳转型发展坚持三点原则

1) 坚持创新驱动和标准引领

低碳技术、工艺、产品和设备的创新和推广应用，是推动工业低碳转型发展，降低工业碳排放水平的基本途径。工业领域低碳技术涉及广泛，包括太阳能等新能源、智能微电网、新能源汽车、二氧化碳捕集利用与封存等，推动这些低碳技术的创新和应用，不仅降低工业碳排放水平，而且有助于提升工业产品的竞争力。通过建立和完善低碳标准体系积极引领低碳产品、低碳技术和低碳产业的发展与壮大。

2) 坚持政策引导和市场推动

无论是我国2020年和2030年应对气候变化目标的实现，还是钢铁、水泥等重点行业碳排放水平的降低，都离不开相关政策的引导，离不开相关政策体系的建立和完善。另一方面，要发挥政策引导的作用，必须重视和发挥市场机制的决定性作用，尤其对于工业低碳转型发展，更是需要通过建立碳排放权交易市场，通过完善的碳排放权初始分配和企业自愿减排行动，增强企业降低碳排放的激励，降低工业低碳转型发展的成本。

3) 坚持全面推进和重点突破

由于我国工业化和城镇化进程在不同区域发展的不平衡，以及工业内部不同行业碳排放水平的不平衡，工业低碳转型发展不宜采用“一刀切”模式，只有结合不同地区和不同行业的碳排放特征，坚持全面推进和重点突破相结

合的模式，优先在一些发展水平较高和条件较好的区域，以及一些温室气体排放比较突出的行业先行开展碳排放控制，率先实现低碳转型发展，最终实现工业整体的低碳转型发展。

(2)“十三五”工业低碳转型发展的三大举措

1）推进重点行业低碳转型

推进重点行业率先进行低碳转型，符合我国行业发展不平衡的现实，有利于实现工业低碳转型发展的重点突破。进入新常态之后，我国产业结构正在发生重大变化，第三产业比重开始超过第二产业，同时，钢铁、水泥等部分产业出现明显产能过剩，部分行业碳排放正在接近或达到峰值，适时控制重点行业碳排放水平，有助于推动我国工业更快实现低碳转型发展。

2）控制工业过程温室气体排放

由于我国工业规模基数大，其碳排放总量也比较大。控制工业过程温室气体排放可减少强温室效应的温室气体的总排放。这主要包括三个方面：一是在水泥、钢铁、石灰、电石、己二酸、硝酸、化肥、制冷剂等重点行业，控制生产过程中产生的二氧化碳、氧化亚氮、氢氟碳化物等温室气体；二是以低温室气体排放的原料替代高温室气体排放的原料；三是开展产品替代，以低碳排放的新型水泥、新型钢铁材料替代高碳排放的传统水泥、传统钢材等。

3）开展工业低碳发展试点示范

规划提出要加大低碳工业园区建设力度，继续开展园区试点示范。在建材、化工等行业推进碳捕集、利用与封存示范工程，促进二氧化碳资源化利用。2014 年以来，国家先后批复 51 家园区的国家低碳工业园区试点实施方案。而碳捕集、利用与封存工作同样需要开展试点示范，从技术上看，钢铁、水泥、化工等行业都可以推动碳捕集、利用与封存工作，但不同行业二氧化碳气体成分浓度、行业规模、成本等不同，究竟哪个行业或哪个环节更适合，通过先行试点示范验证和探索，可以更加因地制宜地把工作向前推进。

5. 加强工业节水，提高用水效率

水资源短缺、水污染严重、水生态恶化等问题严重制约着工业绿色可持续发展。《规划》中提出加强工业节水管理，提升工业用水效率一系列举措，明确了“十三五”时期工业节水工作的方向和任务，对促进水资源可持续利用和工业绿色发展具有重要意义。

(1)“十三五”工业节水重点方向

1）高耗水行业节水管理和技术改造是“十三五”工业节水的重中之重

钢铁、化工、造纸、印染等高耗水行业是工业节水工作的主战场，《规划》提出围绕这些重点行业强化节水管理，实施节水技术改造。首先，加强工业用水源头监管，严格落实重点行业新建企业（项目）节水设施与主体工程同时设计、同时施工、同时投运“三同时”制度，加强缺水地区重点行业用水效率评估审查，从源头提升用水效率。其次，推动重点行业企业定期开展节水测试，编制用水评估报告，建立供水计量体系和用水在线监测系统。继续编制并发布国家鼓励的工业节水工艺、技术和装备目录，引导企业推广应用先进适用的绿色节水技术装备。根据产业发展实际情况，制定并实施分年度的高耗水产能淘汰方案，加快淘汰落后高用水工艺、设备和产品。

2）推进水资源循环利用和废水处理回用

《规划》强调统筹工业节水与污染防治，落实节水即减污的理念，利用水资源循环利用、废水处理后回收利用等手段，强化过程循环和末端回用，推动工业节水减污协同治理。鼓励企业使用先进的水处理技术工艺装备，大力提高水循环利用率，降低单位产品取水量。加强工业废水深度处理，废水水质达到需求标准后进行充分回用，减少生产过程和水循环系统的废水排放量。加快培育节水和废水处理回用专业技术服务体系，鼓励专业节水服务公司联合设备供应商、融资方和用水企业，实施水资源循环利用和废水处理回用项目。在造纸、钢铁等高耗水、重污染行业，逐步推广特许经营、委托营运等专业化模式，提高企业节水管理能力和废水资源化利用率。鼓励各级工业园区采取统一供水、废水集中治理模式，实施专业化运营，实现水资源梯级优化利用和废水集中处理回用。

3）加快非常规水资源开发利用

非常规水资源可以在一定程度上替代常规水资源，作为一种重要的补给水源，使有限的水资源发挥出更大的效用。我国非常规水资源开发潜力巨大，《规划》强调深入挖掘非常规水资源开发利用潜力，推进海水、矿井水、雨水、再生水、微咸水等非常规水资源的开发利用。各地区可以结合辖区非常规水资源实际情况，推动特色优势非常规水资源的开发利用，推动工业用水多元化。沿海缺水地区重点推进海水利用，资源型城市积极推进矿区开展矿井水的开发利用，各地可结合海绵城市建设，推动雨水蓄积用于工业生产。

（2）主要措施

加强工业节水，提高用水效率，是推动工业绿色发展不可或缺的重要环节，要求我们在准确把握三大重点方向的基础上，找准着力点和突破口，采取切实有力的措施，落实《规划》提出的工业节水目标。

1）实施工业企业水效领跑者引领行动

工业企业水效领跑者是指同类可比范围内用水效率处于领先水平的企业。综合考虑企业的取水量、节水潜力、技术发展趋势以及用水统计、计量、标准等情况，从钢铁、火电、纺织印染、造纸、石化、化工等高耗水行业中，挑选技术水平先进、用水效率领先的标杆企业实施水效领跑者引领行动。实施用水企业水效领跑者引领行动将推动工业企业不断改进技术、加强管理，实现从“要我节水”到“我要节水”的观念转变，预计可以使重点用水行业用水量降低 8 个百分点以上，实现年节约用水 10 亿立方米以上，并大幅度减少工业废水排放。

2）切实加强重点行业取水定额管理

严格执行取水定额国家标准，强化高耗水行业企业生产过程和工序用水管理，加大已发布取水定额国家标准实施监察力度，对不符合标准要求的企业，限期整改。加快完善取水定额标准体系建设，结合行业发展情况对已发布的取水定额国家标准进行及时修订。工业企业特别是高耗水企业要根据行业取水定额要求，制定节水计划和目标，深入挖掘节水潜力。

3）加快培育壮大工业节水产业

工业节水产业的主要目标是提高用水效率、防治水污染、节约水资源，包括节水工艺设计、技术开发、装备制造、产品推广、咨询服务、工程承包和委托运营等一系列活动。

6. 加快构建绿色制造体系，发展壮大绿色制造产业

绿色金融是《规划》发展绿色工业的重要抓手。实际上，无论是绿色工业技术研发应用，还是绿色新兴产业发展，都需要大规模绿色投资，这无疑对创新金融服务提出了更高要求。《规划》实施过程中可吸收发达国家的先进经验，工信、银监、保监等部门形成联动，引导国内外各类金融机构参与绿色制造体系建设，鼓励金融机构为企业量身定制绿色信贷、绿色保险、绿色

债券等绿色金融产品。同时，探索利用风险资金、私募基金等新型融资手段，逐步建立适合绿色发展的风险投资市场，借力金融工具和资本市场为工业绿色发展“插上翅膀”。助推工业企业加快绿色转型的同时，带动国内绿色金融市场不断发展壮大。

工业绿色发展不是单个企业的孤立行为，而是渗透到产品生命周期的各个阶段。因此，工业绿色发展必须全产业链发力，支撑绿色发展的服务平台和政策体系建设要具有前瞻性和系统性，从绿色创新的前端到后端、从绿色创新到绿色产业、从标准体系到评价机制、从政策法规到投融资工具、从加强国际合作到引导公众舆论，覆盖工业绿色发展体系的方方面面。

二、绿色制造工程实施指南（2016—2020）

2016年9月份，工业和信息化部、发改委、财政部、科技部联合印发了《绿色制造工程实施指南（2016—2020年）》，绿色制造工程实施指南是贯彻落实《中国制造2025》战略的重要抓手，对建立我国绿色制造体系具有重要意义。

（一）发布背景

绿色发展是国际大趋势。当前随着工业化和城市化进程在全球快速发展，资源与环境问题日益成为人类面临的共同挑战，追求可持续发展已经成为势在必行的发展共识，这一共识推动全球形成绿色发展的大潮流。尤其随着应对气候变化工作日益紧迫，实现绿色增长和实施绿色新政正在成为全球治理体系中的重要内容，在这种背景下，全球主要国家都把发展绿色经济，作为抢占未来国家竞争主动权的国家战略。另一方面，以新一代信息技术、新能源技术引领的科技革命正在进行，这促使了全球的制造业产生大变革，自2008年国际金融危机以来，国际制造业版图正在发生巨大变化，发达国家开始不断加强制造业人才优势，并着力降低制造成本，同时发展中国家都在努力增强本国的供应商网络优势，中国作为制造业大国，正面临发达国家和发展中国家的前后夹击。

绿色制造是生态文明建设的重要内容。工业为社会创造了巨大财富，提高了人民的物质生活水平，但同时也消耗了大量资源，给生态环境带来了巨大压力，影响了人民生活质量的进一步提高。自改革开放以来，我国工业得到快速发展，形成了比较完备的制造体系，成为全球第一制造大国，在这一过程中由于历史和技术的限制，产生了比较突出的资源问题、环境问题和生态问题。我国把节约资源和保护环境作为基本国策，工业发展一直高度重视资源节约和生态环境保护工作。党的十八大报告更是首次单篇论述了生态文明建设，《中共中央国务院关于加快推进生态文明建设的意见》的发布，首次以党中央、国务院名义对生态文明建设进行专题部署，强调加快生态文明建设，实施绿色发展。绿色制造工程是我国制造业实现绿色发展的关键举措，是生态文明建设的重要内容。

绿色制造是工业转型升级的必由之路。我国制造业经过 30 多年的快速发展，虽然已经成为制造大国，但我国尚未摆脱高投入、高消耗、高排放的发展方式，绿色发展水平与国际先进国家相比，仍存在较大差距。例如我国工业排放的二氧化硫、氮氧化物和粉尘分别占全国排放总量的 90%、70% 和 85%，大大超过发达国家的水平。随着我国人均收入水平提高，人们对生活质量的需求增强，在这样的情况下，作为生活质量重要内容的环境质量，成为人们迫切的需求。我国长期粗放式发展造成的环境污染问题，如雾霾，开始大范围持续性频发，已经严重影响全国多数地区的日常生活，迫切需要加快绿色发展，以改变高投入、高消耗、高排放的传统发展模式，开展绿色制造，提升制造业的国际竞争力。针对这一情况，我国政府审时度势，相继提出加强生态文明建设，推动绿色发展的重大战略。在工业领域，2015 年我国发布《中国制造 2025》，其中明确提出要推进制造业绿色发展，绿色制造工程实施是对“中国制造 2025”战略的贯彻落实。

（二）政策要点

实施指南重点围绕“传统制造业绿色化改造示范推广”“资源循环利用绿色发展示范应用”“绿色制造技术创新及产业化示范应用”“绿色制造体系构建试点”四个方面提出具体工作部署，其中传统制造业绿色化改造示范推广要实施生产过程清洁化改造、能源利用高效低碳化改造、水资源利用高效化改造、基础制造工艺绿色化改造。资源循环利用绿色发展示范应用要强化工业资源综合利用、推进产业绿色协同衔接、培育再制造产业。绿色制造技术创新及产业化示范应用，要突破节能关键技术装备，开发资源综合利用适用技术装备。绿色制造体系构建试点，要以企业为主体，以标准为引领，以绿色产品、绿色工厂、绿色工业园区、绿色供应链为重点，以绿色制造服务平台为支撑，推行绿色管理和认证，加强示范引导，全面推进绿色制造体系建设。

（三）政策解析

1. 实施绿色制造工程的重要意义

实施绿色制造工程具有重要意义：首先，实施绿色制造工程是加强生态文明建设，推动绿色发展，落实“中国制造 2025”战略的重要举措。《中国制造 2025》提出全面推动工业绿色发展等基本方针和主要任务，实施绿色制造工程是对这一方针和任务的落实，也是推动工业绿色发展的重要内容，是制造业实现生态文明的关键。其次，实施绿色制造工程是提升我国制造业竞争力的重要举措。改革开放以来，我国制造业取得了举世瞩目的成就，已成为世界第一制造大国，但这种成绩取得的同时，高投入、高消耗、高污染的发展模式，经过长期的发展，也对我国的资源、环境、生态造成了显著的影响，制造业的这种发展模式是不可持续的，实施绿色制造工程，是对这种落实发展模式的变革，有助于提升我国制造业的未来竞争力。最后，实施绿色制造工程是改善人们生活质量的重要举措，我国能源的 70% 由工业消耗，同时工业也造成了大量环境污染，资源环境承载能力已近极限，实施绿色制造工程，降低能源和资源消耗，降低污染物排放，是从根本上改善环境和生活质量的重要途径。

2. 实施绿色制造工程重点内容解析

（1）传统制造业绿色化改造示范推广

传统制造业绿色化改造示范推广主要围绕生产过程的清洁化改造、能源利用的高效低碳化改造、水资源利用的高效化改造、基础制造工艺的绿色化改造四个方面进行。传统制造业绿色化改造示范推广主要围绕生产过程清洁化改造、能源利用高效低碳化改造、水资源利用高效化改造、基础制造工艺绿色化改造四个方面进行。生产过程进行清洁化改造，将通过对重点区域、流域、行业实施清洁生产技术改造，实施水污染防治重点行业清洁生产技术推行方案，建设一批清洁化改造示范项目，削减生产过程中的二氧化硫、氮氧化物和烟粉尘等污染物排放。同时还要加强工业有毒有害污染控制，开展重点工业行业挥发性有机物（VOCs）削减专项行动，支持一批汞、铅、高毒农药等高风险污染物削减项目。能源利用高效低碳化改造，重点通过建设完善企业能源管控中心，在钢铁、有色、铁合金、石化、化工、水泥、造纸等行业重点推广原料优化、能源梯级利用、可循环、流程再造等系统优化工艺技术。在工业企业和园区推广可再生能源，鼓励建设分布式能源和微电网，并通过重点实施高耗能设备系统节能改造，余热余压高效回收等措施，使到2020年锅炉、电机、内燃机系统平均运行效率提高5个百分点，高效配电变压器在网运行比例提高20%，中低品位余热余压利用率达到80%。水资源利用高效化改造重点围绕化工、钢铁、造纸、印染、食品药品等高耗水行业，推广一批先进适用工业节水技术，并大力推进工业企业水效对标达标活动，积极开展节水技术改造，加快推广应用非常规水资源。到2020年，实现年节水量20亿立方米以上。基础制造工艺绿色化改造，主要通过铸锻焊切削制造工艺改造专项和热处理清洁化专项，减少铸造、锻压、焊接、表面处理、切削等基础加工工艺的能源、水、原料、材料等使用和污染物的排放，推动传统基础制造工艺绿色化、智能化发展，建设一批基础制造工艺绿色化示范工程。到2020年，传统机械制造节能15%以上，节约原辅材料20%以上，减少废弃物排放20%以上。

（2）资源循环利用绿色发展示范应用

资源循环利用是通过物质闭路循环和能量梯次使用实现资源的减量化、再利用、资源化，是实现节能减排、绿色制造的有效途径。资源循环利用绿色发展示范应用主要包括三方面内容：一是强化工业资源综合利用，包括加强冶金渣、冶炼尘泥、尾矿、化工废渣、煤电固废等难利用固废的高值化利用，加强废有色金属、废弃电子产品、废旧轮胎等不同再生资源的回收利用，开展水泥窑协同处置试点示范等。二是推进产业绿色协同衔接，包括在不同工业行业，工业同农业和生活等不同领域中构建生态衔接，在京津冀、长江经济带等重点区域探索资源综合利用产业区域协同发展新模式，促进区域间的协同发展。三是培育再制造产业，实施高端再制造、智能再制造和在役再制造，到2020年，再制造技术工艺达到国际先进水平，再制造产业规模达到2000亿元。

（3）绿色制造技术创新及产业化示范应用

绿色制造技术创新及产业化示范应用主要包括三方面内容：一是突破节

能关键技术装备，在节煤、节电、余能回收利用、高效储能、智能控制等领域加大研发和示范力度，培育一批有核心竞争力的骨干企业，突破40项具有自主知识产权的重大节能技术装备。力争到2020年，节能产业产值达到1.7万亿元。二是提升重大环保技术装备，包括组织实施先进环保技术装备应用示范工程，引导环保技术装备产业升级，制定实施（大气治理行业）环保装备制造行业规范条件，发布一批规范企业名单，规范行业发展；发布一批落后环保技术装备负面清单，提高企业进入环保技术装备行业的门槛。三是开发资源综合利用适用技术装备，包括开发一批关键核心技术和适合推广及产业化的成套装备，依托骨干企业、重点高校、科研院所等机构，培育一批资源综合利用产业创新中心。

（4）绿色制造体系构建试点

一是建立健全绿色标准。建立相应的标准体系作为绿色制造发展的基础，发布《绿色制造标准体系建设指南》，推进对绿色制造标准的引导和管理，强化标准宣贯和应用服务，开展标准实施效果评估。二是开发绿色产品，绿色产品是绿色制造能力水平的集中体现，反映了产品在全生命周期内的绿色水平，在初步建立的工业产品绿色设计推进机制和绿色产品评价标准体系基础上，加快绿色产品标准制定，强化标准实施，深入推进绿色设计示范企业创建试点工作。计划到2020年，开发10000家绿色产品。三是创建绿色工厂。工厂是整个制造业的物质载体，制造业对能源的消耗和污染物的排放，也主要发生在工厂这个环节，通过制定绿色工厂创建指南和通则，选择一批基础好的企业率先开展试点，再择优选取示范企业树立标杆，带动更多企业创建绿色工厂，到2020年，创建1000家绿色示范工厂。四是创建绿色园区，我国目前全国各类规模的工业园区约有6800多家，园区制造业产值占制造业总产值的绝大部分，以园区为抓手，能够有效提高绿色制造的效率。绿色园区建设重点要在园区规划、空间布局、产业链设计、能源资源利用、基础设施等方面贯彻资源节约和环境友好理念，到2020年创建100家绿色示范园区。五是打造绿色供应链。以汽车、电子电器、通信、大型成套设备等行业龙头企业为重点开展绿色供应链管理试点示范，逐步推动生产者责任延伸制度的实质性应用。六是建设绿色制造服务平台。通过建立基础数据库、评价机制、专利池、创新中心、产业联盟等，促进绿色制造相关资源的有效配置和整合，发挥政府引导作用，调动服务机构、制造企业等多方积极参与，共同建设绿色制造公共服务平台。

3. 实施绿色制造工程的政策措施

实施指南提出了六个方面的保障措施：一是加强组织领导，包括在国家层面明确部委协调合作，在专家层面加强评估，在地方政府层面加强组织落实，共同推动工程实施。二是加大财税支持，提出进一步加大财政资金支持力度，充分利用现有资金渠道，各级工业转型升级、技术改造、节能减排、科技计划（专项、基金）等资金渠道，以及政府和社会资本合作（PPP）模式和落实资源综合利用税收优惠政策、节能节水环保专用设备所得税优惠政策等支持工程实施。三是提出拓宽融资渠道，进一步发展绿色信贷、绿色债券市场，推动绿色信贷资产证券化，引导和鼓励社会资本按市场化原则设立和运营绿色产业基金，支持绿色企业上市融资，充分利用专项建设基金、融资租赁、股权投资基金、新三板挂牌融资等金融手段，支持工程实施。四是强化监督管理，要求从政府监管、市场激励、企业社会责任、社会舆论监督等多方面推动工程实施。五是加强与国外政府、企业、科研机构、国际组织在绿色制造方面的交流与合作，落实“一带一路”倡议，鼓励绿色制造技术、装备和服务“走出去”。六是传播绿色理念。通过教育培训、媒体、绿色公益组织、行业协会、产业联盟等机构的作用，加强舆论宣传，增强绿色理念，倡导绿色消费，为工程实施创造良好社会氛围。

第三节　2017 年我国工业节能减排面临的形势

一、面临的机遇

（一）综合性工作方案全面部署有效促进节能减排

2016 年国务院发布了《“十三五”节能减排综合工作方案》，明确了“十三五”节能减排工作的主要目标和重点任务，对全国节能减排工作进行全面部署，是“十三五”期间推动我国节能减排工作的纲领性文件。“十三五”时期我国实行能源消费总量和强度“双控”，提出了主要行业和部门的节能指标，明确了各地区化学需氧量、氨氮、二氧化硫、氮氧化物和重点地区挥发性有机物排放总量控制计划。并提出了“十三五”时期优化产业和能源结构、加强重点领域节能、深化主要污染物减排、大力发展循环经济等十一方面的节能减排具体措施。从健全节能减排计量、统计、监测和预警体系，合理分解节能减排指标，加强目标责任评价考核三个方面落实节能减排目标责任。《“十三五”节能减排综合工作方案》是在总结“十二五”时期节能减排工作经验的基础上，根据我国所处的工业化、城镇化阶段以及经济进入新常态，产业结构不断优化的基本情况，结合各地区发展水平，从实际出发制定的，明确了牵头单位、参与单位，有效保障了各项工作的落实，对促进我国节能减排工作的开展具有重要作用。

（二）工业绿色发展促进系统节能减排

2016 年我国发布了第一个工业绿色发展综合性规划《工业绿色发展规划(2016—2020)》（以下简称《规划》），随着《规划》涉及工作的全面展开，逐步形成全面推进绿色发展的工作格局。《规划》是为贯彻落实国家“十三五”规划纲要和《中国制造 2025》而制定发布的，明确提出了“十三五”期间的工作目标，包括节能、低碳、节水、清洁生产、综合利用、绿色能源、产业结构优化、绿色制造产业发展等 9 大类指标；《规划》在继承“十二五”工业节能减排工作的基础上，提出了要加快构建包括绿色产品、绿色工厂、绿色园区、绿色供应链等要素在内的绿色制造体系，形成了更加系统、更加平衡、更加全面的任务体系；为配合《规划》的具体实施，工业和信息化部又相继发布了《绿色制造工程实施指南（2016—2020)》《关于开展绿色制造体系建设的通知》和《绿色制造标准体系建设指南》等政策文件，绿色制造体系建设将推进节能减排全面系统开展。

（三）控制温室气体排放促进低碳转型

党的十八届五中全会提出了创新、协调、绿色、开放、共享等五大发展理念，决不能再以牺牲生态环境为代价换取一时一地的经济增长。同时，随着我国低碳发展管理体系的不断完善，低碳工作将迈上新台阶。2016 年 1 月，国家发改委印发了《关于切实做好全国碳排放权交易市场启动重点工作的通知》，碳交易市场建设在试点基础上全面推进；《国务院关于印发“十三五”控制温室气体排放工作方案的通知》中提出，“十三五”期间我国单位工业增加值二氧化碳排放要下降22%，工业领域二氧化碳排放总量趋于稳定，同时积极控制工业过程温室气体排放，“十三五”期间累计减排二氧化碳当量11亿吨以上。工业是我国碳排放的主要领域，上述措施的推进将为工业低碳发展同时提供压力和动力。

二、面对的挑战

（一）工业绿色发展方式尚未形成

首先，传统制造业粗放发展模式导致工业能源资源消耗高。目前，我国工业增加值占GDP的比重约为40%左右，但工业能源消费量占全国能源消费总量的比重仍然高达70%左右。其次，高耗能高污染行业规模依然庞大导致污染排放总量居高不下。目前，工业领域二氧化硫、氮氧化物和烟粉尘等主要污染物的排放量占比仍然高达90%、70%和85%左右，工业领域的污染物排放主要来源于散烧煤和不清洁用煤，散烧煤和不清洁用煤是造成大气污染的主要因素之一。最后，基础制造工艺绿色化水平尚待提升。产品（零件）制造精度低，材料及能源消耗大。以铸造为例，目前我国铸件尺寸精度低于国际标准1—2个等级，废品率高出5%—10%，加工余量高1—3个等级，吨铸铁件能耗为0.55—0.7吨标准煤，约为国际先进水平的1.5倍。

（二）企业、行业和区域节能减排发展水平不均衡

首先，大企业和中小企业绿色发展水平不均衡。“十二五”以来的工业节能减排措施以大企业为重点，通过节能减排技术改造显著提升了大企业绿色发展水平，但中小企业工艺装备普遍落后，能耗、水耗、土地和矿产资源消耗相对较高，污染物排放量小面广。其次，不同行业绿色发展水平差异较大。“十二五”以来，国家重点抓高耗能、高污染行业节能减排，对新兴产业节能减排重视不足。例如电子工业炉窑能耗占电子信息制造业比重较高，但相对落后和能耗较高的窑炉设备仍在广泛使用。最后，区域间绿色发展水平差异较大，绿色发展理念认识存在差异。根据每年发布的《中国绿色发展指数报告》，北京、青海、海南、上海、浙江、内蒙古、福建、天津、江苏等地区绿

色发展水平较高，而宁夏、甘肃和河南等地区绿色发展水平较低。

（三）科技创新对节能减排支撑不足

主要体现在以下几个方面：一是传统工业节能减排绿色新工艺创新难度大，企业创新主体地位尚未形成。以企业为主体的绿色科技创新平台建设，受到企业规模、运作机制等因素的影响，存在人才队伍不稳定、基础共性技术研发不足等问题。二是新兴产业工业科技研发投入不足，原始创新能力比较薄弱。在能源高效低碳化利用、生产过程清洁化、资源循环利用等方面缺乏原创性技术。三是节能减排新技术推广应用尚需加强。绿色科技创新成果转化受到市场信息不对称、技术风险等方面的制约，科技成果转化率较低。四是工业绿色发展标准体系亟须完善。缺少适合于不同行业和地区的绿色发展标准，尚待完善强制性标准、优化推荐性标准、培育产业联盟标准，现有标准的国际化水平不高。

（四）高耗能行业产能过剩继续制约节能减排动力

自我国工业经济增长逐步进入新常态，部分高耗能行业产能过剩问题更加突出，企业效益下滑导致节能减排内生动力不足已成为长期问题。2016 年以来，尽管全国规模以上工业企业各月利润都保持增长，但高耗能行业企业节能减排内生动力仍然不足。分行业看，2016 年建材产品价格温和上升，但价格水平仍然较低，行业亏损面较大；钢铁、有色金属行业受产品价格回升及上年同期基数偏低影响，第二季度以来行业利润实现了增长，但由于钢铁和有色行业供给过剩和下游需求不足导致的供需矛盾尚未根本性缓解，产品价格进一步回升压力较大，企业融资难、成本高问题仍然突出，企业仍然无力承担节能环保技术改造带来的成本上升。

第四节　2017 年我国工业节能发展趋势展望

一、工业经济发展平稳运行，工业能耗和污染物排放有望继续下降

2016 年 1—12 月，全国规模以上工业增加值累计同比增长 6.0%，增速比

上年同期回落 0.1 个百分点，连续 7 个月保持单月增长 6% 以上的水平，稳定增长的态势十分明显。部分高载能行业生产开始恢复，粗钢、生铁、水泥和平板玻璃产量同比分别增长 1.2%、0.7%、2.5% 和 5.8%。受工业生产回暖影响，1—12 月，全国工业用电量 41383 亿千瓦时，同比增长 2.9%，增速比上年同期提高 3.5 个百分点，占全社会用电量的比重为 69.9%；全国规模以上工业单位增加值能耗下降 5.5% 左右，与上半年相比略有反弹，但基本可以保证年度目标任务的完成；截至 2016 年 12 月底，全国规模以上工业单位增加值能耗为 1.34 吨标准煤，比 2010 年的 1.92 吨标准煤下降 30.2%。

进入 2017 年，工业经济增长有望继续保持平稳运行态势，且稳中有进、稳中提质，工业能源消费总量保持低速增长，单位工业增加值能耗有望继续呈现下降态势。首先，一系列节能减排规划文件相继发布，“十三五”工业节能目标、任务和措施已基本明确。国家发改委牵头制定的《“十三五”节能减排综合性工作方案》，全面部署“十三五”时期节能减排各项重点工作；工业和信息化部发布的《工业绿色发展规划（2016—2020）》明确提出，“十三五”时期我国规模以上工业单位工业增加值能耗要下降 18% 的目标。其次，工业生产回暖带动工业能源消费需求缓慢回升（见图 7－1），但大幅反弹的情况不会出现。2016 年以来，大宗商品价格逐步上涨，部分高耗能产品，如有色金属、建材、钢铁等产品产量同比增速有所提高；但 2017 年，在国内外市场需求均不乐观的情况下，高耗能产品产量大幅反弹的可能性几乎不存在，工业能源消费总量不会快速增加，单位工业增加值能耗下降速度可能减缓，但仍处于下降区间。

进入 2017 年，在高污染行业增长有限和环保执法强化推进的情况下，主要污染物排放总量有望继续保持下降态势。首先，近期召开的国务院常务会议通过了《“十三五”生态环境保护规划》，要求大力实施大气、水、土壤污染防治行动计划，以提高环境质量为核心，对重点地区、流域、行业实行更加严格的排放总量控制。其次，工业源污染物排放占排放总量比重较高，二氧化硫、氮氧化物、烟粉尘（主要是 PM10）排放量分别占全国污染物排放总量的 90%、70% 和 85% 左右，工业是主要污染物减排的重点也是难点，随着总量减排措施的深入推进，工业领域主要污染物排放有望延续下降态势。

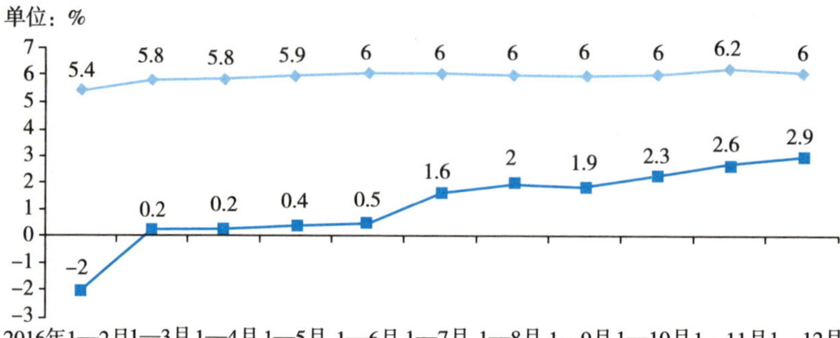

图7－1 2016年规模以上工业增加值增速和工业用电量增速

资料来源：国家统计局、中国电力企业联合会。

表7－17 2016年1—11月全国74个城市主要污染物排放情况

污染物种类	2015年1—11月平均浓度（μg/m³）	2016年1—11月平均浓度（μg/m³）	同比变化
PM2.5	52	46	－11.5%
PM10	89	81	－8.9%
NO2	34	31	－8.8%
SO2	28	27	－3.6%

资料来源：环境保护部环境监测总站。

二、四大高载能行业用电量比重保持下降，结构性节能减排继续推进

首先，四大高载能行业能耗占全社会能耗的比重有望在2017年稳中有降。2011年以来，化工、建材、钢铁和有色等四大高载能行业能源消费量占全社会的比重一直保持下降态势；2016年1—9月，四大行业用电量占全社会用电总量的比重为29.3%，比上年同期下降了约1个百分点。其次，工业经济结构有望继续改善。2016年以来，高技术产业、装备制造业的投资增速总体快于整体投资增速，“三去一降一补”扎实推进，供给结构在不断优化，供给质量在明显提高。最后，工业经济增长新动力正在形成。通过供给侧结构性改革，传统动力在不断改造升级的同时新动力也在加快孕育成长。10月份，高技术产业、装备制造业的增加值增速分别是10.5%、10.1%，比规模以上

工业增速分别高 4.4 和 4 个百分点。

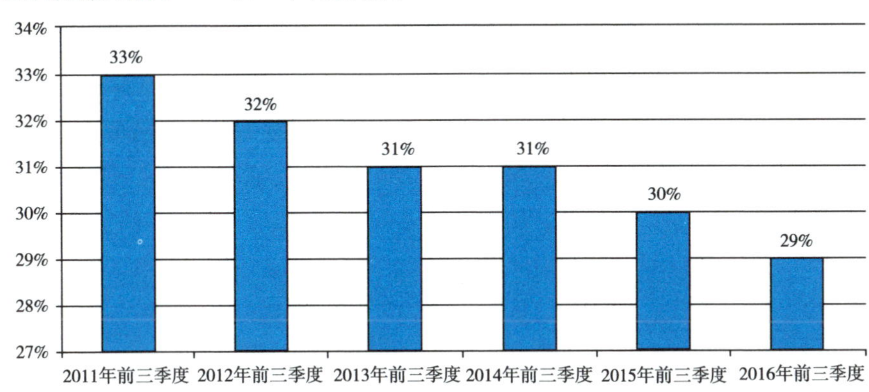

图 7－2　四大高载能行业能耗占全社会比重变化

资料来源：中国电力企业联合会。

三、重点区域绿色发展水平持续提升，能源消费走势地区分化显著

2017 年，京津冀、长三角、珠三角等重点区域绿色发展水平有望进一步提升。根据环保部发布的监测数据，2013 年以来，京津冀、长三角、珠三角等区域的 PM2.5 浓度均保持明显的下降态势，与 2013 年相比，三个区域 2016 年 1—9 月 PM2.5 浓度从 98μg/m^3、65μg/m^3、47μg/m^3 下降到 53μg/m^3、39μg/m^3、28μg/m^3，降幅为分别为 47%、40% 和 40%。随着《大气污染防治行动计划》

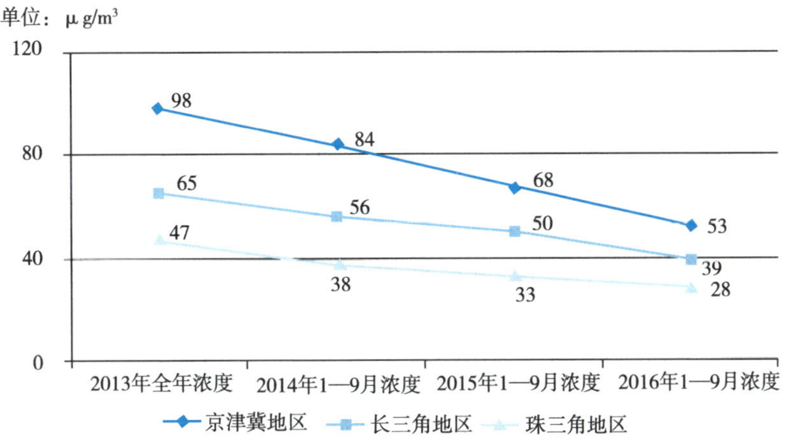

图 7－3　主要地区 PM2.5 浓度变化情况

资料来源：环境保护部。

《工业绿色发展规划（2016—2020）》的全面落实，我国重点区域绿色发展水平有望进一步提升。同时，我国各地区能源消费走势分化越来越明显。2016年1—10月，全社会用电量增速高于全国平均水平（4.8%）的省份有14个，主要包括西藏（19.9%）、新疆（11.9%）、安徽（9.5%）、陕西（9.5%）、江西（9.3%）、浙江（8.4%）等；全社会用电量负增长的省份有4个，其中甘肃省增速为-5.6%。

四、工业绿色发展综合规划全面实施，绿色制造体系建设系统推进

2017年，我国第一个工业绿色发展综合性规划《工业绿色发展规划（2016—2020）》（以下简称《规划》）的落实工作将全面展开，推动形成全面推进绿色发展的工作格局。《规划》是为贯彻落实国家“十三五”规划纲要和《中国制造2025》而制定发布的，明确提出了“十三五”期间的工作目标，包括节能、低碳、节水、清洁生产、综合利用、绿色能源、产业结构优化、绿色制造产业发展等9大类指标；《规划》在继承“十二五”工业节能减排工作的基础上，提出了要加快构建包括绿色产品、绿色工厂、绿色园区、绿色供应链等要素在内的绿色制造体系，形成了更加系统、更加平衡、更加全面的任务体系；为配合《规划》的具体实施，工信部又相继发布了《绿色制造工程实施指南（2016—2020）》《关于开展绿色制造体系建设的通知》和《绿色制造标准体系建设指南》等政策文件，绿色制造体系建设将在2017年全面系统地推进。

五、应对气候变化态度不会动摇，工业低碳发展动力与压力并存

2017年，尽管面临着美国新政府调整奥巴马时期气候变化政策等不确定因素，我国应对气候变化的态度不会动摇。一方面，我国作为负责任的大国，认真履行2016年4月签署的《巴黎协定》的有关承诺。另一方面，绿色发展理念已深入人心，成为我国经济社会未来转型发展的重要方向。党的十八届五中全会上提出了创新、协调、绿色、开放、共享等五大发展理念，决不能再以牺牲生态环境为代价换取一时一地的经济增长。同时，随着我国低碳发展管理体系的不断完善，低碳工作将迈上新台阶。2016年1月，国家发改委

印发了《关于切实做好全国碳排放权交易市场启动重点工作的通知》，碳交易市场建设在试点基础上全面推进；《国务院关于印发“十三五”控制温室气体排放工作方案的通知》中提出，“十三五”期间我国单位工业增加值二氧化碳排放要下降22%，工业领域二氧化碳排放总量趋于稳定，同时积极控制工业过程温室气体排放，“十三五”期间累计减排二氧化碳当量11亿吨以上。工业是我国碳排放的主要领域，上述措施的推进将为工业低碳发展同时提供压力和动力。

六、节能环保产业发展五年规划预计出台，产业继续平稳较快发展

2017年，关于推动节能环保产业发展的专项规划预计将会出台，产业将继续平稳较快发展。首先，节能环保产业将延续近年来的快速发展的态势。节能环保产业是我国重点培育和发展的战略性新兴产业，“十二五”以来，我国节能环保产业发展迅速，一直保持15%以上的年均增速，年产值已经达到约4.5万亿元。进入“十三五”，节能环保产业发展的外部环境依然有利，具备继续保持高速增长的条件。其次，关于产业发展的“十三五”规划等措施预计很快出台。国家发改委正在牵头制定《“十三五”节能环保产业发展规划》，《“十三五”循环发展引领计划》正在公开征求意见，工业和信息化部正在研究制定环保装备“十三五”发展的指导性文件等。最后，“互联网+”为节能环保产业发展提供新动力。《国务院关于积极推进“互联网+”行动的指导意见》中提出，推动互联网与生态文明建设深度融合，加强资源环境动态监测，大力发展智慧环保，完善废旧资源回收利用体系，建立废弃物在线交易系统。

行 业 篇

第八章　装备工业

2016 年，国外方面，发达国家经济复苏依旧缓慢，新兴经济体扩张偏弱，地缘政治等非经济因素的影响仍然存在。国内方面，受政策红利影响，新的增长点、增长极、增长带逐步形成，国内经济保持平稳增长，转型升级步伐加快。但主要行业运行分化，传统产业依旧增长乏力，智能制造、高端装备等新兴、高端产业加速发展。为促进装备工业的发展，推动《中国制造2025》的进一步实施，工业和信息化部会同有关部门确定和编制了“1 + X”体系，大力推进各项政策分解细化和落地实施。在“1 + X”体系中，“1”是指《中国制造 2025》，“X”是指包括五大工程、质量品牌提升、发展服务型制造的 11 个保障实施的配套方案、计划和规划。《中国制造 2025》五大工程、制造业质量品牌提升、发展服务型制造、医药工业发展规划 3 个指南已经陆续发布。信息产业、新材料产业、制造业人才等 3 个规划指南正在履行审批发布程序。在国内经济增长平稳、供给侧结构性改革政策效应逐步显现等积极因素下，智能制造加速发展，带动高端装备创新发展，提升需求。预计2017 年，我国装备工业将呈现新的发展形态和趋势。

第一节　2016 年我国装备工业整体发展状况

一、生产、出口增速继续回升

2016 年以来，国内经济保持平稳增长，各项产业政策的促进因素逐步显现。特别是《中国制造 2025》相关配套“工业强基”“智能制造”等五大专项工程的实施，加快装备工业结构调整和转型升级。1—11 月，规模以上装备制造企业工业增加值同比增长9.6%，增速高于同期全国工业3.6个百分点；出口方面，1—11月完成出口交货值17984.6亿元，同比下滑0.63%，增速低于全国工业平均水平2.6个百分点；实现利润总额同比增长6.98%，增速低于全国工业平均水平2.42个百分点。

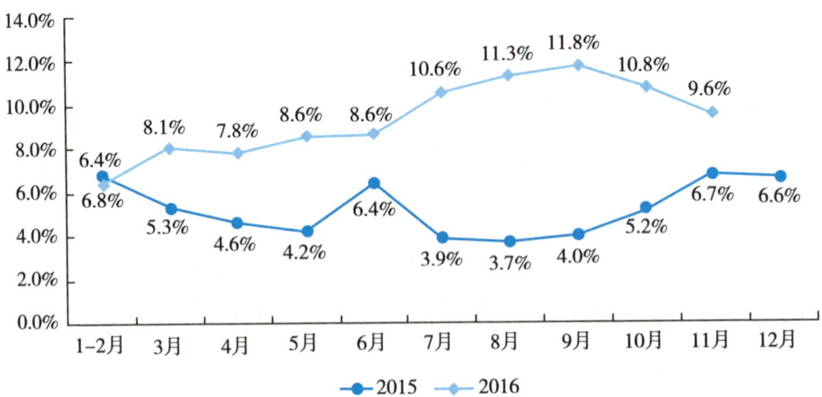

图8－1　2015年1月—2016年11月我国装备工业增加值分月增速

资料来源：赛迪智库装备工业研究所，2017年1月。

二、主要行业运行分化

2016年以来，受宏观经济增速趋稳及利好政策的影响，汽车产销增速继续保持较快增长。1—11月，汽车制造业增加值同比增长15.5%，增速较上年同期加快9.4个百分点，产销分别完成2502.7万辆和2494.8万辆，再创历史新高，分别同比增长14.3%和14.1%，成为装备工业增长的重要拉动力量。机械工业总体运行平稳，主要经济指标保持了小幅上升的态势，但行业间运行走势分化更为突出。工程机械行业总体上依然困难，尤其是大中型企业效益下滑局面尚未改变，亏损面继续扩大；石化通用机械行业订单持续不足，行业利润继续下滑；机床行业依然低迷。仪器仪表、电工电器行业在市场需求、政策利好和发电、输变电领域大规模升级改造推动下，对促进机械工业平稳向好起到了拉动作用。2016年，船舶和海洋工程装备增长压力较大，1—11月，全国造船完工3183万载重吨，同比下降12.1%；承接新船订单1994万载重吨，同比下降14%；截至11月底，手持船舶订单10301万载重吨，同比下降20.4%，比2015年底下降16.3%。

三、智能制造加速发展

2016年以来，《智能制造工程实施指南（2016—2020年）》和《机器人产业发展规划（2016—2020年）》的发布、智能制造试点示范专项行动的继续实施、增材制造产业联盟的成立等产业政策与行动推动智能制造产业加速发展，一些产品获得新突破。如上海电气电站设备有限公司发电机厂完成研发1300MW核电发电机数字化样机项目，实现工厂数字化三维设计应用新突破；广利核等公司共同完成我国首个具有完全自主知识产权的核电站数字化仪控系统（DCS）平台的研制，并实现了成果在二代、二代加、三代核电工程中的应用。在互联网、云计算等信息技术，以及传感技术、控制技术高速发展的协同作用下，智能制造以大规模个性化定制、网络协同开发、在线监测、远程诊断与云服务等为代表的新业态、新模式快速发展。此外，工业机器人、服务机器人、新型传感器、智能仪器仪表与控制系统、可穿戴设备、智能电网等智能装备和产品的应用不断拓展，需求规模呈快速扩大的态势。

四、高端装备创新加快

2016年，随着制造业转型升级和国产化替代的推进，高端装备制造国内外市场需求巨大，高端装备创新发展成为未来制造业发展的主要趋势愈发明显。以产业化应用为目标的高端装备创新发展加快推进，一批标志性、带动性强的重点产品和重大装备加快布局，自主设计水平和系统集成能力、核心部件研制技术水平逐步提升，产业创新能力不断增强。C919大型客机、AG600大型灭火/水上救援水陆两栖飞机先后总装下线，ARJ21－700新型支线飞机已有两架正式投入沪蓉航线运营；高温合金航空发动机叶片五轴联动加工中心主要性能指标达到了国际先进水平；高速动车组成功完成世界首次420km/h交会试验；世界最大起吊能力的3000—4000吨级履带起重机、400马力五级变速重型拖拉机研制成功；以国产基础制造装备、国产数控系统、国产工业软件为基础的智能制造在本土示范工厂实现示范应用。随着一批重大装备的工程化、产业化应用，高端装备作为装备制造业“新名片”，将带动我国装备制造业水平的全面提升。

五、重点行业国际竞争力增强

目前，高铁、电力装备、工程机械、造船已成为中国制造“新名片”。具有自主知识产权的轨道交通装备成功进入国际市场，印尼雅加达至万隆、中国老挝高铁、非洲亚吉铁路相继开工建设。电力装备技术水平持续国际领先，海外首台“华龙一号”建设进展顺利，并成功参与建设英国欣克利角 C 核电站项目。我国生产的履带挖掘机、装载机、推土机等工程机械产品大量出口，徐工集团、三一重工、中联重科连续上榜全球工程机械制造商 50 强。我国建造的出口船舶已占到总量 80% 以上。增材制造装备、机器人、无人机、新能源汽车等新兴产业发展势头良好，沈阳新松研制成功首台柔性多关节机器人；深圳大疆创新小飞机无人机占据全球 70% 以上市场份额，年销售突破 10 亿元；我国大型承力构建金属增材制造和生物增材制造已达国际先进水平，产业规模年均增速 30% 以上；2016 年 1—11 月新能源汽车产销分别完成 42. 7 万辆和 40. 2 万辆，分别同比增长 59% 和 60. 4%，位居全球第一。

六、首台（套）重大技术装备取得新进展

2016 年是首台（套）重大技术装备保险补偿机制实现试点的第二年。在财政部、工信部、保监会等三部门的积极推动下，在各地政府、行业协会的通力配合下，目前已经逐步形成了用户积极响应、装备制造企业积极投保、保险公司积极推进的新局面，首台（套）重大技术装备保险补偿机制试点工作初见成效。据统计，截至 2016 年 11 月底，保险公司实际理赔金额超过 3 亿元，占全部保费的 25%，中央财政累计补贴金额 9. 74 亿元，撬动了价值 500 多亿元装备产品的首台（套）应用。通过首台（套）保险补偿试点工作，探索完善了公共财政市场化支持方式，在支持实体经济发展方面取得了明显成效。

第二节　2016 年我国装备工业重点政策解析

一、《关于深化制造业与互联网融合发展的指导意见》

为进一步深化制造业与互联网融合发展，加快制造强国建设，我国出台了《关于深化制造业与互联网融合发展的指导意见》（以下简称《指导意见》）。

《指导意见》提出到 2018 年底，制造业重点行业骨干企业互联网“双创”平台普及率达到 80%，到 2025 年，力争实现制造业与互联网融合“双创”体系基本完备，融合发展新模式广泛普及，新型制造体系基本形成，制造业综合竞争实力大幅提升。

明确了 7 项主要任务，包括：打造制造企业互联网“双创”平台，推动互联网企业构建制造业“双创”服务体系，支持制造企业与互联网企业跨界融合，培育制造业与互联网融合新模式，强化融合发展基础支撑，提升融合发展系统解决方案能力，提高工业信息系统安全水平。

提出了完善体制机制、深化国有企业改革、加大财政支持力度、完善税收和金融政策、强化用地用房等服务、健全人才培养体系、推动国际合作交流等 7 个方面的政策支撑和保障措施。

《指导意见》的总体定位是把制造业、“互联网 +”和“双创”紧密结合起来，通过创新发展思路、模式、业态，培育产业发展新生态，打造经济发展的新动能。其总体思路体现在以下四个方面：

一是体现发展的新理念。牢固树立和贯彻落实创新、协调、绿色、开放、共享的发展理念，激发制造企业创新活力，深入推进制造业与互联网融合，充分释放“互联网 +”的力量。

二是坚持问题导向。我国互联网在消费领域的融合，尤其是电子商务等方面走在了世界前列，但在实现价值创造的制造环节等方面，互联网的应用步伐亟待加快，迫切需要发挥互联网集聚优化各类生产要素资源的优势，构建新的生产组织体系和发展模式。

三是突出融合重点。《指导意见》考虑通过积极搭建支撑制造业转型升级的各类互联网平台，汇聚整合制造企业、互联网企业等“双创”力量和资源，带动技术产品、组织管理、经营机制等创新，提高供给质量和效率，激发制造业转型升级的新动能。

四是强化融合支撑能力建设。《指导意见》强调要提升基础技术、系统解决方案、安全保障等支撑能力，尤其强调要加快自动控制与感知关键技术，核心工业软硬件、工业互联网、工业云和智能服务平台等四类新型基础能力和平台设施建设。

二、《机器人产业发展规划（2016—2020 年）》

当前，世界正处在新科技革命和产业革命的交汇点上，主要工业发达国家纷纷将机器人的发展上升为国家战略，力求保持其在高端制造领域的领先优势。近五年来，全球工业机器人销量年均增速超过 17%，主要工业发达国家机器人密度普遍超过 200；服务机器人发展迅速，应用范围日趋广泛，以手术机器人为代表的医疗康复机器人形成了较大产业规模，空间机器人、反恐防暴机器人等特种作业机器人应用成果显著。为推进我国机器人产业快速健康可持续发展，2016 年 4 月，工业和信息化部印发《机器人产业发展规划（2016—2020 年）》（以下简称《发展规划》）。

《发展规划》提出了“十三五”期间聚焦“两突破”“三提升”，明确了我国机器人的五年发展目标，提出经过五年的努力，形成较为完善的机器人产业体系，技术创新能力和国际竞争能力明显增强，产品性能和质量达到国际同类水平，关键零部件取得重大突破，基本满足市场需求，并给出了具体目标。《发展规划》制定了推进机器人发展的五项主要任务，一是推进重大标志产品率先突破、二是大力发展机器人关键零部件、三是强化产业创新能力、四是着力推进应用示范、五是积极培育龙头企业。《发展规划》是机器人产业领域第一个系统性的规划文件，不仅将当前快速增长的工业机器人作为发展重点，而且兼顾市场前景广阔的服务机器人。《发展规划》立足现实，长远布局，从重点产品、关键技术、基础能力、质量管理、应用示范、产业结构等五个角度明确了机器人产业的发展路径。

三、《智能制造发展规划（2016—2020 年）》

2016 年 12 月 8 日，工业和信息化部与财政部联合发布《智能制造发展规划（2016—2020 年）》（以下简称《规划》），提出“将发展智能制造作为长期坚持的战略任务，‘十三五’期间同步实施数字化制造普及、智能化制造示范引领，以构建新型制造体系为目标，以实施智能制造工程为重要抓手，着力提升关键技术装备安全可控能力，着力增强基础支撑能力，着力提升集成应用水平，着力探索培育新模式，着力营造良好发展环境”。

到 2020 年：突破研发一批智能制造关键技术装备，国内市场满足率超过 50%，核心支撑软件国内市场满足率超过 30%；发展基础明显增强，智能制造标准体系基本完善，制（修）订智能制造标准 200 项以上，面向制造业的工业互联网及信息安全保障系统初步建立；智能制造生态体系初步形成，培育 40 个以上主营业务收入超过 10 亿元、具有较强竞争力的系统解决方案供应商，智能制造人才队伍基本建立；重点领域发展成效显著，企业数字化研发设计工具普及率超过 70%，关键工序数控化率超过 50%，数字化车间/智能工厂普及率超过 20%，运营成本、产品研制周期和产品不良品率大幅度降低。此外，《规划》还提出“十三五”期间重点聚焦的十项任务：加快智能制造装备发展、加强关键共性技术创新、建设智能制造标准体系、构筑工业互联网基础、加大智能制造试点示范推广力度、推动重点领域智能转型、促进中小企业智能化改造、培育智能制造生态体系、推进区域智能制造协同发展、打造智能制造人才队伍。

《规划》在准确把握全球智能制造发展趋势以及我国发展智能制造所面临的问题和瓶颈的基础上，明确了“十三五”时期我国推进智能制造的指导思想和发展目标，提出十项重点任务和四个专项行动以及加强统筹协调、完善创新体系、加大财税支持力度、创新金融扶持方式、发挥行业组织作用、深化国际合作等六个方面的保障措施。《规划》指明了我国智能制造发展的重点方向，是国家发展智能制造的总体部署，也标志着我国发展智能制造由宏观的战略布局向具体的推进实施过渡。这有利于调动企业发展智能制造的内生动力，有利于整合中央财政、地方财政、产业基金、风险投资基金及其他社会资源共同支持智能制造的发展。

四、《高端装备创新工程实施指南（2016—2020 年）》

高端装备制造装备产业是一个国家核心竞争力的重要标志，是战略性新兴产业的重要一环。目前，我国装备工业的产业规模虽已位居世界首位，随着制造业转型升级和国产化替代的推进，高端装备制造国内外市场需求巨大，但高端装备仍满足不了需要，不得不大量进口。高端装备作为制造业的高端领域，一直是国际竞争的焦点。目前，中国 80% 的集成电路芯片制造装备、40% 的大型石化装备、70% 的汽车制造关键设备及先进集约化农业装备仍依靠进口，多数出口产品是贴牌生产，拥有自主品牌的不足 20% 。近年来，我国高端装备制造业快速发展，一批高端装备实现重大突破，但与世界先进水平相比，我国高端装备制造业仍存在较大差距，主要表现在：总体创新能力不足，部分领域核心技术和核心关键部件受制于人、产品可靠性低；基础配套能力发展滞后，装备主机面临“空壳化”；服务体系建设明显滞后，应用推广难等。2016 年 8 月 19 日，工信部、发改委、科技部、财政部四部委联合发布了《高端装备创新工程实施指南》。

《高端装备创新工程实施指南》主要目标是在大型飞机、航空发动机及燃气轮机、民用航天、先进轨道交通装备、节能与新能源汽车、海洋工程装备及高技术船舶、智能电网成套装备、高档数控机床、核电装备、高性能医疗器械、先进农机装备等十一个重点领域，实现一批关键装备自主可控、装备应用范围和服务质量大幅提升、形成一批具备国际竞争力的竞争主体。

《指南》指出，到 2020 年，基本掌握一批高端装备设计制造关键核心及共性技术，自主研发、设计、制造及系统集成能力大幅提升，产业竞争力进入世界先进行列。形成一批具有中国技术特色的全球品牌，高端装备的国产化程度大幅提升。到 2025 年，全面具备高端装备的自主研发、设计、制造及系统集成能力，各领域开发出一批标志性、带动性强的成套装备，核心技术对外依存度明显下降，基础配套能力显著增强，重要领域装备达到国际领先水平。形成覆盖研发设计、装备制造、技术服务的完整产业体系和持续创新发展能力，国际竞争力和国际品牌影响力进一步增强。《高端装备创新工程实施指南》为我国高端装备未来十年的发展，指明了方向和路径。高端装备制造业是工信部“十三五”期间聚焦的三个重点领域之一，今后将制定一系列的规划、行动计划或者具体的政策措施来推动重点行业和领域的发展。

五、《智能制造工程实施指南（2016—2020 年）》

为更好地整合全社会资源，统筹兼顾智能制造各个关键环节，突破发展瓶颈，系统推进技术与装备开发、标准制定、新模式培育和集成应用，工信部出台了《智能制造工程实施指南（2016—2020 年）》（以下简称《实施指南》）。

《实施指南》提出智能制造工程分“十三五”“十四五”两个阶段实施，具体目标为：关键技术装备国内市场满足率超过 50%，初步建立基本完善的智能制造标准体系，具有知识产权的智能制造核心支撑软件国内市场满足率超过 30%，试点示范项目运营成本降低 30%、产品生产周期缩短 30%、不良品率降低 30%，数字化研发设计工具普及率达到 72%，关键工序数控化率达到 50%，完成 60 类以上智能制造成套装备集成创新。

《实施指南》制定了我国推进智能制造工程的 4 项重点任务：攻克关键技术装备；夯实智能制造基础，构建国家智能制造标准体系，提升智能制造软件支撑能力，建设工业互联网基础和信息安全系统；培育推广智能制造新模式；推进重点领域集成应用。通过 6 个专栏具体阐述了关键技术装备研制重点，智能制造重点标准，智能制造核心支撑软件开发重点，工业互联网基础和信息安全系统建设重点，智能制造新模式关键要素和十大领域智能制造成套装备集成创新重点，指明了智能制造工程的具体实施内容。

《实施指南》提出了我国智能制造发展的总体要求，在坚持五大发展理念的基础上，明确了我国发展智能制造目标、主线和原则，阐明了我国智能制造发展的长期性和分步、分层推进的特点，持续推动传统制造业智能转型，为构建我国制造业竞争新优势、建设制造强国奠定扎实的基础。《实施指南》有针对性地提出了破解智能制造瓶颈的重点和关键要素。未来几年是智能制造推进的重要窗口期，《实施指南》的发布将为我国制造业转型升级提供有力保障。

六、《促进装备制造业质量品牌提升专项行动指南》

质量和品牌是制造业综合实力的集中反映，是制造强国的核心竞争力。新中国成立尤其是改革开放以来，我国制造业质量和品牌水平持续提高，较好满足了国内和国际市场需求，有力促进了经济社会发展。装备制造业是制造业的基石，我国装备制造业不仅打造出一批优质产品和优秀品牌，也为相关产业发展提供了坚实保障。然而，与世界先进水平相比，我国装备制造业在质量基础能力、质量安全风险、产品品种结构、产品实物质量和自主品牌培育等方面仍然存在差距，质量品牌建设的任务紧迫而艰巨，质量品牌提升面临着严峻挑战。

一是质量品牌关联供给和需求两侧，改善供给和需求关系需要解决诸多深层次的矛盾和问题。二是伴随技术迅猛发展和需求多元化，围绕质量和品牌的创新空间不断拓展。而且，质量品牌管理的理念、技术和方法也在不断丰富，客观上需要我们不断创新突破。三是我国经济社会发展不平衡，质量品牌水平在地区和行业之间的差异大、层次多。在不平衡中推进协调发展，没有经验可循，必须探索新的路径。四是传统制造强国在质量品牌领域具有先行优势，在一些关键领域，奠定了强大的知识产权保护体系和市场影响力，我们要实现质量品牌赶超，必须直面竞争。

为贯彻落实《中国制造2025》，深化推进《质量发展纲要（2011—2020年）》，加快提升装备制造业质量和品牌水平，推动我国迈入制造强国行列，2016年8月15日，工业和信息化部、国家质量监督检验检疫总局、国家国防科技工业局联合发布《促进装备制造业质量品牌提升专项行动指南》（以下简称《行动指南》）。作为《中国制造2025》"1+X"规划体系的子规划，《行动指南》是贯彻"质量为先"基本方针，加快提升质量品牌，推进建设制造强国的重要行动部署。从2014年启动前期调研，历经两年研究修改，由国家制造强国建设领导小组审议通过。在此期间，国务院部署了消费品工业"三品"专项行动，为加强相关行动的协调，确定了《行动指南》立足装备制造业，着眼促进制造业质量品牌全面提升的基本定位。

七、《关于促进通用航空业发展的指导意见》

通用航空业是以通用航空飞行活动为核心，涵盖通用航空器研发制造、市场运营、综合保障以及延伸服务等全产业链的战略性新兴产业体系，具有产业链条长、服务领域广、带动作用强等特点。近年来，我国通用航空业发展迅速，但总体上看，我国通用航空业规模仍然较小，基础设施建设相对滞后，低空空域管理改革进展缓慢，航空器自主研发制造能力不足，通用航空运营服务薄弱，与经济社会发展和新兴航空消费需求仍有较大差距。国务院办公厅印发《关于促进通用航空业发展的指导意见》（以下简称《意见》），这是我国首次对通用航空从全产业链角度进行的顶层设计和部署，对解决困扰全行业发展的瓶颈问题具有里程碑式意义，通用航空制造迎来极佳的发展机遇。

《意见》以市场主导，政府引导，安全第一，创新驱动，重点突破，全面推进为基本原则，提出到2020年，实现建成500个以上通用机场，基本实现地级以上城市拥有通用机场或兼顾通用航空服务的运输机场，覆盖农产品主产区、主要林区、50%以上的5A级旅游景区。通用航空器达到5000架以上，年飞行量200万小时以上，培育一批具有市场竞争力的通用航空企业。

为加快提升服务保障能力，促进产业转型升级，释放消费潜力，实现通用航空业持续健康发展，《意见》从培育通用航空市场、加快通用机场建设、促进产业转型升级三个方面进行产业链布局，提出科学、有序、高效地逐步扩大低空空域开放，注重强化适航管理、运行安全和市场秩序的安全监管工作，实行组织、资金、法律法规、人才培养的保障措施。

《意见》大力支持通用航空制造发展。一是强调提升自主研发制造能力和水平。以供给侧结构性改革为指引，以解决“上天难、落地难”瓶颈问题为导向，以未来万亿级市场潜力为目标，从通用航空装备和配套系统、设备等角度提出了促进通用航空研发制造水平和自主化率提升的主要任务和方向。二是促进产业集聚，倡导开放合作。《意见》提出优先在具备空域、土地、制造技术等条件的地方建设通用航空综合或专业示范区，引导各地区发展与地方经济联系紧密的通用航空优势产业，促进产业集群化发展。

为全面贯彻落实好《意见》，需要做好以下工作：一是加快企业创新发展，二是加强通用航空产品质量和品牌建设，三是提高产业集聚水平，四是积极开展国际合作，提高国际竞争力，五是加强行业协作。

八、《“十三五”国家战略性新兴产业发展规划》

《“十三五”国家战略性新兴产业发展规划》（以下简称《规划》）明确了包括高端装备与新材料在内的六大产业领域未来五年的发展重点。《规划》中提出，未来五年，高端装备制造领域要加快突破关键技术与核心部件，积极推进重大装备与系统的工程应用和产业化，促进产业链协调发展，塑造中国制造“新形象”，带动制造业水平全面提升。《规划》中提出，到2020年，高端装备与新材料产业产值规模将超过12万亿元。

《规划》明确了“十三五”时期智能制造的发展重点。《规划》中指出大力发展智能制造系统，推动机器人自动化生产线、数字化车间、智能工厂建设，提供重点行业整体解决方案，开展重点领域智能工厂应用示范。针对智能感知与控制技术、数字化设计与制造技术亟待提升，机器人、传感器等关键技术装备还受制于人等问题，《规划》中指出构建工业机器人产业体系，全面突破关键技术与核心零部件，加快高档数控机床与智能加工中心研发与产业化，突破智能传感与控制装备、智能检测与装配装备、智能物流与仓储装备。

《规划》明确了“十三五”时期航空产业的发展重点。《规划》中提出要依托航空发动机及燃气轮机重大科技专项，突破关键技术，发展多品种航空发动机，推动市场化应用。实施大型飞机重大专项，完成大型客机研制，启动宽体客机研发，促进新型支线飞机系列化发展，面向市场需求发展通用飞机。提高航空材料和基础元器件自主制造水平，掌握核心工艺。另外，完善航空产业配套体系还需要从发展航空设备和系统、加快航空科研试验重大基础设施建设、加强适航审定条件和能力建设以及建设专业数字化示范工厂等方面发力。

《规划》提出强化轨道交通装备领先地位。一是推进新型列车研发和产业化，加强产品质量检验检测认证能力建设，加快“走出去”步伐。二是推进新型城市轨道交通装备研发及产业化。三是突破产业关键零部件及绿色智能化集成技术。

《规划》提出增强海洋工程装备国际竞争力。一是重点发展主力海洋工程装备。深水半潜平台、钻井船、半潜运输船等主力海洋工程装备将成为我国船舶行业转型升级、落实供给侧结构性改革的重要方向。二是加快发展新型海洋工程装备。突破浮式钻井生产储卸装置、极地钻井平台、海上试验场等海洋工程装备的设计和建造技术，实现产品性能及可靠性达到国际先进水平的目标。三是产学研用相结合，提高关键配套设备的设计制造水平，提升专业化配套能力。

第三节　2016年我国装备工业重点行业发展状况

一、机械行业

（一）行业增速小幅回升

2016年，机械工业总体运行平稳，增加值增速出现了小幅回升。1—6月，机械工业增加值同比增长7.8%，分别高于同期全国工业和制造业1.8和0.9个百分点。1—10月，机械工业增加值增幅达到9.3%，分别高于全国工业和行业上年同期3.3和4.1个百分点。1—11月，仪器仪表制造业增加值同比增长9%，电气机械和器材制造业增加值同比增长8.6%，专用设备制造业增加值同比增长6.5%，通用设备制造业增加值同比增长5.7%，分别较上年同期加快3.7、1.4、3.1、2.6个百分点。

（二）经济效益稳步提升

2016年，机械工业主要经济效益指标由回落态势转为稳步提升态势。在主营业务收入方面，2016年1—6月，机械工业主营业务收入11.29万亿元，同比增长6.68%，高于上年同期3.21个百分点；1—9月，机械工业实现主营业务收入17.34万亿元，同比增长7.19%，高于上年同期4.27个百分点。在营业利润方面，2016年1—6月，机械工业实现利润总额7538亿元，同比增长6.53%，高于上年同期6.4个百分点；1—9月，机械工业实现利润总额11379.2亿元，同比增长7.43%，高于上年同期7.09个百分点。

（三）产品产量整体向好

2016年，机械工业实现同比增长的主要产品种类逐步增加，发展形势超出预期。1—6月，机械工业重点监测的119种主要产品中，累计实现同比增长的产品为60种，占比50.42%，1—11月，同比增长的产品种类已达到73种，占比超过60%。与消费、技术升级、环境保护关系密切的产品保持较快增长，1—11月，电力电缆产量同比增长2.2%，挖掘机、内燃叉车、混凝土机械产量分别同比增长7.4%、8.6%、3.2%，电工仪器仪表产量同比增长21.3%，汽车仪器仪表产量同比增长4.9%。然而，金属冶炼设备、机床、发电设备出现持续下滑，水轮发电机组产量同比下降24.1%、风力发电机组产量同比下降10%；装载机、压实机械、起重机产量分别同比下降7.1%、11.1%、3.5%；金属切削机床产量同比下降2.4%，前期始终保持高速增长的拖拉机、收获机械等农业机械类产品产量则出现全线下滑。

（四）进出口持续下降

受国际国内市场需求不足，增长乏力以及传统的市场竞争激烈，贸易摩擦加剧等因素影响，2016年，我国机械工业进出口贸易额整体处于持续下降态势，1—9月，机械工业全行业进出口总额4768亿美元，同比下降4.89%，其中出口2787亿美元，同比下降4.69%。部分子行业下降幅度更为明显。其中，工程机械进出口贸易额为150.54亿美元，同比下降12.6%；农机行业进出口总额为83.44亿美元，同比下降14.49%。2016年1—10月，通用机械行业进出口总额为188.02亿美元，同比下降7.75%；电工行业进出口总额为1098.75亿美元，同比下降4.74%。

（五）产业结构调整加快

随着我国《中国制造2025》相关配套“强基工程”“智能制造”等专项工程的实施，两化融合持续深入，智能制造加快推进，2016年，机械工业转型升级取得积极进展，新产品、新技术、新科技成果不断涌现，适应用户需求、符合国家政策导向的工业汽轮机、电工仪表、汽车用仪表、液压元件等产品保持较快增长，锂离子电池、工业机器人等新兴装备产品产量保持高速增长，分别同比增长 36.8%、31.7%。机械工业对战略性新兴产业的投入占比稳中有升，新产品对行业增长的贡献率不断提高，重点企业数字化、智能化步伐加快，创新驱动引领行业转型升级的成效日益显现。

二、汽车行业

（一）汽车产销前期低速后期高速

2016 年以来，在小型 SUV 需求快速增长和 1.6 升及以下购置税减半政策的双重作用下，我国汽车市场恢复了之前的中高速增长，依旧保持世界第一大汽车产销国。但受整体经济增长放缓、各地方限购限行等负面因素的影响，汽车市场增速的波动较大。根据中国汽车工业协会的数据，2016 年全年汽车产销分别为 2811.88 万辆和 2802.82 万辆，同比增长分别为 14.46% 和 13.65%，增幅比上年提升 11.21 和 8.97 个百分点，连续八年蝉联全球第一，再次刷新汽车大国的最高纪录。从 2016 年初的大概 5% 的预测到如今接近 14% 的增长，除了购置税优惠的重要刺激，新技术和新消费理念正在逐渐改变汽车格局，成长为推动汽车发展的新动能。

（二）乘用车部分车型销量高速增长

2016 年我国乘用车市场，整体保持了高速增长，特别是 1.6 升及以下乘用车持续快速增长，但中国品牌乘用车市场份额有所下降。1—11 月，乘用车产销分别完成 2174.3 万辆和 2167.8 万辆，比上年同期均增长 15.6%；与 1—10 月相比，产销量增速分别提高 0.3 和 0.2 个百分点。其中轿车销售 1089.5 万辆，同比增长 4.1%；SUV 销售 793.9 万辆，同比增长 45.5%；MPV 销售 222.4 万辆，同比增长 21.3%；交叉型乘用车销售 62.0 万辆，同比下降 38.3%。

（三）商用车重卡市场回升明显

2016 年 1—11 月，商用车产销分别完成 328.4 万辆和 327.0 万辆，与上年同期相比产销分别增长了 6.3% 和 5.3%，增幅进一步提高。分车型产销情况看，客车产销比上年同期分别下降 6.9% 和 8.6%；货车产销比上年同期分别增长了 9.0% 和 8.1%。2016 年以来商用车特别是重型卡车市场在低库存和物流车持续向好的基础上，已经连续复苏 8 个月。2013 年前后中国重卡的保有量数据已经超过了 500 万辆，目前接近 550 万辆左右，按照重卡 5—8 年的更新周期来看，每年的更新需求在 68 万—110 万辆，更新的需求空间较大。

（四）新能源汽车增速回落

2016 年，受骗补调查和补贴政策推迟出台的影响，我国新能源汽车市场没有延续上一年的爆发式增长，增速逐渐回落。据中国汽车工业协会统计，2016 年全年，新能源汽车生产 51.7 万辆，销售 50.7 万辆，比上年同期分别增长 51.7% 和 53%。其中纯电动汽车产销分别完成 41.7 万辆和 40.9 万辆，比上年同期分别增长 63.9% 和 65.1%，保持了快速发展。由于政策原因，2015 年第四季度新能源汽车销量大爆发，但由于受到骗补的影响，2016 年新能源汽车的销量目标主要取决于“补贴调整政策”发布时间，2016 年前 10 个月，国内新能源汽车累计销量为 33.2 万辆，同比增长 95%，虽然增幅仍较大，但从近几月的销量情况来看放缓迹象比较明显。

（五）中国品牌乘用车市场份额略降

据中国汽车工业协会统计，2016 年 1—11 月，中国品牌乘用车共销售 925.1 万辆，同比增长 20.2%，占乘用车销售总量的 42.7%，占有率比上年同期提升 1.6 个百分点。其中轿车销量 207.7 万辆，同比下降 4.6%，市场份额 19.1%，比上年同期下降 1.8 个百分点；SUV 销量 456.0 万辆，同比增长 57.4%，市场份额 57.4%，比上年同期增长 4.4 个百分点；MPV 销量 199.4 万辆，同比增长 23.2%，市场份额 89.7%，比上年同期增长 1.4 个百分点。2016 年全年，中国品牌乘用车销量首次超过千万辆，共销售 1052.86 万辆，同比增长 20.50%，占乘用车销售总量的 43.19%，占有率比上年同期提升 2 个百分点。

（六）智能网联汽车初级产品加速产业化

ADAS 是智能网联汽车的重要落地，近一年，创业型公司在智能网联汽车领域大量涌现。同时，国内自主品牌汽车企业也开始发力智能驾驶领域，2016 年 4 月北京车展，长安无人驾驶汽车成功从重庆开往北京参展，已经实现高速路况下自动驾驶；北汽也展出了自动驾驶汽车。7 月，上汽和阿里发布首款量产互联网汽车荣威 RX5。国内自主品牌车企已经具备智能驾驶技术储备，预计最快于 2017 年将实现 CA 级智能驾驶汽车量产。

（七）进出口

根据海关统计口径，2016 年 10 月汽车整车共进口 9.0 万辆，比上年同期增长 3.4%；汽车整车出口 7.0 万辆，比上年同期增长 36.5%。1—10 月，汽车整车进口 85.1 万辆，比上年同期下降 6.3%；出口 65.1 万辆，比上年同期增长 0.6%。2016 年 1—11 月份，汽车制造业出口交货值累计达到 2840 多亿元，累计实现 3.6% 的小幅增长。

（八）汽车制造业企业经营情况有所回暖

根据国家统计局数据，全国汽车制造业规模以上企业的主要经济指标显示，2016 年 1—10 月，汽车制造业的主营业务收入累积实现了 63324 亿元，同比上升 13.9%；利润总额 5224 亿元，比上年同期上升 13.9%。根据中汽协数据，2016 年 1—10 月，重点企业（集团）主要经济指标保持不同程度增长，增幅与 1—9 月相比，多数指标呈小幅提高。其中，产出指标呈不同程度增长；营业收入较快增长；利润总额、利税总额保持稳步增长；应收账款、产成品库存资金增幅下降。总的来看，汽车行业主要经济指标增速呈快速回暖趋势，主营业务收入较快增长；利润总额较快增长；固定资产投资增幅回落；应收账款、产成品库存资金增幅略降。

三、航空行业

近年来，中国经济结构调整和产业升级不断深入，民用航空工业处于前所未有的良好发展环境。2016 年，我国民用航空产业规模继续扩大，产值持续增长，产业布局不断完善，企业发展形势良好，民机研发进入收获期，通用航空产业高速发展，航空发动机产业发展前景广阔。此外，我国航空领域国际合作持续深入，行业管理不断加强，我国民用航空工业面临重大发展机遇。

（一）行业运行基本情况

民机研发进入收获期。2016 年，我国民用飞机多机种、多机型研发取得重大突破，国产民用飞机研发进入收获期。我国自主研制的 C919 大型客机首架机于 2015 年 11 月 2 日在上海正式下线，预计将在 2017 年上半年实现飞上蓝天的梦想。2016 年 6 月 28 日，我国首款完全按照国际适航标准研制的涡扇喷气支线客机 ARJ21 新支线客机正式投入航线运营，开启了我国民机产业化发展之路。2016 年 7 月 23 日，国产的全球在研最大水陆两栖飞机、世界上最先进的水陆两栖飞机 AG600 完成总装正式下线。

产业布局不断完善。经过几十年的发展，我国基本形成了干支线飞机、通用飞机、直升机、特种飞机的产业布局。具体分布情况为：以上海、陕西及天津为基地，依托现有骨干企业发展民用干支线飞机；依托哈尔滨、石家庄、珠海、成都和荆门等优势地区发展大中型通用飞机、公务机和特种飞行器；依托景德镇、哈尔滨和天津等优势地区发展大中型直升机；多地航空产业园区和企业发展轻小型通用飞机和直升机。此外，我国形成了以深圳、北京、天津和武汉等地为中心的无人机研制生产格局。

企业发展形势较好。2015 年，在纳入全国民用航空工业统计调查的 145 家企事业单位中，63 家隶属于中国航空工业集团公司（简称中航工业），其产值占全国民用航空产品产值的 21.2%。6 家隶属于中国商用飞机有限公司（简称中国商飞公司），其产值占全国民用航空产品产值的 6.6%；2 家隶属于中国电子科技集团公司（简称中国电科），其产值占 0.4%；3 家隶属于中国航天科工集团公司，产值占 0.2%。其余 71 家产值占 71.6%。

航空发动机产业前景可期。航空发动机被誉为飞机制造业“皇冠上的明珠”，是集最先进技术的国家战略性产业。长期以来，我国高度重视航空发动机的发展，“十三五”期间我国将全面启动实施航空发动机和燃气轮机重大专项。

通用航空产业高速发展。我国通用航空产业起步较晚，目前尚处于初级阶段，与发达国家相比，整体处于较低水平。随着国家经济建设的发展、低空空域的放开以及配套设施的完善，我国通用航空产业获得了一定发展。此外，我国通用航空领域产品创新能力持续增强。目前，我国已具备了自主研制和批量生产多种型号直升机、轻型多用途飞机等通用飞机的能力。

（二）行业发展面临的问题

制造规模仍较小。中国民用飞机制造处于起步阶段，制造规模与国际主要制造商差距较大。通用航空方面，通过国家政策的扶持，产品质量和技术水平都有长足的进步，但航空制造业规模尚小、体系也不完善，整体仍处于起步培育阶段。

技术差距仍较大。波音和空客两大巨头始终占据着大飞机制造的主系统集成商地位及具有资源和技术优势。我国自主研发的多种机型，航空产品的自主化率不断提高，但部分产品核心技术与国际一流水平相比仍然落后，国外技术依赖较强，核心产品仍需依赖进口。

通用航空乱象显现。现有通用机场从数量和分布上难以满足通航发展需要，目前的规划缺少供需结合的系统分析，缺少系统性考虑，通用与运输机场之间整体的协调发展也存在欠缺。

四、船舶行业

（一）行业运行基本情况

1. 造船三大指标同比下降

中国船舶工业行业协会数据显示，2016 年，我国造船完工量达 3532 万载重吨，同比下降 15.6%；承接新船订单量为 2107 万载重吨，同比下降 32.6%；截至 2016 年 12 月底，我国船企手持船舶订单量为 9961 万载重吨，同比下降 19%。整体产业及重点企业的数据均显示，我国造船三大指标呈现同比下降的形势，且下降幅度较大。

2. 市场份额保持领先

2016 年，国际船舶市场继续深度调整，全球新船成交量同比大幅下降 67%，年末全球船企手持订单较 2015 年底下滑 25%。我国船企克服市场低迷带来的困难，逆势拼抢订单，造船完工量、新船订单量和手持订单量在全球市场所占份额分别为 35.9%、59.0%和 43.0%，继续保持世界前列。结合世界造船三大指标分析，我国船舶工业相对日本、韩国仍保持相对优势。

3. 经济效益有所下降

2016 年 1—11 月，全国规模以上船舶工业企业有 1459 家，实现主营业务收入 6975.7 亿元，同比下降 1.6%。其中，船舶建造业 3421.9 亿元，同比下降 3.1%；船舶配套业 936.1 亿元，同比增长 0.8%；船舶修理业 184.7 亿元，同比下降 4.6%；海洋工程专用设备制造 675.5 亿元，同比增长 15.3%。数据显示，除部分子行业实现了小幅上升外，船舶工业主营业务收入及利润整体有所下降。

4. 产品出口全面下滑

2016 年 1—11 月份，我国船舶完工出口量共计 2932 万载重吨，同比下降 8%；承接出口船订单共计 1593 万载重吨，同比下降 22.5%；2016 年 11 月末手持出口船订单共计 9559 万载重吨，同比下降 22.6%。我国出口船舶分别占全国造船完工量、新接订单量、手持订单量的 92.1%、79.9% 和 92.8%。

（二）行业发展面临的问题

1. 船舶市场需求乏力

2008 年金融危机爆发后，散货船等常规船型订单量直线下降，海洋工程装备需求上升，船企纷纷转向加入海工装备制造领域，进而迅速推动海工装备产能饱和。2014 年下半年以后，国际油价大幅下降并维持低位震荡，使得海工装备市场遇冷，需求乏力，支撑全球船舶工业需求的动力仅剩下节能环保型、技术复杂型等高技术船舶。

2. 产能结构性过剩

船舶工业行业是产能过剩的行业之一，准确地说是“结构性过剩”，即散货船类过剩（最高时达到 70%），高技术船舶不足，如豪华邮轮刚刚起步，还没有形成产能。2016 年，我国船舶工业行业去产能工作，已经取得了阶段性的成绩，从原有的 8000 多万载重吨减到 6500 万载重吨左右。据预测，目前以至于今后很长一段时间里，国际船舶市场的规模也就是在 8000 万载重吨左右（有的专家预测还要低），即使到 1 亿载重吨，我们的 6500 万载重吨，也大大超过了 50%，开工率按 70% 计算，也大大超过了 40%，可见我国船舶工业产能结构性过剩问题依然严峻。

3. 创新能力亟待提高

经过多年的发展，我国船舶与海洋工程装备建造能力已位居全球首位，但是科技原始创新能力还不足，在高技术船舶、深海海洋工程装备制造等关键核心领域与外国公司仍有一定差距，特别是核心知识产权拥有、知识产权运营等方面仍有很大发展空间。一些企业重建造轻研发设计的现象还是不同程度存在，甚至有的大企业研发设计也比较弱。

4. 配套发展滞后

我国本土化船用设备平均装船率不足 60%，韩国、日本分别高达 85% 以上和90%以上。在高技术船舶和海工装备配套领域，核心设备仍主要依赖进口。在船用关键配套设备方面，如中速机、机舱自动化系统、货油系统、舵机、通信导航设备、换热设备等，我国产品在质量和服务方面，都落后于国外先进企业，市场竞争力不强。

第四节　2016年我国装备工业区域发展情况

一、东部地区

东部地区是我国高端装备制造业的主要集聚地，也是低端产业“去产能”工作任务的“主战区”。2016年，我国东部地区装备工业发展势头良好，山东省、江苏省、广东省、福建省等东部省份的装备工业仍维持了较高增速，总体运行较为平稳。

山东省积极应对复杂的国内外发展环境和经济下行压力，加大力度推进供给侧结构性改革，采取措施适度扩大总需求，装备制造业全面提速，有力支撑工业稳定增长，工业经济阶段性筑底迹象明显，生产运行总体平稳，企业效益有所好转，工业结构持续优化，新旧动能持续转换，实现了“十三五”良好开局。2016年3月28日，山东省人民政府印发了《〈中国制造2025〉山东省行动纲要》，紧紧围绕行动纲要提出的把握世界前沿技术和产业发展方向，立足山东现有产业基础，按照高端、高质、高效发展要求，山东省加大对装备制造业的扶持力度，对重点装备骨干行业实施贷款贴息政策，在装备制造业领域深入开展首台（套）技术装备及关键核心零部件保险补偿等，推动装备制造业快速发展。2016年，山东省装备制造业增加值增长7.6%，比全部规模以上工业高0.8个百分点，比上年提高0.5个百分点，显示了强劲增长势头。装备制造业增加值占规模以上工业的比重为29.4%，达到历史最高水平。

江苏省是我国装备制造业强省，无论是规模实力，还是区域综合竞争力都稳居全国首位。围绕促进制造业转型升级需求，江苏省进一步壮大新兴装备制造业，提升传统装备制造业，推动整机成套装备与零部件产业、基础制造产业协同发展，加快构建门类齐全、功能完整的装备制造产业新体系。江苏省装备制造业的发达，离不开政策的引导支撑。为贯彻落实《中国制造2025江苏行动纲要》，江苏省制定了《江苏省装备制造业“十三五”发展规划》。“十二五”以来，江苏省财政每年安排省级战略性新兴产业发展专项资金10亿元，重点对战略性新兴产业发展的重要环节、关键技术、重大工程以及载体建设给予支持。江苏将从2016年起连续3年统筹安排省级各类资金超过1000亿元，支持“一中心、一基地”建设，即建设有全球影响力的产业科技创新中心和有国际竞争力的先进制造业基地。此外，江苏省还实施省人才“育鹰计划”“333高层次人才培养计划”，围绕对未来新兴产业的形成和发展具有引领作用的前沿技术，着力培养青年科技人才，完善人才使用和激励机制，鼓励省内外装备制造业优秀人才和团队到江苏创新、创业，切实提高本省企业原始创新能力。改革科研项目经费管理机制，减少对创新项目实施的直接干预，赋予创新人才和团队更大人财物支配权、技术路线决策权。

装备制造业是广东省的支柱产业，一直保持平稳快速发展态势。据统计，2016年，广东省装备制造业工业增加值均保持10%以上增速。目前全省规模以上装备工业企业已达1.63万家，占规上企业的40%左右。通用航空、机器人应用、节能环保、新能源汽车等高端装备业率先增长，产业集聚初具规模。广东省实施创新驱动发展战略，加快智能制造推广应用。2016年启动建设了印刷及柔性显示、机器人、轻量化高分子材料等领域的首批3个省级制造业创新中心，建成智能装备、智能机器人等新型研发机构，支持8家大型工业骨干企业建设中央研究院，扶持42家企业技术中心建设创新平台。推进科技成果产业化，举办泛珠三角科技成果对接活动，推介创新成果341项。2016年，广东出台深化制造业与互联网融合发展的实施意见，建设10个智能制造示范基地，培育36个省级智能制造试点示范项目，新增国家级智能制造试点示范项目6个。培育机器人骨干企业15家，2016年1—11月，工业机器人产量增长39.4%。通过购置费事后奖补推广机器人应用，新增应用机器人2.2万台，总量达6万台以上。加快两化融合贯标试点，全省新增国家级贯标试点企业79家。广东省大力发展珠江西岸先进装备制造产业带，2016年，珠江西岸“六市一区”成为《中国制造2025》试点示范城市群。围绕高端项目狠抓招商引资和项目落地建设，2016年1—11月，新引进投资亿元以上项目197

个，新开工亿元以上项目 163 个，完成投资 111 亿元；新投产亿元以上项目 117 个。壮大工作母机类制造业，培育龙头骨干企业，支持产业集聚区建设，2016 年 1—11 月，珠江西岸“六市一区”装备制造业增加值增长 13.3%，投资额增长 33.7%。

二、中部地区

（一）产业规模不断扩大

2016 年中部地区的河南省、安徽省、湖北省、山西省和湖南省继续保持较快速增长。

2016 年 1—11 月，河南省装备工业持续平稳增长。全省装备工业增加值同比增长 11.6%，增速高出全省工业平均水平 3.6 个百分点；完成主营业务收入 1.09 万亿，同比增长 10.12%，占全省工业的比重达到 19.9%；实现利润总额 745 亿元，同比增长 7.64%，占全省工业的比重达到 20.7%。

2016 年 1—11 月，安徽省装备工业实现增加值 2686.4 亿元，同比增长 12.2%，增速高于全省工业平均水平 3.6 个百分点，占全省工业的比重为 37.3%。2016 年前三季度，安徽省装备工业实现主营业务收入 10796.8 亿元，同比增长 10.2%，增速高于全省工业平均水平 3.5 个百分点，占全省工业的比重为 36.7%；实现利润 493 亿元，同比增长 7.4%，占全省工业的比重为 38.2%。

2016 年 1—11 月，湖北省在汽车、电子设备等行业带动下，装备制造业增加值增长 10.7%，同比加快 1.5 个百分点。汽车行业轿车产销两旺、商用车好转以及产品结构改善和上海通用等增长点发力，增加值增长 13%，同比加快 3.4 个百分点。汽车产量 216.4 万辆，超过上年全年 20 万辆，同比增长 24.3%。机械行业增势放缓，增加值增长 6.9%，其中通用设备、专用设备分别增长 8.5% 和 6.5%，铁路航空等运输设备制造业、仪器仪表制造业分别增长 11.8%、7.3%。

山西省 2016 年 1—11 月份，装备制造业实现主营业务收入 1368.7 亿元，同比增长了 4.9%；实现工业增加值 400.6 亿元，同比增长了 7.8%。装备制造业实现工业增加值中贡献最大的是计算机、通信和其他电子设备制造业，九个分行业中贡献率最大的是电子装备制造业，约占 56.29%。

湖南省2016年1—9月，全省装备工业累计完成规模工业增加值2126.1亿元，同比增长12.1%，占全省规模工业增加值比重为29.9%，增加值对全省工业的贡献率为50.3%。目前已经形成了电工电器、工程机械、汽车、电子信息等千亿产业集群。轨道交通、新能源汽车及零部件和节能环保产业形势较好，特别是对增材制造、北斗导航、智能驾驶、航空航天等前沿产业抢滩布局，有可能培育出新的支柱产业。

（二）重点产业发展势头良好

湖北省新能源汽车不断整合上下游资源，创新商业模式，加快推进示范推广应用及基础设施建设，累计产量达1.4万辆，同比增长9.1倍。其中，东风汽车公司在鄂产量1.2万辆，同比增长约10倍；东风扬子江汽车公司产量2000辆，同比增长约8倍。涌现出湖北新楚风汽车股份有限公司、程力专用汽车股份有限公司、武汉九通汽车公司等一大批新能源整车和专用汽车生产企业，产业链进一步完善。

安徽省以工业机器人、高档数控机床、增材制造装备、智能传感与控制装备、智能检测与装配装备、智能物流与仓储装备、智能化生产线为重点，大力发展智能装备产业，取得了智能装备总量不断攀升、机器人产业快速发展、高档数控机床集群发展等丰硕成果。

湖南省形成了电工电器、工程机械、汽车、电子信息等千亿产业集群，工程机械产业占据国内绝对领导地位，轨道交通产业在国内处领先水平，中小航空发动机是全国重要的生产研发基地，新能源汽车产业拥有全球最大的纯电动大巴生产基地，电子信息细分领域聚集了以蓝思科技、长城信息等为代表的一大批单项冠军型企业。

江西省通过试点示范工作的推进，在生物医药、石化、纺织等行业，部分企业在资源配置、工艺优化、过程控制、产业链管理、质量控制与溯源、节能减排及安全生产等方面的智能化水平得到提升。

三、西部地区

（一）总体实现平稳增长

产业规模不断扩大，总体平稳运行。四川、陕西、重庆、贵州等地区继续保持较高速增长。2017 年 1—7 月，四川省机械装备制造业（规模以上，不含汽车）工业增加值比上年同期增长 7. 7%，累计完成工业总产值 3202. 88 亿元，同比增长 7. 61%，比上年同期增速高出 1. 07 个百分点。陕西省前三季度，非能源工业增加值同比增长 13. 1%，其中，装备制造业增长 18. 2%。重庆市 2016 年 1—11 月，全市规模以上工业增加值同比实际增长 10. 3%，其中，汽车制造业增长 11. 3%，电子制造业增长 23. 2%，装备制造业增长 10. 8%。2016 年 1—4 月贵州省规模以上装备制造业完成工业总产值 501 亿元，实现工业增加值 100. 2 亿元，同比增长 26%。

（二）重点行业分化严重

西部地区主导产业、高端装备制造、新能源汽车等普遍增长较快，但传统产业增速较低甚至下滑明显。2016 年 1—4 月，四川航空航天装备工业总产值同比增长达 30. 5%，节能环保装备增长 17. 6%，但传统工程施工机械增速下滑 1. 1%。贵州省受煤炭及房地产行业低迷影响，煤炭机械和工程机械下滑明显。由于总量基数较小，在新建项目逐步达产带动下，新疆生产建设兵团 2016 年 1—4 月规模以上装备制造业企业工业增加值和销售产值增速更超过 33%。但是受市场需求总体不足和缺少创新人才队伍等长期问题困扰，西部地区高端装备发展仍然滞后，地区不平衡状况还将存在。

由于全球经济复苏疲弱，国内低成本优势削弱等原因限制了外需增长，直接影响了西部各省装备制造业的出口规模和效益。

其中，高端装备和新兴产业发展势头良好。2016 年陕西省新能源汽车销售同比增长 150%，其中，比亚迪插电式混合动力汽车秦的产销实现高速增长，位居国内新能源汽车单一车型销量冠军。重庆市第一季度机器人及智能装备产业产值增长 31%，新能源汽车产值同比增长 17 倍。

（三）发展问题仍然突出

一是市场需求依然不足，投资增速明显放缓。传统装备产品市场需求明显减少，企业生产任务不足，产销量和经济效益出现较大下降，2016 年 1—4 月，新疆重点联系企业累计完成工业总产值 103. 4 亿元，同比仅增长 1. 8%，2016 年全年增速预计只有不到 2015 年的一半。二是创新能力还不足，产品竞争力有待提升。内蒙古、甘肃等西部地区装备工业创新能力建设不足表现较为明显，装备工业整体规模较小，重大技术装备自主研发和制造能力不足，创新滞后成为转型发展的重要障碍。三是结构调整形势仍然严峻。部分地区工程机械、船舶、电机、机械基础件等部分行业产品结构性和周期性产能过剩较为严重，西部地区高端装备占装备制造业比重仍较小，产品档次低，特别是装备工业结构失调并未改善。四是企业生产经营困难。部分需求不足、产能过剩的传统产业市场竞争激烈，产品价格保持低位；中小企业融资难、融资贵的问题仍然突出，金融机构惜贷、抽贷现象较严重，三角债问题突出。

（四）提质增效取得明显进展

面对工业发展普遍存在的过剩与短板并存、成本高企、结构性矛盾突出等问题，西部地区着力加快发展高端装备制造业，多措并举降低企业成本，加快工业供给侧结构性改革，实现经济增长质量和效益的明显提升。装备工业各指标增速更快，带动工业经济增长更加突出，新疆装备制造业工业总产值近十年平均增速达到29%以上，逆势成为全区优势产业。

西部地区装备工业着力加强创新驱动，大力推进结构调整和转型升级，加快新旧动能转换，取得明显成效。新疆克拉玛依威奥公司的短电弧机床、特变电工的智能变压器等整机产品已实现产业化，金风科技风电机组风机变桨系统等控制技术应用已走在全国前列。

第五节　2016年我国装备工业重点企业发展情况

一、南京埃斯顿自动化股份有限公司

（一）企业基本情况

1. 企业概况

1993年，南京埃斯顿自动化股份有限公司在南京正式成立，企业总部设立在江宁开发区。在全球制造业转型升级的新阶段，南京埃斯顿自动化股份有限公司将目标瞄准机器人产业，于2002年建立了埃斯顿机器人工程有限公司，涉足工业机器人产业，经过多年发展，公司成为具备自主核心技术的国

内机器人领军企业。2015—2016 年，埃斯顿经历了黄金发期，凭借企业的核心控制软硬件产品，打开更广泛的海外市场，成为我国拥有自主核心技术的国产机器人上市公司。

2. 技术水平

埃斯顿机器人工程有限公司拥有 2.2 万平方米的生产车间，并且建立了配套设施以方便新产品的检验检测，企业已经通过 IS09001 产品质量体系认证，所有出口产品均已取得 CE 认证或者 UL 认证。此外，埃斯顿已经在工业机器人领域取得了多项重大技术突破，被国家标准委员会授予“全国锻压机械标准化技术委员会控制和功能部件工作组”承担单位，公司已经拥有专利 79 项，其中发明专利 20 余项，共有软件著作权 45 项。

3. 产品市场表现

2016 年，埃斯顿自动化股份有限公司传统数控业务表现比较稳定，运动控制交流伺服市场表现较为平稳，但是机器人工作站市场增长迅速达到 80%。

运动控制交流伺服系统业务作为埃斯顿的主要品牌，在 2016 年依然保持着稳定增长，企业在研发和创新方面的持续投入，逐步拓展了我国华东、华南市场。其中，高端节能产品的混合驱动伺服在油压机领域取得较好的实践效果。

工业机器人是埃斯顿的新战略产业，利用低成本的自主核心技术和零部件打开了海外市场，产品质量和服务得到了广泛的认可。自主研发的工业机器人视觉系统已经能够对物力固体进行识别、拾取和检验，机器人防碰撞功能技术也有了重大突破。其机器人折弯工作单元、焊接工作站、冲压自动化生产线等特色成套设备，已经具备规模化生产的能力。同时，企业积极布局上下游产业链条，与相关企业进行合作，推进智能制造生产线。

（二）经营发展战略

1. 扩大研发优势

企业大力投入高端智能装备和核心功能部件的技术研发和生产。目前，埃斯顿已经具有电液伺服控制核心技术、交流伺服电机核心技术、工业机器人设计及其专用交流伺服技术、关节精密传动技术、机器人控制算法等，并且能够为客户提供定制化的自动化生产整体解决方案。

2. 完善产品序列

企业依托强大的研发投入和优势，推出较为完善的产品序列，逐步渗透多个制造业领域，涵盖纺织机械、印刷机械、电子机械、机床等行业，产品包括金属成形机床数控系统系列、电液伺服系统系列、交流伺服系统系列、工业机器人产品系列等。

3. 坚持转型升级

企业进行内部改革，将生产链条进行整合优化，对成本进行合理的把控，加大对于工业机器人领域的投入，拓展上、中、下游产业链条发展的空间。随着公司成功募集资金，在市场普遍表现低迷的背景下，解决了企业资金瓶颈问题，资本实力不断增强。

4. 发挥品牌效应

埃斯顿自动化股份有限公司作为中国机床工具工业协会锻压机械分会理事单位、中国机器人产业联盟副理事长单位、中国锻压协会理事协会等，为推动行业进步做出了重大贡献。

二、吉利汽车集团

（一）企业基本情况

浙江吉利控股集团（以下简称“吉利集团”）是中国独立发展本土民营企业的代表，虽然起步条件非常差，但是凭借灵活的经营机制和持续的自主创新迅速成长，逐步成为中国主导的乘用车企业，并成为自主发展企业的代表。

在生产制造方面，吉利集团总部设在杭州，目前拥有吉利汽车、沃尔沃汽车、伦敦出租车等品牌，其中吉利汽车在浙江、山东、四川、湖南等地建有汽车整车和动力总成制造基地。主要产品为整车、发动机、手动/自动变速器。

在研发设计方面，吉利集团在杭州设有研究院，瑞典哥德堡设有欧洲研发中心，中国上海、美国加州、瑞典哥德堡、西班牙巴塞罗那设立了造型设计中心。

在市场销售方面，2016年，吉利汽车全年汽车销量达到799188辆，在中国汽车企业汽车销量排行中位列第十名，超额完成目标，紧随长安、长城之后，在自主汽车领域位列第三名。

（二）技术发展分析

吉利汽车坚持自主开发，重视汲取世界先进技术，在进取中创新，逐步形成了一套独具特色的技术创新能力。技术研发上，吉利集团秉承平台化、通用化、模块化战略，以 KC、NL、FE 三大核心平台和 CMA 中级车基础架构为支柱，坚持正向开发。多年来，吉利汽车深耕汽车核心零部件，自主研发的 1. 3TD、1. 8TD、1. 8TD 二代三款发动机受到业内专家的好评，入选中国年度十佳发动机。吉利汽车 1. 8TD 二代发动机采用涡轮增压缸内直喷技术，最大扭矩为 285N · m/1500—4000rpm，最大功率达到 135kW/5500rpm。通过对关键技术的开发和升级，1. 8TD 二代发动机相对于 1. 8TD 发动机，扭矩提升了 14%，噪声、振动与声振粗糙度（Noise、Vibration、Harshness，NVH）性能提升 5%，油耗降低了 3. 7%，在动力性、NVH 和燃油经济性方面均达到国际领先水平。吉利汽车加快从传统汽车向新能源汽车转型，吉利集团积极布局新能源汽车研发技术和智能网联技术，未来吉利集团将重点依托纯电动汽车、混动动力汽车和插电式混合动力汽车三大技术路线，打造小型纯电动汽车 PE 平台、中高端纯电动汽车平台 FE 以及 CMA 中级车基础模块架构，与此同时吉利集团积极储备甲醇系统汽车、燃料电池汽车、金属燃料电池汽车的关键核心技术。吉利联合沃尔沃，制定了全面的智能互联战略、技术路线和产品规划，紧紧把握电气化、轻量化和智能化等核心技术的研发，吉利的全新品牌 Lynk&Co，以及博瑞、博越等 3. 0 代车型上将搭载先进的智能系统。

（三）企业战略目标

吉利集团依托总体跟随、局部超越、重点突破、招贤纳士、合纵连横、后来居上，2016 年 11 月，在吉利控股集团创业 30 周年庆典上正式发布了“吉利汽车 20200 战略”：即到 2020 年实现年产销 200 万辆，全球竞争力大幅提升，力争进入全球汽车企业前十，同时成为最受人尊敬的中国汽车品牌。

在细分市场方面，吉利集团将大力推出新产品，预计 2020 年之前推出乘用车产品30余款，以满足不同的市场定位及需求。2016年，吉利集团发布LYNK&CO品牌，新品牌由沃尔沃汽车主导，基于吉利汽车与沃尔沃汽车联合开发的全新中级车基础模块架构CMA建立。首款LYNK & CO 01是一款中级SUV，2017年第四季度正式在中国市场进行销售，2019年在欧洲市场发售，随后进入美国市场。

三、中国商用飞机有限责任公司

（一）企业基本情况

中国商用飞机有限责任公司（以下简称“中国商飞公司”）是由国务院国有资产监督管理委员会、上海国盛（集团）有限公司、中国航空工业集团公司、中国铝业公司、宝钢集团有限公司、中国中化股份有限公司共同出资组建，是国家控股的有限责任公司。

截至2016年底，中国商飞公司共下辖7家所属单位，包括上海飞机设计研究院、上海飞机制造有限公司、上海飞机客户服务有限公司、北京民用飞机技术研究中心、民用飞机试飞中心、上海航空工业（集团）有限公司和上海《大飞机》杂志社有限公司，下设15个职能部门和2两个项目团队（C919项目和ARJ21项目），员工总人数突破万人。

中国商飞公司致力于公司六大能力建设，即研发设计能力、总装制造能力、市场营销能力、客户服务能力、适航取证能力、供应商管理能力，着力打造研发设计、总装制造和服务支援三大能力平台，发挥上海区位优势、人才优势、科技优势和政策优势，构建“以中国商飞公司为主体，以市场为导向，产学研相结合”的民机技术创新体系。

（二）生产经营情况

中国商飞公司主要从事民用飞机及相关产品的设计、研制、生产、改装、试飞、销售、维修、服务、技术开发和技术咨询业务；与民用飞机生产、销售相关的租赁和金融服务；经营本公司或代理所属单位进出口业务；承接飞机零部件的加工生产业务；从事业务范围内的投融资、外贸流通经营、国际合作、对外工程承包和对外技术、劳务合作等业务以及经国家批准或允许的其他业务。实行“主制造商—供应商”发展模式，重点加强飞机研发设计、总装制造、市场营销、客户服务、适航取证和供应商管理等能力。

（三）经营发展战略

大型客机是一个国家工业、科技水平的综合实力的集中体现，被誉为“现代工业之花”和“现代制造业的一颗明珠”。中国商飞公司肩负着国家的意志，以让中国大飞机翱翔蓝天为使命，努力实现大型客机项目的研制成功和商业成功，以带动我国经济和科技发展，使中国航空工业向更高领域迈进。中国商飞公司的愿景是为客户提供更加安全、经济、舒适和环保的民用飞机。中国商飞公司作为世界民机大家庭的成员，致力于为客户提供更加安全、经济、舒适、环保的民用飞机，使更多的人享受航空科技成果。

中国商飞公司以“发展民机、壮大产业、开拓创新、勇创一流”为发展方针，以“坚持科学发展，做好统筹协调；坚持以我为主，扩大开放协作；坚持项目成功，促进产业发展；坚持以人为本，实现文化凝聚”为指导思想，努力将自身打造成国际一流航空企业。公司发展干线飞机和支线飞机，着力打造研发设计、总装制造、服务支援三大平台，实施企业文化、人才强企、信息化、品牌等四项战略，统筹安全性同经济性、自主创新同利用全球科技资源、体制机制创新同发挥现有技术人才企业作用、研制攻关同实现产业化、政府主导同市场机制的五大关系，强化研发设计、总装制造、市场营销、客户服务、适航取证、供应商管理六种能力。

四、南通中远川崎船舶工程有限公司

（一）企业基本情况

南通中远川崎船舶工程有限公司是中国远洋运输（集团）总公司与日本川崎重工业株式会社合资兴建的大型造船企业，成立于1995年底，是我国第一家大型中外合资造船企业。公司注册资本14.6亿元，总投资超过50亿元，主厂区及舾装基地总面积约130万平方米，年生产能力超过200万载重吨。公司拥有1座30万吨级船坞和1座50万吨级船坞。该公司生产设施先进，装备精良，造船生产经营条件居国内领先水平。通过对先进技术的引进、吸收和再创新，实现了生产管理和技术开发的“本土化”和“再创造”，形成了具有中远川崎特色的精益管理模式。公司先后被评定为“高技术企业”“江苏省船舶技术工程研究中心”“江苏省工业设计中心”“江苏省企业技术中心”和“江苏省博士后创新实践基地”。公司成立以来，一直得到社会各界和政府相关部门的大力支持，实现了高起点、跨越式发展，迄今共交付150艘船舶，其中，VLCC油轮、13386TEU集装箱船等多个船型，建造当时均填补了中国造船业的多个空白。建造工时、钢材利用率、万美元产值耗电量、生产效率等主要经济技术指标达到国内领先、国际先进水平。

（二）生产经营情况

公司主要从事中、高端船舶的研发和建造，产品类型涵盖各型散货船、大型集装箱船、超级油轮、矿砂船、汽车滚装船以及多用途船、双燃料船、LNG船等特种船。根据《中国船舶工业统计年鉴—2016》数据显示，2015年，南通中远川崎船舶工程有限公司完成工业总产值47.2亿元，比上年下降13.6%；实现主营业务收入46亿元，比上年下降15.8%；实现利润6.2亿元，比上年增长14.7%。2015年，公司造船完工21艘，167.3万载重吨，吨位比上年增长42.4%；新承接船舶订单220.4万载重吨，比上年增长1.4%；手持船舶订单496.4万载重吨，比上年增长12%。

（三）经营发展战略

全面建立船舶产品的数字化研发、设计、制造、测试与试验、管理集成平台环境；打通船舶数字化研发、设计、制造、管理生产线主线；应用数字化样船技术，推行模块化造船和产品虚拟建造，建立船舶精益建造体系；以数字化为纽带促进生产装备和管理创新，推行船舶制造资源优化配置、智能物流配送，建立造船精细化建造管理体系；应用敏捷制造技术和虚拟企业原理，实现研发、设计、制造和管理向数字化、集成化的跨越，建立以智能制造为核心的现代造船协同设计和协同制造体系；推进工艺装备和执行系统智能化，大幅减少人力成本，提高自动化水平；进行数字化造船人才和标准规范体系建设，建立“智能制造”工程实施保障体系，使公司的造船模式向智能制造转换，以数字化车间为切入点，在国内率先建设初级阶段的“智能船厂”。

第六节 2017年我国装备工业发展环境分析

一、国内政策环境

（一）《中国制造2025》配套政策逐渐落实

自2015年5月发布以来，《中国制造2025》实施了近两年，已进入全面实施的新阶段。在过去的一年多时间里，工业和信息化部会同有关部门确定和编制了“1＋X”体系，大力推进各项政策分解细化和落地实施。在“1＋X”体系中，“1”是指《中国制造2025》，“X”是指包括五大工程、质量品牌提升、发展服务型制造的11个保障实施的配套方案、计划和规划。《中国制造2025》五大工程、制造业质量品牌提升、发展服务型制造、医药工业发展规划3个指南已经陆续发布。信息产业、新材料产业、制造业人才等3个规划指南正在履行审批发布程序。

1. 五大工程

2016年8月19日，工信部、发改委、科技部、财政部四部委联合发布了《中国制造2025》的制造业创新中心、工业强基、绿色制造、智能制造和高端装备创新等五大工程实施指南。其中，制造业创新中心建设工程以突破重点领域前沿技术和关键共性技术为方向，致力于建立从技术开发到转移扩散到首次商业化应用的创新链条。工业强基工程主要解决核心基础零部件、关键基础材料、先进基础工艺的工程和产业化瓶颈问题，构建产业技术基础服务。绿色制造工程将重点推动制造业各行业、各环节的绿色改造升级，加快构建绿色制造体系。智能制造工程以数字化制造普及、智能化制造示范为抓手，推动制造业智能转型，推进产业迈向中高端。高端装备创新工程以突破一批重大装备的产业化应用为重点，为各行业升级提供先进的生产工具。

2. 三大规划指南

2016年8月15日，工业和信息化部、质检总局、国防科工局编制了《促进装备制造业质量品牌提升专项行动指南》，旨在夯实装备制造业质量和品牌发展的基础，推动装备制造业质量和品牌整体提升，提高国产装备国内市场满足率、自主品牌市场占有率，依托中国装备树立中国制造的质量和品牌新形象。

2016 年 7 月 26 日，工业和信息化部会同国家发改委、中国工程院制订并印发了《发展服务型制造专项行动指南》提出到 2018 年基本实现与制造强国战略进程相适应的服务型制造发展格局。《发展服务型制造专项行动指南》是推动服务型制造发展的指导性文件，将引导制造和服务融合发展，加快制造业从生产型向生产服务型转变。

2016 年 11 月 7 日，工业和信息化部联合国家发展和改革委员会、科学技术部、商务部、国家卫生和计划生育委员会、国家食品药品监督管理总局联合发布《医药工业发展规划指南》，推进生物药、化学药新品种、优质中药、高性能医疗器械、新型辅料包材和制药设备六大重点领域发展，加快各领域新技术的开发和应用，促进产品、技术、质量升级。

（二）“制造业与互联网融合”引领制造业发展新模式

为进一步深化制造业与互联网融合发展，协同推进“中国制造 2025”和“互联网 +”行动，加快制造强国建设，2016 年 5 月 20 日，经李克强总理签批，国务院日前印发《关于深化制造业与互联网融合发展的指导意见》（以下简称《指导意见》）。《指导意见》的总体定位是把制造业、“互联网 +”和“双创”紧密结合起来。通过创新发展思路、模式、业态，培育产业发展新生态，打造经济发展的新动能。《关于深化制造业与互联网融合发展的指导意见》与《中国制造 2025》《积极推进“互联网 +”行动指导意见》共同构成了制造强国战略的政策体系。《关于深化制造业与互联网融合发展的指导意见》和《积极推进“互联网 +”行动的指导意见》，是贯彻落实“中国制造 2025”、建设制造强国和网络强国的重要举措，是推进供给侧结构性改革，实现经济提质增效的现实选择。

二、国外政策环境

（一）美国密集出台各项政策助推新一轮产业革命

2011 年 6 月，美国正式启动“先进制造伙伴计划”，旨在加快抢占 21 世纪先进制造业制高点。2012 年推出《美国先进制造业国家战略计划》，在 2013 年进一步推出《制造业创新国家网络》。自先进制造战略发布以来，美国主要围绕技术研发、技术转移和相关配套政策（税收优惠、人才教育、商业投资、专项基金等）方面发布具体政策，并投入大量资金加速战略落地。2016 年 7 月，美国国家增材制造创新机构（“美国制造”）宣布授出 7 个增材制造前沿领域的新项目。这些项目不仅要专注于机构技术路线图中的设计、材料、工艺、价值链和增材制造基因组 5 个方向，还要处理劳动力、教育和社会服务（WEO）路线图 5 个方向的需求——知识和知觉、实操学习、实习项目、人才管道以及工业基因组。2016 年 9 月，白宫科技政策办公室（OSTP）发布了公众就人工智能的未来管理及政策提交的意见及建议。关于《人工智能大未来》，OSTP 主要征集了 AI 的法律和管理问题、公益使用、安全和控制问题、社会和经济影响、最迫切的、根本研究、科学和技术培训、跨学科研究等十个主要问题，收集并发布包括谷歌等 5 大科技公司，斯坦福等 7 所高校在内的个人、学术界及研究者、非营利组织以及产业界共 161 项回复。2016 年 10 月，奥巴马主持白宫前沿峰会，发布《国家人工智能研究与发展策略规划》为美国政府资助的 AI 研究和发展划定策略。该规划提出美国 AI 发展的 7 个战略方向，即：对人工智能研发进行长期投资；开发人机协作的有效方法；理解和应对人工智能带来的伦理、法律和社会影响；确保人工智能系统的安全性；开发人工智能共享公共数据集和测试环境平台；建立标准和基准评估人工智能技术；更好地把握国家人工智能研发人才需求。2017 年 1 月 13 日，美国制造业创新研究所（NNMI）——美国制造（ManufacturingUSA）成立第 14 家研究所，该研究所全称为高级机器人制造创新中心，由美国国防部负责，旨在复兴美国制造业，促进企业采纳新技术。该研究所的启动资金为 8000 万美元联邦资金和 1.73 亿美元的私营资金，资金量大反映出美国机器人企业对该研究所及其对美国产学研影响的重视。ARM 的成员包括 123 个产业伙伴，40 个研究机构，64 个政府机构和非营利伙伴。

（二）德国发布《德国数字化战略 2025》

作为制造业强国的德国，时刻保持着危机感。面对新一代信息技术的迅猛发展，德国政府在 2013 年提出了“工业 4.0”，以充分挖掘信息技术促进工业发展的潜力，抢抓新工业革命的先机。基于当前发展趋势，2016 年 3 月 14 日，德国联邦经济与能源部发布了《德国数字化战略 2025》，在国家战略层面明确了德国经济转型的基本路径。该战略聚焦千兆光纤网络、新创业时代、智能互联、数据主权、新商业模式、政策框架、数字教育等关键词，重点提出了十大行动步骤：构建千兆光纤网络；开拓新的创业时代，支持初创企业发展；建立投资及创新领域监管框架；在基础设施领域推进智能互联以加速经济发展；加强数据安全，保障数据主权；促进中小企业、手工业和服务业商业模式数字化转型；帮助德国企业推行“工业 4.0”；注重科研创新，数字技术发展达到顶尖水平；实现数字化教育培训；成立联邦数字机构。德国政府计划在 2018 年前投入近 100 亿欧元用于扩建和升级光纤网络连接，覆盖人口密集地区，并改善乡村地区网络基础设施条件，预计整个数字化战略的总投资额将接近 1000 亿欧元。

2016 年 9 月 27 日，德联邦交通部部长多布林特表示，德国拟推出推动德国 5G 发展的战略。该战略分 5 步：第一步到 2018 年制定 5G 频率商用的框架条件；第二步建立电信行业与应用行业之间的对话论坛；第三步推进 5G 研究，使德国取得技术上的优势，并共同制定未来国际 5G 标准；第四步是应用项目，如 5G 试验城市，联邦政府可为此资助 200 万欧元，总额超过 8000 万欧元的自动驾驶汽车项目也将促进 5G 发展；第五步是促进基础设施建设，最迟到 2025 年在所有联邦主干道、最少 20 个大城市覆盖 5G。

（三）日本积极实施“社会 5.0”

与“中国制造 2025”和“工业 4.0”不同，日本重新构想了工业与整个社会的关系，因此从更高一个层面构建了全新的远景图——“社会 5.0”，主要意图是最大限度应用信息通信（ICT）技术，通过网络空间与物理空间（现实空间）的融合，共享给人人带来富裕的“超智慧社会”。2016 年 1 月在《第五期科学技术基本计划》中，提出了“超智能社会 5.0”战略，并在 5 月底颁布的《科学技术创新战略 2016》中，对其做了进一步的阐释。《第五期科学技术基本计划》是日本政府自 1995 年颁布《科学技术基本法》、1996 年发布《第一期科学技术基本计划》以来启动实施的第五个国家科技振兴综合计划，也是日本最高科技创新政策咨询机构——综合科学技术创新会议（CSTI）

2014 年 5 月重组之后制订的首个基本计划。“社会 5.0”将物联网 IoT、机器人、人工智能 AI、大数据等技术来解决，少子高龄、资源匮乏导致的脆弱的能源基础设施、极端集中等这些发达国家特有的课题。它通过整个各个社会子系统，对人类/地理/交通等大数据进行横向应用，从而实现一个充满活力与舒适度日的社会，每个人都接受高质量的服务。该计划提出，未来 10 年，通过政府、学术界、产业界和国民等相关各方的共同努力，日本将大力推进和实施科技创新政策，把日本建成“世界上最适宜创新的国家”。为此，日本政府未来 5 年将确保研发投资规模，力求官民研发支出总额占 GDP 比例的 4% 以上，其中政府研发投资占 GDP 的比例达到 1%。

第七节 2017 年我国装备工业发展趋势展望

一、装备工业总体运行平稳，亮点增加

（一）生产增速企稳回升

2016 年是“十三五”规划开局之年，在一系列产业发展政策刺激下，我国装备工业经济运行总体平稳。展望 2017 年，我国装备工业发展机遇与挑战并存，既有国内经济增长平稳、供给侧结构性改革政策效应逐步显现等积极因素，也有国内外需求持续低迷、企业面临的困难超出预期等不利因素，但总体上机遇大于挑战，我国装备工业将呈现新的发展形态和趋势，轨道交通装备、增材制造、通用航空等将成为新增长亮点。

（二）汽车产业增势良好

2016 年以来，受宏观经济增速趋稳及利好政策的影响，汽车产销增速继续保持较快增长。预计 2017 年，受宏观经济增速趋稳及“稳增长”政策影响，汽车产销仍将保持较快增长。但由于结构调整带来的经济增速下行压力仍然存在，受环境保护、交通拥堵的限行限购不利因素影响，预计全年汽车产销增速将逐渐趋稳，保持在 16% 左右。随着新能源汽车补贴额度的下调与车型的调整，我国新能源汽车产销增速较 2016 年将会放缓，续航里程在 200

公里以下的纯电动车型和50公里以下的插电式混合动力车型销量将下降。由“互联网+”推动的智能网联汽车以及无人驾驶汽车、动力电池汽车将取得新突破。

（三）机械工业延续分化走势

2016年，机械工业总体运行平稳，主要经济指标保持了小幅上升的态势，但行业间运行走势分化更为突出。预计2017年，影响行业经济运行的不确定因素仍然较多，投资下滑趋势尚未止住，对外贸易需求不旺的状况并未明显改善，行业运行下行压力依然较大。但随着国家宏观调控政策逐步到位，经济形势好转，行业经济运行将有望延续平稳态势。同时，一些机械行业将延续增长分化走势：工程机械、重型机械、矿山机械、石化设备、常规发电装备等传统投资类产品以及机床、交流电动机、低压电器、电线电缆、中小型普通农机产品等产能相对过剩行业将延续下降趋势，国家重点支持的新型农业机械、节能环保装备、文物保护装备、现代物流设备、医疗器械等将加快增长。

（四）船舶工业将逐渐好转

2016年，受全球航运市场低迷影响，船舶和海洋工程装备增长压力较大。上半年，在国际航运市场低位反弹的带动下，我国新承接船舶订单回升明显，造船完工量同比降幅收窄，三大指标呈现一升两降的发展态势。预计2017年，国际船市新一轮大调整持续深入，产业调整周期的特征不断显现，需求结构出现一些趋向性变化，散货船等常规船型需求仍然乏力，LNG船、新型环保的运输船将保持旺盛需求，汽车运输船、远洋渔船、豪华游轮等需求增长将表现明显。综合来看，受《船舶行业规范条件》的实施、国家关于化解产能严重过剩等政策的逐项落实，2017年造船完工量增速、手持订单降幅将进一步收窄，新接订单量将小幅回升。

（五）智能制造加速发展

2016年以来，《智能制造工程实施指南（2016—2020年）》和《机器人产业发展规划（2016—2020年）》的发布、智能制造试点示范专项行动的继续实施、增材制造产业联盟的成立等产业政策与行动推动智能制造产业加速发展。预计2017年，随着各项产业政策将智能制造提高到新的高度，各领域智能制造推进路线进一步明确，以及中德合作的进一步加深，开放、共享、协作的智能制造产业生态将逐步形成。高端装备、节能与新能源汽车、电力装备、农机装备、高性能医疗器械等装备制造商与用户联合开发所需成套装备的模式将得到推广。借助互联网技术的发展，网络协同制造、大规模个性化定制、远程运维服务等智能制造新模式将不断成熟。

（六）高端装备创新发展出现新起色

2016 年，在国家一系列产业政策的推动下，高端装备制造业的发展取得明显成效，产值占装备制造业比重逐步提高。预计 2017 年，除了政策长期利好外，随着制造业转型升级和国产化替代的推进，高端装备制造国内外市场需求巨大，高端装备创新发展成为未来制造业发展的主要趋势愈发明显。以产业化应用为目标的高端装备创新发展加快推进，一批标志性、带动性强的重点产品和重大装备将加快布局，自主设计水平和系统集成能力、核心部件研制技术水平逐步提升，产业创新能力不断增强。随着一批重大装备的工程化、产业化应用，高端装备作为装备制造业“新名片”，将带动我国装备制造业水平的全面提升。

二、智能化、电动化、共享化仍是行业发展热点

预计 2017 年我国汽车产销增速将逐渐趋稳。由于结构调整带来的经济增速下行压力仍然存在，受环境保护、限行限购、购置税优惠政策退坡、房地产行业政策调整等宏观经济不确定因素的影响，2017 年汽车销量预计为 2968 万辆，同比增长 6%。其中乘用车预计增长 6.5%，销量为 2610 万辆；商用车整体增长 2.3%，至 358.0 万辆。

预计 2017 年，随着新能源汽车补贴额度的退坡与车型目录的调整，我国新能源汽车产销增速在继续保持中高速增长的同时较 2016 年有所放缓，产销量增幅为 40%—60%，新能源汽车产销量将达到 70 万—80 万辆左右。其中乘用车和专用车是新能源汽车市场增长的主要动力。续航里程在 200 公里以下的纯电动车型和 50 公里以下的插电式混合动力车型销量将下降。

预计 2017 年，自主品牌乘用车将加速发展。随着众多自主品牌车企 SUV 和 MPV 市场的进一步开拓和增长、新能源汽车推广、智能网联汽车开发战略

实施及技术升级步伐的加快，我国自主品牌乘用车市场占有率将保持40%左右的稳定增长态势。

预计2017年，智能化、电动化、共享化将继续成为行业投资热点。汽车智能化、电动化是汽车共享化的重要途径，而汽车共享化的实现必将加速汽车智能化、电动化进程；汽车共享化时代已来，未来汽车共享生态圈将逐步演化为以汽车智能化和新能源化为基础，以车联网为媒介，以汽车后市场为大应用的三位一体的生态圈。

三、机械行业运行平稳，转型升级加快步伐

（一）行业运行延续平稳态势

随着国家宏观调控政策逐步到位，2017年，机械行业经济运行将有望延续平稳态势。然而，影响行业经济运行的不确定因素仍然较多，投资下滑趋势尚未止住，对外贸易需求不旺的状况并未明显改善，行业运行下行压力依然较大。与此同时，一些机械行业增长分化走势将更为严重：工程机械、重型机械、矿山机械、石化设备、常规发电装备等传统投资类产品以及机床、交流电动机、低压电器、电线电缆、中小型普通农机产品等产能相对过剩行业将延续下降趋势，国家重点支持的新型农业机械、节能环保装备、文物保护装备、现代物流设备、医疗器械等将加快增长。

（二）企业转型升级将加快推进

近几年，机械工业加快数字化、信息化建设步伐，自动化生产线、数字化车间建设加速，企业生产、运营、管理的信息化水平不断提升。2017年，机械工业在供给侧结构性改革和“三去一降一补”的政策的指引下，随着《中国制造2025》强国战略以及智能制造工程等相关产业政策文件的出台以及《国务院办公厅关于机械工业调结构促转型增效益的指导意见》的实施，市场的倒逼机制将持续发力，企业转型升级将进一步加快。智能制造试点示范专项行动、智能制造专项的实施将有力推进企业智能化改造，发展数字化车间、智能化工厂以及智能制造装置，与此同时，发展服务型制造也已成为机械工业企业转型升级的重要途径，传统企业向制造服务业的转型将持续推进，服务模式将持续创新，新业态、新模式将不断涌现。

四、航空产业潜力巨大，国际合作成趋势

（一）航空运输将持续快速增长

随着居民收入水平提高，近年间国内居民出游率和出游半径的不断扩大，国际出境游呈现爆发式增长。在此背景下，航空运输在交通客运中所占比重不断提升。从全球航空业发展经验来看，中国仍处于航空业快速发展阶段，预计随着人均收入的继续提高，未来3—5年航空整体需求有望保持较高增速，仍属交运各板块中增长较快的子行业。根据国际航协预测，预计在2024年前后，中国将取代美国成为全球最大的航空市场。

（二）重点产业将取得新进展

国产民机“一干两支”战略（C919大型客机和ARJ21、新舟700支线飞机）持续快速推进，即将取得更多新的突破。2016年两架国产新支线飞机ARJ21交付成都航空公司，并进行了为期2个月的商业运营，累积飞行达154小时，平均上座率91.5%，未来ARJ21将进行小批量生产和交付。新舟700支线飞机项目已完成飞机的概念定义和顶层设计工作，按照计划将于2017年完成总装下线并首飞，2019年完成适航取证并开始交付用户。C919大型客机2017年1月已基本完成机载系统安装和主要的静力、系统集成试验，有望在2017年第一季度实现首飞。

（三）国际合作项目将全面展开

当前，在全球一体化的背景下，航空产业已逐步形成全球生产体系，2016年众多国际合作项目纷纷启动，如第十一届中国国际航空航天博览会期间，中航通用飞机有限责任公司和法国飞鲸控股公司联合发布中法合作60吨重载飞艇项目正式启动。空中客车直升机与由中国航空器材集团公司（CAS）和青岛联合通用航空产业发展有限责任公司（青岛联合）组成的中方合作伙伴签署了关于在中国青岛西海岸新区中德生态园建立H135直升机总装线的框架协议等。

五、船舶行业市场低需加剧竞争

世界经济复苏缓慢，受经济形势低迷影响，世界贸易对船舶的需求量依

然维持在低位，加之航运业运力过剩，国际油价持续走低，未来一段时间内新船市场难有明显起色。因此业界预测，2017 年全球新造船市场需求仍将十分有限，可能维持在 3500 万载重吨左右的水平。其中，超大型集装箱船、VLCC、好望角型散货船等大型船舶的市场需求将保持低迷，支线集装箱船、灵便型散货船、成品油/化学品船、中小型 LPG 船、LNG 船、客滚船和豪华邮轮等船型市场将相对活跃。新订单的减少，将加剧各国各船企之间的竞争。据中国船舶工业经济与市场研究中心统计，2016 年全球获得新船订单的船厂有 147 家，其中前 10 家船厂接单集中度达到 77%，与 2015 年 55% 的接单集中度相比大幅提升。目前，全球持有在建订单的活跃船厂数量约有 400 家，2016 年 60% 以上的船厂全年无新订单入账。随着新船完工交付，船厂手持订单持续下降，预计 2017 年接单竞争将更趋激烈。据估计，2017 年全球新开工船舶约 6000 万载重吨。相比之下，目前全球存量活跃产能仍有约 1.5 亿载重吨。预计 2017 年全球主要船厂都将面临较大的开工缺口，接单竞争将上演更加血腥残酷的“白刃战”。

第九章 原材料工业

2016年面对复杂多变的国际国内形势和经济下行的困难局面，我国原材料工业转型发展实现了“十三五”的良好开局，总体呈现稳中向好的趋势。主要产品生产规模小幅扩大、投资规模持续减少、进出口有增有减、产品价格波动上涨、行业经济效益有所改善。一是加大化解产能过剩力度。全年钢铁行业全年化解过剩产能6500万吨，建材行业关停压减水泥熟料产能2.2亿吨、平板玻璃产能2500万重量箱，超额完成了年度目标任务，同时探索和总结了一些有效做法和经验。二是不断加强行业管理工作。编制发布了钢铁、有色金属、石化化工、建材和稀土等原材料工业“十三五”发展规划。改进行业规范和标准管理。强化行业管理标准；加大政策法规和行业监管工作力度。三是加快培育和发展新材料产业。国务院成立了国家新材料产业发展领导小组和国家新材料产业专家咨询委员会。经国务院同意，四部委联合印发了《加快新材料产业创新发展的指导意见》，共同编制发布了《新材料产业发展指南》。四是稳步推行智能制造。培育智能工厂、开展智慧化工园区试点、支持智能制造标准实验验证和新模式应用、召开行业智能制造现场交流会。

展望2017年，原材料工业总体仍将处于下行通道，增速稳中趋缓，仍然面临着产能过剩、市场需求不足、资源环境约束加大、技术创新水平不高等诸多突出问题，去产能、降成本、补短板、脱困增效、转型升级的任务仍然十分艰巨。原材料工业要坚持稳中求进的工作总基调，以深化供给侧改革为主线，以提高质量和效益为中心，全面落实原材料工业“十三五”发展规划，着力化解过剩产能，加快发展新材料产业，大力改造提升传统产业，推动提质增效和转型升级，努力保持原材料工业平稳健康发展。

第一节　2016年我国原材料工业整体发展状况

一、主要产品生产规模小幅扩大

2016年1—11月，受我国实体经济总体平稳、稳中有进的形势刺激，我国原材料工业生产规模有所扩大，除个别产品外，大部分产品产量小幅增加，增速较上年同期有所加快。化工产品中，硫酸产量有所减少，烧碱产量由上年同期的减少1%转为增长7.6%，乙烯产量增速高于上年同期1.5个百分点；生铁、粗钢、钢材产量全面增长，同比分别增长0.4%、1.1%和2.4%，均高于上年同期水平；十种有色金属产量有所增加，但增速低于上年同期6.2个百分点；水泥、平板玻璃产量增长明显，扭转了上年同期负增长的局面。

表9-1　2016年1—11月我国主要原材料产品产量及增长率

主要产品	产量（万吨）	增长率（%）	2015年同期增速（%）
硫酸	8091	-1.2	4.5
烧碱	2986	7.6	-1
乙烯	1629	3.5	2
生铁	64326	0.4	-3.1
粗钢	73894	1.1	-2.2
钢材	104344	2.4	1
十种有色金属	4780	1.3	7.5
水泥（亿吨）	22	2.7	-5.1
平板玻璃（亿重量箱）	7	4.9	-7.9

资料来源：国家统计局，2016年12月。

二、投资规模持续减少

2016年1—11月，除非金属矿采选业外，其他行业固定资产投资规模继续减少。化学原料和化学制品制造业投资规模同比下降2.4%，而上年同期为增长4.1%。钢铁、有色金属行业投资规模持续缩小，分别下降8%和6.3%，其中钢铁行业投资降速比上年同期有所放缓。建材行业中，非金属矿采选业投资规模小幅增长1.8%，略低于上年同期水平；非金属矿物制品业投资增速下降0.4个百分点。

表9-2 2016年1—11月我国原材料工业固定资产投资及增长率

行业	绝对量（亿元）	同比增长（%）	上年同期同比增长（%）
化学原料和化学制品制造业	13399.1	-2.4	4.1
黑色金属矿采选业	904.5	-29.1	-19.9
黑色金属冶炼和压延加工业	3829.3	-1.1	-12.5
有色金属矿采选业	1346	-9	-3.9
有色金属冶炼和压延加工业	4928.5	-5.6	-2.6
非金属矿采选业	1936.4	1.8	2.3
非金属矿物制品业	15290.5	-0.4	6.8

资料来源：国家统计局，2016年12月。

三、进出口有增有减

2016年1—11月，受国际市场需求不振影响，我国进口和出口增速均为负增长，主要原材料产品出口呈现下滑。钢材出口10066万吨，同比减少1.1%，而上年同期为增长21.7%；未锻造的铝及铝材出口420万吨，同比下降3.1%，而上年同期为增长14.3%；未锻造的铜及铜材出口81.2万吨，同比增长30.8%，好于上年同期水平。受国内经济企稳回暖刺激，主要原材料进口有所增加，钢材进口1202万吨，同比增长3.6%，而上年同期进口为负增长；未锻造的铜及铜材进口446万吨，同比增长4.3%，扭转上年同期负增长的局面；未锻造的铝及铝材进口53.4万吨，同比减少16.8%，较上年同期-19.6%的降速有所放缓。

四、产品价格波动上涨

2016年1—12月，主要原材料产品价格呈现波动上涨态势。12月末，CSPI钢材综合价格水平为99.51，好于上年同期水平。有色金属产品价格持续上涨，铜价格波动上涨，从1月的35283元/吨涨到12月的46079元/吨，铝、铅、锌价格也总体保持上涨态势。化工产品价格有涨有跌，硫酸价格震荡下跌，从年初的370元/吨下降到11月末的320元/吨，而尿素、纯碱、天然橡胶价格总体上涨。

表9-3　2016年1—12月我国部分原材料产品价格变化

（单位：元/吨）

产品	钢铁协会CSPI钢材综合价格指数（1994年4月=100）	尿素	硫酸	纯碱（重灰）	天然橡胶（标胶，SCRWF）	铜	铝
1月	57.6	1390	370	1350	9550	35283	10798
2月	60.04	1340	360	1350	10050	35403	10768
3月	68.87	1370	353	1340	10720	37443	11329
4月	84.66	1390	355	1360	12740	36957	12053
5月	69.97	1320	362	1400	11360	35941	12383
6月	67.83	1260	352	1460	10740	35801	12528
7月	72.09	1250	340	1460	11340	37673	12774
8月	77.54	1200	333	1490	10570	37270	12623
9月	75.56	1220	342	1520	11160	37095	12811
10月	80.35	1210	357	1510	12050	37660	13333
11月	90.38	1400	320	1780	16030	43019	14723
12月	99.51					46079	13302

资料来源：赛迪智库整理。

五、行业经济效益有所改善

2016年1—11月，我国原材料工业经济效益逐步好转。除黑色金属矿采选业、非金属矿采选业利润有所减少外，其他行业利润均不同幅度增长。具体来看，化学原料和化学制品制造业利润增速高于上年同期6.1个百分点；钢铁行业经济效益有所改善，利润同比增长108.4%，而上年同期为下降70%，这主要是得益于冶炼和压延加工业利润的大幅增长；有色金属行业利润增长幅度也较大，同比增长30.4%，而上年同期为负增长；非金属矿物制品业利润同比增长11.3%，扭转了上年同期负增长的局面。

表9-4 2016年1—11月我国原材料行业利润及增长率

行 业	绝对量（亿元）	同比增长（%）	上年同期增速（%）
化学原料和化学制品制造业	4473.2	14.4	8.3
黑色金属矿采选业	376.1	-10	-42.4
黑色金属冶炼和压延加工业	1402.5	274.7	-68
有色金属矿采选业	412.9	7.6	-19.8
有色金属冶炼和压延加工业	1626.6	37.4	-6.9
非金属矿采选业	342	-4.1	5.2
非金属矿物制品业	3536.8	11.3	-8.8

资料来源：国家统计局，2016年12月。

第二节 2016年我国原材料工业重点政策解析

一、《钢铁工业调整升级规划（2016—2020年）》

（一）政策出台背景

钢铁工业作为国民经济的重要基础产业，在“十二五”期间取得了重要进步，支撑经济快速发展、品种丰富质量提升、技术装备水平大幅提升、节能减排成效显著、产业布局日趋完善，两化融合水平明显提升、资源取得新进展。与此同时，钢铁行业也面临着产能过剩矛盾难以化解、创新能力不足、环境约束不断增强、企业经营困难等问题，尤其在“十三五”期间，随着我国经济步入新常态，钢铁行业面临的发展方式也将发生重大变化，将进入结构调整、转型升级为主的发展阶段。该规划作为未来五年我国钢铁工业的指导性文件，紧紧围绕“调整升级”这一主线，积极适应、把握、引领经济发展新常态，落实供给侧结构性改革，以化解过剩产能为主攻方向，坚持结构调整、创新驱动、绿色发展、质量为先、开放发展，努力提高我国钢铁工业发展质量和效益。

（二）政策主要内容

《规划》共提出了十项重点任务。

一是积极稳妥去产能去杠杆。为使去产能任务切实达到预期效果，《规划》提出要坚持市场倒逼、企业主体、地方组织、中央支持的原则，突出重点、依法依规，综合运用市场机制、经济手段和法治办法，重点做好严禁新增产能、依法依规去产能、推动“僵尸企业”应退尽退三方面工作。去杠杆则重点做好降低企业资产负债率，提升发展效益。

二是完善钢铁布局调整格局。沿海地区立足现有沿海基地实施组团发展、提质增效，不再布局新的沿海基地；内陆地区立足现有龙头企业实施整合脱困发展，坚决退出缺乏竞争力的企业。

三是提高自主创新能力。重点通过建设国家级创新平台，突破关键技术；推动试点示范，支持示范基地建设；鼓励企业与研发机构、设计单位、下游用户协同创新。

四是提升钢铁有效供给水平。立足市场需求，加强供给侧改革，通过推动服务型制造、提升质量水平和加强品牌建设等方面有效提升供给水平。

五是发展智能制造。加快推进钢铁制造信息化、数字化与制造技术融合发展，夯实智能制造基础；在全行业推进智能制造新模式行动，总结可推广、可复制经验。

六是推进绿色制造。对现有生产线实施绿色节能改造，从工艺、技术、装备等方面推进资源综合利用产业规范化、规模化发展，大力发展循环经济；加快绿色产品推广应用，引导绿色消费。

七是促进兼并重组。深化混合所有制改革，深化国有企业改革力度，推动行业龙头企业实施跨行业、跨地区、跨所有制兼并重组。

八是深化对外开放。发挥我国钢铁工业比较优势，顺应国际产业分工调整趋势，推动钢铁企业深化国际产能合作；加大对外开放力度，提高吸引外资的水平和档次、推进贸易优化升级。

九是增强铁矿资源保障能力。利用国内国外两种资源，构建我国铁矿石供给保障新格局。

十是营造公平竞争环境。严格环保、质量、能效、安全生产、逃税漏税等执法，加强事中事后监管；发挥行业组织作用，推进行业有效自律。

（三）政策影响

《规划》是在我国经济结构、发展模式发生变化，以及党中央、国务院供给侧结构性改革重大布局的大背景下产生的，是落实国家的重大布局和安排的延伸，也是对钢铁产业深化结构调整和转型升级的进一步指导，能够提纲挈领地引领钢铁产业的健康发展。

二、《石化和化学工业发展规划（2016—2020 年）》

（一）政策出台背景

石化和化学工业是国民经济的重要支柱产业。“十三五”时期（2016—2020 年）是我国全面建成小康社会最后冲刺的五年，也是石化和化学工业加快转型升级、我国由石化工业大国向强国迈进的关键时期，“十三五”规划是行业在经济新常态下编制的第一个五年规划，编制出台《石化和化学工业发展规划（2016—2020 年）》（以下简称《规划》），作为“十三五”时期石化和化学工业发展的指导性文件，对于石化和化学工业贯彻落实《中华人民共和国国民经济和社会发展第十三个五年规划纲要》（以下简称“‘十三五’规划纲要”）、《中国制造 2025》等文件，推动石化和化学工业由大变强，促进行业持续科学健康发展有着重要的意义。

（二）政策主要内容

为实现石化和化学工业“十三五”发展目标，共制定八项重点任务。

一是实施创新驱动战略。加强产学研结合，通过建立创新平台、互联网“双创”平台等，着力突破一批关键共性技术和成套设备，营造“大众创业、万众创新”的良好社会氛围。

二是促进传统行业转型升级。严格控制过剩行业新增产能，推动落后和低效产能退出，改造提升现有生产装置，开拓传统产品应用消费领域，重点发展现代生产性服务业。

三是发展化工新材料。加快开发高性能碳纤维及复合材料、特种橡胶、石墨烯等高端产品，发展用于水处理、传统工艺改造以及新能源用功能性膜材料。重点开发新型生物基增塑剂和可降解高分子材料。

四是促进两化深度融合。推进智能工厂和智慧化工园区试点示范，培育石化和化学工业与互联网融合发展新模式。

五是强化危化品安全管理。优化危险化学品规划与布局，淘汰高风险产品及工艺，建立全产业链的危险化学品安全监管综合信息平台。

六是规范化工园区建设。科学布局化工园区，建立化工园区规范建设评价标准体系，支持化工园区开展智慧化工园区试点。

七是推进重大项目建设。有序推进七大石化产业基地及重大项目建设，增强烯烃、芳烃等基础产品保障能力。

八是扩大国际合作。支持国内企业参与海外资源的勘探与开发，鼓励骨干企业通过投资、并购、重组等方式获得化工新材料和高端专用化学品生产技术，加快国内优势产能与“一带一路”沿线国家的合作，加快工程服务输出。

（三）政策影响

“十三五”期间，我国经济发展正处于增速换挡、结构调整、动能转换的关键时期，石化和化学工业进入新的增长动力孕育和传统增长动力减弱并存的转型阶段，行业发展的安全环保压力和要素成本约束日益突出，供给侧结构性改革、提质增效、绿色可持续发展任务艰巨。《石化和化学工业“十三五”发展规划》的发布，将在提升产品保障能力、推进产业结构调整、提升自主创新能力、强化绿色节能减排、推进国际产能合作等方面产生积极的影响，助推石化和化学工业转型升级。

三、《建材工业发展规划（2016—2020年）》

（一）政策出台背景

建材工业是国民经济重要基础产业，“十三五”正处于转型升级、由大变强的关键时期，机遇和挑战并存。新型工业化、信息化、城镇化、农业现代化的同步推进，为建材工业提供持续中高速增长空间，需求结构变化和有效供给不足，迫使建材工业优化调整产业体系，生态文明建设不断推进，倒逼建材工业转变发展方式、转换发展动能，推进国际产能合作，要求建材工业加快培育竞争新优势。面对机遇和挑战，建材工业必须加快转型升级步伐，加速优化产业体系，拓展发展空间。《建材工业发展规划（2016—2020 年）》（以下简称《规划》）是推进建材工业转型升级，加快由大变强进程，指导行业健康可持续发展的重要文件。

（二）政策主要内容

为落实《规划》拟定的主要发展目标，结合建材工业实际，明确了建材工业必须坚持的转型发展、创新发展、绿色发展、融合发展、开放发展五个原则，并依据这些原则，把主要发展目标进行合理细化分解融入具体任务和行动之中，《规划》共提出了五项重点任务。

一是加快结构优化。旨在促进产业转型，着力构建产业新体系，包括改造提升传统产业、壮大建材新兴产业、发展生产性服务业、培育区域特色产业等 4 个行动。

二是强化协同创新。旨在引导产业由单一提供产品向提供服务和整体解决方案转变，包括加强技术创新、完善标准规范、创新业态和模式等 3 个行动。

三是推动绿色发展。旨在实现从生产、应用到回收全产业链的绿色发展，促进建材工业向绿色功能产业转变，包括推广绿色建材、加强清洁生产、发展循环经济、强化低碳发展等 4 个行动。

四是促进融合发展。旨在以融合促产业转型，包括深化两化融合、加快产业融合、强化军民融合等 3 个行动。

五是推进国际合作。旨在统筹利用两个市场、两种资源，结合实施“一带一路”倡议，将“引进来”和“走出去”更好结合，形成新的比较优势，包括深化技术服务、扩大资本合作、扩宽合作途径等 3 个行动。

（三）政策影响

《规划》是指导“十三五”期间建材工业发展的重要文件，一是引领性强。在遵循行业发展内在规律的基础上，提出针对性强、前瞻性的发展目标，发挥引领指导作用，引导发展要素在业内合理流动。二是推进产业结构调整。面临传统行业过剩矛盾突出，新兴产业发展不足的矛盾，竭力截长补短，扩大有效供给，统筹小类、品种间协调发展，着力构建产业新体系。三是优化供给结构。着眼供给侧和需求侧双向乏力，深化产业融合，着眼新供给激发新消费、新需求拉动新供给“双轮驱动”，促进“十三五”期间建材产业健康、可持续发展。

四、《有色金属工业发展规划（2016—2020年）》

（一）政策出台背景

有色金属工业是制造业的重要基础产业之一，是实现制造强国的重要支撑，“十二五”期间，我国有色金属工业基本保持平稳发展态势，但也存在技术创新能力不足、结构性矛盾依然突出、环境保护压力加大、资源保障基础薄弱等问题。“十三五”期间，有色金属工业面临产业需求增速放缓、高端需求潜力巨大、资源环境约束更为突出等机遇与挑战并存，发展方式将发生深刻变化，有色金属工业必须坚持创新、协调、绿色、开放、共享发展理念，加速产业结构调整和发展方式转变，《有色金属工业发展规划（2016—2020年）》（以下简称《规划》）是指导“十三五”期间有色金属行业健康可持续发展的重要文件。

（二）政策主要内容

为落实《规划》拟定的主要发展目标，结合有色金属工业实际提出八项重点任务。

一是实施创新驱动。将技术创新、机制创新和模式创新的理念贯穿于行业发展的各领域，在技术创新方面，设立“技术创新”专栏，明确主要品种的精深加工技术，绿色冶金技术，资源开发及综合利用技术，重金属污染防治技术等创新重点；明确智能检测分析、矿山采选及冶炼加工智能控制等发展重点，建设数字化矿山，推进智能工厂示范。

二是加快产业结构调整。从优化产业布局、严控冶炼产能扩张、加快传统产业升级改造、促进低效产能退出、推进企业兼并重组、强化企业内部管理等六方面重点加强产业结构调整。

三是大力发展高端材料。着力发展高性能轻合金材料、有色金属电子材料、有色金属新能源材料、稀有金属深加工材料等，提升材料质量的均一性，降低成本，提高中高端有效供给能力和水平。

四是促进绿色可持续发展。从强化科技创新、实施绿色制造和加强重金属污染防治等三个方面重点推进，提出低成本、短流程冶炼技术，重金属污染防治以及资源综合利用等技术创新重点；推广节能减排技术，改进锑等冶炼工艺、完善再生金属回收体系并提高保级利用水平；严禁在环境敏感区域、重金属及大气污染防治重点区域增加重金属企业产能，确保重金属污染物稳定、达标排放。

五是提高资源供给能力。围绕国家找矿突破行动，提高国内矿产资源勘探力度；统筹利用国内外两种资源，支持有实力的企业集团或联合体有序开展境内外资源勘探、开发和合作，构建多元化的矿产资源供应体系。

六是推进两化深度融合。突破智能制造技术、加强智能平台建设、开展智能制造试点示范、制定标准及开展贯标试点等四个方面重点加强。

七是积极拓展应用领域。针对下游应用及消费升级需求，扩大高性能轻合金材料、高性能铜及铜合金材料、高纯稀有稀贵金属材料、高纯多晶硅及电子气体等应用领域。

八是深化国际合作。一方面坚持“走出去”，利用国际矿业市场波动和产能合作机遇，积极参与国际有色金属材料、智能制造等科技合作；另一方面做好“引进来”，鼓励境外有色金属新材料、智能制造企业在国内设立研发和生产基地，引进先进的人才、技术和管理模式，推动国内企业与国际先进企业全面对标，提高对外合作水平。

（三）政策影响

随着《有色金属工业发展规划（2016—2020 年）》的发布，将从增强自主创新能力、提高有效供给能力、实现可持续发展、加深与新一代信息技术融合、形成开放式发展格局等多个方面影响“十三五”期间有色金属工业发展，实现 2020 年初步建成有色金属工业强国的目标。

五、《稀土行业发展规划（2016—2020 年）》

（一）政策出台背景

“十三五”时期是我国稀土行业转型升级、提质增效的关键时期。宏观形势上看，随着世界科技革命和产业变革的不断深化，稀土战略价值将进一步凸显，我国稀土产业发展既面临先进国家在专利技术、人才资金等方面的竞争压力，又将迎来战略性新兴产业发展和传统工业转型升级而带来的重大发展机遇。从应用需求看，可持续发展战略、《中国制造2025》等为稀土行业发展创造了新空间，稀土材料的应用前景极为广阔，轨道交通、新能源汽车、电子信息等领域的市场需求可进一步大幅增加，稀土产品应用量的增长将带动稀土行业保持中高速发展，在此背景下，《稀土行业发展规划（2016—2020年）》（以下简称《规划》）出台，促进稀土行业可持续发展，推动产业整体迈入中高端。

（二）政策主要内容

一是强化资源和生态保护，促进可持续发展。合理调控稀土开采、生产总量，保障国家经济可持续发展需求；严格执行污染物排放标准，建立绿色开发机制；健全国家储备与企业储备互为补充的稀土产品储备体系；加强中重稀土开采、生产、流通等环节监控，坚决打击稀土开采、生产、流通等环节的违法违规行为。

二是支持创新体系和能力建设，培育行业新动能。瞄准《中国制造2025》、战略性新兴产业等国家战略需求，完善创新体系，建设稀土创新中心和服务平台，加强知识产权和标准体系建设，打破海外知识产权壁垒，支持稀土功能材料机理研究和基因库建设，引领未来稀土功能新材料及绿色制备关键技术。

三是推动集约化和高端化发展，调整优化结构。继续实施大集团战略、实现稀土矿山开采、冶炼分离和资源综合利用的集约化生产；促进稀土材料高值利用，提升关键材料和零部件保障能力，培育稀土在工业机器人、高档数控机床、轨道交通、海洋工程等重点领域的应用。

四是加快绿色化和智能化转型，构建循环经济。提高企业环保水平，降低能耗物耗；加强尾矿、伴生资源综合利用，提高资源综合利用率；加快智能化改造，建设数字化矿山和智能工厂；拓展镧铈钇等高丰度元素在工业节能、环保等领域的应用，发展铽镝减量和镨钕替代技术，开发低成本稀土永磁材料。

五是推动利用境外资源，加强国际合作。支持稀土企业“走出去”，合作开发境外资源及产品深加工；鼓励企业与境外新材料企业和技术研发机构合作，提升国际化运营能力；促进中国标准“走出去”，实现稀土国内标准与国际标准对接。

六是打造新价值链，实现互利共赢。靠近稀土资源地发展精深加工，促进资源地革命老区、贫困地区的脱贫攻坚；建立新的价值链，扩大稀土在节能、环保和家电等下游领域应用，实现上下游利益共享、协同发展；开展军民两用稀土新材料的研制和生产，推动稀土新材料领域军民资源共享。

（三）政策影响

《规划》全面总结了“十二五”期间，尤其是《若干意见》发布以来，稀土行业在资源保护、产业升级、应用发展、科技创新、体系建设等方面取得的积极进展，深入分析了当前行业发展仍存在的突出问题和面临的新形势。“十三五”将以创新、协调、绿色、开放、共享的发展理念为发展主线，以《中国制造 2025》国家战略发展实施为契机，在继续落实好《若干意见》文件要求的基础上，重点围绕与稀土产业关联度高的《中国制造 2025》十大重点领域，大力发展稀土高端应用，加快稀土产业转型升级，推进稀土供给侧结构性改革，促进我国稀土行业适应、把握和引领经济新常态，实现可持续健康发展。

第三节　2016 年我国原材料工业重点行业发展状况

一、石化化工行业

（一）生产与消费情况

2016 年，我国原油产量 19969 万吨，同比减少 7%；表观消费量 57776 万吨，同比增加 5.55%。原油进口量 38101 万吨，同比增长 13.6%，对外依存度进一步增加，达 65.44%。原油加工量 54101.3 万吨，同比增加 3.64%。

（二）行业投资情况

2016 年，石油加工、炼焦及核燃料加工业固定资产完成额为 2696.2 亿元，同比增长 6.2%；化学原料及化学制品制造业固定资产投资完成额为 14753.0 亿元，同比下降 1.6%，这是行业首次出现下降；橡胶和塑料制品业固定资产投资完成额为 7015 亿元，同比增长 7.4%。

（三）经营情况

2016 年，石油加工、炼焦及核燃料加工业主营业务收入和利润分别为 34264.7 亿元和 1842.4 亿元，同比分别下降 0.5% 和增加 164.9%；化学原料及化学品制造业主营业务收入和利润分别为 87707.1 亿元和 4983.2 亿元，同比分别增加 5.6% 和 10.7%；橡胶和塑料制品制造业主营业务收入和利润分别为 32360.2 亿元和 2003.5 亿元，同比分别增加 5% 和 6.7%。

（四）贸易情况

2016 年，石化化工行业出口交货值小幅上涨，扭转了 2015 年全面下滑的局面。其中，石油加工、炼焦及核燃料加工业的出口交货值为 498.3 亿元，同比上涨 1.6%；化学原料及化学制品制造业出口交货值为 4267.9 亿元，同比上涨 3.9%；橡胶和塑料制品业出口交货值为 3751.2 亿元，同比上涨 2%。

2016 年，我国原油进口进一步增加，进口量达 3.8 亿吨，同比增加 13.6%；原油进口金额 1164.7 亿美元，同比下降 13.3%。原油对外依存度达 65.4%，同比增加 4.67%。具体产品来看，乙烯、丙烯进口量同比增加 9.3% 和 4.8%；苯进口量同比增加 28.5%，进口量达 154.9 万吨；对二甲苯、甲醇进口量同比增加 5.8% 和 59%，进口量分别为 1236.1 万吨和 880.7 万吨；精对苯二甲酸进口量同比下降 32.0%，进口量为 46.7 万吨。

二、钢铁行业

（一）生产与消费情况

2016 年 1—11 月，中国生铁、粗钢和钢材产量分别为 6.43 亿吨、7.39 亿吨和 10.43 亿吨，分别同比增长了 0.4%、1.1% 和 2.4%。2016 年 1—11 月中国粗钢产量 73893.8 万吨，净出口材坯折合粗钢 9408 万吨，2016 年 1—11 月中国粗钢表观消费量约为 64486 万吨，同比增长 0.3%。

（二）行业投资情况

2016 年 1—11 月中国黑色金属矿采选业与黑色金属冶炼及压延加工业固

定资产投资额合计为4733.8亿元，同比下降8.1%，降幅较2015年同期下降了6.4个百分点。其中，黑色金属冶炼及压延加工业完成投资额3829.3亿元，同比下降1.1%，降幅较2015年同期减小了11.4个百分点；黑色金属冶炼及压延加工业完成投资904.5亿元，同比下降29.1%，降幅扩大了9.2个百分点。

（三）经营情况

2016年1—11月，全国纳入中国钢铁协会统计的99家重点钢铁企业的产品销售收入合计为25098.3亿元，同比下降4.4%。在99家重点钢铁企业中，有26家企业亏损，亏损面26.3%，这26家亏损企业的亏损额合计为218.8亿元。从盈利水平看，2016年1—11月99家重点钢铁企业实现利税1037.0亿元，同比上年增加了999.8亿元；其中合计利润总额为331.5亿元，总体表现为盈利，而2015年同期99家重点钢铁企业总体亏损529.1亿元。2016年1—11月99家重点钢铁企业销售利润率为1.32%。

（四）贸易情况

2016年1—11月中国出口钢材10066万吨，同比下降1.1%；出口钢材金额498.9亿美元，同比下降13.9%。同期，中国进口钢材1202万吨，同比增长3.6%；进口钢材金额119.7亿元，同比下降8.8%。总体来看，2016年1—11月中国净出口钢材8864万吨，同比下降1.7%；进出口贸易顺差379.2亿美元，同比下降15.4%。2016年1—11月我国进口钢材平均价格995.9美元/吨，出口钢材平均价格495.7美元/吨，进出口价差500.2美元/吨，而2015年1—11月钢材进出口价差约为561.9美元/吨。

三、有色金属行业

（一）生产与消费情况

十种有色金属产量增速放缓。2016年，我国有色金属产量波动中增长，增速回落。1—11月，十种有色金属产量达到4780.3万吨，同比增长1.3%，增速较上年同期回落6.2个百分点。分品种来看，1—11月，铜、铝、铅、锌产量分别为768.1万吨、2898.2万吨、395.2万吨和573.9万吨，同比增长分别为7.4%、-0.7%、5.1%、1.2%。除铝产量有所下降外，铜、铅、锌产量均保持增长，其中铅产量增速高于上年10个百分点，铜产量增速高于上年1.7个百分点，锌产量增速低于上年5.6个百分点。

2016年前三个季度，我国十种有色金属产量为3864.2万吨，销售量为3776.8万吨，产销率达到99.7%，库存比年初下降7.2%。分品种看，1—9月，铜、铝、铅、锌表观消费量波动增长，消费量分别为870.8万吨、2317.2万吨、312.6万吨和60.5万吨；除铝消费量同比略有下降外，铜、铅、锌分别同比增长6.3%、10.6%和4.6%。

（二）投资情况

2016年，全行业产能过剩依然显著，行业投资规模逐渐缩小，投资增速明显放缓。1—12月，有色金属行业完成固定资产投资6688亿元，同比减少6.7%，而上年同期为减少3.2%；也远远低于全国投资水平，全国固定资产投资（不含农户）同比增长8.3%。有色金属矿采选业完成投资1429亿元，同比减少10%，比上年同期低7.7个百分点；有色金属冶炼及压延加工业完成投资5259亿元，同比减少5.8%，比上年同期低1.8个百分点。

（三）经营情况

2016年1—11月，有色金属行业整体盈利好转，实现利润2039.5亿元，比上年同期增加475.8亿元，其中有色金属矿采选业实现利润412.9亿元，同比增加7.6%，扭转了2011年以来利润持续降低的局面，销售利润率为7.16%，与上年同期基本持平，下降0.02个百分点；有色金属冶炼及压延加工业实现利润1626.6亿元，同比增加37.4%，而上年同期为下降6.9%；销售利润率为3.37%，较上年同期增加0.85个百分点。

从亏损情况来看，国家统计局统计的8958家企业中，有1660家亏损企业，亏损面为18.5%，较上年的22.4%水平，亏损面明显减少；其中有色金属矿采选业亏损面为21.2%，较上年同期下降1.1个百分点，亏损额为46.1亿元，较上年同期减少2.6亿元；有色金属冶炼及压延加工业亏损面为17.8%，较上年同期上升4.6个百分点，亏损额为222.7亿元，较上年同期减少209.3亿元。

（四）贸易情况

2016年1—11月，我国累计出口未锻造的铜及铜材81.2万吨，同比增加

30.8%，自2013年来出口量实现增加；累计出口未锻造的铝及铝材458.0万吨，同比增长5.6%，较上年同期降低8.7个百分点。同期，我国累计进口未锻造的铜及铜材446.0万，同比增加4.3%，而上年同期为降低2.8%；累计进口未锻造的铝及铝材53.4万，同比降低16.8%，降幅较上年同期有所减少。

四、建材行业

（一）生产与消费情况

2016年建材行业产品产量出现回升，水泥、平板玻璃等建材行业重点产品产量均出现小幅反弹。2016年1—11月全国累计水泥产量22.0亿吨，同比增长2.7%，水泥产量增速较上年的负增长实现小幅反弹，受我国实体经济发展略有回暖刺激，我国水泥行业需求开始有所回暖。2016年1—11月我国平板玻璃产量为7.1亿重量箱，同比增长4.9%，扭转了上年同期负增长的局面。主要原因是化解产能过剩和去库存压力的成效初显。

（二）行业投资情况

2016年，建材行业全行业产能过剩矛盾依然突出，行业投资规模继续缩小，投资增速明显放缓。1—12月，建材行业完成固定资产投资18995.5亿元，同比小幅增长0.8%，而上年同期增幅为5.2%。非金属矿采选业完成固定资产投资2126.2亿元，同比增长1.6%，相比上年同期下降0.5个百分点；非金属矿物制品业完成固定资产投资16869.3亿元，同比增长0.7%，相比上年同期下降5.4个百分点。

（三）经营情况

受水泥、平板玻璃等主要建材产品价格的回升影响，规模以上建材行业利润总额从年初的负增长转为正增长，2016年前三个季度建材行业利润总额达到2232亿元，实现同比增长9.7%。其中水泥行业利润8月份扭负为正，前三个季度的利润总额达到249亿元，相比上年同期实现增长33.7%；平板玻璃行业利润自3月份起扭亏为盈，2016年前三个季度的利润总额达到40亿元。总体看来，建材行业及其水泥、平板玻璃等子行业经济效益较上年同期水平有所改善，但低于前年同期水平，因此建材行业整体经济效益水平仍处于效益下滑后的恢复性阶段。

（四）贸易情况

2016 年 1—11 月，全国累计出口水泥及水泥熟料 1679 万吨，累计同比增长 24%，出口额达到 6.4 亿美元，其中主要的出口国集中在孟加拉国、印度、澳大利亚等；平板玻璃累计出口 20686 万平方米，累计同比增长 6.3%，8、9 月份出口量创年内高点，第四季度出口量有所下滑，出口总额达 14 亿美元，实现同比增长 32%。出口贸易整体呈现回暖的发展态势。

五、稀土行业

（一）生产情况

从供给方面看，2016 年我国继续实施稀土矿开采总量控制管理和冶炼分离产品生产总量控制计划。7 月，国土资源部下达 2016 年度稀土矿开采总量控制指标，全国稀土矿（稀土氧化物，REO）开采总量控制指标仍为 10.5 万吨，与之前年度持平。对于稀土冶炼分离产品生产总量控制指标，2016 年，全国冶炼分离产品计划指标为 10 万吨（稀土氧化物，REO），其中 6 家稀土集团共获得 99550 吨。

（二）经营情况

根据稀土上市公司已公布的 2016 年三季报，低迷的市场给稀土企业带来巨大的生存压力。6 大稀土集团中的 4 家稀土上市公司稀土业务有 2 家盈利 2 家亏损。数据显示，报告期内，北方稀土实现营业收入 35.65 亿元，同比下降 20.64%，实现归属于上市公司股东的净利润 3434 万元，同比下降 88.61%；广晟有色实现营业收入 21.80 亿元，同比增长 2.11%，净利润亏损 1.18 亿元，同比增亏 22.92%；厦门钨业实现合并营业收入为 56.43 亿元，同比下降 6.85%，净利润 1.53 亿元，同比增长 330.92%；五矿稀土实现营业收入 9249 万元，同比下降 78.44%，净利润亏损 4307 万元，同比减亏 40.37%。而其他稀土深加工应用企业则普遍盈利状况较好。其中宁波韵升和横店东磁所获净利润为最高。

（三）贸易情况

从进出口数据看，2016 年，稀土进出口双向贸易一直保持活跃。根据

Wind数据库数据，2016年，我国稀土产品出口量累计达到4.72万吨，出口额达到34455.4万美元，出口平均价格为7295.7美元/吨。2016年1—8月，我国进口稀土冶炼分离产品量1.07万吨，同比增长46.7%。从贸易地区来看，2016年前8个月，法国对我国稀土金属和合金的出口居首位，占比为68.3%；日本是我国稀土金属及合金和稀土盐类的最大进口国，占比分别为53.4%和31.2%；美国是我国稀土氧化物的最大进口国，占比为39.3%。

第四节　2016年我国原材料工业区域发展情况

一、东部地区

（一）石化化工行业

2016年，东部地区乙烯、苯和甲醇等产品产量分别为1221.8万吨，476.4万吨和988.4万吨。同比分别增加3.6%、增加2.1%和下降1.0%。

表9-5　2016年东部地区主要化工产品生产及同比情况

地区	乙烯（1—12月）		苯（1—10月）		甲醇（1—11月）	
	产量（万吨）	同比（%）	产量（万吨）	同比（%）	产量（万吨）	同比（%）
北京	69.6	-11.5	12.4	-13.1	—	—
天津	114.4	-11.9	28.0	-14.8	30.1	35.7
河北	—	—	59.3	9.3	88.9	-2.1
辽宁	162.7	1.4	41.7	-5.7	2.0	-77.0
上海	209.3	-0.7	72.9	1.5	80.9	-2.7
江苏	163.0	6	53.1	5.7	56.1	-17.6
浙江	143.9	6.5	31.4	-3.4	12.1	-5.3
福建	—	—	44.0	-11.6	14.2	-41.3
山东	117.1	14.3	91.4	14.9	580.3	5.1
广东	241.8	12.4	30.1	13.2	—	—
海南	—	—	12.1	-8.6	123.8	-4.6
东部地区	1221.8	3.6	476.4	2.1	988.4	-1.0

资料来源：Wind资讯，2017年2月。

（二）钢铁行业

东部地区是我国钢铁主产区，2016 年 1—11 月生铁、粗钢和钢材产量分别为 41392.6 万吨、47822.6 万吨和 70414.9 万吨，同比增速分别为 1.6%、1.4% 和 3.1%。2016 年 1—11 月东部地区生铁、粗钢和钢材产量占全国总产量的比重分别为 64.3%、64.7% 和 67.5%，产量在全国占比进一步增加。

表 9－6　2016 年 1—11 月东部地区钢铁生产情况

地区	生铁		粗钢		钢材	
	产量（万吨）	同比（%）	产量（万吨）	同比（%）	产量（万吨）	同比（%）
河北	16995.3	5.7	17779.9	2.4	24194.3	4.7
江苏	6589.5	1.8	10140.6	1.8	12379.3	0.6
山东	6123.8	－1.8	6502.1	6.5	8911.4	8.5
辽宁	5526.1	－1.9	5447.1	－3.4	5402.8	－8.2
广东	1513.5	47.4	2135.9	35.6	3609.9	23.5
天津	1502.7	－17.7	1633.3	－14.2	7959.2	5.8
上海	1465.9	－5.0	1580.1	－3.2	1910.8	－5.1
福建	898.0	－1.2	1390.1	－4.7	2618.1	1.8
浙江	777.9	－22.2	1188.6	－19.6	3397.8	－8.5
海南	—	—	24.9	12.9	31.5	3.3
北京	—	—	—	—	147.2	－8.8
东部合计	41392.6	1.6	47822.6	1.4	70414.9	3.1

资料来源：Wind 资讯，2017 年 1 月。

（三）有色金属行业

2016 年 1—11 月，东部地区十种有色金属产量共计为 1029.9 万吨，较 2015 年同期增长 3.2%。其中，山东省十种有色金属产量为 861.3 万吨，同比增长 2.4%，占东部地区十种有色金属总产量的 83.6%。

表 9－7　2016 年 1—11 月东部地区十种有色金属生产情况

地区	2016 年 1—11 月		2015 年 1—11 月	
	产量（万吨）	同比（%）	产量（万吨）	同比（%）
北京	—	—	—	—
天津	3.1	－16.6	3.7	－45.6
河北	10.9	－12.2	12.4	－22.0
辽宁	6.3	－30.0	9.1	63.8
上海	4.5	7.6	4.3	－51.5
江苏	30.3	－16.2	36.1	－18.4
浙江	38.4	7.6	36.4	14.8
福建	41.9	11.1	37.7	6.7
山东	861.3	2.4	841.5	145.2
广东	33.2	1.6	33.6	－5.9
海南	—	—	—	—
东部地区	1029.9	3.2	997.6	96.6

资料来源：Wind 资讯，2017 年 1 月。

（四）建材行业

2016 年东部地区水泥产量为 85774.3 万吨，同比增加 11.3%。2016 年东部地区平板玻璃产量为 44384.2 万重量箱，同比增加 16.3%。

表 9－8　2016 年东部地区建材生产情况

区域	水泥		平板玻璃	
	产量（万吨）	同比（%）	产量（万重量箱）	同比（%）
河北	9861.2	9	10383.3	－6.5
江苏	17989.8	0.3	2997.3	－12.5
山东	16080.4	6.7	6793.7	－7.5
辽宁	3931.4	－4.7	1376.4	16
天津	788.6	1.4	3094.2	－1.5
上海	418.4	－3.5	0	0
广东	15078.6	1.7	9246.1	13.5

续表

区域	水泥		平板玻璃	
	产量（万吨）	同比（%）	产量（万重量箱）	同比（%）
浙江	10796.5	-4.1	5034	23.5
福建	8091.2	5	5403.6	4.7
海南	2227.9	0.1	0	0
北京	510.3	-7.8	55.6	-3.6
东部地区	85774.3	11.3	44384.2	16.3

资料来源：Wind，2017 年 1 月。

二、中部地区

（一）石化化工行业

2016 年，中部地区乙烯、苯和甲醇等产品产量分别为 191.5 万吨、136.7 万吨和 780.1 万吨，同比分别增长 27.1%、11.1% 和 10.9%。

表 9-9　2016 年 1—10 月中部地区化工行业生产情况

地区	乙烯（1—12 月）		苯（1—10 月）		甲醇（1—11 月）	
	产量（万吨）	同比（%）	产量（万吨）	同比（%）	产量（万吨）	同比（%）
山西	—	—	15.9	-11.4	256.0	8.1
吉林	80.7	21.1	22.1	17.4	0.9	0.8
黑龙江	110.8	31.8	16.4	21.8	38.5	-9.3
安徽	—	—	8.9	18.2	65.7	0.1
江西	—	—	6.9	49.2	—	—
河南	—	—	33.3	-4.9	375.9	20.5
湖北	—	—	30.0	33.2	42.8	16.6
湖南	—	—	3.2	51.9	0.3	-92.9
中部地区	191.5	27.1	136.7	11.1	780.1	10.9

资料来源：Wind 资讯，2017 年 2 月。

（二）钢铁行业

2016 年 1—11 月，中部地区生铁、粗钢和钢材产量分别为 14843. 3 万吨、16253. 0 万吨和 19838. 0 万吨，其中生铁产量同比增长了 0. 3%，粗钢和钢材同比分别下降 0. 1% 和 0. 9%。2016 年 1—11 月中部地区生铁、粗钢和钢材产量占全国总产量的比重分别为 23. 1%、22. 0% 和 19. 0%。

表 9 – 10 2016 年 1—11 月中部地区钢铁生产情况

地区	生铁		粗钢		钢材	
	产量（万吨）	同比（%）	产量（万吨）	同比（%）	产量（万吨）	同比（%）
山西	3368. 7	1. 6	3629. 8	2. 2	3950. 8	1. 1
河南	2664. 2	– 0. 1	2620. 7	– 1. 9	4358. 5	– 1. 3
湖北	2136. 7	1. 4	2715. 5	1. 5	3252. 4	4. 1
安徽	2045. 3	6. 5	2495. 1	8. 5	2929. 3	– 3. 9
江西	1887. 4	– 0. 5	2024. 9	0. 5	2344. 4	1. 2
湖南	1638. 2	1. 1	1666. 3	– 1. 9	1814. 4	2. 1
吉林	777. 1	– 12. 0	760. 4	– 21. 2	886. 1	– 15. 3
黑龙江	325. 8	– 15. 5	340. 3	– 13. 7	302. 1	– 20. 4
中部合计	14843. 3	0. 3	16253. 0	– 0. 1	19838. 0	– 0. 9

资料来源：Wind 资讯，2017 年 1 月。

（三）有色金属行业

2016 年 1—11 月，中部地区十种有色金属产量共计 999. 7 万吨，同比下降 7. 3%。其中，河南有色金属产量为 496. 6 万吨，居中部最多，占中部地区总产量的 49. 7%。

表 9 – 11 2016 年 1—11 月中部地区十种有色金属生产情况

地区	产量（万吨）	同比（%）
山西	108. 3	20. 3
吉林	0. 1	10. 8
黑龙江	0. 04	– 53. 8
安徽	169. 7	17. 2

续表

地区	产量（万吨）	同比（%）
江西	145.9	-4.8
河南	496.6	1.4
湖北	79.1	-10.4
湖南	205.2	-16.6
中部地区	999.7	-7.3

资料来源：Wind 资讯，2017 年 1 月。

（四）建材行业

2016 年中部地区水泥产量为 72583.7 万吨，实现同比增加 10.6%。2016 年中部地区平板玻璃产量为 19180.4 万重量箱，同比增加了 32.8%。

表 9－12 2016 年中部地区建材生产情况

区域	水泥		平板玻璃	
	产量（万吨）	同比（%）	产量（万重量箱）	同比（%）
山西	3595.4	3.4	1648.1	17.7
湖北	11586.7	2.7	8696.6	-2.3
河南	15604.2	-4.5	1120.5	-5
安徽	13390.8	2	3264.2	23.8
江西	9513	0.3	448.3	0.4
湖南	12177.7	3.8	2739.1	25.3
吉林	3410.4	-5.5	863	135.7
黑龙江	3305.5	8.7	400.6	3.8
中部地区	72583.7	10.6	19180.4	32.8

资料来源：Wind，2017 年 1 月。

三、西部地区

（一）石化化工行业

2016 年，西部地区乙烯、苯和甲醇等产品产量分别为 182.5 万吨，44 万吨和 2153.1 万吨，同比分别增长 5.3%、下降 14.7% 和增长 12.0%。

表 9－13　2016 年西部地区化工行业生产情况

地区	乙烯（1—12 月）		苯（1—10 月）		甲醇（1—11 月）	
	产量（万吨）	同比（%）	产量（万吨）	同比（%）	产量（万吨）	同比（%）
内蒙	—	—	5.0	21.6	669.0	6.7
广西	—	—	—	—	14.5	－3.5
重庆	—	—	6.6	2.3	210.6	15.2
四川	—	—	3.9	－14.6	13.1	－55.0
贵州	—	—	3.3	—	48.5	19.3
云南	—	—	1.7	－53.7	32.7	－25.9
西藏	—	—	—	—	—	—
陕西	—	—	—	—	446.3	11.7
甘肃	51.7	－19.4	10.7	－31.3	37.8	－3.3
青海	—	—	—	—	69.1	215.6
宁夏	—	—	—	—	481.9	4.5
新疆	130.8	19.9	12.8	－25.3	129.6	32.3
西部地区	182.5	5.3	44	－14.7	2153.1	12.0

资料来源：Wind 资讯，2017 年 2 月。

（二）钢铁行业

2016 年 1—11 月，西部地区生铁、粗钢和钢材产量分别为 8090.2 万吨、9818.2 万吨和 13942.5 万吨，同比分别下降了 2.8%、5.9% 和 2.8%。2016 年 1—11 月西部地区生铁、粗钢和钢材产量占全国总产量的比重分别为 12.6%、13.3% 和 13.4%。

表 9－14　2016 年 1—11 月西部地区钢铁生产情况

地区	生铁		粗钢		钢材	
	产量（万吨）	同比（%）	产量（万吨）	同比（%）	产量（万吨）	同比（%）
四川	1585.2	－0.3	1672.7	－4.9	2604.9	6.5
内蒙古	1352.0	1.3	1651.7	3.7	1849.2	6.3
云南	1176.1	2.9	1304.0	0.2	1520.5	－1.9
广西	1101.0	－1.0	1915.5	－1.8	3308.1	3.8
新疆	794.8	8.3	811.7	13.5	1020.9	－0.1
陕西	781.7	0.3	842.2	－12.3	1129.5	－28.1

续表

地区	生铁		粗钢		钢材	
	产量（万吨）	同比（%）	产量（万吨）	同比（%）	产量（万吨）	同比（%）
甘肃	459.7	-28.9	592.6	-25.6	634.2	-20.9
贵州	338.0	-9.1	467.0	10.6	474.8	13.4
重庆	266.9	-24.1	307.5	-52.7	1132.6	-13.9
宁夏	146.4	-10.2	151.7	-10.4	156.2	-17.4
青海	88.3	-13.1	101.5	-9.4	111.7	6.4
西部合计	8090.2	-2.8	9818.2	-5.9	13942.5	-2.8

资料来源：Wind资讯，2017年1月。

（三）有色金属行业

2016年1—11月，西部地区十种有色金属产量共计为2464.8万吨，较2015年同期增长1.4%。其中，新疆十种有色金属产量为最多，为600.8万吨，同比增长3.9%，占西部地区十种有色金属总产量的24%。

表9-15　2016年1—11月西部地区十种有色金属生产情况

地区	产量（万吨）	同比（%）
内蒙	304.4	-1.4
广西	159.7	11.5
重庆	55.8	-9.6
四川	49.8	-1.2
贵州	88.5	4.8
云南	325.9	8.9
西藏	—	—
陕西	210.8	14.7
甘肃	343.9	-4.4
青海	213.7	0.1
宁夏	111.2	-11.5
新疆	600.8	3.9
西部地区	2464.8	1.4

资料来源：Wind资讯，2017年1月。

（四）建材行业

2016 年西部地区水泥产量为 81937.4 万吨，实现同比增加 13.8%。2016 年西部地区平板玻璃产量 13637.8 万重量箱，实现同比增加 27.4%。

表 9-16　2016 年西部地区建材生产情况

区域	水泥		平板玻璃	
	产量（万吨）	同比（%）	产量（万重量箱）	同比（%）
内蒙古	6296.8	8.8	1001.2	-1.1
广西	11970.6	7.3	520	-15.6
重庆	6781.6	-0.4	1448.2	4.1
四川	14584.2	3.9	5363.2	31.9
贵州	10748.8	8.1	1377.7	57.7
云南	10963.5	17.8	364.8	-39.8
陕西	7555.9	-11.8	2053.6	12.7
甘肃	4633	-1.2	605.3	384.7
青海	1874.6	7.6	411.9	5.1
宁夏	1945.9	12.6	0	0
西藏	617.7	34.7	0	0
新疆	3964.9	-5.7	491.9	-36.5
西部地区	81937.4	13.8	13637.8	27.4

资料来源：Wind，2017 年 1 月。

第五节　2016 年我国原材料工业重点企业发展情况

一、鲁西集团

（一）企业生产经营范围

鲁西集团是聊城市属国有控股企业集团，1998 年 5 月发起设立鲁西化工集团股份有限公司，在深圳证券交易所上市。集团目前总资产 276 亿元，职工13000余人，拥有煤化工、氟硅盐、新材料、化肥 、设计研发、化工装备、化工工程、新能源装备、催化剂、金融等产业板块，建有国家级企业技术中心、院士工作站、博士后工作站、欧洲研发中心、省级工程实验室等技术研发机构，拥有国家级化工职业技能鉴定站、鲁西化工工程学院、员工培训中心等培训培养机构。集团荣获“全国五一劳动奖状”“中国化工行业技术创新示范企业”“中国化工园区20强”“全国石油和化工行业责任关怀最佳实践单位”“山东省省长质量奖”“山东工业突出贡献表彰奖”等荣誉称号。集团聚碳酸酯工程实验室被认定为“石油和化工行业聚碳酸酯高性能化合成与制备技术工程实验室”。

（二）企业规模

涵盖煤化工、盐化工、氟化工、硅化工、石油化工等，年产化工产品400万吨，产品除国内销售外，还远销拉美及东南亚等国家和地区，各种产品市场用途广泛，发展前景广阔。主要产品包括合成氨、三聚氰胺、甲酸、液氧、液氮、液氯、己内酰胺、双氧水、烧碱、氯化苄、氯磺酸、甲烷氯化物、四氯乙烯、苯甲醇、DMF、硫酸、氯化石蜡、制冷剂、含氟聚合物等三十余种化工产品。

（三）企业经济效益分析

2016年第一至第三季度，鲁西集团多项经营指标如下：总资产234.6亿元，同比增长4.9%；归属于母公司股东权益84.6亿元，同比增加8.3%；营业收入77.0亿元，同比减少23.5%；净资产收益率1.1%，同比减少4.3个百分点。

表9-17　2016年1—9月鲁西集团财务信息

（单位：百万元）

	总资产	归属于母公司股东权益	营业收入	净资产收益率（%）
2015年1—9月	22364.2	7810.2	10069.7	5.4
2016年1—9月	23460.0	8458.4	7703.3	1.1
2016年同比增长（%）	4.9	8.3	-23.5	-4.3

资料来源：鲁西集团季报，2016年10月。

二、宝武钢铁集团

（一）企业生产经营范围

中国宝武钢铁集团有限公司（简称宝武集团）由原宝钢集团有限公司和武汉钢铁（集团）公司联合重组而成，于2016年12月1日正式揭牌成立。是国有资本投资公司试点企业。宝武集团目前业务涉及钢铁及相关制造业、钢铁及相关服务业，产品涵盖普碳钢、不锈钢、特钢等三大系列。宝武集团钢铁产品广泛应用于汽车、家电、石油化工、机械制造、能源交通、金属制品、航天航空、核电等行业。

（二）企业规模

宝武集团注册资本527.9亿元，资产规模7395亿元，雇佣员工22.8万人，2016年宝钢股份、武钢股份等旗下钢铁子公司粗钢产量合计达到5840万吨，位居中国第一、全球第二。宝钢股份作为中国钢铁行业的龙头上市公司，2016年实现利润约115亿元，是全球盈利能力最强的上市钢铁公司之一。宝武集团钢铁产品定位高端，广泛应用于汽车、家电、石油化工、机械制造、能源交通、金属制品、航天航空、核电等行业。

（三）企业经济效益分析

2016年，多项经营指标呈现上升态势：经营利润70.2亿元，同比增加164.5%；利润80.3亿元，同比增加138.5%。

表9-18 2016年1—9月宝武钢铁集团财务信息

（单位：百万元）

	营业收入	经营利润	利润
2015年	—	-10880.0	-20880.0
2016年	307200.0	7020.0	8030.0
2016年同比增长（%）	—	164.5	138.5

资料来源：宝武钢铁集团。

三、浙江海亮股份有限公司

（一）企业生产经营范围

浙江海亮股份有限公司（以下简称“海亮股份”或“公司”）是海亮集团有限公司控股的中外合资股份有限公司。公司自2001年成立以来，一直致力于高档铜产品（铜管、铜棒、铜管接件、铜导体新材料、铜加工设备等）的研发、生产、销售和服务，为全球最大、国际最具竞争力的铜加工企业之一，为中国最大的铜管、铜管接件出口企业之一，为铜加工行业精细化管理标杆企业。截至2015年12月31日，海亮股份拥有员工4300多人，总资产92.20亿元，归属于上市公司股东的净资产38.11亿元，资产负债率59.41%。2016年，公司实现营业收入135.91亿元，利润总额5.05亿元，归属于上市公司股东的净利润为4.57亿元。

（二）企业规模

2016年1—6月，公司实现铜加工产品销售量20.36万吨（其中委托金龙股份三个生产基地加工产品的销售量为7.05万吨），比上年同期12.35万吨增长64.86%。主要产品包括：铜盘管、铜及铜合金直管、铜及铜合金管接件、铜及铜合金棒材型材、铜合金锭、铜加工机械设备。

（三）企业经济效益分析

2016年1—9月，浙江海亮股份有限公司多项经营指标呈现上升态势：总资产115.9亿元，同比增加25.8%；归属于母公司股东权益41.3亿元，同比增加8.3%；营业收入127.3亿元，同比增加26.8%；净资产收益率9.9%，同比增加1.4个百分点。

表9-19　2016年1—9月浙江海亮股份有限公司财务信息

（单位：百万元）

	总资产	归属于母公司股东权益	营业收入	净资产收益率（%）
2015年1—9月	9216.9	3812.1	10035.6	1.1
2016年1—9月	11594.8	4128.5	12725.2	9.9
2016年同比增长（%）	25.8	8.3	26.8	1.4

资料来源：浙江海亮股份有限公司季报，2016年10月。

四、中国建材集团

（一）企业生产经营范围

中国建材集团有限公司（以下简称“中国建材集团”）是经国务院批准，由中国建筑材料集团有限公司与中国中材集团有限公司重组而成，是国务院国有资产监督管理委员会直接管理的中央企业。中国建材集团集科研、制造、流通于一体，是中国最大、世界领先的综合性建材产业集团，连续六年荣登《财富》世界五百强企业榜单。资产总额5500亿元，员工总数25万人，年营业收入近3000亿元。致力于成为世界一流的综合性建材产业集团、行业整合的领军者、产业升级的创新者、国际产能合作的开拓者，重点打造先进制造业平台、国际产能合作平台、三新产业发展平台、国家级材料科研平台、国家级矿山资源平台、金融投资运营平台等六大业务平台。

（二）企业规模

拥有15家上市公司，其中海外上市公司2家。水泥熟料产能5.3亿吨、商品混凝土产能4.3亿立方米、石膏板产能20亿平方米、玻璃纤维产能178万吨、风电叶片产能16GW，均位居世界第一；在国际水泥工程市场和余热发电国际市场领域处于世界第一。拥有26家国家级科研设计院所，3.8万名科技研发人员，33个国家行业质检中心，8000多项专利，11个国家实验室和技术中心，18个标委会。

（三）企业经济效益分析

2016年1—9月，中国建材集团股份有限公司多项经营指标如下：总资产3485.6亿元，同比增加4.5%；股东权益520.7亿元，同比增加1.5%；营业收入703.2亿元，同比减少0.1%；盈利17亿元，同比减少0.3%。

表9-20　2016年1—9月中国建材财务信息

（单位：百万元）

	总资产	股东权益	营业收入	盈利
2015年1—9月	333414.2	45295.7	76954.5	2447.9
2016年1—9月	348558.6	52065.5	70322.0	1700.3
2016年同比增长（%）	4.5	1.5	-0.1	-0.3

资料来源：中国建材季报，2016年10月。

五、厦门钨业股份有限公司

（一）企业基本情况

厦门钨业股份有限公司是在上海证券交易所上市的集团型股份公司。公司前身厦门氧化铝厂始建于1958年，1982年开始转产钨制品，1984年更名为厦门钨品厂。1997年12月，厦门钨品厂以发起设立方式整体改制为厦门钨业股份有限公司。2002年11月，公司股票在上海证券交易所上市。公司是国家级重点高新技术企业、国家首批发展循环经济示范企业，是国家六大稀土集团之一。厦门钨业涉及钨、钼、稀土、能源新材料和房地产等产业。钨产业经过三十年的发展已形成从钨矿山、冶炼、深加工到钨二次资源回收的完整钨产业链，钨冶炼和粉末产品、超细晶硬质合金处于国内领先水平，在国际上也有一定的影响力。稀土产业形成了从稀土矿山开发、冶炼分离、稀土功能材料和科研应用等较为完整的产业体系。

（二）企业规模

厦门钨业拥有20家控股子公司、1家分公司，一个国家钨材料工程技术研究中心，一个稀土及能源新材料研究中心，设有两个博士后工作站。厦钨直接和间接控制的钨矿山金属储量近200万吨，占全国30%左右；钨冶炼和粉末产品、超细晶硬质合金处于国内领先水平，在国际上有较强的影响力；硬质合金出口量占全国30%以上，灯用钨丝占全球市场60%以上。

（三）企业经济效益分析

2016年1—9月，厦门钨业多项经营指标如下：总资产156.9亿元，同比减少1.9%；归属于母公司股东权益65.8亿元，同比减少0.8%；营业收入56.4亿元，同比减少6.8%；净资产收益率2.3，同比增加3.2个百分点。

表9－21　2016年1—9月厦门钨业股份有限公司财务信息

（单位：百万元）

	总资产	归属于母公司股东权益	营业收入	净资产收益率（%）
2015年1—9月	15989.7	6636.1	6054.9	－0.9
2016年1—9月	15685.9	6583.0	5643.2	2.3
2016年同比增长（%）	－1.9	－0.8	－6.8	3.2

资料来源：厦门钨业股份有限公司季报，2016年12月。

第六节 2017年我国原材料工业发展环境分析

一、国家宏观调控政策促进原材料工业转型升级

（一）加强规划的顶层设计

2016年全球经济呈现缓慢复苏的发展态势，但发展动力仍显不足，总体保持稳定，在全球经济缓慢复苏和国内经济逐步企稳的背景下，我国原材料工业总体呈现稳中向好的趋势。原材料工业生产规模小幅反弹，进出口贸易稳步回稳，产品价格有涨有跌，行业经济效益有所改善。但同时化解过剩产能压力不减，节能减排任务依然较重，贸易形势依然严峻，企业经营风险较大。从长远看来，主动适应经济新常态，大力推进两化融合，重点抓好化解产能过剩矛盾，不断深化管理改革，继续实施创新驱动战略才是原材料行业转型升级的必由之路。

作为“十三五”规划的开局之年，为更好地指导我国原材料工业的发展，《稀土行业发展规划（2016—2020年）》《石化和化学工业发展规划（2016—2020年）》《钢铁工业调整升级规划（2016—2020年）》《建材工业发展规划（2016—2020年）》的陆续出台，进一步明确了“十三五”期间的发展目标、发展重点、发展任务等，引导原材料行业在“十三五”期间健康、持续发展，加强对原材料行业的规划顶层设计。

（二）着力化解过剩产能

自2016年2月起，国务院陆续发布钢铁、有色、建材等行业化解过剩产能、脱困增效的指导意见，明确要严控这些行业的新增产能，加快退出落后的过剩产能，提高产能利用率，提高行业的整体盈利能力。但整体看来，2016原材料工业“去产能”压力依然较大。一方面，近期钢铁、有色等市场有回暖的迹象，钢材、铜、铝等原材料价格回升，企业利润增加，导致钢铁、有色等企业“去产能”意愿减弱。另一方面，“去产能”涉及正常运营产能的关闭，牵涉到职工安置、地方税收收缴、银行坏账处理、资产处置等一系

列问题，工作难度较大。

2016 年为更好地推进原材料行业化解过剩产能工作，先后出台了《关于促进建材工业稳增长调结构增效益的指导意见》等有关文件，一是严控新增产能，继续做好对未经审核项目的认定和公告工作，及时掌握产能变化情况；二是优化存量，加快产业布局调整和企业“走出去”步伐，优化产业布局，组织符合准入规范条件企业的评价和公共工作，加强监督和动态管理；三是扩大高端应用，加强对绿色建材、高强钢筋、高性能电工钢等茶品的推广应用，积极推进高品质、高性能和高附加值产品的生产和应用。

（三）加快国有资产优化重组

2015 年底，国务院出台了《关于改革和完善国有资产管理体制的若干意见》（以下简称《意见》），《意见》要求推进国有资本优化重组。清理退出一批、重组整合一批、创新发展一批国有企业，建立健全优胜劣汰市场化退出机制，加快淘汰落后产能和化解过剩产能，处置低效无效资产。

2016 年全球经济复苏缓慢，受经济低迷、产能过剩、需求不振、环保新政等因素影响，我国原材料业步履维艰。加快国有资产的优化重组对加快原材料行业转型升级、提质增效具有重要的意义。因此在《意见》的指导下，原材料行业大力推进国有资产优化重组。2016 年 1 月，中国建材集团和中材集团公告重组合并；2016 年 9 月，国资委同意宝钢和武钢两大集团联合重组；2016 年 9 月 12 日，广西壮族自治区南宁市中级法院裁定广西有色金属集团终止重整程序，并宣告公司破产。通过国有资产的兼并重组和强强联合，对不良资产实行不救助、不兜底原则的执行，既有力推动我国原材料行业的整合和集中，也加快了具有国际竞争力的世界一流企业的打造。

（四）大力推进智能制造

原材料工业作为典型的流程工业，机械化、自动化、信息化并存，不同地区、不同行业、不同企业发展不平衡，发展智能制造面临关键技术装备受制于人、只能制造标准/软件/网络/信息技术安全基础薄弱、智能制造新模式尚未起步、智能化集成应用缓慢等突出问题。但同时企业重视程度不够、信息化投资不足、关键核心软件装备受制于人、复合型人才缺乏、公共服务平台缺失、政策标准建设滞后等问题依然突出，制约了智能制造的发展进程。

为加快推进原材料工业智能制造进程，工业和信息化部发布了《关于开展智能制造试点示范 2016 专项行动的通知》，从发展背景、总体思路、主要目标、重点行动、重点工作及进度安排、保障措施等六个方面进行了部署，选择有条件、有基础的重点地区、行业进行试点示范，通过试点示范，进一步提高原材料行业智能制造水平，实现运营成本的降低和产品研制周期的缩短，不断提升原材料行业的市场竞争力。

二、尚需完善的配套政策

（一）转型升级的细节需完善

随着我国经济发展步入中高速，原材料行业转型升级的压力也越来越大，虽然国家从宏观层面一直在努力推进原材料行业的转型升级，但针对具体行业的具体问题，尚未出台细化方案。因此要进一步明确原材料工业及细分行业转型升级的具体目标，并将指标进行细化和量化，指导各地方行业主管部门根据目标指标制定符合本地区的实施方案。同时还要进一步完善能源、资源、环境保护等法律法规，加强事中事后监管，对生产企业的环保、产品质量和安全生产进行监督检查，倒逼竞争乏力的企业主动退出市场，加快原材料工业转型升级步伐。

（二）智能制造标准需完善

推进原材料行业智能制造是促进原材料工业转型升级的重要路径，但当前我国原材料工业智能制造发展水平参差不齐，一些基础性工作较为落后，与国外相比存在较大差距。标准是引领原材料工业智能制造水平快速提升的重要基础，但当前行业智能制造的标准工作尚处于起步阶段。因此一定要围绕石化、化工、钢铁、有色、建材等主要行业特点，做好标准体系研究及技术归口工作，同时要围绕产品质量控制、安全生产、节能减排、物流管理、数字化研发等，加快制定数据采集、传输、交换既接口标准等，以及产品识别、定位和可追溯通用规范。

（三）退出机制尚需完善

原材料工业在化解产能过剩的进程中，势必有很多产能主动或被动退出，但目前我国原材料工业过剩产能的退出机制尚不完善，在员工安置、企业转产等各方面都存在很多欠缺的地方。因此一是要从金融财税政策上支持，对主动退出的企业给予资金支持或补贴，或对退出企业转产其他领域的给予信贷优惠政策；二是妥善安置退出企业的员工，保障员工权益，对退出企业员工的社会保险关系的转移和接续问题做到妥善处理，对退出企业员工的再就业或再培训，参照各地标准，给予一定的社会保险或资金补贴，对于自主创业的，要给予小额贷款扶持，维护社会稳定。

第七节　2017 年我国原材料工业发展趋势展望

预计 2017 年，全球经济难有较大改观，国内经济会保持平稳增长，我国原材料工业会继续回暖，生产增速小幅反弹，进出口贸易逐步回稳，产品价格有涨有跌，行业经济效益有望改善，但投资受“去产能”影响会继续减少。

一、生产有望小幅反弹

预计 2017 年，我国原材料工业生产将会小幅反弹。一是全球经济虽难有较大起色，但经济增长会好于 2016 年。在最新发布的《世界经济展望》中，IMF 预计 2017 年全球经济增长 3.4%，略高于 2016 年的 3.1%。其中发达经济体会延续低增长态势，美国经济缓慢复苏，但受“加息”影响复苏进程会放缓；欧洲经济受英国脱欧影响，景气度将有所下滑；日本、韩国经济持续低迷。新兴经济体和发展中国家经济整体情况将有所改善，印度等新兴的亚洲国家经济增速将加快。二是尽管下行压力不减，但我国经济总体将平稳增长。2017 年我国经济增速将放缓，IMF 预估经济增速为 6.2%。但从 2016 年 1—11 月的制造业 PMI、工业利润等数据来看，我国经济出现了企稳回升的迹象。随着发改委陆续启动一批重大工程项目，以及各项改革的深入推进，预计 2017 年我国经济至少会维持 6.5% 的增长。三是主要下游行业需求将维持增长态势。2016 年以来，房地产开发投资持续增长，1—11 月房地产开发投资增长 6.5%，总体呈现增长态势，预计 2017 年房地产开发投资会继续增长，受各地楼市严控政策的影响，增速会趋于平稳；2016 年前 11 个月汽车产销稳定增长，增幅较 1—10 月小幅提升，预计 2017 年汽车产销会继续保持增长。

二、投资继续放缓

2017 年，国内经济回暖和下游需求增长将对原材料工业投资起到一定的拉动作用。在“一带一路”倡议和《中国制造 2025》等重大发展战略的刺激下，基础设施、轨道交通、高端装备等产业将快速发展，2016 年 1—11 月，发改委陆续批复的交通、能源领域的重大项目已经达万亿元，这些项目的投资乘数效应有望在 2017 年显现，将增加对原材料的需求。但因我国主要原材料行业存在产能过剩，企业投资意愿仍不强烈，原材料工业投资增速仍存在负增长的可能性。自 2016 年初，钢铁、有色、建材等主要产能过剩行业开启了化解过剩产能、提质增效的工作，去产能工作得到了前所未有的重视。在各地的积极配合下，截至 2016 年 10 月底，我国 2016 年全年的钢铁去产能任务已经提前完成，但未来去产能压力仍然较大。综合来看，预计 2017 年我国原材料工业增加投资的可能性很小。

三、进出口贸易有所改善

预计 2017 年，我国原材料产品进出口贸易会有一定程度的改善。出口方面，全球经济缓慢复苏，发达经济体低速增长，新兴经济体经济有所好转，随着“一带一路”倡议的纵深推进，我国与沿线国家的贸易量有望增加，带动我国优势原材料产品的出口。此外，人民币的持续贬值也将在一定程度上刺激我国原材料产品出口。进口方面，国内经济总体平稳，稳中有进，特别是随着促进外贸回稳向好政策措施效果的逐步显现，原材料进口需求有望增加。

四、产品价格震荡调整

预计 2017 年，随着去产能和供给侧结构改革的持续推进，我国原材料产品价格会震荡调整。钢材价格受去产能刺激，以及煤炭、铁矿石等原燃料价格上涨支撑，预计会波动上涨。化工产品价格受石油价格回升影响，整体走势会有所增强，不同产品价格会依据供需格局变化出现一定程度分化。有色产品价格在化解过剩产能、供求关系改善的整体形势下，大幅下跌的空间不大。水泥、平板玻璃等建材产品价格受房地产、基建市场影响，上涨空间有限。

五、行业经济效益有所改善

预计 2017 年，我国原材料工业整体经济效益会有所改善。一方面，原材料产品需求会保持增长，另一方面，受益于供给侧改革和去产能行动，我国原材料市场供求关系会有所改善，产品价格存在一定的上涨空间，原材料企业盈利能力有所增强。

第十章 消费品工业

2016年，我国消费品工业生产增速小幅下滑、出口形势有所好转、内需增长略显低迷，表现出新常态下转型阵痛持续、内需增长乏力等一些突出问题。2016年出台了《关于促进医药产业健康发展的指导意见》《关于发挥品牌引领作用推动供需结构升级的意见》和《关于加快发展康复辅助器具产业的若干意见》等若干政策，对于引导消费品工业健康发展意义重大。2016年，消费品工业两大重点行业纺织工业和生物医药及高性能医疗器械行业表现各异，纺织工业生产增速持续下滑、投资增速大幅回落、消费需求持续低迷、盈利能力下降，相反，生物医药及高性能医疗器械行业表现明显回暖，工业增加值增速重回两位数、投资规模不断扩大、出口交货值增速明显提高。2016年，各地区在开展增品种、提品质、创品牌的“三品”专项行动中成绩斐然，江苏省、湖南省和陕西省都探出了各具特色的“三品”之路。展望2017年，消费品工业发展环境不容乐观，国际贸易缺乏增长动力，发达经济体“逆全球化”趋势增强，国内竞争力流失问题突出，预计2017年消费品工业生产增速小幅提升，出口形势持续好转，内需增长企稳回升。

第一节 2016年我国消费品工业整体发展状况

一、发展现状

（一）生产增速小幅下滑

2016年是“新常态”攻坚较为艰难的一年，实体经济虽有所回暖，但下行趋势未能彻底改变，1—12月全部工业增加值累计增速较之上年同期和上年年底小幅下滑0.1个百分点。消费品工业大类中，纺织行业工业增加值增速呈现下滑态势，轻工业较上年同期提高0.3个百分点，医药工业在度过新版GMP认证之后逐渐进入稳定生产期，工业增加值增速达到10%以上，较上年同期上升0.8个百分点。13个主要细分行业中，仅农副食品加工，食品制造，酒、饮料和精制茶制造业，造纸及纸制品业，医药制造业5个行业工业增加值增速小幅提升，其他行业增速均出现不同程度的下滑，其中化学纤维制造业生产增速下滑尤为明显，达到5.1个百分点。

表10－1　2016年主要消费品行业工业增加值增速

行　业	2016年1—12月	2015年1—12月
工业	6.0%	6.1%
轻工	6.7%	6.4%
农副食品加工业	6.1%	5.5%
食品制造业	8.8%	7.5%
酒、饮料和精制茶制造业	8.0%	7.7%
皮革、毛皮、羽毛及其制品和制鞋业	3.4%	4.9%
家具制造业	6.6%	6.9%
造纸及纸制品业	5.9%	5.3%
印刷和记录媒介复制业	6.1%	6.7%
文教、工美、体育和娱乐用品制造业	3.2%	5.8%
橡胶和塑料制品业	7.6%	7.9%
纺织	4.9%	6.3%
纺织业	5.5%	7.0%
纺织服装服饰业	3.8%	4.4%
化学纤维制造业	6.1%	11.2%
医药	10.6%	9.8%
医药制造业	10.8%	9.9%

资料来源：国家统计局，2016年12月。

（二）出口形势有所好转

2016年，世界经济整体缓慢弱势复苏，人民币持续贬值，对消费品工业出口带来利好。1—12月，轻工业、纺织工业、医药工业出口交货值分别同比增长2.6%、－0.9%和7.4%，较之上年同期分别提高4个、1.4个和3.6个百分点，出口形势明显改善。13 个主要消费品行业中，除皮革、毛皮、羽毛及其制品和制鞋业，家具制造业，印刷和记录媒介复制业，纺织服装服饰业 4 个行业，其他行业出口增速均有所提高。化学纤维制造业、医药制造业、食品制造业 3 个行业呈现良好的出口态势，在所有子行业中保持领先水平。

表 10 -2　2016 年 1—10 月主要消费品行业出口交货值增速

行　业	2016 年 1—12 月	2015 年 1—12 月
工业	0. 4%	-1. 8%
轻工	2. 6%	-1. 4%
农副食品加工业	1. 8%	-1. 8%
食品制造业	6. 0%	1. 1%
酒、饮料和精制茶制造业	0. 6%	-1. 9%
皮革、毛皮、羽毛及其制品和制鞋业	0. 6%	3. 4%
家具制造业	3. 3%	5. 0%
造纸及纸制品业	4. 5%	-6. 7%
印刷和记录媒介复制业	4. 9%	6. 8%
文教、工美、体育和娱乐用品制造业	1. 2%	-10. 0%
橡胶和塑料制品业	2. 0%	-6. 2%
纺织	-0. 9%	-2. 3%
纺织业	0. 3%	-3. 9%
纺织服装服饰业	-2. 6%	-0. 4%
化学纤维制造业	8. 1%	-8. 8%
医药	7. 4%	3. 8%
医药制造业	7. 9%	4. 6%

资料来源：国家统计局，2016 年 12 月。

（三）内需增长略显低迷

2016 年，受宏观经济下行和投资风险加大等因素的影响，消费品工业内需低迷。消费需求方面，12 月消费者信心指数 108. 4，同比增长 4. 5%，但环比下降 0. 2%。1—12 月，全社会消费品零售总额同比增长 10. 4%，低于上年同期水平。其中，烟酒类、服装鞋帽、针纺织品、化妆品、家用电器零售额同比增速低于平均水平，城镇消费同比增长 10. 4%，低于农村 0. 5 个百分点。

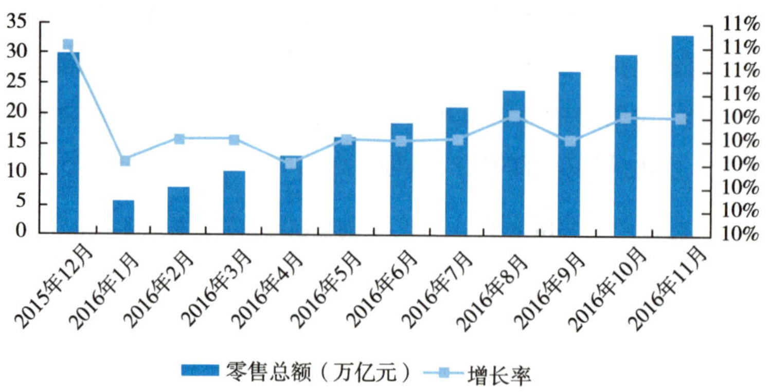

图 10 -1　2015 年 12 月—2016 年 11 月全社会消费品零售总额及增速

资料来源：国家统计局，2016 年 12 月。

固定投资方面，除农副食品加工业、食品制造业、造纸及纸制品业 3 个行业外，其他各主要子行业固定资产投资增速较去年同期相比均出现不同程度的回落。其中，家具制造业，印刷和记录媒介复制业，文教、工美、体育和娱乐用品制造业，纺织服装服饰业 4 个行业投资增速下滑尤为明显。

表 10 -3　2016 年主要消费品行业固定资产投资增速

行　业	2016 年 1—12 月	2015 年 1—12 月
制造业	4. 2%	8. 1%
农副食品加工业	9. 5%	7. 7%
食品制造业	14. 5%	14. 4%
酒、饮料和精制茶制造业	0. 4%	4. 4%
皮革、毛皮、羽毛及其制品和制鞋业	6. 6%	10. 0%
家具制造业	6. 4%	17. 7%
造纸及纸制品业	9. 9%	0. 4%
印刷和记录媒介复制业	0. 2%	15. 1%
文教、工美、体育和娱乐用品制造业	13. 5%	29. 7%
橡胶和塑料制品业	7. 4%	10. 1%
纺织业	10. 7%	12. 8%
纺织服装服饰业	5. 6%	22. 0%
化学纤维制造业	0. 3%	1. 2%
医药制造业	8. 4%	11. 9%

资料来源：国家统计局，2016 年 12 月。

二、存在问题

（一）外部环境不稳定因素增多

进入2017年，消费品工业发展的外部环境面临更多不确定性。一是世界经济复苏依然脆弱，需求不振使得消费品国际贸易缺乏增长动力。大部分国家逼近债务和央行的双重极限，货币宽松政策的边际作用进一步衰退。发达经济体中，美国大选之后的经济政策和外贸政策走向充满变数，英国脱欧、难民问题和地缘政治等问题使欧洲经济增长受到阻碍。新兴市场中，资本外流风险依然存在，影响国内实体经济发展。二是发达经济体"逆全球化"趋势增强。美国等传统消费大国推行"再工业化"，将部分进口产品和生产环节转移回国内，削弱对国外消费品工业的进口需求。同时，全球贸易保护主义继续盛行，我国消费品工业出口面临更多挑战。2015年10月至2016年5月，二十国集团成员出台145项新的贸易限制措施，月均新措施数量为2009年以来的最高水平。三是竞争力流失问题突出。2016年1—8月，我国劳动密集型产品在美国和日本进口市场份额比2015年同期分别下降1.4和2.6个百分点，而同期越南则分别上升0.7和1.2个百分点。

（二）新常态下转型阵痛持续

2017年，以供给侧结构性改革为核心的结构调整和产业转型仍是主线，由此带来的挑战不可避免。一是经济下行压力加大，企业融资难问题更加突出。在目前我国以大型银行为主的融资环境下，大型金融机构为小微企业服务的动力不足，而小微企业在质押物普遍缺乏的情况下，难以从正规金融机构获得行业发展需要的资金，流动性缺乏成为企业发展面临的主要障碍，制约着以中小企业为主的消费品工业发展壮大。二是企业节能减排和环境保护压力加大。随着新环保法的深入实施以及党中央、国务院和各地方政府治理雾霾力度的空前加大，造纸、皮革、印染、原料药制造等环境敏感型消费品工业企业节能减排改造势在必行，而投资大、融资难、回报周期长等问题导致消费品工业企业特别是中小微企业生存空间日趋萎缩。三是企业亏损情况加剧。2016年，消费品工业亏损深度虽有所降低，但亏损面进一步扩大，纺织工业尤其严重。在需求乏力和综合成本（人工、融资、节能减排、物流、社会福利等）上升的双重挤压下，2017 年消费品工业亏损面可能进一步扩大。

表 10 -4 2016 年 1—12 月主要消费品行业亏损情况及比较

行业名称	亏损面			亏损深度		
	2016 年	2015 年	变化	2016 年	2015 年	变化
工业	11.9%	12.0%	-0.1%	11.9%	14.2%	-2.3%
轻工	9.4%	9.3%	0.1%	4.3%	4.9%	-0.7%
农副食品加工业	7.9%	8.0%	-0.1%	4.3%	5.6%	-1.3%
食品制造业	8.5%	9.0%	-0.5%	3.7%	3.9%	-0.3%
酒、饮料和精制茶制造业	8.8%	9.2%	-0.4%	4.7%	5.2%	-0.4%
皮革、毛皮、羽毛及其制品和制鞋业	8.9%	7.9%	1.1%	3.1%	2.6%	0.5%
家具制造业	9.0%	9.0%	0.0%	3.6%	3.7%	-0.1%
造纸及纸制品业	11.2%	11.2%	0.0%	9.2%	13.0%	-3.8%
印刷业和记录媒介的复制	11.3%	10.9%	0.4%	4.7%	3.7%	1.0%
文教、工美、体育和娱乐用品制造业	7.9%	8.1%	-0.1%	2.7%	2.7%	0.0%
塑料制品业	10.5%	10.3%	0.2%	4.9%	5.3%	-0.5%
家用电力器具制造	13.0%	13.3%	-0.4%	1.8%	3.3%	-1.4%
纺织	10.4%	9.7%	0.7%	4.2%	4.7%	-0.5%
纺织业	9.8%	9.4%	0.4%	3.5%	4.1%	-0.6%
纺织服装服饰业	10.6%	9.1%	1.5%	3.9%	3.2%	0.7%
化学纤维制造业	16.3%	17.3%	-1.1%	9.7%	15.1%	-5.4%
医药	10.1%	10.2%	-0.1%	3.0%	3.5%	-0.5%
医药制造业	10.2%	10.3%	-0.1%	3.0%	3.2%	-0.2%

资料来源：国家统计局，2016 年 12 月。

（三）内需增长乏力

2017 年，我国消费品工业发展依然面临消费投资信心不足，内需增长乏力的问题。一是房地产市场的爆发透支了居民收入，居民中长期贷款保持高位，一定程度上抑制了消费需求的增长。尽管收入分配调节力度不断加大，居民收入增长预期向好，但受经济下行影响，增长放缓可能性较大。二是关联产业需求明显乏力。国家对房地产市场的调控虽有利于经济社会的长期发展，但客观上会造成家居消费、产业用纺织品等相关产业链需求的下滑。三是在经济下行态势未能明显扭转的背景下，企业投资信心仍显不足。2016 年前三季度，企业景气指数和企业家信心指数一直在临界值边缘徘徊。进入2017年，伴随经济下行压力的持续，这一趋势或将延续。

三、对策建议

（一）加大政策扶持力度

一是深入贯彻落实《国务院办公厅关于开展消费品工业“三品”专项行动营造良好市场环境的若干意见》，加大对儿童用品、儿童食品、儿童药品等重点领域的扶持力度。二是认真落实《中国制造2025》，统筹安排重大新药创制、工业转型升级、高端医疗诊断设备、物联网专项等政策性扶持资金，加大对消费品工业领域的技术改造、仿制药质量和疗效一致性评价、节能减排与资源综合利用、小型微型企业创业创新示范基地的公共服务平台、创意设计等方面的支持力度。三是认真落实《产业技术创新能力发展规划（2016—2020年）》，完善产业创新体系，加大共性关键技术研发力度，完善综合标准化体系，发展高附加值消费品工业。四是认真落实《海关总署公告2016年第26号（关于跨境电子商务零售进出口商品有关监管事宜的公告）》，加强对跨境电子商务零售进出口商品的监管，加快调整国产箱包、手表、婴童食品、珠宝饰品、洗护用品、葡萄酒等重点消费品消费税，引导境外消费回流。五是认真落实国家有关中小微企业税收优惠、农产品增值税抵扣、农业产业化龙头企业税收减免、新购设备增值税抵扣、固定资产加速折旧、阶段性降低社会保险费率以及其他降低实体经济负担的相关政策，取消一切不合理的收费与规费，切实减轻企业负担。

（二）深入推进产业结构调整

一是紧抓京津冀一体化、丝绸之路经济带、长江经济带等区域经济发展的有利时机，有序推进消费品工业产业转移和区域经济协同发展。优化产业布局，持续推进纺织、食品等劳动密集型企业向中西部地区转移。二是深入推进造纸、制革、印染、化纤、铅蓄电池等环境敏感型企业节能减排改造和淘汰落后产能工作，推进节能减排和清洁生产，鼓励优势企业跨地区、跨行业兼并重组，提高行业集中度。三是大力推进仿制药质量和疗效一致性评价。进一步梳理当前医药企业现有药品品种一致性评价进展，分析总结一致性评价过程中存在的问题以及困难，加大对企业进行一致性评价的引导和支持，同时积极协调金融机构增加对医药企业实行一致性评价的金融支持，缓解企业资金压力。

（三）打好扩大内需组合拳

一是深入挖掘消费增长潜力。以支持鼓励创新为重点，加快推动电子信息消费、农村服务消费、绿色循环消费等新型消费的推广。以新型城镇化建设为契机，推进农村商品和服务消费。增强信贷对农村消费的支持力度，扩大信贷规模，简化贷款流程，延长贷款时限。二是推进品牌建设和提升工程。发挥企业品牌建设主体作用，加大品牌宣传力度，推进食品、纺织和轻工产品自主品牌建设，刺激消费需求释放。三是大力推进“互联网＋”消费品工业。借力电子商务新业态，鼓励发展面向健康型、改善型、便捷型的精细化消费和个性化消费，促进消费结构转型升级，释放新的消费需求。引导和支持企业根据消费趋势、重点消费群体特征，加强创意设计，生产多品种、多系列、多规格、多款式的产品，丰富市场供给，满足消费者多元化消费需求。四是引导和支持各地围绕生物医药、医药大健康、创业创新、创意设计等新兴领域，设立新兴产业创业投资引导基金，撬动金融资本、社会资本、民间资本，挖掘投资需求增长潜力，促进投资需求增长。

（四）营造良好出口贸易环境

一是加强区域贸易合作。加快推进中蒙俄经济走廊、孟中印缅、中巴经济走廊建设，积极开拓新兴经济体市场。加快中日韩自贸协定、中国—挪威自贸协定、中国—海合会自贸协定谈判，结合我国消费品工业发展现状，制定科学合理的贸易规则，减少贸易摩擦，扩大进出口贸易。二是全面落实国家“一带一路”重大战略。深化与“一带一路”沿线各国的合作，搭建产品出口与轻纺、化学原料药等重点领域产能国际合作平台，支持企业在相关国家建立产品分销中心和境外原料与产品加工基地，助力产品出口和国内过剩产能“走出去”。三是建立灵活的出口税费制度。降低企业出口相关的行政事业性收费，继续减免通关费、检验和检疫费，探索减少商检费、仓储费等费用。根据产品出口形势，适度提高重点轻纺产品的出口退税税率，消化企业库存压力。综合运用出口信贷担保、出口信用融资等手段，加大对重点轻纺产品出口的支持力度。

第二节 2016 年我国消费品工业重点政策解析

一、《关于促进医药产业健康发展的指导意见》

（一）政策内容

2016 年 3 月，国务院出台《关于促进医药产业健康发展的指导意见》（以下简称《意见》），针对医药产业自主创新能力不强、产业结构不合理、市场秩序不规范等问题，提出了促进医药产业健康发展的总体要求、主要任务和政策建议，对提升我国医药产业核心竞争力、促进医药产业持续健康发展做出了部署。

《意见》明确了七个方面的重点任务：一是加强技术创新，提高核心竞争能力。完善政产学研用的医药协同创新体系，推动重大药物产业化，加快医疗器械转型升级，推进中医药现代化。二是加快质量升级，促进绿色安全发展。严格生产质量管理，提升质量控制技术，完善质量标准体系，实施绿色改造升级。三是优化产业结构，提升集约发展水平。调整产业组织结构，推进企业兼并重组。充分发挥区域要素资源优势，推动区域协调发展。引导产业集聚发展，创建一批产业集聚区。四是发展现代物流，构建医药诚信体系。建立现代营销模式，推动大型企业建设遍及城乡的药品流通配送网络。加强诚信体系建设，健全医药诚信管理机制和制度。五是紧密衔接医改，营造良好市场环境。健全医疗服务体系，推动医生多点执业，提升基层医疗机构服务能力。加强价格、医保、招标采购等政策衔接，强化医药费用和价格行为综合监管。六是深化对外合作，拓展国际发展空间。加快开发国际新兴医药市场，优化产品出口结构。推动企业建设符合国际质量规范的生产线，加快检测认证国际化进程。着眼全球配置资源，加快国际合作步伐。七是培育新兴业态，推动产业智能发展。推进医药生产过程智能化，开展智能工厂和数字化车间建设示范。发挥优质医疗资源的引领作用，开展远程影像诊断、专家会诊、手术指导等远程医疗服务。

《意见》从强化财政金融支持，支持创新产品推广，健全政府采购机制，深化审评审批改革，加快人才队伍建设，加强产业协同监管等方面提出了加强政策保障和组织实施的工作方向，对各地区、各相关部门加强组织领导、健全工作机制、确保任务落实提出了要求。

（二）政策影响

国务院为促进医药产业发展单独下发《意见》，显示了国家对医药产业“惠民生、稳增长”所发挥作用的认可和重视。《意见》将对医药产业的发展方向、产业格局和产业发展环境产生巨大的影响。

《意见》提出了技术创新，绿色安全，智能发展等产业发展方向，将有效地影响产品和服务的供给：一是激励创新研发和产品、技术的产业化，增加供给，更好地满足群众的用药需求。二是明确支持了医疗器械和中医药两个发展方向，引导市场进行相关布局。三是从生产质量管理、质量控制技术、质量标准体系等方面提出了质量升级的要求，进一步保障药品安全。四是提出绿色发展的要求，在医药产业发展中增加了对环境因素的考虑，使产品生产更加绿色环保。五是鼓励发展新兴业态，推动产业智能发展，进一步增强医药产品的生产制造能力，提升医疗服务水平。

《意见》对产业格局的进行了布局，涉及三个方面：一是优化产业结构，包括产业的组织方式、区域间的协调、产业集聚发展，促进了产业均衡、健康地发展。二是注重医药产业与配套产业的协调发展，对营销体系、物流体系的发展提出了相关建议，促进了产业协作。三是加强国际合作，注重国内外市场的均衡发展。一方面优化出口结构、推动国际注册认证、鼓励企业拓展国际市场，助力医药产品“走出去”；另一方面加大“引进来”力度，完善投资环境和配套设施建设，推动跨国公司在华布局产业链高端环节。

《意见》将对产业发展的环境产生多方面的积极影响。一是加强产业协同监管和诚信体系建设，将有效促进良好市场环境的形成。二是要求衔接医改，健全政府采购机制。这既为医药产业提供了巨大的市场，又为医药产业的发展提出了相应的约束和要求。三是支持创新产品推广和深化审评审批改革，使医药产业的创新升级更为便利。四是从财政金融支持、人才队伍建设等其他方面为产业健康发展营造良好的外部环境。

二、《关于发挥品牌引领作用推动供需结构升级的意见》

（一）政策内容

2016 年 6 月，国务院出台《关于发挥品牌引领作用推动供需结构升级的意见》（以下简称《意见》），针对我国品牌发展严重滞后于经济发展，产品质量不高、创新能力不强、企业诚信意识淡薄等问题提出了解决思路。《意见》要求以发挥品牌引领作用为切入点，充分发挥市场决定性作用、企业主体作用、政府推动作用和社会参与作用，围绕优化政策法规环境、提高企业综合竞争力、营造良好社会氛围，大力实施品牌基础建设工程、供给结构升级工程、需求结构升级工程，增品种、提品质、创品牌，提高供给体系的质量和效率，满足居民消费升级需求，扩大国内消费需求，引导境外消费回流，推动供给总量、供给结构更好地适应需求总量、需求结构的发展变化。

（二）政策影响

一是发展品牌的外部环境逐步优化。政策法规环境方面，《意见》要求政府健全品牌发展法律法规，完善扶持政策，加强自主品牌宣传和展示，倡导自主品牌消费，以多种管理和服务方式为发挥品牌引领作用保驾护航。社会氛围方面，舆论的引导、社会共识的凝聚、消费者信心和自主品牌情感的树立，都将有助于自主品牌的发展。市场环境方面，企业品牌意识增强，行业协会、中介机构作用增强，基础平台的建设，相关人才队伍的培养，都将为品牌发展创造良好的土壤。

二是供给结构逐步改良、升级。发挥品牌的引领作用，将增加供给的品种、增强产品的品质。没有品牌信任，消费者无法确信其差异化的需求能否被企业满足，这类需求将难以在市场中显现。品牌可以激活这类差异化需求，进而刺激市场提供更丰富多元的产品、服务。对于品质差异较大的产品，如农产品，在品牌支撑下更能体现自身的价值，克服市场固有的“劣币驱逐良币”倾向，丰富市场中高端产品的供给。此外，品牌增加了企业盈利，促使企业由低端向高端转型升级，促进了供给结构的改良。

三是企业综合竞争力逐步增强。品牌为企业带来消费者忠诚和产品溢价，是企业核心竞争力的重要组成部分。一方面，形成了品牌的企业，其产品往往更具市场竞争优势，享有品牌带来的溢价。这些额外收益为企业进一步优化供给创造了条件。另一方面，为塑造品牌，或维持品牌带来的额外收益，企业又需要进一步增加产品多元化、差异化的程度，加大在提升质量方面的投入。这一正反馈循环将持续促进企业综合竞争力的增强。

四是需求逐步扩大、升级。需求的扩大升级与供给结构的改变同步，相互影响，是一个不断自我强化的过程。除了前述差异化、高端化需求，品牌还将强化消费者信心，扩大消费需求。在尚不规范的市场（例如农村市场）中，品牌产品将驱逐市场上的“三无”产品，占据其市场空间，释放潜在的消费需求。此外，品牌还将增强企业的国际竞争力，扩大国际需求，进一步拓展企业的生存空间。

三、《关于加快发展康复辅助器具产业的若干意见》

（一）政策内容

2016 年 10 月，国务院出台《关于加快发展康复辅助器具产业的若干意见》（以下简称《意见》）。《意见》指出，我国康复辅助器具产业市场潜力巨大，近年来，产业规模持续扩大，产品种类日益丰富，供给能力不断增强，服务质量稳步提升，但仍存在产业体系不健全、自主创新能力不够强、市场秩序不规范等问题。按照《意见》的要求，到 2020 年，产业规模突破 7000 亿元，布局合理、门类齐备、产品丰富的产业格局基本形成，涌现一批知名自主品牌和优势产业集群，中高端市场占有率显著提高。为加快产业发展，《意见》布置了增强自主创新能力、促进产业优化升级、扩大市场有效供给、营造良好市场环境四大任务，提出了相关政策支持和保障措施，必将对未来一段时间康复辅助器具产业的发展产生深远的影响。

（二）政策影响

一是改善老年人、残疾人、伤病人的生活境况。《意见》要求，促进部分康复辅助器具纳入医保，对贫困残疾人、重度残疾人配置基本型康复辅助器具给予补贴，保险公司和金融机构开发相应金融产品。这些举措扩大了社会保障制度的覆盖范围，使老年人、残疾人、伤病人群体在配置康复辅助器具时能得到资金保障。《意见》重点支持产品创新和服务能力提升，将丰富市场供给，更好地满足公众多层次的需求，改善相关人群的生活境况。

二是促进康复辅助器具企业的蓬勃发展。《意见》鼓励自主创新，通过激励创新人才、搭建创新平台、促进成果转化等手段促进产品和服务的升级，增强了企业的市场竞争力。《意见》在支持企业战略合作和兼并重组，促进规模化、集约化、连锁化经营的同时，也鼓励创新型、创业型和劳动密集型中小微企业专注于细分市场发展，有助于行业生态中各类企业的均衡发展。此外，税收价格优惠、金融服务和财政资金引导、积极营造良好市场环境等一系列保障措施的提出，也将为企业发展壮大提供有力支持。

三是促进产业转型升级。除了直接激励企业以促进产业高端化、精细化发展，《意见》还做出了其他方面的要求：优化产业空间结构，将促进产业在全国范围内合理布局，充分利用各地市场、技术、资源的优势；促进制造体系升级，大力发展生产性服务，将全面提升产业的生产制造、供应链流通、销售服务能力；对接国际标准，提高国际合作水平，将促使产业进一步提升综合竞争力以应对国际市场的竞争。

四是激发康复辅助器具从业人员的积极性。《意见》要求培养创新人才和团队，搭建科技创新和技术研发平台，推进成果转化，加强人才队伍建设，这将有助于培养高素质人才队伍，激发创业积极性。大力推广康复医师、康复治疗师与康复辅助器具配置人员团队协作，将有助于明确服务模式，激发行业内不同职业人员的工作积极性。

第三节　2016 年我国消费品工业重点行业发展状况

一、纺织工业

（一）运行情况

1. 生产增速持续下滑

从工业增加值看，2016 年纺织工业增加值累计增长 4.9%，低于上年同期 1.4 个百分点；占全国比重 5.8%，较之上年同期下降 0.1 个百分点。全年增速变化趋势看，纺织工业仍然面临严峻的下行压力。细分产业看，化学纤维制造业生产增速下滑明显，工业增加值增速仅为上年同期的54.5%，纺织业和纺织服装服饰业生产增速也出现不同程度的下滑。

表10－5　2016年纺织工业增加值增速与上年之比

行　业	1—3月	1—6月	1—9月	1—12月
纺织工业	100.0%	95.6%	84.8%	77.8%
其中：纺织业	116.7%	102.8%	86.1%	78.6%
纺织服装服饰业	85.2%	96.1%	89.4%	86.4%
化学纤维制造业	64.4%	75.0%	70.3%	54.5%

注：2015年均为正增长。

数据来源：国家统计局，2017年1月。

从产品产量看，2016年主要大类产品除毛机织物和服装外均保持增长态势，但增幅较之上年同期明显收窄。其中，毛机织物、无纺布、化学纤维产量增速下滑尤为明显，下降幅度达到5%以上。服装产业景气度依然不高，全年累计产量呈负增长，带动上游毛机织物产量下滑7.2%。

表10－6　2016年纺织工业主要产品产量累计增速与上年之差

产　品	单位	1—3月	1—6月	1—9月	1—12月
纱	万吨	1.7	1.7	1.5	－1.2
布	亿米	－2	－1.3	－1.5	－0.4
绒线	万吨	7	0	－0.7	3.5
毛机织物	万米	－10.4	－3.9	－4.4	－7.7
蚕丝	吨	－8.7	1	0.5	－4.2
无纺布	万吨	－3.8	－2.6	－9	－7.8
服装	万件	－3.6	0	－0.3	－3.6
化学纤维	万吨	－6.7	－2.1	－4.7	－8.7

资料来源：国家统计局，2017年1月。

2. 出口形势有所好转

随着行业结构调整的持续推进，纺织工业出口形势有所缓解。2016年，完成出口交货值 9176.8 亿元，同比下降 0.9%，增速较之上年同期提高 1.4%。细分行业看，受益于国际市场需求的增长，化学纤维制造业出口交货值同比增长 8.1%，较之上年同期提高 16.9 个百分点。出口结构看，纺织服装服饰业仍是出口主导产业，占比达 54.7%。较之 2015 年，纺织业出口交货值占比下降 0.8 个百分点，化学纤维制造业占比相应提高。

表 10－7　2016 年纺织工业出口交货值累计增速与上年之差

行　业	1—3 月	1—6 月	1—9 月	1—12 月
纺织工业	2.2%	3.3%	2.6%	1.4%
其中：纺织业	3.3%	4.7%	4.1%	4.2%
纺织服装服饰业	－0.5%	0.8%	0.2%	－2.2%
化学纤维制造业	19.2%	17.8%	16.0%	16.9%

资料来源：国家统计局，2017 年 1 月。

3. 投资增速大幅回落

2016 年，国家大力推动供给侧结构性改革，制造业投资的主要方向是补短板、调结构，全年投资增速低位运行。纺织工业是供给侧结构性改革的重点领域，固定资产投资增速由 2015 年的 15.4% 下滑至 2016 年的 7.7%，降幅高出制造业平均水平 3.8 个百分点。分行业看，经过 2015 年的投资改造，纺织服装服饰业固定资产投资告别之前的高速增长态势，大幅下滑 16.4 个百分点。纺织业和化学纤维制造业依然保持稳中趋缓的发展势头。

表 10－8　2016 年纺织工业固定资产投资累计增速与上年之差

行　业	1—3 月	1—9 月	1—12 月
制造业	－4.0%	－5.2%	－3.9%
纺织工业	－6.3%	－9.3%	－7.7%
其中：纺织业	1.4%	－4.1%	－2.1%
纺织服装服饰业	－16.8%	－20.6%	－16.4%
化学纤维制造业	－10.2%	2.5%	－0.9%

资料来源：国家统计局，2017 年 1 月。

4. 消费需求持续低迷

2016年，社会消费品零售总额增长10.4%，低于上年同期0.3个百分点，消费需求持续低迷。受大环境影响，纺织工业亦不能独善其身，服装鞋帽、针、纺织品类商品全年零售额累计14433亿元，同比增长7%，增速较上去年同期下滑2.8个百分点。其中，服装类商品零售总额同比增长6.8%，不仅低于大类产品平均值，同时也低于去年同期2.5个百分点。

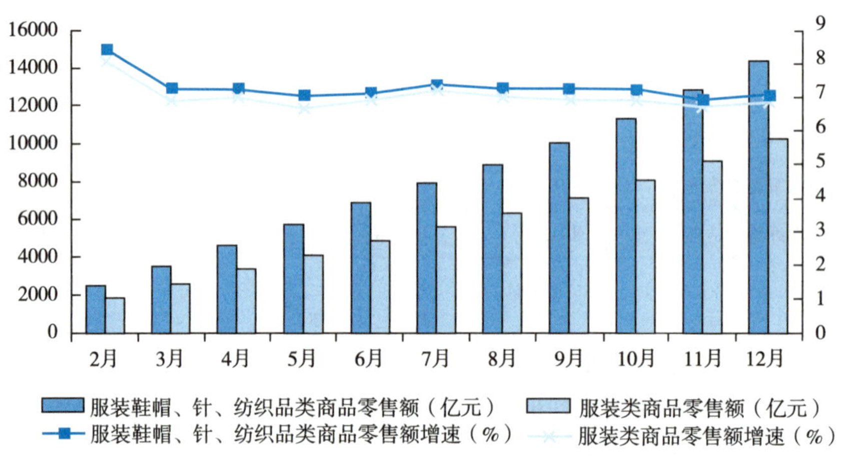

图10－2　2016年限上企业纺织类商品零售总额及增速

资料来源：国家统计局，2017年1月。

（二）效益情况

1. 盈利能力下降

受国内市场需求低迷、劳动力和原料成本上升等因素影响，纺织工业盈利能力明显下降。2016年，全行业实现主营业务收入和利润总额分别为72137.6亿元和3925.2亿元，同比分别增长3.7%和3.6%，增速较之上年同期分别下降1.5个和1.9个百分点。分行业看，纺织业和纺织服装服饰业收入、利润增速均不同程度地下滑，而化学纤维制造业受益于产品价格快速上涨，盈利水平在三大子行业中表现突出。从盈利结构看，纺织业仍占整个纺织工业的50%以上，高附加值的纺织服装服饰业和化学纤维制造业比重不高，行业结构仍待进一步优化。从盈利能力看，纺织业和纺织服装服饰业的销售利润率持续小幅下滑，成本压力对行业发展的负面作用日益凸显。

表 10－9 2016 年纺织工业盈利情况与上年比较

行 业	收入增速		利润增速		收入占纺织工业的比重		利润占纺织工业的比重	
	2015 年	2016 年	2015 年	2016 年	2015 年	2016 年	2015 年	2016 年
纺织工业	5.2%	3.7%	5.5%	3.6%	—	—	—	—
其中：纺织业	5.4%	3.9%	5.1%	3.5%	57.8%	56.7%	57.2%	55.9%
纺织服装服饰业	5.6%	4.6%	4.0%	2.4%	31.7%	32.7%	34.5%	34.8%
化学纤维制造业	1.2%	3.7%	15.2%	19.9%	10.5%	10.6%	8.3%	9.3%

资料来源：国家统计局，2017 年 1 月。

表 10－10 2016 年纺织工业销售利润率与上年之比

行 业	3 月	6 月	9 月	12 月
纺织工业	100.5%	101.6%	99.5%	99.9%
其中：纺织业	101.9%	103.4%	100.7%	99.5%
纺织服装服饰业	99.3%	101.2%	97.2%	97.7%
化学纤维制造业	93.0%	89.7%	99.6%	111.3%

注：2015 年均为正增长。

数据来源：国家统计局，2017 年 1 月。

2. 亏损情况有所改善

2016 年，纺织工业共有 3948 家企业发生亏损，亏损面为 10.4%，较上年同期下降 0.9 个百分点。亏损企业累计亏损额为 166 亿元，亏损深度为 4.2%，较上年同期下降 0.7 个百分点。与工业平均水平相比，纺织工业在经历转型阵痛后，亏损状况明显好转。分行业看，化学纤维制造业两极分化现象仍然严重，利润增长 19.9% 的同时，亏损面和亏损深度却达到 16.3% 和 9.7%，企业面临的生存压力远大于纺织业和纺织服装服饰业。

表 10－11　2016 年纺织工业亏损情况与上年比较

行　业	亏损面		亏损深度	
	2015 年	2016 年	2015 年	2016 年
工　业	13.2%	11.9%	14.3%	11.9%
纺织工业	11.3%	10.4%	4.9%	4.2%
其中：纺织业	10.7%	9.8%	4.3%	3.5%
纺织服装服饰业	11.1%	10.6%	3.9%	3.9%
化学纤维制造业	19.9%	16.3%	12.6%	9.7%

资料来源：国家统计局，2017 年 1 月。

（三）重点领域情况

1. 服装产业转型升级呈现三大趋势

2016 年，面对经济发展新常态，国家大力推动供给侧结构性改革，进一步挖掘经济增长潜力，推动产业结构调整，为服装产业转型升级指明了方向。

一是多元化步伐加快。随着人工、原料、物流成本的上升，传统服装产业盈利能力明显下降，单纯“制造”难以支撑行业发展，越来越多的企业加速向文化、时尚、科技、金融等多个领域扩张，整合、并购、跨界等活动日益频繁。如朗姿股份布局医疗美容产业、南极人收购 Cartelo Crocodile Pte Ltd、拉夏贝尔投资咖啡品牌等。

二是渠道整合加速。“在互联网＋”快速发展的同时，线下实体品牌加速与互联网资源的融合，线上电商品牌也开始在线下需求发展，实体品牌与电商品牌的合作也频频发生，服装产业渠道整合步伐加速。如银泰商业支持阿里线上品牌落地门店专柜，韩都衣舍与探路者合作投资童装业务、拉夏贝尔投资七格格、报喜鸟参股吉姆兄弟等。

三是“走出去”进程提速。随着国家“一带一路”倡议的推进和区域经济合作进程的加快，服装企业纷纷通过海外并购、对外投资等方式布局全球市场。如卡奴迪路宣布收购意大利时尚运动品牌 Dirk Bikkembergs、如意集团竞购法国轻奢时装集团 SMCP、健盛集团加大对越南服装产业投资力度等。

2. 化纤行业结构调整进入深水期

近年来，化学纤维制造业行业加大转型升级力度，在去产能、调结构等多重努力下，改革成效显著。2016 年，利润增速达到 19.9%，远高于纺织工业平均水平。但两极分化现象仍然严重，行业亏损面和亏损深度居三大子行业之首，中小企业在市场竞争中处于劣势，亏损日益严重。

随着国家供给侧结构性改革的持续推进，化纤产业结构调整进入深水期。一是高性能化、差别化、生态化纤维等高端产品成为产业发展重点方向，部分常规化纤产品进入落后产能淘汰阶段。二是国家环保要求提高，再生聚酯、粘胶行业、锦纶行业等高污染行业产能受到影响，绿色制造、循环经济等发展理念逐步深入。三是“最严超限令”发布，企业物流成本上升，利润空间受到挤压，倒逼企业转型升级，寻找新的经济增长点。

二、生物医药及高性能医疗器械行业

（一）生产情况

1. 工业增加值增速领先全工业，增速重回两位数

2016 年，与全工业相比，医药工业增加值增速重回两位数，成为仅次于汽车制造业的快速增长行业，主要贡献来自化学原料药和化学制剂行业。1—12 月，全工业工业增加值增速在 5.5%—6.0% 区间浮动，相比于 2015 年增速出现下降。1—12 月，医药行业工业增加值增速在 9.0%—10.8% 左右浮动，多个月份工业增加值保持两位数的增长。2016 年 1—12 月，全国规模以上工业增加值同比增长 6.0%，增速同比下降 0.1 个百分点，回落趋势好转。2016 年 1—12 月，医药工业增加值同比增长 10.6%，增速同比上升 0.8 个百分点，比工业平均水平高 4.6 个百分点，在各工业门类中排名前列。2011—2016 年，医药行业工业增加值占全工业比重由 2.3% 上升到 3.3%，增加 1 个百分点，反映出医药工业对工业经济增长的贡献进一步扩大。

表 10－12　2015—2016 年 1—12 月工业和医药行业增加值增速比较

时间	工业		医药行业	
	2015	2016	2015	2016
1—12 月	6.1%	6.0%	9.8%	10.6%

资料来源：国家统计局，2017 年 2 月。

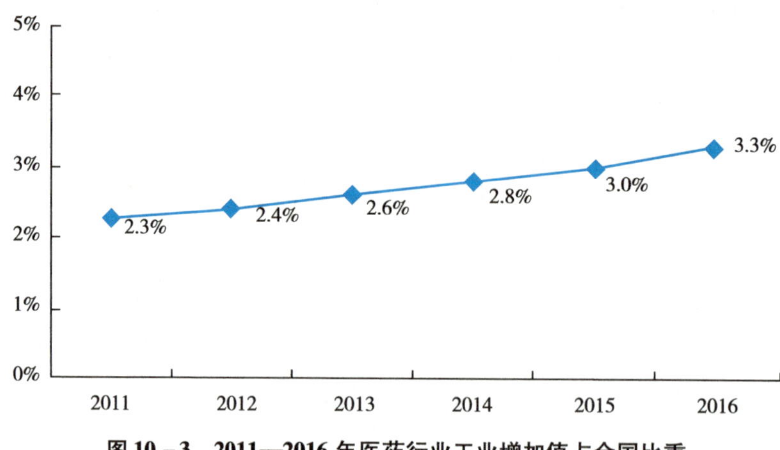

图 10－3　2011—2016 年医药行业工业增加值占全国比重

资料来源：国家统计局，2017 年 2 月。

2. 投资规模不断扩大，增速下半年出现回落

2016 年 1—12 月，医药行业固定资产投资规模单月相比 2015 年单月都有所增加，但进入 8 月份之后，投资增速放缓，回弱到个位数。这主要是因为上半年全球投资避险情绪严重，医药行业作为民生行业受到了资金的青睐，下半年，由于监管部门对于企业经营管理、生产流程、药品质量的抽检力度和经营要求进一步加大，多家企业因此停工停产，影响了企业的投资力度。2016 年 1—12 月，医药制造业完成固定资产投资 6299.2 亿元，同比增长 8.4%，较上年 11.9% 的增速有所下降。1—12 月投资增速较 1—2 月下降了 1.8 个百分点。“中国制造 2025”重点领域、新产品产业化仍是医药企业投资重点，生物药和高能医疗器械领域建设新投资明显增加。

表 10－13　2015—2016 年 1—12 月医药行业固定资产投资

时间	2015 年		2016 年	
	投资额（亿元）	比上年同期增长	投资额（亿元）	比上年同期增长增长
1—2 月	346.9	17.3%	382.3	10.2%
1—3 月	798.49	15.5%	894.9	12.1%
1—4 月	1232.8	11.7%	1417.7	15.0%
1—5 月	1760.2	9.3%	2029.9	15.3%

续表

时间	2015 年		2016 年	
	投资额（亿元）	比上年同期增长	投资额（亿元）	比上年同期增长增长
1—6 月	2479.9	9.4%	2770.8	11.7%
1—7 月	3011.1	9.2%	3351.8	11.3%
1—8 月	3591.4	9.9%	3914.1	9.0%
1—9 月	4203.5	11.1%	4551.7	8.3%
1—10 月	4780.6	11.8%	5206.9	8.9%
1—11 月	5294.9	12.3%	5746.6	8.5%
1—12 月	5811.9	11.9%	6299.2	8.4%

资料来源：国家统计局，2017 年 2 月。

3. 出口交货值增速明显提高，出口结构亟待升级

2016 年 1—12 月，医药工业规模以上企业实现出口交货值 1930.8 亿元，同比增长 7.4%，相比 2015 年的增速上升 3.8 个百分点。根据海关进出口数据，2016 年医药产品出口额为 701.2 亿美元，同比增长 1.0%，增速较上年下降 1.7 个百分点，这反映出了我们医药出口结构亟待升级、一些中低端产品产能过剩的问题亟待化解。从细分行业分析，化药原料药制造、医疗仪器设备及器械制造和生物药品制造三大子行业出口交货值遥遥领先，对医药行业出口贡献最大，尤其是生物药品制造行业，出口增速达到 26.4%，在“中国制造 2025”政策引导扶持下成绩斐然。

表 10－14　2016 年 1—12 月医药行业及主要子行业出口交货值情况

行业名称	出口交货值（亿元）	比上年同期增长
医药行业	1930.8	7.4%
化学药品原料药制造	648.7	7.4%
化学药品制剂制造	143.9	-7.0
中药饮片加工	36.8	12.9%
中成药生产	64.1	-0.5%
生物药品制造	327.5	26.4%
卫生材料及医药用品制造	193.7	-3.0%
医疗仪器设备及器械制造	516.1	5.8%

资料来源：国家统计局，2017 年 2 月。

（二）效益情况

1. 主营业务收入呈现较快增长，利润增速好于收入增速

2016 年 1—12 月，医药工业规模以上企业实现主营业务收入 28062.9 亿元，同比增长 9.7%，高于全国工业增速 4.8 个百分点，增速较上年提高 0.6 个百分点，依然没有实现两位数增长的规划目标，造成增速下降主要因素是中成药行业增速慢。

2016 年 1—12 月，除化学原料药制造和生物药品制造外，其他子行业增速均出现回升，医疗仪器设备及器械制造表现最为突出。八个子行业中，主营业务收入最多的是化学药品制剂制造，其次为中成药生产，中药饮片加工最少。增速方面，化学药品制剂制造、中药饮片加工、卫生材料及医药用品制造和医疗仪器设备及器械制造四个细分行业增速超过 10%，中成药制造增速明显低于行业平均增速。

表 10－15　2016 年 1—12 月医药行业及主要子行业主营业务收入情况

行业	主营业务收入（亿元）	同比	比重	2015 年增速
化学药品原料药制造	5034.9	8.4%	17.1%	9.8%
化学药品制剂制造	7534.7	10.8%	25.6%	9.3%
中药饮片加工	1956.4	12.7%	6.6%	12.5%
中成药制造	6697.0	7.9%	22.7%	5.7%
生物药品制造	3350.2	9.5%	11.4%	10.3%
卫生材料及医药用品制造	2124.6	11.4%	7.2%	10.7%
医疗仪器设备及器械制造	2765.5	13.2%	9.4%	10.3%
医药行业	28062.9	9.7%	100%	9.1%

资料来源：国家统计局，2017 年 2 月。

2016 年 1—12 月，医药行业规模以上企业实现利润总额 2882.1 亿元，同比增长 13.9%，高于全国工业利润增速 5.4 个百分点，较上年升高 1.7 个百分点，利润率为 10.3%，高于全国工业利润率 4.3 个百分点，同时，利润总额增速高于主营业务收入增速，说明医药行业盈利水平较高，主要贡献来自生物药品制造和化学制剂行业。细分行业中，化学药品制剂制造和中成药生产表现突出，中药饮片加工利润总额最小。利润增速方面，化学原料药制造

和医疗仪器设备及器械制造表现最为突出，增速均超过25%。

表10－16　2016年医药工业利润总额和利润率完成情况

行业	利润总额（亿元）	同比	利润率	2015年利润率
化学药品原料药制造	351.0	25.9%	7.0%	7.6%
化学药品制剂制造	816.9	16.8%	10.8%	12.0%
中药饮片加工	123.9	8.6%	6.3%	7.3%
中成药制造	668.5	9.0%	10.0%	10.8%
生物药品制造	386.5	11.3%	11.5%	12.2%
卫生材料及医药用品制造	169.9	8.5%	8.0%	9.1%
医疗仪器设备及器械制造	232.6	32.3%	8.4%	9.8%
医药行业	2882.1	13.9%	10.3%	12.2%

资料来源：国家统计局，2017年2月。

2. 资产负债率呈现降低态势，偿债能力有所缓解

2016年1—12月，医药工业总资产增长速度快于总负债增长速度，资产负债率为40.2%，相比2015年的41.2%呈现降低的态势，长期偿债能力有所缓解。2015年1—12月，医药工业资产同比增长15.2%；同期，医药行业负债同比增长12.0%。

表10－17　2016年1—12月医药工业资产负债情况

时间	资产同比增长	负债同比增长
1—2月	13.9%	9.2%
1—3月	13.6%	8.9%
1—4月	13.9%	9.7%
1—5月	13.8%	10.2%
1—6月	14.3%	10.8%
1—7月	13.5%	10.1%
1—8月	14.5%	10.8%
1—9月	14.6%	10.5%
1—10月	14.3%	10.6%
1—11月	14.5%	11.6%
1—12月	15.2%	12.0%

资料来源：国家统计局，2017年2月。

从横向比较来看，作为轻资产及固定资产通用性较高的产业，医药行业杠杆率普遍偏低，债务负担较轻，资产负债率低于45%，而煤炭、化工、造纸等行业的资产负债率普遍大于50%，炼钢、汽车等行业的资产负债率则高达70%。

从细分行业看，环保压力导致化学原料药行业的固定资产投资增加，在医药行业的细分行业中，资产负债率处于较高水平，高于行业平均水平，达到47.0%。生化制品的资产负债率在各细分行业中最低，仅为34.1%，长期偿债能力较强。其他细分行业资产负债率均匀分布于40%上下，远远低于煤炭、化工、炼钢等行业。

3. 亏损面和亏损深度双降低，行业盈利能力提高

2016年1—12月，医药行业及其子行业亏损面和亏损深度都呈现降低趋势，行业呈现良性发展势头，盈利能力提高。2016年，医药工业企业数为7449家，其中亏损企业数757家，亏损面为10.2%，相比2015年的10.4%有所降低。亏损企业累计亏损额为90.7亿元，亏损深度为3.0%，相比2015年的3.3%也出现降低局面。从细分子行业看，除卫生材料及医药用品亏损深度相比2015年增加0.2个百分点外，其他细分行业无论亏损面还是亏损深度都呈现下降局面。亏损面方面，化学制剂行业亏损面最大为12.6%，高于医药制造业2.4个百分点，中药饮片和卫生材料及医药用品行业亏损面较小，分别为6.8%和5.9%，分别低于医药工业3.4和4.3个百分点。亏损深度方面，化学原料药最高为4.9%，亏损深度最低的为中药饮片行业，为1.4%。

表10－18　2016年1—12月医药工业及主要子行业亏损情况

行业	亏损面	亏损深度
医药制造业	10.2%	3.0%
化学原料药	12.4%	4.9%
化学制剂	12.6%	3.2%
中药饮片	6.8%	1.4%
中成药	12.2%	1.9%
生物药品	11.1%	3.8%
卫生材料及医药用品	5.9%	1.8%
医疗器械	9.7%	2.7%

资料来源：国家统计局，2017年2月。

（三）重点领域情况

1. 化学制药行业盈利能力大幅提升

2016 年，在《中国制造 2025》等政策的引导下，生物制药和医疗设备及器械行业得到了快速发展，但是从产业规模来看，化学制药行业依然以 42.7%的占比占据绝对优势。2016 年 1—12 月，除化学原料药制造主营业务收入增速放缓之外，化学制剂收入与利润和化学原料药利润增速都出现明显提高，行业盈利能力进一步加强。从主营业务收入看，2016 年 1—12 月化学药品原料药制造业实现主营业务收入 5034.9 亿元，同比增长 8.4%，增速较上年同期下滑 1.4 个百分点；化学药品制剂制造业实现主营业务收入 7534.7 亿元，同比增长 10.8%，增速较上年同期上升 1.5 个百分点。从行业利润看，2016 年 1—12 月化学药品原药制造业实现利润总额 445.3 亿元，同比增长 25.9%，增速较上年同期上升 10.6 个百分点；化学药品制剂制造业实现利润总额 950.5 亿元，同比增长 16.8%，增速较上年同期上升 5.6 个百分点。

2. 中成药制造业收入利润表现均不乐观

2016 年 1—12 月，中成药制造业在主营业务收入方面相比其他细分行业表现平平，成为全部细分行业中增速最慢的子行业，利润方面，相比 2015 年，增速也出现明显回落。2016 年 1—12 月，医药行业主营业务收入增速为 9.7%，中成药制造增速仅为 7.9%，成为影响全行业增速的重点子行业。利润方面，2016 年 1—12 月，中成药制造业利润增速为 9.0%，相比 2015 年的 11.4%下降 2.4 个百分点。但随着 2016 年 2 月发布的《中医药发展战略规划纲要（2016—2030 年）》的后续影响，未来几年预计中成药制造业会改变当下发展局面。

3. 生物药品制造业回归平稳发展

2015 年，受益于《中国制造 2025》政策影响及国家对于战略性新兴产业和高新技术行业的支持，生物药品制造业利润增速继续保持回升态势。进入 2016 年，生物药品制造业收入和利润增速相比 2015 年都有所降低，回归平稳发展。出口方面，受益于需求积压和国外市场回暖等的影响，出口交货值出现大幅增加。2016 年 1—12 月，主营业务收入方面，生物药品制造业增速为

9.5%，相比2015年的10.3%略有下降。2016年1—12月，利润方面，生物药品制造业增速为11.3%，相比2015年的15.8%下降4.5个百分点。2016年1—12月，出口方面，生物药品制造业出口交货值增速为26.4%，远远高于全行业7.4%的增速。

4. 医疗器械行业持续快速增长

2015年以来，受国家政策和市场需求推动，医疗器械行业产业规模持续快速增长。2016年，医疗器械行业相比2015年表现更为突出，主营业务收入和利润总额增速相比其他子行业都遥遥领先，增速相比2015年也都出现明显上涨。2016年，主营业务收入方面，医疗器械行业增速达到13.2%，比医药行业整体增速高出3.5个百分点，与上年相比，增速高出2.9个百分点。利润方面，医疗器械行业增速高达32.3%，遥遥领先其他细分行业，比医药行业整体增速高出18.4个百分点，与上年相比，增速高出27个百分点。

第四节　2016年我国消费品工业区域发展情况

一、东部地区典型省市——江苏省

江苏消费品工业积极适应经济发展新常态，围绕创新、协调、绿色、开放、共享的发展理念，认真落实省第十三次党代会“两聚一高”工作部署，大力推进全省消费品工业开展增品种、提品质、创品牌的“三品”专项行动，全省消费品工业运行总体平稳，转型升级步伐不断加快。

（一）运行情况

截至2016年底，江苏省消费品工业共有规模以上企业19616家，占全省工业比重41.3%。2016年全省消费品工业实现总产值45697亿元，占全省工业比重28.3%，同比增长8.4%，高于全省工业1.4个百分点；完成出口交货值4983.6亿元，占全省工业比重22.1%，同比增长1%，高于全省工业0.2个百分点；实现利润总额3180.2亿元，占全省工业比重30.2%，同比增长10.8%，高于全省工业0.8个百分点。

1. 纺织行业

纺织行业规模以上企业7727家，2016年实现产值14954.5亿元，同比增长5.3%；完成出口交货值1885.1亿元，同比增长2.7%；实现利润总额819.4亿元，同比增长6.5%。

2. 轻工行业

轻工行业规模以上企业11193家，2016年实现产值26750亿元，同比增长10.1%；完成出口交货值2884.3亿元，同比下降0.1%；实现利润总额1947.5亿元，同比增长12.1%。

3. 食品行业

食品行业规模以上企业2267家，2016年实现产值8011.8亿元，同比增长10.2%；完成出口交货值222.5亿元，同比下降5.4%；实现利润总额666.1亿元，同比增长12.2%。

4. 医药行业

医药行业规模以上企业696家，2016年实现产值3992.4亿元，同比增长12.3%；完成出口交货值214.2亿元，同比增长0.5%；实现利润总额413.3亿元，同比增长14.1%。

（二）发展经验

1. 开展全省消费品工业“三品”专项行动

一是出台实施意见。积极贯彻落实国务院办公厅《关于开展消费品工业“三品”专项行动营造良好市场环境的若干意见》和工业和信息化部《关于开展2016年消费品工业“三品”专项行动营造良好市场环境的通知》，结合全省供给侧结构性改革会议部署，围绕企业制造装备升级、互联网化提升两大计划，推动省政府出台《关于开展全省消费品工业“三品”专项行动促进产业加快转型升级的实施意见》（苏政办发〔2016〕103号），引导全省消费品工业加快转型升级。二是组织部署落实。召开全省消费品工业供给优化和“三品”专项行动推进会，各设区市经信部门、有关行业协会以及全省消费品工业重点企业和新闻媒体代表参加会议，委领导对全省消费品工业“三品”专项行动提出明确要求。召开消费品工业供给侧创新发展培训和“三品”专题论坛，邀请部门领导、行业专家进行政策讲解和交流互动，进一步提高认识。三是开展专项工作。指导苏州市创建国家消费品工业“三品”战略示范试点城市。推荐2个儿童汽车座椅项目申报国家儿童用品有效供给能力提升专项、2个儿童药品项目申报国家儿童食品药品供给保障能力提升专项，推荐3个地区（企业）申报纺织行业创意设计示范试点园区（平台）。四是宣贯行业典型。与江苏经济报、新华日报等合作开设消费品工业“三品”专项行动专栏，对全省优秀地区和优秀企业进行专题宣传报道。组织评选第一批32家江苏省消费品工业增品种提品质创品牌示范企业，编写案例汇编在行业内进行宣贯。

2. 突出政策引领作用加强行业精准指导

一是编制发布“十三五”产业规划。经过产业调研、委托撰写、专家论证、征求意见、规划对接、修改完善等程序完成全省纺织、轻工、医药、食品等产业“十三五”发展规划编制工作，并对外公开发布。二是严格执行国家产业政策。严格执行工信部铅蓄电池、再生化学纤维（涤纶）、印染等行业规范（准入）公告管理工作有关要求，引导企业主动实施技术改造，监督企业始终符合有关规范（准入）条件要求，全年共推荐9家企业申报有关行业规范（准入）公告。三是积极推动智能制造。以举办世界智能制造大会为契机，指导重点企业以《中国制造2025江苏行动纲要》、企业装备制造升级和互联网化提升两大计划为导向，大力发展智能制造。汇编智能制造典型案例，组织行业专家和咨询机构多批次赴重点企业实地指导企业开展智能制造建设。四是加强食品质量安全工作。印发《2016年全省食品工业企业诚信管理体系建设暨加强食品质量安全工作要点》，部署扎实推进食品工业企业诚信管理体系建设工作。召开全省食品行业工作暨食品工业诚信管理体系建设会议，公布第四批食品行业诚信管理体系建设示范企业，引导和支持企业开展管理体系建设。配合开展全国食品安全宣传周活动。在省政府领导下会同省发改委、省盐务管理局共同研究制定盐业体制改革配套政策。组织开展食品安全快速检测关键共性技术攻关招标工作。五是推动历史经典产业发展。根据《江苏省工艺美术保护条例》，经省政府批准组织开展了第六届江苏省工艺美术大师和工艺美术名人评审工作。组织玉雕、水晶、珠宝首饰等行业从业人员参加了3期工信部工艺美术行业培训，加强行业优秀人才培育力度。

3. 积极搭建公共平台推动行业协调发展

一是推动设立医药健康产业联盟。为推进全省医药健康产业融合发展，我委会同省有关单位共同推动设立江苏省医药健康产业联盟并举行成立大会，工信部领导到会指导。全省包括泰州医药城、南京生物医药谷等产业发展平台、生物医药及医疗器械重点企业、重点医院医疗机构以及高校院所和健康综合体等单位加入联盟。联盟成立后，我委会同省有关单位，我委会同省有关单位，推动联盟搭建多种服务合作平台，重点指导江苏省医药健康产业投资基金与我省相关地区设立投资子基金，促进医药产业创新发展。二是充分发挥展示展销平台作用。协调建设我省消费品信息发布平台“苏牛网”，组织各类消费品企业加入信息发布平台，各项前期筹备工作有序进行。精心组织第18届江苏国际服装节，围绕“品牌江苏时尚江苏”两大主题全面展示纺织服装行业名企、名牌和名品风采。支持企业参与江苏产品万里行、江苏工艺美术精品博览会、江苏电动车国际展览会、生物医药博览会等各类国际展览展销活动。三是认真做好产（行）业运行分析。落实“10+8”产（行）业分析机制统一部署，会同重点企业、重点地区和行业协会、行业专家搭建协同工作平台，每季度开展行业特别是细分行业分析，尽力掌握行业基础数据，为领导决策提供依据。

（三）存在问题

1. 产业集约化发展水平不高

一方面，消费品工业企业组织形式多为独资，股份制和混合所有制形式的企业很少，家族式管理模式较为普遍，家具、医药行业这一现象尤其突出。这一模式下，企业普遍存在“小富即安”倾向，缺乏做大做强意识，运用现代管理理念、信息技术进行经营管理的能力严重不足。另一方面，轻工行业大量小微型企业受资金缺乏、贷款融资困难、经营理念落后等因素影响，装备升级和技术改造发展严重滞后。多数企业以传统、粗放的模式发展生产，产品质量难有保障，市场知名度和占有率较低。

2. 产业结构需进一步优化

从整体看，消费品工业产业结构调整取得一定成效，但仍以传统产业为主，初加工行业占比较高，生物医药等新兴产业发展缓慢。从食品工业看，代表未来食品消费需求的绿色食品、有机食品以及保健食品有待开发。医药工业看，化学原料药产业主营业务收入占全部医药工业的比重达到21.4%，高于全国平均水平3.2个百分点，而附加值较高的生物医药、高端医疗器械主营业务占比则明显低于全国平均水平。从纺织工业看，服装家纺和产业用纺织品占整个纺织工业的比例较低，特别是产业用纺织品和家纺行业，明显低于山东、浙江等纺织工业大省。从轻工业看，塑料、造纸、日化等环境敏感型行业所占比重过高，产业发展的环境压力较大。

3. 自主创新能力有待提升

一是创新意识不强。消费品工业中小微企业数量较多，这些企业管理水平不高，承受创新风险的能力不强，自主知识产权保护意识较淡，整体创新意识薄弱，“重引进、轻消化、重模仿、轻创新”的现象多有存在。二是创新载体缺乏。从轻工业看，全省轻工业企业共有技术研发中心7个，仅占规模以上工业企业技术中心的1.3%，轻工企业与高等院校、科研院所严重脱节，产学研一体化体系建设滞后，科研成果的实际转换率不高。从食品工业看，大部分企业没有单独的技术部门或研发部门，如得利斯、雨润等外来企业主要集中在生产加工环节，企业发展规划、产品研发创新、市场拓展等均由总部进行掌控，企业自身自主创新性较弱，对产业发展的带动作用有限。三是创新投入较低。消费品工业研发投入共计10.2亿元，研发投入强度仅为0.4%，低于全国平均水平0.1个百分点。其中，家具制造业，文教、工美、体育和娱乐用品制造业的研发投入为0。

二、中部地区典型省市——湖南省

2016年，在全球经济低迷、大宗原料价格大幅波动、市场需求偏弱的复杂形势下，全省消费品工业紧紧围绕稳增长、调结构、增效益，大力推动消费品工业结构调整和转型升级，重点推进创新驱动战略和消费品工业“三品”专项行动，不断加强政策引导和协调服务，消费品工业经济运行总体保持平稳增长的良好态势，满足消费升级需求。

（一）运行情况

1. 生产保持平稳增长

2016年，全省消费品规模工业（医药、食品、轻工、纺织，不含烟草，下同）累计实现增加值同比增长8.0%，增速高于全国消费品工业2.6个百分点，高于全省规模工业 1.1 个百分点。其中，医药、食品、轻工、纺织工业增加值同比分别增长 13.7%、8.4%、6.5%、7.7%，增速分别高于全国同行业 3.1、1.2、0.2、2.8 个百分点。医药工业增加值增速居全省 13 个重点发展行业第一位。

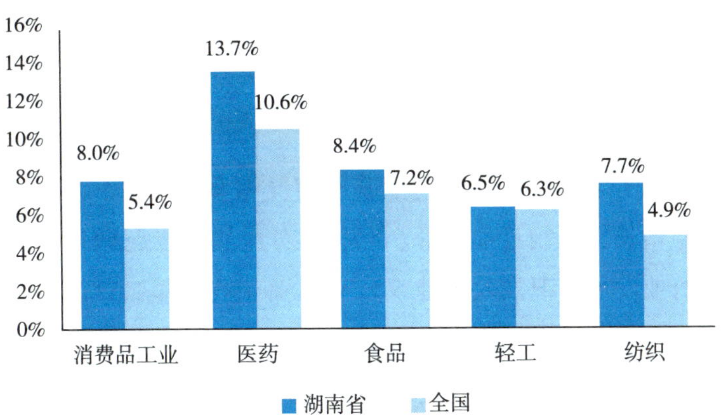

图 10－4　2016 年湖南省消费品工业增加值同比增速及比较

2. 经济效益持续提高

2016 年，全省消费品规模工业共实现主营业务收入 12734.0 亿元，同比增长 9.6%，增速高于全国消费品工业 3.9 个百分点，占全省规模工业比重为 33.8%，比 2015 年提高 0.7 个百分点；全省消费品工业实现利润总额 589.6 亿元，同比增长 5.9%，增速低于全国消费品工业 0.7 个百分点。全省食品、轻工工业主营业务收入迈上五千亿台阶，纺织工业主营业务收入突破千亿。

3. 重点子行业发展稳定

大多数消费品重点子行业在 2016 年保持了增长势头，其中，中药饮片、化学原料药、中成药、兽药、医疗器械、乳制品制造、罐头制造、调味品、果蔬加工、精制茶加工、饲料加工、文教体用品、木材加工、家纺、产业用纺织等重点子行业的工业增加值增速达两位数。

4. 主要产品产量保持增长

化学原料药、中成药、大米、食用植物油、纱、化学纤维全年分别实现产量 7.9、15.9、1451.5、388.2、105.1、7.2 万吨，同比分别增长 22.5%、4.7%、5.8%、6.0%、8.8%、4.8%，家具、日用陶瓷制品实现产量 893.3 万件、14.9 亿件，同比增长 14.7%、17.0%。

5. 工业投资增速有所回升

2016 年，全省消费品工业累计完成工业投资 3268.9 亿元，同比增长 10.3%，增速高于全省制造业投资 2.8 个百分点，占全省制造业投资比重为 31.8%。医药、食品、轻工、纺织行业分别完成工业投资 233.7、1424.3、1296.8、314.1 亿元，同比分别增长 10.5%、14.6%、2.9%、26.2%。

（二）发展经验

1. 重视行业调查研究

为全面深入了解消费品重点行业基本情况和发展难题，湖南省组织开展消费品行业稳增长、预制菜加工业、电子商务应用等专题调研，形成《当前全省消费品行业发展情况及对策建议》和《关于我省预制菜加工业发展情况的调研报告》等材料，参加全国和省人大代表“陶瓷产业优化升级”专题调研，围绕纺织行业过千亿目标开展制约因素调研。

2. 出台政策扶持行业发展

为进一步做大做强消费品重点行业，湖南省组织编制发布了全省消费品工业规划和医药、食品、轻工、纺织行业“十三五”规划，印发了《湖南省中药材产业保护和发展规划（2016—2025 年）》和《湖南省医疗器械产业“十三五”发展规划》等文件，以规划引领发展。不断完善重点领域政策，加快优势产业发展，出台了《关于加强食品安全工作的意见》《湖南省“十三五”食品药品安全规划》和《关于促进医药产业健康发展的实施意见》，有力推动了相关行业的发展。

3. 实施“三品”专项行动

实施“互联网 +”专项行动，不断加强对消费品行业重点企业项目建设的调度和协调服务，完善产业链条，优化产业布局和产品结构。着力培育医药大品种，主动帮助企业协调落实有关政策，扶持打造拳头产品。重视食品质量安全管理，认真组织开展食品安全宣传周活动，积极组织市州和企业参加诚信管理体系培训班，全省累计通过诚信评价企业总数达到 37 家。着力推动食用植物油、白酒等领域重点企业产品质量安全追溯体系建设，20 多家企业建立产品追溯体系。保障食盐供应安全，建立食盐生产、批发企业及其负责人信用记录，依托省信用信息共享交换平台和“信用湖南”网站建立健全信息公示、共享制度，不断加强食盐安全知识宣传，加强执法监督检查，牵头组织打击制贩假盐专项治理行动。积极开展品牌培育，努力培育湘产特色药材，会同省发改委等部门共同认定8个县市为首批省中药材种植基地示范县。

4. 助力省内企业“走出去”

为企业搭建医药产业对接平台，会同长沙市人民政府主办“3D打印技术医学应用高峰论坛”，会同省直有关部门举办第三届医疗器械院企对接会，促进多方合作和产品销售。组织产业援疆合作对接会，为企业提供合作交流机会，达成多项战略投资合作意向和购销协议，加快了省内企业加快“走出去”步伐。协助承办中国食品餐饮博览会，吸引了国内外诸多知名特色食品、餐饮企业参展。

5. 做好相关产业服务

大力促进企业兼并重组，充分发挥政策和资金的激励作用，引导优势骨干企业实施兼并重组。努力推进项目建设，组织实施医药食品技改专项，精心筛选100多个项目予以重点扶持，引导和激励企业进行工艺改造和设备更新。湖南省注重行业运行监测分析，制定《湖南省消费品工业经济运行调度考核办法》，坚持月调度、季分析，加强经济运行形势研判。深入开展百户大型骨干企业精准帮扶活动，积极协调解决省内龙头企业生产运营中的突出问题。开展湘江纸业对接央企精准帮扶活动，指导和协调处理企业搬迁相关问题。密切与协会工作联系，按照“脱钩不脱节、脱钩不脱联”原则，配合完成消费品相关20个行业协会的摸底、清理、脱钩等工作，指导省食品行业联合会和省麻纺协会换届改选，落实第三方中介机构开展协会资产清查和购买服务等工作。

6. 推进各项体制改革

推进供给侧结构性改革，起草《关于开展消费品工业“三品”专项行动营造良好市场环境的实施方案》，为湖南省“三品”专项行动实施提供政策支撑。牵头实施盐业体制改革，对全省食盐定点生产企业和批发企业进行了清理审查，完成110家食盐定点生产和批发企业许可证发放工作，制定并印发《湖南省盐业体制改革实施方案》。配合推进医改工作，落实《湖南省2016年深化医药卫生体制改革重点工作任务》，配合省医改办、省卫生计生委制定有关政策文件，共同推进湖南省医药卫生体制改革。

7. 强化行业管理

严格产业政策审查，对多家消费品企业项目开展产业政策审查，协调长沙镁镁等企业申请行业规范条件公告，批复同意湖南合力化纤与保定天鹅战略重组。配合组织核查恒信造纸产能，逐步淘汰落后产能。参与行业标准制订，参加对轻工强制性地方标准和省推荐性地方标准审核，指导、帮助中纺标检验论证集团湖南工作站成立，制订《学生服设计规程》《工业企业洁净区工作服》等地方标准，完成纺织地方标准复审工作。

三、西部地区典型省市——陕西省

2016 年，面对外部市场持续低迷、内部长期积累的矛盾亟待消解，以及新旧动能接续转换的错综复杂局面，陕西省消费品工业经济运行呈现总体平稳、稳中有进态势。

（一）运行情况

1. 规模效益明显提升，支撑作用进一步增强

2016 年消费品工业完成产值 4540 亿元，增长 9.4%，高于全省工业 3 个百分点，占全部工业比重 20.8%，较 2015 年提升 0.4 个百分点。实现利润 349 亿元，利润总额继续保持非能源工业第一位。

2. 纺织工业高开低走，降幅较大

2016 年，纺织业产值增速从第一季度增长 16.8% 到第二季度增长 9.5%，第三季度增长 9.9%，第四季度增长 6.4%，增速总体呈下降趋势，全年完成产值 367 亿元。三个子行业产值全部实现正增长。其中：纺织业增长 4.1%；纺织服装、鞋、帽制造业增长 17.2%；化学纤维制造业增长 7.5%。

3. 轻工业高开低走，缓中有升

2016 年，全年完成产值 853 亿元，同比增长 11.9%。在子行业中，家具制造、造纸及纸制品和塑料制品增速较快，分别增长 34.0%、14.7% 和 10.9%。

4. 食品工业平开稳走，增速稳中放缓

2016 年，食品工业完成产值 2660 亿元，增长 8.1%。受烟草行业下降影响（2016 年增长 -11%），食品工业增速由第一季度增长 10.6% 到第二季度

增长10.3%，第三季度增长11.4%，第四季度增长8.1%，总体呈现稳中趋缓。从重点监测企业看，品牌知名度高、市场竞争力强的企业发展稳定，增长较快，如宝鸡阜丰生物、陕西恒通果汁、陕富面业等企业产值同比分别增长24.1%、10.4%和8.7%。

5. 医药工业平开高走，增幅稳中有升

1—12月，完成工业产值660亿元，同比增长13%。从重点监测企业看，大型和有较强市场竞争力产品的企业保持较快增长，如盘龙制药、郝其军制药、西安杨森等企业产值分别增长33.8%、15.2%和7.7%。

（二）发展经验

1. 抓稳增长，促进消费品工业保持健康平稳运行

一是服务跟踪重大项目。建立重点项目督导联系制度，跟踪服务强生供应链基地建设、陕西西凤酒集团国家级技术研发中心及产品转型升级、洗之朗智能马桶盖生产基地暨检测中心建设等16个重大项目，促进项目顺利进行。二是实施促销奖励。认真落实省政府稳增长促投资21条，深化优化奖励措施，对2016年成长性好、增长快、品牌培育成效显著的78户重点企业进行考核和奖励，奖励资金2000万元，激发了企业生产积极性，促进2016年稳增长目标任务的完成。三是产销对接拓市场。积极会同各行业协会主办、协办了第八届西安国际食品博览会暨丝绸之路特色食品展、第二届丝绸之路华东国际服装节等专业展会，为企业拓展销售渠道、提升产品知名度提供了良好平台。组织50余户食品企业参加烟台东亚国际食品博览会，取得良好效果，同时指导各市区在全国各地组织陕西名优特色产品展会近百场，为陕西省名优绿色健康食品全面“进军”国内市场奠定了基础。

2. 抓优化升级，全力推动消费品工业迈上中高端

一是打造医药新支柱。强化政策服务，完善医药优势大品种培育机制，加强优势品种目录动态管理，打造优势品牌。全面提升生物医药产业创新能力，制定《陕西生物医药产业行动计划》，抢占行业制高点，增强医药产业核心竞争力。加快推进重点产品的药材基地规范化规模化建设，为产业发展提供资源保障。发挥医药产业发展基金作用，建立了总规模为50亿元的发展基金，促进了医药产业平稳较快发展。二是培育优势食品产业。制定《支持安

康富硒食品产业发展行动专项计划（2016—2020）》，确定“一平台一基地”建设为主要任务，通过优化产业布局，培育知名品牌，促进富硒食品产业迈向中高端水平，力争到2020年富硒食品产业完成产值1000亿元。全力推进羊乳制品产业发展，召开兼并重组推进会，跟踪服务和氏、百跃优力士等一批婴幼儿配方羊乳制品重点项目建设，促进我省乳制品产业由牛奶向羊奶转变，由低端向高端转变。全年羊奶粉产量7万吨，完成产值70亿元。三是优化纺织工业布局。全力推进西安、咸阳纺织集团搬迁入园改造升级工程，目前两个纺织集团已全面投入生产，装备技术水平大幅提升。支持榆林羊毛防寒服产业发展，对已列入国家重点跟踪培育的服装家纺自主品牌企业榆林市蒙赛尔进行跟踪，企业的品种丰富度、品质满意度、品牌认可度明显提升。

3. 抓供给侧结构性改革，努力实现追赶超越

一是认真谋划制定陕西省“三品”专项行动实施方案，完成《陕西省消费品工业“三品”专项行动实施方案》编制工作。二是全面启动“三品”工程。召开全省消费品工业“三品”专项行动动员大会，建立省市联动机制，夯实责任主体，明确了推进供给侧结构性改革、实现追赶超越的重点任务、实施路径和工作目标，确保实施方案落到实处。三是“挖掘”产业发展潜能。深入开展智能卫浴产业调研，培育支持“洗之郎”智能马桶盖企业发展，力争2020年销售200万台，保持全国35%以上市场份额。积极组织地产品市场占有率调研，进一步摸清底数，目前陕西省地产消费品占有率较2010年提升了3个百分点，地产品品牌知名度、影响力进一步提升。

第五节　2016年我国消费品工业重点企业发展情况

一、“飞跃”品牌在海外市场的重生

（一）企业概况

1959年，飞跃球鞋诞生于上海胶鞋一厂，第一年便生产了161.6万双，并在1964年被评为全国同类产品第一名。飞跃球鞋因为质地轻柔、经久耐

穿，获得了市场热烈的反应。白底红蓝条纹的设计也让“飞跃”成为大众追捧的“时尚品”。工厂最为壮大时，足有2000多职工在连成一片的2至3层的车间里工作。1986年以后，上海橡胶工业公司开始改制，“飞跃”也经历了一系列的改革阵痛，品牌归属一度模糊。1992年大孚橡胶厂（即上海胶鞋一厂）划归上海轮胎橡胶（集团）股份有限公司，后随集团并入上海华谊集团。1997年，大孚橡胶厂投资成立上海大博文鞋业有限公司；同年，大博文鞋业转入上海兰生股份公司名下。公司归属不断变化的同时，品牌归属也一直未曾清晰界定，许多鞋厂甚至未经授权直接生产带有“飞跃”标志的鞋，市场上“飞跃”品牌的使用极为混乱。“飞跃”品牌下也一直没有新产品出现，生产工艺未曾更新换代，仅仅凭借早年成功的款型在市场上勉力维持，产品价格难以提升，质量参差不齐。

（二）发展战略

2005年，旅居上海的法国人帕特里斯·巴斯蒂安接触到了“飞跃”并对其产生了浓厚兴趣。他是个喜爱收集各类球鞋的“sneaker freak”（球鞋怪人），幼年就喜欢收集各种经典球鞋，藏品包括Vandal、耐克等数量以百计的品牌。“飞跃”既历史悠久，又鲜有西方人知道，对帕特里斯有着无与伦比的吸引力。他设想了一套改造“飞跃”计划，包括为降低僵硬感而重新设计“Feiyue”字样商标，对产品外观进行从整体到细节的改良，采用质地更优良的面料生产，并调整品牌定位面向潮流青年和喜爱复古装扮的人群等等。按照帕特里斯的说法，他走访了大博文鞋厂，获得了大博文的首肯，用飞跃的拼音FEIYUE在法国注册了商标，并赋予其flying forward（向前飞）的内涵。

帕特里斯在“飞跃”的海外市场开拓中取得了巨大的成功。首先，他赋予Feiyue以中国文化背景，有针对性地对产品进行改造。其官方网站曾经如此介绍“飞跃”品牌：“Feiyue诞生于20世纪30年代，并由于其舒适性而成名，特别是练习武术的需要。Feiyue源自1920年的上海。它受到中国各个社会阶层的喜爱，从农民到政客，从国家足球队员到著名的少林武僧。Feiyue是7000年的中国历史和现代碰撞的产物。Feiyue的工厂自1905年起就保持了这种古老的制鞋工艺，并且一直在那里生产这种复古款式至今。穿着Feiyue还可以为上海的郊县地区创造就业岗位。”在此背景设定下，调整设计样式，使外形更柔和、颜色更多变，并增加了高帮样式。用有中国特色的词组命名不同品种，例如“少林”（Shaolin）、“二当家”（ErDangJia）等。升级制鞋工艺，重新制作鞋楦，调整模具形状改善鞋型，增厚帆布和衬里以增加舒适度，改进绘制鞋面的颜料，对胶水、胶皮、鞋带金属孔和鞋底也进行了相应调整。改善了包装和宣传，使整体形象与最初的背景设定一致。这一系列改造使得Feiyue品牌能调动海外消费者的中国想象，有力地吸引顾客。

其次，帕特里斯针对Feiyue的市场定位进行了一系列营销活动。首先小规模地将产品投放到欧洲市场，将品牌故事讲给对球鞋收集有浓厚兴趣的客户。有选择地进行圈层营销，通过收藏球鞋的圈内人的影响力将这一来自中国的品牌迅速变成一种时尚。2008年3月，时尚奢侈品牌Celine向帕特里斯发出邀请，请求为新一季的“太极”系列合作推出一款球鞋，经过重新设计，FeiyuexCeline出炉。通过一系列类似的合作，Feiyue推出了多个系列不同款型的不同品种，丰富了消费者的选择，也使得“飞跃”作为极富前途的新锐品牌频频在《Elle》《Cosmopolitan》、《WAD》等时尚媒体上曝光，并请到奥兰多·布鲁姆等明星代言。在时尚圈的影响力吸引了众多经销商，Feiyue选择了与巴黎香榭丽舍大街的体育用品商店quarterback、市内集市广场forumdeshalles等大型时尚卖场合作，将产品摆在了高端卖场的最显眼处，极大地提升了产品价值。产品摇身一变，从国内20多元的地摊货，变成了欧洲50到85欧不等的高端产品。

二、贵州茅台的品牌塑造

（一）企业概况

贵州茅台酒股份有限公司是驰名中外“贵州茅台酒”的唯一生产企业，是我国酱香型白酒的鼻祖和典型代表。“贵州茅台酒”以其酱香突出、幽雅细腻、酒体丰满醇厚、回味悠长、空杯留香持久的完美风格而闻名于世。

公司成立于1999年11月20日，由中国贵州茅台酒厂（集团）有限责任公司作为主发起人，联合中国贵州茅台酒厂（集团）技术开发公司、贵州省轻纺集体工业联社、深圳清华大学研究院、中国食品发酵工业研究所、北京市糖业烟酒公司、江苏省糖烟酒总公司、上海捷强烟草糖酒（集团）有限公司共同发起设立。2001 年 8 月 27 日，贵州茅台挂牌上交所上市交易。2002 年，茅台酒股份有限公司获全国行业质量、服务诚信示范企业称号，茅台酒系列产品获“消费者信得过商品”称号。2003 年，贵州茅台酒股份有限公司获全国质量管理奖。2005 年，公司通过 ISO10012 国际计量检测体系认证，并获国际水资源保护杰出贡献奖、国际认证联盟及中国质量认证中心卓越管理组织奖。2006 年，茅台获“中国最具增长潜力白酒品牌第一”称号，国酒茅台获“全国轻工业卓越绩效先进企业”称号。2007 年，国酒茅台获中国最有价值商标白酒行业，荣居“第二届中华老字号品牌价值百强榜”榜首。茅台集团荣获“2007 年度十大影响力企业”称号。2008 年，茅台获“中国最有价值商标 500 强”前十强。中国烟酒行业标王称号，贵州茅台集团企业徽标获“中国驰名商标”称号。2009 年，茅台建立我国第一个白酒微生物菌种资源库，贵州茅台（白酒）检测实验室顺利通过 CNAS 评审组复评审，集团公司荣获“中国商标战略创新奖”，国酒茅台上榜“中国最受尊敬企业”“亚洲品牌 500 强”，首批“国家名片”。2010 年，“贵州茅台”成为全国首批商标战略实施示范企业，贵州茅台酒股份公司荣获“管理体系优秀认证企业”称号。2011 年，茅台集团再次荣获全国质量奖，中国茅台上榜“全球酒业品牌 50 强”第九位。2012 年，国酒茅台荣膺世界烈酒大赛金奖。贵州茅台首次以 118.38 亿美元的品牌价值入选 BRANDZTM 最有价值全球品牌百强，位列第 69 位。2013 年，国酒茅台荣获 2013 年度全球卓越绩效奖，茅台在全球 50 大最具价值烈酒品牌中位列第二，茅台名列 2013 中国品牌文化影响力前十强。2014 年，国酒茅台获“布鲁塞尔国际烈酒大赛金奖”“杰出绿色健康食品奖”，国酒茅台荣膺“叱咤全球的国家名片”殊荣。2015 年，飞天 53 度茅台酒、53 度鸟巢普通酒获布鲁塞尔国际烈性酒大奖赛最高奖。国酒茅台首次入选世界品牌 500 强。2016 年，茅台名列 2016 全球烈酒品牌价值 50 强首位，茅台以 877.76 亿元的品牌价值位列中国上市公司创新品牌价值排行榜第一。

（二）发展战略

1. 大力塑造品牌形象

白酒行业重视酿造传统，产品创新速度慢，使其品牌战略成为企业发展战略的重心。在贵州茅台的发展历程中，一直重视品牌形象的塑造。其宣传工作包括多个方向：宣传茅台自1915年巴拿马世博会荣获金奖以来在各类大赛、评比中的获奖历史，在与其他酒类的竞争中凸显产品品质。宣传茅台在质量管理等领域通过的各项认证。宣传茅台酒作为文化符号本身所具备的品牌形象。这些努力使得茅台的品牌形象和品牌价值持续提升，形成了贵州茅台在市场竞争中的核心竞争力。

2. 稳定市场价格预期

高端白酒占据了以商务、社交需求为主的高端市场，产品享有较高的价格，也就相应地承担了价格对供需情况变化更为敏感所带来的风险。为坚持高端白酒的品牌定位，贵州茅台的售价不能随市场供需关系的变化而剧烈变化，必须着力塑造稳定的市场价格预期。在供需关系发生明显变化时，迅速调整产量以稳定市场价格。

3. 小分销商模式

白酒行业的销售主要依靠遍布全国的经销商进行，存在对主要客户依赖的风险。在上市前的2000年，贵州茅台前五大客户合计销售金额占全年销售总额的13%，通过十余年间对营销网络体系的调整，到2015年，前五大客户合计销售金额占全年销售总额下降至4.45%，相比竞争对手五粮液的19.45%明显较低。在渠道管理上，贵州茅台有意通过分散产品的分销渠道，来增强对分销商的管理能力，降低渠道风险。

4. “133”品牌战略

相较于五粮液的多品牌战略，贵州茅台的子品牌相对较少，主次分明。酱香型茅台酒居于明显的核心地位。近年来，茅台酒一直希望通过其他子品牌抢占中低端市场，在飞天茅台之外，重点打造华茅、王茅、赖茅以及汉酱、仁酒、王子酒等品牌。但其他子品牌与飞天茅台有明显的差异化，不会丝毫折损核心品牌的高端定位和品牌价值。

第六节　2017 年我国消费品工业发展环境分析

一、消费品国际贸易缺乏增长动力

世界经济复苏依然脆弱，需求不振使得消费品国际贸易缺乏增长动力。大部分国家逼近债务和央行的双重极限，货币宽松政策的边际作用进一步衰退。发达经济体中，美国大选之后的经济政策和外贸政策走向充满变数，英国脱欧、难民问题和地缘政治等问题使欧洲经济增长受到阻碍。新兴市场中，资本外流风险依然存在，影响国内实体经济发展。

二、发达经济体“逆全球化”趋势增强

美国等传统消费大国推行“再工业化”，将部分进口产品和生产环节转移回国内，削弱对国外消费品工业的进口需求。同时，全球贸易保护主义继续盛行，我国消费品工业出口面临更多挑战。2015 年 10 月至 2016 年 5 月，二十国集团成员出台 145 项新的贸易限制措施，月均新措施数量为 2009 年以来的最高水平。

三、竞争力流失问题突出。

2016 年 1—8 月，我国劳动密集型产品在美国和日本进口市场份额比 2015 年同期分别下降 1.4 和 2.6 个百分点，而同期越南则分别上升 0.7 和 1.2 个百分点。2017 年，迫于东南亚和南亚国家的竞争压力，我国将继续面临竞争力流失问题。

第七节　2017年我国消费品工业发展趋势展望

一、经济进入稳定增长期，生产增速小幅提升

2017年，随着供给侧结构性改革的持续推进，消费品工业行业去库存、补短板成效将初步显现，产业发展的内外部环境逐渐好转，生产增速有望小幅回升。首先，国内宏观调控“稳中求进”的总基调不变，财政政策仍将维持较为积极的水平，并适度加大力度。其次，2017年各项规划进入实施期，前期的固定资产投资将陆续转化为产能，尤其是医药工业领域，随着新版GMP改造的完成，产能将加速释放。最后，“三品”战略全面推进，工业转型升级资金以及其他各种专项资金对消费品工业尤其是儿童用品、儿童食品、儿童药品以及中药材等重点领域的支持力度加大，有利于推动生产增速回升。但在经济下行持续承压的大背景下，消费品工业企业特别是大量中小微企业面临的融资、节能减排、转型升级压力依然不减，生产增速不会出现大的波动。

预计2017年，轻工业、纺织工业、医药工业三大行业工业增加值累计增速在6.7%、6%、11%左右。

二、外贸新优势加快培育，出口形势持续好转

2017年，消费品工业出口形势预期相对乐观。一是世界经济持续温和复苏，主要经济体经济回暖迹象明显。IMF预计，2017年全球经济增长3.4%，其中发达国家增长1.8%，新兴经济体增长4.6%，均较2016年有所提高。二是随着“三品”战略的深入实施，技术、品牌、质量、服务等竞争新优势正在加速形成，消费品工业出口增长的内生优势正加速形成。三是随着国家“一带一路”、产能合作战略的持续推进，《区域全面经济伙伴关系协定》(RCEP)、中日韩自贸区、中国—海合会、中国—以色列、中国—斯里兰卡等自贸区谈判取得阶段性进展，新的外贸空间将被挖掘。四是未来较长一段时

间内人民币将在合理均衡水平上保持基本稳定，有利于消费品工业出口的稳定。

预计2017年，轻工业、纺织工业、医药工业三大行业出口交货值累计增速在3.5%、2%、9%左右。

三、政策红利加速释放，内需增长企稳回升

2017年，随着国家各项政策红利的释放，消费品工业内需增长有望企稳回升。一是新型城镇化的深入推进带来食品、家具、纺织品、服装、文教娱乐用品等相关领域日常需求的增加。二是全面二孩政策实施，新生儿数量阶段性增加推动功能食品、药品等产品需求的增长，而医保体系的日趋完善以及医改的深入推进，也为需求增长提供了保障。三是“三品”战略通过“结构调整、质量提升、价值增值”进行资源整合，在提高全要素生产率的同时也能够有效拉动投资和促进国内消费。四是“十三五”规划的一些重点项目将在2017年全面启动，行业固定资产投资有望增加。

预计，2017年我国消费者信心指数将达106，社会消费品零售总额全年增速有望达11%。

第十一章　电子信息制造业

2016年，中国电子信息制造业处于新旧交替的发展阶段，产业正在经历着两极分化走势。一方面，产业规模和市场不断下滑，计算机设备制造行业大幅下跌，进出口形势堪忧，又面临英国脱欧等一系列复杂外部发展环境；另一方面，国际竞争力不断提升，企业品牌知名度提升，产品高端化趋势不断显现，核心元器件自主创新能力显著增强，虚拟现实、OLED、人工智能等新兴热点有望成长为未来产业支撑点。受全球主要国家和地区政治环境变化的影响，国际产业格局再度调整，电子信息产业更需依靠内生动力，新兴增长点创新加速有望引领产业进入新的发展阶段。

第一节　2016年我国电子信息制造业整体发展状况

一、产业整体发展情况

（一）从宏观数据看，产业仍然保持平稳较快增长

工信部运行局数据显示，2016年，全国规模以上电子信息制造业全行业主营业务收入同比增长8.4%，行业规模达到12.2万亿元；行业增加值同比增长10%，增速比上年回落0.5个百分点。一方面，通信行业、计算机行业两个万亿级行业缺乏支柱性产品有目共睹，并从2014年手机销量下降以来，手机市场内需市场增长有限、靠外需市场拉动的趋势愈发清晰，这两个行业对电子信息制造业的增速变缓有重大影响，并尚未有改观趋势。另一方面，以集成电路为代表的器件行业逐渐成长为电子信息制造业的一个重要支柱。

（二）从细分格局看，集成电路和平板显示势头强劲

在通信设备行业产值和产量增速缓慢下滑、计算机和智能终端市场依然缺乏提振因素、家用视听行业受需求影响产量波动较大的情况下，集成电路领域产业规模继续增长，平板显示行业企业经营持续向好。集成电路领域，2016 年我国共生产集成电路 1318 亿块，同比增长 21.2%。平板显示领域，受电视销量走高的拉动和韩国、台湾面板供货紧张影响，面板价格普遍上浮。同时，产品出现供不应求局面。预计 2017 年面板价格将进一步提升。

（三）从经营效益看，行业利润和产业新增投资成为亮点

一方面，电子信息产业行业利润指标向好。2016 年，全行业实现利润增长 12.8%，这是近两年来电子信息制造业转型升级的一个重要体现。另一方面，电子信息产业行业新增投资加速。全年规模以上项目固定资产投资额同比增长 15.8%，其中半导体分立器件制造和集成电路制造领域分别增长 96.4% 和 31.1%，成绩喜人。

二、重点新兴行业发展情况

（一）虚拟现实

作为继计算机、智能手机之后的又一通用性技术平台，虚拟现实与教育、军事、制造、娱乐、医疗、文化艺术、旅游等行业领域的深度融合，未来有望带来超过万亿美元的产值效益。2016 年我国虚拟现实产业规模快速增长，国内的创新型企业和创业团队快速跟进，高密度地推出各类虚拟现实设备，以及以视频游戏娱乐为代表的虚拟现实应用，行业创新型应用产品不断涌现。

（二）OLED 显示

2016 年 OLED 市场呈现出上半年需求迸发、下半年市场趋于理性的局面。AMOLED 在智能手机上得到大面积应用，AMOLED 面板在平板电脑和 AMOLED 电视的渗透率逐年提升，等离子面板则逐渐退出市场。目前，中国大陆地区 OLED 投产规模超过 2500 亿元，其中 2016 年内已完成投资约 1500 亿元。

（三）人工智能

2016 年是人工智能发展元年，特别是 Alpha Go 与李世石的世纪对决，更

是将人工智能推上了风口浪尖。2015 年出台的中国“互联网 +”行动中单列了“互联网 +”人工智能重点行动，将智能识别等列入未来发展方向。2016 年发布的《“互联网 +”人工智能三年行动实施方案》，明确了要进一步推进计算机视觉、智能语音处理、生物特征识等关键技术的研发和产业化，这也更加明确了我国对语音识别的支持力度。

（四）数字经济

2016 年下半年，“数字经济”这一概念频频成为全社会的焦点。预计 2017 年，将成为我国数字经济发展的重要标志年。对于数字经济与中国发展，我们有三个基本判断。一是数字经济将助力定盘中国经济前行新方位；二是数字经济将成为驱动中国经济增长新动能；三是数字经济将推动构筑中国经济竞争新优势。未来，随着数字经济的发展，将给世界各国带来新的全球化平台，各国有望通过数字市场的不断开放实现互利共赢。

三、值得关注的问题

（一）全球经济仍然处于低位徘徊

世界经济复苏的不确定性正在增强，“黑天鹅”事件频频出现，“逆全球化”思潮和贸易保护主义倾向抬头。中国经济进入新常态阶段，土地、劳动力等要素价格增长较快，投资增长呈阶梯状下行态势，成本优势和传统外贸竞争优势不断减弱，面临着民间投资意愿不高、去产能任重道远、资金“脱实向虚”等突出矛盾和问题。全球经济环境的不确定性对中国电子信息产业发展也产生了重要影响，全球投资趋于谨慎，如何消化原先出口的产能，尽快构建持续健康的产业外部发展环境成为重要议题。

（二）核心基础领域仍然是产业提质增效的薄弱环节

长期以来，中国信息产业基础领域能力较弱，特别是与中国信息产业规模与整机制造能力相比，具有较大差距，产业整体发展呈现出应用强、基础弱的“倒三角”形态。中国仍然在先进制造工艺、基础原材料、传感器等关键产品和设备领域落后国际先进水平，因此，在中国推进电子信息产业转型升级，构建智能信息产业体系的过程中，核心基础产业仍然是最重要的突破口之一。

（三）新兴领域需加快培育和壮大

一方面，计算机和通信设备行业等传统优势行业增速明显放缓，要求我们加快寻找新的产业增长点。另一方面，智能硬件、虚拟现实、智慧健康养老、智能汽车等新兴业态层出不穷，但由于产业规模较小、市场化方向不确定或投资风险较大等原因，目前新兴行业增长仍然不足以成为支撑行业增长的主导力量。

（四）产业生态体系构建仍待加强

中国电子信息龙头企业已经具有较大的国际影响力，在技术创新、产业发展、国际竞争等方面取得了较大进展，华为已经成为中国第一个规模突破5000亿元的巨型企业。但是，龙头企业仍未充分发挥产业链和价值链的统合力，不能真正发挥行业领军作用，未能促成中国电子信息制造业构建“大、中、小”协调发展的产业生态体系。

四、产业健康发展的措施与建议

（一）加强关键技术研发，增强产业自主创新能力

进一步贯彻落实习近平总书记在网络安全和信息化工作座谈会上重要讲话精神，进一步明确电子信息产业夯实基础的重要性，将核心技术突破作为未来工作的发力方向，通过全方位、多层次、多渠道的跨界学术研发，切实实现基础技术、通用技术、非对称技术、前沿技术、颠覆性技术的突破，增强涵盖核心技术、关键材料、关键设备等的中国电子信息产业全产业链自主创新能力。

（二）加快产业转型升级，建立智能信息产业体系

贯彻落实党中央提出的供给侧结构性改革精神，坚持创新驱动发展，着力推进核心技术成果转化和产业化，提升创新链、产业链、价值链整合能力，积极打造应用牵引和技术创新双轮驱动，加强产业链各环节协调互动，构建智能信息产业体系，不断优化产业结构和产业布局，加速产业向价值链高端迁移，加快实现中国电子信息产业转型升级，以满足人民日益增长和持续升

级的信息消费需求为目标，推动手机、彩电等主要终端产品加快向中高端市场发展，积极发展以智能硬件为代表的新兴产品，加强质量品牌建设，优化产品结构，进一步挖掘国内市场消费潜力。

（三）建立协同创新机制，促进大中小企业协作

推进产业链上下游企业、应用企业、高校、科研机构、中介机构等的协同创新，通过建立产业联盟、搭建大企业创新平台、培育创业创新孵化器等方式，充分发挥中国信息产业龙头企业的技术实力和品牌影响力，带动构建包含中小企业、小微创业团队在内的整体创新能力，推动形成产业国际竞争新优势。

（四）提升企业经营效益，探索推进持续发展模式

探索开辟产融结合新路径和新渠道，统筹利用中央预算内资金渠道和国家产业发展基金，引导社会资本投入，对重点企业、重点项目加大扶持力度，开拓多样化融资渠道，在技术研发、设计的前端环节引入风险投资资金。谨防部分行业产能过剩苗头，维持平衡的市场供需关系，保持高质量的产品供给，为企业创造盈利空间，促进企业创新能力提升。

第二节　2016年我国电子信息制造业重点政策解析

2016年，《信息产业发展指南》《智能硬件产业创新发展专项行动（2016—2018年）》《智慧健康养老产业发展行动计划（2017—2020年）》等政策的发布实施，给电子信息产业发展指明了新的方向、提供了新的动力。

一、信息产业发展指南

为贯彻落实《中华人民共和国国民经济和社会发展第十三个五年规划纲要》《中国制造2025》《国家信息化发展战略纲要》《国务院关于积极推进“互联网+”行动的指导意见》《国务院关于深化制造业与互联网融合发展的指导意见》等政策精神，引导“十三五”时期信息产业持续健康发展，工业和信息化部、发展改革委联合制定《信息产业发展指南》（以下简称《指南》)，于2016年12月30日发布。

（一）政策背景

“十二五”期间，我国电子信息产业保持平稳较快增长，主要产品规模居世界首位，技术创新能力大幅提升。但在发展过程中，仍面临一些问题和挑战。一是基础能力依然薄弱，核心技术对外依存度高。二是全球产业格局重大调整，国际贸易规则正在重构。三是关键领域缺乏创新，无法主导生态发展。

与此同时，电子信息产业发展面临一些新趋势。一是全球电子信息产业技术创新进入新一轮加速期。云计算、物联网、移动互联网、人工智能等新一代信息技术快速演进，引领产业发展新变革。二是“高端回流”和“中低端分流”的双向挤压，使得我国制造业受到严峻挑战。三是电子信息产业成为全球竞争新焦点。全球信息产业进入深度融合、变革创新、开放包容的新阶段，呈现创新融合、智能绿色、开放共享的新特征。

（二）政策内容

《指南》立足于对我国电子信息产业发展现状和国际发展趋势的分析，明确了电子信息产业发展的指导思想、基本原则和发展目标，主要任务和保障措施。

《指南》提出了指导思想、基本原则和发展目标。指导思想强调以支撑制造强国和网络强国等重大战略实施为使命，以加快建立具有全球竞争优势、安全可控的信息产业生态体系为主线，坚持追赶补齐与换道超车并举、技术突破与强化应用并重、对外合作与体系创新结合、全面发展与重点推进统筹，着力强化科技创新能力、产业基础能力和安全保障能力，加快重点项目建设和关键环节发展，带动全面提升信息产业发展质量效益和核心竞争力。为促进电子信息产业发展，《指南》提出了“创新引领、融合发展、市场主导、开放合作、安全可控、绿色低碳”的基本原则，明确了我国电子信息产业在“十三五”期间产业规模、产业结构、技术创新、绿色发展等相关目标。即到2020年，具有国际竞争力、安全可控的信息产业生态体系基本建立，在全球价值链中的地位进一步提升。突破一批制约产业发展的关键核心技术和标志性产品，我国主导的国际标准领域不断扩大；产业发展的协调性和协同性明显增强，产业布局进一步优化，形成一批具有全球品牌竞争优势的企业；电子产品能效不断提高，生产过程能源资源消耗进一步降低。

《指南》提出了七个方面的主要任务。一是增强体系化创新能力。二是构建协同优化的产业结构。三是促进信息技术深度融合应用。四是建设新一代信息基础设施。五是提升信息通信和无线电行业管理水平。六是强化信息产业安全保障能力。七是增强国际化发展能力。

《指南》提出五个方面的保障措施：一是深化体制机制改革。二是完善财税扶持政策。三是加大金融支持力度。四是大力培养产业人才。五是切实加强组织实施。

（三）政策分析

《指南》紧扣电子信息产业发展重点，对关键领域进行合理规划布局。

在集成电路领域，《指南》突出了发展集成电路产业这一重点，主要包括五个方面：一是坚持需求导向，以重点整机和重大应用需求为导向，增强芯片与整机、应用系统的协同，进一步完善产业生态环境。二是面向云计算、大数据、物联网等新增长点，服务制造业强国、网络强国战略，着力提升集成电路设计水平，不断丰富 IP 核和设计工具，突破 CPU、FPGA、DSP、存储器等高端通用芯片，提升芯片应用适配能力。三是把握“后摩尔”时代发展机遇，加快发展高密度封装及三维微组装技术，探索新型材料产业化应用。四是抓重大项目建设，发挥带动作用，引导产业链环节协同发展，加快推动先进逻辑工艺、存储器等生产线建设，持续增强特色工艺制造能力，以生产线建设带动关键装备和材料配套发展。五是贯彻落实《推进纲要》，实施集成电路产业跨越建设工程。

在智能硬件领域，《指南》将在以下几方面进行部署：一是突破一批智能硬件底层软硬件共性关键技术，培育一批行业领先的“独角兽”型企业，布局建设若干技术先进、特色突出、优势互补的高水平创新平台和“双创”基地，形成一批可复制、可推广的高水平应用解决方案，形成智能硬件标准体系及一批关键标准。二是瞄准产业发展制高点，推进核心关键技术突破。组织实施一批重点产业化创新工程，支持关键软硬件 IP 核开发和协同研发平台建设。重点突破低功耗轻量级系统设计、虚拟现实/增强现实、高性能智能感知、高精度运动与姿态控制、低功耗广域智能物联、端云一体化协同等智能硬件核心技术。三是摸清产业发展基础，营造良好产业发展环境。进一步完善部际工作机制，成立智能硬件产业推进工作组及专家组，引导行业、企业及高校、科研院所成立众创空间联合实验室，支持产业聚集区发展底层软硬件公共服务平台，构建创新资源池。深化与地方政府的合作，营造产业发展环境。四是聚焦重点应用领域，推动产业整体发展。重点推动智能车载、智慧健康养老等基础好、潜力大的领域开展相关工作，先行示范，带动智能硬件产业整体发展。在智能可穿戴领域，加强统筹规划，完善虚拟现实产业发展环境，统筹相关资源，组建虚拟现实产业与应用联盟，促进虚拟现实与各领域融合发展，推动虚拟现实产品研发及示范应用。智慧健康养老领域，研究制定促进信息技术支撑智慧健康养老的政策措施，积极推进应用示范，推动智慧健康养老产业发展。五是建立公共服务平台，完善标准检测体系。研究制定智能硬件技术标准及应用规范体系。建立智能硬件标准化和公共服务平台，支持面向标准符合性、软硬件协同、互联互通、用户体验、安全可靠等产品检测服务，规范智能硬件标准检测服务，建立涵盖终端设备、服务、平台以及信息安全的较为完善的标准体系。

在计算机领域，《指南》主要强调要增强高端服务器与存储设备的体系化创新能力。构建和完善高端服务器、存储设备等核心信息技术设备产业体系。加大力度突破高端服务器、存储设备领域的核心处理器、网络芯片、内存芯片、存储管理芯片和重要通信模块等关键技术产品。重点促进安全可靠服务器、海量高可靠性存储设备和高性能安全可靠网络设备等的研发与产业化。提升网络与信息安全保障能力。加快安全可靠计算机研发与应用，加强信息安全技术研究，推进可信计算、数据安全、网络安全等信息安全产品的研发与产业化。加大力量攻克信息安全关键技术并推广应用，支撑提升信息安全的应用水平。加快高性能安全工业控制产品及系统的研发与应用，积极开展工业控制计算机软硬件基础平台和安全性、可靠性技术等研究与产业化。提高产业绿色低碳发展能力。打造绿色计算产业生态，重点支持绿色低碳计算产品，强化芯片、元器件、软件、系统与应用服务适配，开发和完善绿色计算产品标准、规范与检测认证体系，开展绿色计算应用示范。搭建绿色计算产品创新公共服务平台，推进绿色计算共性关键技术创新，丰富应用服务模式，合力推动绿色计算生态良性发展。加快计算领域前沿技术布局。大力发展新架构、新体系等新型计算产品，重点布局适用于云计算、大数据、物联网、人工智能等发展需求的新型计算系统，探索量子计算、神经网络计算等前沿技术与产品的研发与产业化。

在通信设备领域，《指南》将会推动高端网络通信设备研发和产业化。突破高端核心路由器与交换机、高速光传输设备及大容量组网调度光传输设备，提高移动基站关键芯片、网络处理芯片、光通信接口和交换单元的供给能力。推动基于北斗的高精度通信设备研发与产业化。发展下一代网络技术产品。继续大力推进5G、IPv6、软件定义网络（SDN）和网络功能虚拟化（NFV）等设备的研发和产业化应用，开展新产品的测试验证和应用示范。支持新型智能终端产品与技术的研发创新。重点发展面向下一代移动互联网和信息消费的新型智能手机、平板电脑、车载智能设备以及人工智能等终端产品，提升产品的研发应用能力、产业配套能力和品牌竞争力。开发支持公共网络、专用网络和下一代通信网络协议标准下的北斗导航应用终端和行业移动终端产品。

二、智能硬件产业创新发展专项行动（2016—2018年）

为深入贯彻供给侧结构性改革和创新驱动发展战略，提升我国智能硬件共性技术和高端产品的供给能力，根据《互联网+》《“互联网+”人工智能三年行动实施方案》，工业和信息化部、国家发展和改革委员会联合发布了《智能硬件产业创新发展专项行动（2016—2018年）》。

（一）政策背景

“智能硬件”是指具备信息采集、处理和连接能力，并可实现智能感知、交互、大数据服务等功能的新兴互联网终端产品。通过软硬件结合的方式，对传统设备进行改造，进而让其拥有智能化的功能，它是互联网技术和人工智能融合发展的衍生品。

近年来，在新一代信息技术的驱动下，智能硬件产业发展迅速，已初步形成包括智能穿戴设备、虚拟现实、智能服务机器人、智能车载设备等在内的产品形态。同时，在国家“互联网+”和“大众创业、万众创新”等战略带动下，智能硬件已成为推进“互联网+”创新创业的主战场。在智能硬件产业发展过程中，也爆发了一些问题，主要包括产品创新不足，核心技术掌握不足，应用能力不足等。在此背景下，国家工业和信息化部、国家发展和改革委员会出台了《智能硬件产业创新发展专项行动（2016—2018年）》（以下简称《专项行动》）。

（二）政策内容

《专项行动》提出智能硬件发展的主要思路，以贯彻供给侧结构性改革和创新驱动发展战略，以推动终端产品及应用系统智能化为主线，着力强化技术攻关，突破基础软硬件、核心算法与分析预测模型、先进工业设计及关键应用，提高智能硬件创新能力。

《专项行动》提出发展目标，在产业规模方面，到2018年，产业规模超过5000亿元，我国智能硬件全球市场占有率超过30%；在海外技术影响力方面，专利占比超过10%，在一些关键应用领域，如智能工业传感器、智能PLC、智能无人系统等工业级智能硬件产品形成规模示范，带动生产效率提升20%以上，形成一批可复制、可推广的行业应用解决方案，产业便民、惠民成效显现。

《专项行动》提出三项重大任务，一是提升高端智能硬件产品有效供给；二是加强智能硬件核心关键技术创新；三是推动重点领域智能化提升。

《专项行动》也提出了四项推进措施，一是加强政策协同引导，利用好各种政策资源支持智能硬件产业发展；二是推动标准检测体系建设，完善产业配套体系；三是发展创业创新平台，支持地方以试验床、创新平台等方式发展智能硬件众创、众包、众筹、众扶平台，智能硬件设计大赛等；四是多渠道、多方位打造产业生态体系等。

（三）政策分析

从《专项行动》的发展重点看，未来国家将会从以下几方面支持智能硬件产业发展，一是支持关键软硬件技术开发。《专项行动》政策建议中也提出将会通过“互联网+”重大工程、工业转型升级资金及专项建设基金三项国拨资金有效支持技术研发。面向智能硬件领域需求旺盛的低功耗芯片和操作系统等基础技术环节，加大支持力度，支持开展关键芯片和软硬件开发，鼓励龙头企业牵头，推动我国软硬件系统协调发展，打造智能硬件产业生态。二是将会支持智能硬件开展应用示范，建设智能硬件试点示范区。在全国范围内选择若干区域，建设一批智能硬件试点示范区，引导智能硬件产业提升系统集成技术开发能力。三是加强智能硬件标准设计。按照成熟一项、制定一项、推广一项的原则，制定关键技术标准，完善与行业标准、国家标准快速衔接机制。支持面向标准复合型、软硬件协调产品解决服务，开展智能硬件国际标准研究制定工作。四是支持重点领域应用推广。按照人工智能实施方案和智能硬件专项行动中提出的主要应用领域，在交通、健康养老、医疗、教育、工业等重点领域开展智能硬件推广工程。

三、智慧健康养老产业发展行动计划（2017—2020年）

为贯彻落实《国务院关于积极推进“互联网+”行动的指导意见》（国发〔2015〕40号）、《国务院办公厅转发卫生计生委等部门关于推进医疗卫生与养老服务相结合指导意见的通知》（国办发〔2015〕84号）、《国务院办公厅关于促进和规范健康医疗大数据应用发展的指导意见》（国办发〔2016〕47号）、《国务院办公厅关于全面放开养老服务市场提升养老服务质量的若干意见》（国办发〔2016〕91号）等文件要求，加快智慧健康养老产业发展，工业和信息化部、民政部、国家卫生计生委制定了《智慧健康养老产业发展行动计划（2017—2020年）》。

（一）政策背景

当前，社会发展进入新阶段，居民健康管理和人口老龄化问题日益突出，需要应用新技术、新方式、新手段提高健康服务能力和养老服务能力。健康养老产业升级需要充分发挥信息技术作用，加强信息技术与健康养老产业的对接和融合，充分发挥医疗、养老、信息技术等领域的各自优势，构建产业间协作体系，提升服务水平、提高服务效率、丰富服务内容，实现健康养老产业的智慧化升级。健康养老产业覆盖面广、涉及众多产品，对经济增长有明显的带动作用。智慧健康养老产业的发展，一方面能够借力健康养老需求的快速增长实现产业规模的迅速扩大，另一方面能够促进健康养老消费升级，催生出新的市场领域和市场空间，为新常态下我国经济发展提供新引擎。在此背景下，三部委联合发布了《智慧健康养老产业发展行动计划（2017—2020年）》（以下简称《行动计划》）。

（二）政策内容

《行动计划》提出了发展的总体思路，充分发挥信息技术对智慧健康养老产业的提质增效支撑作用，丰富产品供给，创新服务模式，坚持政企联动、开放融合，促进现有医疗、健康、养老资源优化配置和使用效率提升，满足家庭和个人多层次、多样化的健康养老服务需求。

《行动计划》提出了“十三五”的发展目标，到2020年，将建立100个以上智慧健康养老应用示范基地，培育100家以上具有示范引领作用的行业领军企业。在产业配套方面，将制定50项智慧健康养老产品和服务标准，确保信息安全。

《行动计划》提出了五项重点发展任务，一是要推动关键技术产品研发，突破核心技术瓶颈，以不断丰富产品供给；二是推广智慧健康养老服务，培育智慧健康养老服务新业态，推进智慧健康养老商业模式创新；三是加强公共服务平台建设，建设技术服务平台、信息共享服务平台和创新孵化平台，不断完善产业配套体系；四是建立智慧健康养老标准体系，制定智慧健康养老信息安全标准以及隐私数据管理和使用规范；五是加强智慧健康养老服务网络建设和网络安全保障，确保信息安全。

《行动计划》提出了五项政策措施，一是建立部际协同工作机制；二是强化组织落实；三是完善多元化资金投入机制；四是培育和规范消费市场；五是开展应用试点示范建设。

（三）政策分析

《行动计划》是信息化技术与民生领域的深度融合，可进一步提升信息技术对健康养老产业的支撑和提质作用，发展智能化、个性化、多样化的智慧健康养老产品和服务，提升智慧健康养老产业创新供给能力，形成商业化、可运营、可推广的应用模式，满足人民群众健康养老服务的迫切需求，培育千亿级规模的新兴市场，推动经济社会快速、健康、稳定发展。

《行动计划》提出通过建设试点推动健康养老的发展，一方面，可打造一批智慧健康养老小区。推动智慧健康养老服务进入人口密度大、健康养老需求强烈、示范带动作用强的成熟小区，与区域基层医疗机构、专业医疗机构、第三方服务机构等形成合力，着力建设小区“健康小屋”、家庭“健康卫士”等健康养老服务项目，打造具有区域特色、医养结合、产业联动的智慧健康养老示范小区。另一方面，可建设一批智慧健康养老产业园区。依托国家数字家庭产业基地和地方智慧医疗产业基地，打造具有一定国际竞争力的特色智慧健康养老产业制造园区，建设具有较强区域影响力和显著比较优势的特色智慧健康养老服务园区。重点研发面向老年关爱和健康管理生活需求的智能终端产品并实现业务集成应用，加快建立健康养老服务平台。同时《行动计划》也提出将充分发挥工业转型升级资金、专项资金、地方财政资金等财政资金扶持作用，推动各部门资金集约化整合和精准投放，加大对智慧健康养老的扶持力度。探索与国有资本投资公司合作，充分发挥国有资本的引领和放大作用。通过发起设立智慧健康养老产业投资基金等方式，引导社会资本参与智慧健康养老产业发展，与政府资金形成支持合力，解决健康养老的资金投入问题。

第三节　2016 年我国电子信息制造业重点行业发展状况

一、计算机产业

（一）发展情况

计算机行业产量整体持续下滑。全年生产微型计算机设备 29009 万台，下降 7.7%。出口交货值同比下降 5.4%。PC 行业发展出现两极分化现象，一方面以联想为代表的骨干企业品牌竞争力和市场影响力保持提升，如联想已连续五年成为全球最大个人电脑厂商，全球市场份额达到 21.7%，另一方面，其他国内企业的市场份额和营业收入持续减少，清华同方、长城、北大方正、神舟、海尔、TCL 等企业市场占比普遍低于 3%。服务器行业保持增长态势。2016 年我国服务器市场继续保持稳健发展，同比增长 29%，成为全球服务器市场增长的最大动力。

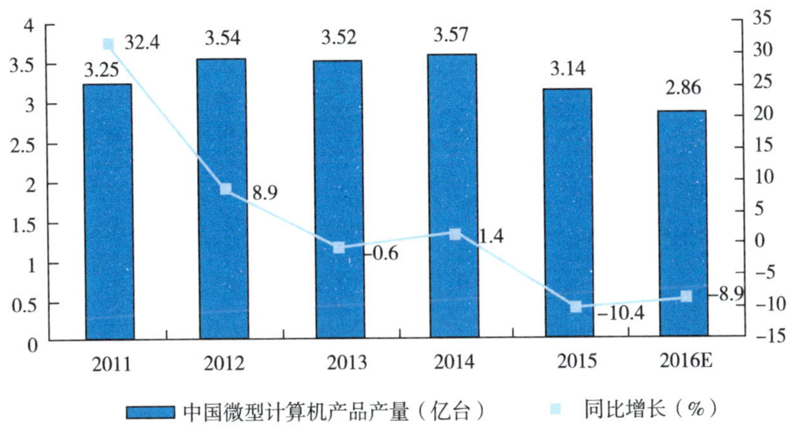

图 11-1 中国微型计算机产品产量与增长率

资料来源：赛迪智库，2017 年 3 月。

（二）发展特点

2016 年，我国计算机行业完成固定资产投资 1121.5 亿元，同比增长 30.6%，增幅位居电子信息产业第一位，增速强劲，500 万元以上新开工项目增长 35.9%。党中央、国务院加强供给侧结构性改革和促投资、稳增长系列政策措施的带动，以及云计算、大数据、物联网、移动互联网等计算需求的高涨是计算机行业固定资产投资增加的主要原因。

2016 年，计算机行业并购频繁。其中，Dell 以 670 亿美元完成收购 EMC，并通过了全球的反垄断审查。紫光完成收购惠普中国子公司华三通信 51% 的股份，打造国产 IT 网络设备品牌新华三。珠海赛纳 260 亿元收购美国打印骨干企业利盟公司 100% 股权，积极布局中高端打印领域和激光打印业务，完善产品线，提升竞争力。

云计算正在改变传统 IT 架构和设备形态，传统 IT 设备向开放化、定制化和模块化方向发展，超融合设备成为未来发展趋势。为了提高运行效率、缩短交付时间，定制化、整机柜服务器成为重要创新形态。近年来，Google、Facebook、微软、亚马逊等互联网企业纷纷按需定制服务器，国内的“天蝎计划”也致力于整机柜服务器的定制和创新，发展将迈入 3.0 时代。

二、通信设备产业

（一）发展情况

2016年通信设备生产仍保持两位数增长。工信部运行局数据显示，2016年我国生产手机21亿部，同比增长13.6%；其中智能手机15亿部，增长9.9%，占全部手机产量比重为74.7%。生产移动通信基站设备34084万信道，同比增长11.1%。出口交货值同比增长3.4%。

4G建设加快推进。2016年，我国三家电信运营商进一步强化4G运营。三家电信运营商都宣布进入到了4G+时代，中国电信与中国联通已经开启800M低频建设4G，中国移动已经宣布要在2020年前部署5G。我国制造商在品牌、设计以及商业运营方面快速调整，IDC发布报告显示，2016年中国智能手机市场出货量年增长8.7%，远高于2015年的1.6%，其中OPPO、华为、vivo三家本土品牌超越苹果，成为2016年第四季度中国智能手机市场前三。

2016年，我国在光通信领域取得多个关键技术上的突破。华为推出OSN 1800 II光网络设备，产品定位于城域边缘节点，首次在2U高盒式产品中采用基于信元的统一交换架构设计，是业界体积最小、集成度最高的盒式MS-OTN产品。中兴通讯推出ZXCTN 6180H光网络设备，采用紧凑型高集成度设计，支持大容量低时延转发和40GE/100GE组网能力，满足Pre5G和5G时代接入层分组传送的承载业务需求。

（二）发展特点

通信设备行业由高速增长进入平稳发展阶段。近年来，通信设备行业增长速度多居于电子信息制造业首位。但由于智能手机市场增长逐步放缓，整个通信设备行业进入平稳发展阶段，发展速度已整体落后于智能硬件等新兴行业。

我国手机市场格局变化，品牌影响力持续提升。2016年国产手机市场洗牌继续，“中华酷联”成为历史，华为、小米、OPPO、vivo成为领跑企业。酷派等老牌厂商正在逐渐被边缘化，众多中小品牌倒闭。三星、HTC等品牌在中国市场的份额也一再被挤压。我国智能手机产业实现了高端市场上突破，其中华为在高端市场上的地位进一步提升。移动智能终端产业链建设取得较大进步，在芯片设计和操作系统等上游环节实现了跃进。

三、数字视听行业

（一）发展情况

2016 年，数字视听行业销售量同比增长 7.8%，彩电零售量首次突破 5000 万台，同比增长 8.5%，视听行业内销产值同比下降 1.8%。2016 年，我国彩电出口量为 8064 万台，较上年同期增长 12.3%，出口总金额为 809.722 亿元。2016 年，中国电视品牌在全球的占比达到 30%，比上年增长了 3.2 个百分点。全球前五大电视品牌中，海信和 TCL 分别名列第三和第四，其中海信电视出货量 1330 万台，TCL 出货量为 1320 万台。2016 年中国彩电全球化步伐不断加快，中国品牌地位不断增强，自主品牌出口和 OEM、ODM 加工输出都取得了历史性突破。

2016 年智能电视的渗透率达到 83%，成为主导型产品。2016 年电视的清晰度、对比度和色域持续发展，高清电视、高动态范围和高色域的电视渗透率分别占到 48%、14% 和 14%。超轻薄、曲面、无边框设计的电视等逐渐得到消费者认可。互联网品牌电视以低价、内容丰富、性价比高作为卖点杀入彩电市场，2016 年互联网品牌的市场零售份额为 18.9%，较上年上升 8.0 个百分点。

（二）发展特点

2016 年，中国作为全球彩电生产和销售的主要地区，销量稳定增长。中国彩电出货量约为 8360 万台，较 2015 年增长 1000 万台。2016 年，中国市场彩电零售量约为 5000 万台，和 2015 年销量相比增幅约为 6%。2016 年，互联网电视（具备互联网、内容源、多媒体优势的数字电视交互产品）进入高速发展阶段，乐视、小米、暴风、风行、微鲸等互联网品牌电视的市场占有率首次超过外资品牌，约占整体中国彩电市场零售量的 20%。

2016 年，我国彩电企业对外投资加快开拓新兴市场。海尔集团以 54 亿美元的价格收购美国通用电气（GE）的家电业务，收购后的海尔 GE 联盟超过日本的松下和美国宝洁，跃居全球第 5 位。海信赞助了 2016 年欧洲杯，上半年在海外的品牌知名度提升了6个百分点，同时相继在以色列和日本成立了研发中心。

2016年，中国彩电企业品牌价值提升，运营更加成熟。受到欧洲杯和奥运会两大体育赛事的拉动，以及国内骨干彩电企业加快实施国际化战略的推动下，彩电出口实现了较大幅度增长。2016年中国电视品牌（TCL、海信、创维、长虹、海尔、康佳、乐视等）的出货量将达到8360万台，较2015年增长15%，规模增长1000万台。中国电视品牌在全球的占比约为33.9%，比2015年提高4个百分点。

四、新型显示行业

（一）发展情况

2016年，我国薄膜晶体管液晶面板（TFT－LCD）量产产线达到26条，产能接近7000万平方米，产全行业全年保持满产满销的局面，另有在建产线14条。以面积计算，世界液晶面板市场占有率达到35%，是全球第二大显示器件生产地区。从出货金额看，2016年，我国新型显示产业全年销售收入2013亿元，同比增长19%，出货面积0.53亿平方米，同比增长16.5%；京东方、华星光电和天马等三家骨干企业销售收入达到1073亿元，同比增长32%。以金额计算，我国在世界液晶面板市场占有率达到27%。

2016年，中国平板显示产业在一系列投资的助推下，发展迅速，特别是TFT－LCD产业投资进入新高潮。京东方年新增专利申请量达7570件，全球业内第一，其中发明专利超80%，累计可使用专利超5万件。汤森路透2016年度创新报告显示，京东方已成为半导体领域全球第二大创新公司。据美国商业专利数据显示，中国大陆仅有两家企业京东方和华为进入2016年度美国专利授权量TOP50，其中京东方排名第40位，年增长率超200%，是TOP50中增长率最高的企业。2016年，国家发改委批复华星光电联合有关单位共同筹建“AMOLED工艺技术国家工程实验室”，这是目前国内唯一一个AMOLED领域的国家工程实验室。AMOLED工艺技术国家工程实验室的组建，有利于我国突破AMOLED工艺技术瓶颈，同时对TCL集团实现创新企业百强工程试点目标也将起到重要的支撑作用。

（二）发展特点

国内高世代线产业投资十分积极。伴随一连串显示面板投资，中国产业链企业也加快布局，进一步完善了显示产业链。东旭光电投资25亿元加速进军偏光片市场，与住友化学株式会社、东友精细化学株式会社及拓米国际有限公司共同投资设立控股子公司“旭友电子材料科技（无锡）有限公司”，合肥江丰投资2亿元在合肥新站区投建大型液晶面板产业用溅射靶材及机台部件生产项目，该项目一期将于2017年6月底正式投产，将建成批量生产大型液晶面板G6.5、G8.5、G10.5代的靶材成品生产线和相关零部件维护及制造生产线。

AMOLED成为产业发展热点。2016年全球AMOLED手机面板出货量达到3.7亿片，相比2015年大幅增长41.2%，而中国前十大品牌的OPPO、vivo、华为、金立、魅族、联想等即贡献了26%的份额。2016年99%的AMOLED面板都出自韩国三星，国内面板厂商和辉在小米红米Pro的助攻下，实现了超300万片的出货规模，是国内首家实现百万片出货规模的AMOLED手机面板生产企业。同时，昆山国显、天马集团也顺利达成了进入品牌手机市场的里程碑。

五、太阳能光伏行业

（一）发展情况

2016年，我国多晶硅产能超过万吨的企业有7家，产能利用率保持在较高水平，产量为19.4万吨，同比增长17.6%，占全球多晶硅产量的48.5%。硅片、电池片、组件产量增长均超过20%，占全球总产量比重都在65%以上。

表11－1　2016年我国光伏产品产量及增长情况

	多晶硅	硅片	电池片	组件
产量	19.4万吨	64.8GW	51GW	57.7GW
增长率	17.6%	35%	24.4%	26%

资料来源：赛迪智库，2017年3月。

2016年，在内外部环境的共同推动下，我国光伏企业加大工艺技术研发力度，生产工艺水平不断进步。骨干企业多晶硅生产能耗继续下降，综合成本已降至8万元/吨，行业平均综合电耗已降至80kWh/kg，硅烷法流化床法等产业化进程加快；P型单晶及多晶电池技术持续改进，常规产线平均转换效率分别达到19.8%和18.6%，采用PERC和黑硅技术的先进生产线则分别达到20.5%和19.1%，异质结（HIT）、背电极、高倍聚光等技术路线加快发展；光伏组件封装及抗光致衰减技术不断改进，领先企业组件生产成本降至2.5元/瓦，光伏发电系统投资成本降至6.5元/瓦以下，度电成本降至0.5—0.8元/千瓦时。

（二）发展特点

政策变化导致市场大幅波动。2015年12月，国家发改委发布《关于完善陆上风电光伏发电上网标杆电价政策的通知》，决定调整新建陆上风电和光伏发电上网标杆电价政策。2016年上半年，全国新增光伏装机量20GW，高于2015年全年的15.1GW。而自2016年7月开始，光伏市场出现断崖式下滑。第三季度新增光伏装机量仅为7GW左右，环比下降45%以上。尽管如此，由于2016年上半年的抢装效应，2016全年国内新增光伏市场超过34GW，同比增长126.3%。

光伏产品出口结构发生变化。一是产品结构发生变化。由于我国多数骨干光伏企业均已经在海外建有组件工厂，并通过海外工厂供应欧美等对我国本土光伏产品出口征收“双反”税率的海外市场。二是区域结构发生变化。2016年，印度在国内强有力的政策支持下加速崛起，超越美国跃居我国光伏产品出口第二位。2016年我国太阳能电池对印出口占出口总额的21.6%，几乎与日本持平。2016年领跑者计划的大规模扩张，加上领跑者计划对电池、组件转换效率的指标要求相对单晶产品更容易达到，单晶产品市场需求陡升。对美方面，2015—2016年，尽管有“双反”税率，但我国光伏产品对美出口趋于稳定，稍有下滑。

六、电子材料、元器件及专用设备行业

（一）发展情况

2016年我国电子材料、元器件及专用设备行业继续保持稳步增长，规模

及增速连续多年位居电子信息制造业各行业首位。2016 年我国电子材料、元器件及专用设备行业销售产值达到 4.83 万亿元，同比增长 9.0%，增速低于电子信息制造业全行业 0.3 个百分点，占我国电子信息制造业的比重为 38.9%，比 2015 年降低了 0.1 个百分点，占比企稳回升态势再次受到抑制。其中电子材料行业 0.36 万亿元，电子元件行业 1.97 万亿元，电子器件行业 1.83 万亿元，电子专用设备 0.67 万亿元。

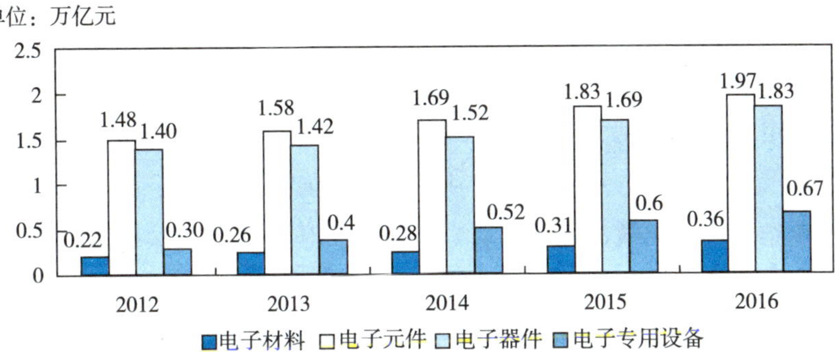

图 11－2 2012—2016 年我国电子材料、元器件及专用设备行业销售产值

资料来源：国家统计局，工业和信息化部，赛迪智库，2017 年 3 月。

（二）发展特点

在创新驱动发展战略的推动下，2016 年我国电子材料、元器件以及电子专用设备行业研发投入持续加大，企业创新能力不断提升，以企业为主导的创新体系逐步形成。2016 年（第 29 届）电子元件百强研发费用总额比上年同期增长了 26.5%，平均研发投入比已经达到 3.54%，高于电子信息行业平均水平。

2016 年是我国“十三五”开局之年，多个规划相继出台，为我国电子材料、元器件及专用设备行业“十三五”创新发展进行了顶层设计。2016 年 11 月国务院印发了《“十三五”国家战略性新兴产业发展规划》（国发〔2016〕67 号），其中在“推动信息技术产业跨越发展，拓展网络经济新空间”部分明确“提升核心基础硬件供给能力”，包括“提升关键芯片设计水平，发展面向新应用的芯片”。2016 年末，工业和信息化部、国家发改委联合印发了《信息产业发展指南》（工信部联规〔2016〕453 号）。《信息产业发展指南》将“集成电路”和“基础电子”位列九大发展重点的前两位，并设置了两个专栏，充分体现了对电子材料、元器件及专用设备行业的高度重视。

第四节　2016 年我国电子信息制造业区域发展情况

一、长江三角洲地区电子信息产业发展状况

长三角地区凭借独特的区位优势，已经形成产业链相对完善、产品配套能力强的电子信息制造业集群，区域信息化和工业化的进程不断推进。2016年，长江三角洲地区电子信息制造业工业总产值达到4.6万亿元。

产业结构调整成效显著。以上海市为例，其2016年新一代信息技术制造业实现工业总产值超2141亿元，同比增长3.7%，增速高出电子信息制造业近6个百分点。江苏省2016年新一代信息技术产业实现收入10600亿元，同比增长20%，较全省电子信息产业增长率提升了13.6个百分点。

内资企业实力、内销市场占比不断提高。长江三角洲电子信息制造业逐步转变出口导向型增长模式，内资企业实力也不断增强。2016年与“十二五”初相比，江苏省电子信息全行业出口依存度由55.6%下降至37.5%、外资企业占比由74.2%下降至58.5%。浙江省电子信息制造业内销拉动作用也不断增长，2016年实现内销产值5385.3亿元，同比增长12.2%，对销售产值的贡献率达100.9%。

行业协同发展不断增强。在物联网产业发展上，上海市整合了相关用户、系统集成、通信设备、模块、芯片等产业链厂商参与窄带物联网发展，物联网智能抄表获得澳洲水表千万台量级订单。在新型显示领域，上海市也积极推动奥来德、宇瑞、中颖、上微、凯世通等本市材料、装备企业与和辉光电、上海天马等面板企业加强合作，形成配套。

新兴电子信息领域加快培育。长江三角洲地区把握产业与技术变革方向，面向未来谋划布局，加快培育5G通信、光通信、量子通信、无人驾驶、车联网等新兴电子信息产业领域，并已经开展了部分示范，取得了相应成效。如上海市积极推进推动融合创新，开展道路智慧停车示范建设，在浦东陆家嘴

等代表性区域对停车设施进行智能化、互联网化改造，实现停车位动态数据实时联网发送，集成多种支付方式，试验预约停车与错峰停车等模式，有效提升老百姓出行体验和停车场使用效率。

信息技术融合渗透持续深入。以浙江省为例，其 2013 年至 2016 年全省重点企业典型行业的数控率从 35.3% 提升到 53.07%，机器联网率从 12.92% 提升到 31.68%。重点行业典型企业的 ERP 普及率、MES 普及率、PLM 普及率、SCM 普及率、采购环节电子商务应用、销售环节电子商务应用、装备数控化率等处于全国领先。2016 年全省在役工业机器人达 4.2 万台，居全国第一位，近三年累计减少低端劳动用工近 200 万人，提高劳动生产率近 30%。

二、珠江三角洲地区电子信息产业发展状况

经过多年的发展，广东省已成为我国电子信息制造业最重要的区域之一，而广东省电子信息制造业又主要集中于珠三角地区，占比超过 95%。2016 年，广东省规模以上工业增加值 3.19 万亿元，其中电子信息制造业增加值同比增长 10.6%，继续维持两位数增长。连续 26 年位居全国首位；工业投资 1.11 万亿元，同比增长 8.9%。其中，深圳市是珠三角地区发展的龙头地区，2016 年，深圳市规模以上工业增加值 7199.47 亿元，增长 7.0%，分别高于全国、全省 1.0 个、0.3 个百分点。其中，通信设备、计算机及其他电子设备制造业 4392 亿元，增长 9.3%，占规模以上工业比重 61.0%。电子信息制造业结构进一步优化，高端电子信息产品继续保持较大幅度增长，华为、比亚迪、中兴、TCL、康佳、创维、酷派等民营骨干企业规模持续扩大，占比也逐年提升。19 家企业入围第 28 届全国电子信息产业百强，名列全国首位。

电子信息产业继续保持领头羊地位。2016 年，广东省规模以上计算机、通信和其他电子设备制造业累计实现销售产值 33231.5 亿元，增长 9.1%；工业增加值 7620 亿元，增长 11.4%，增速高于全省规模以上工业增速 4.7 个百分点，是支撑珠三角地区经济平稳发展的主导力量。

新兴产业得到快速发展。在产业转移的大背景下，珠三角地区通过“腾笼换鸟”，积极发展电子信息新兴产业，形成了以深圳为中心的全国最大的可穿戴设备基地、虚拟现实产品集聚区，以智能终端产品供给侧改革为抓手，

突出智能终端产品新技术、新模式、新应用，推动智能穿戴、智慧家庭、虚拟现实等新兴热点产业加快发展，培育新的经济增长点。

传统产业优势继续保持，2016 年，珠三角地区手机、彩色电视机、电子元器件、集成电路、锂离子电池等产品产量保持良好的增长态势，23 家企业进入全国电子百强企业。四是对新兴产业发展的扶持力度不断加强。2016 年，珠三角地区进一步加大对新兴产业发展的支持力度，相继出台多项政策，积极开展新兴产业应用试点示范。广东省相继发布了《关于促进科技创新的若干措施》《广东省先进制造业发展“十三五”规划》《广东省智能终端产业发展行动计划（2016—2017 年）》，深圳市出台了《关于促进科技创新的若干措施》以及相关发展政策。

三、环渤海地区电子信息产业发展状况

环渤海地区是指环绕渤海全部及黄海部分沿岸地区所组成的广大经济区域，处于日渐活跃的东北亚经济圈的中心地带，是我国东北、华北、西北地区的主要出海口和对外交往门户，战略地位十分重要。

环渤海地区电子信息产业基础雄厚，各种产业资源高效整合和交汇，区域内有三星、英特尔、中星微电子、RFID 产业基地等，不仅产业规模庞大，而且具有巨大的产业辐射效应，环渤海地区成为继珠江三角洲和长江三角洲地区之后又一受人瞩目的电子信息产业基地。相对于珠江三角洲、长江三角洲地区，环渤海地区电子信息产业总体增长速度不高，主要原因在于该地区体制改革相对滞后、开发意识不强、缺乏协调发展的整体规划和明确可行的战略部署。

环渤海地区不同省市之间经济条件差异较大，各省市在 2015 年依靠自身工业基础、科研实力、地理位置和交通优势，制定合适的发展战略，在电子信息产业某些领域形成了竞争优势，发展出各具特色的电子信息产业集群。北京市电子信息产业具备研制、规模生产各类计算机、半导体分立器件、集成电路、通信设备、广电设备、电子测量仪器和专用设备、电子元器件等系列产品的综合能力，是全国重要的电子技术研究开发与生产基地。天津拥有国内最完整的手机生产及配套企业和基础设施，移动通信设备及终端产品、

集成电路、新型元器件、彩色显像管、彩色显示器、磁卡等重点产品已经具有较大规模。山东重点发展高性能计算机及外围设备、高速宽带网络与通信产品、高性能信息家电、新型元器件以及新型电子材料，拥有海尔、海信等大集团。

四、福厦沿海地区电子信息产业发展状况

2016 年，福建省规模以上电子信息制造业完成工业总产值上年增长 11.8%，销售产值增长 10.3%，工业增加值增长 12.1%。产业主要集中在厦门、福州、漳州、泉州、莆田和宁德等沿海地市。戴尔（中国）、宸鸿、宸美、捷联、友达、冠捷、时代新能源、华映显示、华映光电、省电子信息集团和宁德新能源等 11 家企业销售收入超百亿元。38 家 10 亿元以上企业共实现产值 2821.9 亿元，占行业比重 53.1%，产业集中度较高。根据工信部运行局统计数据，2016 年福建省电子信息制造业规模位居全国第八位。2016 年，福建省共生产液晶电视 1748 万台，显示器 1750 万台，液晶显示屏 2.24 亿片，液晶显示模组 8443 万套。2016 年，福建省共生产计算机 1251 万台，增长 5.2%，手机 2568 万台，增长 20.3%，平板显示器 3025 万台，增长 4.9%，打印机 168 万台，增长 16.8%。

骨干企业引领带动作用不断增强。福厦沿海地区龙头骨干企业的引领带动作用不断增强。以紫光展锐为龙头，开发 5G/4G、移动智能终端、网络通信、安全监控、存储器等应用领域的关键芯片。以飞毛腿公司为龙头，不断拓展锂离子电池设计应用。以联迪商用为龙头，大力发展通信产品设备。

产业转型升级和优化调整步伐加快。随着“互联网 +”行动、《中国制造 2025》等战略的深入推进，福厦沿海地区电子信息产业与传统产业加快融合，一批批传统产业成为信息产业的下游产业。2016 年福州经济技术开发区加快建设国家新型工业化产业示范基地，重点推进物联网领域发展，小到蓝牙，大到神舟飞船上传感器等物联网产品及技术，开发区已经形成物联网产业链条的雏形，聚集了一批省内乃至国内领先的物联网企业，智能物联网产业已成为开发区经济转型的“起搏器”，力争 2018 年实现产值 700 亿元。在信息消费与“互联网 +”行动的推动下，电子信息产品消费需求升级加快，传统

产品需求放缓，生产规模逐步缩小。传统电子产品如显示器、平板电脑等竞争优势弱化，而新大陆自动化、福日电子、国脉科技、兆科智能卡等企业生产的符合消费升级需求的高端智能产品则保持较快增长。

大力培育新产业新业态新模式。2016 年，福建省政府出台了《关于加快物联网产业发展八条措施的通知》，要求到 2020 年，新增培育一批服务全国的龙头企业和行业平台，物联网产业产值达到 1000 亿元。为了促进大数据的发展，福建省政府还出台了《福建省促进大数据发展实施方案（2016—2020年）》，提出到 2020 年，建设 10 个重点技术创新研发中心，培育或引进 30 家大数据龙头企业，产业链基本健全，大数据产业规模达到 1500 亿元。把福建省打造成为面向全球、全国领先、连接两岸的国家东南部大数据产业发展聚集区。

五、中西部地区电子信息产业发展状况

2016 年中西部地区十八个省、直辖市和自治区电子信息制造业总产值超过 32349 亿元，继续保持快速增长态势。

电子信息制造业继续向中西部地区转移。2016 年中西部地区产业结构不断调整。外资向中西部特别是具有电子信息和人才优势的部分西部省份转移实现快速增长，东部地区电子信息产业向中部地区和西部地区转移聚集实现稳步增长。西安、成都、重庆、郑州、武汉、贵州等市利用当地的科技、人才资源优势，大力发展电子信息产业，吸收发达国家和东部地区电子信息产业转移，同时大力发展电子商务，促进大数据、物联网、云计算、数字经济等发展。

中西部地区投资平稳较快增长。2016 年，中部地区固定资产投资达 156762 亿元，同比增长 12%，增速比 1—11 月回落 0.6 个百分点。6 个省份同比均增长，增速较快的江西、湖南分别增长 14% 和 13.8%。与上年相比，6 个省份增速回落，山西、湖南分别回落 13.7 和 4.6 个百分点。与 1—11 月相比，3 个省份增速提高，河南、湖南增速均提高 0.3 个百分点；3 个省份增速回落，山西、湖北分别回落 6 个和 0.3 个百分点。

第五节 2016年我国电子信息制造业重点企业发展情况

一、计算机行业重点企业

（一）联想集团有限公司

2016—2017年上半年，联想集团总营业收入为212.8亿美元，同比下降6.9%，净盈利为3.30亿美元。在全球PC市场，联想继续保持出货量最高份额，占比超过20%；在国内手机市场，联想手机出货量占比约10%。联想集团的市场战略为积极应对个人电脑业务下跌，力图扩大移动业务，大力发展创投业务，产品战略为发布X系列新款笔记本电脑和摩托罗拉Moto Z系列。

（二）浪潮集团有限公司

2016年，浪潮集团总营业收入为126.68亿元，高于2015年的101.23亿元，同比增长25.14%。实现净利润为2.87亿元，同比下降36.11%。浪潮一直在加速全球化战略的布局，建立全球化的运营体系，目前在美国、欧洲的市场影响力提升很快，云计算服务运营商等重点客户的开拓卓有成效，随着业务的“走出去”，浪潮会逐步成为全球领先的云计算产品和方案供应商，实现2020年从全球前五到全球前三。

（三）曙光信息产业有限公司

2016年，曙光信息产业有限公司在营收和利润方面均保持了两位数增长。其中，年营业收入达到43.60亿元，同比增长19.06%；利润总额2.81亿元，同比增长39.08%。在三大主营业务板块的营业收入方面，包括高端计算机和存储产品在内的传统硬件产品业务营业收入稳步增长，增长率分别达到14.67%和19.82%。在利润更高的新兴业务，即软件开发、系统集成及技术服务板块，实现了59.54%的迅猛增长，业务占比进一步提升。

（四）华为技术有限公司

2016年，华为公司销售收入达到5200亿人民币，同比增长32%，高于

2015 年的 3950 亿元。海外业务收入占比超过 60%。消费者业务增长迅速，2016 年销量达到 1.39 亿部。企业业务方面，华为服务器在全球范围内的出货量已经在 2016 年 Q3 超过浪潮，成为世界第 4。

二、通信设备行业重点企业

（一）华为技术有限公司

2016 年，华为实现销售收入约 5200 亿人民币，同比增长 32%。华为在过去 10 年间的研发投入达到约 380 亿美元。在 2016 年全球研发投入排名前十的企业中，华为名列第九，约 92 亿美元，已超过苹果、思科等国外巨头企业。

（二）中兴通讯股份有限公司

中兴通讯已经位居全球四大通信设备商、全球 ICT 企业 50 强之列，2016 年研发投入达 130 多亿元，居 A 股上市公司首位。中兴通讯在 LTE 领域打造了 4G 精品网，在骨干网领域确立了市场地位，在有线承载领域发力大视频，在智慧城市领域受到高度认可。中兴通讯的发展策略为积极布局未来方向和持续推进知识产权战略。

（三）烽火通信科技有限公司

烽火通信是目前全球唯一集光电器件、光纤光缆、光通信系统和网络于一体的高新技术企业集团。财报显示，2016 年共实现营收 173.61 亿元，同比增长 28.7%；净利润 7.6 亿元，同比增长 15.61%。2016 年 8 月，烽火通信再次刷新了光传输世界纪录，达到每秒 400T。烽火通信的发展策略为坚持“光通信专家”战略定位和积极开拓海洋通信领域。

（四）广东欧珀移动通信有限公司

广东欧珀移动通信有限公司（OPPO）是一家全球性的智能终端制造商和移动互联网服务提供商。2016 年第三季度 OPPO 成为中国智能手机市场第一、全球出货量第四的手机品牌。OPPO 的发展策略为注重营销宣传和注重渠道建设。截至 2016 年 10 月，OPPO 在国内拥有共计 570 家客户服务中心以及 20 多万的销售网点。

（五）锐捷网络股份有限公司

锐捷网络股份有限公司主要业务是为互联网、运营商、政府、金融、能源、制造、教育、医疗卫生、文化体育、交通等行业用户构建端到端的解决方案。锐捷网络拥有40个分支机构，现有员工4000余名，每年将15%的销售收入投入研发。锐捷网络的发展策略为坚持和贯彻“爆品”战略，帮助用户解决“别人解决不了的一级痛点”。

三、数字视听设备行业重点企业

（一）TCL集团股份有限公司

2016年TCL集团实现营业收入1065亿元，同比增长1.81%；净利润21.4亿元，同比下降33.82%。TCL集团的“双+”战略转型取得了较好进展，主要产品销售持续增长，可运营终端及活跃用户数快速提升。得益于公司在北美、南美、欧洲、新兴市场等与多家当地家电企业合作，以及奥运会等体育赛事拉动需求，2016年TCL多媒体海外市场电视机销售量同比增长30.2%。

（二）青岛海信电器股份有限公司

2016年，海信公司实现营业收入318.32亿元，同比增长5.44%；实现归属于上市公司股东的净利润17.59亿元，同比增长18.14%。海信公司通过坚持发展自主创新技术，大力推广ULED超画质液晶电视、激光电视和高端互联网电视，引领技术和产品升级。根据中怡康数据，2016年，海信公司以17.6%的零售额份额连续13年占据国内市场份额第一。根据IHS全球彩电出货数据，2016年，海信电视出货量全球第三，同时，海信智能电视、4K电视、曲面电视等高端产品也位居全球第三，成为全球高端电视三强品牌。

（三）康佳集团股份有限公司

2016年，康佳公司共实现营业总收入203亿元，同比增长10.35%；实现归属于上市公司股东的净利润9567.3万元，同比增长107.61%。2016年，康佳公司开始由过去单一的硬件终端的发展模式，正式向“硬件+软件”“终端+用户”的发展模式升级、转型。康佳公司除了卖出产品之外，还开展了软件方面的服务以及用户方面的运营。康佳公司继续推进向互联网转型的战略，根据智能电视行业现状，逐步为用户提供专业化的、优质的互联网内容服务，着力打造了广告、支付、用户运营和数据挖掘四大系统，通过为用户提供专业化的、优质的互联网内容服务，智能电视运营收益取得实质性突破。

（四）四川长虹电器股份有限公司

2016 年，四川长虹电器股份有限公司实现营业收入 671.75 亿元，较上年同期增长 3.59%；实现利润总额 14.42 亿元，归属于上市公司股东的净利润为 5.55 亿元。长虹核心主业产品竞争能力和盈利能力增强，彩电 55 及以上尺寸、4K 电视销量同比增长 87.5% 和 113.4%。长虹在智能科技领域取得诸多突破，2016 年 7 月，长虹推出全球首款人工智能电视，长虹智能电视、智能冰箱、智能空调产品等海外市场占有率稳步提升。2016 年长虹海外业务收入实现 19.73 亿美元，同比增长 3%。

（五）创维数码控股有限公司

2016 年，创维数字的营业收入为 59.27 亿元，同比增长比 8.19%；净利润为 5.27 亿元，同比增长 7.3%；归属于上市公司股东的净利润为 4.86 亿元，同比增长 6.67%。创维数字利用海外并购获得的品牌及渠道优势，配合双品牌战略的实施，以及美兹 OLED 在柏林 IFA 电子展上获得五大奖项，奠定了“Skyworth”及“Metz”在欧洲的品牌地位。数字机顶盒也于海外打造多元化的市场、销售渠道和服务平台，并逐步建立和完善全球化的供应链、制造及服务体系，令彩电及数字机顶盒于海外市场的营业额录得历史新高。

四、新型显示行业重点企业

（一）京东方科技集团股份有限公司

2016 年，BOE 实现营收 689 亿元，同比增长 42%。2016 年，BOE 新增专利申请量 7570 件，其中发明专利超 80%，累计可使用专利数量超过 5 万件。根据美国商业专利数据显示，BOE 进入 2016 年度美国专利授权量 TOP40，年增长率超 200%。截至 2016 年第四季度，BOE 全球市场占有率持续提升，智能手机液晶显示屏、平板电脑显示屏、笔记本电脑显示屏市占率全球第一，显示器显示屏提升至全球第二，电视液晶显示屏保持全球第三。

（二）深圳市华星光电技术有限公司

深圳市华星光电技术有限公司（华星光电）共有 3 条液晶面板生产线，

产品全线覆盖大尺寸电视面板和中小尺寸移动终端面板。2016 年 9 月，华星光电深圳 11 代线项目整合式签约，该项目总投资 538 亿元，设计产能 14 万片。企业发展策略方面，华星光电坚持 LCD 和 OLED 并行发展，增强盈利能力，确立四步走战略继续落实，提升经营效率。

（三）南京中电熊猫液晶显示科技有限公司

中电熊猫注册资本 34.48 亿元，旗下有南京中电熊猫液晶显示科技有限公司、南京熊猫电子股份有限公司、南京熊猫汉达科技有限公司等二十多家专业公司，主要有液晶显示、电子装备、电子元器件和现代服务业四大核心产业。企业发展策略方面，中电熊猫坚持打造液晶工厂的智能制造系统，以实现智慧生产，并强化主要城市网购业务和开拓海外业务。

（四）天马微电子股份有限公司

2016 年，天马微电子股份有限公司立足移动智能终端市场和专业显示市场，积极进入新兴市场。2016 年前三季度，公司实现营业收入 77.53 亿元，同比下降 0.58%。企业发展策略方面，公司坚持产品和技术领先战略、加强技术研究与应用，坚持品牌战略、聚焦价值客户。

（五）维信诺科技有限公司

2016 年 10 月，维信诺计划总投资近 300 亿元的固安云谷第 6 代 AMOLED 项目在固安高新区正式开工，设计投片能力为 3 万片/月，主要生产中小尺寸柔性 AMOLED 显示器，可满足近 7000 万部智能手机屏幕需求。维信诺将持续创新作为发展核心竞争力，将产品领先作为市场发展策略。

五、太阳能光伏行业重点企业

（一）常州天合光能有限公司

2016 年天合光能仅在电池和组件环节产能有所提升，并继续扩大海外工厂产能以供应欧美市场。天合光能重视产品、技术和营销创新，积极向下游系统集成布局，签署委托加工协议，实施“走出去”战略，大力开拓新兴市场并加快私有化进程。

（二）英利绿色能源控股有限公司

2016 年，英利组件出货量为 2.15GW，同比下降 12.1%。英利重视产品、技术创新和标准制订，大力开拓新兴市场。由于债务问题，英利集团于2016年初正式启动债务重组，并与Solyndra达成反垄断诉讼和解。

（三）保利协鑫能源控股有限公司

保利协鑫2016年前三季度累计多晶硅产量达到5.25万吨，同比减少5.9%，累计硅片产量12.67GW，同比提高16%。协鑫新能源截至2016年上半年新增光伏装机量1.1GW。光伏业务收入达到9.3亿元，同比增长233%。协鑫集成2016年上半年完成组件销售2092MW，营业收入67.09亿元，同比增长88.04%。保利协鑫重视技术进步、管理创新和金融创新，发力分布式发电业务，积极布局储能业务，继续扩大产能，加强兼并重组，通过投资合作进入海外市场。

（四）阿特斯阳光电力集团

2016年阿特斯阳光电力集团（阿特斯）光伏组件出货量达到5.12GW，同比增长17%，公司硅片产能升至1GW。阿特斯已成功转型为国内较大的下游光伏系统集成商。至2016年9月底，持有运营的光伏电站装机量达到948MW，已建设并网的光伏电站规模为2545.6MW。

六、电子材料、元器件及仪器设备行业重点企业

（一）北京当升材料科技股份有限公司

2016年，当升科技实现营业收入13.3亿元，同比增长55.1%，其中锂离子电池材料业务实现营业收入11.8亿元，同比增长49.6%；实现净利润0.99亿元，同比增长647.6%。截至2016年12月31日，当升科技的总资产达到21.6亿元，比上年同期增加24.3%，其中净资产为13.4亿元，比上年同期增长8%。

（二）有研新材料股份有限公司

2016年有研新材实现营业收入38.1亿元，同比增长47.1%，实现净利润0.5亿元，同比增长52.2%。其中高纯/超高纯金属材料实现营业收入8.8亿元，同比增长58%，稀土材料实现营业收入10.4亿元，同比增长43.6%。截至2016年12月31日，有研新材的总资产达到32.4亿元，同比增长4.7%。

其中净资产为28.1亿元，同比增长2.0%。

（三）广东生益科技股份有限公司

2016年生益科技实现营业收入85.4亿元，同比增长12.2%，实现净利润7.5亿元，同比增长37.5%。2016年生益科技生产各类覆铜板7309.9万平方米，比上年同期增长15.8%；生产黏结片9567.9万米，比上年同期增长16.1%；销售各类覆铜板7476.1万平方米，比上年同期增长16.2%；销售粘结片9547.3万米，比上年同期增长16.6%；生产印制电路板862.9万平方英尺，比上年同期增长16.9%；销售印制电路板850.9万平方英尺，比上年同期增长16.9%。

（四）上海飞乐音响股份有限公司

2016年飞乐音响实现营业收入71.6亿元，同比增长41.5%，其中LED产品业务实现收入18.8亿元，同比增长566.6%；实现净利润3.5亿元，同比下滑6.7%。截至2016年12月31日，飞乐音响的总资产达到118.4亿元，其中净资产为35.8亿元，分别比上年同期增长41.5%和10.0%，主要是完成了对喜万年集团经整合的80%股权收购所致。

（五）横店集团东磁股份有限公司

2016年得益于磁性材料市场需求稳步增长和太阳能市场持续向好，横店东磁延续良好发展势头，营业收入和净利润实现双增长。全年营业收入达到47.1亿元，同比增长19%，实现净利润4.4亿元，同比上年增长36.5%。其中，永磁铁氧体业务实现收入13.4亿元，软磁铁氧体业务实现收入6.7亿元，光伏产品业务实现收入20.8亿元。截至2016年底，横店东磁的总资产达到58.3亿元，净资产为39.6亿元，分别比上年增长13.4%和12.1%。

（六）长飞光纤光缆股份有限公司

2016年，在我国大力实施信息消费以及宽带中国战略带动下，三大运营商继续大力发展4G网络以及居民宽带基础设施建设，长飞股份各项营业指标保持快速增长势头。2016年，长飞股份实现营业总收入81亿元，同比增长20.4%，实现净利润6.8亿元，同比增长21.4%。其中，光纤预制棒及光纤业务实现收入40.1亿元，同比增长6.6%，光缆业务实现收入35.8亿元，同比增长35.6%。截至2016年底，长飞股份总资产81.8亿元，净资产44.4亿元，分别同比增长7.931.8%和19%。

（七）歌尔声学股份有限公司

歌尔股份围绕Hearable、Wearable、Viewable、Robotics四大战略优化产业链布局，加大技术研发投入，不断提高新产品开发能力，经营指标快速增长。2016年歌尔股份实现营业收入192.9亿元，比上年同期增长41.2%，实现净利润16.5亿元，同比增长32%。其中，电声器件业务实现收入109.4亿元，同比增长24.1%，电子配件业务实现收入77.9亿元，同比增长20.1%。截至2016年12月31日，歌尔股份的总资产达到229.1亿元，比上年同期增长19%，其中净资产为108.5亿元，比上年同期增长15.3%。

（八）北方华创科技集团股份有限公司

2016年北方华创实现营业收入16.2亿元，同比增长33%，实现净利润0.93亿元，同比增长46.5%。其中，半导体设备主营业务收入8.1亿元，比上年同期增长56.2%；真空设备主营业务收入0.88亿元，比上年同期下降11.1%；新能源锂电设备主营业务收入0.96亿元，比上年同期增长250.1%；电子元器件主营业务收入6.1亿元，比上年同期增长7.6%。截至2016年底，北方华创的总资产为65.4亿元，其中净资产31.9亿元，分别同比2015年同期增长24.8%和50.1%。

第六节　2017年我国电子信息制造业发展环境分析

2017年是实施“十三五”规划的攻坚之年，也是《中国制造2025》全面推进之年。电子信息制造业相关政策陆续出台，给电子信息制造业发展提供了较好的政策指导和行业引导作用。应紧抓中国打造制造强国和网络强国建设的重要机遇，加快推进“互联网+”制造发展，推动中国电子信息制造业由内而外的创新体系建设，打造基础巩固、体系完善、标准健全、集聚创新的电子信息制造业体系。

全球政治动荡性明显增加，而美国特朗普执政、英国脱欧、韩国政局变动、意大利修宪公投等一系列2016年的“黑天鹅”事件效应将持续发挥效应，国际货币基金组织（IMF）于2017年1月发布的最新《世界经济展望》指出，美国新政府的政策不确定性将成为全球经济面临的主要负面风险。同时，全球经济全面复苏期限未知，全球股市、汇市仍然持续振荡，加之投资贸易增长低迷、大宗商品和金融市场不时动荡、地缘政治风险加大等不确定性因素增多，全球经济复苏路途似乎十分艰难。当前，电子信息制造业的进出口占比仍然超过产业规模七成，外部环境持续恶化将继续对行业产生不可忽视的重要影响。展望2017年，中国电子信息制造业营收增速预计将维持在8%左右，出口增速仍将持续当前趋势，但所面临的内外部发展环境具有很大不确定性。

第七节　2017年我国电子信息制造业发展趋势展望

一、智能硬件多元化发展，虚拟现实与制造业融合具有广阔前景

虚拟现实产品和应用不断丰富，各行业领域应用不断拓展。从产品类别看，虚拟设备家族已经迅速从初期的智能眼镜繁衍至广泛涵盖眼睛类、头盔类、手套类的沉浸式设备和非沉浸设备等系列；从应用领域看虚拟现实已经从初期的军事、航天训练等特殊应用领域逐渐拓展至设计、制造、检验维修、游戏、影视、直播等广泛应用领域。虚拟现实的发展体现出两个特征：一是虚拟现实正在从消费领域逐渐延伸到制造业的实体领域。随着虚拟现实技术、产品和服务的快速发展，制造业的虚拟现实应用将以更加成熟的姿态，顺应智能制造发展趋势，助力制造业转型升级；二是虚拟现实正从“概念论证”走向“场景挖掘”，虚拟现实设备的发展已经不再单独依赖于舒适灵敏的GPU芯片、高清甚至柔性的显示屏幕，而加入了更复杂的算法和内容平台。我国在制造业领域的虚拟现实技术应用面临新机遇与挑战。从应用基础看，中国在虚拟现实领域已经形成一批科研成果，为在制造业推广应用奠定了基础。北京航空航天大学和一汽公司合作开发的板料成形软件，基本能够模拟车门

等复杂覆盖件的冲压成型过程；沈阳铸造研究所开发的电渣熔铸工艺模拟软件已经应用在水轮机组叶片曲面造型中；合肥工业大学开发研制的双刀架数控车加工模拟已应用于马鞍山钢铁车轮轮箍厂；从应用实践看，中国已在航天、航空、汽车等高端制造领域初步应用了虚拟现实技术。中国商飞研发出虚拟现实仿真系统，用于新型民机的预先研究评估和关键技术攻关；一汽、二汽、上汽等汽车公司在运用 UG、CATIA、PRO－E 等三维软件进行产品设计方面已积累多年经验，具备了应用虚拟现实所需的数据基础。从产业基础看，中国制造业规模位居全球第一，规模以上制造企业数量超过 32 万家，产业门类齐全、产品种类丰富，产业体系健全，对虚拟现实技术的应用场景丰富，空间广大。从政策环境看，"中国制造 2025"和"互联网＋"行动等战略的相继出台，以及国家刚刚提出的推动"中国制造 2025"与"互联网＋"融合发展，都体现了对智能制造和协同制造发展的重要支持，虚拟现实技术则是其中的重要技术支撑。近期发布的智能制造试点示范 2016 专项行动实施方案等文件，也进一步明确了虚拟现实在制造业发展中的重要意义。

二、迎合市场快速增长需求，OLED 显示将进一步迈进主流应用

随着 OLED 显示在可穿戴设备、平板电脑以及车载显示的应用逐渐深入，2020 年 OLED 显示将有望占据整体市场份额的 30% 以上。预计 2017 年，在智能手机、可穿戴设备、曲面电视等终端需求的拉动下，中国 OLED 产业布局将加速，全球 OLED 市场需求将持续被挖掘。当前，OLED 技术最为成熟的当属三星和 LG。在小屏方面，三星已经成为 OPPO 等率先使用 OLED 屏幕的品牌手机商的供应商，随着 Apple Watch 的热销，LG 占到全球智能手表屏幕市场份额的 90% 以上；在大屏方面，LG 率先研发出 55 英寸 OLED 显示屏，还在仁川机场制作了 140 块 55 英寸的 OLED 显示屏，而三星也不甘示弱，研发出超薄 55 英寸 OLED 显示屏。展望 2017 年，iPhone 8 采用 OLED 屏幕的可能性很大，IHS 机构预测 2018 年中国 OLED 电视有望达到 20%。与国际上进展相比较，中国的 OLED 产品在成熟度上还有较大差距，但除了三星和 LG，当前全球主流面板厂商仍然主要着力于液晶显示技术，同时中国面板企业在 OLED 研发上也有长期的技术储备，也为中国企业赶超发展提供了可能性。

三、创新驱动再发力，中国服务器芯片多架构齐头并进

当前，中国市场上存在 x86、ARM、POWER 多架构服务器并行前进的发展趋势。在政策的推动下，中国服务器芯片正在走一条引进、消化、吸收、再创新的道路。在 x86 领域，中国厂商的技术实力和市场影响力稳步增强。2017 年，国产 x86 服务器国内市场份额有望接近65%，并在涉及金融、电力、能源等关系国计民生的关键业务领域得到广泛应用。在非 x86 领域，国内以开放 POWER 处理器为核心的产业生态圈继续构建，基于自主研发设计的 POWER 芯片服务器开始量产并进入国内市场。

四、以试点示范推应用，智能汽车与智慧交通加速发展

工信部已经在或即将在浙江省、北京市（河北省）、重庆市、吉林省、深圳市等五地确立智能汽车与智慧交通应用示范基地，并可能在更广泛的省域推广。浙江省已确定由阿里、中电海康等作为实施牵头单位实施智慧交通具体方案；北京市正在组建“一个产业联合创新中心、一支产业基金、一个产业联盟和一个应用示范区”；重庆市已开始拟制应用示范实施方案。2017 年，这些示范试点将有望引领国内智能汽车加速发展，并探索在新一代通信技术下智慧交通的应用场景和需要解决的问题，加快全国性的智能汽车和智慧交通应用政策法规的制定和推广。

五、“华米 OV”四大品牌稳居全球智能手机销量第一梯队，智能手机国产品牌新阵营稳步崛起

智能手机仍旧是当前全球市场消费电子产品和智能产品的风向标。经过多年积淀和赶超，我国智能手机国产品牌在 2016 年实现整体崛起，形成以华为、OPPO、vivo、小米为代表的国际“大牌”梯队，在安卓手机市场处于引领地位，与苹果手机展开高端竞争，并以良好的增长势头挑战三星手机的霸主地位。国产手机品牌完成新的洗牌，“华米 OV”新阵营诞生，整体实力继续飙升，共同跻身全球第一梯队。2016 年全球智能手机总销量超过 14.7 亿部，其中总销量排名前五的手机厂商分别是三星、苹果、华为、OPPO 和 vivo，我国企业占据三席，而小米仍然在各国的热销机型中占据重要位置。特别是，OPPO 和 vivo 两大品牌迅速跻身国产品牌第一梯队，2016 年分别实现 116. 6% 和 104. 7% 的超高速增长，为全球智能手机增添了亮点。国产品牌的崛起给全球智能手机市场带来新的变化，特别是在三星和苹果的市场占有率波动的前提下，国产品牌新阵营更显成长性，更加受到全球市场认可。面对未来智能手机发展在盈利模式、消费升级、知识产权等方面的新趋势和新挑战，我国智能手机品牌厂商应居安思危、加强创新，继续扩大已有优势，力争全球手机市场的主流话语权。

第十二章　软件产业

2016年，我国软件和信息技术服务业发展进入全面的转型调整期，行业业务收入保持平稳较快增长，以服务化为典型特征的信息技术服务成为我国软件产业发展的主力军，大数据、人工智能、虚拟现实、区块链等新兴领域增势突出。《国务院关于深化制造业与互联网融合发展的指导意见》《软件和信息技术服务业发展规划（2016—2020年）》《大数据产业发展规划（2016—2020年）》等政策的出台，为产业发展营造良好的环境。展望2017年，我国软件和信息技术服务业仍将有望保持平稳快速发展态势，政策利好将持续释放，产业发展新兴动能加速汇聚，工业软件与制造业协同发展将成为重点，全球化竞争助力产业升级，“双创”为产业发展注入新活力。

第一节　2016年我国软件产业发展情况

2016年，伴随全球信息技术创新持续演进，IT行业加速转型升级，我国经济发展步入新常态，软件和信息技术服务业发展进入全面的转型调整期，行业业务收入保持平稳较快增长，在融合化发展的驱动下嵌入式软件成为引领产业增长的重要环节，云计算、大数据、人工智能、虚拟现实、区块链等新兴领域增势突出，“互联网＋”持续推动软件与互联网融合创新，企业纷纷加快合作转型力度，优化自身业务体系，完善产业生态布局。随着在国民经济中的地位和作用不断提升，软件和信息技术服务业正成为科技创新和企业竞争的主战场，催生出一大批新产品、新服务、新模式和新业态，为实现网络强国和制造强国战略提供了重要支撑。

一、业务收入持续稳增，产业地位逐步提升

2016 年在全球经济弱势复苏、国内经济持续放缓的背景下，我国软件和信息技术服务业运行态势保持平稳。全年全国软件和信息技术服务业累计实现业务收入 4.9 万亿元，同比增长 14.9%，虽然增速较 2015 年同期回落 1.7 个百分点，但仍比电子信息制造业增速高出 4.9 个百分点。作为战略性新兴产业的重要组成，软件和信息技术服务业业务收入增长速度远高于我国国民生产总值增速，已成为推动我国经济发展的重要力量。

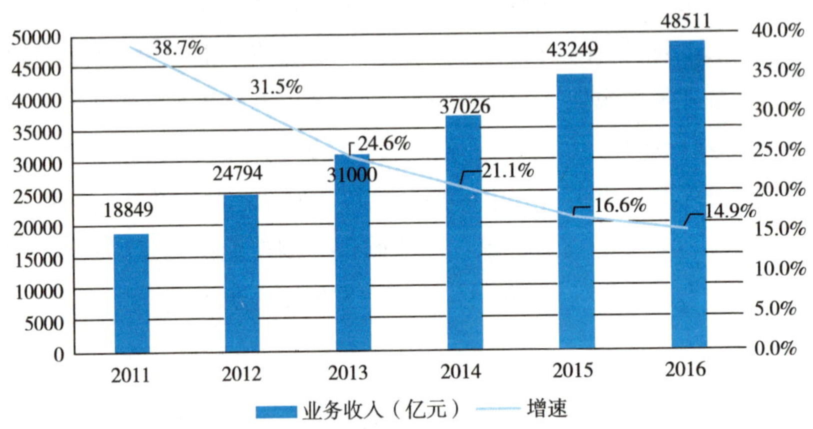

图 12－1　2011—2016 年软件业务收入及增长情况

资料来源：工业和信息化部运行局，2017 年 2 月。

从利润增长情况看，2016 年 1—12 月，我国软件产业实现利润总额 6021 亿元，同比增长 14.9%，增速同比回落 4.6 个百分点。软件和信息技术服务业企业利润收入持续保持快速增长，反映出我国软件和信息技术服务业较强的市场活力，也表明部分软件企业已经成功实现了业务转型，新的业务领域、业务方向、业务模式正助推企业市场竞争力的不断提升。

从产品及服务出口情况看，2016 年全年软件业实现出口 519 亿美元，同比增长 5.8%，增速同比提高 4.1 个百分点。其中，外包服务出口增长 5%，扭转了 2015 年同期负增长局面；嵌入式系统软件出口增长 6%，增速同比回落 3 个百分点。全球经济发展不稳定因素不断加大，软件产品和服务的出口面临的压力正持续增大，出口对整个软件产业发展的拉动作用正逐渐减弱。

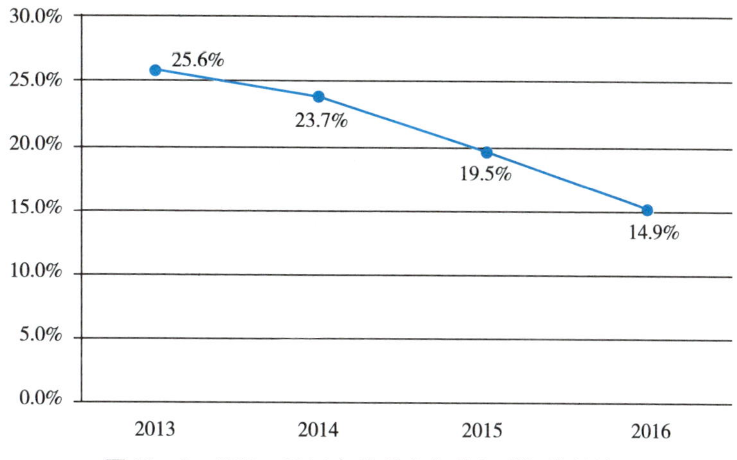

图 12－2　2013—2016 年软件业务收入利润增长情况

资料来源：工业和信息化部运行局，2017 年 2 月。

从从业人员情况看，2016 年 1—11 月，我国软件产业从业人员平均人数超过 572 万人，同比增长 6.2%，增速低于上年同期 0.2 个百分点。从业人员工资总额增长 15.2%，增速同比上升 2.6 个百分点，人均工资增长 8.5%，同比上升 2.7 个百分点。从产业业务收入和从业人员的增速对比来看，2016 年软件人员的个人贡献呈现出较大增长态势。从业人员工资的不断增长表明，软件业作为典型的智力密集型行业，人才对于行业发展至关重要。

从企业规模看，截至 2016 年 12 月，软件和信息技术服务业从业企业数达到 42764 家，较 2015 年底的 40941 家增加了 1823 家，一大批软件和信息技术服务创新型企业正逐渐推动行业持续快速发展。

从软件产业月度收入增长情况看，2016 年，中国软件产业整体增势平稳。1—12 月，软件业务收入累计增速在 14.7%—15.5% 区间波动，波动幅度仅为 0.8%，较 2015 年降低了 0.5 个百分点。其中，2、3 月份累计增速最高，为 15.5%；9、10 月份的收入增速最低，为 14.7%。

在国民经济下行压力加大的背景下，尽管软件行业增速相较往年放缓，仍在各行各业中表现突出，增速相对处于高位。软件产业的高成长性依然存在，其在经济增长中的地位持续提升，为国民经济在新常态下保持平稳运行起到了日益突出的作用。从软件产业占 GDP 比重看，近年来，中国软件产业占 GDP 的比重不断上升，2005 年比重仅为 2.1%，2010 年达到 3.3%，2015

年增长到6.4%，2016年已达到6.5%。

从软件产业占电子信息产业比重看，我国软件产业在电子信息产业中所占比重逐年提高，行业地位不断抬升。2016年全年软件产业比电子信息制造业增速高出5.6个百分点，软件产业占电子信息产业的比重超过28%，达到新的高点。

表12-1　2011—2016年中国软件产业规模及比重

年度	软件产业规模（亿元）	电子信息产业规模（亿元）	GDP（亿元）	软件产业占电子信息产业比重	软件产业占GDP比重
2011年	18849	93766	472881.6	20.1%	4.0%
2012年	24794	109838	519322.1	22.6%	4.8%
2013年	31000	124000	569000	25.0%	5.4%
2014年	37000	140000	636463	26.4%	5.8%
2015年	43249	157000	676708	27.5%	6.4%
2016年	48511	171000	744127	28.4%	6.5%

资料来源：赛迪智库，2017年2月。

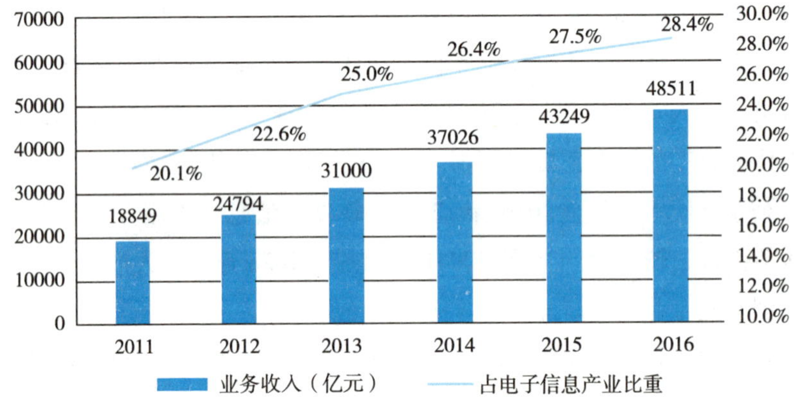

图12-3　2011—2016年软件业务收入占电子信息产业的比重

资料来源：赛迪智库，2017年2月。

二、信息技术服务引领发展，嵌入式软件增速平稳

服务化、融合化是软件产业发展的重要趋势，以服务化为典型特征的信息技术服务已成为我国软件产业发展的主力军，以融合化为典型特征的嵌入式软件成为推动我国软件产业增长的主动力。

2016年全年信息技术服务业实现收入25114亿元，同比增长16%，增速高出全行业水平1.1个百分点，但同比回落2.7个百分点。信息技术服务收入占软件业务收入比重达到51.8%，较2015年全年比重51.2%提高0.6个百分点。其中，运营相关服务（包括在线软件运营服务、平台运营服务、基础设施运营服务等在内的信息技术服务）收入增长16.1%；电子商务平台技术服务（包括在线交易平台服务、在线交易支撑服务在内的信息技术支持服务）收入增长17.7%；集成电路设计增长12.7%；其他信息技术服务（包括信息技术咨询设计服务、系统集成、运维服务、数据服务等）收入增长16%。

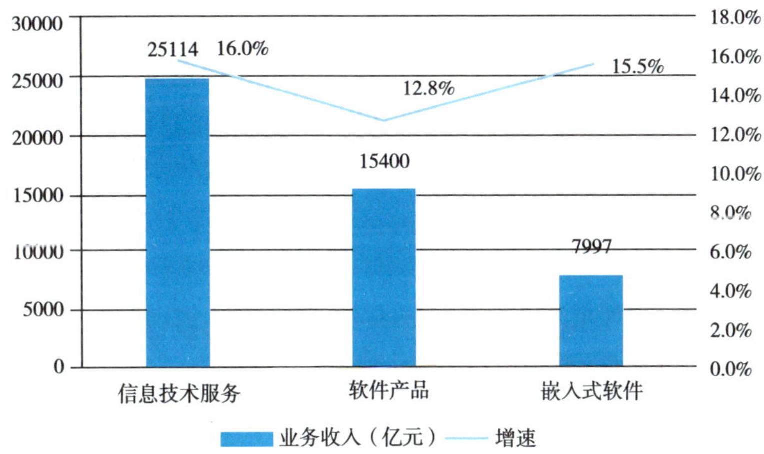

图12－4 2016年1—12月软件业分领域业务收入及增长情况

资料来源：工业和信息化部运行局，2017年2月。

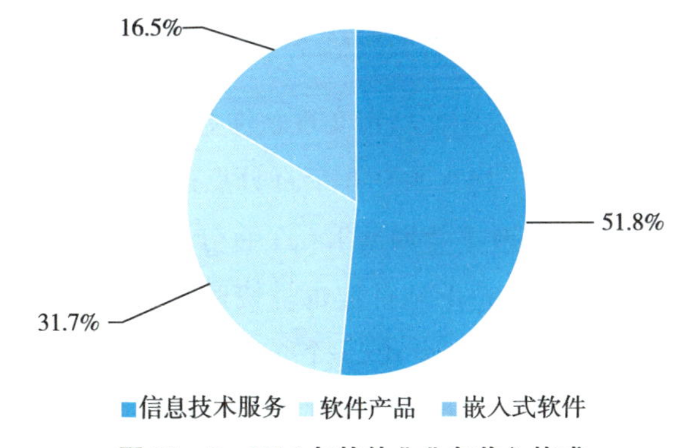

图12－5 2016年软件业业务收入构成

资料来源：工业和信息化部运行局，2017年2月。

嵌入式系统软件收入平稳，2016 年嵌入式系统软件实现收入 7997 亿元，同比增长 15.5%，增速高出全行业平均水平 0.6 个百分点，同比提高 1.4 个百分点。软件产品收入增势持续趋缓，全年实现收入 15400 亿元，同比增长 12.8%，增速同比提高 0.9 个百分点，低于全行业平均水平 2.1 个百分点。1—12 月，信息安全产品增长 10.9%，增速落后于全行业平均水平。

三、软件出口增速略有提升，外包服务收入好转

受全球宏观经济形势弱势复苏、主要国家政治不稳定因素激增等影响，中国软件出口延续过去几年的低增长态势，第一季度增速出现较大幅度下降，随后增速缓中趋稳。2016 年全年软件业实现出口 519 亿美元，同比增长 5.8%，增速同比提高 4.1 个百分点。其中，外包服务出口增长 5%，扭转了 2015 年同期负增长局面；嵌入式系统软件出口增长 6%，增速同比回落 3 个百分点。

从月度出口增长情况看，除去第一季度，2016 年后三季度中国软件出口整体增势平稳，累计增速在 6.4%—7.0% 区间波动，波动幅度为 2.6%。11 月受人民币汇率波动影响，出口增速达到全年最高水平。

软件出口的低增长使软件出口对产业的贡献率连续下降。2010 年以来，软件出口占软件业务的比重呈逐年下降的趋势，所占比重从 2010 年的 13.2% 下降至 2016 年的 7.3%，下降幅度有所减小。

四、产业集聚效应持续凸显，中心城市保持领先

2016 年全国 15 个副省级中心城市实现软件业务收入 2.7 万亿元，同比增长 15.5%，增速高出全国平均水平 0.6 个百分点；中心城市的软件业规模占全国的比重为 55.3%，比 2015 年回落 1.6 个百分点，同时福州、苏州、合肥等其他一些城市（非副省级）的软件业也呈快速发展态势。全国软件业务收入达到千亿元的中心城市和直辖市共 15 个，比 2015 年增加 1 个。

2016 年 1—11 月，南京、济南、成都、广州、深圳、上海、北京、杭州 8 家软件名城合计完成软件业务收入 22847 亿元，占全国的 58.5%。

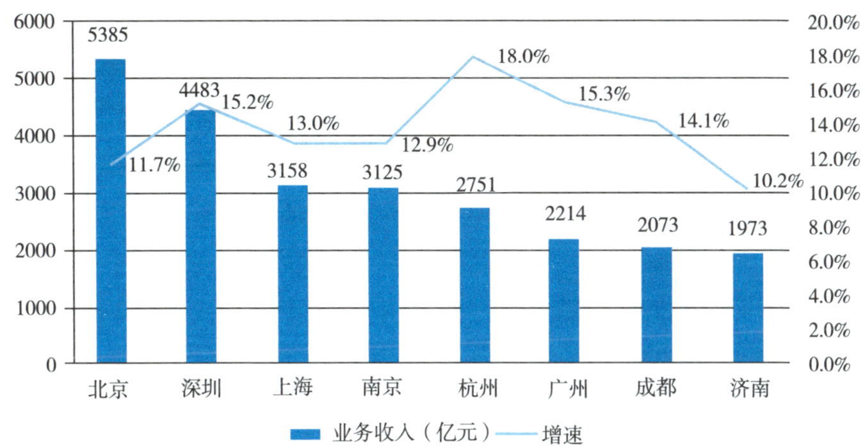

图 12－6　2016 年 1—11 月中国软件名城软件业增长情况

资料来源：工业和信息化部运行局，2017 年 1 月。

五、中部地区增势突出，东北地区增速回落明显

2016 年，我国软件产业区域发展呈现出中西部增速快、东部地区持续领先、东北地区增速放缓的态势。作为我国软件产业发展的主要集聚地，东部地区软件和信息技术服务业保持平稳较快增长，2016 年实现软件业务收入 3.8 万亿元，占全国软件业务收入的比重为 78.6%，同比增长 14.9%，增速同比回落 2.2 个百分点，与全国平均增速持平。中部地区增势突出，完成软件业务收入 2303 亿元，占全国软件业务收入的比重为 4.7%，同比增长 20.6%，增速同比提高 0.5 个百分点，高出全国平均增速 5.7 个百分点。西部地区实现软件业务收入 5288 亿元，占全国软件业务收入的比重为 10.9%，同比增长 17.2%，增速与 2015 年同期持平，高出全国平均增速 2.3 个百分点。东北地区增速放缓，共实现软件业务收入 2801 亿元，占全国软件业务收入的比重为 5.8%，同比增长 6.3%，增速低于全国平均水平 8.6 个百分点。

从各区域软件业务收入增速来看，2016 年总量居前 5 名的江苏、广东、北京、山东、上海完成软件业务收入分别增长 14.4%、15.4%、11.6%、17.9% 和 13%。部分中西部省市增长较快，如西部的陕西、重庆增长超过 20%，中部的安徽、湖北增长超过 25%。

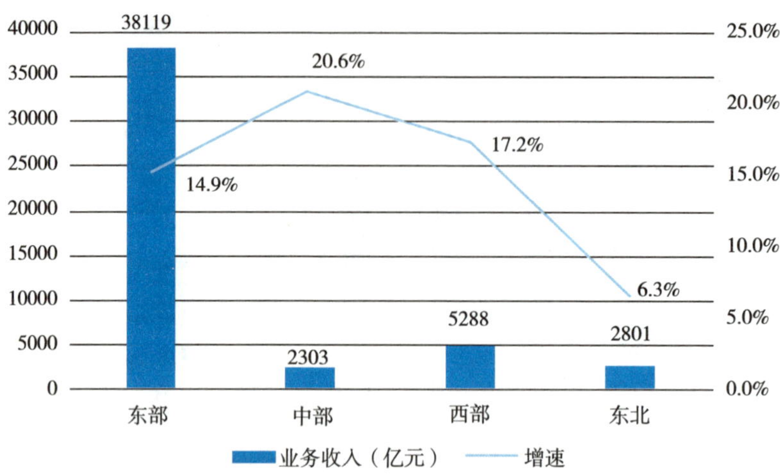

图 12－7　2016 年软件业分区域增长情况

资料来源：工业和信息化部运行局，2017 年 2 月。

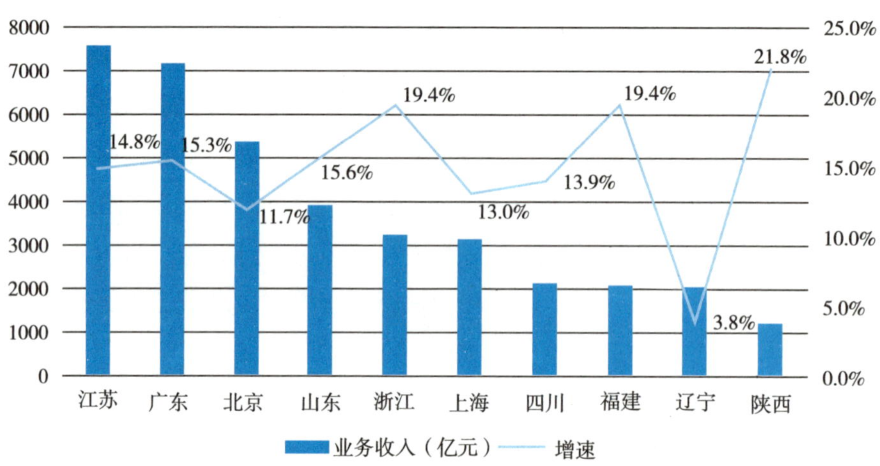

图 12－8　2016 年 1—11 月前 10 位省市软件业增长情况

资料来源：工业和信息化部运行局，2017 年 1 月。

六、软件业从业人员队伍不断壮大，热点领域人才紧缺

作为知识技术密集的产业，软件业呈现出绿色性、创新性、高增长性等特点，人才是产业发展的最关键要素。行业前沿领域的不断创新和软件产业的快速发展壮大不断吸引越来越多各领域各层次的软件人才集聚，软件从业

人员队伍日益庞大。根据工业和信息化部运行局的最新统计，截至 2016 年 11 月，软件行业从业人员人数达到 572 万人，同比增长 6.2%，增速同比回落 0.2 个百分点。总体来看，软件行业人才需求依然旺盛，人才缺口仍然较大，我国当前的软件从业人员规模尚不能满足产业发展的需求。

伴随虚拟现实、人工智能、区块链等新兴领域的快速发展和行业规模的持续扩大，软件人才缺乏越发明显，特别是在新兴领域。既往来看，我国软件人才结构呈现出典型梯形结构，即行业领军人才极度匮乏，随着互联网进程的逐步加快，当前在大数据、人工智能等热点领域甚至出现了高中端人才全面短缺的现象。究其原因，一方面是由于高校人才教育无法跟上软件企业技术更新的速度，与企业需求期望存在较大差距，另一方面以市场需求为主线的职业教育规模仍然有待提升，尚不足以支撑产业的高频创新和快速发展。

知识技术密集是软件产业的主要特点之一，薪酬是吸引软件人才的重要因素。据统计，2016 年 1—11 月我国软件业从业人员工资总额平稳增长，增速达到 15.2%，同比上升 2.6 个百分点；人均工资增长 8.5%，同比上升 2.7 个百分点。软件业人均工资的增长将有效刺激人才培训机构，对行业发展带来较大利好。

第二节　2016 年我国软件产业重点政策解析

一、《国务院关于深化制造业与互联网融合发展的指导意见》

（一）主要内容

《意见》重点围绕制造业与互联网融合关键环节，提出了打造制造企业互联网“双创”平台、推动互联网企业构建制造业“双创”服务体系、支持制造企业与互联网企业跨界融合、培育制造业与互联网融合新模式、强化融合发展基础支撑、提升融合发展系统解决方案能力、提高工业信息系统安全水平 7 个方面主要内容。

一是打造制造企业互联网“双创”平台。组织实施制造企业互联网“双创”平台建设工程，鼓励大型制造企业开放“双创”平台聚集的各类资源，支持制造企业联合科研院所、高等院校以及各类创新平台，加快构建支持协同研发和技术扩散的“双创”体系；

二是推动互联网企业构建制造业“双创”服务体系方面。支持大型互联网企业、基础电信企业建设面向制造企业特别是中小企业的“双创”服务平台，鼓励地方依托国家新型工业化产业示范基地、国家级经济技术开发区、国家高新技术产业开发区等产业集聚区，加快完善人才、资本等政策环境，充分运用互联网，积极发展创客空间、创新工场、开源社区等新型众创空间，结合“双创”示范基地建设，培育一批支持制造业发展的“双创”示范基地。

三是支持制造企业与互联网企业跨界融合。鼓励制造企业与互联网企业合资合作培育新的经营主体，推动中小企业制造资源与互联网平台全面对接，支持制造企业与电子商务企业开展战略投资、品牌培育、网上销售、物流配送等领域合作。

四是培育制造业与互联网融合新模式。面向生产制造全过程、全产业链、产品全生命周期，实施智能制造等重大工程，支持企业利用互联网采集并对接用户个性化需求，推动企业运用互联网开展在线增值服务，积极培育工业电子商务等新业态。

五是强化融合发展基础支撑。加快构筑自动控制与感知、工业云与智能服务平台、工业互联网等制造新基础，构建信息物理系统参考模型和综合技术标准体系。

六是提升融合发展系统解决方案能力。推动工业产品互联互通的标识解析、数据交换、通信协议等技术攻关和标准研制，组织开展行业系统解决方案应用试点示范，支持有条件的企业开展系统解决方案业务剥离重组。

七是提高工业信息系统安全水平。组织开展重点行业工业控制系统信息安全检查和风险评估，以及工业企业信息安全保障试点示范，建设国家工业信息安全保障中心。

此外，为推进制造业与互联网深度融合，《指导意见》从完善融合发展体制机制、培育国有企业融合发展机制、加大财政支持融合发展力度、完善支持融合发展的税收和金融政策、强化融合发展用地用房等服务、健全融合发展人才培养体系、推动融合发展国际交流7个方面保障。

（二）政策影响

《意见》的印发则进一步提升了制造业与互联网融合的战略意义，对“互联网+制造”的发展提出了明确的指导意见，并细化了目标，将促进发展互联网与制造业的多种融合模式。

一是以互联网为代表的信息技术提供制造业领域巨大需求。深化互联网在制造业各环节、各领域的应用，充分发挥互联网激发创新潜能、重构生产体系、引领组织变革、高效配置资源的作用，有利于打造新型制造体系，加快形成经济增长新动能以及精准、高效的供给体系。

二是促进我国制造业抢占新一轮战略制高点。我国制造业已经稳居全球第一大规模，但大而不强、基础不牢的问题依然突出，同时面临新工业革命的激烈竞争。《意见》强调了充分发挥规模经济的同时发展个性化制造、个性化服务，加强精细管理和商业模式创新，有助于增强我国制造业的国际竞争力。

二、《软件和信息技术服务业发展规划（2016—2020年）》

（一）主要内容

《规划》针对制约产业发展的深层次问题，确立了“二二四”的发展总基调，明确了指导思想和发展原则，对提升产业自主创新和生态构建能力、支撑制造业转型升级和“互联网+”、驱动信息消费发展、培育壮大新兴领域等方面进行了总体部署和细化安排。

《规划》提出了六项重点任务。围绕产业链关键环节，加强基础技术攻关，超前布局前沿技术研究和发展，构建核心技术体系，加快信息技术服务创新，完善以企业为主体、应用为导向、政产学研用金相结合的产业创新体系。着力研发云计算、大数据、移动互联网、物联网等新兴领域关键软件产品和解决方案，加快培育新业态和新模式。深入推进应用创新和融合发展，加速软件与各行业领域的融合应用，发展关键应用软件、行业解决方案和集成应用平台，强化应用创新和商业模式创新，提升服务型制造水平，培育扩大信息消费，强化对重大战略的支撑服务。围绕信息安全发展新形势和安全保障需求，支持关键技术产品研发及产业化，发展安全测评与认证、咨询、预警响应等专业化服务，增强信息安全保障支撑能力。加快构建产业生态，着力培育创新型企业，促进形成以创新为引领的发展模式，强化标准体系建设和公共服务能力提升，加强中央与地方协同，打造一批特色优势产业集群。加强技术、产业、人才、标准化等领域的国际交流与合作，以龙头企业为引领深度融入全球产业生态圈，提升国际化发展水平和层次。

针对六大重点任务，采用专栏形式，建设软件“铸魂”、信息技术服务能力跃升、云计算能力提升、大数据技术研发和应用示范、工业技术软件化推进、面向服务型制造的信息技术服务发展、软件和信息技术服务驱动信息消费、信息安全保障能力提升、公共服务体系建设九项重大工程。

最后，《规划》从完善政策法规体系、健全行业管理制度、加大财政金融支持、创新人才培养、强化统筹协调5个方面，提出了支撑“十三五”时期软件和信息技术服务业发展的政策措施。

（二）政策影响

《规划》采用定量目标和定性目标相结合的方式，提出了我国软件和信息技术服务业发展目标。在《规划》指引下，我国软件和信息技术服务业的产业规模将进一步扩大，技术创新体系将更加完备，产业有效供给能力将大幅提升，融合支撑效益将进一步突显，并将培育壮大一批国际影响力大、竞争力强的龙头企业，形成具有国际竞争力的产业生态体系。

《规划》提出“十三五”期间软件和信息技术服务产业年均增速将达到13%以上，规模到2020年将突破8万亿元。结合“十二五”期间企业培育成效，“十三五”时期，在国家战略推动及“软件定义”趋势下企业转型发展，软件和信息技术服务收入百亿级企业将达20家以上，将产生5到8家收入千亿级企业。千亿级软件产业集群将进一步增加，将产生20个收入超千亿元的城市。

三、《大数据产业发展规划（2016—2020年）》

（一）主要内容

《规划》在分析总结产业发展现状及形势的基础上，围绕“强化大数据产业创新发展能力”一个核心、“推动数据开放与共享、加强技术产品研发、深化应用创新”三大重点，完善“发展环境和安全保障能力”两个支撑，打造一个“数据、技术、应用与安全协同发展的自主产业生态体系”，提升我国对大数据的“资源掌控、技术支撑和价值挖掘”三大能力。具体设置了7项重点任务、8个重点工程以及5个方面的保障措施。

一是围绕产业发展关键环节部署7项重点任务。分别为强化大数据技术产品研发、深化工业大数据创新应用、促进行业大数据应用发展、加快大数据产业主体培育、推进大数据标准体系建设、完善大数据产业支撑体系、提升大数据安全保障能力。

二是围绕重点任务设置了八个工程。具体包括大数据关键技术及产品研发与产业化、大数据服务能力提升、工业大数据创新发展、跨行业大数据应用推进、大数据产业集聚区创建、大数据重点标准研制及应用示范、大数据公共服务体系建设、大数据安全保障，作为推进大数据产业发展的重点抓手。

三是提出了5个方面保障措施。基于大数据涉及面广，对跨层级、跨部门的协调要求高，法律法规、政策、人才以及国际合作等多层面支持，《规划》提出了推进体制机制创新、健全相关政策法规制度、加大政策扶持力度、建设多层次人才队伍、推动大数据国际化发展的保障措施。

（二）政策影响

在《规划》的指引下，到2020年，我国将基本形成技术先进、应用繁荣、保障有力的大数据产业体系，大数据相关产品和服务业务收入将突破1万亿元，年均复合增长率将保持在30%左右。

一是大数据相关技术产品和服务业务实现突破。针对我国信息技术创新能力不足、产品和解决方案不成熟等问题，将重点布局大数据关键技术、推动产品和解决方案研发及产业化、创新技术服务模式等，通过相关项目和工程，形成一批自主创新、技术先进，满足重大应用需求的产品、解决方案和服务。

二是大数据行业应用能力将进一步提升。我国发展大数据拥有丰富的数据资源和巨大的应用优势。结合国家战略、人民需要、市场需求，大数据与其他产业将实现融合发展，在重点行业领域的应用将进一步深入，发展工业大数据，支持开发工业大数据解决方案，利用大数据培育发展制造业新业态，落实“中国制造2025”。

三是大数据产业生态将进一步繁荣。中央、部门、地方大数据发展政策衔接，发挥企业在大数据产业创新中的主体作用，建设大数据产业集聚区和国家大数据综合试验区，集中资源重点培育扶持一批龙头骨干企业，鼓励中小企业特色发展，构建企业协同发展格局。

四是大数据产业支撑体系将逐渐健全。结合大数据产业发展需求，《规划》要求加强大数据标准化顶层设计，建立健全覆盖技术、产品和管理等方面的大数据标准体系，发挥标准化对产业发展的重要支撑作用。统筹布局大数据基础设施，建设大数据产业发展创新服务平台，建立大数据统计及发展评估体系，创造良好的产业发展环境。

五是大数据保障体系将逐步完善。针对网络信息安全新形势，《规划》从完善政策法规、健全管理制度、提升技术手段等多个方面综合考虑构建强有力的大数据安全保障体系。

四、《关于软件和集成电路产业企业所得税优惠政策有关问题的通知》

（一）主要内容

《通知》在财税27号文件的基础上，进一步明确了享受软件企业、国家规划布局内重点软件企业等企业所得税优惠的相关标准条件、备案资料以及申报流程的要求，对省级税务、工业和信息化与发展改革部门的工作进行了说明。

一是关于软件企业申报所得税优惠流程要求的说明。企业在自行判断其是否符合软件和集成电路企业条件的前提下，每年汇算清缴时应按照《国家税务总局关于发布〈企业所得税优惠政策事项办理办法〉的公告》（国家税务总局公告2015年第76号）的规定向主管税务机关备案，同时提交《通知》规定的备案资料。

二是关于享受软件企业所得税优惠标准条件的说明。《通知》在财税27号文件规定的标准条件基础上，保持了关键指标不变，简化了企业开发环境等要求，增加汇算清缴年度的时间要求，取消了双软认定相关资质要求的内容。

三是关于享受软件企业所得税优惠备案材料的说明。《通知》对《软件企业认定管理办法》（工信部联软〔2013〕64号）（以下简称“64号文件”）规定的企业提交资料进行了简化，进一步明确了知识产权方面资料要求，简化了合同提供、企业开发环境等要求，取消了产品质量证明材料、经营场所购买或租赁合同、资质证书等要求。

（二）政策影响

一是体现政策稳定性和连续性的要求。《通知》继续落实国发〔2011〕4号文件规定的企业所得税优惠政策，确保新老落实办法的有效衔接。在标准条件要求上，《通知》继续保持《财政部 国家税务总局关于进一步鼓励软件产业和集成电路产业发展企业所得税政策的通知》（财税〔2012〕27号）（以下简称“财税27号文件”）规定的研发人员数量、研发费用、软件产品开发销售（营业）收入占比等关键指标要求不变。在企业所得税优惠政策内容上，《通知》继续落实新办软件企业享受所得税“两免三减半”、国家规划布局内重点软件企业减按10%征收所得税等税收优惠政策。

二是体现政府转变职能和提升服务能力的要求。《通知》在思路措施和制定设计等方面体现了党中央国务院关于转变政府职能、深化行政审批制度改革的要求。《通知》规定省级工业和信息化部门配合税务部门做好享受税收优惠政策的软件企业和集成电路设计企业名单及备案资料的核查工作，其职能职责从前期的事前审批转为当前的事中事后监管，转换了角色，提升了服务企业的效率。

三是体现简化程序减轻企业负担的要求。与财税27号文件相比，《通知》简化了在知识产权、企业开发环境、质量管理等方面的备案资料要求，切实减轻企业负担。《通知》要求，税务部门作为企业申报所得税优惠的唯一窗口，不存在任何形式的事前审批环节，简化了企业的申报流程，方便了企业申请享受税收优惠政策。

第三节　2016 年我国软件产业重点行业发展情况

一、工业软件

（一）产业规模

2016 年是“十三五”规划开局之年，随着我国宏观经济发展出现企稳回暖态势，以及国家层面《中国制造 2025》《国务院关于积极推进“互联网 +”行动的指导意见》等战略的推进实施，我国工业软件产业规模增速出现积极反弹。根据主要企业经营业绩估算，2016 年我国工业软件产业规模同比增长约 17.5%，达到约 1350 亿元，高于国内软件和信息服务业平均增速，产业增速回升主要受到重点行业解决方案市场以及工业自动化市场高速增长的带动。

表 12－2　2013—2016 年中国工业软件市场规模

	2013	2014	2015	2016
市场规模（亿元）	855	1000	1150	1350
同比上一年增长	17.5%	16.9%	15%	17.5%

资料来源：赛迪智库整理，2017 年 1 月。

（二）产业结构

管理软件继续占据工业软件产业半壁江山，包括企业资源计划（ERP）、供应链管理（SCM）、客户关系管理（CRM）、人力资源管理（HRM）、企业资产管理（EAM）等。其中，ERP 软件及解决方案占据绝大部分市场规模。目前，我国 ERP 市场主要参与企业包括用友、金蝶、浪潮、鼎捷、SAP 等中外企业，主要客户为重点行业的大型企业，以及消费和制造领域的中型企业。

生产自动化软件产业规模高速增长，包括制造执行系统（MES）、过程控制系统、离散控制系统、工业互联网应用解决方案等。产业增长主要受到一批新上大型工业基础设施建设项目的带动，如大型电站发电机组建设、高铁及地铁建设、大型钢铁企业搬迁升级等。

研发设计类软件维持稳定增长，包括计算机辅助设计（CAD）、辅助分析（CAE）、辅助制造（CAM）、辅助工艺规划（CAPP）、产品数据管理（PDM）、产品全生命周期管理（PLM）等，船舶、军工、汽车等行业需求较为稳定。

（三）产业创新

重点行业解决方案创新加快。《中国制造2025》提出重点发展的几大行业呈现出较为旺盛的数字化、网络化、智能化解决方案需求，带动面向装备、机械、航空航天、汽车、纺织等行业成套解决方案研发和应用快速发展。应用模式也从以往以单机应用为主，向云—网—端结合的新模式转变，用户企业更加重视物联网应用和对数据的采集反馈，带动产业主体加快提升软件和服务的可移动部署及应用性能。

工业云在企业管理领域形成共性需求。经过几年探索，多数用户企业认为工业云是解决以往信息系统数据孤岛问题的有效手段。对于前期已具备较好信息化基础的企业，特别是规模较大、下属公司较多的集团化企业，对通过云计算平台打通各业务信息系统的数据链条，加强集团一体化管控形成典型需求。以此为带动，工业软件企业以及通用云计算领域的IT公司纷纷加快相应技术研发，切入这一新兴市场。

研发设计软件加快平台布局。研发设计软件作为工具在用户企业中持续应用，带动企业研发模式重塑，产生出基于软件平台的跨专业、跨地区协同等新需求。如商飞公司在大量使用数学建模、求解分析、三维图像处理等软件工具的基础上，建设全球协同研发云平台集中管理供应链上跨地域的合作伙伴的各类研发活动，交换和共享不同团队的设计、测试数据，促使缩短研发周期，降低综合成本。

工业大数据应用逐步兴起。工业互联网成为大数据应用的孵化器，如三一重工、中联重科、海尔等企业已经初步建成的工业互联网云平台，通过对产品工况数据、用户使用数据和产品运行数据的监控、分析和挖掘，优化产品的维护保养计划并反哺新品研发，同时还发展出产品租赁、金融等增值服务模式。

二、信息技术服务

（一）产业规模

2016 年，国内信息技术服务业保持平稳运行态势，增速高于软件产业整体增速。根据工业与信息化部数据，2016 年全年，我国信息技术服务业实现收入 25114 亿元，同比增长 16%，增速高出全行业水平 1.1 个百分点，但同比回落 2.7 个百分点。信息技术服务收入占软件业务收入比重达到 51.8%，较 2015 年全年比重 51.2% 提高 0.6 个百分点。

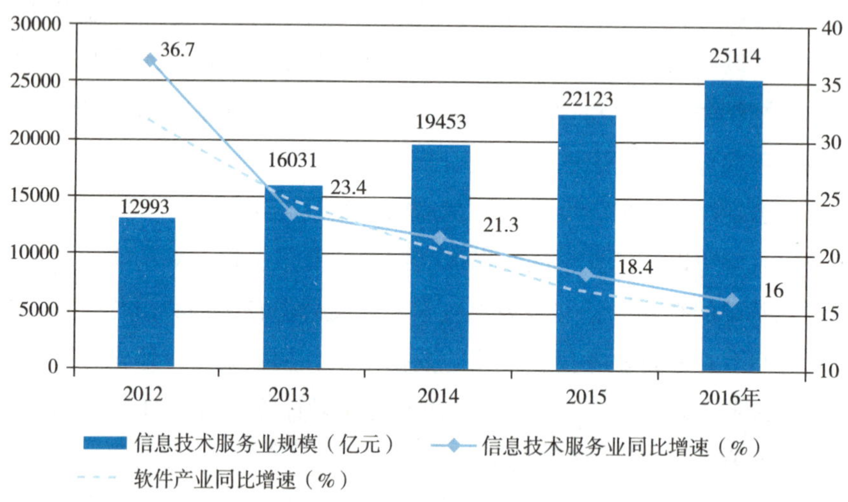

图 12－9　2012—2016 年我国信息技术服务业规模及增速

资料来源：工业和信息化部运行局，2017 年 1 月。

（二）产业结构

2016 年，产业规模持续增长，产业结构和模式不断推陈出新。模式创新、应用革新、体验引领、资源整合等创新驱动的模式有力地推动了电子商务市场规模的繁荣和新领域业务的开拓。电子商务平台服务（包括在线交易平台服务、在线交易支撑服务在内的信息技术支持服务）仍然保持细分领域最突出增势，收入增长 17.7%，增速高出全行业 2.8 个百分点。运营领域的业务保持稳定快速增长，运营相关服务（包括在线软件运营服务、平台运营服务、基础设施运营服务等在内的信息技术服务）同比增长 16.1%。集成电路设计增长 12.7%；其他信息技术服务（包括信息技术咨询设计服务、系统集成、运维服务、数据服务等）收入增长 16%。

（三）产业创新

2016 年，信息技术向泛在、融合和智能的方向演进。企业将围绕分布式远程服务、基于数据分析的智能服务等重点方向，加大技术创新和产品研发投入，不断扩展业务领域，提升信息技术服务能力。一方面，互联网促进人—机—物协作流程优化和效率提升，围绕行业需求的网络平台建设和服务改造创新不断加速，服务交付将逐步实现全面网络化。另一方面，基于大数据的数据挖掘、机器学习和人工智能等技术创新发展，人工智能的产业化步伐和应用推广速度将会加快，进一步实现信息技术服务的智能化。如 IBM 助力鑫源控股突围“摩帮”实现定制化智能制造。

信息技术的服务的平台化、智能化的发展，进一步带动了大数据，云计算，人工智能相关领域的广泛合作，向更多领域深度渗透，促进传统工业、现代服务业等改造升级，为提升社会管理和公共服务水平提供了技术支撑。信息技术服务产业链转型升级，不断向高端化、智能化、便利化方向发展，为提升社会管理和公共服务水平提供了技术支撑。

三、大数据

（一）产业规模

2016 年，大数据产业已经度过概念炒作期，进入稳步成长阶段。赛迪预测，包括大数据硬件、大数据软件、大数据服务等在内的大数据核心产业环节 2016 年达到 3100 亿元，将在 2020 年超过 1 万亿元；大数据关联产业规模 2016 年超过 5 万亿元，将在 2020 年超过 10 万亿元；大数据融合产业规模 2016 年达到 3.5 万亿元，将在 2020 年超过 20 万亿元。

（二）产业结构

从大数据核心产业结构来看，基于大数据的服务是大数据核心产业的主体，其规模约占大数据核心产业规模的 90%，未来，服务也将是大数据产业的最核心部分。随着大数据在各行业领域的应用逐渐深入，大数据核心产业的快速发展将对融合应用产业产生明显的带动效应，大数据融合产业的市场规模将快速增长，其增速将超过大数据核心产业本身。

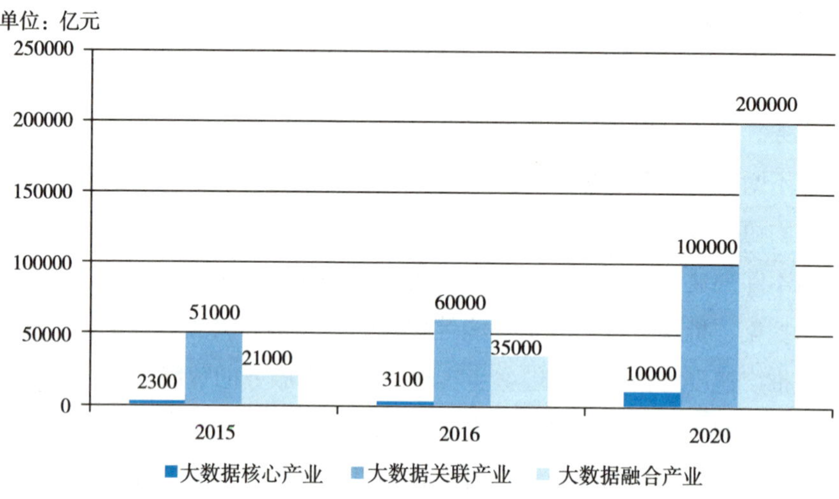

图 12－10　我国大数据市场规模

资料来源：赛迪研究院，2016 年 12 月。

（三）产业创新

2016 年，以互联网企业为代表的我国大数据企业不断加大科研投入，推动产品和服务创新，取得了令人瞩目的成绩。阿里云利用飞天技术平台的大数据技术，构建异地双活技术和基于大数据支撑的全链路压力测试的体系，实现了“双 11”每秒钟 17.5 万笔的订单交易和每秒钟 12 万笔的订单支付。腾讯搭建“互联网＋医疗”开放平台，利用自身强大的社交平台和大数据技术为医疗产业提供互联网化的后端服务。值得注意的是，开源模式在大数据技术创新中发挥着越来越重要的作用，从小型初创企业到行业科技巨头，各种规模的企业都在使用开源软件和工具处理大数据处理和基于数据的预测分析。

（四）行业应用

2016 年，大数据在各行业领域的应用进一步深化，金融、电信、政务、电子商务、教育、医疗、能源等诸多行业纷纷利用大数据提升服务能力，取得了明显效果。随着《中国制造 2025》《关于深化制造业与互联网融合发展的指导意见》等文件发布，工业已经成为大数据应用最活跃的领域。目前，大数据已开始在制造业各环节取得应用，将助推制造业和互联网融合创新迈上新台阶。海尔集团沈阳冰箱工厂将用户需求和生产过程无缝对接，目前，一条生产线可支持500多个型号的柔性化大规模定制，生产时间缩短到10秒一台。生产制造环节，大数据帮助建立先进生产体系，实现智能化生产。

四、人工智能

人工智能作为重要的基础性信息技术研究方向，其发展并不是完全独立的，而呈现出与其他信息技术方向协同演进的特征。近年来，一方面，深度学习等人工智能核心技术实现了大幅突破，并在产业化应用中取得了优异的成效，另一方面，移动互联网、物联网、大数据、云计算等新兴信息产业也呈现出快速的发展态势，与人工智能的发展形成了协同进步态势。移动互联网、物联网的发展为人工智能模型形成提供大量的数据资源；云计算的快速发展使得计算能力得到大幅提升，智能模型的生成速度大幅加快；大数据的发展为人工智能提供了更多的应用场景。

（一）产业规模

在各方的推动下，全球人工智能及其相关产业产业规模持续提升，根据初步测算，2016年，全球人工智能市场规模约为1680亿元，预计到2020年，全球人工智能市场规模将达到3700亿元，年均增速将接近20%。我国人工智能产业发展势头良好，根据初步测算，2016年我国人工智能市场规模约为98亿元，预计到2020年，我国人工智能市场规模将达到约330亿元，年均增速将达到35%。其中，语音服务的市场规模将达到160亿元，约占到全部市场的一半。

（二）产业结构

从人工智能产业结构来看，我国人工智能领域有三类企业：一是拥有大量的数据资源，从数据出发，不断强化人工智能核心算法，并率先将人工智能技术应用到其自身业务中。典型企业包括百度、阿里巴巴、腾讯、京东等。二是拥有人工智能核心算法，并依托技术优势不断强化底层数据和计算基础，发展各类面向应用的产品和服务。典型企业包括语音服务领域的科大讯飞，视觉服务领域的旷视科技和格林深瞳。三是从应用端出发，面向各类应用场景开发相应的智能服务产品和解决方案，并以此为基础不断强化基础储备和技术能力。主要企业以初创企业为主，如优必选、羽智扇等。

（三）技术创新

近年来，我国科研机构和高等院校结合产业发展现状，不断深化人工智能领域研究，为产业关键技术突破、企业人才输送等方面提供了重要支持。中科院自动化所、清华大学、百度、科大讯飞等科研机构和公司均已经开展深度学习理论算法、建模等方面的研究，有关人脑网络结构与认知结构的研究也开始开展。国防科技大学、中航科工、百度、科大讯飞等企业的部分人工智能相关技术开始实现产品化应用。在视觉、语音识别等领域我国人工智能技术已处于国际领先地位。

根据乌镇智库发布的《2016 全球人工智能发展报告》，我国拥有的人工智能专利达到 15745 个，仅次于美国（拥有 26891 个）。美国、中国、日本（拥有 14604 个）拥有的专利数量占到全球总数的 73.85%。从细分领域来看，我国拥有的人工智能专利中排名前五的细分类别分别为机器人（占比 38.3%）、神经网络（占比 17.9%）、图像识别（10.4%）、语音识别（8.1%）、计算机视觉（5.9%）。

第四节　2016 年我国软件产业区域发展情况

一、环渤海地区软件产业发展状况

（一）产业收入

2016 年 1—11 月，环渤海地区软件业务收入达到 10557 亿元，相比上年同期 9047 亿元，同比增长 16.69%，保持较为平稳上升的发展势头，高于全国 14.7% 的增速，占全国软件业务收入的比重达到 24.5%，相比上年提高 0.8 个百分点。

从各省市情况看，2016 年 1—11 月，北京市实现软件业务收入为 5385 亿元，同比增长 11.7%；山东省实现软件业务收入 3928 亿元，同比增长 15.6%；天津市实现软件业务收入 1021 亿元，同比增长 11.3%。这三个省市软件业务收入占环渤海地区比重高达 97.9%。河北省实现软件业务收入 178 亿元，同比增长 14.1%；山西省实现软件业务收入 17.3 亿元，扭转软件业务收入下滑的势头，实现同比增长 12.2%；内蒙古实现软件业务收入 27 亿元，同比下降 9.8%。2016 年 1—11 月，全国软件业务收入前十位省市中，环渤海地区占了两个席位，即北京和山东，分别位居第三位和第四位。

（二）产业结构

2016 年 1—11 月，环渤海地区软件产品收入为 3655 亿元，在所有细分领域中占全国比重最高，达到 27.4%；信息技术服务收入和嵌入式系统软件收入分别为 5937 亿元和 966 亿元，占全国比重分别为 26.2% 和 13.5%。从环渤海地区软件产业整体发展情况来看，软件产业服务化趋势十分明显，信息技术服务收入所占比重最高，为 56.2%，软件产品收入和嵌入式系统软件收入占比分别为 34.6% 和 9.1%。

（三）企业情况

截至 2016 年 11 月，环渤海地区共聚集 8029 家软件企业，与上年同比增加 7.1%，占全国软件企业总数的 19.1%。近年来，环渤海地区软件企业实力逐渐增强，企业单体规模从 2015 年的 1.21 亿元提高至 2016 年的 1.31 亿元，比全国 1.02 亿元的平均水平高出 27.9%。

二、长江三角洲地区软件产业发展状况

（一）产业收入

长三角地区软件和信息服务业发展较快，软件和信息服务业发展动力强劲，产业收入不断提升。2016 年 1—11 月，长江三角洲地区软件业务收入 13942 亿元，同比增长 16.1%，增速高于全国平均水平。长三角地区软件业务收入占全国软件业务总收入比例高达 32.3%，比上年同期增长 0.9 个百分点。南京、上海和杭州作为三大中国软件名城，是长三角地区软件产业最发达的城市，此外，苏州、无锡、宁波、常州等城市也正迅速崛起，发展速度

不断加快，已经形成与上海、南京、杭州梯队互补的发展格局。

（二）产业结构

2016年1—11月，长三角地区软件产品总收入为3943亿元，占全国软件产品总收入29.5%，与上年同期30.6%的占比略有下降；信息技术服务收入6899亿元，占全国信息技术服务总收入30.5%，与上年同期29.4%的占比提高1.1个百分点；嵌入式系统软件收入为3099亿元，占全国嵌入式系统软件总收入的43.4%，与上年同期39.5%的占比显著提高将近4个百分点。从软件产业三大细分领域来看，长三角地区信息技术服务收入和嵌入式系统软件收入都出现了不同程度的增长，软件产品的收入则有所下降。

（三）企业情况

2016年1—11月，长三角地区软件企业数量达到12700家，较上年同期11361家增加了1339家，同比增长11.8%，占全国软件企业总数的30.2%。长三角地区软件企业的单体规模为1.1亿元，较上年同期1.06亿元略有提升，比全国平均水平1.02亿元提高7.2%。可以看出，长三角地区软件企业整体规模较大，企业综合实力处于全国领先水平。

三、珠江三角洲地区软件产业发展状况

（一）产业收入

近年来，珠三角地区的软件业务收入一直保持稳定、高速增长的态势，占广东全省软件业务收入的比重在99%以上，产业集聚效应凸显。2016年1—11月，广东省软件业务收入7150.8亿元，同比增长15.3%，增速高于全国平均水平0.5个百分点，占全国软件业务收入的比重为16.6%。广州、深圳、珠海成为整个珠三角地区的中心辐射区，引领和带动珠三角地区软件产业发展，其中广州、深圳两市软件业务收入占全省比重达93.6%。

（二）产业结构

珠三角地区强大的电子信息制造业基础、先进的电子政务水平、智慧城市的高水平发展及旺盛的企业用户需求为软件企业的发展提供了广阔的市场空间。2016年1—11月，在智慧城市加快建设，云计算、大数据等新兴领域

加速应用落地，通信设备、汽车制造、机械装备、家用电器等优势传统制造业加快转型升级的推动下，珠三角地区信息技术服务增势明显，实现收入超过7000亿元，增速超过15%，占整体软件收入的比重超过48%。受经济新常态下电子信息制造业增速放缓、通信设备和智能手机增速整体下滑的影响，嵌入式系统软件实现业务收入超过2000亿元，同比增长9%左右，低于行业整体增速将近6个百分点。软件产品增势平稳，实现收入超过1500亿元，增速超过16%。

（三）企业情况

骨干企业整体实力稳步提升。珠三角地区电子信息产业发展基础好，创新创业活跃，涌现出一批收入超10亿元的软件大企业，有140多家企业在境内外上市（包括新三板）。2016年，珠三角地区共有19家企业入选全国软件百强名单，比上届增加3家。19家企业共完成软件收入2685.6亿元，占全国软件百家企业软件业务收入总和的44.7%，位列全国第一。其中，华为技术有限公司实现软件业务年收入1786亿元，连续十五年蝉联软件前百家企业之首，率先成为全国唯一一家收入超千亿元软件企业。中兴通讯股份有限公司实现业务收入460亿元，位居全国第二。广州佳都集团有限公司、东莞步步高通信软件有限公司、深圳天源迪科信息技术股份有限公司以及深圳市大疆创新科技有限公司等4家企业首次入选前百家名单，为珠三角地区软件产业发展增添新动力。

四、东北地区软件产业发展状况

（一）产业收入

2016年，东北地区软件与信息服务业继续保持平稳的发展势头。2016年1—11月，东北三省实现软件和信息技术服务业务收入2629亿元，同比增长5.8%，增速同比下降5个百分点。在经济增长新常态和传统产业加速转型调整的背景下，东北地区增长速度略有下降，在全国所占比重也略有降低。

从各省情况来看，2016年1—11月，辽宁省软件和信息技术服务业务收入为2066亿元，同比增长3.8%；吉林省软件和信息技术服务业务收入为420亿元，同比增长15.6%；黑龙江省软件和信息技术服务业务收入为143亿元，同比增长9.9%。在全国软件产业前十位省市中，辽宁省排在第九位，排在江苏、广东、北京、山东、浙江、上海、四川、福建之后，处于我国软件产业发达省市的行列。

（二）产业结构

2016年1—11月，东北地区软件产业收入2629亿元中，软件产品收入达957亿元，占软件产业收入比重为36.4%；信息技术服务收入达1460亿元，占比为56%；嵌入式系统软件收入达212亿元，占比为8%。信息技术服务收入中，运营服务收入达249亿元，占东北地区软件总收入的9%。集成电路设计收入达10亿元，占比为4%。

从各省情况来看，辽宁省是东北地区软件产业发展的龙头，实现软件业务收入2066亿元，信息技术服务收入达1151亿元，在总收入中占比最高，占软件业务总收入的一半以上，同比增长3.6%，其中运营服务收入为210亿元，同比增长3.7%；集成电路设计收入为10亿元，集成电路设计收入约占东北地区集成电路设计总收入的99%以上，同比增长1.9%。其次为软件产品收入，销售额为811亿元，占全省软件业务的三分之一，同比增长4.2%。嵌入式系统收入为105亿元，占软件业务总收入的5%，同比增长1.7%。

吉林省2016年1—11月软件业务收入为420亿元，主体是软件产品和信息技术服务，收入分别为94亿元和232亿元，两项业务合占业务总收入的78%，同比增速分别为15.8%和15.6%。嵌入式系统软件实现收入93亿元，同比增长15.3%。黑龙江省软件产品及信息技术服务销售额分别为52亿元和77亿元，合占软件业务总收入的90%，同比增速分别为15.2%和7.5%。嵌入式软件的销售额分别为14亿元，占软件业务总收入的11%。

五、中西部地区软件产业发展状况

（一）产业收入

2016年1—11月，中、西部地区共完成软件业务收入6714亿元，同比增长19.9%，增速高于全国水平5.1个百分点，在全国所占比重为15.6%，比2015年增加了0.7个百分点。其中，中部地区完成软件业务收入2066亿元，增长20.7 %，增速同比增长1.8个百分点；西部地区完成软件业务收入4648

亿元，增长 17.1 %，增速与上年同期持平；总体来看，2016 年中西部地区的软件产业增长速度较快，高于全国平均速度，处于较快增加产值的过程中。

（二）产业结构

2016 年 1—11 月，中西部地区软件与信息服务业增速保持较快增长趋势。信息技术服务成为占比最大和增速最快的细分领域，实现收入 3748 亿元，同比增长 19.2%，比 2015 年增长了 9.2 个百分点；软件产品收入平稳增长，实现收入 2437 亿元，同比增长 17.6%，增速有所放缓，较上年同期增速回落 2.4 个百分点；嵌入式系统软件在 2015 年的高速增长之后增速逐步放缓，实现收入 530 亿元，同比增长 12.1%，增速回落 21.5 个百分点。在各个细分领域所占比重方面，信息技术服务收入占比超过一半，达到 55.8%；软件产品收入占比 36.3%，与上年基本持平；嵌入式系统软件收入占比 7.9%，较上年稍有降低。

第五节　2016 年我国软件产业重点企业发展情况

一、中标软件

（一）总体发展情况

上海中标软件有限公司（以下简称“中标软件”）成立于 2003 年，是我国主要的 Linux 操作系统和办公软件产品的提供商和服务商之一，以操作系统技术为核心，重点关注产品的安全可靠、自主可控等特性。企业围绕操作系统技术开发的产品包括中标麒麟通用服务器操作系统、中标麒麟高级服务器操作系统、中标麒麟高可用集群软件、中标麒麟安全操作系统、中标麒麟安全云操作系统、中标麒麟桌面操作系统、中标麒麟安全邮件服务器、中标凌巧移动终端操作系统。另外公司还提供中标普华 Office 专业版、专用版、教育版，维哈柯文办公软件、藏文办公软件、中标普华病历通等软件产品。中标麒麟操作系统产品的应用领域涉及我国信息化和民生的各个方面，已经在政府、国防、公安、金融、审计、财税、制造、教育、医疗、交通等各个行业得到了广泛应用，其产品已覆盖北京、上海、山西、陕西、西藏等全国三十多个省市自治区，并在中纪委、中航信、审计、财税、工商等领域取得了较强的市场占有优势。

（二）发展策略

加强生态体系建设增强核心竞争力。国产操作系统的发展离不开产业生态的培育与建设，中标软件围绕产业链加强生态体系构建。2016 年 7 月，中标软件与绿欣科技（天津）有限公司、北京大学信息科学技术学院联合创立“高可信基础软件联合创新实验室”。11 月，中标软件首批入驻微软公有云 Azure 镜像市场，中标麒麟高级服务器 V6.0 成为国内唯一能够在微软 Azure 公有云上运行的国产操作系统产品。另外，中标软件积极参与国内外开源社区交流与合作。

以行业应用提升品牌影响力。近年来，中标软件在品牌建设方面取得长足进步，已经形成了包括“中标麒麟”“中标普华”“中标凌巧”三大产品品牌。2016 年 4 月，中标麒麟国产化平台在中国航信电子客票系统中成功完成国产化切换，成为国产基础软件在互联网中规模容量最大的应用。7 月，中标软件作为国国内唯一能够支持全部高端芯片的操作系统企业受邀成为“中国高端芯片联盟”发起单位，并当选副理事长单位。

二、用友网络

（一）总体发展情况

用友网络（原用友软件）是我国主要管理软件厂商之一，业务范围包括企业资源计划（ERP）、客户关系管理（CRM）、人力资源管理（HRM）等软件研发和销售。近年来，用友公司根据市场形势变化持续实施业务转型，2016 发布了企业 3.0 战略，将聚焦“软件、云服务、金融”三大核心业务，形成完整的企业互联网产品和金融产品的融合，加快服务企业互联网化和金融化。

2016 年财报显示，转型战略初见成效。报告期内，用友对云服务业务和金融服务业务的投入合计超过 10 亿元，整体研发支出同比增长 20.6%，带来的成效是，用友整体营业收入达到 51.13 亿元，比 2015 年营收增加 6.62 亿元，同比增长 14. 9%；经营活动产生的现金流净额为 8. 87 亿元，同比增长 61. 4%；归属于上市公司股东的扣除非经常性损益后的净利润为 1. 37 亿元，同比增加 29. 5%。

业绩的改善主要来自软件业务毛利率的提升，互联网金融业务的大幅增长，以及云服务的市场扩大。报告期内，软件业务方面，iUAP 和畅捷通等平台产品应用拓展顺利，实现销售收入增长 11%，毛利率提升 1. 1 个百分点。在金融服务业务方面，实现收入 2. 43 亿元，同比增长 200. 5%，互联网投融资信息服务业务的累计撮合成交金额超过 100 亿元，较 2015 年年末增长 260%，支付业务交易金额超过 1000 亿元，同比增长 332%。云服务业务方面，完成了旗下多款平台产品和服务的紧密集成，实现收入 1. 17 亿元，同比增长 34. 4%，截至 2016 年底，企业客户数超过 260 万家，较 2015 年末增长 235%。

（二）发展策略

随着中国企业互联网转型升级的进一步深化，用友持续加强核心产品研发，推进软件、云服务、互联网金融服务之间的产品融合，推进产品的云化、移动化、社交化、智能化升级，继续聚焦数字营销与客服、社交与协同办公、智能制造、共享服务等热点应用领域，基于应用场景设计和开发产品，优化核心产品与应用体验。同时，用友继续推进包括与阿里等战略合作伙伴的全面深化合作，构建企业互联网服务的生态系统，共同服务中国及全球企业的互联网化和金融化。

三、阿里云

（一）总体发展情况

阿里云是阿里巴巴集团旗下的云计算品牌，成立于 2009 年，是我国技术水平最高、市场能力最强的云计算企业领军企业之一。当前，阿里云已经在杭州、北京、硅谷等地设有研发中心和运营机构，业务服务范围已覆盖全球 200 多个国家和地区。阿里云服务拥有高性价比、高稳定性、安全可靠等诸多优势，产品体系覆盖底层技术平台、弹性计算、数据库、存储与 CDN、网络、大规模计算等。

近年来，阿里云持续快速发展，阿里巴巴2016年第三季度财报显示，阿里云继续保持高速扩张态势，收入达到14.93亿元，同比增长130%，创历史新高。付费用户数量增长至65.1万，同比增长108%，用户已经覆盖金融、医疗、公共交通、能源、制造、政府、游戏、多媒体等多个行业领域。

（二）发展策略

夯实企业技术实力。2016年，阿里云持续加大云计算核心技术的研发力度，在云计算基本产品研发、云计算安全防护等方面不断发力。瞄准混合云的发展趋势，阿里云在其公有云、专有云平台的基础上，积极开发混合云产品及服务2016年11月，阿里云成功打破CloudSort世界纪录，将100TB数据排序的计算成本降低了2/3。同月，飞天入选2016世界互联网最有代表性15项科技创新成果。同时，阿里云以云平台为基础，积极突破大数据、人工智能的核心技术，为业务拓展和效率提升提供支撑。2016年1月，在云栖大会上海峰会上阿里云发布了全球首个一站式大数据平台"数加"及20款大数据产品，涵盖数据采集、计算引擎、数据分析、机器学习等数据应用。

提升企业市场竞争力。一是以合作和开放为抓手，加强企业生态体系建设。阿里云不断通过与企业建立良好的合作关系拓展业务能力，与政府达成合作协议，加速业务布局，向用户和开发者开放平台加速集聚业务资源。二是通过合作和计算中心布局，加速实施国际化战略。至2016年12月，阿里云日本区正式开服，至此阿里云在中东、欧洲、日本、澳洲全球四大数据中心均已投入使用，实现了全球市场的全覆盖，全球化布局已趋于完善，国家市场拓展将不断加快。

四、科大讯飞

（一）总体发展情况

科大讯飞股份有限公司前身是安徽中科大讯飞信息技术有限公司，成立于1999年12月，是我国语音技术研究和应用的领头者。2008年5月，科大讯飞在深交所挂牌上市，市值超过300亿。当前，科大讯飞已经拥有全球领先的语音合成技术、语音识别技术、语音评测技术和自然语言理解技术，业务领域涵盖智能语音及语言技术研究、软件及芯片产品开发、语音信息服务及电子政务系统集成等。推出了涉及多个行业领域、多个应用场景的智能语音产品和解决方案，占有中文语音技术市场70%以上市场份额，智能语音产品在教育、电信、政府、金融等领域得到广泛应用，开发伙伴超过10000家。

2016年科大讯飞实现了飞速发展。企业公报显示，2016年上半年，科大讯飞营业收入为14.6亿元，同比增长40.7%，净利润为2.6亿元，同比增长79.0%。2016年前三季度，科大讯飞营业收入为21.4亿元，同比增长27.9%，净利润为6.8亿元，同比增长7.0%。预计2016年全年净利润为4.3亿—6.4亿元，同比增长0%至50%。

（二）发展策略

在核心技术和产品研发方面，科大讯飞不断加大科研投入力度，每年研发投入20%以上，技术员工占到总员工的三分之二。科大讯飞在感知智能和认知智能多项技术上处于全球领先地位。感知智能方面，实现了覆盖27种语言的中文语音合成，多项指标位列全球第一，高噪音下的语音识别准确度保持业界领先。认知智能方面，支持远场识别、全双工、多轮交互等特性的AIUI是智能车载、智能家居、智能机器人领域的关键核心技术。在2016年国际多通道语音分离和识别大赛中，科大讯飞包揽了全部三个项目的最好成绩。11月，发布了讯飞听见、超脑魔盒、飞鱼助理、万物互联输入法等多款新的智能品，展示了人工智能在教育、家居、出行、机器人等领域带来的颠覆性智能体验。

在市场拓展方面，科大讯飞瞄准教育、政府、汽车等行业领域全面发力。在教育领域，科大讯飞通过对乐知行的收购，是企业的教育业务各产品线全面进入北京市场，提高公司教育信息化业务市场占有率。同时科大讯飞在芜湖建设的安徽信息工程学院已经成为安徽省就业率最高的大学之一。2016年12月，科大讯飞与新东方教育科技集团签署合作协议，共同投资成立“东方讯飞教育科技有限公司”，后者将在科大讯飞智能语音与人工智能技术与新东方丰厚教育资源的基础上，积极拓展相关教育产品的研发与推广。在政府领域，科大讯飞提供的社会服务管理信息化平台已覆盖6省20个地市公司，提供基于人工智能术的政府服务和公共安全的软件系统。在汽车领域，科大讯飞与奇瑞的旗舰车型艾瑞泽五签约，成为后者的一级供应商。此外，科大讯飞还通过积极商业投资不断扩大市场影响力，2016 年 9 月，科大讯飞投资了人工智能创业公司 ROOBO，10 月，科大讯飞拟参与投资丹华基金，认缴基金份额 500 万美元。

第六节　2017 年我国软件产业发展环境分析

一、经济环境

国际货币基金组织在最新发布的《世界经济展望报告》中指出，2017、2018 年全球经济将分别增长 3.4% 和 3.6%，高于 2016 年的 3.1%。鉴于美国货币政策正常化步伐有可能加快，预计美国经济增速为 2.3%，2018 年将上升为 2.5%。同时，新兴经济体和发展中国家经济增长前景不容乐观，预计今 2017 将增长 4.5%，2018 年增速将提高到 4.8%。原因是，在全球不平衡加剧的情形下，贸易保护主义升温的风险将加大，美国加息节奏提速将带来全球金融环境大幅收紧，对印度、巴西和墨西哥等新兴经济体带来冲击。报告还预计中国 2017 年的经济增长 6.5%，并维持 2018 年增长预期 6% 不变。原因主要是中国政府继续实施财政政策支持。

在国际国内经济环境的双重影响下，2017 年中国宏观经济的复杂程度将继续加深，可能出现经济增长下行与系统性风险上升压力并存的局面。供给层面，受到生产要素红利衰减、产业结构转型升级乏力、国有企业改革迟缓等结构性和制度性因素的制约，总供给扩张能力下降。需求层面，消费、投资、出口三大需求并无明显扩张迹象，收缩态势或将维持。收入增速下降、政府消费增速受制和边际消费倾向递减效应将继续施压消费增速；产业结构升级难度较大，传统产能收缩的同时新兴产业未能及时填补，经济缺乏优质投资机会，投资增速或将继续下行；受全球贸易量下滑、发达国家再工业化、传统比较优势衰减等不利因素的影响，外贸疲弱的压力在短期内难以明显缓解。在总供给和总需求收缩的共同推动下，经济增长将稳中趋缓。

二、政策环境

2016 年是“十三五”规划的开局之年，国务院、发改委、工信部等部委围绕产业发展规划、产业扶持、应用推广等内容出台了一系列政策，包括《软件和信息技术服务业发展规划（2016—2020 年）》《大数据产业发展规划（2016—2020 年）》《“十三五”国家信息化规划》等，以北京、广东、上海、浙江等为代表的地方政府制定软件产业促进政策实施细则加快政策落实，为软件产业持续健康规范发展奠定了良好基础。

为进一步深化制造业与互联网融合发展，协同推进“中国制造 2025”和“互联网 +”行动，加快制造强国建设，国务院制定了《国务院关于深化制造业与互联网融合发展的指导意见》（以下简称《意见》）。《意见》的印发则进一步提升了制造业与互联网融合的战略意义，对“互联网 + 制造”的发展提出了明确的指导意见，并细化了目标，将促进发展互联网与制造业的多种融合模式。

以数字化、网络化、智能化为特征的信息化浪潮蓬勃兴起。为适应和引领经济发展新常态，增强发展新动力，根据国内外信息技术发展新形势，以信息化驱动现代化，建设网络强国，落实“四个全面”战略布局为战略指导，国务院对《2006—2020 年国家信息化发展战略》进行了调整，针对我国未来 10 年的信息化的规范和指导制定了《国家信息化发展战略纲要》，将信息化贯穿我国现代化进程始终，加快释放信息化发展的巨大潜能。

为贯彻落实“十三五”规划纲要和《国家信息化发展战略纲要》，统筹实施网络强国战略、大数据战略、“互联网 +”行动，整合集中资源力量，紧密结合大众创业万众创新、“中国制造 2025”，国务院发布《“十三五”国家信息化规划》，重点围绕贯彻落实“五位一体”总体布局和“四个全面”战略布局，为指导“十三五”期间各地区、各部门贯彻信息化发展新理念、破解信息化发展难题、增强信息化发展动力提供行动指南。

软件和信息技术服务业是引领科技创新、驱动经济社会转型发展的核心力量。为推动软件和信息技术服务业由大变强，工业和信息化部特制定《软件和信息技术服务业发展规划（2016—2020 年）》，作为指导“十三五”时期软件和信息技术服务业发展的纲领性文件。

为做好《财政部 国家税务总局关于进一步鼓励软件产业和集成电路产业发展企业所得税政策的通知》（财税〔2012〕27 号）规定的企业所得税优惠政策落实工作，财政部、国家税务总局、发改委、工业和信息化部四部联合出台《关于软件和集成电路产业企业所得税优惠政策有关问题的通知》（以下简称《通知》）。《通知》在财税 27 号文件的基础上，进一步明确了享受软件企业、国家规划布局内重点软件企业等企业所得税优惠的相关标准条件、备案资料以及申报流程的要求，对省级税务、工业和信息化与发展改革部门的工作进行了说明。

另外，2016 年，我国接连出台了多项大数据相关政策，为大数据发展营造良好环境。工信部发布了《大数据产业发展规划（2016—2020 年）》，全面部署“十三五”时期大数据产业发展工作，为实现制造强国和网络强国提供强大的产业支撑。发改委等部门出台了《关于组织实施促进大数据发展重大工程的通知》《促进大数据发展三年工作方案（2016—2018）》等配套政策，环保部、农业部、国家林业局、交通部等部委则分别发布了《生态环境大数据建设总体方案》《关于推进农业农村大数据发展的实施意见》《关于加快中国林业大数据发展的指导意见》《关于推进交通运输行业数据资源开放共享的实施意见》等政策，指导行业领域大数据应用和发展。同时，各省市对大数据的推进力度进一步加强，通过相关政策、项目、技术和应用推动大数据发展。

第七节　2017 年我国软件产业发展趋势展望

2016 年，我国软件和信息技术服务业保持平稳较快增长，成为科技创新和企业竞争的主战场，催生出一大批新产品、新服务、新模式和新业态，为实现网络强国和制造强国战略提供了重要支撑。展望 2017 年，我国软件和信息技术服务业仍将有望保持平稳快速发展态势，政策利好将持续释放，产业发展新兴动能加速汇聚，工业软件与制造业协同发展将成为重点，全球化竞争助力产业升级，“双创”为产业发展注入新活力。

一、国家政策密集出台为产业发展带来新动能

2016 年，《“十三五”国家信息化规划》《信息产业发展指南》《软件和信息技术服务业发展规划（2016—2020 年）》《大数据产业发展规划（2016—2020 年）》等有利于产业发展的重大政策密集出台，产业发展政策环境得以进一步优化，特别是随着《国务院关于深化制造业与互联网融合发展的指导意见》的发布，面向制造业的软件和信息技术服务迎来新的广阔发展空间，有望为产业创新发展提供更多原动力。同时，及时推动出台《关于软件和集成电路产业企业所得税优惠政策有关问题的通知》等文件，延续软件产业国家税收优惠政策，当年实现减税超过 278 亿元。当前，南京、成都、杭州、北京、上海、大连等软件产业重镇对当地软件和信息技术服务业的发展更为重视，制定了系列软件产业发展政策以促进城市经济“换挡提速”。2017 年，随着国家及各地规划文件的陆续出台、软件产业优惠政策的进一步落实、新形势下接续性政策措施的研究制定，产业政策红利将加速释放，预计全年我国软件和信息技术服务业增速将有望继续保持平稳快速发展态势。

二、以“软件定义”为特征的融合创新向更深层次发展

2016 年，新一代信息技术与传统产业融合不断深入，软件的“核心”作用正从信息技术产业向各领域加速渗透，表现为“软件定义”快速兴起，在多个应用领域软件对硬件、系统、网络、平台、服务的“赋能”“赋值”和“赋智”作用持续放大。软件定义制造激发研发设计、仿真验证、生产制造、经营管理等环节的创新活力，使企业和产业加速转型升级；软件定义服务深刻影响金融、物流、交通、文化、旅游等服务业的发展，催生出分享经济、平台经济、算法经济等众多新型网络经济模式；软件定义管理提高社会管理与服务水平，整合共享信息资源、破除信息壁垒、挖掘信息价值，成为政府创新社会管理与服务的首要选择和必然要求。展望 2017 年，“软件定义”将更为“风行”，软件作为重要的知识型生产工具，为经济社会转型升级发挥更为有效和重要的支撑作用。

三、工业软件与制造业融合发展将成为战略布局新重心

2016 年，在我国宏观经济发展“换挡”与工业产业转型升级“阵痛”的双重影响下，工业软件产业规模增速趋缓。但受益于我国制造业体量优势和转型升级过程中对软件服务应用，特别是高端工业软件应用需求的进一步释放，我国工业软件市场规模增速仍远高于全球企业级软件市场的平均增速。特别是，国务院出台《关于深化制造业与互联网融合发展的指导意见》等重大政策，协同“中国制造 2025”和“互联网 +”行动计划，将工业软件的发展提升到前所未有的高度，加快制造强国战略的落实。在此形势下，我国工业软件厂商在自主创新的基础上，开发出了大量适合中国工业软件特点、满足行业需求的软件产品，覆盖 CAD/CAE/CAM/PLM 等产品生命周期的各个阶段，涌现出数码大方、中望、浩辰、神舟航天等优秀企业，据初步统计，从事工业领域系统集成的企业已经超过千家，典型企业包括了中软国际、上海宝信、启明信息、航天云网等。同时，伴随软件技术向制造业的不断渗透，越来越多的制造企业将各项业务系统集成，构建私有云平台或依托公有云开展服务。展望 2017 年，随着工信部《工业技术软件化行动计划（2017—2019年)》的研究制定及在工业 4. 0 技术上的不断突破，工业软件企业将加快向制造业企业，尤其是高端制造业工业软件平台的渗透，我国工业技术软件化发展（即工业知识自动化）将迎来一个崭新的发展阶段。

四、以大数据产业为代表的发展新兴动能加速汇集

2016 年，伴随全球信息领域新兴技术的不断演进和产业化，大数据、云计算、人工智能、虚拟现实/增强现实、区块链等新兴领域正逐渐成为推动我国软件和信息技术服务业发展的新动能。我国大数据产业快速发展壮大，各级政府和企业大力推进，技术创新取得明显突破，工业大数据涌现出一批典型应用，产业集聚初具雏形，预计 2016 年我国包括大数据核心软硬件产品和大数据服务在内的市场规模将达到 3100 亿元。云计算领域海量数据存储管理、大规模用户并发、数据中心绿色节能等核心关键技术环节不断取得突破，云计算在工业转型升级、智慧城市建设、食品药品监管、环境污染检测等领

域得到了广泛应用，2016 年全年产业规模将超过 4500 亿元。基于大数据的人工智能融合性新业态加速成熟，百度、科大讯飞等龙头企业在人工智能技术创新中也取得突破进展，语音识别、图像识别、路线规划等典型应用加速普及。此外，在虚拟现实、区块链等前沿方向，一批创新型企业加速成长，部分龙头企业加快布局，成为产业资金、人才、技术等要素汇集的重点领域。展望 2017 年，大数据产业发展将迎来“黄金期”、创新驱动仍将是产业发展“主基调”、工业大数据成为产业发展“新焦点”，特别是随着工信部《促进工业大数据发展的指导意见》研究制定、大数据产业集聚区工作持续推进、工业大数据创新中心不断建成，预计 2017 年我国大数据产业规模有望达到 4185 亿元，未来 2—3 年的市场规模的增长率将保持在 35% 左右。云计算技术体系将逐步完善，发展水平将得到大幅提升，尤其是随着工信部“工业云服务平台试点示范”工作的持续推进，将会有越来越多的制造企业构建私有云平台或依托公有云开展服务，进一步提升面向制造业的云计算服务水平，预计 2017 年云计算产业规模有望达到 6000 亿元。2017 年，我国人工智能产业发展环境将不断优化，相关技术在各个行业中的应用将更为普及，应用的商业模式将逐步清晰，产业发展增速将超过 50% 。在虚拟现实、区块链等领域中，相关软件系统、应用产品、解决方案将成为企业关注的焦点，一批拥有核心技术的创新型企业将在资本的助推下不断成长，有望培育出若干在细分领域中具有明显竞争优势的隐形冠军企业。

五、新常态下全球化竞合助推产业结构升级

2016 年，随着“一带一路”倡议的深入落实，新一轮全球化浪潮正在兴起，中软国际、东软、阿里云等实力雄厚的骨干软件企业纷纷加快国际化布局，一方面积极开拓美、日、欧等发达国家市场，另一方面加快拓展拉美、非洲、东南亚等新兴市场，为发展中国家输出先进技术和成功商业模式。1—11 月，软件业实现出口 441 亿美元，同比增长 7. 0% ，增速同比提高 2 个百分点。其中，外包服务出口增长 8. 8% ，增速同比提高 7. 7 个百分点；嵌入式系统软件出口增长 5. 7% ，增速同比提高 1. 7 个百分点。同时，加强与外企开放合作成为我国软件企业提升全球竞争力的重要战略。如南大通用与 Memblaze

建立战略合作关系，在技术研发、解决方案及市场拓展等层面加强合作，共同推进高性能闪存数据库一体机技术创新及市场开拓。展望2017年，我国软件企业将通过建设海外研发中心、并购等方式继续加快全球化步伐，尤其是以阿里云、腾讯、浪潮等为代表的云计算服务企业加速拓展海外业务。随着移动互联网、云计算、大数据、物联网等领域新技术突破，依靠多元力量、汇集全球智慧的开源式技术创新将成为技术创新的主流，开源软件迎来新一轮快速发展。此外，产业生态系统竞争成为新的竞争焦点，如何聚集全球产业资源提升整个平台生态的开放性将成为企业生态系统构建的重心。

六、“双创”进一步激发产业发展新活力

2016年，国务院发布《国务院办公厅关于建设大众创业万众创新示范基地的实施意见》，在此号召的鼓舞下，我国进入“大众创业万众创新”的黄金期。特别是《关于深化制造业与互联网融合发展的指导意见》的发布，明确指出建设基于互联网的大型制造企业“双创”平台和面向中小企业的第三方“双创”服务平台，更是把制造业“双创”推向高潮。国内许多软件企业凭借自身的技术和资源优势，依托云计算、大数据等技术，为“双创”搭建提供技术和服务平台。同时，各地方政府依托“软件名城”、软件园区等工作载体，积极发展创客空间、创新工场、开源社区等新型众创空间；结合“双创”示范基地建设，积极响应“双创”、推动创新要素聚集、加快发展创新主体、提升企业整体市场竞争力。在此利好条件下，在物联网、云计算、大数据、移动互联网、虚拟现实/增强现实、人工智能、区块链等新兴技术和软件产业领域涌现出一大批创业企业，在增加有效投资、创造有效供给和引领消费需求方面发挥着积极作用，推动制造业向更多依靠创新驱动转变。展望2017年，随着双创模式和典型经验不断成熟，大型制造企业“双创”平台的建设将不断加快，“双创”服务平台功能将不断完善。2017年制造业重点行业骨干企业互联网“双创”平台普及率将达到60%，“双创”成效及水平评估、测试验证、产融合作等第三方服务有序展开，必将为产业发展注入“新活力”。

第十三章　互联网产业

2016年，中国互联网行业继续保持蓬勃发展态势，网民规模持续增长，网民结构小幅调整，移动互联网成为主要牵引；网络基础资源快速增长，移动应用下载量快速增大，互联网整体发展实力不断增强。行业发展表现出发展动能逐渐转换、网络业态持续创新、企业实力继续增强、发展环境更加优化、国际竞争力显著提升等特点。特别是在“互联网+”战略的引领下，中国各领域“互联网+”行动快速推进，取得显著成效，“互联网+”制造融合创新取得显著进展，新模式新业态大量涌现，云计算、大数据、电子商务等领域的发展水平和应用能力显著提升，分享经济成为中国新经济的发展热点，带动创业就业亮点频现，驱动国际竞争力显著提升，为中国互联网行业发展注入新的动能。

第一节　2016年我国互联网产业发展情况

一、产业整体发展情况

（一）网民规模持续增长，移动互联网成为主要牵引

2016年，中国互联网网民数量进一步增长，从2015年的6.8826亿人增长到7.3125亿人，新增网民数量达到4299万人。互联网普及率自2015年首次超过50%之后，又提升了2.9个百分点，达到53.2%，是2013年以来提升最快的一年。新增网民中，19岁以下人群占比为45.8%，40岁以上人群占比为40.5%，表明互联网正在从中青年人群向低龄、高龄人群渗透。受此影响，我国20—39岁网民占比达到53.5%，19岁以下和40岁以上人群的占比分别

为23.4%和23.1%。需要注意到的是，10岁以下儿童网民占比从2015年的2.7%增长到3.2%，其上网行为亟待加以引导。

移动互联网的快速发展成为网民规模增长的主要因素。2016年，我国新增网民7550万人，其中使用手机上网者占比达到80.7%，较2015年的71.5%提高9.2个百分点。与此同时，使用台式电脑上网的网民占比从29.2%下降到22.7%。受此带动，我国手机网民总规模在2016年底达到6.9531亿人，在全部网民中的占比从2015年的90.1%提高到95.1%。

（二）网民结构小幅调整，城乡互联网差异依然较大

2016年中国新增网民中，城镇网民为3772万人，增幅为7.7%，农村网民为526万人，增幅为2.7%。增长数量和幅度的不均衡，使得网民城乡占比和城乡互联网普及率进一步拉大。从总数上看，城镇网民和农村网民规模分别为5.31亿和2.01亿，占比分别为72.6%和27.4%，较2015年分别增长和下降了1个百分点。从普及率看，城镇地区互联网普及率为69.1%，农村地区互联网普及率为33.1%，两者之差达到36.0%，较2015年的34.2%又扩大1.8个百分点。表明消除城乡互联网数字鸿沟的工作仍任重道远。

（三）上网时间基本持平，移动应用下载量快速增长

2016年，中国网民每周平均上网时长为26.4小时，较2015年底增长0.2小时，基本持平。即时通信、搜索引擎、网络新闻、网络视频、网络音乐成为使用率最高的前5类应用。由于移动互联网的飞速发展和移动终端设备的普及应用，移动互联网应用程序（APP）成为移动互联网重要入口和信息服务重要载体，APP下载量也持续快速增长。2015年第一季度，我国iOS端移动应用下载量超越美国，跃居世界首位。2016年，中国的应用下载量约达490亿，第三方安卓商店的下载量增加约2.6倍。与此同时，移动应用使用偏好显著集中，即时通信、网络直播、微博社交、综合电商、综合资讯成为网民最常使用的5类APP。

（四）基础资源快速增长，互联网发展实力不断增强

截至2016年底，中国IPv4和IPv6地址拥有数量分别为3.38亿个和11188块/32，年增长率分别为0.5%和2.9%。与之相比，域名、网站数量和国际出口带宽增长迅猛。其中，互联网域名总数达4228万个，增长36.3%；

这其中，“.CN”域名 2061 万个，增长 25.9%，占中国域名总数的 48.7%。网站数量从 2015 年的 423 万个增长到 482 万个，增幅为 14.1%；网页数量则增长 11.2%，达到 2360 亿个。国际出口带宽增长 23.1%，从 2015 年的 5392116Mbps 提升到 2016 年的 6640291Mbps，自 2015 年起增长近一倍。

二、产业发展主要特点

（一）人口红利效应减弱，发展动能正逐渐转换

经过近些年的快速增长之后，随着网民基数的不断增大和互联网普及率的不断提升，互联网领域的人口红利逐渐减弱，中国网民数量增长渐趋稳定，用户规模不再是推动互联网行业发展的主要动力。在此形势下，行业发展动能正朝新的方向转换。一是政策动能，国家出台的关于互联网发展的多项政策措施，优化了互联网发展环境，推动了互联网各细分领域快速健康发展。二是网民消费能力动能。越来越多的网民接受了付费使用互联网服务的理念，人均消费能力显著提升，在网络购物、网络娱乐等领域实现快速增长，对国内生产总值增长的拉动力进一步增强。三是“互联网＋”动能。互联网与各行业领域的融合发展，使行业互联网发展步伐加快，企业级市场得到迅速开拓。

（二）网络业态持续创新，消费者习惯快速建立

分享经济、网络直播、虚拟现实、人工智能等互联网新业态快速培育发展，部分领域已进入到大规模产业化阶段。消费者应用互联网的习惯快速建立。手机支付用户增长 31.2%，达到 4.69 亿，其中手机支付的使用比例从 57.7% 快速提升到 67.5%。网约专车用户规模达到 1.68 亿，共享单车受到各界的好评和追评，共享出行进入规范化发展时期。知识分享成为新领域、新热点，推动了知识的社会化效用。网络直播平台数量超过 200 个，用户超过 3.3 亿，行业规模超过 500 亿元，并正在向电商、教育、旅游等融合领域快速拓展。

（三）企业实力继续增强，产业投融资较为平稳

2016 年，中国互联网行业收入高速增长。上市互联网企业收入突破 1 万

亿元，实现了超过40%的增速。中国上市互联网企业总市值持续提升，2016年底已达5.23万亿元，同比增长7.6%。这其中，腾讯、阿里两家企业的市值占比超过60%。互联网行业仍然是投融资热点领域。2016年，互联网行业投融资案例数小幅下滑6.0%，但投融资金额同比增长27.2%。从投资对象看，资金向蚂蚁金服等“独角兽”企业集中，处于种子天使轮和A轮的企业融资难度加大，投资占比为38%，同比下滑8个百分点。

（四）发展环境更加优化，国际竞争力显著提升

国家相关部门针对互联网产业发展过程中的痛点和难点，制定出台了系列管理办法，开展了专项整治和分业监管，为互联网产业发展和“互联网+”行动推进创造了良好的持续发展环境。例如，工信部发布了《关于进一步防范和打击通讯信息诈骗工作的实施意见》，提出29条铁律打击电信诈骗；国家发改委发布了一批互联网市场准入负面清单，构建了鼓励创新、与时俱进、放管结合的市场环境；网信办、公安部、人民银行、工商总局、食药总局等部门组织了移动应用、电子商务、互联网金融、网络直播等领域的专项整治行动，有力保障了互联网新业态健康发展。在国家政策的支持下，一批行业、地区典型快速涌现，部分企业已经跃升成为全球样本，引领我国国际竞争力显著提升。从制造业企业来看，海尔集团、沈阳机床、青岛红领等一批领先企业正在引领智能制造发展，在战略、组织、生产、业务、管理等价值链关键环节全面推进变革，加速互联网融合向实体经济回归。从互联网企业来看，近两年我国诞生了一批规模大、创新力强、世界影响大的互联网企业，百度、阿里巴巴、腾讯、京东4家进入全球互联网企业前10名。从科技创业企业来看，全球181家估值超过10亿美元的“独角兽”企业中，中国企业数量达到38家，分布在智能硬件、电子商务和互联网金融等多个领域。

三、中国“互联网+”行动推进情况

（一）“互联网+”新模式新业态大量涌现

互联网应用范围不断扩大，与各行业的跨界融合不断加深，助力新业态新模式大量涌现。互联网与制造融合加速，装备行业“互联网+”应用深入，众多企业能够借助物联网、大数据等技术提供产品全生命周期管理和服务，

家电行业研发、供应链、生产环节协同制造应用普遍，消费品、原材料等行业智能制造扎实推进，服装、家居等行业个性化定制应用前景广阔，形成了一批可推广、可复制的“互联网+”协同制造新模式。互联网与服务业融合创新突出，加速了服务业社会化分工重组，催生出了一批互联网电商、互联网金融、互联网医疗、互联网教育、网络约租车等新兴业态。

（二）“互联网+”带动创业就业亮点频现

各方高度重视“互联网+”创业创新，产业资本和金融资本大量涌入，创业创新亮点频现。近两年，经国家认证的众创空间从50余家快速发展到2300余家，增长近46倍；截至2016年5月，全国有498家众创空间吸引创业投资352亿元；全国涌现出一大批双创典型代表城市，北京、上海、深圳、杭州、广州、成都六城市孵化的创业公司总量全国占比达81%；大学生积极踊跃参与创新创业，中国“互联网+”大学生创新创业大赛连续两年举办，参赛高校达到2110所，参赛学生累计70多万，参赛项目累计15.5万。同时，“互联网+”创业创新有效拉动就业，以新的组织形式和劳动工种快速扩大岗位数量。截至2016年5月，国家级众创空间直接带动了6万余人就业；从平台企业来看，腾讯线上开放平台创业公司达到600万家，累计促进就业人口近1100万。

（三）“互联网+”驱动国际竞争力显著提升

随着“互联网+”战略的加快实施，一批行业、地区典型快速涌现，部分企业已经跃升成为全球样本，引领我国国际竞争力显著提升。从制造业企业来看，海尔集团、沈阳机床、青岛红领等一批领先企业正在引领智能制造发展，在战略、组织、生产、业务、管理等价值链关键环节全面推进变革，加速互联网融合向实体经济回归。从互联网企业来看，近两年我国诞生了一批规模大、创新力强、世界影响大的互联网企业，百度、阿里巴巴、腾讯、京东4家进入全球互联网企业前10名。从科技创业企业来看，全球181家估值超过10亿美元的“独角兽”企业中，中国企业数量达到38家，分布在智能硬件、电子商务和互联网金融等多个领域。

（四）“互联网+”发展面临三方面新形势

新旧业态交织引爆矛盾点，“+”的监管将向制度化深入。当前，互联网融合创新加快，新业态层出不穷，各领域监管不断加强。但部分领域监管往往针对某类业态以专项行动方式展开，或是由政策的综合考量演变为单方面监管便利，不仅导致监管碎片化、治标不治本，更会给新业态发展和监管本身带来危害和挑战。如部分城市网约车新规更多考虑了辅助城市功能定位的需要，过于生硬地限人、限车，规定内容本身的合法性遭到质疑，不仅忽视了网约车本身对服务城市发展的积极意义，令网约车市场回到原点，更易导致大量具有安全隐患的黑车重新出现，造成监管难题。当前，《网络安全法》顺利颁布，《电子商务法》提请审议，都在彰显互联网法治进程的加快。未来，随着新旧业态的不断融合交替，矛盾点还将继续爆发，现有监管模式势必无法满足行业健康发展的需要，从根源上摸清互联网发展规律和特点，强化“互联网+”顶层制度和法律体系设计，将成为我国“互联网+”战略成功实现的重要保障。

消费需求升级倒逼行业转型，“+”的服务将由数量规模向质量效益提升。从电子商务发展情况来看，“互联网+”商贸服务令国民消费潜力得到极大释放，但面向国内消费需求升级和消费行为的改变，我国电子商务发展速度有所放缓。国家统计局数据显示，今年前三季度，我国网上零售额34651亿元，增速为26.1%，比上年同期放缓10.1个百分点。同时，行业内假货现象、诚信危机、规范缺失、税收争议等严重困扰着行业发展，给其蓬勃发展带来不少隐忧。2016年网络交易商品质量专项抽检结果显示，总体不合格商品检出率仍为34.6%，其中内在质量不合格率则达到93%。随着多部委发力“打假”和电商平台治理能力的提升，未来电商发展生态将不断优化，以品质提升力促电商转型升级。

产业技术融合条件趋于成熟，“+”的领域将由商业模式向关键技术扩展。从产业发展阶段来看，我国制造业覆盖门类广、细分行业属性差距大，互联网与制造融合创新应用仍处于初级阶段，与销售过程融合应用多、生产过程融合应用少，不同行业间差距仍然较大。数据显示，当期我国35%的企业仍处于起步建设阶段，47%的企业仍处于单向应用阶段。因此，从产业发展需求来看，未来“互联网+”要实现面向全生产环节集成的创新应用，则首先要实现工业大数据、人工智能等关键技术与全生产过程的有机结合。从技术发展情况来看，人工智能、虚拟现实等新一代信息技术已经跨越了启蒙阶段，成为行业发展应用热点，小米公司宣布建立 VR 和智能机器人探索实验室，百度公司无人驾驶汽车在环境感知的计算机视觉技术方面实现世界领跑。未来，更多企业将紧跟互联网新技术发展潮流，继续加大前沿新技术投资，驱动“互联网 +”新应用层出不穷。

第二节 2016 年我国互联网产业重点政策解析

一、网络安全法

2016 年 11 月 7 日第十二届全国人民代表大会常务委员会第二十四次会议通过《中华人民共和国网络安全法》（以下简称《网络安全法》），包括了总则、网络安全支持与促进、网络运行安全、一般规定、关键信息基础设施的运行安全、网络信息安全、监测预警与应急处置、法律责任、附则等七个章节，法律进一步界定关键信息基础设施范围；对攻击、破坏我国关键信息基础设施的境外组织和个人规定相应的惩治措施；增加惩治网络诈骗等新型网络违法犯罪活动的规定等。《网络安全法》强化了国家对网络空间的主权，明确了网络空间经济社会活动的禁区，明确了网络产品和服务提供者的权利和义务，加强了对个人网络空间活动信息法律保护，加强了关键信息基础设施的运行安全保障，强化了国家对网络空间安全保障能力。

二、网络预约出租汽车经营服务管理暂行办法

为更好地满足社会公众多样化出行需求，促进出租汽车行业和互联网融合发展，规范网络预约出租汽车经营服务行为，保障运营安全和乘客合法权益，交通运输部、工业和信息化部、公安部、商务部、工商总局、质检总局、国家网信办等七个部门联合制定了《网络预约出租汽车经营服务管理暂行办法》（以下简称《办法》），并于 2016 年 7 月 28 日发布，正式承认了网约车的合法定位，该办法的发布是全面深化改革的一次重要实践，是创新政府在网络经济条件下监管模式的一次重大实践，是贯彻“创新、协调、绿色、开放、

共享”五大发展理念的一次重要实践，意义十分重大。《办法》主要明确了以下几方面内容。一是明确了网约车经营服务界定。二是明确了网约车监督管理机制。三是明确了网约车经营服务为许可服务，《办法》要求申请从事网约车经营必须取得《网络预约出租汽车经营许可证》。四是明确了从事网约车服务的驾驶员的要求。《办法》要求从事网约车服务的驾驶员必须取得《网络预约出租汽车运输证》和《网络预约出租汽车驾驶员证》。五是明确了网约车服务相关禁区，《办法》要求网约车平台公司不得为排挤竞争对手或者独占市场，以低于成本的价格运营扰乱正常市场秩序。

三、网络借贷信息中介机构业务活动管理暂行办法

为加强对网络借贷信息中介机构业务活动的监督管理，促进网络借贷行业健康发展，中国银监会、工业和信息化部、公安部、国家互联网信息办公室制定了《网络借贷信息中介机构业务活动管理暂行办法》，并于2016年8月17日公开发布。该办法从备案管理、业务规则与风险管理、出借人与借款人保护、信息披露、监督管理、法律责任等六个方面进行了全面的规范，并重点明确了以下几方面内容：一是确立了网贷监管体制，明确了网贷监管各相关主体的责任。二是明确了网贷业务规则，加强了事中事后行为监管。三是强化信息披露监管，创造透明、公开、公平的网贷经营环境。

四、互联网广告管理暂行办法

为了规范互联网广告活动，保护消费者的合法权益，促进互联网广告业的健康发展，维护公平竞争的市场经济秩序，国家工商行政管理总局制定本办法，并于2016年7月4日进行了发布，该《办法》明确了以下几方面内容：一是明确了互联网广告展现形式，要求互联网广告需标示“广告”字样。二是明确了转发广告也要承担法律责任，明确了在微信朋友圈、微博中转发广告同样要承担广告发布者的责任和义务。三是明确了网站核对广告内容的责任。四是明确了互联网广告管辖权。

五、移动互联网应用程序信息服务管理规定

为加强对移动互联网应用程序（APP）信息服务的管理，保护公民、法人和其他组织的合法权益，维护国家安全和公共利益，国家互联网信息办公室制定了该《规定》，并于2016年6月28日发布，《规定》自2016年8月1日起施行。《规定》主要明确了以下几方面内容。一是明确了移动互联网应用程序监管机制。二是明确了移动互联网应用程序注册要求。三是明确了移动互联网应用程序安装要求。四是明确了互联网应用商店服务提供者相关责任。

六、网络表演经营活动管理办法

为切实加强网络表演经营活动管理，规范网络表演市场秩序，促进行业健康有序发展，文化部制定《网络表演经营活动管理办法》（以下简称《办法》），并于2016年12月2日进行了发布，该《办法》明确了以下几方面内容。一是明确了网络表演的界定。二是明确了网络表演的禁区。三是明确了网络表演经营单位的责任，《办法》明确了网络表演经营单位的责任包括要求网络表演单位建立健全内容审核管理制度，配备满足自审需要并取得相应资质的审核人员，建立适应内容管理需要的技术监管措施；要求网络表演单位应当要求表演者使用有效身份证件进行实名注册，并采取面谈、录制通话视频等有效方式进行核实。

七、互联网直播服务管理规定

为加强对互联网直播服务的管理，保护公民、法人和其他组织的合法权益，维护国家安全和公共利益，国务院互联网信息办公室制定《互联网直播服务管理规定》（以下简称《规定》），并于2016年11月4日发布，该《规定》明确了以下几方面内容。

一是明确了互联网直播界定。二是明确了互联网直播的管理机制。三是明确了互联网直播服务提供者的主体责任要求，《规定》明确了互联网直播服务提供者应当落实主体责任，配备与服务规模相适应的专业人员，健全信息审核、信息安全管理、值班巡查、应急处置、技术保障等制度。四是明确互

联网直播用户注册要求。《规定》要求互联网直播服务提供者应当按照“后台实名、前台自愿”的原则，对互联网直播用户进行基于移动电话号码等方式的真实身份信息认证，对互联网直播发布者进行基于身份证件、营业执照、组织机构代码证等的认证登记。

八、移动智能终端应用软件预置和分发管理暂行规定

为推动移动互联网健康有序发展，构建安全可信的信息通信网络环境，依法维护用户的知情权和选择权，促进大众创业、万众创新，规范移动互联网市场秩序，工业和信息化部制定了《移动智能终端应用软件预置和分发管理暂行规定》（以下简称《规定》），并于2016年12月16日进行了发布，该《规定》明确了以下几方面内容。一是明确了移动智能终端应用软件预置和分发管理主体。二是明确了移动智能终端应用软件行为禁区，《规定》明确了移动智能终端应用软件行为禁区包括以下行为：生产企业和互联网信息服务提供者所提供移动智能终端应用软件不得调用与所提供服务无关的终端功能、违法发送商业性电子信息；未经明示且经用户同意，不得实施收集使用用户个人信息、开启应用软件、捆绑推广其他应用软件等侵害用户合法权益或危害网络安全的行为。三是明确了软件分发平台的责任。

九、互联网信息搜索服务管理规定

为了规范互联网信息搜索服务，促进互联网信息搜索行业健康有序发展，保护公民、法人和其他组织的合法权益，维护国家安全和公共利益。2016年6月25日，国家互联网信息办公室发布《互联网信息搜索服务管理规定》（以下简称《规定》），该《规定》明确了以下几方面内容。

一是明确了互联网信息搜索服务管理机构。二是明确了互联网信息搜索服务单位的服务要求。三是明确了信息搜索服务单位服务禁区，《规定》要求互联网信息搜索服务提供者不得以链接、摘要、快照、联想词、相关搜索、相关推荐等形式提供含有法律法规禁止的信息内容，要求互联网信息搜索服务提供者及其从业人员，不得通过断开相关链接或者提供含有虚假信息的搜索结果等手段，牟取不正当利益。四是明确了付费搜索信息服务相关要求，

《规定》要求互联网信息搜索服务提供者提供付费搜索信息服务，应当依法查验客户有关资质，明确付费搜索信息页面比例上限，醒目区分自然搜索结果与付费搜索信息，对付费搜索信息逐条加注显著标识。

十、网络出版服务管理规定

为了规范网络出版服务秩序，促进网络出版服务业健康有序发展，2016年2月4日，国家新闻出版广电总局、工业和信息化部令公布《网络出版服务管理规定》（以下简称《规定》），《规定》明确了以下几方面内容：一是明确了网络出版服务为许可服务。《规定》明确提出从事网络出版服务，必须依法经过出版行政主管部门批准，取得《网络出版服务许可证》。二是明确了网络出版服务管理模式。三是明确了网络出版服务监管模式。四是明确网络出版服务单位实行年度核验制度。

十一、网络交易价格举报管辖规定

为了不断提高网络交易价格举报办理质量和效率，切实维护消费者和经营者的合法权益，国家发改委制定了《网络交易价格举报管辖规定（试行）》（以下简称《规定》），并于2016年10月25日发布，《规定》明确了以下几方面内容：

一是明确了网络交易、网络交易经营者和网络交易平台的界定。二是明确网络交易价格管辖地，《规定》明确受理、办理网络交易价格举报遵循行为发生地管辖原则，网络交易进行时，被举报经营者所在地即行为发生地。

十二、非银行支付机构网络支付业务管理办法

为规范非银行支付机构网络支付业务，防范支付风险，保护当事人合法权益，中国人民银行制定了《非银行支付机构网络支付业务管理办法》（以下简称《办法》），并于2016年7月1日开始实施。《办法》主要明确了以下几方面内容：一是明确了支付机构和支付业务界定。二是明确了支付账户实名原则。三是明确了支付机构业务禁区。四是明确了支付机构要建立客户风险评级管理制度和机制的责任。五是明确了支付机构制定有效的客户信息保护

措施和风险控制机制的责任。

十三、公开募捐平台服务管理办法

为贯彻落实《中华人民共和国慈善法》，规范公开募捐平台服务，维护捐赠人、受益人和慈善组织等慈善活动参与者的合法权益，促进我国慈善事业健康发展，民政部联合工业和信息化部、国家新闻出版广电总局、国家互联网信息办公室制定了《公开募捐平台服务管理办法》（以下简称《办法》），并于2016年8月30日发布，《办法》主要明确了以下几方面内容：

一是明确了公开募捐平台服务界定。二是明确了公开募捐平台服务对象资质要求。三是明确了个人在使用公开募捐平台时平台的责任。四是明确了公开募捐平台管理协调机制。

十四、关于办理电信网络诈骗等刑事案件适用法律若干问题的意见

为依法惩治电信网络诈骗等犯罪活动，保护公民、法人和其他组织的合法权益，维护社会秩序，根据《中华人民共和国刑法》《中华人民共和国刑事诉讼法》等法律和有关司法解释的规定，最高人民法院、最高人民检察院、公安部联合制定该《意见》，该意见主要明确了以下几方面内容。一是明确了电信网络诈骗等级。二是明确了电信网络诈骗从重处罚类型。三是明确了网络平台服务提供者的责任。四是明确了电信网络诈骗的管辖权。

十五、互联网金融风险专项整治工作实施方案

2015年7月人民银行等十部门联合印发了《关于促进互联网金融健康发展的指导意见》，互联网金融在发展过程中出现了一些风险，有关部门及时出手，打击处置一批违法经营金额大、涉及面广、社会危害大的互联网金融风险案件，为了整治违法违规行为，切实防范风险，建立监管长效机制，促进互联网金融规范有序发展，国务院办公厅制定本方案，主要明确了以下几方面内容。一是明确了P2P网络借贷平台信息中介定位。二是明确了股权众筹平台业务禁区。三是明确了房地产金融业务特殊要求。四是明确了第三方支付业务相关要求。五是明确了非银行支付机构清算要求。六是明确了互联网

金融领域广告等行为要求。

十六、国家网络空间安全战略

2016年12月27日，经中央网络安全和信息化领导小组批准，国家互联网信息办公室发布《国家网络空间安全战略》，《战略》主要明确了以下几方面内容。一是明确了国家网络空间安全战略目标。二是明确了国家网络空间安全战略四项基本原则。《战略》提出了尊重维护网络空间主权、和平利用网络空间、依法治理网络空间、统筹网络安全与发展等四项基本原则。三是明确国家网络空间安全战略任务。《战略》提出了坚定捍卫网络空间主权、坚决维护国家安全、保护关键信息基础设施、加强网络文化建设、打击网络恐怖和违法犯罪、完善网络治理体系、夯实网络安全基础、提升网络空间防护能力、强化网络空间国际合作等九项战略任务。

第三节　2016年我国互联网产业重点行业发展情况

一、2016年我国移动互联网发展状况

2016年我国国产智能手机市场份额激增。据IDC统计，2016年销量排名前五的手机厂商分别是三星、苹果、华为、OPPO和vivo。我国网民手机上网比例也进一步攀升。截至2016年12月，我国网民规模达7.31亿，手机网民规模达6.95亿，网民中使用手机上网人群占比达95.1%。我国已经成为全球最大的移动应用市场，移动端用户呈多元化发展趋势，移动应用随之向深耕细作方向发展。

在移动互联网创新方面，2016年不仅出现了即时应用、企业级APP等新形式，虚拟现实等智能科技的爆发也让移动应用市场焕发了新的活力，任天堂、Pokémon公司和谷歌联合制作开发的增强现实游戏Polemon Go只用了60天即全球累计盈利5亿美元，用户数超过Twitter和谷歌地图。在商业模式创新上，粉丝经济正逐渐取代流量经济，例如，2016年初，积累了大批粉丝的

Papi 酱获得 1200 万元风险投资，身价估值上亿元。同时，移动应用的迅速发展带动了共享经济快速增长，预计到 2020 年共享经济市场规模或将占我国 GDP 的 10% 以上。

在移动互联网应用推广方面，2016 年涌现出共享出行、移动支付、知识付费等典型应用。滴滴、神州等共享出行相关企业随着网约车新政的出炉，已经进入挖掘用户存量的阶段。智能手机以及移动支付技术的不断完善，吸引了大量移动端金融用户。据国家互联网络信息中心报告显示，我国 50.3% 的网民在线下实体店购物时使用手机支付结算。此外，“知识”能像商品一样“零售”已经成为共识，多款付费问答产品面世。

在移动互联网投融资领域，2016 年独角兽公司融资金额多、轮数多，互联网巨头拆分业务或者热点行业标杆公司的连续融资次数更多、更频发，8 家移动互联网公司 1 年内融资轮次超过 3 次。其中，交通出行、消费金融领域融资量较大，2016 年滴滴出行进行了多达 6 轮的融资；VIPKID、映客 TV 等新锐独角兽公司融资快速；短途交通出行是 2016 年下半年融资热点，摩拜单车在短短 5 个多月时间里、完成了多达 6 轮的融资，估值也从刚开始的数千万美元增长到超过 10 亿美元。

二、2016 年我国“互联网 +”制造业发展状况

2016 年我国制造业与互联网融合发展部署力度不断加大，各地积极落实并出台相关政策。5 月，国务院印发《关于深化制造业与互联网融合发展的指导意见》，协同推进“中国制造 2025”和“互联网 +”行动，加快制造强国建设。工信部陆续出台促进两化融合、智能硬件、大数据、人工智能等产业发展的政策和行动计划。各地积极按照中央要求，积极开展相关工作，陆续出台相关扶持政策。

制造企业纷纷提出“互联网 +”战略，推动商业模式、组织架构持续变革创新，制造企业开始从要素驱动、投资驱动向创新驱动转变，工业互联网、工业云、工业大数据等创新产品与服务不断涌现。例如，IBM 推出了 Watson IoT Platform 物联网云端服务平台，工业企业利用该平台实现对生产设备数据实时收集和分析。

随着制造业与互联网融合发展步伐加快，制造企业与互联网企业、科研机构等开展广泛的跨界合作，正在形成优势互补、合作共赢的融合发展格局。例如，中国铁建重工与埃森哲签订战略合作协议打造工业物联网云平台，建设信息流高度集成、大数据驱动高度柔性化的智能制造车间。我国与西方发达国家在智能制造领域交流合作也持续深入。2016 年 4 月，中德成立了智能制造联盟，为中德两国政府、企业和学术界搭建了一个有效沟通交流的桥梁。

智能制造标准体系建设持续推进，互联网与制造业融合发展试点示范也有序推进。2016 年，工信部在《国家智能制造标准体系建设指南》基础上，相继启动了智能工厂、数字化车间、工业云、工业互联网等一系列智能制造核心标准研制工作。同时，融合发展试点的行业和区域覆盖面逐步扩大，形成了一批智能制造、精益研发等行业系统解决方案，有效推广了智能制造标准体系，也通过试点不断加强完善标准体系建设。

工业信息安全保障能力建设开始稳步推进。2016 年，工信部组织编制实施《工业控制系统信息安全防护指南》，明确工业企业主体责任，细化信息安全防护措施，提高对工业控制系统信息安全的检测评估、监测预警等能力。

三、2016 年我国电子商务发展状况

2016 年，我国电子商务行业市场交易规模整体呈平稳发展趋势，增速基本与上年持平。就电子商务总体市场规模来看，2016 年市场交易总规模达 20.2 万亿元，相比 2015 年的 16.4 万亿元增长 23.6%。

从我国电子商务的产业结构看，我国电子商务产业主要以 B2B 电子商务和网络购物两大领域为主，其中 B2B 电子商务占比最高。2016 年，B2B 电子商务市场总体占比超过七成，规模企业 B2B、中小企业 B2B 以及在线旅游的市场占比分别为 27.4%、44.7%、3%。该细分市场的集中度较高，中小企业 B2B 电子商务运营商以阿里巴巴一家独大，环球资源、金泉网等主流 B2B 企业合计占比超过 70%。2016 年我国网络购物市场中，B2C 市场交易规模为 2.6 万亿元，较 2015 年增长 31.6%，远远超过 C2C 市场 15.6% 的增速。网络购物行业产业链向纵深方向延伸，2016 年网络购物入口向内容类平台转移，跨境进口零售、生鲜、电商服务商市场增速均超过网络购物市场，跨境、垂

直行业创业公司发展迅速。同时，随着智能移动设备和无线网络的普及，网络购物消费场景不断向移动端转移，2016 年我国移动网购市场交易规模达 3.3 万亿元，同比增长 57.9%；在整体网购交易规模中占比达到 70.7%，同比增长 15.3%。

从我国电子商务的发展特点看，2016 年，一是农村电子商务政策环境持续优化，农村电商政策支持力度不断加大，随着农村电子商务市场愈发释放出巨大的潜力，我国进一步加快发展农村电商的步伐。二是零售业线上线下融合速度进一步加快，例如，阿里建立线上零售品牌池，打造品类跨界、内容立体、复合陈列的实体店，实现线上线下同款同价，打造全新消费者购物体验。三是移动端成为网络购物的主流渠道，2016 年我国网络购物市场排名前十的企业移动端用户增速达到 27.1%，是 PC 端增速的三倍。

四、2016 年我国云计算发展状况

据 IDC 数据，2016 年中国云计算整体市场规模达到 523 亿元，整体增速 38.3%，其中，公有云市场约为 165 亿元，约比 2015 年增长 61%。我国云计算市场的巨大潜力吸引着国际巨头纷纷来华发展，国内云计算企业也加速推进海外布局。2016 年，亚马逊、甲骨文、IBM 等国际巨头纷纷通过与中国国内企业合作的方式登陆我国市场；以阿里云、腾讯云等巨头为代表的国内云计算企业也迈出出海重要步伐，上线云计算海外服务节点，或与当地企业合作、设立分公司等，积极展开国外市场的布局。随着众多巨头和商家进入云服务领域，云计算市场的竞争更趋激烈，云计算领域的合作和并购呈现此起彼伏的态势。

在云计算政策方面，2016 年虽然没有新的专门的云计算政策出台，但“十三五”国家信息化规划等相关战略规划都对云计算进行了部署，北京、陕西等地为了落实《国务院关于促进云计算创新发展培育信息产业新业态的意见》，还出台了配套的意见或方案。

在云计算创新方面，2016 年，围绕云存储、云平台、数据库等云计算核心领域，各厂商不断研发新技术、推出新产品。不少云服务商和设备厂商采用虚拟私有云、托管云等多种方式进军混合云市场，提供混合云解决方案，未来几年混合云市场仍将快速增长。云计算与大数据、人工智能等新技术新应用融合更为紧

密，围绕大数据、人工智能的新技术和新产品成为云厂商的主要布局领域。此外，无服务器计算、边缘计算等新技术和产品开始受到巨头青睐。

在云计算应用推广方面，华为、浪潮等主要设备厂商和联通等通信运营商通过与各地政府战略合作，建设云计算中心，帮助各地落实大数据、智慧城市战略和推进应用落地。以乐视为代表的视频直播云服务成为云服务应用亮点。2016 年，恒丰银行开启迁云之旅，代表着传统大中型银行也开始享受云计算带来的便利和高效。

五、2016 年我国大数据发展状况

2016 年我国大数据产业进入成熟期，不但自身成为规模庞大的新兴产业，并有望在“十三五”期间，带动市场规模万亿之巨的 IT 服务业转型，促进国民经济其他领域的飞速发展。

在大数据政策方面，2016 年，大数据政策逐步细化落地，国家发改委、环保部、工信部、国家林业局、农业部等均推出大数据发展意见和方案。大数据政策从全面、总体规划逐渐向各大行业、各细分领域延伸。各地也结合当地特色相继出台大数据发展相关政策，推动当地大数据产业发展，加强运用大数据对市场主体的服务和监管。

在大数据创新方面，从创新主体看，2016 年很多传统 IT 企业和初创企业纷纷投入，一些科研机构和社会组织也积极参与大数据技术和产品创新活动；从创新机制看，大数据领域的产学研用协同创新机制基本形成，技术的产品化、产业化和迭代速度加快；从创新结构看，2016 年出现的新技术涵盖了从数据采集到可视化的整个大数据生命周期，新产品方面，软硬件同步发展；从创新模式看，2016 年开源仍是大数据技术创新的重要模式。大数据平台发展出两主线、多支线的演进态势，一是 Hadoop 生态，二是 Spark 生态，其余支线平台也绝大多数基于开源的。

在大数据应用推广方面，政府管理和公共服务领域大数据应用日益广泛，从政务信息公开，到数据整合共享，推动政府从“经验治理”加速转变为“科学治理”，例如，河北高院运用“大数据”分析经济发展新常态，最高人民法院通过法信——中国法律应用数字网络服务平台为法律工作者和社会公

众提供一站式专业知识解决方案。随着大数据应用发展逐渐深入，政企各方对数据价值标准、交易规则等展开了积极探索，比如上海数据交易中心发布的《数据互联规则》明确了交易对象和适用范围，强调了个人隐私保护、数据互联行为、数据权益保护和数据安全防控等原则。

六、2016 年我国分享经济发展状况

近两年，分享经济成为我国创新创业最为活跃的领域之一。据 2016 年夏季达沃斯论坛报告显示，通过利用闲置资产，中国的共享经济规模已达到 3000 亿美元，预计未来五年每年增长 40%。2016 年，我国以出行分享为代表的部分领先细分行业进入规范化发展阶段，医疗分享领域等高度专业化分享经济领域开始凸显本土化创新，部分领域在迅速占领国内市场的同时也积极拓展和布局海外市场。

在共享经济政策方面，2016 年，我国大力支持分享经济发展，在各部委、地方出台的相关政策中，培育分享经济新模式、新业态，促进绿色消费，成为主要举措。同时，为规范 P2P 网贷和出行分享市场发展，各级政府也出台了相关监管办法、开展多次专项行动，以促进分享经济健康发展。

在共享经济创新方面，2016 年，交通出行、医疗教育、经验知识等领域分享经济的商业模式创新较为活跃，涌现和发展了一批创新型分享经济创业企业，有力促进了分享经济纵向延伸。交通出行和物流运输等领域分享经济的技术融合创新活跃，企业纷纷加强新技术研究应用，以期实现由简单匹配向智能匹配升级。

在共享经济应用推广方面，生产能力分享模式应用主要集中在机械、农业、建筑等生产设备等的分享。交通出行分享领域主要涵盖网约私家车、新能源汽车分时租赁、P2P 租车、单车共享等模式。金融领域 P2P 借贷起步较早，陆金所、人人贷、Lending Club 等企业经过数年发展，应用模式相对成熟。房屋空间分享主要集中在面向游客的短期房屋出租、公共办公空间分享、停车位分享等领域。此外，还有能源资源分享、二手闲置物品分享、物流运输分享、劳动技能分享、知识内容变现等分享模式。

第四节 2016 年我国互联网产业区域发展情况

一、长三角地区互联网产业发展状况

长江三角洲城市群包括上海市、江苏省 9 市、浙江省 8 市和安徽省 8 市，区域面积 21.17 万平方公里，是中国政府定位的中国最强的经济中心。随着长江三角洲地区新经济和新工业的不断深入协同发展，长江三角洲互联网经济发展迅猛，互联网产业规模逐渐扩大。

长江三角洲地区的政策环境利好，地方政府加快制定推动互联网产业发展的相关指导意见和政策措施，例如安徽、上海、杭州等政府纷纷出台了《推进“互联网 +”行动实施意见》、江苏省政府出台了《关于加快互联网平台经济发展的指导意见》等等。区域政策与区域定位结合更加紧密，政策措施更具可操作性，为长江三角洲地区互联网产业的发展创造了良好的外部环境，产业配套日趋完善，促进相关互联网企业向长三角中心集聚。

长江三角洲地区是我国互联网产业的重要聚集区，以上海、杭州为中心，向安徽、江苏、浙江等其他地市辐射，形成了中心带动、地区辐射、多地集聚的产业发展特点。江苏信息服务产业基地作为信息服务业发展的先行区域，成功吸引了一批互联网企业集聚，于 2015 年成为江苏省首家省市共建的“互联网产业园”；浙江省已成为我国电子商务集聚度最高的地区之一，建有世界上最大的电商交易平台，电子商务产业链不断完善；江苏省依托制造业优势，大力发展工业互联网，沙钢、徐工集团等龙头机械制造行业已在研发设计、生产制造、采购、销售和服务等产业链各个环节实现了信息化；安徽省也加紧推进“互联网 +”进程，推动农村网络消费的扩大，形成新的消费增长点。

长江三角洲地区互联网产业与其他传统行业的融合不断深入。交通、金融、教育、医疗、零售等利用互联网释放新活力，加速发展互联网应用；传统制造业基于互联网技术开展柔性制造、数据制造、绿色制造等新型生产模式改造，工业转型升级步伐加快。截至目前，第三方支付、P2P、众筹、金融咨询等新兴领域的创新型企业相继在上海落户，上海已形成相对完整的金融生态体系；此外，上海在“互联网+视听”“互联网+游戏”“互联网+教育”“互联网+健康”等方面也有突出表现。

长江三角洲地区互联网产业发展人才和技术优势明显。统计数据显示，长三角地区每年为全国输送近三成的电商人才，培养复合型电商人才的高校占前十榜单一半，分别有浙江大学、上海交通大学、复旦大学、南京大学和同济大学五所高校，其中浙江大学和上海交通大学分列第一、第二名。此外，上海目前已建成370家跨国公司设立的研发中心，占比达到全国三分之一，技术研发优势明显。

二、珠三角地区互联网产业发展状况

珠江三角洲地区包括广州、深圳、佛山、中山、东莞、珠海以及深汕特别合作区、香港特别行政区、澳门特别行政区等12个，面积24437平方公里，人口4283万人，是我国人口聚集最多、创新能力最强、综合实力最强的三大区域之一。珠三角地区目前已成为具有全球影响力的先进制造业基地和现代服务业基地，是我国参与经济全球化的主体区域，也是全国科技创新与技术研发基地和全国经济发展的重要龙头区域。

珠江三角洲地区依托良好的传统产业基础，以广州为领军城市率先井喷发展新经济，并进一步带动周边地区，逐渐形成产业及区域经济优势。广东省凭借良好的电子信息产业基础，以华为、中兴为代表的企业发展迅速，逐渐跻身全球数字经济浪潮的市场引领者行列；广州市具备较为完善的信息产业配套体系，广州科学城汇集了广州市主要的电子产品制造业龙头企业，琶洲互联网产业集聚区也汇集了腾讯、阿里、国美、小米等众多国内龙头互联网企业，广州有望在近几年之内成为华南地区乃至全国最大的互联网产业集聚区；广州、深圳的迅速发展引领整个广东省的新经济建设，进而带动东莞、佛山等城市进入全国20强，辐射带动潮州、汕尾、河源等黑马城市进入百强，拉动广东省“互联网+金融”“互联网+零售”“互联网+医疗”等各大细分行业的发展。

广东省作为珠江三角洲地区的代表省份，是当前国内的第一经济大省、第一信息产业大省和网民数量第一大省，是互联网发展空间广阔、潜力巨大的地区之一，同时也是最早面临转型升级压力的地区。近年来，广东在促进信息化和工业化两化融合、电子商务、物联网应用等方面取得了一定的成效，其中，广东省电子商务表现抢眼，明显高于全国平均水平。截至 2016 年 6 月，广东省网购普及率为 60%。广东拥有多家电商平台和网店企业。根据 2016 年最新的广东电商百强企业统计，腾讯为百强之首，顺丰其次，第三为唯品会。截至 2015 年底，广东共有 18 平台运营商，网上交易额超过 50 亿元。此外，广东互联网金融平台发展迅猛。自 2015 年至 2016 年 11 月，互联网金融企业获得 1 亿元及以上融资的有 13 家。

三、环渤海地区互联网产业发展状况

环渤海地区的互联网产业发展，尤其是以京津冀为代表的地区，主要根据《京津冀协同发展规划纲要》进行布局，北京重点做好科技创新中心，天津重点做好先进制造研发基地，河北省则重点做好产业转型升级试验区，共同统筹推进产业的重新布局，实现三地的协同联动发展。

2016 年 2 月，北京市发布《互联网 + 行动计划》，指出“要立足首都城市战略定位，深入实施创新驱动发展战略，坚持改革创新和市场需求导向，充分发挥互联网对产业转型、城市管理、社会服务、创业创新等方面的基础支撑和重大促进作用，运用互联网技术和渠道，积极培育基于互联网的新技术、新服务、新模式和新业态，着力做优存量、做强增量，着力调整疏解、提质增效，使互联网成为构建高精尖经济结构、推动京津冀协同发展、建设全国科技创新中心的重要引擎，为建设国际一流的和谐宜居之都提供有力支撑”。要在 2018 年，实现互联网与经济社会各领域的融合发展水平显著提升，以“经济提质增效、网络泛在安全、应用丰富普及、发展集约高效”为主要特征的发展格局初步形成，适应互联网融合创新的机制不断完善，互联网创新应用普及率和融合水平显著提升，打造全国互联网新技术、新服务、新模式和新业态的重要策源地。

2016 年 4 月，河北省政府办公厅印发《关于加快推进“互联网 +”产业集群建设的实施意见》（以下简称《意见》），河北将发展互联网产业的重点放在实施智慧集群建设、构建公共服务平台网络体系、提升产业链配套协作水平、发展特色产业电子商务、提升创新创业支撑能力、加强产业集群区域品牌建设等六项任务进一步推进河北“互联网+”产业集群建设方面。按照《意见》，河北省围绕清河羊绒、安平丝网、辛集皮革、高阳纺织、安国中药等年营业收入50亿元以上的县域特色产业集群，重点推进已初具规模的30个县域特色产业电子商务交易平台建设，完善信息系统，面向个性化、定制化消费需求，拓展网上销售渠道，提高产业集群的市场反应能力和综合竞争力，打造一批全国知名产业集群区域品牌。

2016年8月，天津市发布《关于积极推进“互联网+”行动的实施意见》，目标通过互联网产业发展，为建设全国先进制造研发基地、北方国际航运核心区、金融创新运营示范区、改革开放先行区提供重要引擎，成为建设经济发达之都、创新创业之都、绿色宜居之都、魅力人文之都、和谐幸福之都的有力支撑。并目标到2018年，全市互联网与经济社会各领域发展相互融合、网络经济与实体经济协同互动的发展格局基本形成。建成较为完善、安全可控、具有国际先进水平的网络基础设施，孵化培育一批网络创新型企业，形成一批“互联网+”产业集群，壮大一批“互联网+”重点领域，将天津打造成为全国重要的互联网产业和服务应用领航区和集聚地。

四、中西部地区互联网产业发展状况

中西部地区包括山西、安徽、江西、河南、湖北、湖南、重庆、四川、贵州、云南、广西、陕西、甘肃、青海、宁夏、西藏、新疆、内蒙古等十八个省、自治区和直辖市。目前我国经济增长中心不断向中西部地区扩展，加上中西部地区所具有的资源优势、工业基础、科技实力优势以及更加注重转型、创新、可持续的发展理念，该地区的经济特别是互联网产业发展势头日益强劲。

中西部地区对互联网产业的重视程度不断提升，财税政策扶持力度不断加大，配套服务体系加速落地。江西、河南、湖南、湖北、重庆、四川、贵州、云南等多地政府均结合当地区位优势出台实施“互联网+”相关行动计划，例如贵州省推进“互联网+”紧紧围绕发展大数据产业，云南省围绕把云南建设成为我国民族团结进步示范区、生态文明建设排头兵、面向南亚东南亚辐射中心的总体目标。互联网产业开始呈现欣欣向荣的方兴未艾之势。

中西部地区互联网业务收入不断上升，湖北、湖南、河南、重庆、四川、云南等省份有7家企业列入全国百强，较2015年增加了4家，互联网业务总收入额达到124.3亿元，占比达到1.64%。以长沙市为例，随着长沙政策环境不断优化，园区载体不断提升，产业生态链不断完善，产业集群不断壮大，移动互联网产业实现了快速发展。据测算，去年共实现营业收入302.2亿元，比上年增长58.1%；其中规上企业（包括规模以上工业企业和规模以上服务业企业）实现营业收入233.3亿元，比上年增长61.6%；此外，长沙电子商务蓬勃发展，交易额达到2000多亿元，同比增长达50%以上，文化创意、现代物流等新型服务业也飞速发展，成为带动长沙市以及湖南省产业升级的重要突破口。

但中西部地区的互联网产业整体体系还未形成，与传统工业协同发展进程较为缓慢，产业规模总量相对偏小，总体发展水平相对落后，还未形成大规模的互联网产业集聚区或产业带，缺少区域发展亮点。

第五节　2016年我国互联网产业重点企业发展情况

一、阿里巴巴

阿里巴巴的使命是“让天下没有难做的生意”，2016年紧紧围绕交易核心，构筑全新的商业生态圈，其中电子商务、金融是绝对领先业务，本地生活O2O、文娱媒体、医疗健康、企业服务（云计算）是相对领先业务，旅游、硬件、游戏、教育、汽车、房产是持续投入与突破业务。

2016年阿里电商业务分别围绕全球化、农村、一线城市全面展开“三大战役”。其中全球化战略以天猫国际和全球购作为进口主阵地，农村战略主要是指城里的货下乡，农村的货进城，按照阿里巴巴的“千县万村计划”农村战略规划，未来三至五年内，阿里计划投资100亿元，建立1000个县级服务中心和10万个村级服务站。一线城市战略主要是进一步巩固和扩大一线城市用户的口碑、体验和占有率。不过阿里已经不再只是电商公司，从财报上来看，阿里不再公布每季度电商零售平台的GMV，而是改为一年公布一次。同时财报改为按中国零售平台、云计算、数字媒体和娱乐，以及创新项目和其他业务组成的四大业务矩阵来呈现业绩，新兴业务成为阿里向外界讲述布局、描述未来的重点。

二、京东

根据京东2016年财报数据显示，2016年京东继续保持大幅领先于行业的高质量增长态势，全年净收入高达2602亿元，同比增长44%，并实现年度扭亏为盈，非美国通用会计准则下（Non－GAAP）年度净利润达10亿元人民币。2016年随着京东商城盈利能力稳步提升、京东金融业务自筹自支能力快速加强，在不断投资新业务，朝着以技术为驱动的全面智能化商业体发展的情况下实现盈利点。

在第三方服务方面，2016年京东加大了对外开放服务力度，京东物流、"JD IDEAL"营销能力相继对社会开放，对品牌商家的吸引力日渐增强。截至2016年12月底，京东第三方平台签约商家超过了12万家。剔除虚拟商品，全年第三方平台交易总额为2720亿元人民币，相比上年同期增长了61%，服务和其他项目（主要来自于电商平台业务）的净收入同比增长了66%。

在金融方面，京东金融在2016年1月获得66.5亿元A轮融资，2017年1月京东金融与中国银联达成深度合作，双方将在互联网支付、农村金融项目等多个领域共同寻求创新。

在物流和生活服务O2O方面，京东拥有中国最大的电商物流基础设施和网络，截至2016年12月底，京东在全国运营256个大型仓库，总面积约560万平方米，京东运营的配送站和自提点达到6906个，2016年"双11"当天京东在1小时内便已完成了全国35个大中城市大件物流的首单配送。2016年4月京东集团旗下O2O子公司"京东到家"与中国最大的众包物流平台"达达"合并，成立新达达。截至2017年1月底，新达达已经同68家沃尔玛超市和139家永辉超市达成合作，为用户提供极速优质的互联网生鲜购物体验。同时京东还及时布局了线上平台和线下实体店的战略合作，一方面战略投资永辉，另一方面与国际零售巨头沃尔玛达成深度战略合作，目前京东商城及京东到家已经全面开启了与山姆会员商店和沃尔玛线下门店的合作。

在智能硬件方面，2016 年京东加速了对其技术体系的升级，相继成立了 X 事业部与 Y 事业部，专注研发智能技术、助力商业模式升级。X 事业部聚焦智慧物流的前瞻性研发和应用，京东 Y 事业部力求融合京东智慧供应链，不断完善供应商、消费者和京东三方的协作亲密度和满意度。2016 年“双 11”期间，京东自主研发的无人机、无人车均已投入使用。目前，京东已与陕西省政府达成战略合作，双方将共同打造全球首个 300 公里半径低空通航物流网络，实现无人机配送网购包裹。

三、腾讯

2016 年，腾讯积极推进“互联网 +”行动计划，帮助缩小不同地区之间的数字信息鸿沟，也不断探索分享经济等新型的网络经济模式，推动网络经济创新发展。腾讯在 2016 年市值再次超过阿里巴巴，达到 2470 亿美元，资金储备更是达到 156.9 亿美元。主营业务发展良好，在文娱、体育、音乐、金融、社交等持续铺开，资金充足，全年总共投资和并购 85 家国内外公司。

2016 年腾讯的营收结构多元化发展，微信线下支付超过支付宝，逐步在支付领域与阿里抗衡，2016 年 6 月下旬，腾讯斥巨资 86 亿美元收购手游领域重量级选手芬兰游戏公司 SUPERCELL。据腾讯 2016 年 Q3 财报，游戏占比相对下滑，移动支付和社交效果广告涨势明显。腾讯在云服务、LBS（地理位置信息）、安全和支付四大基础设施建设上也日臻完善。

四、百度

百度在 2015 年底宣布对公司进行了重大架构调整，形成四大事业群组——移动服务事业群组、新兴业务事业群组、搜索业务群组、金融服务事业群组。

根据百度 2016 财年第三季度未经审计财报显示，百度第三季度总营收为人民币 182.53 亿元（约合 27.37 亿美元），比去年同期下滑 0.7%；第三季度净利润为人民币 31.02 亿元（约合 4.652 亿美元），比去年同期增长 9.2%。百度第三季度移动营收在总营收中所占比例为 64%，相比之下去年同期为 54%。其中，百度第三季度网络营销营收为人民币 164.90 亿元（约合 24.73 亿美元），比上一年同期下滑 6.7%。百度第三季度活跃网络营销客户数量约为52.4万家，比上年同期下滑15.9%。百度第三季度来自每家网络营销客户的平均营收约为人民币3.13万元（约合4694美元），比上年同期增长10.6%。

在本地生活服务领域，百度公司在O2O业务的营销支出不断下降，销售额也从此前的三位数增长放缓至2016年第三季度的49%。究其原因，O2O的营业模式除基于营业额向商户收取佣金，也正尝试向广告模式转化，比如糯米降低了向各类交易提供的补贴，致使其销售额增长放缓，但同时糯米的亏损也有所缩减。

在新兴业务上，百度金融明确了“身份识别认证”“大数据风控”“智能投顾”“量化投资”“金融云”五大金融科技发展方向，并向传统金融机构开放“金融云”，输出全套金融解决方案。第三季度百度获得了美国加州发布的无人驾驶测试牌照，并与福田、长安等汽车厂商达成战略合作。百度医疗大脑作为人工智能技术首个落地产品，有效提升了百度的流量变现能力、改善了用户体验，拥有巨大的增长潜力和市场前景，同时人工智能在医疗健康行业的应用将推动互联网医疗平台的革命性升级。百度深度学习开放平台PaddlePaddle已具备对外输出百度语音、图像、自然语言处理和用户画像的能力。

在投资领域，百度先后成立百度风投（Baidu Venture）和百度资本（Baidu Capital），分别集中投资于人工智能等技术创新的早期项目和泛互联网领域中后期项目，与百度内部职能部门合力组成投资的三驾马车。

五、滴滴出行

快速发展的滴滴顺风车在2016年春节期间借势冲量，加入春运行列。根据滴滴提供的数据，滴滴顺风车在持续40天的春运期间共计运输190万人，平均行程距离179公里，使得滴滴顺风车迅速成为春运的运力补充。

通过春运大规模扩大影响力后，2016年滴滴出行的主题是业务升级与转型。在公共交通方面，与公交集团、交管部门展开合作，利用大数据帮助公交集团提高公交服务效率；并在具体运输业务方面，推出小巴业务，拥有最优路径规划、专人专座、虚拟站点等功能，解决城市居民“最后三公里”的出行需求。另外，8月份发布了滴滴租车，试水汽车销售和租赁。

从单一的出租车发展到集快车、专车、公交、试驾于一体，滴滴出行的平台化转型在2016年初见成效。考虑到小巴、试驾、租车等多项新业务仍然处于试点运行阶段，已经经历了两次补贴大战的滴滴出行需要更多的时间来适应新的发展模式，将这些服务培育成可以支撑其估值和投资者回报的现金牛业务。网约车新政出台后，深谙中国市场环境的滴滴并非没有做好准备，国际化和打造出行平台成为滴滴分散风险的手段。

六、网易

根据网易截至2016年12月31日的全年未经审计财报显示，2016年全年，网易在线游戏净收入为279.80亿元人民币（约合40.30亿美元），2015年为173.14亿元人民币；广告服务净收入为21.52亿元人民币（约合3.10亿美元），2015年为17.89亿元人民币；邮箱、电商及其他业务的净收入为80.46亿元人民币（约合11.59亿美元），2015年为36.99亿元人民币。网易2016年广告服务营收为人民币22亿元（约合3.100亿美元），高于上年的人民币18亿元。2016年在线游戏毛利润的增长主要来自自研手游，比如《大话西游》《梦幻西游》《阴阳师》和《倩女幽魂》手游，以及代理自暴雪娱乐的《守望先锋》的收入贡献。2016年广告服务毛利润的增长主要是由于网易新闻客户端等移动端应用的商业化进展，其中广告表现最佳的行业包括交通类、网络服务类和通信服务类。2016年邮箱、电商及其他业务毛利润的上升主要得益于网易某些电商业务的发展以及毛利率的改善。网易2016年运营支出增加为人民币90亿元（约合13亿美元），高于上年的人民币61亿元，这主要因为全年销售与营销支出、研发投入、员工数量和平均薪酬增加。

2016年网易继续推出新内容，提升用户体验，各项业务均有增长。全年净收入增长67.4%，第四季度净收入同比增长53.1%。在手游的带动下，第四季度在线游戏净收入同比增长62.8%，广告服务净收入同比增长9.2%，邮箱、电商和其他业务净收入同比增长38.2%。2016年网易推出了40多款新手游，其中多款产品在快速发展的中国手游市场表现出色。其中2016年第四季度推出的自研手游《阴阳师》《天下》手游和《大航海之路》，以及新的代理ARPG《HIT：我守护的一切》，都业绩不俗。《阴阳师》还荣获苹果中国应用商店年度十佳游戏，网易于12月将这款游戏推向东南亚市场，2017年计划将其推向日本、加拿大、欧洲和美国市场。其他手游如《大话西游》《梦幻西游》和《倩女幽魂》手游版也保持了较高人气。

在大数据时代传媒业的发展中，互联网尤其是移动互联网正成为中国主要的广告平台。在以网易新闻客户端为主的移动产品矩阵和大型公关活动如“2016网易经济学家年会”和“2016年度网易有态度人物盛典”的带动下，网易第四季度的广告收入呈现出稳定增长。其中，表现最好的行业是交通类、网络服务类和金融服务类。另外网易以跨境业务为主的综合型电商平台网易考拉海购和自营家居生活品牌网易严选也持续健康发展。

网易2016年前两个季度的净利润已经超过传统巨头BAT中的百度，目前网易市值已经接近300亿美元，逼近京东，2016年上半年，网易股价上涨幅度最高达到了66%，崛起之势有目共睹。英国《金融时报》报道中明确提出了“BANT”概念，并称对于FANG（脸谱、亚马逊、Netfix、谷歌），如今中国正以自己的四巨头“BANT”，即百度（Baidu）、阿里巴巴（Alibaba）、网易（Netease）与腾讯（Tencent）予以回应。网易在线游戏、电商、精品产品等领域表现抢眼，崛起之路逐渐清晰。

七、新浪

根据新浪2016年财年财报显示，2016年新浪净营收10.309亿美元，较上年度增长17%。非美国通用会计准则净营收10.205亿美元，较上年度增长17%，超出公司9.5亿美元至10亿美元的年度预期范围。其中广告营收8.712亿美元，较上年度增长17%，非广告营收1.597亿美元，较上年度增长16%。运营利润7330万美元，上年度为1220万美元。

2016年新浪全年营收额达到一个里程碑的数值，微博用户保持持续健康增长，2016年12月的月活跃用户（MAUs）达到3.13亿。微博以强大的网络效应巩固内容生态系统，构建了更互通、资讯丰富和更具吸引力的社交群体，微博的社交平台价值充分得到了证明。微博不断巩固强化从内容生产到内容消费，再到商业变现的良性垂直生态，2016年就新增了9个垂直领域，20个垂直领域阅读量每月超过100亿，财经、电商、时尚、娱乐等领域已经率先开始商业化。借助平台效应，微博的盈利能力和效率进一步提升，2016 年第四季度非美国通用会计准则运营利润率达到 35%。

在门户方面，新浪已经完全实现移动战略，2016 年来自新浪新闻客户端的移动流量显著增长。2017 年，新浪将继续聚焦移动战略，进一步拓展用户基础和提升用户使用时长，增强移动端的变现能力，推动门户业务重返增长轨道。

第六节　2017 年我国互联网产业发展环境分析

一、法制环境更加健全

2016 年，在中央网络安全和信息化领导小组的统一领导下，我国互联网相关法律法规建设进程明显加快，先后出台了《网络安全法》《网络预约出租汽车经营服务管理暂行办法》《网络借贷信息中介机构业务活动管理暂行办法》《互联网广告管理暂行办法》《网络表演经营活动管理办法》《互联网直播服务管理规定》《移动智能终端应用软件预置和分发管理暂行规定》《网络出版服务管理规定》等多部法律法规和部门行业管理规章制度。2017 年，上述法律法规和规章制度将进入全面实施期，将对网络安全、网络约车、网络借贷、互联网广告、网络标准、互联网直播、移动智能终端软件预置、网络出版等领域产生强有力的约束，填补了新业态监管的空白，特别是《网络安全法》的全面施行，将极大优化互联网法制环境。

二、政策叠加效应集中释放

2015 年以来，我国在“互联网 +”、大数据、电子商务、移动互联网、“中国制造 2025”等领域出台了多个战略文件，来大力推进互联网与经济社会各领域深度融合，特别是 2016 年底，国家在信息化、两化融合、电子商务、大数据产业、智能制造等“十三五”规划相继陆续出台，制定了多项推进互联网产业发展的政策。2017 年将是我国“互联网 +”、大数据、电子商务、“中国制造 2025”等国家重大战略实施期，特别是“十三五”规划将进入全面实施期，多项重大政策利好消息叠加，将推动一大批互联网融合项目进去实施，政策红利集中释放。

三、投融资环境更加完善

2015 年国家“互联网 +”战略出台以来，国家加大了投融资市场改革力度，大力鼓励符合条件的互联网企业在境内上市，积极推动特殊股权结构类创业企业在境内上市，研究建立尚未盈利的互联网和高新技术企业到创业板发行上市制度，这些措施为互联网企业在境内上市打开了政策大门。此外 2017 年 1 月，中国互联网投资基金在京成立，与中国工商银行、中信国安、中邮保险、中国移动、中国联通、中国电信等 6 家战略出资企业签署合伙协议，基金首期 300 亿元资金募集认缴到位，投资基金的成立将一定程度上优化互联网产业投资环境。2017 年，互联网产业投融资环境更加优化，证券市场上的融资环境将进一步打开，另外互联网投资资金也将全面加大对互联网产业投资力度。

四、跨界融合将深度推进

近两年来，在国家“互联网 +”战略的推动下，互联网和经济社会各领域深度融合全面开启，从传统的零售、媒体、社交等领域向金融、交通、医疗、教育等领域全面铺开，服务业和互联网深度融合已经百花齐放。2017 年，互联网产业将向制造业领域深度渗透，作为实体经济的最为核心领域，制造业将成为互联网跨界融合主战场，纺织服装、家用电器、工程机械等制造业领域互联网融合创新业态将进一步深度推进，个性化定制、用户全程参与制造、在线监测、远程运维等模式将在更多的企业得到深度应用。

五、监管治理手段更加健全

2016 年，我国在网络安全、网络约车、网络借贷、互联网广告、网络标准、互联网直播、移动智能终端软件预置、网络出版等领域都出台了法律法规和部门管理规章制度，明确了各个领域的监管主体、监管责任和监管范围。2017 年，我国互联网产业监管治理将更加健全，网络约车、网络借贷、互联网直播等新业态领域监管体系将全面建立，跨界部门协同、网络化组织、平台化运作的执法体系将更加健全。特别是在个人信息保护领域，当前个人信息贩卖行为泛滥，网络安全明确了个人信息保护监管治理体系，明确了相关主体保护责任和监管部门的监管责任，将对当前个人信息贩卖行为起到强有力的约束作用。

六、网络安全保障更加有利

习近平总书记在2016年网信工作座谈会上讲话，对网络安全工作提出了新的指示和新要求，各部门为了落实习总书记讲话精神，相关部门从2016年4月份以来在构建网络安全保障体系方面加大了推进力度，从技术、产业、应用、网络、安全等多方面协同推进网络安全保障，加大力度推进将有助于改善我国网络安全严峻形势。另外，《网络安全法》将于2017年6月1日开始实施，该法明确了各部门的网络安全保障职责，该法的实施将结束我国在网络安全保障方面九龙治水的格局，加速构建分工明确、部门协同、保障有力的网络安全保障体系。《网络产品和服务安全审查办法》也有望在年内出台，提出了关系国家安全和公共利益的信息系统使用的重要网络产品和服务应当经过网络安全审查的要求，对维护国家网络安全，防止境外安全部门利用网络产品和服务对我们进行渗透和信息窃取起到更加有力的约束作用。

第七节　2017年我国互联网产业发展趋势展望

发展网络经济是培育经济新动能的重要抓手，2017年将是我国拓展网络经济空间的重要一年，制造业和互联网融合、跨境电子商务、大数据产业、互联网金融、人工智能等领域的发展，将会成为网络经济发展重要主旋律，互联网法制环境的逐步完善，也将为网络经济发展保驾护航。

一、制造业和互联网的融合发展将加速

经济新常态给我国处在全球价值链低端的制造业带来的转型升级压力比较大，发挥我国互联网产业比较优势，积极推进制造业和互联网融合发展，将是未来一段时间我国制造业发展的主要途径。为了贯彻落实“互联网+”

战略和《中国制造 2025》，更好地推进制造业和互联网融合发展，2016 年国务院发布了《促进制造业和互联网融合发展的指导意见》。得益于国家多个政策红利叠加效应，2017 年将成为推进制造业和互联网融合发展的元年，制造业将逐渐成为国家推进“互联网 +”的主战场，制造业研发设计、生产管控等环节将进一步深化互联网应用，制造企业产供销数据在企业内部将进一步自由流动，网络制造、柔性制造能力将进一步增强，个性化定制、体验式制造、众创众包等新型制造模式将在企业进一步得到应用。

二、跨境电子商务服务体系将更加完善

继 2015 年杭州跨境电子商务综合试验区成立后，2016 年 1 月国务院批复天津、上海、重庆、合肥、郑州、广州、成都、大连、宁波、青岛、深圳、苏州等 12 个城市新设立跨境电子商务综合试验区，借鉴杭州跨境电子商务综合试验区经验和做法，着力在跨境电子商务企业对企业（B2B）方式相关环节的技术标准、业务流程、监管模式和信息化建设等方面先行先试，为推动全国跨境电子商务健康发展创造更多可复制推广的经验。经过一年多的筹备，各大跨境电子商务综合试验区于 2017 年进入全面运行阶段，跨境电子商务将迎来发展新契机，线上“单一窗口”和线下“综合园区”两个平台在各大跨境电子商务综合试验区全面推开，信息共享、金融服务、智能物流、商务信用、统计监测、风险防控六大服务体系也将逐步建立，一站式通关和物流、结汇和税收网络服务在各综合试验区逐步推进，政府部门间逐步实现信息互换、监管互认、执法互助。

三、大数据发展将更注重实际应用成效

在国家大数据战略的推动下，2016 年成为真正意义上的大数据发展的元年，大数据服务市场快速兴起，各类大数据联盟大量成立，产学研用从不同角度联合推进，极大地促进了大数据产业发展。2017 年大数据产业发展进一步提速。大数据和互联网之间的融合更加紧密，互联网企业对各类网络应用数据的挖掘进一步深入，精准营销、网络征信、舆情分析等领域网络大数据挖掘进一步深化，互联网企业大数据挖掘不再仅限于服务企业内部，挖掘平

台大数据，开展数据信息服务，满足外部社会需求成为互联网企业一项重要业务。专业化大数据挖掘服务企业将进一步发展，依托企业各自行业特长，专注特定行业开展大数据挖掘，提供专业化大数据行业解决方案，成为这些企业主要发展路径和模式。另外，随着全国各地大数据交易所的陆续建立，数据交易和流通市场将逐步形成，传统产业获取平台企业数据的通道被打通，显著提升传统产业大数据应用水平。

四、互联网金融逐步步入规范发展阶段

针对互联网金融领域诈骗案子高发等情况，2016 年 4 月，国务院发布统筹部署互联网金融专项整治工作，中国人民银行、银监会、保监会、证监会、工商总局等相关部门积极贯彻落实，认真负责开展各自业务领域互联网金融相关整治工作，及时查处了 e 租宝等一些大案要案。2017 年互联网金融发展步入深度调整期，步入更加规范的发展阶段。外表披着互联网金融闪亮外衣，实则干着非法融资、集资诈骗、期限错配、披露虚假、超越金融信息服务中介定位的互联网金融企业在政策和密集监管的高压下快速退出市场，大型互联网企业凭借着丰富的平台征信数据、用户流量规模和完善管理制度，将成为互联网金融的行业主角，小型互联网金融企业由于缺乏数据支撑和用户规模，逐步被淘汰出局，互联网金融行业千军万马时代成为过去。

五、人工智能继续深化与互联网的结合

2016 年，人工智能颇受产业界关注，谷歌、苹果、英特尔、索尼等科技公司都在加大对人工智能技术的投资力度，谷歌 AlphaGo 完胜围棋界顶级高手李世石更是引起了产业界的轰动。在我国，互联网企业拥有技术和数据双重优势，引领着我国人工智能产业的发展，百度结合百度大数据先后推进了百度大脑、百度无人车等人工智能研究项目，阿里结合云计算技术和大数据资源支撑应用人工智能不断优化电商和物流发展。我国人工智能将依托互联网大数据得到了快速发展。2017 年，我国人工智能产业步入快速发展阶段。受益于网络带宽、终端处理、互联网大数据挖掘等多方面能力显著提升，无人汽车、无人机、智能机器人等一些人工智能产品逐步大规模走向市场应用，在互联网大数

据的支撑下，人工智能产品智慧水平不再是生产即定型模式，由于产品具备了上网学习能力，智慧水平随着自我学习时间长度不断提升。

六、互联网核心技术将会取得一定突破

互联网核心技术的自主可控一直以来是关系我国网络空间安全的命脉，长期以来我国投入大量资金推进核心电子元器件、高端芯片、基础软件等互联网核心技术的研发创新，但是由于市场挤压及缺乏应用拉动，收效甚微。然而，阿里巴巴等大型互联网企业由于应用拉动，在网络云操作系统、网络数据库等一些互联网核心技术创新方面已经走在了世界前列。例如阿里云已经成为国内云服务市场的绝对领导者，在国际市场上，市场份额仅次于亚马逊、微软，支付宝网络数据库支付处理能力是 VISA 的 12 倍。习近平主席在网信工作座谈会上指出互联网核心技术是我们最大的“命门”，核心技术受制于人是我们最大的隐患，要求尽快在核心技术上取得突破。随着国家对网络空间安全治理重视程度的提高，2017 年，我国推进互联网核心技术自主可控方面会进一步提速，大型网络平台会加速推进平台核心技术自主可控，互联网核心技术某些领域会取得新突破。

七、互联网发展法制环境持续显著改善

2016 年 11 月 7 日，第十二届全国人民代表大会常务委员会第二十四次会议通过了《中华人民共和国网络安全法》，并于 2017 年 6 月 1 日起全面施行。该法明确了网络空间经济社会活动的禁区，明确指出了网络空间哪些行为活动不可为，划定了网络空间活动的法律禁区，消除了网络空间活动法制灰色地段，明确了合法与非法之间的清晰界限，亮明了网络空间经济社会活动的高压线，为政府、企业和个人网络空间经济社会活动大胆创新和健康发展指明了方向，为依法治网和依法管网提供了法律依据。由于网络安全法的全面实施，2017 年互联网发展法制环境将显著改善，网络产品和服务提供将更加规范，个人网络空间活动信息保护将更加严格，关键信息基础设施的运行安全保障将更加法制化。

第十四章　大数据产业

2016年，大数据产业已经进入稳步成长阶段，包括大数据硬件、大数据软件、大数据服务等在内的大数据核心产业环节达到3100亿元。以互联网企业为代表的我国大数据企业不断加大科研投入，推动产品和服务创新。大数据在各行业领域的应用进一步深化，金融、电信、政务、电子商务、教育、医疗、能源等诸多行业纷纷利用大数据提升服务能力。展望2017年，我国大数据产业规模将保持继续快速增长的态势，产业规模有望达到4185亿元，未来2—3年的市场规模的增长率将保持在35%左右。随着各个大数据综合实验区建设和落实，产业集聚区推动地方形成特色领域。创新驱动仍将是产业发展“主基调”，开源依然是大数据技术创新发展的基石。大数据在政务领域的应用将会逐步加深，大数据应用也将成为热门领域。

第一节　2016年我国大数据产业发展情况

一、产业规模保持高速增长，产业发展进入稳步成长阶段

2016年，随着政府持续发力推动大数据应用发展，大数据行业应用不断扩展，大数据产业已经进入稳步成长阶段。根据赛迪智库统计，2016年包括大数据硬件、大数据软件、大数据服务等在内的大数据核心产业环节达到3100亿元，预计到2020年将超过1万亿元；2016年大数据关联产业规模超过5万亿元，预计到2020年将超过10万亿元；2016年大数据融合产业规模达到3.5万亿元，预计到2020年将超过20万亿元。从产业结构来看，大数据服务是大数据核心产业的主体，其规模约占大数据核心产业规模的90%。随着大

数据在各行业领域的应用逐渐深入，大数据融合产业的市场规模将快速增长，其增速将超过大数据核心产业本身。

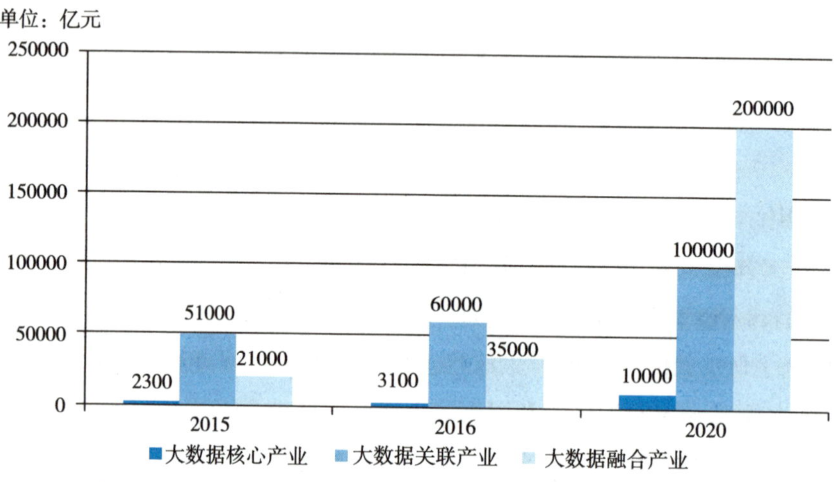

图 14－1　我国大数据市场规模

资料来源：赛迪研究院，2016 年 12 月。

二、大数据区域布局基本形成，特色化发展态势初步显现

随着国家大数据综合试验区等工作推进和各地方省市政策措施的逐步落地，我国大数据产业集聚发展效应开始显现。截至目前，国家发改委、工业和信息化部、中央网信办等三部委共批建贵州省、京津冀、珠三角、上海市、河南省、重庆市、沈阳市和内蒙古等 8 个国家级综合试验区，其中，京津冀和珠三角等跨区域类综合试验区围绕落实国家区域发展战略，更加注重数据要素流通，以数据流引领技术流、物质流、资金流、人才流，支撑跨区域公共服务、社会治理和产业转移，促进区域一体化发展；贵州省、上海市、河南省、重庆市、沈阳市等区域示范类综合试验区积极引领东部、中西部、东北等板块发展，更加注重数据资源统筹，加强大数据产业集聚，发挥辐射带动作用，促进区域协同发展，实现经济提质增效；内蒙古等基础设施统筹发展类综合试验区在充分发挥区域能源、气候、地质等条件基础上，加大资源整合力度，强化绿色集约发展，加强与东、中部产业、人才、应用优势地区合作，实现跨越发展。

目前，我国已基本形成京津冀区域、长三角地区、珠三角地区、中西部和东北等五个集聚发展区的区域布局。其中，京津冀地区打造大数据协同发展体系，依托中关村在信息产业的领先优势，快速集聚和培养了一批大数据企业。长三角地区城市将大数据与当地智慧城市、云计算发展紧密结合，使大数据既有支撑又有的放矢，吸引了大批大数据企业。珠三角地区在产业管理和应用发展等方面率先垂范，对企业扶持力度大，集聚效应明显，尤其是广东省在全国率先成立大数据管理局，大数据的政策环境、技术研发、龙头企业引领、行业应用等协同发展、互为支撑，推动产业进入良性循环。中西部通过近年来的跨越式发展，已经成为大数据产业发展新增长极，贵州省先行先试，在全国范围内率先出台大数据法律法规，建立大数据交易所，并与国内其他园区、企业开展战略合作，重庆、河南则积极引进国内外行业巨头，打造中部大数据发展高地。东北地区则依托东北老工业基地基础，将工业大数据作为发展重点，目前，沈阳等城市已经在机器人、机床等领域的大数据应用方面取得良好效果。

三、互联网企业积极创新，开源成为技术创新重要模式

2016 年，以互联网企业为代表的我国大数据企业不断加大科研投入，推动产品和服务创新，取得了令人瞩目的成绩。阿里云利用飞天技术平台的大数据技术，构建异地双活技术和基于大数据支撑的全链路压力测试的体系，实现了“双 11”每秒钟 17.5 万笔的订单交易和每秒钟 12 万笔的订单支付。京东利用大数据打击黄牛与刷单，通过大数据分析用户画像、用户社交关系网络和交易风险行为，形成一个完整可靠的防刷单技术屏障，其反刷单系统识别准确率已达99%以上。腾讯搭建“互联网 + 医疗”开放平台，利用自身强大的社交平台和大数据技术为医疗产业提供互联网化的后端服务。奇虎 360 凭借大数据技术和自有基础设施采集市场主体疑似违法违规信息与社会共享并推送到国家信用信息共享平台。

值得注意的是，开源模式在大数据技术创新中发挥着越来越重要的作用。从大数据的发展历程可以看出，大数据源于开源，并基于开源不断演进发展，自身就已具备了开源基因。经过若干年的发展，开源软件和开源工具已经覆

盖到了大数据产业发展的各个环节，基于开源软件企业可以快速构建大数据应用平台，提供丰富的大数据开发和应用工具。当前，从小型初创企业到行业科技巨头，各种规模的企业都在使用开源软件和工具处理大数据处理和基于数据的预测分析。由此可见，开源不仅驱动着大数据技术的创新演进，也推动着大数据产业的不断进步，对繁荣大数据应用生态起到了不可忽视的作用。

四、行业领域应用步伐加快，工业成为行业应用焦点

2016 年，大数据在各行业领域的应用进一步深化，金融、电信、政务、电子商务、教育、医疗、能源等诸多行业纷纷利用大数据提升服务能力，取得了明显效果。政务领域，张家港市民公共信息服务平台能够使市民凭借自己的身份证和密码，使用该平台进行 240 余项“在线预审”服务、130 余项“网上办事”服务，还可通过手机及时查看办事状态，相比于之前，市民办事的时间最少可以节省一半以上。零售领域，苏宁易购通过大数据系统从访客转化率、媒体、地理位置、时段、设备类型、设备号等多个维度建立访客转化率预测模型和商品推荐模型，针对每一个到访访客计算广告点击率和到站转化率，进行实时差异化出价，找回苏宁易购的流失访客 9572163 次，并促成 36748 个直接有效订单，最终投资回报率 >3。农牧领域，农牧企业广安集团采用单件管理系统，通过一猪一 ID 对其成长周期进行全过程监控，促使食品安全可追溯，实现饲养流程精细化、集约化管理，每年饲料节约 20% 左右。金融领域，大数据已经成为构筑信用消费生态、防范金融风险和辅助投资决策的重要手段。百度、阿里、360、同花顺、银联等企业纷纷进军大数据投资领域，广发银行联合百度开发百度 100 指数系列基金，南方基金携手博时联合蚂蚁金服、嘉实基金挖掘腾讯自选股数据、泰达宏利掘金同花顺数据。

随着《中国制造 2025》《关于深化制造业与互联网融合发展的指导意见》等文件发布，工业已经成为大数据应用最活跃的领域。目前，大数据已开始在制造业各环节取得应用，将助推制造业和互联网融合创新迈上新台阶。研发设计环节，大数据推动研发设计模式创新，实现个性化定制。海尔集团沈阳冰箱工厂将用户需求和生产过程无缝对接，用户个性化需求可直接发送到

生产线上并随时查到自己冰箱的生产进程，目前，一条生产线可支持500多个型号的柔性化大规模定制，生产时间缩短到10秒一台。生产制造环节，大数据帮助建立先进生产体系，实现智能化生产。新松机器人利用工业大数据感知机器人状态，对机器人状态数据进行分析，最终实现对机器人的预防性维护，大幅提高了维护效率，降低了运行故障率。销售服务环节，大数据促进商业模式创新，推动制造服务化转型。东风风神应用底层行为数据管理平台 Action DMP 开展全系营销推广活动，实现全网用户行为数据、应用数据、场景数据的实时无损解析，精准捕获各车型目标受众；通过分析用户行为场景，了解他们的触媒习惯，展开品牌与用户定制化沟通，项目最终 CPL 成本较目标降低40%。

第二节 2016年我国大数据产业重点政策解析

一、《国务院关于印发政务信息资源共享管理暂行办法的通知》

随着我国政务信息资源建设的不断进展，政府部门已经成为最大的信息数据生产、收集、使用和发布单位，而跨部门共享机制不健全、政策制度滞后等因素的存在已经严重影响到了数据资源共享应用的整体效能。为了提升政府部门的行政效率和服务质量，国务院出台了《政务信息资源共享管理暂行办法》（以下简称《办法》）。这是我国第一份关于政务信息资源共享的规范性文件，是我国推进政务信息资源管理制度建设的重大举措。

（一）主要内容

《办法》内容涵盖六个章程，共二十六条规定。从原则以及多方面上规定了政务信息资源共享的原则和使用办法。内容可以概括为以下几个方面：

一是政务信息资源共享应遵循以下原则：1. 以共享为原则，不共享为例外；2. 以需求导向，无偿使用；3. 统一标准，统筹建设；4. 建立机制，保障安全。

二是编制政务信息资源共享及目录：1. 凡列入不予共享类的政务信息资源，必须有法律、行政法规或党中央、国务院政策依据；2. 人口信息、法人单位信息、自然资源和空间地理信息、电子证照信息等基础信息资源的基础信息项是政务部门履行职责的共同需要，必须依据整合共建原则，通过共享平台实现基础数据统筹管理、及时更新，在部门间实现无条件共享；3. 围绕经济社会发展的同一主题领域，由多部门共建项目形成的主题信息资源。

三是搭建共享平台，建立国家政务信息资源目录、支撑各政务部门开展政务信息资源共享交换的国家关键信息基础设施。1. 各政务部门业务信息系统原则上通过国家电子政务内网或国家电子政务外网承载，通过共享平台与其他政务部门共享交换数据；2. 各政务部门应抓紧推进本部门业务信息系统向国家电子政务内网或国家电子政务外网迁移，并接入本地区共享平台；3. 按照“谁主管，谁提供，谁负责”的原则，提供部门应及时维护和更新信息，保障数据的完整性、准确性、时效性和可用性，确保所提供的共享信息与本部门所掌握信息的一致性；4. 按照“谁经手，谁使用，谁管理，谁负责”的原则，使用部门应根据履行职责需要依法依规使用共享信息，并加强共享信息使用全过程管理。

四是建立国家政务信息化项目建设投资和运维经费协商机制。对政务部门落实政务信息资源共享要求和网络安全要求的情况进行联合考核。

（二）政策影响

《办法》的出台是我国政务信息资源系统规范化、制度化的一个重要里程碑，其从多方面推动了市场和社会信息资源共享的进一步发展。过去大数据行业发展 最大的瓶颈在于数据源的匮乏，抑制了行业应用和发展前景。作为占大数据比例达 80% 以上的政府数据共享开放的实施，在极大地解决数据源匮乏的问题同时，也为其他类型数据开放建立了标杆和规范。同时，数据互联互通加速信用社会建设，我国社会信用体系的建设由发改委牵头，包括政府信用体系、企业信用体系、个人 信用体系。政府数据的跨部门共享，对社会信用体系建设意义重大。

二、《国务院办公厅关于促进和规范健康医疗大数据应用发展的指导意见》

随着医疗行业数字化、信息化程度的不断提高以及智能穿戴设备的迅速更新换代，使得健康医疗行业的相关数据规模飞速增长。当前，我国的医疗健康行业数据已达到PB级，健康医疗大数据的应用发展迎来了广阔的市场机遇。2016年6月8日，国务院办公厅日前印发《关于促进和规范健康医疗大数据应用发展的指导意见》（以下简称《意见》），部署通过“互联网+健康医疗”探索服务新模式、培育发展新业态。

（一）主要内容

《意见》提出了三大基本原则，围绕就发展目标，夯实健康医疗大数据应用基础，深化健康医疗大数据的应用，规划和推动“互联网+健康医疗”服务，加强健康医疗大数据保障体系建设和组织实施方面等七大方面内容提出了具体的指导政策和有效的实施细节。

一是确立了三大原则：1. 要坚持以人为本、创新驱动；2. 要坚持规范有序、安全可控；3. 要坚持开放融合、共建共享。

二是夯实健康医疗大数据应用基础：1. 要加快建设统一权威、互联互通的人口健康信息平台；2. 要推动健康医疗大数据资源开放共享。

三是深化健康医疗大数据应用。1. 要利用监管来推进行业治理大数据应用；2. 要推进临床和科研大数据在临床科研、基因测序、精准医疗、医研协同、智慧医疗等方面；3. 要推进公卫大数据应用在免疫规划、网络直报、风险预警、卫生保健等公共卫生项目；4. 要不断推进健康医疗与养生、养老、家政等服务业协同发展；5. 要研制推广数字化智能设备的硬件领域，加快研发成果转化，提高设备的生产制造水平，促进健康医疗智能装备产业升级。

四是规范和推动“互联网+健康医疗”服务。1. 要发挥智慧健康医疗便民惠民服务；2. 要全面建立远程医疗应用体系；3. 要推动健康医疗教育培训应用。

五是加强健康医疗大数据保障体系建设。1. 要加强法规和标准体系建设；2. 要推进网络可信体系建设；3. 要加强健康医疗数据安全保障；4. 要加强健康医疗信息化复合型人才队伍建设。

六是加强组织实施。1. 要强化统筹规划，建立党委政府领导、多方参与、资源共享、协同推进的工作格局；2. 要抓住重点着力突破；3. 要加大政策扶持力度；4. 要加强政策宣传普及；5. 要推进国际交流合作。

（二）政策影响

《意见》的出台为我国健康医疗大数据的发展提供了基本的意见指导和目标规划，也顺应了未来全球健康医疗产业的基本发展趋势。从国家层面推动医疗数据平台的建设，使医院之间长期的信息孤岛将得以打通，远程复诊和医保联网异地结算等将逐步实现、能够更好发挥政府作用，以保障全体人民健康为出发点，强化顶层设计，完善政策制度，推动政府健康医疗信息系统和公众健康医疗数据的融合、共享。加速推进健康医疗大数据的深度研究和创新应用，对于变革医疗服务模式，创新医疗服务机制，提升医疗服务质量具有重要意义。发展健康医疗大数据应用，不仅有利于改进健康医疗服务模式，而且对经济社会发展有着重要的促进作用。

三、《工业和信息化部关于大数据产业发展规划（2016—2020年）》

随着国家大数据战略的不断推进和落实，大数据产业发展将获得重大利好，产业进入密集增长期。“十三五”时期大数据将在稳增长、促改革、调结构、惠民生中承担越来越重要的角色，在经济社会发展中的基础性、战略性、先导性地位越来越突出。同时，大数据也将重构信息技术体系和产业格局，为我国信息技术产业的发展提供巨大机遇。为进一步推动我国大数据产业持续健康发展，落实国务院《促进大数据发展行动纲要》，按照《国民经济和社会发展第十三个五年规划纲要》的总体部署及工业和信息化部“十三五”规划体系相关工作安排，工信部于2017年1月17日发布了《大数据产业发展规划（2016—2020年）》（以下简称《规划》）。

（一）主要内容

《规划》围绕“强化大数据产业创新发展能力”一个核心，推动“数据开放与共享、加强技术产品研发、深化应用创新”三大重点，完善“发展环境和安全保障能力”两个支撑，构建一个“数据、技术、应用与安全协同发展的自主产业生态体系”，努力提升我国对大数据的资源掌控、技术支撑和价值挖掘三大能力。主要设置了七项重点任务、八个重点工程以及五个方面的保障措施。

一是从总体考虑的角度出发，主抓五个方面：1. 要推进大数据技术产品创新发展；2. 要提升大数据行业应用能力；3. 要繁荣大数据产业生态；4. 要健全大数据产业支撑体系；5. 要夯实完善大数据保障体系。

二是明确提出了2020年大数据产业发展目标：到2020年，基本形成技术先进、应用繁荣、保障有力的大数据产业体系；大数据相关产品和服务业务收入突破1万亿元，年均复合增长率保持在30%左右。

三是布置了七项重点任务：1. 强化大数据技术产品研发；2. 深化工业大数据创新应用；3. 促进行业大数据应用发展；4. 加快大数据产业主体培育；5. 推进大数据标准体系建设；6. 完善大数据产业支撑体系；7. 提升大数据安全保障能力。

四是规定了八个重点工程：1. 大数据关键技术及产品研发与产业化；2. 大数据服务能力提升；3. 工业大数据创新发展；4. 跨行业大数据应用推进；5. 大数据产业集聚区创建；6. 大数据重点标准研制及应用示范；7. 大数据公共服务体系建设；8. 大数据安全保障。

五是设置了五个方面保障措施：1. 要推进体制机制创新；2. 要健全相关政策法规制度；3. 要加大政策扶持力度；4. 要建设多层次人才队伍；5. 要推动国际化发展。

（二）政策影响

《规划》以大数据产业发展中的关键问题为出发点和落脚点，以强化大数据产业创新发展能力为核心，以推动促进数据开放与共享、加强技术产品研发、深化应用创新为重点，以完善发展环境和提升安全保障能力为支撑，打造数据、技术、应用与安全协同发展的自主产业生态体系，全面提升我国大数据的资源掌控能力、技术支撑能力和价值挖掘能力。同时，《规划》对于提升政府治理能力，优化民生公共服务，推动创新创业、促进经济转型和创新发展也同样具有重大意义。《规划》全面部署了“十三五”时期大数据产业发展工作，为“十三五”时期我国大 数据产业崛起，实现从数据大国向数据强国转变指明了关键方向。

第三节　2016 年我国大数据产业重点行业发展情况

一、大数据硬件

（一）发展概况

随着我国大数据产业的快速发展以及应用领域的不断扩展，我国大数据硬件市场也迎来了高速发展的态势。根据 2016 年中国大数据交易白皮书统计，2016 年我国大数据硬件市场规模将达到 1093 亿元，增速高达 37.46%。然而，随着大数据产业由爆发期向成长期的逐步转变以及前期大数据硬件基础设施建设的不断完善，大数据硬件投入将呈现逐步趋稳的态势，大数据硬件在整个大数据产业中的比重也将有所降低，相应地大数据软件和服务的比重将有所提升。

（二）发展特点

1. 产品特点

数据采集设备呈现可编程的重要特性。随着万物互联时代的来临，对于数据采集设备的要求也不断提高，功能也逐渐从数据采集向数据预处理扩展，数据采集设备也呈现出可编程的特性。通常来看，数据采集设备需要提供可编程的配置接口，通过软件对采集数据进行可编程的自定义。数据采集设备的可编程配置文件，可由在云端的控制器统一管理、修改和保存，并下发到各个采集设备上，运维人员只需在云端做好配置文件，各采集设备就可自动升级配置，输出给第三方应用平台。通过智能数据采集设备可实现网络监测功能和第三方应用的需求分离，解决原始采集数据无法满足第三方应用，以及重复建设数据采集平台等问题。

2. 技术特点

开源技术生态成为自主创新的重要路径。以 Hadoop 和 Spark 为主导的开源技术生态，成为国内大数据硬件创新发展的重要路径。从 Hadoop 平台技术来看，其具有高容错率、去中心化及处理引擎更靠近储存端等特点，改变了原先对于大数据处理架构中对单个服务器高性能计算能力的苛刻要求，尤其是对于海量非结构化数据，利用扁平化大规模服务器可以达到更高效的数据处理效果。随着 Hadoop 技术的不断推广和成熟，基于 Hadoop 技术的二次开发及技术迭代发展也十分迅速，这使得在国内广阔的应用市场背景下，为我国大数据硬件厂商走自主可控国产化发展带来了重大机遇。

虚拟化成为大数据基础设施建设的首选。随着云计算技术和应用的不断成熟，虚拟化技术成为各国大数据基础设施建设的首要选择。首先，虚拟化技术能够动态调用空闲资源，减少服务器规模，显著提升资源利用率。其次，虚拟化能提供相互隔离、安全、高效的应用执行环境。用户可以在同一台计算机上模拟多个系统，虚拟系统下的各个子系统相互独立，即使某个子系统遭受攻击而崩溃，也不会对其他系统造成影响，且依托于备份机制，子系统可以被快速恢复。

3. 企业特点

国内大数据企业致力于构建软硬件相结合的自主产业生态体系。在自主可控、安全可靠的大背景下，信息技术产业国产化进程稳步推进，2016 年，国内整机集成适配取得阶段性进展，自主生态体系建设初步建成。以中国电子 CEC 集团为例，其已经有能力完成全套 IT 设备和生态的构建，能够提供从芯片、整机、网络设备、操作系统到系统集成全套的产品和服务，在其自主生态体系中，芯片是飞腾，终端和服务器整机平台是长城电脑，网络设备是中国软件（迈普通信），操作系统是中国软件（中标软件和麒麟），数据库是中国软件（武汉达梦），系统集成是中国软件（特一级资质）。此外，在系统布局自主可控方面实力较强的单位还包括中国电科 CETC、紫光集团、浪潮集团、中科院等。

二、大数据软件

（一）发展概况

近年来，我国大数据应用不断深化，带动了大数据软件市场高速增长。据赛迪智库统计分析，2015 年，包括硬件产品和软件产品在内的我国大数据产品市场规模约为 125 亿元，2016 年达到 169 亿元，增速达 35%，预计“十三五”期间，我国大数据软件市场规模增速将保持在30%左右。2016年，传统硬件和软件屡屡遭遇挑战，为迎合市场需求，传统IT企业大力布局大数据领域业务。人大金仓立足自身在数据库领域的技术沉淀和产品基础，依靠在数据库研发、数据治理、数据分析等方面的积累，积极向大数据转型，推出了一系列大数据解决方案。用友积极研发大数据产品，为企业提供高效的建模工具，帮助企业在大数据上进行数据挖掘，同时提供模型应用系统。同时，大数据新创型企业和中小企业也不断涌现并逐步发展壮大。据赛迪研究院中国大数据产业生态地图调查结果显示，我国大数据新创企业（成立时间不超过3年）占据非常高的比例，即使在大数据发展较为成熟的珠三角、京津冀地区，新创企业的市场份额依然占据50%以上。

（二）发展特点

1. 结构特点

大数据整体解决方案及管理软件成为大数据产业的主体。从产业链结构来看，我国大数据软件企业集中在大数据整体解决方案和大数据管理软件环节，专业的大数据分析挖掘软件和可视化软件相对较少。工信部大数据优秀产品、服务和应用解决方案调研结果显示，从事大数据整体解决方案的企业和从事大数据管理软件的企业合计占企业总数的59%，大数据计算和可视化软件企业合计不到20%。

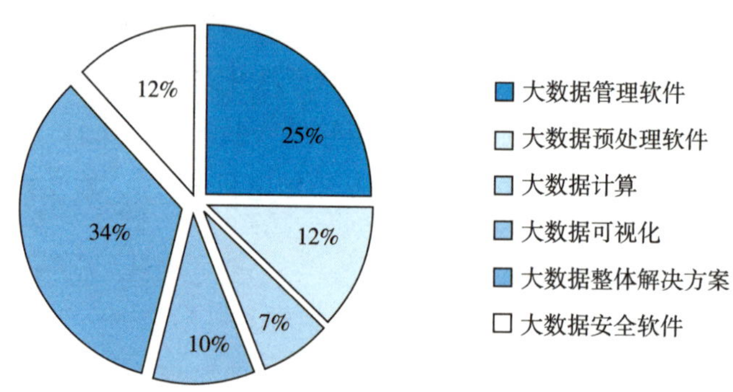

图14－2　大数据软件产业链结构示意图

资料来源：工信部大数据优秀产品服务和应用解决方案调研。

年收入为千万级的企业占比最大。大数据在中国的发展时间不长，但是在国家和业内的高度关注下发展迅速，不论是传统大型IT企业还是新兴的大数据企业，已经在大数据的投入中获得相应的回报，企业年收入逐年增长。目前，我国年收入在 1000 万元至 1 亿元之间的大数据企业数量最多，约占企业总数的 37%；年收入在 1 亿元至 3 亿元之间的企业占比则达到 21%。

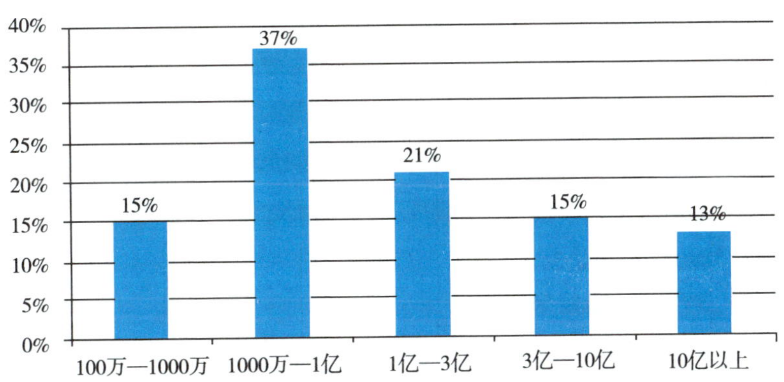

图 14－3　我国大数据企业年收入占比示意图

资料来源：赛迪研究院大数据产业生态地图调研。

2. 创新特点

科技企业主导大数据技术发展。大数据软件技术创新离不开全球主要科技企业的参与。科技巨头企业通过紧抓技术创新前沿，不断扩大行业影响力，以抢占大数据技术发展和标准制定的话语权，逐步构建以企业核心竞争力为中心、以开源为主要方式的新型的产业生态。几乎在所有的开源项目背后，都有大型科技企业的支持。其中，也包括了我国科技企业的参与，如阿里巴巴开源了其 Tair 存储引擎和 OceanBase 数据库，前者是淘宝自行开发的一个分布式 key－value 存储引擎，可分为持久化和非持久化两种方式；后者是支持海量数据的高性能分布式数据库系统，实现了数千亿条记录、数百 TB 数据上的跨行跨表事务，由淘宝核心系统研发部、运维、DBA、广告、应用研发等部门共同完成。

3. 应用特点

从细分领域来看，目前，政务、交通、金融是大数据软件应用最多的三个领域，制造业和电力能源紧随其后。工信部大数据优秀产品服务和应用解决方案调研结果显示，与行业领域结合的大数据软件产品中，政务领域占比最高，达到 23.7%，交通和金融领域也都超过了 10%。随着智慧城市的建设与应用落地，医疗、交通和政府领域对大数据的投资力度将继续提升，投资增速将超过其他行业。“中国制造2025”的逐步落实也将带来制造业领域大数据软件的飞速发展。

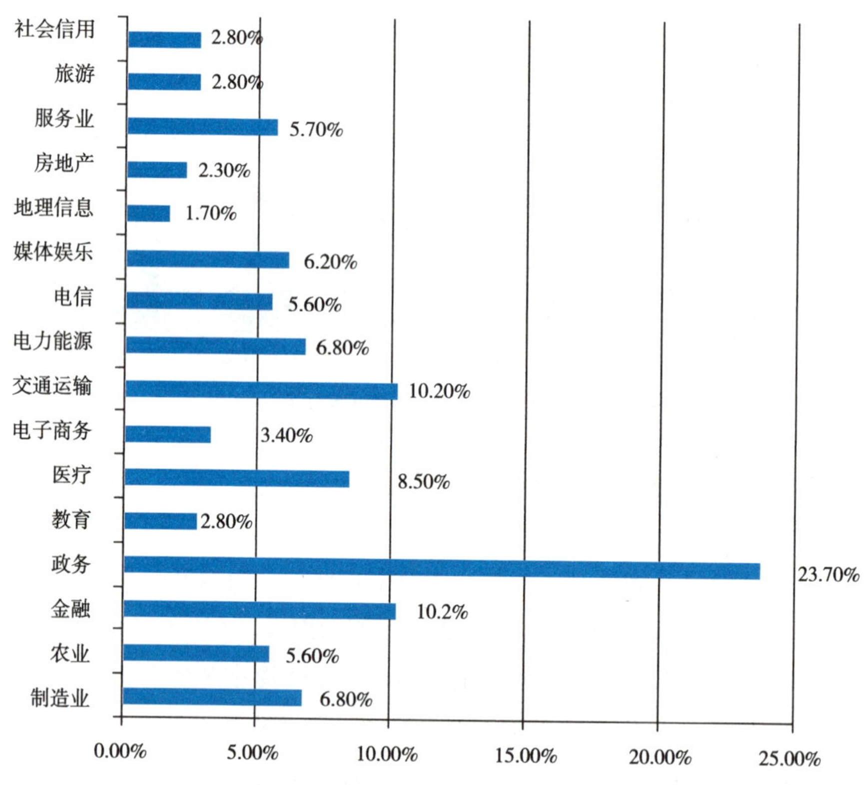

图14-4 行业大数据软件结构示意图

资料来源：工信部大数据优秀产品服务和应用解决方案调研。

三、大数据服务

（一）发展概况

2016年，我国大数据服务业呈现出高速发展态势，其在大数据产业中的比重进一步提升。根据赛迪智库的分析统计，2016年，我国大数据服务市场规模约为230亿元，占整个大数据产业规模的6%，预计“十三五”期间，我国大数据服务产业年均增速将超过50%，到2020年，我国大数据服务市场规模将达到1200亿元，占大数据及其相关产业总体规模的12%左右。受益于数据存储基础设施逐步完善、行业云服务不断深入和行业应用软件持续丰富，以行业企业服务为导向的大数据服务快速落地，在政务、金融、电信等领域涌现出若干大数据服务平台，服务能力持续提升，并培育出一批行业领军企业。

表 14－1　大数据服务主要方向及代表企业

序号	主要方向	代表企业
1	金融	阿里巴巴、京东、荣之联、拓尔思、贝格数据、宝信软件
2	征信	芝麻信用、腾讯征信、考拉征信、深圳前海征信、宜信致诚
3	零售	阿里巴巴、京东、智能集团、猫酷、麦家科技、富基融通
4	通信	华为、中兴、用友软件、东方国信、荣之联、北纬通信
5	交通	百度、高德、腾讯、四维图新、科大国创、银江股份、千方科技
6	医疗	万达信息、东软集团、春雨医生、东华软件、北大医疗、阿里健康
7	娱乐	百度、DataEye、克顿传媒、艺恩、艾漫数据、酷云 EYE
8	农业	浪潮集团、新希望、佳格、金正大集团、农信通科技、量子数聚

资料来源：数据猿，赛迪智库整理，2017 年 1 月。

（二）发展特点

1. 结构特点

初创型公司扎推大数据清洗和价值挖掘服务。大数据清洗和价值挖掘服务是大数据产业发展的核心环节，也是大数据服务中最具技术含量的领域。由于初创型大数据公司成立时间短，自身业务产生的数据有限，其主要是作为数据源企业和企业级用户的桥梁，以数据加工、数据价值挖掘业务为主，面向企业用户提供数据支持和服务。数据显示，硅谷 80% 的大数据企业正在从事数据清洗、整理和价值挖掘的工作，随着我国创新创业环境的持续优化，我国从事大数据清洗和价值挖掘服务的初创型公司也在不断涌现。

2. 技术特点

大数据＋人工智能成为业界共同选择。大数据服务中的核心环节是数据价值的挖掘，随着数据资源中非结构化数据的快速增长，传统的数据整合和处理方式已经无法满足大数据分析的需求，集合人工智能技术的大数据服务成为产业发展的重要方向。2016 年，以百度、阿里巴巴、腾讯为代表的互联网大数据服务领军企业纷纷开启了“大数据＋人工智能”战略，利用人工智能技术提高数据挖掘的效率和效果。

区块链成为大数据交易的关键技术。区块链是指通过密码学方法产生相关联的一串数据块，以分布式方式实现集体维护可靠数据库的技术方案。区块链技术下的数据具有完整性、可靠性、连续性、永久性、可追溯性、精确性与透明性等特点，突出应用于有价值的数据流通方面。因此，区块链技术可以成为大数据交易的重要基础和支撑。2016 年 11 月，京东云旗下京东万象数据服务商城宣布，其大数据交易平台将利用区块链技术来实现数据的溯源与确权，为数据交易提供技术保障。

3. 企业特点

2016 年，互联网大数据服务巨头纷纷开放大数据服务平台，为企业和个人用户提供丰富的大数据服务应用。2016 年 1 月，阿里巴巴推出了大数据平台“数加”并提供了 20 余个大数据产品，涵盖数据采集、计算引擎、数据加工、数据分析、机器学习、数据应用等数据应用服务。2016 年 10 月，京东云推出了大数据服务平台，提供面向社会公众的一站式大数据服务。其他互联网企业则通过合作的方式推动大数据服务平台的发展，2016 年 1 月，移动开发者服务平台友盟、中文网站统计分析平台 cnzz 以及互联网数据服务平台缔元信网络数据宣布合并，成立新公司“友盟 +”，致力于打造全域数据服务平台。除了大型互联网企业之外，我国行业领军企业和深耕行业信息化的科技企业则聚焦于行业应用，研发面向特定应用场景的行业解决方案，为特定行业企业提供大数据服务。

第四节　2016 年我国大数据产业区域发展情况

一、贵州省

（一）整体概况

国家大数据（贵州）综合试验区是首个国家级大数据综合试验区，成立于 2016 年 2 月。作为国内最早发展大数据的省份，其在数据产业上的突破发展得到国家层面的积极认可。作为首个国家级大数据试验区，贵州依托生态环境好、能源价格低、地质稳定等得天独厚的先天优势，通过制定产业发展规划与优惠政策、建设基础设施与平台、开放数据、举办商业模式大赛等，逐步构建大数据产业发展理念、思路与路径，为企业落地发展与市场培育提供良好的土壤，推动大数据产业快速发展。试验区将通过3—5年时间探索，有效打破数据资源壁垒、强化基础设施统筹，打造一批大数据先进产品，培育一批大数据骨干企业，建设一批大数据众创空间，培养一批大数据产业人才，有效推动相关制度创新和技术创新，发掘数据资源价值，提升政府治理能力，推动经济转型升级。

（二）发展特色

贵州省将大数据作为“一把手”工程来抓，在系统平台建设、大数据立法、大数据交易、大数据创业创新等方面率先起步，率先建成了全国第一个省级政府数据集聚、共享、开放的“云上贵州”系统平台，率先设立国内首个大数据交易所，出台政务数据资源共享管理办法，加快整合人口、法人、自然资源和空间地理、宏观经济等基础数据库，集聚“云上贵州”平台。以贵阳大数据交易所等为载体，构建大数据资源流通平台，形成大数据流通、开发、使用的完整产业链和生态链，促进大数据跨行业、跨区域流通。同时，加快大数据与传统行业融合，促进大数据创新应用，深入开展“千企改造——大数据助力企业转型升级专项行动”，引导优势大数据企业，为贵州重点企业梳理发展“痛点”、制定解决方案，推动企业加快转型升级。此外，贵州开展政府治理大数据创新应用，以“数据铁笼”加强对政府职能部门的监督和管理，提升政务治理能力。

二、京津冀

（一）整体概况

京津冀是全国首批确定的跨区域类大数据综合试验区，于2016年10月成立。京津冀在大数据基础设施建设、数据开放共享、产业集聚发展等方面具有较强的示范带动作用，通过加强协同合作，进一步加强基础设施统筹建设，以大数据的思维、技术、模式、产品、服务等突破行政藩篱和区域界线，发掘和释放数据资源价值，在数据开放、数据交易、行业应用等多领域积极开展创新探索，共同打造成为国家大数据产业创新中心、国家大数据应用先行区、国家大数据创新改革综合试验区、全球大数据产业创新高地。对于京津冀大数据产业的未来发展方向，《京津冀大数据综合试验区建设方案》提出，到2017年底，三地数据开放、产业对接框架基本形成，数据开放共享机制体制初步建立，环保、交通、旅游等民生重点领域试点示范率先启动。到2018年底，三地初步形成集群特色鲜明、协同效应显著、资源配置优化的发展格局。到2020年底，以人为本、惠及民生的大数据服务新体系初步建立，大数据红利充分释放，成为提升政府治理能力的重要支撑和经济社会发展的重要驱动力量。

（二）发展特色

京津冀地区拥有完善的数据资源和多层次、丰富的应用场景，形成了较为完整的大数据产业发展生态，将在产业发展、数据中心建设、应用示范等方面取得重要突破。京津冀地区的大数据企业数量迅速增长。根据数据观的统计数据显示，目前京津冀地区企业总数已达到875家，涵盖大数据应用服务、基础框架、数据资源和支撑服务等大数据产业发展的不同领域。其中服务机构有33家，数据源公司有44家，基础架构公司有168家，应用服务的有625家。大数据支撑服务机构包括科技创新平台、交易中心、联盟协会、产业园区等。众多的大数据企业和支撑机构，为京津冀地区大数据产业发展构造良好的产业发展环境。京津冀将根据三地的优势，打造以北京为创新核心、天津为综合支撑、河北做承接转化的大数据产业一体化格局。北京作为政府中心、文化中心、国际交往中心和科技创新中心，将发挥全国科技创新中心的资源优势和中关村国家自主创新示范区的创新体系优势，聚焦于大数据的产品创新、技术创新和应用创新，打造国家大数据产业创新核心区和全球大数据产业创新高地。天津在大数据应用领域已形成一定优势，是京津冀大数据产业发展的拓展区，将依托滨海新区、武清和西青等电子信息产业基地，构建完善的大数据发展和产业综合支撑体系。河北是京津冀大数据产业发展的功能区，将承接京津冀数据中心转移和行业应用示范等。

三、珠三角

（一）整体概况

珠三角是全国首批确定的跨区域类综合试验区，于2016年10月成立，涵盖珠三角九市，在功能上形成“一区两核三带”的总体布局。“一区”即珠三角国家大数据综合试验区。“两核”是指以广州、深圳为核心区。“三带”是指重点打造佛山、珠海、中山、肇庆、江门等珠江西岸大数据产业带，惠州、东莞等珠江东岸大数据产业带，并辐射全省，打造汕头、汕尾、阳江、湛江等沿海大数据产业带，进而带动泛珠三角各行政区以及“一带一路”相关国家在大数据领域开展深度战略合作。珠三角围绕落实国家区域发展战略，更加注重数据要素流通，以数据流引领技术流、资金流、人才流，支撑跨区域公共服务、社会治理和产业转移，促进区域一体化发展。

（二）发展特色

珠三角大数据综合试验区未来将在三个方向实现重点突破：1. 打造大数据综合应用引领区，推进政务和民生领域的大数据应用；2. 打造大数据创业创新生态区，推动基于大数据的创业创新，构建富有活力的大数据创业创新生态体系；3. 要打造大数据产业发展集聚区，建设大数据产业园，培育大数据骨干企业。依托广州、深圳等地区的电子信息产业优势，珠江三角洲地区发挥广州和深圳两个国家超级计算中心的集聚作用，在腾讯、华为、中兴等一批骨干企业的带动下，逐渐形成大数据集聚发展的趋势，将成为我国重要的大数据产业集聚区域。

四、上海市

（一）整体概况

上海市是2016年10月成立的四个区域示范类综合试验区之一。作为信息化和智慧城市领先发展城市，上海拥有信息化技术发展良好、数据资源丰富和相关产业集聚等优势。上海积极贯彻落实大数据国家战略部署，2013年，上海市科委出台《上海推进大数据研究与发展三年行动计划（2013—2015

年)》，聚焦推进医疗卫生、食品安全、智慧交通等6大行业大数据公共服务平台和金融证券、互联网、制造业等6个重点领域大数据商业应用。上海市委、市政府《关于加快建设具有全球影响力的科技创新中心的意见》、上海“十三五”规划纲要等均列入了大数据发展内容。2016年10月，《上海市大数据发展实施意见》发布，全面推进本市大数据应用和产业发展，助力精准施策、供给侧结构性改革和经济发展方式转变。《意见》提出要基本形成高端智能、新兴繁荣的大数据产业发展新生态和大众创业、万众创新的产业驱动新格局。到2020年，上海市政府数据服务网站开放数据集超过3000项，建成3家大数据产业基地，培育和引进50家大数据重点企业，数据驱动型产业经济总量达到千亿级别，率先成为国内领先的集数据贸易、应用服务、先进产业于一体的战略高地。

（二）发展特色

上海大数据综合试验区的发展定位是积极引领东部、中部、西部、东北等“四大板块”发展，更加注重数据资源统筹，加强大数据产业集聚，发挥辐射带动作用，促进区域协同发展，实现经济提质增效。上海市已经形成了由经信委、发改委、网信办、科委等四个部门组成的工作机制，将围绕自贸区建设和科创中心的建设两大战略，从推动公共治理大数据的应用、推动大数据的科技创新和基础性治理的工作和研究、推动大数据与公共服务基层社会治理相结合、进一步加强与长三角地区和长江经济带城市的合作四大方面推动大数据发展。2016年3月，上海制定发布了《上海市政府数据资源共享管理办法》，促进政府数据资源开放共享，初步形成了以电子政务云为载体，以基础数据库为支撑，以政府数据资源目录为主线的数据共享的工作思路。上海数据资源的开放的内容已经涵盖了经济建设、资源环境、教育、科技、道路交通、社会发展、公共安全、文化休闲、卫生健康、民生服务、机构团体、城市建设、信用服务等12个重点领域，累计开放数据资源超过900多项，积极覆盖了各个部门的主要业务范围。目前，基于“政府引导、市场主导”的发展原则，上海大数据发展初步形成了“交易机构+产业基金+创新基地+发展联盟+研究中心”五位一体综合推进体系。

五、内蒙古自治区

（一）整体概况

内蒙古国家大数据综合试验区是我国目前唯一获批建设的大数据基础设施统筹发展类综合试验区。依托区位、自然条件、多重优惠政策叠加等优势，内蒙古自治区将大数据、云计算产业作为培育战略性新兴产业的主攻方向，形成较好的发展基础，现有服务器装机能力已经突破70万台，居全国第一。形成以呼和浩特市为核心，包头市、鄂尔多斯市、赤峰市、乌兰察布市为重点的发展格局。呼和浩特“草原云谷”——中国·内蒙古呼和浩特云计算产业基地，聚集中国电信、中国移动、中国联通等一批云计算产业链各环节核心企业和科研机构。全区首个云计算大数据创客中心在和林县开园，近40家创新型企业。2016年颁布了《内蒙古自治区促进大数据发展应用的若干政策》，加快数据中心建设，推动大数据产业发展应用。经过3到5年的努力，内蒙古自治区将建设成为“中国北方大数据中心、丝绸之路数据港、数据政府先试区、产业融合发展引导区、世界级大数据产业基地”。到2020年，全区云计算数据中心承载能力达到300万台服务器，成为国家级云计算数据中心基地；云计算大数据相关产业规模发展壮大，2020年产业规模达到1000亿元，年均增幅达20%。

（二）发展特色

内蒙古具有数据中心建设的良好自然条件，是我国最适合投资数据中心的城市之一。同时，内蒙古拥有良好的区位和产业政策优势，大数据产业发展环境优越。依托这些的优势条件，内蒙古大数据综合试验区的发展定位是：1. 加大资源整合力度，强化绿色集约发展，向国内外提供数据存储服务，发挥数据中心的辐射作用；2. 加强与东、中部产业、人才、应用优势地区合作，通过发展大数据，实现自身跨越发展。同时，内蒙古将以创新为发展大数据的第一动力，坚持以设施为基础、以安全为前提、以资源为根本、以应用为核心，重点打造基础设施、数据资源、产业发展、服务应用、制度保障、人力资源6大支柱，着力实施大数据政务、大数据基础设施、大数据社会治理、大数据公共服务、大数据农牧业、大数据精准扶贫、大数据金融、大数据人才培养、大数据监管等9大重点工程。

六、重庆市

（一）发展概况

重庆市是2016年10月成立的四个区域示范类综合试验区之一。2015年底以来，重庆市抢抓云计算、大数据、“互联网+”等新兴热点，先后出台《重庆市“互联网+”行动计划》《进一步加快全市大数据发展的工作方案》《关于培育和发展分享经济的意见》等一系列政策，促进重庆市大数据等软件产业快速发展。2016年，为加快大数据产业发展，重庆市成功引进华大基因大数据、美国微软大数据学院等重点项目，同时，誉存、云威、智慧思特等本地企业也开始崭露头角，推动重庆市大数据产业链加速完善。

（二）发展特点

重庆市采取三方面举措发展大数据产业：1. 高位规划，围绕“大数据、小传感、海存储、云应用”四大核心产业，布局“3+6”产业体系，规划建设集商务办公、宜居生活、文化交融、低碳生态、智能高效的创新型产业城区；2. 多方合作共建，与西亚斯集团以及重庆邮电大学共建大数据学院，建立大数据成果交易平台，打造国际精品与前沿科技产品O2O新型商业形态和跨境第三方支付平台；3. 形成产业集群，与微软、ORACLE、华大基因、科大讯飞、海云天等上百家企业达成入驻意向，将成为产值超千亿美元的大数据产业集群。

七、沈阳市

（一）发展概况

沈阳市是2016年10月成立的四个区域示范类综合试验区之一，也是东北地区唯一的国家大数据综合试验区。沈阳市作为国家全面创新改革试验区、国家级两化融合试验区、东北地区中心城市和沈阳经济区核心城市，区位优势明显，并且已经积累了丰富的改革创新经验，形成了较雄厚的大数据产业基础和较完善的基础设施。此外，沈阳市政府高度重视大数据产业发展，将大数据发展列为沈阳市的“一号工程”，并率先组建了“沈阳市大数据管理局”，确定了以大数据发展为主体、智慧城市建设和传统产业转型升级为两翼的智慧产业“一体两翼”发展思路，并于2016年2月发布了《沈阳市促进大数据发展三年行动计划（2016—2018年）》，为大数据产业发展奠定了坚实基础。

（二）发展特色

沈阳大数据综合试验区的发展定位是围绕东北老工业基地新一轮振兴的战略目标，发挥东北唯一大数据综合试验区的优势，立足沈阳、带动辽宁、辐射全东北，推动大数据产业区域协同发展，将沈阳市国家大数据综合试验区打造成为带动辐射效应强、示范引领作用显著的国家大数据示范基地，为全面创新改革和振兴东北老工业基地作出应有贡献。沈阳市把发展大数据产业作为结构调整和发展方式转变的重要抓手和支撑，注重数据资源统筹、整合与开放，重点推动工业大数据、公共服务大数据、社会治理大数据等创新应用，加强大数据产业集聚发展。

八、河南省

（一）发展情况

河南省是2016年10月成立的四个区域示范类综合试验区之一。河南省大数据基础支撑有力，人口、农业、交通、物流、经济、民生等领域数据资源丰富，互联网和移动互联网用户规模、移动互联网接入流量均居全国前列。2016年河南省大数据产业环境不断优化，重点企业加速聚集，目前已经与阿里巴巴、腾讯、360等互联网巨头开展战略合作，浪潮、微软、阿里巴巴的云计算数据中心项目纷纷在河南落户，中国联通、中国电信、奇虎360也先后在河南省布局建设大型数据中心。同时，河南省经过多年的信息化发展，各个行业也积累了大量的大数据资源，并拥有了一大批本地的优秀大数据企业，这些企业在政务、工业、农业、制造服务、生活服务等诸多领域创造出了众多优秀的大数据产品、服务和应用解决方案。

（二）发展特色

河南省将重点提高大数据在各领域的应用水平，加快把独特的区位、环境、资源产业等优势转换为竞争优势和发展优势。河南省将建设以两区两基地为支撑的国家大数据综合试验区，其中两区指的是国家交通物流大数据创新应用示范区和国家农业粮食大数据创新应用先行区，两基地是指国家中部数据汇聚交互基地与全国重要的大数据创新创业基地。在建设规划方面，河南省将以建立数据资源交换共享机制、统筹大数据基础设施建设作为两大基础支撑，并以实施多式联运现代物流大数据应用示范工程、现代农业粮食大数据应用示范工程、电子商务大数据应用示范工程、经济运行大数据应用示范工程、制造业大数据应用示范工程、“一号、一窗、一网”政务服务示范工程、益民服务大数据应用工程等七大重点试验工程为抓手，突破大数据产业发展的瓶颈。

第五节　2016 年我国大数据产业重点企业发展情况

一、浪潮

（一）发展概况

浪潮是中国领先的云计算、大数据服务商，拥有浪潮信息、浪潮软件、浪潮国际、华光光电四家上市公司，业务覆盖云数据中心、云服务大数据、软件与系统集成、企业管理应用软件等四大领域。2016 年前三季度，浪潮信息实现营业收入 89. 2 亿元，同比增长 29. 4%；净利润 3. 29 亿元，同比增长 13. 1%。浪潮连续 5 年入围国家电网集采，在国家电网和南方电网的采购所占比重保持在 30% 左右，在移动、电信和联通三大运营商也占据了主要的出货份额。在以互联网运营商为主要目标用户的高密度服务器领域，2016 年第三季度浪潮销售份额达到 34%，位居国内市场第一。在国内八路 X86 服务器市场，浪潮所占份额为 44%，是浪潮第 12 个季度蝉联该领域的市场第一，基于八路的 HANA 的数据智能、交易处理以及云计算整合等方案，在金融、公安和财税等行业已实现大规模应用。

（二）发展策略

加强核心技术、产品研发创新。2016 年 12 月，浪潮发布新一代关键应用主机天梭 M13，成为我国自主研制的在线交易处理性能最强的单机服务器系统，该系统面向对稳定性和可用性极高的银行、政府、大企业的超大型数据库应用设计，具备大型机水平的 RAS 特性以及比肩大型机的处理性能，具备承载大型机应用的能力。

浪潮一直加速全球化战略布局，建立全球化运营体系，在欧美市场的影响力迅速提升。据 Gartner 数据，2016 年前三季度，公司服务器整体出货量位列全球前五位，增速位列全球第一，其中双路服务器出货量和销售额同比增长 39% 和 60%，均为全国第一；八路服务器市场占有率 44%，连续 11 个季度位列全国第一；高端主机市场出货量占有率从 15% 上升到 23%，位列第二位。

加强战略合作，提升竞争实力。2016 年 11 月，浪潮集团与思科公司共同宣布双方合资公司—浪潮思科网络科技有限公司成立并正式投入运营，将有效补齐公司网络产品线，实现为用户提供服务器、存储、网络、虚拟化、云安全以及云数据中心整体解决方案的能力。

二、人大金仓

（一）发展概况

北京人大金仓信息技术股份有限公司（以下简称“人大金仓”）成立于 1999 年，是中国电子科技集团公司（CETC）的成员企业，是中国自主可控数据库和大数据相关产品及解决方案的提供商。人大金仓先后在国家“核高基”重大专项、“863”重大专项等政府资金的支持下，研发出了具有国际先进水平的大型通用数据库产品，并广泛应用于政府、国防军工、能源、金融、医疗等高信息安全领域。

人大金仓立足自主可控国产化替代，依托在传统数据库领域的技术沉淀和产品基础，以大数据基础平台、政府大数据、智慧城市大数据、大数据分析为解决方案主线，为各行业提供大数据一站式服务。在解决方案层面，人大金仓面向党政军及企业级市场，推出了大数据中心解决方案、政府大数据解决方案、智慧城市大数据解决方案等系列行业解决方案。在产品层面，人大金仓形成了涵盖数据采集、存储、分析挖掘、数据利用、数据管理等功能的大数据系列产品体系。在大数据实施服务方面，人大金仓依托自有产品和代理产品，提供以数据为中心，从采集、治理、存储到应用、分析全生命周期的服务，贯穿大数据规划、实施、运维全流程，助力客户大数据应用顺利上线。

（二）发展策略

提升技术水平，完善大数据产品体系。人大金仓深耕数据库领域，对整个数据领域包括对数据底层有较深的了解和技术沉淀，技术层面形成了深厚牢靠的基础。依托雄厚的技术积淀，人大金仓快速向大数据进军。截至2016年底，人大金仓已经形成了相对完整的全栈大数据产品线。此外，2016人大金仓发布了分析型数据库（KADB），该数据库是专门面向大数据分析类应用提供的数据库产品。

着力拓展大数据应用领域，提升核心竞争力。人大金仓结合实际业务场景需求，形成最合适的大数据解决方案，从而形成自己的核心竞争力和差异化优势。截至2016年底，人大金仓已经在军工国防、电子政务、社会治理等十多个行业领域，成功实施并交付了数十个数据中心解决方案。

专注大数据实施服务，提升服务能力和品质。人大金仓通过对大数据实施服务市场的进一步细化，不断提升技术创新、行业分析、BI定制、分析模型研发、平台实施、数据处理等服务能力和品质。截至2016年底，人大金仓已经在北京、成都以及上海等地建成研发中心，在全国设有直属分公司及办事处，并在各省均有本地化服务合作伙伴。

三、数据堂

（一）发展概况

数据堂（北京）科技股份有限公司成立于2011年6月，是一家专注互联网综合数据服务的公司（以下简称“数据堂”）。数据堂旨在融合和盘活各类大数据资源，实现数据价值最大化，推动相关技术、应用和产业的创新。数据堂客户包括百度，腾讯，阿里巴巴、奇虎360、联想、科大讯飞等国内顶级互联网和高科技企业，Microsoft、NEC、Canon、Intel、Samsung、Nuance、Fujitsu 等国外企业及在华研发机构。2016 年，数据堂积极响应国家大数据战略趋势，进军政府大数据领域，并已与贵阳市政府、芜湖市政府就“数字生态城市”建设达成战略合作协议。数据堂公布的报告显示，2016 年上半年企业实现营收 3017.11 万元，较上年同期增长 51.77%。

（二）发展策略

多渠道融合数据资源，跨界关联多行业。数据堂定位于数据资源运营商，致力于打造行业基石企业地位。数据堂通过合作、购买的方式，从纯线下、行业、政府、互联网数据等多种途径获取数据资源，然后将这些数据整理、融合，进而实现数据增值。

线上线下全渠道覆盖，搭建更全面的大数据销售体系。凭借深度的数据挖掘和强大资源整合能力，数据堂让数据的价值不仅限于数据本身，还可通过与数据堂自有数据相结合，实现异业跨界的大数据应用，让数据加倍升值。数据堂拥有国内第一家大数据电商平台 Datatang，极大地扩展了大数据的销售覆盖面，同时构建了一支由各个大数据行业专家组成的销售团队，服务对象包括 BAT 等超一线企业。

四、启明星辰

（一）发展概况

启明星辰是国内网络安全产品、可信安全管理平台、安全服务与解决方案的综合提供商。公司拥有完善的安全产品线，横跨防火墙/UTM、入侵检测管理、网络审计、终端管理、加密认证等技术领域，共有百余个产品型号，形成了涵盖安全产品、服务、管理及集成在内的完整信息安全产业链条，在防火墙（FW）、统一威胁管理（UTM）、入侵检测与防御（IDS/IPS）、安全管理平台（SOC）等信息安全细分领域居于国内市场领先地位。启明星辰具有强大的研发实力，主要包括黑客攻防技术研究团队积极防御实验室、专业安全运营服务团队 M2STM 安全运营中心、安全体系设计和咨询团队前线技术专家团、安全系统集成团队以及国内首家企业网络安全博士后工作站。2016 年前三季度，公司营业收入 10.23 亿元，同比增长 20.88%，净利润 4713 万元。

（二）发展策略

自主研发和外延并购相结合，致力于打造综合性解决方案。公司高度重视研发创新，研发投入逐年递增，当前在研项目重点聚焦云安全、大数据安全以及安全运营管理等。2016 年 6 月，公司以 6.37 亿元收购赛博兴安，进一步拓展军工加密和物联网安全业务。依托近年来一系列的外延并购，公司产品也从原先的单一的入侵检测扩展到包括 UTM、安全审计、APT、SOC、大数据安全等产品形态，从原先的网络安全逐步向云端安全和终端安全渗透。

致力于覆盖全行业客户市场，有效发挥客户协同效应。通过不断自主创新和外延扩张，公司基本实现了政府、电信、金融、军工、制造等行业客户的全覆盖，成为众多领域企业级用户首选的信息安全品牌，在政府和军工市场占有率高达 80%，覆盖中央、国务院直属 100 多个国家级部、委、办、局，军工行业覆盖总参、总装、兵器集团、航天科技集团等；在大型企业客户方面，世界五百强中 60% 的中国企业成为公司的优质客户；在金融领域，公司对政策性银行、国有控股商业银行、全国性股份制商业银行实现 90% 的覆盖率。在电信领域，公司为三大运营商集团总公司和 70 多家省级分公司提供安全产品、安全服务和解决方案。

加强战略合作，深度布局云安全，构建开放式安全新生态。公司高度重视与腾讯、华为等国内 IT 巨头的深度合作，与腾讯合作推出云子可信网络防病毒系统，建立企业安全服务战略联盟，重点布局终端安全领域；与华为公司联合推出全网安全协防解决方案，公司泰合下一代 SOC 安全管理平台与华为 SDN 网络控制器实现敏捷联动。

第六节　2017 年我国大数据产业发展环境分析

一、市场环境

2016 年，“大数据”概念热炒和产业的快速发展使其成为资本市场的热点，大数据投融资事件数量和金额不断创下新高。据不完全统计，2016 年上半年，我国大数据领域投融资项目数量达97起，融资金额超过500亿元人民币。滴滴出行、平安好医生、易建科技三家企业融资金额超过30亿元，其中滴滴出行融资高达45亿美元，投资方包括Apple、中国人寿、蚂蚁金服、腾讯、阿里巴巴、招商银行及软银等，此轮融资将用于平台技术升级、大数据研发以及海外市场拓展；平安好医生获得海外知名股权投资基金、五百强大型央企、国有金融企业及互联网公司投资的5亿美元A轮融资；易建科技定增30亿人民币，以云计算、物联网技术为基础，提供跨行业智能化、信息化综合解决方案。

从融资进度来看，我国大数据企业多数处于发展初期，因此获A轮以及天使轮的企业比例偏高，2016年约占70%左右。但随着大数据企业的成长，相对于2014年，获得C轮投资的企业比例明显增多。从融资估值来看，A轮融资估值均值达到2亿元，B轮融资估值均值达到5亿元，C轮融资估值均值达到10亿元。从投融资方向来看，行业应用继续成为投融资热点。2016年，金融资本热衷于投向掌握行业应用产品和服务的企业，或具有行业应用开发潜力的公司。数据猿公司数据显示，2016年上半年中国在大数据行业应用的投资比例高达95%，在大数据技术领域不到5%。其中，交通、物流、医疗、金融、教育、电子商务、娱乐等领域的融资并购频繁，投融资规模最大的三个行业领域分别为交通、物流和医疗，投融资规模分别为305.4亿元，105.0亿元和50.7亿元。

二、政策环境

2016年，我国接连出台了多项大数据相关政策，为推动产业快速成长提供了良好发展环境。国家“十三五”规划纲要中明确提出实施国家大数据战略，把大数据作为基础性战略资源，全面实施促进大数据发展行动，加快推动数据资源共享开放和开发应用，助力产业转型升级和社会治理创新。2016年10月9日，习近平总书记在实施网络强国战略讲话中，提出要深刻认识互联网在国家管理和社会治理中的作用，以推行电子政务、建设新型智慧城市等为抓手，以数据集中和共享为途径，建设全国一体化的国家大数据中心，推进技术融合、业务融合、数据融合，实现跨层级、跨地域、跨系统、跨部门、跨业务的协同管理和服务。工信部发布了《大数据产业发展规划（2016—2020年）》，全面部署“十三五”时期大数据产业发展工作，加快建设数据强国，为实现制造强国和网络强国提供强大的产业支撑。发改委等部门出台了《关于组织实施促进大数据发展重大工程的通知》《促进大数据发展三年工作方案（2016—2018）》等配套政策，进一步贯彻落实《促进大数据发展行动纲要》，推动大数据应用和发展。环保部、农业部、国家林业局、交通部等部委则分别发布了《生态环境大数据建设总体方案》《关于推进农业农村大数据发展的实施意见》《关于加快中国林业大数据发展的指导意见》《关于推进交通运输行业数据资源开放共享的实施意见》等政策，指导行业领域大数据应用和发展。

同时，各省市对大数据的推进力度进一步加强，通过相关政策、项目、技术和应用推动大数据发展。一是建立组织机构。大数据不仅涉及电子信息制造、软件和信息服务、通信等信息产业，还涉及与各行各业的融合创新以及在经济社会各领域的深入应用，因此大数据发展需要能够统筹协调各个部门的专门管理机构。我国已有广东、辽宁、四川、广州、兰州、成都等多个省市成立了大数据管理局，以便充分发挥政府部门的统筹决策作用和引导带动作用，在整合利用各方资源的同时，突破传统观念、部门利益等限制，快速推进大数据发展与应用相关工作。二是出台顶层设计文件。我国各部门和地方政府对大数据的重视程度正逐步升级，相关的政策措施和规划方案处于高密度发布时期。目前，北京、上海、广东、浙江等20余个省市出台了针对大数据的发展规划或实施意见等政策，根据各省市自身条件和基础部署不同的大数据产业发展路径。三是建立产业联盟。各省市积极引导建设以企业为主体，科研机构、高等院校、用户单位等参与的大数据产业联盟，加强对行业发展重大问题的调查研究，共同推进大数据相关理论研究、技术攻关、数据开放共享和创新成果应用推广，参与有关产业政策制定。目前，我国已有大数据产业联盟20余个，在推进地方大数据产业发展、建设大数据平台、推进大数据项目实施等方面发挥了重要作用。四是推动政府数据开放和数据交易。数据是政府掌握的核心资产，也是长期以来政府治理国家、服务民生的重要依托，许多国家的政府部门已成为本国最大的数据生产者和拥有者，社会各界对政府开放数据的需求也越来越强烈。目前，我国有北京、上海等省市建设了数据开放平台，尝试推动政府数据资源开放。营造数据资源交易流通的良好环境是推动大数据产业快速发展的基础。为促进企业（机构）间数据的流通、进一步发挥数据资源的增值作用，同时保护数据资源生产者、维护者的积极性，各省市纷纷试点数据交易所的建设，推动形成数据资产交易市场，以使得数据资源能够按照市场引导、价值驱动的方式在各利益相关方之间流动。目前，我国贵州、北京、辽宁等十余个省市建设了大数据交易平台。

第七节　2017年我国大数据产业发展趋势展望

一、产业发展将迎来“黄金期”

2016年，政府持续发力，推动大数据产业发展进入“快轨道”。继2015年国家发布《促进大数据发展行动纲要》之后，2016年“十三五”规划纲要中明确提出实施国家大数据战略，把大数据作为基础性战略资源，全面实施促进大数据发展行动，加快推动数据资源共享开放和开发应用，助力产业转型升级和社会治理创新。此后，10月9日，习近平总书记在实施网络强国战略的讲话中，指出我们要深刻认识互联网在国家管理和社会治理中的作用，以推行电子政务、建设新型智慧城市等为抓手，以数据集中和共享为途径，建设全国一体化的国家大数据中心，推进技术融合、业务融合、数据融合，实现跨层级、跨地域、跨系统、跨部门、跨业务的协同管理和服务。此外，2016年发改委还出台了《关于组织实施促进大数据发展重大工程的通知》《促进大数据发展三年工作方案（2016—2018）》等配套政策。国家政策的接连出台为推动产业快速成长提供了良好发展环境，根据赛迪智库预测2016年我国包括大数据核心软硬件产品和大数据服务在内的市场规模将达到3100亿元。目前，我国大数据产业生态系统日趋完善，典型的大数据公司主要分为两类：一类是传统互联网IT企业，如百度、阿里、腾讯、华为、联想、浪潮、中兴等，业务范围涵盖数据采集、数据存储、数据分析、数据可视化、数据安全等领域；另一类是初创的大数据公司，他们依赖大数据工具，针对市场需求，为市场带来创新方案并推动技术发展。其中大部分的大数据应用还是需要第三方公司提供服务。

展望2017年，我国大数据产业规模将保持继续快速增长的态势。工信部目前正在制定《大数据产业“十三五”发展规划》进一步支持大数据技术和产业创新发展，提升大数据产业支撑能力，培育新业态、新模式。2017年，我国将推进重点领域大数据高效采集、有效整合，深化政府数据和社会数据关联分析、提高宏观调控、市场监管和公共服务的有效性。初步建设国家政府数据统一开放平台，推动政府信息系统和公共数据互联开放共享。研究制定数据开放、保护等法律法规，制定政府信息资源管理办法。随着国家大数据战略配套政策措施的制定和实施，我国大数据产业的发展环境将进一步优化，大数据的新业态、新业务、新服务将迎来爆发式增长，产业链进一步成熟和扩张。同时互联网的高速发展，将带动社会各领域对大数据服务需求进一步加强，政务、工业、电信、金融、交通、医疗等领域的应用层出不穷。据赛迪智库预测2017年我国大数据产业规模有望达到4185亿元，未来2—3年的市场规模的增长率将保持在35%左右。

二、产业聚集将进一步特色化发展

大数据综合试验区建设，是国家推进大数据产业发展的重要工作，2016年我国通过批建8个大数据综合试验区，对大数据的区域发展进行整体规划布局。2016年2月国家发改委、工业和信息化部、中央网信办发函批复贵州省组建我国的第一个国家级大数据综合试验区。此后，10月三部委又批建了第二批7个国家级综合试验区，其中北部是京津冀、南部是珠三角（以广州市、深圳市为重点）、东部是上海市、西部是重庆市、中部是河南省、东北是沈阳市以及一个大数据基础设施统筹发展类综合试验区内蒙古自治区。国家三部委将在大数据发展重大工程、国家大数据工程实验室等各类专项，及推动工业转型升级、两化融合等相关政策方面，对试验区给予重点和优先支持。届时，将共同引领东部、中部、西部、东北等“四大板块”的大数据产业发展，实现数据共享、区域内协同发展、加快产业转型。

展望2017年，随着各个大数据综合实验区建设和落实，产业集聚区推动地方形成特色领域。围绕京津冀和珠三角跨区域类综合试验区，将更加注重数据要素流通，以数据流引领技术流、物质流、资金流、人才流，支撑跨区域公共服务、社会治理和产业转移，促进区域一体化发展；围绕上海、重庆、河南和沈阳四大区域示范类综合试验区，将更加注重数据资源统筹，加强大数据产业集聚，发挥辐射带动作用，促进区域协同发展，实现经济提质增效；围绕内蒙古自治区的基础设施统筹发展类综合试验区，将充分发挥区域能源、气候、地质等条件基础上，加大资源整合力度，强化绿色集约发展，加强与东、中部产业、人才、应用优势地区合作，实现跨越发展。

三、创新驱动仍将是产业发展“主基调”

2016年，我国大数据骨干企业不断加大科研投入，在技术创新和服务研发方面取得不错的进展和突破。阿里云发布大数据平台，进一步扩展其混合云生态，同时首次推出阿里云开放实验室Workshop。阿里基于飞天技术平台的大数据技术，实现了“双11”每秒钟17.5万笔的订单交易和每秒钟12万笔的订单支付，这其中主要包括了异地双活技术和基于大数据支撑的全链路压力测试的体系。京东利用大数据打击黄牛与刷单，通过大数据分析用户画像、用户社交关系网络和交易风险行为，形成一个完整可靠的防刷单技术屏障，其反刷单系统识别准确率已达99%以上。腾讯搭建“互联网+医疗”开放平台，利用自身强大的社交平台和大数据技术为医疗产业提供互联网化的后端服务。奇虎360凭借大数据技术和自有基础设施采集市场主体疑似违法违规信息与社会共享并推送到国家信用信息共享平台。

展望2017年，开源依然是大数据技术创新发展的基石，从大数据技术的发展历程上可以看出，大数据核心技术如分布式存储、云端分布式及网格计算均是依赖于开源模式，开源模式已经成为大数据技术创新的主要途径。目前我国大数据相关的数据采集、存储、分析、可视化等多个基础性技术领域已经取得较大的突破，形成了实用性强、稳定度高的技术能力，整体技术体系已初步构建完成，未来大数据技术的发展方向将主要集中在非结构化数据的价值提取方面。同时，大数据的技术发展与物联网、云计算、人工智能等新技术领域的联系将更加紧密，物联网的发展将极大提高数据的获取能力，云计算与人工智能将深刻地融入数据分析体系，融合创新将会不断地涌现。在大数据应用驱动创新方面，不同行业大数据应用需求也不尽相同，数据的分析手段、可视化方式均有所区别，因此符合实际应用需求的价值获取将是未来大数据关注的重点，应用将驱动大数据解决方案提供商采取不同的数据源，使用不同的数据分析方法，进而推动产业创新。

四、政务及工业大数据将成“焦点”

2016 年国内大数据行业领域应用进一步深化，其业务领域涵盖金融、电信、政务、电子商务、教育、医疗、能源等诸多行业，其中在电子商务、电信和金融等行业的应用相对成熟。在金融领域，大数据已经成为构筑信用消费生态和反欺诈的重要手段。目前中国金融行业也正面临发展方式的转型，风险和困难逐渐增多，对风险管理和监管的要求日益提高，对金融创新的需求日益迫切。而随着大数据在金融行业的逐渐推广，金融行业找到创新增长的新方式，金融业开始进入了大数据时代快车道。在电信领域，大数据的作用明显。传统通信业务下滑，电信运营商急需寻找下一个红利通道。数据经营转型已成为运营商的共识。在大数据业务运营上，电信运营商将以“授权开放＋合作共赢”模式为主，合作伙伴可能获得 60% 收益分成。目前为电商大数据带来庞大数据来源的主要是 B2B 电子商务和网络购物，随着电子商务的数据量与日俱增，电商大数据产业从最初的阶段逐渐迈入高速发展期。

展望 2017 年，在“十三五”规划纲要中大数据发展战略的推动下，我国各级政府部门云计算、物联网、大数据等信息技术的深化应用将进一步铺开，随着国家政府数据统一开放平台的初步建立，大数据在政务领域的应用将会逐步加深，特别是电子政务深入普及必然推动政府大数据产业的快速发展。同时工业大数据应用也将成为热门领域。随着《国务院关于深化制造业与互联网融合发展的指导意见》（国发〔2016〕28 号）的落地实施，我国将进一步深化工业云、大数据等技术在工业领域的集成应用，加快构建新型工业管理和服务模式，实现传统工业的转型和升级。

2017 年是我国大数据产业缩小与国际先进水平差距的难得窗口期，我们应在巩固现有优势的基础上，正视产业面临的不足和短板，以开阔的思路和开放的态度面对全球产业生态、技术进步和竞争格局带来的变革和挑战，努力实现我国由数据大国向数据强国的跨越式发展。

第十五章　安全产业

2016年，国家出台多项政策加大对安全产业的支持力度。随着我国经济发展步入新常态，安全产业也在与时俱进。在《关于推动安全生产科技创新若干意见》等文件的推动下，安全产业更加注重科技创新引领发展，面临产业转型升级。尽管2016年我国安全生产形势总体保持了稳定好转的总趋势，呈现“稳中有降”的基本态势，但我国仍处于安全事故的易发和多发期。据统计，2016年全国发生各类安全生产事故6万起、死亡4.1万人，道路交通事故和建筑施工事故占比最高。我国东部地区经济、地理区位优势为安全产业发展奠定良好基础，其中徐州、合肥等地的安全产业园区建设已经初具规模，中部各省市积极布局安全产业，其中襄阳市被中国安全产业协会授予“全国安全产业示范城市”，西部地区疆域辽阔、资源丰富，安全产业极具发展潜力。2017年是新发展理念和供给侧结构性改革的深化之年，是全面贯彻《中共中央 国务院关于推进安全生产领域改革发展的意见》的开启之年，经济发展方式转变和产业结构调整优化为安全生产工作提供了有利条件。

第一节　2016年我国安全产业发展情况

安全产业是为安全生产、防灾减灾、应急救援等安全保障活动提供专用技术、产品和服务的产业。安全产业是伴随工业化和安全技术发展而产生的一个产业集群，安全产业的发展直接或间接地反映了一个地区、一个国家在某一时期的工业化程度、安全技术水平和产业安全发展层次。随着我国经济进入高速发展通道，特别是进入工业化中期以来，安全生产的深层次问题也日益突出。2016年，为有效保障国民经济安全发展，党和国家对安全保障提出了更高要求，国家相继出台了推进安全产业发展的政策措施。

一、安全产业已经初具规模

随着我国安全生产工作的不断加强，对于安全技术、装备和服务的要求日益重视。2016 年 7 月，习近平总书记强调“在煤矿、危化品、道路运输等方面抓紧规划实施一批生命防护工程，积极研发应用一批先进安防技术，切实提高安全发展水平”。

当前，我国安全产业已经初具规模。根据抽样调查和估算，我国从事安全产品生产的企业已超过 4000 家，安全产品年销售收入超过 6000 亿元，市场总体规模大概在万亿左右。从区域来看，东部沿海地区安全产业规模相对较大，不少优秀企业速度崛起，销售额稳步增长，利润丰厚，竞争力强，引领区域安全产业快速发展。

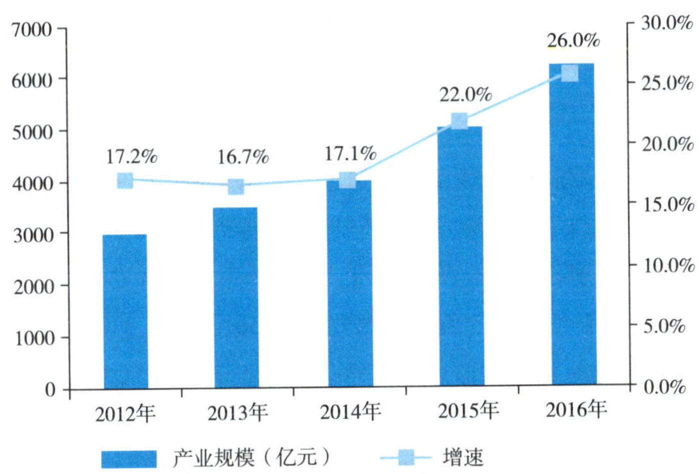

图 15－1 2012—2016 年我国安全产业规模

资料来源：赛迪智库整理，2017 年 2 月。

二、“互联网＋安全”深入各重点领域和重点产品

以智能制造和“互联网＋”为引领，许多安全生产技术与装备属于传统行业，先进制造技术和新一代信息技术正在对传统的技术与装备渗透与改变，进行着改造提升，“互联网＋安全”已深入安全领域各行各业。2016 年，针对我国安全生产情况和特点，重点研发了道路交通、建筑施工、市政管网、消

防化工、应急救援等重点多发易发领域的安全保障技术，推出了一批重点产品和项目。此外，“新一代智能安全产品现场演示会”的多次举办，对于相关安全产品的应用和推广起到了积极的促进作用。

三、示范园区引领产业加快发展步伐

自2013年起，工业和信息化部与国家安全生产监督管理总局先后将江苏省徐州安全科技产业园、辽宁省营口市中国北方安全（应急）智能装备产业园、安徽省合肥高新技术产业开发区共3个产业园区列为国家安全产业示范园区创建单位。当前，这些园区建设已初具规模，正进入快速发展阶段。2016年，我国政府继续积极支持安全产业发展基础好、有潜力的地区开展安全产业园区（基地）的创建工作，工信部在《深入推进新型工业化产业示范基地建设的指导意见》中将安全产业列入其中。

四、产融结合激发安全产业发展动力

设立安全产业发展投资基金是促进安全产业投融资平台建设的实质性举措。投资基金的参与进一步激发了安全产业发展动力。2016年10月，我国首只地方安全产业发展投资基金落户徐州，该基金重点支持安全领域新技术、新产品、新装备、新服务业态的发展，总规模为50亿元。这只基金的成立是自2015年11月工信部、国家安监总局、国家开发银行、平安集团签署《关于促进安全产业发展战略合作协议》以来，通过产融结合促进安全产业发展的有益尝试，对于探索地方政府与社会资本合作推进产业发展模式，具有重要意义。

五、中介服务不断完善

中国安全产业协会自2014年12月成立，积极发挥企业与政府间的桥梁、纽带作用。2016年，中国安全产业协会通过运作机制创新、会员服务模式创新、市场开发机制创新等手段，在政策研究、标准制订、产品推广、市场开拓、投资服务、信息交流等方面，为政府和企业提供了高效、优质、满意的市场化中介服务，助力国家财政、金融等一系列政策的落实，极大推动了我国安全产业发展。

第二节 2016 年我国安全产业重点政策解析

一、《中共中央国务院关于推进安全生产领域改革发展的意见》

党中央、国务院历来高度重视安全生产工作，2016 年 12 月 18 日，中共中央、国务院历史性地联合印发《关于推进安全生产领域改革发展的意见》(以下简称《意见》)，提出当前和今后一个时期一系列安全生产领域的改革举措和任务要求，为安全生产工作指明了发展方向和路径。

（一）政策要点

五大基本原则指导改革发展，五项任务要求明确发展路径。《意见》要求坚持安全发展、改革创新、依法监管、源头防范和系统治理五大基本原则。

明确红线，规定责任，实行重大安全风险“一票否决”。《意见》明确提出，坚守“发展决不能以牺牲安全为代价”这条不可逾越的红线，规定了“党政同责、一岗双责、齐抓共管、失职追责”的安全生产责任体系，要求建立企业落实安全生产主体责任的机制，建立事故暴露问题整改督办制度。

极易导致重大生产安全事故的违法行为将入刑法。建立健全安全生产法律法规立改废释工作协调机制。加强涉及安全生产相关法规一致性审查，增强安全生产法制建设的系统性、可操作性。制定安全生产中长期立法规划，加快制定修订安全生产法配套法规。

改革生产经营单位职业危害预防治理和安全生产国家标准制定发布机制。完善标准体系。加快安全生产标准制定修订和整合，建立以强制性国家标准为主体的安全生产标准体系。鼓励依法成立的社会团体和企业制定更加严格规范的安全生产标准，结合国情积极借鉴实施国际先进标准。

取消企业安全生产风险抵押金制度。《意见》要求发挥市场机制推动作用。取消安全生产风险抵押金制度，建立健全安全生产责任保险制度，切实发挥保险机构参与风险评估管控和事故预防功能。

（二）政策解析

一是重点领域亮点产品不断涌现，发挥安全保障作用。2016 年 7 月，习近平总书记强调：要把遏制重特大事故作为安全生产整体工作的“牛鼻子”来抓，在煤矿、危化品、道路运输等方面抓紧规划实施一批生命防护工程，积极研发应用一批先进安防技术，切实提高安全发展水平。以智能制造和“互联网 +”为引领，先进制造技术和新一代信息技术正在对传统的安全产业进行渗透与改变，安全产业智能化的步伐正在加速，两化融合促进安全生产工作取得显著成绩。

二是产业集聚效应显著，示范园区建设步伐加快。安全产业园区建设是安全产业企业集聚发展的载体和根本。当前，安全产业园区正进入快速发展期。工信部与国家安监总局积极支持安全产业发展基础好、有潜力的地区开展安全产业园区（基地）的创建工作。从发展区域来看，东部沿海地区安全产业规模相对较大，不少优秀企业速度崛起，销售额稳步增长，利润丰厚，竞争力强，引领区域安全产业快速发展。

三是创新安全产业投融资体系建设，激发市场活力。设立安全产业发展投资基金是促进安全产业投融资体系建设的实质性举措。国家安监总局和财政部 2012 年出台的《企业安全生产费用提取和使用管理办法》和正在修订《安全生产专用设备企业所得税优惠目录（2016 版）》，以及各地方上千亿元的安全生产专项费用等，都从财政和税收等方面为安全技术、装备和服务提供了可靠保障。

四是社会中介服务有力地发挥了促进产业发展作用。在工信部、国家安监总局、民政部等部委的支持下，中国安全产业协会于 2014 年 12 月成立，充分发挥了企业与政府间的桥梁、纽带作用，有力促进了安全产业的发展。工信部赛迪研究院安全产业所、国家安监总局安科院公共安全所等研究机构也加强产业研究，从国内外安全产业发展、安全产业政策、地方安全产业规划等方面开展了大量工作，赛迪研究院还先后在 2015 年和 2016 年出版了安全产业发展年度蓝皮书。

二、《深入推进新型工业化产业示范基地建设的指导意见》（工信部联规〔2016〕212 号）

“新型工业化产业示范基地”（以下简称“示范基地”）是指按照新型工业化内涵要求建设提升、达到先进水平的产业集聚区。《深入推进新型工业化产业示范基地建设的指导意见》（以下简称《指导意见》）出台后所要达到的目标是到2020年，发展一批专业化细分领域竞争力强的特色产业示范基地。

（一）政策要点

明确发展方向，提升示范基地建设质量和效益。按照新型工业化发展新内涵和新要求，深入推进示范基地建设，加快形成新型工业化发展新格局。引导示范基地完善创新环境，集聚创新资源，加快创新成果转化。

加强统筹指导，完善示范基地体系建设。加强对示范基地的指导和支持，总结推广示范基地创建经验，按照“培育一批、创建一批、提升一批”的总体思路，梯度推进，进一步完善示范基地体系建设。培育一批有特色优势的产业集聚区，作为省级示范基地的储备，带动地方经济发展。

推进产业升级，发挥示范基地引领带动作用。结合各类型示范基地的行业领域特点和提升发展需求，明确转型升级的重点和方向，打通关键发展环节，解决发展瓶颈问题，提高产业层次水平，进一步发挥示范基地对重点行业领域发展的引领示范和辐射带动作用。

（二）政策解析

《指导意见》对示范基地的发展质量和效益提出了新要求。提出的示范基地效益目标是：“十三五”期间，示范基地培育、创建、提升体系不断完善，启动示范基地卓越提升计划，在我国工业经济稳增长、调结构、增效益中发挥更加突出的作用。《指导意见》要求，按照发展新理念和新要求，以提高发展质量和效益为中心，以供给侧结构性改革为主线，通过实施分级、分类指导，加强动态管理，创新体制机制，构建从培育、创建、提升到打造卓越的示范基地体系，推动产业集聚区向示范基地转型升级。

《指导意见》为示范基地指明了发展方向。坚持协同创新发展。鼓励示范基地营造利于创新要素集聚和紧密协作的环境与平台；坚持集群集约发展。

引导不同行业和地区的示范基地进一步发挥各自优势；坚持智能融合发展。加快推动示范基地与“互联网+”融合发展，推进示范基地建设成为推进两化深度融合发展的示范平台；坚持绿色安全发展。推动示范基地节能减排降耗，走绿色、安全、可持续的发展道路。

《指导意见》为示范基地的发展确立了保障体系。要求政府部门与金融机构加大交流合作，建立健全各地区示范基地工作机制和组织保障。要求支持通过鼓励PPP模式，推动专项资金支持示范基地建设。在规范管理方面，要求分地区、分行业建立健全示范基地创建和管理的规范要求。在人才培养体系方面，支持示范基地骨干企业与高校院所合作，形成政府、行业、企业和社会力量四位一体的高技能人才开发培养体系。在示范带动方面，鼓励示范基地建立行业性、区域性的合作交流平台。

三、《关于推动安全生产科技创新若干意见》（安监总科技〔2016〕100号）

（一）政策要点

《关于推动安全生产科技创新若干意见》（以下简称《意见》）要求，要牢固树立安全发展观念，大力弘扬创新驱动发展理念，全面提高安全生产科技创新能力，坚持改革创新，强化问题导向，营造良好的安全生产科技创新氛围，深入开展安全生产科技重大技术难题攻关、成果转化和推广应用，切实提升安全生产风险防控能力。力争到2020年，一批国家、区域重点实验室和研发试验基地建成运行，安全产业进一步发展壮大，基本建成与经济社会发展相适应的安全生产科技创新体系，科技创新对经济社会安全发展保障能力显著增强。

（二）政策解析

为加强安全生产科技创新发展提出了基本要求。第一强调了发挥企业在安全生产科技创新工作中的主体作用，将企业作为创新主体。第二强调了安全生产科技创新基础设施建设对科技创新工作和人才培养工作的重要意义，要求充分发挥现有研究机构的作用，支援、鼓励建设一批能够有效发挥科技支撑作用的研究院所和研究机构。第三强调了安全生产科技创新人才队伍建设对科技创新工作的重要意义，要求从高端安全生产科技人才入手，充分保障安全生产科技创新的可持续性能力。

为遏制重特大事故多发态势，一是开展重特大事故灾害机理、防治理论研究，加强基础理论创新；二是开展重特大事故防治关键技术装备研究，推进安全生产重大共性关键技术攻关；三是开展同类多发和典型重特大生产安全事故技术分析，攻克安全生产急需破解的技术难题；四是着力推进“机械化换人、自动化减人”，强力推进单班入井超千人矿井科技减人工作；五是大力推广防治事故灾害先进技术装备；六是推动建设一批技术防范重特大事故的重点工程。

将“机械化换人、自动化减人”作为新时期安全生产科技创新的中心工作进行了系统部署。“机械化换人、自动化减人”能够有效减少高危场所作业人员数量，以自动化控制减少人为操作、减少人为失误，实现“无人则安，少人则安”，从本质上防范和遏制重特大事故。

第三节　2016 年我国安全产业重点行业发展情况

一、道路交通安全产业

（一）发展情况

我国对道路交通安全重视程度提高，但总体形势依然严峻。2015 年，交通运输部、公安部、国家安全监管总局联合发布了《关于印发 2015 年“道路运输平安年”活动方案的通知》（交运发〔2015〕23 号），决定开展为期三年的“道路运输平安年”活动，以深入贯彻落实党的十八大和十八届三中、四中全会精神，加强“平安中国”“平安交通”建设。2016 年，三部委联合发布了《关于印发 2016 年“道路运输平安年”活动方案的通知》（交运发〔2016〕46 号），持续推进 2015 年“道路运输平安年”工作，在我国车辆保有量快速上升的情况下，有效确保了我国道路交通安全水平不断提高。近年来道路交通万车死亡率逐年下降，但与美国、日本等发达国家的差距仍然明显。2016 年 1 月至 8 月道路交通安全形势稳定，道路运输业发生 1 起特别重大事故、5 起重大事故，占 1 月至 8 月间重特大事故总量的 26.1%。

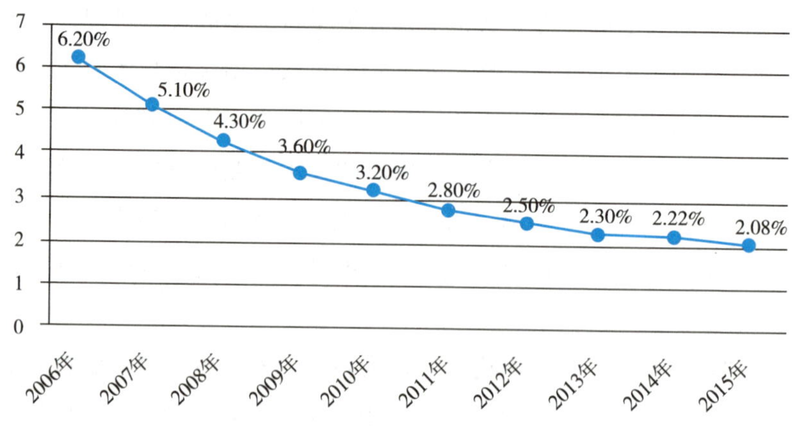

图 15－2　2006—2015 年全国道路交通万车死亡率

资料来源：交通运输部，2017 年 1 月。

（二）发展特点

道路安全基础设施市场潜力巨大。我国道路交通基础建设投资逐年上升，公路里程不断增加，道路安全设施装备及维护服务市场前景光明。公路建设的不断推进和公路安全生命防护工程的实施，保障了公路安全设施的添置需求及养护需求，为道路交通安全基础设施的产品、技术及服务市场带来了广阔的发展空间。汽车安全防护市场前景广阔。我国汽车产销量长期处于世界首位，拥有世界最大汽车市场。汽车产业的快速增长和社会对车辆安全重视程度的不断提高，作为我国汽车安全防护市场发展的基础和前进的动力，为汽车安全防护市场带来了广阔的发展空间。

车联网市场百花齐放。车联网市场受政策支持，近年来有两个重大发展机遇。第一，2014 年交通运输部、公安部及国家安全生产监督总局联合发布了《道路运输车辆动态监督管理办法》，对“两客一危”车辆出厂连入车联网进行了强制要求。第二，2016 年 11 月 15 日，工信部发布了《关于进一步做好新能源汽车推广应用安全监管工作的通知》（工信部装〔2016〕377 号），要求自 2017 年 1 月 1 日起对新生产的全部新能源汽车安装车载终端，通过企业监测平台对整车及动力电池等关键系统运行安全状态进行监测和管理，并将信息上传至地方及国家监测平台。

高级驾驶辅助系统市场成为新增长点。我国在 AEB、车道自动保持、爆胎应对系统、汽车夜视及防疲劳系统等 ADAS 领域均有所成。随着国内外厂商自主研发进程的加快，我国 ADAS 市场即将进入以外资车辆制造商主导的 ADAS 前装市场和以自主研发为主的后装市场竞争期，ADAS 市场将成为我国道路交通安全产业的重要增长点。

无人驾驶技术稳步发展。我国无人驾驶汽车领域在 2016 年取得了一些成绩，由清华大学与华为合作研发的长安无人驾驶汽车，成功完成了路程 2000 公里的长途无人驾驶测试。在此基础上，长安汽车计划于 2018 年实现长途自动驾驶汽车的量产，于 2025 年实现复杂城市路况的全自动驾驶汽车量产化。杭州好好开车公司宣布推出了世界首个智能驾驶车险指数模型及相应的无人驾驶方案，为无人驾驶车辆的事故预防与保险提供了保障。

二、建筑安全产业

（一）发展情况

我国建筑业在 2016 年前三季度得益于政府一系列“稳增长”政策，基础建设投资加码、PPP 加速落地实施，建筑业新签合同额与上年相比有明显的改善。新签合同额回暖加快，有望在未来半年到一年建筑业产值规模增长。据不完全统计，2016 年上半年，全国发生房屋市政工程生产安全事故共 263 起，死亡人数 296 人，比 2015 年同期事故增加 57 起，死亡人数增加 38 人，同比上年分别上升 27.67% 和 14.73%；2016 年 9 月，全国共发生房屋市政工程生产安全事故 70 起，死亡 77 人，比上年同期事故增加 18 起，死亡人数增加了 17 人，同比上年分别上升 34.62% 和 28.33%。安全事故的类型主要为：高处坠落、触电、坍塌、物体打击、机械伤害，起重伤害。

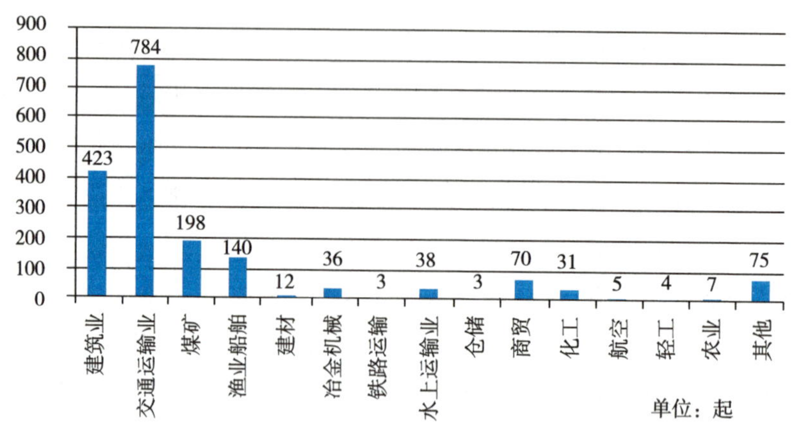

图 15－3 2016 年安全产业事故数量统计

数据来源：中国建筑业协会，2017 年 2 月。

（二）发展特点

建筑安全产业蓄势待发。由于建筑行业安全薄弱环节较多，企业较分散，新型技术产品无法在短时间内投入市场应用。建筑领域内出现行业领军，改变传统建筑产业产品质廉价优的状况，争取通过高新技术实现转型升级。北京韬盛科技发展有限公司是一家专注于研究应用建筑工程的安全防护标准化成套技术并提供解决方案的企业，主营业务有附着式升降脚手架、集成式电动爬升模板以及铝合金模板等设备的生产加工，建筑工程设备的销售租赁以及相关的配套服务，是我国极具技术服务实力、业务规模的行业领军企业。

建筑安全投入不足。在我国建筑业是仅次于矿山采掘业的风险事故高发产业。长期以来，政府和相当一部分企业对安全投入不足，现实操作中压缩安全投入的现象较为普遍，使得安全生产基础薄弱。具体到各个行业，建筑业的投入仅占 GDP 的 7.73‰，远远落后于采掘业（20.15‰）、交通运输业（16.13‰）以及电力煤气业（15.22‰）。要想根除建筑安全隐患，必须加强安全生产资金的投入，适时更新安全设备、设施，为建筑施工安全顺利进行提供有力保障，彻底改变建筑安全被动的局面。

三、消防安全产业

（一）发展情况

随着我国经济的迅猛发展，城镇建设规模不断扩大，城市产业结构和社会情况也随之发生变化。新设备、新材料的广泛应用，城市人流、物流量的急剧增加，生产、生活所用火、电、气、油的用量也急剧增加，由于我国消防水品、人们的消防意识相对滞后，致使城市火灾发生的概率、造成的财产损失及人员伤亡均呈大幅上升趋势，据相关资料显示，我国城市火灾已经呈现由一般火灾向重特大火灾扩展的明显态势。

城镇建设步伐加快以及交通运输、电力电网等配套投资不断加大，带动消防需求持续增长。消防安全意识普遍得到提高，消防安全已成主动需求。消防安全装备产品市场秩序日渐规范，企业经营环境得到改善。预期新能源汽车数量快速增长，拉动配套消防安全装备需求。

（二）发展特点

目前，我国从事消防安全装备的企业多、散、乱、差的局面长时间没有从根本上得到扭转。消防安全装备企业整体上在人力资源、研发投入、管理水平、营销模式等方面和国外的企业相比，都存在较大差距。从事消防安全装备的企业数量多但规模小，产业结构不合理，跟风生产现象严重，不少企业缺乏有效管理，产品质量参差不齐。

不少消防安全装备产品制造技术工艺落后，缺少竞争力。也有一些产品的设计科技含量不比国外差，但是由于落后的制造技术，所以和国外同类产品无法相比，高精端产品只能依赖进口。现代化企业管理运作模式还不够健全。从事消防安全装备企业全面创新能力比较低，自主创新和引进国外先进的消防安全装备创新产品较少，理念创新、体制创新、科技创新等严重缺失。导致我国在国际市场上竞争乏力。

四、矿山安全产业

（一）发展情况

矿山领域是安全产业重点涉及和发展的领域，据了解，目前全国有近 2

万家煤矿和近3万家非煤矿山。推进矿山安全产业的发展，对提高矿山安全生产水平、降低事故发生概率、保障作业人员生命安全至关重要。随着产业化进程的加快，大力发展矿山安全产业对于国家的长治久安和促进社会进步具有重要意义。

目前来看，煤矿大型综采成套设备、煤矿和非煤矿山安全避险系统已初步具备产业化基础，未来有望成为矿山安全产品领域的支柱产业。据初步统计表明，当前参与矿山安全产品研发的企业超过2000家，已推广实用产品超过1000个，产品市场规模已达万亿以上。

自《安全生产科技“十二五”规划》发布以来，在国家的大力支持下，我国的矿山安全科技水平显著提升，各类安全技术研发中心、安全科技支撑平台和安全科技示范工程在各地开始筹建，百余项重点研究项目得以实施，并孵化出100多家安全生产科技创新型中小示范企业。矿山安全技术创新水平显著提升，特别是数字技术、信息技术、自动化、智慧化技术的研发，呈现出多个行业、多种经济形势的企业共同参与的良好局面，特别是大量新的矿山企业和研究单位的参与，给我国矿山安全科技研发领域注入了新活力。

（二）发展特点

矿山安全产业发展机遇不断扩大。我国经济发展进入新常态，矿山领域进入了化解落后产能、发展先进产能时期，契合了产业转型升级，推进供给侧结构性改革的方针战略。在政策方面，国家将安全生产纳入到政府考核体系，出台了安全现状评价细则、安全生产标准化考核办法、先进安全技术推广目录等一系列加强矿山安全生产的政策，加快了安全产业与矿山安全生产的深度融合。

矿山物联网产业发展初具规模。目前，我国矿山物联网在国家政策支持和技术创新驱动下，已经形成了从研发、设计、生产到工程应用的完整产业体系，产业发展初具规模，应用推广初见成效。但面对行业经济低位运行的态势，企业短期内难以投入大量的资金开展矿山物联网建设。行业尚没有建立矿山物联网技术标准体系，已有的相关标准也需要修订以适应矿山物联网的推广应用，标准的缺失也严重制约着矿山物联网的发展。从产品结构看，老产品的市场占有率接近85%，新产品明显不足，尤其是数字化、智能化、微型化产品严重欠缺。

产业集聚发展态势明显。目前，矿山领域相关产品、技术生产企业主要集中在长三角地区，并逐渐形成以北京、上海、南京、沈阳和西安等中心城市为主的区域空间布局。徐州高新技术产业开发区在工信部和安监总局的支持下，着力打造了以矿山安全为主体的安全科技特色战略产业，并为一批从事矿山教学研究、矿井设计、开采领域的高等院校、大型企业集团，在矿山运输、生产机械、矿山安全等方面提供合作平台，培育出具有自主知识产权的系列产品，形成了集研发、孵化、制造、服务和交易于一体的发展体系。

五、城市公共安全产业

（一）发展情况

城市公共安全得到高度关注。2017 年出台的安全生产“十三五”规划特别将“城市安全运行”列为主要任务，统筹城市地上地下建设规划，落实安全保障条件。实施城市安全风险源普查，开展城市安全风险评估。建立大型工程安全技术风险防控机制，开展城市公共设施、老旧建筑隐患综合治理。并将“城市安全能力建设工程”列为重点工程，实施危险化学品和化工企业生产、仓储安全搬迁，到 2020 年现有位于城镇内人口密集区域的危险化学品生产企业全部启动搬迁改造，完成大型城市城区内安全距离不达标的危险化学品仓储企业搬迁。建设城市安全运行数据综合管理系统。

核心技术与知识产权缺失制约产业化水平提升。我国在高新技术领域，尤其是对于城市公共安全具有核心保障作用的关键设备领域，依然处于中低端产品大量国产，高端技术与产品依赖进口的局面，而核心技术的知识产权又常常旁落他国主导。安防产品的知识产权真空是我国城市安全体系的短板。安防企业的创新与研发匮乏，是我国城市公共安全产业中亟须提升的另外一块短板。

（二）发展特点

行政管理体制的完善有力提升了公共安全产业层次。政府作为落实城市安全的行政管理主体，主体角色近年来得到逐步强化，政府的公共安全意识、责任和体制也得到强化和理顺。城建、环卫、交通、公安等多个政府部门在城市公共安全等方面各司其职；而作为进一步强化国内城市安全体系、提高城市安全保障能力的“国家安全委员会”的成立，则从国家高度统筹了公安、武警、司法、国家安全部等国内涉及安全的部门，形成了跨部门、跨职能的国家统一安全部门，这一举措，提高了我国城市安全保障的科学决策水平，更有力地促进了我国城市公共安全产业发展。

信息化深入助力城市安全水平提升。首先，物联网应用技术为城市安全增添保障。物联网作为我国新兴战略性产业，在城市安全、公共管理等领域发挥着越来越重要的作用。其次，信息化渗透城市公共管理领域逐渐增多，安全应用日益丰富。随着我国城市信息化水平的逐步提升，信息技术手段成为促进城市安全的有效武器，最典型应用当属城市安全视频监控系统的应用。最后，信息化手段在城市灾害研究、应急救援等领域的助力作用日益提升。可以说，信息化手段对城市安全保障必不可少，且随着经济社会发展显得愈发重要。

六、应急救援产业

（一）发展情况

随着《中华人民共和国国民经济和社会发展第十三个五年规划纲要》的发布，如何健全公共安全体系成为“十三五”期间的重点课题。应急救援产业作为公共安全体系的重要组成部分之一，“十三五”规划对产业发展提出了几点要求。一是要建立全覆盖、全民参与，与安全风险相匹配的应急体系；二是要加强针对危险源和重要基础设施的应急能力建设，提高基层应急管理水平；三是要针对行业应急要求，强化危化品行业应急、水上应急、医疗救援应急能力和应急资源协同保障能力的建设；四是加强群众自救互救能力及应急救援人才培养，建立应急征收征用补偿制度。

为贯彻落实“十三五”规划精神，国务院办公厅于2017年2月3日印发了《安全生产“十三五”规划》（国办发〔2017〕3号）（以下简称《规划》），不但集中探讨了如何提高应急救援处置效能的问题，还从法律法规建设和行业安全生产工作方面对应急救援产业的发展提出了详细要求。《规划》提出了三大举措来提高应急救援处置效能，为应急救援产业发展开辟了新的空间。《规划》从应急物资储备、应急平台和信息化技术建设和专兼职应急救援队伍建设三方面，结合2015年工业和信息化部、国家发改委印发的《应急产业重点产品和服务指导目录（2015年)》，为应急救援产业监测预警、预防防护、救援处置及应急服务类的产品、技术及服务发展指明了方向。

（二）发展特点

应急救援产业发展面临机遇前景广阔。随着“十三五”规划的发布，安全产业为公共安全提供的支撑作用重要性再次凸显，应急救援产业发展进入了新的时期。《规划》指出，“十三五”期间应充分发挥应急救援产业的支撑保障作用，消防产业、水上交通、特种设备、电力行业、民航运输和危化品等行业的应急救援装备购置、应急救援技术及工艺研发水平和应急救援服务水平还需不断提高。

应急救援产业发展动力强劲。“十三五”规划和《安全生产“十三五”规划》对“十三五”期间国家和社会应急救援能力的更高要求，切实反映了人民群众对进一步减轻事故公共安全风险、减少自然灾害和事故灾难造成生命财产损失的迫切需求，为应急救援产业发展扫清了障碍，为产业发展注入了活力。良好的应急保障能力，能够有效减少突发事件造成的损失和产生的消极影响，有利于突发事件事后的快速恢复，能够有效保障人民群众的生命财产安全和日常生活正常有序进行。

七、安全服务产业

（一）发展情况

安全服务产业作为安全产业的重要组成部分，有力地保障了我国工业领域的安全生产能力，提升了本质安全水平。根据《关于促进安全产业发展的指导意见》，安全服务的本质要求是围绕市场需求，推动安全服务机构规范发展，提高安全支撑能力。我国安全服务机构是伴随着我国安全生产监管体制的改革逐步发展起来的，是政府改变安全生产监管方式的一个重要手段，成功地引入了社会各界的专业技术力量，充分发挥并利用好全社会的可用资源共同参与到安全生产工作中来。2016年，中共中央、国务院颁布了《关于推进安全生产领域改革发展的意见》，明确要求将安全生产专业技术服务纳入现代服务业发展规划，培育多元化服务主体，建立政府购买安全生产服务制度，支持相关机构开展安全生产和职业健康一体化评价等技术服务，严格实施评价公开制度，进一步激活和规范专业技术服务市场。

（二）发展特点

安全服务市场化、专业化发展模式初显。近几年，我国从事安全生产中介服务的中介组织和专业人员也有一定规模的发展，目前，北京、上海、重庆、江苏、河南、新疆等30个省、自治区、直辖市都有了符合资质的安全服务中介机构。广东、深圳、福建等省市先后成立了一批中介服务机构，实行安全主任等安全专业人员资质认证制度，取得了较好的效果。全国其他地方也有一批安全生产中介服务机构。这些安全生产中介机构多数是从原来隶属于某些政府部门分离出来或者实行企业化管理的事业单位，它们已经并且正在脱离具有行政管理职能的旧体制，逐步向完全的市场化、专业化方向转变。

安全产业电子商务的发展，首先推动了传统安全产品制造企业和物流运输企业的转型，一些企业成功转型为行业服务和解决方案提供商；一些企业级和行业B2B平台开始在行业内发挥集约效益，驱动供应商群和客户群将电商品牌聚集。行业和企业的供应链管控能力逐步加强，行业供应链优化进程大大加速，给这些传统行业克服产能过剩，淘汰落后产能，减少重复建设提供了全新的思路。

从业人员素质不高，技术力量薄弱。专业人员的缺失，是制约我国安全服务产业发展的重大问题。现有的安全中介机构技术力量弱小、分散，不能满足实际的需要。一些安全中介机构并没有配备专业的检测检验设备，或者配套的设备年代久远，不能适应新技术的要求，不仅造成评价方法不科学，编制报告也缺乏准确性。一些评价机构专业技术水平不高，专业能力差，缺乏自主创新技术能力，评价报告照抄照搬现象严重，没有起到对安全生产技术的支撑作用。

社会认知范围不广，发展后劲不足。由于我国安全中介机构起步较晚，根基不强，经验不足，导致社会普遍认知度不高。除了部分拥有安全评价甲级资质的单位在安全生产领域小有名气外，其他安全中介机构并没有打响自身的认知度。

第四节 2016年我国安全产业区域发展情况

一、东部地区

（一）整体发展情况

东部地区是我国经济发达、市场化程度较高的地区，地理区位条件为安全产业的发展创造了良好的外部环境。早在2009年，安全产业就已列为各省（市）产业结构调整和工业转型升级的热门方向之一，江苏省徐州市、安徽省合肥市等有条件的地区正在积极布局和建设安全产业园区（基地）。2016年，徐州、合肥等地的安全产业园区建设已经初具规模。特别是2016年8月，鉴于在“国家安全产业示范园区”创建工作中的优异表现，徐州安全科技产业园经国家安监总局与工业和信息化部考核，被正式批准成为全国首个“国家安全产业示范园区”。分区域来看，江苏省、安徽省、浙江省、上海市等地经济发展形势较好，安全产业及安全产品销售收入也名列前茅。

（二）发展特点

市场敏锐性强。东部地区凭借优越的地理位置，安全产业市场需求旺盛，发展势头强劲。当地政府加强前瞻部署，强化创新能力，掌握发展主动权。例如，徐州、合肥等城市的经济支柱普遍以传统工业为主，工业转型升级压力大，对安全产业这一新的经济增长极非常关注。特别是长三角经济发达地区先后进入工业化中后期，产业链正在持续延伸，以知识密集型、技术密集型和资本密集型为特征的产业加快发展，产业升级和产业结构调整的步伐正在加速推进，这些产业发展的内在要求为东部地区发展安全产业提供了历史机遇。

产业集群雏形初现。目前，我国东部地区安全产业的空间集聚效应日益突出，产业园区、基地建设已成为一种发展趋势。《关于促进安全产业发展的指导意见》明确提出了“建立一批产业技术成果孵化中心、产业创新发展平台和产业示范园区（基地）”的发展目标。从安全产业示范园区（基地）发展轨迹和建设计划来看，均立足在自身区位、产业基础上发挥优势，产业特色逐渐鲜明。例如安徽省合肥市安全产业园的五大产业集群逐渐完善，集群效应初步显现，即交通安全产业、矿山安全产业、消防安全产业、电力安全产业及安全信息化产业集群。从事故发生实际情况来看，交通安全、矿山安全和火灾安全领域是合肥市乃至全国发生安全事故最严重、安全产业需求十分巨大的重点领域。

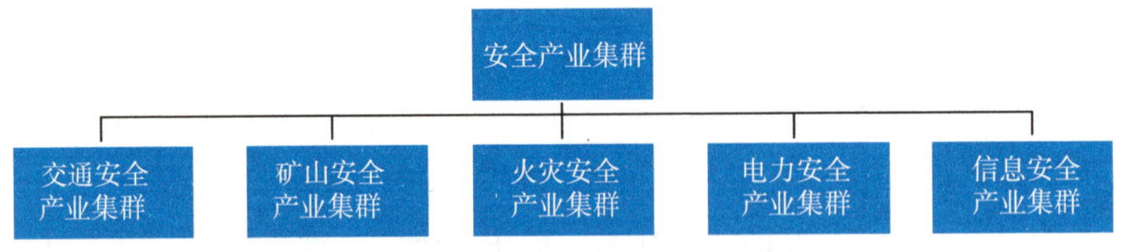

图 15－4　合肥高新区安全产业集群构架

资料来源：赛迪智库整理，2017 年 1 月。

科技创新能力卓越。近年来，在相关政策的引导下，随着东部地区技术创新体系、技术创新公共服务平台、协同创新机制、人才培养和引进机制等的建立，企业自主创新能力有了很大改善，安全产业企业自主创新能力也得到了较大提升。特别是华东地区拥有上海市、江苏省等经济发展地区，区域内科研机构林立、大学城独具特色和人才资源丰富。

（三）典型省份——江苏省

发挥区位优势，迎合市场需求。东部地区相对来说经济较为发达，工业生产规模宏大，尤其是化工、汽车等领域已经形成规模化的产业集聚。地处国内广阔安全产业市场腹地的徐州具有得天独厚的优势，这是徐州安全科技产业园快速发展安全产业、提高产业竞争力的助推剂。

政府高度重视，发展形势迅猛。安全产业是实现社会和谐发展的产业，既有社会效益、又有经济效益，是一个战略产业。徐州高新区依据自身产业优势，积极推进协同创新、努力集聚安全企业、致力搭建平台载体，初步形成了矿山安全、消防安全、危化品安全、公共安全、居家安全为主导的产业体系，得到了工信部、科技部、国家安监总局等国家部委和各级政府领导的高度认可和大力支持，2016 年实现安全产业产值远超 300 多亿元。

创新投融资模式。2016 年 10 月，在工业和信息化部的组织和指导下，徐州市政府与平安银行、上海银行、国开泰富基金管理公司等多家金融机构，签署了徐州安全产业发展投资基金战略合作协议，标志着总规模为50亿元的国内首只地方安全产业发展投资基金落户徐州。这只基金的成立是又一次通过产融结合促进安全产业发展的有益尝试，对于探索地方政府与社会资本合作推进新兴产业发展模式，具有重要意义。

二、中部地区

（一）整体发展情况

中部地区包括山西、安徽、江西、河南、湖北和湖南六省。中部地区安全产业具备一定的基础，整体发展情况较好。在国家安全产业政策的引导下，中部各省市积极布局安全产业，纷纷出台了促进安全产业发展的地方性引导文件。另外，中部地区安全产业呈现出了集聚化发展趋势，一批安全产业园区（基地）已经初步成型。

（二）发展特点

政策环境不断优化，安全产业发展势头强劲。省级层面，2010年，安徽出台《安徽省公共安全产业技术发展指南（2010—2015年）》，明确了本省公共安全产业的发展目标和技术路线，并提出构建技术研发、转化和共享三大平台；2015年12月，河南省出台《关于加快应急产业发展的意见》，提出到2020年将河南省打造成全国重要的应急产业示范基地和应急物资生产能力储备基地。市级层面，2009年，合肥市出台《公共安全产业发展规划（2009—2017年）》，提出“到2017年，实现产值1000亿元，培育若干个年销售收入超百亿元的公共安全企业，全面建成全国重要的公共安全产业基地”的发展目标。

呈现集聚化发展趋势，产业集群雏形初现。中部地区安全产业呈现集聚化发展趋势，涌现出了一批安全产业园区（集群），产业集聚发展能够实现资源优化配置，降低企业成本，提升产业整体竞争力，促进安全产业快速发展。

产学研体系逐步完善，科技创新能力显著提升。中部诸如安徽、湖北等省利用高校、科研院所等优势，逐步构建完善的产学研体系，涌现出大量科技研发平台，安全产业科技创新能力显著提升。安徽省依托中国科学技术大学、合肥工业大学、安徽大学、中国电子科技集团公司38所等高校和科研院所雄厚的科研实力，形成了火灾科学国家重点实验室、煤矿瓦斯治理国家工程研究中心等一批安全产业科技研发平台，逐渐培育了一批拥有核心技术和专利产品、市场开拓能力强、成长性好的公共安全产品制造企业。

市场需求旺盛，安全产业发展前景广阔。中部地区作为我国的“三基地、一枢纽”（粮食生产基地、能源原材料基地、现代装备制造及高技术产业基地和综合交通运输枢纽），正处于经济崛起和转型升级时期，对安全产业技术、产品与服务需求旺盛，利于中部地区安全产业市场的发展壮大。

（三）典型省份——安徽省

2016年，安徽省相对中部地区其他各省，安全生产形势表现较好，全年未发生一次死亡10人以上的重特大安全生产事故，但较大事故仍时有发生，涉及交通、生产经营性火灾、建筑施工、工商贸、渔业船舶等多个领域，安全生产工作有待进一步加强。

安徽省在2016年，以科学技术为突破口引领全面创新，一改传统农业和煤炭、钢铁等资源型产业为主的经济结构，实现从“农业大省”到“科技大省”的角色转变，经济形势稳中向好，闯出了一条中西部“科技创新促崛起”新路。其2016年全年生产总值接近2.5万亿元，而安全产业占比还不高，具备较大的市场空间。安徽省重视安全产业的发展，多个地市根据自身特点，积极谋划与布局安全产业发展。

合肥市在2015年12月8日，经国家安监总局、工信部正式批复，合肥高新区正式成为国家安全产业示范园区。近年来，合肥高新区紧紧抓住国家大力发展安全产业的战略机遇，依托全国科教基地和科技创新城市这一重要的区位优势，以及区内雄厚的安全科研力量和成熟的安全产业基础，全力打造特色鲜明、国际领先的国家安全产业示范基地。此外，安徽省马鞍山市也于2015年8月18日，正式成立中国安全产业协会（马鞍山）示范基地。马鞍山安全产业示范基地是马鞍山政府及部门的产业基地。

三、西部地区

（一）整体发展情况

我国西部地区包括西北五省区（陕西、甘肃、青海、新疆、宁夏），西南五省市区（四川、云南、贵州、西藏、重庆）和内蒙古、广西等十二个省、直辖市和自治区。该地区地域广阔，约占全国人口的22.998%，自然资源十分丰富。

疆域辽阔的西部地区与十多个国家接壤，有历史上以长安为起点、穿越西部地区连接亚洲、非洲和欧洲的古代陆上商业贸易路线的“丝绸之路”，为西部地区经济和发展边贸带来了得天独厚的优势。但是恶劣的地形条件和气候条件严重阻碍西部经济的发展，人均GDP仅相当于全国平均数的60%。国家发改委、外交部、商务部于2015年3月28日联合发布了《推动共建丝绸之路经济带和21世纪海上丝绸之路的愿景与行动》。形势利好，为安全产业发展带来勃勃生机。

（二）发展特点

地方政府重视安全产业发展。新疆是中国向西开放的前沿阵地和重要门户，形成了沿边、沿桥、沿交通干线向国际和国内拓展的全方位、多层次、宽领域的开放格局，成为我国向西开放的前沿阵地。新疆在我国向西开放中的功能作用主要体现在服务中介功能方面，主要是指“三个区域”（商品和物资的集散区、能源矿产资源的整合区和制造业的后发区）以及“三个中心”（交通枢纽、服务业和文化交流中心）的服务功能。其中“能源矿产资源整合区”就涉及新疆能源资源中石油、天然气、煤炭以及煤炭清洁化项目等危化品生产，从生产到储存到运输都有极高的要求，安全产业的发展是新疆经济发展的有力保障。

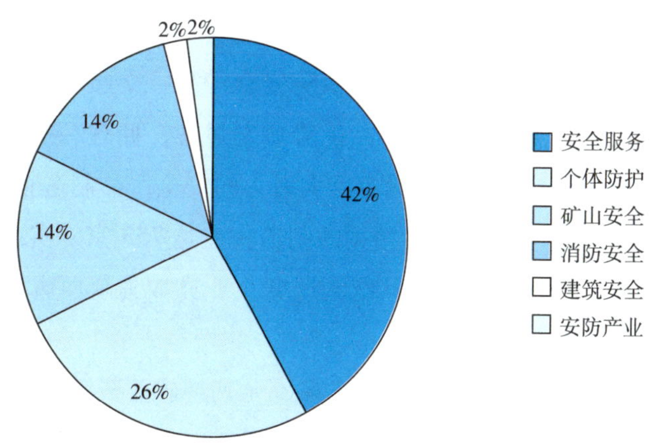

图15－5 新疆2016年安全产业企业分布

数据来源：赛迪智库整理，2017年2月。

产业园区建设蓬勃发展。我国西部安全（应急）产业基地是我国西部地区第一个集安全产品的研发、制造、交易、物流、培训、演练于一体的安全（应急）产业基地，基地的建设将带动产值达数百亿的新兴产业集群，打造成国内首个应急装备产业化基地和军工技术创新转化产业示范基地；重庆消防安全产业园落户重庆市万盛经济技术开发区，是西部地区乃至全国首个以消防安全为主题的产业园，总投资100亿元；陕西西安高新区1991年被国务院批准为首批国家高新区以来，借助科教资源集聚的优势，大力推进科技成果转化，主推特色高新技术产业的发展，园区主要经济指标年均增速超过30%。西安高新区自建立以来，坚持立足资源禀赋和产业基础的理念，集聚优势产业，形成了以新一代信息技术和高端装备制造为主导，以生物医药、节能环保、新材料和科技服务业为多元支撑的发展格局，已经成为我国重要的高新技术安全产业发展基地。

（三）典型省份——陕西省

陕西省是继江苏、安徽后的全国第三家、也是西部唯一一家创新型试点省份。2016年全省经济保持持续健康稳定发展，保持经济在合理区间运行，不断优化经济结构，经济发展不断提质增效，经济发展势头良好。作为国家战略“一带一路”的起点，陕西省十分重视安全产业的发展，始终把预防和消除安全生产隐患、提高全社会安全保障能力作为各项工作之首，除强调加强安全监管，也深知先进的安全技术装备才是安全的有力支撑。在巨大的市场需求的牵引下，在煤矿安全产品、消防安全产品、交通运输安全检测监控系统等领域发展势头愈发强劲，产品优势愈发显现，拥有一批核心技术和专利产品，一批市场开拓能力强、具有巨大潜力的安全产品制造企业顺势壮大。截至目前，全省与安全产业直接相关的制造企业达753家，实现收入260亿元。相伴而生的安全认证咨询及其配套服务企业亦成为陕西省安全产业新的增长点。

陕西省以能源矿开发为主要工业支撑，尤其是矿业资源，围绕矿山瓦斯、顶板、水灾、火灾、粉尘、机电事故等六大灾害，以及矿山本质安全、紧急避险、矿山通信系统等矿山安全产品形成了一定规模和相对完整的产业链，市场地位、创新产品突出。目前陕西省安全产业已形成西安以矿山安全产品、消防安全产品、交通运输安全检测监管三大领域为主的产业链。

第五节 2016年我国安全产业重点企业发展情况

一、杭州海康威视数字技术股份有限公司

杭州海康威视数字技术股份有限公司是中国领先的监控产品供应商，一直以来致力于不断提升视频处理技术和视频分析技术，面向全球提供优质的监控产品、技术，最佳解决方案与专业化服务，持续为客户创造最大价值。

海康威视作为全球视频监控数字化、网络化、高清智能化的见证者、践行者和重要推动者，一年一个飞跃。2016年，海康威视庄严宣告SDT安防大数据时代的到来，再次站在安防变革的前沿，不断推动行业提升和产业迅猛发展。凭借多年在图像传感、人工智能等领域的技术积累和自主创新，海康威视推出“阡陌”智能仓储系统，通过机器人开启了“货到人”这一颠覆传统仓储的作业模式。

海康威视从2007年布局海外市场开始已历经十年，2016年海康威视收购了英国公司Secure Holdings Limited，其中Pyronix品牌是英国本土最知名的入侵报警专家，此次收购是海康威视布局全球市场迈出的重要一步。截至目前，海康威视已在全球120多个国家和地区注册了商标，在海外自主品牌占有率已超过80%。

二、徐州工程机械集团有限公司

徐工集团成立于1989年3月，是中国工程机械行业规模最大、产品品种与系列最齐全、最具竞争力和影响力的大型企业集团。目前位居世界工程机械行业第5位，中国工程机械行业第1位，中国机械工业百强第2位，中国500强企业第189位。

徐工集团积极实施“走出去”战略，产品销售网络覆盖174个国家及地区，在全球建立了280多个徐工海外代理商为用户提供全方位营销服务，年

出口突破16亿美元，连续27年保持行业出口额首位。目前，徐工集团9类主机、3类关键基础零部件市场占有率居国内第1位；5类主机出口量和出口总额持续位居国内行业第1位；汽车起重机、大吨位压路机销量全球第1位。

徐工集团在“十二五”期间在徐州竣工投产了全地面起重机、装载机智能化、混凝土泵送机械、混凝土搅拌机械、挖掘机械五大产业新基地。在欧洲、北美投资建立全球研发中心，在巴西投资建设辐射南美的制造基地，在“一带一路”沿线国家和地区投资设立了合资公司。

三、山推工程机械集团股份有限公司

山推工程机械股份有限公司，是集研发、生产、销售铲土运输机械、路面及压实机械、建筑机械、工程起重机械等工程机械系列主机产品及关键零部件于一体的国家大型一类骨干企业，创建于1980年，跻身全球建设机械制造商50强、中国制造业500强。由济宁机器厂、通用机械厂和动力机械厂组建而成山东推土机总厂，于1997年1月“山推股份”在深交所挂牌上市，入选沪深300指数股。该公司是中国机械工业效益百强企业、国家“一级”安全质量标准化企业、山东省高新技术企业、山东省制造业信息化示范企业，山东省企业文化建设示范单位。

国内已形成山推国际事业园、山推崇文产业园、山推武汉产业园、山推抚顺产业园、山推泰安产业园、山推济南产业园、山推新疆产业园七大产业基地，拥有国家级技术中心、山东省工程技术研究中心和博士后科研工作站等创新平台，研发能力、制造能力、产品质量均处于国内领先和贴近国际先进水平。

山推建立起了一套完整的研发体系，努力打造技术标准、研发信息化、整机验证等四大研发平台，为产品研发、推进产业高端化奠定了坚实的基础。全系列产品专利拥有850余项，应用率达70%以上。山推产品遍及全国，远销海外150多个国家和地区。目前国际化战略稳步推进，已发展71家海外代理商，在阿联酋、南非、俄罗斯、巴西等地建立10家海外子公司，2016年成功突破推土机容量占全球1/3以上的美国市场。

四、威特龙消防安全集团股份有限公司

威特龙消防安全集团股份公司是国家火炬计划重点高新技术企业、全军装备承制单位，面向全球客户提供领先的消防安全产品、行业安全装备、消防工程总承包、消防技术服务等全方位消防安全整体解决方案，位于成都市高新技术开发区。

威特龙坚持技术创新，搭建了“省级企业技术中心”“四川省工业消防安全工程技术研究中心”“油气消防四川省重点实验室”“四川省工业设计中心”四个科研平台，并参与了“消防与应急救援国家工程实验室”的组建。公司以“主动防护、本质安全”为创新理念，相继承担完成了国家能源安全、公共安全和文物安全领域数十项重大科研项目，形成了油气防爆抑爆技术、白酒厂防火防爆技术、煤粉仓惰化灭火技术、细水雾灭火技术、惰性气体灭火技术、绿色保温防火材料和消防物联网平台等成套技术，获国家专利 186 项（其中发明专利 36 项），成为中国消防科技创新第一品牌和消防先进技术的引领者。

威特龙拥有国家住建部颁发的“消防设施工程设计与施工壹级”资质，形成了消防设备、消防电子、防火建材、解决方案、消防工程和消防服务六大业务板块；旗下的 21 家分、子公司，形成了完善的营销服务网络，覆盖国内并辐射俄罗斯、印尼、印度、巴基斯坦、土耳其等 20 余个国家和地区。

五、中防通用电信技术有限公司

中防通用电信技术有限公司，是国内专业应用物联网技术提供“安全”“健康”运营服务的高新技术企业。集团公司经过 10 年的产业布局，已在安全物联网领域形成比较完整的产业链布局，主要面向全球提供领先的传感器产品、专业的安全产业物联网解决方案与内容服务。

集团公司拥有完整的研发体系，已经建立以色列研发中心、北京“安全物联网监控管理平台”研发中心、河北怀安“硬件研发 · 测试 · 试验 · 展示 · 制作 · 远程运维 · 培训”基地、武汉“硬件（智能通信终端、智能摄像机）”研发部、西安“光学（紫外、红外、激光）应用”研发部。同时联合

产学研，与工信部安全司、北京邮电大学、华北电力大学等机构建立了良好的战略合作关系。产品通过多项国家专利认证、公安部消防局 CCC 认证，广泛应用于国防、公安、消防、航空航天、石油化工、基层中医健疗等关键领域。

集团公司的服务网络覆盖海内外，除北京总部外，先后在河北怀安、湖北武汉、湖南长沙、山东济南、四川成都（在建）建立子公司；在天津、陕西西安、河南郑州、内蒙古包头、辽宁沈阳等地设立办事处；海外分支机构遍及美国、意大利、以色列、马来西亚、印尼等国家。

六、中安安产控股有限公司

中安安产控股有限公司是经工信部、安监总局同意，由工信部赛迪研究院、安监总局安科院、国家商业网点中心、中国安全产业协会共同发起设立的一家国有控股公司，于 2014 年 10 月 29 日登记成立。公司依托科技创新，实现信息化、产业化、市场化、金融化深度融合，提升改造智能安全产业。推出风险评估、研发生产、融资配送、培训实训等服务，是以安全与应急产业投资服务为主导，集研发、生产、投资、服务于一体的大型投资集团公司。

中安安产控股有限公司专门致力于推进安全产业及公用事业发展，以资源、资本为管控核心，开发对接整合资源，设计规划吸纳资本，同时按照广义全面预算（战略量化预算管理、业务量化预算管理、人力量化预算管理及财务全面预算管理等）严格管理项下业务板块投资决策及法务合规程序。

七、万基泰科工集团

万基泰科工集团，总部位于首都北京，是一家“平安中国、智慧中国、环保中国、美丽中国”整体解决方案集成商。集团拥有智能科技研究院及多家国家高新技术企业，培养了一支博导、高工为主体的专家技术团队，设有博士后工作站和研究生实习基地。

集团基于智能科技研究院及国内外知名高校和科研院所成熟的“产学研用”相结合机制，在城市公共安全预警及控制关键技术系统与装备方面，拥有完整的独立自主知识产权和核心技术，取得近百项软件著作权和国内外专利，并建有完善的产品测试中心和中试生产线，能够快速实现科研成果的推广转化，目前集团智能科技研究院正在积极参与国家重点研发计划“公共安全风险防控与应急技术装备”专项“城市地下综合管廊安全防控技术研究及示范”项目。

国家安全生产监督管理部局项目	国家安全生产监管总局安全生产“四个一批”项目
国家科技部立项课题	科技部“十二五”科技支撑计划 2009年国家科技型中小企业技术创新基金创新项目 2013年国家科技型中小企业技术创新基金创新项目
国家住房和城乡建设部立项课题	《住房和城乡建设部2008年科学技术项目计划》 《住房和城乡建设部2009年科学技术项目计划》 住房和城乡建设部归口的国家行业标准制定计划项目 住房和城乡建设部市政公用科技示范工程
全国第五届安全生产成果三等奖	全国安全生产“百项”实用新型技术
国家标准委员会立项项目	国家标准制定 科技部“十二五”科技支撑计划 住建部2014智慧城市专项试点 重庆市科技惠民示范工程 住建部2014科技计划项目 全国第六届安全生产成果奖；重庆市科技进步奖；重庆市建设技术创新奖

图 15－6　万基泰科工集团科研课题

资料来源：万基泰，2017 年 2 月。

集团下设拥有国际金融投资服务机构，充分利用国家财政优惠政策助力高科技研发和实业发展。目前集团已在全国多地承担了住建部、科技部、工信部、安监总局等部委一系列智慧城市示范工程，并主持了一系列国家重大课题，主编了国家标准与行业标准。

八、江苏八达重工机械股份有限公司

江苏八达重工机械股份有限公司是一家科技型股份制企业。八达重工为国家火炬计划高新技术企业，企业建有国家级博士后科研工作站、江苏省院士工作站、江苏省研究生工作站、江苏省机电双动力工程机械技术研究中心、公安部应急救援装备重点试验室试验基地等科研平台。

经过多年的发展和积累，公司研制的具有自主知识产权的油、电双动力物流装卸机械、抢险救援机械等主机产品已达九大系列，60 多个规格型号。企业合计申报专利 57 项，已获专利授权 30 项，其中发明专利 13 项。

八达重工是中国最先提出研制大型抢险救援机器人研制项目的发起人单位。2013 年完成世界首台最大救援机器人产品研制任务；2014 年完成大中小三种规格履带式、轮胎式、轮履复合式不同底盘的世界最大系列救援机器人产品研制，并通过国家项目验收；2016 双臂救援机器人列装武警交通部队。

九、北京韬盛科技发展有限公司

北京韬盛科技发展有限公司是专注于智能化高端建筑装备与安全技术应用的国家高新技术企业和中关村高新技术企业。韬盛科技始终专注于高层和超高层建筑模架装备技术的研究与应用，陆续开发了附着式升降脚手架、集成式升降操作平台、集成式电动及液压爬升模板系统、顶模挂架、铝合金模板系统等产品系列，已成为中国模架装备技术开发应用龙头企业。

截至当前，韬盛科技已获得发明、实用新型等各类专利近 40 项，参与国家标准及行业标准 4 项。先后获得“北京市企业技术中心”“北京市专利试点单位”“北京市高新技术成果转化项目认定”“北京市企业研究开发项目鉴定”、“中关村瞪羚企业”“中关村国家自主创新示范区新技术新产品”“中关村科技园区企业信用评级 Azc ”“ISO9001 质量管理体系认证”“ISO14001 环境管理体系认证”“OHSAS18001 职业健康安全管理体系认证”“建筑施工安全技术科技进步一等奖”“贯彻实施建筑施工安全标准示范单位”等 80 余项殊荣。

通过 10 年不懈努力和不断创新，韬盛科技形成了以集成式电动爬升模板系统、顶模系统、集成式升降操作平台、附着式升降脚手架、铝合金模板系统、带荷载报警爬升料台等为主导的系列产品，为建筑施工本质安全保驾护航。

十、华洋通信科技股份有限公司

华洋通信科技股份有限公司是集科研开发、生产经营、工程安装于一体的江苏省高新技术企业、双软企业、重合同守信用企业，拥有江苏省煤矿安全生产综合监控工程技术研究中心，江苏省软件企业技术中心，信息系统集成及服务资质贰级，是江苏省重点研发机构、江苏省物联网应用示范工程建设单位，公司长期从事物联网、自动化、信息化等领域的技术研发、推广与服务，智慧矿山示范工程建设。

华洋通信成立至今，一直坚持走科技兴企、自主创新的道路，主导产品有“KJ82 基于防爆工业以太网的综合自动化系统”“KT155 矿用广播通信系统”等，长期以来，产品和服务已遍及全国 15 个省、30 多个大型煤业集团的 400 多个大中型煤矿。

近年来，公司承担“863”计划项目、自然基金重点等国家省部级纵向课题十余项，开发煤矿工业以太网交换机、综合接入网关、PLC 控制器、无线通信、传感器、矿用移动终端等新产品数十项。公司拥有授权专利 50 余项（其中发明专利 2 项）、软件著作权 22 项、软件产品 19 项、江苏省高新技术产品 23 项。目前公司正处发展转型期，已进入 IPO 辅导，计划近年在创业板上市。

十一、北京苏伯格林能源控股有限公司

北京苏伯格林能源控股有限公司（集团总公司）成立于 2014 年 5 月，注册地北京，主要从事对内外的实体投资、企业咨询管理等业务。公司旗下下设北京苏伯格林贸易有限公司、北京苏伯格林科技有限公司、易油卡电子商务有限公司等多家子。各子公司广泛活跃于国际、国内石油化工品贸易市场，在石油化工等能源产品的实货和衍生产品贸易中取得突破，占据了一定的市场。各子公司的经营领域涉及实体投资、企业咨询管理、石化产品的进口、仓储、物流、批发与销售、电子商务、原油期货、客户服务、法律法规、市场推广、资金管理、TI 技术服务、加油站相关设备的销售、加油站管理系统的技术服务等。

第六节　2016 年我国安全产业发展环境分析

一、安全生产形势仍不容乐观

2016 年，全国发生各类生产安全事故 6 万起、死亡 4.1 万人，同比分别

下降5.8%和4.1%；发生较大事故750起、死亡2877人，分别下降7.3%和9.1%；发生重特大事故32起、死亡571人，同比分别下降15.8%和25.7%。回顾过去一年，虽然事故总量、死亡人数、重特大事故延续下降趋势，但安全生产形势依然不容乐观，各类生产事故总量仍然较大，重特大事故发生的频次仍然较高，煤矿领域重特大事故不降反升。据统计，全年共发生煤矿事故249起、死亡538人，同比减少103起、60人，分别下降29.3%、10%；较大事故22起、死亡95人，分别下降37.1%、39.5%；重特大事故10起，死亡191人，同比增加5起、106人，分别增长100%、124.7%。以往安全形势平稳的电力行业发生2起重特大事故。这些情况反映了当前我国目前安全生产状况仍未跨过问题多、危害重的阶段，这主要是经济情况的变化和经济社会发展不平衡对安全生产的影响导致的，也暴露出安全生产检查工作中的问题和不足。这就要求企业要大力发展安全产业，从根本上降低安全事故发生概率，提高全社会的本质安全水平。

二、宏观层面：国家对安全产业愈加重视

（一）政策环境持续优化

2015年以来，国家安全生产监督管理总局发布《淘汰落后安全技术装备目录》《关于开展“机械化换人、自动化减人”科技强安专项行动的通知》等，明确要求“到2018年6月底，实现高危作业场所作业人员减少30%以上，大幅提高企业安全生产水平”；工业和信息化部在《深入推进新型工业化产业示范基地建设的指导意见》中将安全产业列入其中，在《中国制造2025》和《智能制造试点示范2016专项行动实施方案》都提出了加强安全生产技术改造与智能化的要求；《关于推动安全生产科技创新若干意见》中明确了安全生产科技创新目标方向，是今后一段时期安全生产科技创新的顶层设计文件，是安全生产实施创新驱动发展战略的系统部署，为安全产业科技化道路奠定了基础。

（二）产业规模逐步扩大

当前，我国安全产业已经初具规模。根据抽样调查和估算，我国从事安全产品生产的企业超过了4000家，安全产品年销售收入超过了6000亿元，

市场总体规模大概在万亿左右。其中，制造业生产企业占比约为60%；服务类企业约占40%。从分区域来看，东部沿海地区安全产业规模相对较大，不少优秀企业速度崛起，销售额稳步增长，利润丰厚，竞争力强，引领区域安全产业快速发展。

（三）产业集聚效应明显

2012 年印发指导意见以后，我国安全产业整体上呈现良好发展势头，出现了以重庆、吉林、江苏、辽宁、安徽为代表的安全产业集聚发展区。工业和信息化部与国家安全生产监督管理总局积极支持安全产业发展基础好、有潜力的地区开展安全产业园区（基地）的创建工作，先后将江苏省徐州安全科技产业园、辽宁省营口市中国北方安全（应急）智能装备产业园、安徽省合肥高新技术产业开发区共 3 个产业园区列为国家安全产业示范园区创建单位。

三、微观层面：建立安全产业投融资体系

设立安全产业发展投资基金是促进安全产业投融资体系建设的实质性举措。工信部将在行业规划、政策指导、标准制定、产业布局、组织协调等方面发挥重要作用；国家安监总局将大力促进安全技术、装备推广应用；国家开发银行将在市场开拓、信用建设和资金融通等方面发挥优势；平安集团将在银行信贷、融资租赁等方面提供全方位的综合金融服务。对于支持安全产业中安全领域新技术、新产品、新装备、新服务业态的发展，政产学研用金相结合，通过培育以企业为主体、市场为导向的安全产业创新体系建设，着力解决制约我国安全技术和装备发展中的共性、关键性难题，提升我国安全技术和装备的整体水平，提高全社会的本质安全水平具有重大意义。

第七节 2017 年我国安全产业发展趋势展望

一、总体展望

《中共中央国务院关于推进安全生产领域改革发展的意见》体现了党和国

家对安全生产工作的高度重视。年初《安全生产“十三五”规划》的发布，对未来五年安全生产工作具有重要指导意义。在全党和全国人民迎接党的十九大，继续保持安全生产事故总量和死亡人数继续下降态势，继续努力遏制重特大事故多发的趋势，确保“十三五”安全生产开好局、起好步，安全产业面临新的良好发展机遇。

全国安全生产形势持续稳定好转。据国家安全监管总局统计，2016 年全国共发生各类生产安全事故、死亡数分别下降 5.8% 和 3.8%；发生较大事故、死亡人数分别下降 7.4% 和 9.8%；发生重特大事故、死亡人数分别下降 15.8% 和 25.8%。但全国安全生产形势依然面临严峻形势，重特大事故多发的局面并没有得到根本好转，安全发展的任务依然十分艰巨。

展望 2017 年，落实《中共中央国务院关于推进安全生产领域改革发展的意见》是安全产业发展的总目标。一是安全产业投融资体系建设有望快速发展。二是安全产业集聚效应将进一步扩展。三是试点示范工作将推动先进安全技术和产品应用。2017 年安全产业将在投融资体系建设、产业园区（基地）发展、先进技术推广应用、标准化体系建设等方面取得新的进展。预计在 2017 年，我国安全产业将能够保持 25% 左右的增长率，产业规模有望突破万亿元。

二、发展亮点

（一）政策环境进一步改善

在落实党和国家文件中，将围绕安全科技创新、投融资体系创新、产业园区发展创新、安全技术推广模式创新等创新发展，出台一系列政策和措施支持安全产业发展。主要包括：支持一批安全技术科研基地和中心建设，健全安全产业技术、装备的标准和标准体系，完善投融资服务体系，打造安全产业协同创新系统，开展先进安全技术和装备试点示范，建立健全安全产业支持政策法规体系等。力求通过政策引导、组织协调、国际合作、人才培养等保障措施，推动安全产业进一步发展。

（二）金融业支撑有望提速

2015 年 11 月，工信部、国家安监总局、国开行、平安集团共同签署战略合作协议，支持安全产业发展投资基金建设。2016 年 10 月，在徐州，当地政府与平安银行、上海银行等多家金融机构，签署了徐州安全产业发展投资基金战略合作协议，组建总规模为50亿元的国内首只地方安全产业发展投资基金。随着各地对安全产业发展投融资工作的重视，以及国家对实体经济投资支持力度加强，各类社会资本也对安全产业的发展更加关注，2017年伴随着国家支持安全产业投融资体系建设，我国安全产业投融资将得到快速发展。

（三）集聚发展继续发力

国家安全监管总局和工信部在2017年有望联合发布《国家安全产业示范园区（基地）发展指南》等文件，安全产业示范基地建设将继续稳步发展。此外，在陕西、新疆等西部地区，安全产业发展也受到高度重视，正在纷纷制订安全产业发展的规划或研究，由东部向西部拓展的安全产业发展趋势，随着“一带一路”的发展，安全产业在全国范围内，将呈现出更广泛的发展局面。

（四）先进安全技术和产品推广应用试点示范先行

针对安全生产重点领域和高危行业安全生产工作需要，推广应用更多先进安全技术和产品的工作越来越体现出紧迫性。道路交通、建筑、矿山、危化品等事故多发、高发行业或领域所需的安全技术与装备，直接列入了党和国家出台的安全生产改革发展的文件中，体现出党和国家的高度重视。

（五）进一步发挥协会等中介组织的作用

展望2017年，中国安全产业协会将继续发挥企业、金融、研究、政府等机构之间交流合作平台的作用，跨界融合、集成创新，引进消化吸收国内外先进科学技术，创新融合标准和产品目录，创建本质安全保障功能，促进产业转型升级，打造智能安全产业，探索职业健康产业，组建培训实训体验基地，构建物联网大数据云平台，健全社会化服务体系和应急救援保障体系。以服务会员为中心，以协调政府资源和寻求增量市场提供投融资服务为手段，为会员和社会提供人性化享受，智能化服务和本质安全保障，推动全国安全发展。包括协会在内的各中介服务机构，将服务于安全产业发展，提高安全产业发展的质量和效率，更适应市场变化需求，在标准、认证、评估、检测、培训等方面开展活动，在创新发展思路、细化服务功能、融合聚集功能、培育产业新模式等方面不断提升发展水平，打造智能安全、跨行业融合性的新兴产业。

第十六章　北斗导航产业

目前，四大全球卫星导航系统包括美国的GPS（全球定位系统）、俄罗斯的GLONASS（格洛纳斯）、欧盟的Galileo（伽利略）以及中国的BDS（北斗卫星导航系统）。赛迪智库测算，2016年，全球卫星导航产业（拓展市场）规模约2800亿美元，同比增长6.5%；全球卫星导航产业（核心市场）规模约1720亿美元，同比增长8%；我国卫星导航产业产值约2200亿元，同比增长16%；我国北斗卫星导航产业规模约1000亿元，同比增长32%。

2017年，预计产业规模方面，全球卫星导航产业（拓展市场）规模将超过3000亿美元，同比增长8%；我国卫星导航产业规模2600亿元左右，同比增长18%；北斗卫星导航产业规模将达到1350亿元，同比增长35%。系统建设方面，美国计划发射首颗GPS III卫星，我国北斗卫星预计发射6—8颗，四大全球卫星导航系统空间段和地面段等基础设施建设步伐将加快。技术创新方面，高精度定位技术创新及应用已成为并将继续是卫星导航领域国际发展热点，高精度基础设施陆续建设，高精度行业应用解决方案不断创新。同时，随着我国“一带一路”倡议实施，我国与沿线国家、地区和国际组织的合作将覆盖卫星导航领域的科学研究、技术交流、宣传培训和产品输出。

第一节　2016年我国北斗导航产业发展情况

一、产业规模保持中高速增长

2016年，我国北斗系统按照“三步走”发展战略稳步建设和发展，北斗产业保障体系、应用推进体系和产业创新体系加快构建，涵盖基础产品、应用终端、运营服务等环节的自主可控、完整成熟的北斗产业生态加速形成。通过对2016年我国卫星导航产业发展形势分析与判断，赛迪智库认为2016年我国卫星导航产业产值约为2200亿元，比2015年增长16%，增速略有下降。

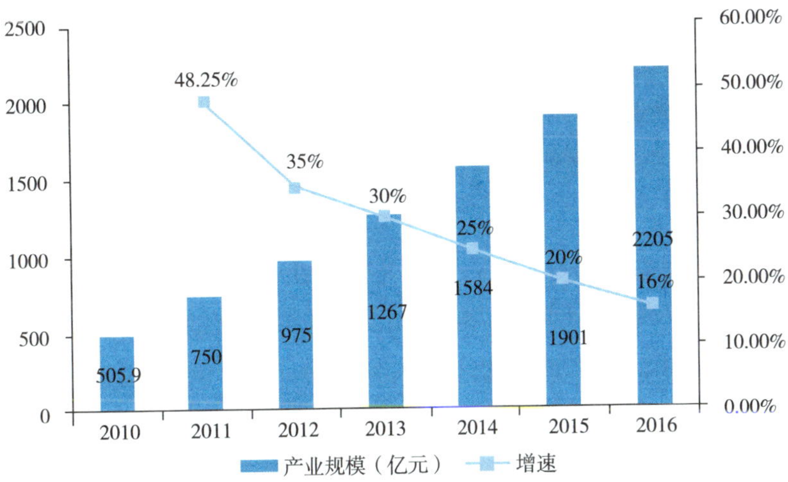

图16－1　2010—2016年中国卫星导航产业规模

资料来源：赛迪智库，2017年2月。

赛迪智库测算，2016年我国北斗相关产业的总规模达1000亿元左右，一方面，我国北斗产业的增速有所放缓，与2015年相比增长28%；另一方面，北斗产业的市场规模迅速扩大，2016年我国北斗产业约占我国卫星导航产业规模45.4%，高于2015年北斗产业占我国导航产业规模33%。其中：交通运输领域的市场规模最大，约为760亿元，比2016年增长18%；位置运营服务和授时领域规模为160亿元左右，通信领域产值为80亿元。

二、北斗系统全球组网稳步推进

2016年，我国按计划共发射3颗北斗导航卫星，为全面启动北斗全球系统建设奠定了坚实基础。截至2017年1月，我国已发射23颗北斗导航卫星。

在卫星研制过程中，我国突破一批关键核心技术。其中第21颗北斗导航卫星由中科院微小卫星创新研究院（上海微小卫星工程中心）作为卫星系统总体单位，联合中国电科集团、航天科技集团和中科院内空间中心、电子所、上海天文台、武汉物数所、上海技物所、光电所、光电院等三十多家单位参与了型号研制任务。一方面，在卫星结构设计方面，采用了中科院导航卫星专用平台，突破了轻量化框架面板结构设计、单独星敏感器定姿、高功能密度综合电子、时频无缝切换技术、星间链路、星载原子钟和下行导航信号等，可将钟组之间的切换速度提高到皮秒级；另一方面，在关键零部件方面，在北斗导航卫星上，首次搭载使用中国科学院上海微系统所自主开发的基于0.13微米SOI工艺的新微芯安全芯片，突破面向空间辐照的高集成电路设计技术。

三、地基、星基增强系统建设稳扎稳打

北斗地基增强系统（CORS）建设方面，2016年我国“全国一张网”工程取得重大进展。中国兵器工业集团和阿里巴巴集团联合成立的千寻位置服务统筹部署的北斗卫星导航地基增强系统于2016年5月建设完成。该系统由分布在全国各地150个国家框架网基准站和1200个区域站组成，是目前世界范围分布规模最大、密度最高并能够兼容北斗、GPS、GLONASS三大卫星系统的地基增强“一张网”。该系统已开始提供服务，开启了北斗高精度位置服务新篇章。

北斗星基增强系统（BDSBAS）建设方面，2016年我国北斗系统按照国际民航标准，开展了北斗星基增强系统设计、试验与建设，致力于为我国及周边地区民航等用户提供一类精密进近服务。此外，北斗系统正积极参与下一代双频多星座（DFMC）SBAS标准的设计和国际协调工作。

四、北斗产业应用示范推广持续推进

基础产品研制方面，2016年围绕北斗产业的基础元器件等关键技术取得全面突破，部分卫星导航芯片核心技术产品实现了自主可控，北斗芯片已进入40纳米发展新阶段，有效降低国产芯片体积大、功耗大等问题，应用于移动通信的国产自主卫星导航IP核出货量已突破1800万。2016年1月8日，2015年度国家科学技术奖励大会上，《多系统多频率卫星导航定位关键技术及SoC芯片产业化应用》获国家科技进步二等奖。

行业/区域应用方面，2016年围绕运输、气象、渔业、公共安全、林业等

11个关系国计民生和国家安全的重点领域实现了北斗大规模应用，北京、上海、江苏、广西、贵州展开的卫星导航区域示范工程项目加速推进。应用规模方面，通过提供无源服务和有源定位服务，北斗民用用户已达到千万级。在无源定位服务方面，北斗系统整体性能全部满足设计要求，定位精度、授时精度等关键指标明显优于设计指标；在有源定位服务方面，累计提供有源定位服务12亿次，短信服务61亿次，双向授时服务9000余万次，其中2016年入网注册用户量逾7万，有源定位服务2.5亿次，短信服务30.8亿次，双向授时服务833万次。

大众应用方面，2016年有所突破但仍未全面爆发，在高精度位置服务、车联网、室内外无缝定位等新兴市场的应用潜力仍需进一步挖掘。2016年，北斗系统在防灾减灾、热力行业、驾驶辅助等领域不断深化。通过采用北斗+GPS等多系统联合定位监测，实现了对暴雨条件下滑坡、泥石流等灾害的准确预警，实现对外部变形的毫米级位移监测；基于国家北斗精准服务网，中国卫星导航定位协会与中国城镇供热协会共同探索北斗卫星导航系统在热力行业的深化应用；北斗“百城百联百用”行动取得重大进展，国家北斗精准服务网已为317座城市的多种行业应用提供北斗精准服务，全面实现北斗“百城百联”，并推动北斗落地应用；阿里巴巴集团和上汽集团联合推出了首款搭载北斗高精度定位模块、惯性导航、高精度地图的“互联网汽车”——荣威RX5，北斗技术实现了车道级高精定位。

五、北斗国际化应用稳步推进

2016年是我国推动北斗导航产业国际化应用十分重要的一年。我国北斗产品已向全球70多个国家和地区输出，目前正加速向“一带一路”沿线国家和地区提供服务。

一是建立了多个双边、多边框架合作协议。1月13日，我国发布《中国对阿拉伯国家政策文件》，进一步发展中阿航天合作，积极探索在空间技术、卫星及其应用、空间教育、培训等领域开展联合项目，将北斗系统作为重要发展项目，促进北斗卫星导航系统落地阿拉伯国家，服务“一带一路”国家战略。我国卫星导航系统管理办公室和阿卜杜勒阿齐兹国王科技城、阿拉伯信息通信技术组织在利雅得、开罗签署了《中沙卫星导航领域合作谅解备忘录》《中阿卫星导航领域合作谅解备忘录》。8月，中俄总理定期会晤委员会运输合作分委会第二十次会议举行，中俄双方一致同意利用北斗及格洛纳斯系统服务两国跨境运输，并将该事项纳入中俄两国政府汽车运输协定修订计划，计划自2017年1月1日起，在中俄两国国际道路货运车辆和不定期旅客运输车辆上安装卫星导航终端，用于导航服务、安全监管、车队管理以及俄方收费公路费用收取等。

二是建设海外北斗CORS单基站。2016年北斗系统在老挝建成并通过技术测试，北斗CORS单基站落地万象市塞色塔综合开发区。我国建立的老挝卫星定位综合服务系统可应用于国土规划、城市建设、交通运输、水利、电力等行业，为各项工程建设提供实时、精确、可靠的数据源；在交通、公安、金融等领域提供三维空间位置和时间方面的监控及管理；为各行业提供测绘和大地测量应用；并可用于监测自然灾害等。

三是举办并参加各类国际活动，不断提高北斗国际影响力。在湖南长沙组织国际星基增强系统互操作工作组会议，中国卫星导航系统管理办公室领导出席在俄罗斯莫斯科召开的第十届莫斯科国际导航论坛。为加快落实习总书记关于中阿共建“一带一路”的倡议，2016年科技部国际合作司主办北斗技术与应用国际培训班，首次招收了阿拉伯地区学员。

四是加强标准建设，推动北斗卫星导航标准积极融入国际标准。2016年1月，在美国加利福尼召开的亚洲国际海事无线电技术委员会第104专业委员会（RTCM SC－104）会议上，我国发布了首个全面支持北斗的RINEX标准（3.03版本），标志着北斗完整进入RINEX标准。

第二节　2016年我国北斗导航产业重点政策解析

一、政策环境分析

北斗卫星导航系统作为国之重器，自诞生之初便一直受到国家和地方政府坚定支持，出台系列政策规划，对卫星导航产业长期发展进行了系统部署。2016 年，北斗导航产业政策继续加码，利好政策不断出台，制度环境持续优化。

国家层面，《卫星导航条例》研究项目正式列入国家立法工作计划，北斗系统法律地位逐步确立；《中国北斗卫星导航系统》和《2016 中国的航天》白皮书陆续发布，彰显了我国建设发展北斗系统的决心和信心；北斗系统发展融入“一带一路”“信息化发展”等战略规划之中，体现了北斗在国家整体发展中的战略地位；交通、测绘、旅游、农业等北斗应用政策更为细化具体，助推了行业和大众应用加速落地；国际合作与交流务实开展，推动了北斗系统国际化步伐和全球卫星导航事业发展。

地方层面，北斗卫星导航与位置服务产业庞大的市场不断吸引着各地政府持续关注，2016 年河南、广东、湖北、湖南等省，结合行业领域“十三五”规划编制等工作，紧密融入国家重大发展战略，出台了一系列扶持北斗应用与产业发展的促进措施，政策的可操作性和落地性进一步增强，也更加贴合地方发展需求。全年地方北斗支持政策呈现两大亮点：一是基于北斗的天空地一体化的自主时空信息服务体系日益受到地方政府重视。广东省率先出台了《广东省自主时空信息服务“十三五”规划》，以抢抓自主时空信息服务产业发展先机，发挥全省信息技术和产业领先优势，打造自主时空信息服务体系，培育发展新动能。二是以北斗卫星及自主技术装备为主要支撑的现代测绘基准体系构建成为地方共识。自国家《测绘地理信息事业“十三五”规划》印发以后，黑龙江、陕西、浙江、江西、江苏、湖北等地主动对接并积极贯彻落实规划部署要求，结合地方实际需求纷纷出台了相应政策。

表 16－1　2016 年国家层面北斗导航产业相关政策一览表

发布时间	颁布部门	政策文件
2016 年 5 月	中共中央 国务院	《国家创新驱动发展战略纲要》
2016 年 5 月	国务院 办公厅	《国务院办公厅关于促进通用航空业发展的指导意见》
2016 年 6 月	国务院新闻 办公室	《中国北斗卫星导航系统》白皮书

续表

发布时间	颁布部门	政策文件
2016年6月	国家发改委、交通运输部、住建部、国土资源部	《关于加强干线公路与城市道路有效衔接的指导意见》
2016年6月	国家发改委	《营造良好市场环境推动交通物流融合发展实施方案》
2016年7月	中共中央办公厅国务院办公厅	《国家信息化发展战略纲要》
2016年7月	国家发改委、交通运输部	《推进“互联网+”便捷交通 促进智能交通发展的实施方案》
2016年8月	农业部	《“十三五”全国农业农村信息化发展规划》
2016年8月	国家发改委、国家测绘地信局	《测绘地理信息事业“十三五”规划》
2016年9月	工信部国家发改委	《智能硬件产业创新发展专项行动（2016—2018年）》
2016年10月	国家测绘地理信息局	《测绘地理信息科技发展“十三五”规划》
2016年10月	国防科工局、国家发改委	《关于加快推进“一带一路”空间信息走廊建设与应用的指导意见》
2016年11月	国务院中央军委	《中华人民共和国无线电管理条例》
2016年11月	国务院	《“十三五”国家战略性新兴产业发展规划》
2016年11月	国家测绘地信局	《测绘地理信息标准化“十三五”规划》
2016年12月	国家测绘地信局	《卫星测绘“十三五”发展规划》
2016年12月	国务院	《“十三五”国家信息化规划》
2016年12月	国务院	《“十三五”旅游业发展规划》
2016年12月	国务院新闻办公室	《2016中国的航天》白皮书
2016年12月	国务院新闻办公室	《中国交通运输发展》白皮书

资料来源：赛迪智库整理，2017年2月。

表 16－2　2016 年地方层面北斗导航产业相关政策一览表（部分）

发布时间	地区	政策文件
2016 年 1 月	四川省	《关于加快电子商务产业发展的实施意见》
2016 年 1 月	吉林省	《关于推进线上线下互动加快商贸流通创新发展转型升级的实施意见》
2016 年 3 月	湖北省	《湖北省关于做好 2016 年农机购置补贴实施工作的通知》
2016 年 4 月	浙江省	《浙江省测绘与地理信息事业“十三五”发展规划》
2016 年 5 月	河南省	《河南省北斗导航产业三年（2016—2018 年）发展行动计划》
2016 年 6 月	广东省	《关于推动卫星导航应用产业发展的指导意见》
2016 年 6 月	广东省	《关于加快应急产业发展的实施意见》
2016 年 7 月	陕西省	《陕西省测绘地理信息事业发展“十三五”规划纲要》
2016 年 9 月	湖南省	《湖南省测绘地理信息“十三五”规划》
2016 年 9 月	江苏省	《江苏省“十三五”测绘地理信息科技发展规划》
2016 年 11 月	黑龙江省	《黑龙江省地理信息产业发展规划（2016—2020 年）》
2016 年 11 月	江西省	《江西省测绘地理信息发展与应用十三五规划》
2016 年 11 月	湖北省	《湖北省测绘地理信息事业发展“十三五”规划》
2016 年 11 月	湖北省	《关于推进工业稳增长调结构提升发展能力的实施意见》
2016 年 11 月	天津市	《天津市测绘地理信息发展“十三五”规划》
2016 年 12 月	广东省	《广东省自主时空信息服务“十三五”规划》

资料来源：赛迪智库整理，2017 年 2 月。

二、重点政策解析

（一）《中国北斗卫星导航系统》白皮书

为加快推动建设世界一流卫星导航系统，更好满足经济社会发展和国家安全需求，深化国际交流与合作，提高北斗系统的综合应用效益，2016 年 6 月，国务院新闻办公室正式发布《中国北斗卫星导航系统》白皮书。白皮书包括前言、正文和结束语三个部分，其中正文包括五个章节，即发展目标与原则、持续建设和发展北斗系统、提供可靠安全的卫星导航服务、推动北斗系统应用与产业化发展、积极促进国际合作与交流。

该白皮书是我国首部针对北斗卫星导航系统的白皮书，是我国政府发布的第 100 部白皮书，对于北斗系统建设、发展、应用和国际化都具有十分重要的意义。一是回应了国际社会对我国北斗系统建设发展的广泛关切，体现了国家对北斗系统的高度重视和发展建设北斗系统的坚定信心，有助于世界各国进一步熟悉、了解并感知北斗系统，也有助于国内外用户坚定使用北斗系统的信心。二是展示了北斗系统发展取得的阶段性成效和广阔前景，对北斗系统、北斗产业继续发展壮大寄予殷切希望。白皮书具有鲜明的时代性，既对过去一段时间我国北斗导航系统建设和发展总体状况做了系统总结，并给予了充分肯定，也对当前及今后一段时间北斗发展前景和方向重点做了前瞻性统筹和布局，为北斗系统的应用和产业化发展勾画了更好的蓝图。该白皮书对北斗系统的建设和发展具有“承前启后”的作用，有益于加速北斗系统的健康可持续发展，助推北斗卫星导航产业的经济效益和社会效益的提升。三是有利于各部门各行业各地区统一认识、明确方向、科学决策。对照白皮书，相关部门和企业可以找到差距，理顺发展思路。

（二）《2016 中国的航天》白皮书

在我国由航天大国向航天强国迈进的新历史时期，为加快航天强国建设步伐，积极开展国际空间交流与合作，进一步增进国际社会对中国航天事业的了解，使航天创新成果在更广范围、更深层次、更高水平上增进人类福祉，国务院新闻办公室于 2016 年 12 月发表《2016 中国的航天》白皮书。白皮书分为前言、正文和结束语三个部分，其中正文包括五个章节，即发展宗旨、愿景与原则，2011 年以来的主要进展，未来五年的主要任务，发展政策与措施，国际交流与合作。

《2016 中国的航天》是 2000 年以来，国务院新闻办公室发布的第四部航天白皮书，明确了航天发展宗旨与原则，肯定了 2011 年以来我国航天活动取得的进展，明确了未来五年的主要任务，制定了发展政策与措施，介绍了国际交流与合作相关情况等，内容越来越丰富。第一，与前三部航天白皮书相比，在保持了连贯性和继承性的基础上作了进一步丰富和完善。其继承性主要体现在，内容框架结构上基本一致；发展航天事业的一贯宗旨保持不变；航天发展政策与国际合作交流政策方面也保持了一定连续性。其亮点主要体现在，首次提出建成航天强国这一发展愿景，并从创新发展能力、科学探索研究能力等 10 个维度做了描述。第二，对未来五年航天发展的主要任务做了系统表述。在由航天大国加速向航天强国迈进的战略机遇期，航天发展思路也随之调整，由以往通过空间技术带动空间科学研究和空间应用推广，调整为通过空间科学和空间应用共同牵引推动空间技术创新发展，实现空间科学、空间技术、空间应用全面发展。第三，坚持问题导向和目标导向相结合，进一步完善了航天发展政策与措施。第四，坚持开放发展的原则，提出了新时期国际交流与合作的重点领域。第五，有利于引导民间资本和社会力量参与航天活动，对我国商业航天发展具有积极推动作用。

（三）《关于加快推进“一带一路”空间信息走廊建设与应用的指导意见》

为贯彻落实国家“一带一路”倡议部署，进一步发挥我国空间信息技术资源优势，推动空间信息产业市场化和国际化发展，依据国家推进“一带一路”建设有关要求及《国家民用空间基础设施中长期发展规划（2015—2025年）》，国防科工局与国家发改委于2016年10月联合印发了《关于加快推进“一带一路”空间信息走廊建设与应用的指导意见》（以下简称《意见》）。《意见》包括重要意义、总体要求、主要任务和组织保障四个部分，其中主要任务包括：提升“一带一路”空间信息覆盖能力；支撑我国企业“走出去”；提供公共服务产品；带动空间信息装备与服务出口；加强区域空间信息产业合作；大幅度提高市场化、国际化水平；促进空间信息科技合作与交流。

《意见》的发布与实施意义重大，有利于发挥我国在轨和规划建设的空间技术资源优势，推动空间信息技术产业的市场化和国际化发展，加快推进国家“一带一路”建设工作顺利开展，进而带动更大范围、更深层次、更宽领域的国际合作，有力提升我国的国际话语权和影响力，塑造我国负责任大国形象。第一，《意见》找到了空间信息与“一带一路”的有机契合点和内在作用机理，是对《推动共建丝绸之路经济带和21世纪海上丝绸之路的愿景与行动》《国家民用空间基础设施中长期发展规划（2015—2025年）》等国家政策规划的集中贯彻落实。第二，为推动北斗系统走向世界奠定基础，也为推进“一带一路”陆海空通道网络建设提供借鉴示范。目前，北斗系统正处于从区域卫星导航系统向全球卫星导航体系迈进的关键过渡阶段，《意见》发布将是实现最终目标的奠基石和催化剂，通过让“一带一路”沿线国家和人民切身使用并感受北斗系统的特色和优势，可进一步积累国际化发展经验，为北斗系统向全球布局拓展奠定坚实基础。同时，“一带一路”空间信息走廊建设与应用的推进，也可为“一带一路”陆海空通道网络的建设起到先进示范作用，将可复制、可推广的国际合作经验运用于其他高技术领域，助推其“走出去”。第三，有利于全方位提高社会资本参与度。《意见》再次拓展了社会资本参与领域，更加坚定了社会资本进入空间信息领域、服务“一带一路”建设的信心。此外，通过鼓励社会资本的进入，形成多元化创新投资体系，放大我国航天体制内技术积累的社会价值的同时，让社会资本也能共享“一带一路”空间信息走廊建设与应用带来的利益。

（四）《卫星测绘“十三五”发展规划》

为进一步提升卫星测绘应用和服务能力，统筹推进“一星多用、多星组网、多网协同”的测绘卫星体系建设，开创卫星测绘工作新局面，国家测绘地理信息局根据《中华人民共和国国民经济和社会发展第十三个五年规划纲要》、《全国基础测绘中长期规划纲要（2015—2030年）》《国家民用空间基础设施中长期发展规划（2015—2025年）》《测绘地理信息事业“十三五”规划》等，结合我国卫星测绘发展实际，于2016年12月编制印发了《卫星测绘“十三五”发展规划》（简称《规划》）。《规划》明确了“十三五”乃至今后一段时期我国卫星测绘工作推进的指导思想、基本原则、发展目标、重点任务和保障措施，为我国卫星测绘健康持续发展指明了思路，为建设测绘强国奠定坚实的政策基础。

《规划》系统部署了“十三五”及今后一个时期卫星测绘工作的五大重点任务，对于加快测绘卫星体系建设，提升卫星测绘应用和服务水平，推进测绘地理信息事业改革创新发展，推动测绘地理信息技术和应用更广泛地融入经济社会发展主战场具有重要意义。第一，《规划》实现了与《测绘地理信息事业“十三五”规划》的上下衔接。《测绘地理信息事业“十三五”规划》作为“十三五”时期测绘地理信息事业发展纲领性文件，明确提出要促进卫星测绘应用的深度和广度。该《规划》的编制实施强化了与国家相关政策的紧密结合，切实保障了《测绘地理信息事业“十三五”规划》任务的有效落实，对于全面提升测绘地理信息服务能力和水平具有积极推动意义。第二，《规划》积极体现创新、协调、开放、共享的发展理念，主动融入创新驱动、军民融合等国家重大战略。第三，有助于提振北斗系统民用化发展。特别是建立完善卫星测绘政策标准、对地观测、应用技术、产品、服务五大体系的任务部署实施，对于深入推进北斗系统应用，加快北斗卫星导航定位与地理信息的融合，拓展测绘地理信息领域北斗系统的业务范围、产品体系和服务模式，推进北斗卫星在地理测绘领域的推广应用进程具有积极意义。

第三节 2016 年我国北斗导航产业重点行业发展情况

一、公共安全

（一）应用现状

2016 年，在公安领域的北斗应用正逐步从局部、典型应用向规模化、体系化应用展开。公安部已将北斗应用列入了“十三五”规划，力争在“十三五”期间实现警用车辆卫星定位终端配备率达 100%；具备卫星定位功能的手持设备配备率力争达到 80% 以上。新疆、西藏、云南等地重点开展北斗警用试点建设，为地区稳定提供了有力支持。宁夏、安徽、新疆等多个省、自治区的公安系统均配置了加装了北斗定位功能的警车、手持移动警务终端、北斗指挥机、北斗导航仪等警用设备，在应急通信保障、防恐、缉毒等方面大大增强了公安系统的应急通信能力、警力资源动态调配能力和打击犯罪分子的执法力度。公安部还组织实施了基于北斗的公安授时服务体系建设，实现了部、省两级公安信息网的北斗统一授时。

防灾减灾和灾害救援方面，民政部主导建设的国家北斗综合减灾服务系统已实现全国 90% 以上灾害高风险区的覆盖。2016 年 5 月，首批“灾情直报型北斗减灾信息终端设备”在上海投入使用。作为我国国家级北斗区域综合应用示范项目之一的贵州北斗综合应用示范项目在 2016 年下半年投入使用，全省范围内建设 27 个地质灾害监测点和北斗应用终端 4000 台套。国家海事局也在 2016 年逐步推进内河及沿海船只北斗应急示位标的普及安装。

在森林防火方面，中国兵器集团研制推出北斗森林防火指挥车、森林监控与扑火系统等指挥平台系统。民政部、国家减灾委规划投入上百亿元建设可容纳50万防灾减灾人员的“北斗减灾信息系统”，每个终端的估价为2万元，总体规模约100亿元。目前，全国各地森林防火系统已经配备200多台北斗终端用户机、武警森林指挥部及所辖总队共配备500多台北斗终端用户机。

应急通信方面，湖北、福建等省部分地市逐步完成北斗卫星通信终端站点的建设改造。边远地区如西双版纳等地的北斗应急通信系统已建成。在2016年4月云南怒江、贡山等地发生的山体滑坡、泥石流和塌方等自然灾害中，云南省气象部门即运用北斗气象应急通信系统，确保了国家基本气象站整点观测数据及时上传。

（二）应用前景

基于北斗的卫星导航在公安领域的应用前景将非常广阔。一方面，北斗模块与多功能、多样式警用装备相的结合，基于北斗导航的警用终端小型化、低功耗趋势明显，警员配置率将大大提高。另一方面，室内外一体的北斗精准位置服务将成为北斗产业发展新风口，在应急救援、大型活动安保、无人机缉毒侦查、无人机安防、大众服务等方面都有更广阔的应用空间。以大众服务为例，人们约花费87%的时间在室内，而74%的智能手机用户有根据当前位置获取导航信息的需求，2017年，我国采用室内定位技术的智能手机数量可达5亿之多。

二、气象与测绘

（一）应用现状

气象领域是最早应用北斗系统的重要应用领域之一。北斗短信服务应用于气象水文监测已成为常态。目前，我国在北斗探空、北斗反射信号探测、北斗预警发布和北斗水汽电离层系统建设等方面不断涌现新应用。北斗卫星定位测速功能直接用于北斗探空系统的高精度测风定位，并利用北斗短报文通信功能对移动应急和特殊环境下温度、气压、风向、风速等气象数据进行传输。2016年8月，强台风“妮妲”过境深圳时，即利用北斗导航卫星反射信号接收机实时探测到台风经过时的海风、海浪、海面高度等多种海洋物理参数，对于台风观测与路径预警起到关键作用。目前，我国高空探测系统已全面采用北斗探空系统，每年消耗北斗探空芯片近 20 万片。而且，全国 1000 多个水文测站、成都西安等多地无人值守气象站使用北斗卫星系统的精确授时功能保证整个测报系统的时钟同步，并利用短电文传输气象水文等情报。

北斗多星定位在城市测量中更有优势。北斗卫星导航系统平面位置精度通常为 100m，高程控制精度为 10m，完全可以满足土地利用状况调查及动态监测的精度要求。2016 年，基于北斗导航的测量终端和测绘指挥终端产品不断推出，“北斗 + 遥感”模式应用于土地监测中，利用遥感技术进行土地资源各种复杂变更情况的动态监测，真正实现了土地资源动态监测的实时性、客观性、数值化。福建省泉州市燃气公司运用北斗定位测量功能，对地下铺设的燃气管线进行实地坐标测量，并绘制出管网分布图。

（二）应用前景

基于北斗系统的地质灾害监测将成为未来重要应用。我国是地质灾害多发国家之一，滑坡灾害尤为严重。据不完全统计，中国有 70 多座城市和 460 多个县市受到滑坡灾害的威胁及危害，平均每年至少造成 15 亿—23 亿元的经济损失。利用北斗的精准定位功能实施滑坡监测，实现滑坡危害的早期预报，则可以最大限度地减少和防止滑坡所造成的损失。此外，基于北斗系统的采空区沉降、尾矿库、水库大坝、矿山高边坡、桥梁、深基坑边坡监测等，将为工程安全和科学决策提供更多重要数据支撑。基于北斗系统的气象监测还可开展大气水汽层析监测，对今后数值预报和天气分析具有很好的应用潜力。建筑物变形监测可能成为北斗测绘应用的另一大亮点，如超高层建筑物、地震断裂带地区的建筑物、沉降区域建筑物、建筑基坑施工等的变形监测。在我国，需要进行安全性变形监测的建筑物数量巨大。随着城市超高建筑的不断增多，对超高建筑可能由于强风、地面沉降及地震灾害而造成的楼的损害需及时监测与维护。我国以占世界 7% 国土承受全球 33% 的大陆强震，是大陆强震最多的国家之一。而近期全国各大城市地面沉降事故频发，长江三角洲、华北平原等区域的地面沉降现象尤为严重。建筑物变形监测关系到居民的生命财产安全，在全国范围内大规模推进建筑物安全变形监测是利国利民也是大势所趋。

三、海洋渔业

（一）应用现状

北斗渔业应用是北斗特色应用的重要方向之一。海事、海监部门等利用北斗系统构建了渔政、渔企、渔船的多级联动手段，并将北斗渔业数据纳入了国防动员体系。仅我国东海地区，北斗海洋渔业就拥有上万的用户。

在北斗终端应用方面，目前，我国渤海、黄海、东海、南海等海域有近10万多条渔船上安装了北斗终端，有力保障了广大渔民的海上作业安全。渔民利用北斗终端提供的快速位置报告和短报文功能，不但大大解决了渔民海上通信需要，同时为沿海岛礁信息传输提供了良好的传递手段，近年来逐渐受到政府部门、渔政部门以及渔民的广泛欢迎。2016 年，北斗渔业应用在渔民继续使用、更新设备的同时，主要是在监管方面发挥重要作用，如监督休渔、渔政监管、打击非法捕捞、渔船搜救等。基于北斗的海洋渔船动态监管系统，可以快速准确定位渔船及其行船轨迹，并可以通过平台向海上渔船发送短信。仅温州海洋渔业局的统计，2016 年度 1—10 月份共接警次数 146 次，其中有效报警 42 次，实际参与救助 50 次，共救起遇险渔民 111 人，救起渔船 27 艘。此外，农业部也将北斗船载终端纳入国家农机补贴范围。

在平台应用方面，基于“北斗 + 互联网 + 电商平台 + 水产”的四位一体平台，不但可以使渔民及时了解渔场资源和销售行情，发布渔产品供货信息，还可以让买卖双方即时获取渔船在海上的捕捞信息，使海鲜买卖在海上就能洽谈交易。2016 年，安装在舟山渔船上的“海洋区域互联网 + 国防”系统，真正让渔民体会了“渔船远在公海，船上的鱼已被销售一空”的情景。

（二）应用前景

2017 年，随着北斗覆盖海域的不断扩大，北斗系统将为海洋渔业提供更高精度的导航定位服务。例如，构建覆盖近海、中远海以及远洋的海天地一体化的北斗卫星海洋渔业综合服务网络将为渔民带来更多的商机与生活的便利。基于北斗的海洋智能探鱼浮标，通过声呐超声波探鱼器和海洋环境检测传感器，对海洋渔情、水温等要素进行收集分析，从而找出渔情数据的规律性，为渔业捕捞人员提供鱼汛情况。北斗卫星导航系统不但可以用于传统近岸渔业服务，对于远洋渔业发展中运输航道的定位、远洋船只追踪与监控、船岸通信等都展现了更广阔的应用前景。

四、智慧城市

（一）应用现状

以水、电、气、热等关系民生的城市生命线基础保障服务对精准服务的需求尤为迫切。自2016年6月国家北斗精准服务网开通运营，已为25省317座城市的各种行业应用提供北斗精准服务。中国国家北斗精准服务网从最早为城市燃气行业建设、运行、作业的全产业链提供精准位置服务，逐步延伸到供水排水、城镇供热、智慧物流等领域，为城市建设、日常维护、应急抢修等提供了更多精准位置服务。

北京燃气集团开创了“北斗＋燃气应用”的先河，将北斗精准服务应用于数字化管道、防腐层探测、管网泄漏检测、应急救援等各个环节，深圳、西安、南京、烟台等地市的“北斗＋燃气”应用也逐渐展开。北京排水集团在城市排水行业率先利用北斗精准服务，从2016年开始，陆续在全市139座下凹式立交桥的抢险抽排位置、检查井及雨水篦子等重要设施试点精准定位服务，助力北京平安渡过7月汛期，为实现北斗在城市排水行业的规模化应用奠定坚实基础。北京环卫系统目前也有超过一半的作业车辆已经安装了北斗导航设备，通过“GPRS＋北斗＋GIS”的结合，对除雪铲冰车、扫地车、洒水车等环卫车辆实时定位、调度监控。

江苏省自2015年到2016年在全省各地市车管部门推广北斗差分定位驾考与驾培应用示范，通过高精度定位数据获取，对考试过程进行实时评价，实现了考试自动化要求，目前已安装500台套。上海北斗在停车、窨井盖等多个领域设立了北斗空间信息化应用平台，准确感应和定位各点信息。兵工集团与阿里合资的千寻位置网络有限公司拟通过北斗地基网的整合与建设，构建位置服务云开放平台，满足国家、行业、大众市场对精准位置服务的需求。

物流方面，北斗在京东物流上率先应用。截至 2016 年 7 月 5 日，京东 1500 辆物流车辆和 10000 个配送员手环已安装了基于北斗卫星导航系统的智能终端设备。有数据显示，截至 2016 年底，超过万家的传统商贸企业、中小企业、物流企业享受到了基于北斗导航技术的电商物流体验。

（二）应用前景

我国智慧城市、海绵城市的建设速度日益加快，城市公用事业和市政市容管理等城市基础设施领域的精准服务需求已出现爆炸性增长。2016 年 8 月，国家发改委、工信部、住建部、公安部等联合发布了关于《促进智慧城市健康发展的指导意见》，随之国家智慧城市建设逐步推开。北斗精准导航服务正不断应用于城市建设，如高层建筑监测、地面沉降测量、城市地图修测等，对建筑沉降、位移、倾斜、材料耐久性、微环境等进行连续动态监测，可有效避免房屋倾倒、桥梁坍塌等事故，大幅度提高城市建设安全。数据显示，国内供热、供水、排水和燃气这 4 类市政基础设施地下管线长度已超过 172 万公里，并且目前仍以每年 10 万公里的速度递增。预计“十三五”期间，全国燃气行业的北斗精准服务市场总规模将超过每年 50 亿元，主要集中在北斗定位设备、定位服务、应用解决方案和相关信息化服务等。而城市地下管网相关的精准服务市场规模将在 2017 年超过 150 亿元。

北斗精准服务还将逐步成为智慧交通、无人驾驶时代不可或缺的基础性服务之一。随着 2016 年北斗地基增强系统逐步投入应用，北斗精准服务与智慧交通、车联网领域进一步结合，实现车道级导航、城市优先通行、无人驾驶、特种车辆精准监控、智能停车等智慧交通应用，在观光旅游、无人送货、安保巡逻、机场摆渡、园区代步、环卫清扫、农机耕种等多种场景中广泛应用，其中智慧停车应用的市场初期价值至少在百亿量级以上。

其他北斗应用方面，基于北斗的物流行业带来的间接经济效益可达 200 亿元。共享单车这种绿色出行模式在 2016 年主要大城市的市级投放量已经达到 10 万量级，为 2017 年北斗模块的装配应用提供了很大的市场空间。基于北斗的智能印章于 2016 年在广东、江苏两省开展试点工作，将会在 2017 年对北斗应用产生较大的拉动作用。

五、电力、能源

（一）应用现状

国家北斗精准服务网在电力行业的应用进一步深化，利用北斗精准定位、授时、短报文等功能为电力行业提供信息采集、应急指挥、勘察设计、整网授时等各项北斗精准服务，有力提高了电力运营的科学化和智能化。2016 年，北斗卫星系统首次在配电网领域应用，目前已有 100 套北斗终端在河北秦皇岛九条供电线路上试运行，实现了配电网故障远程监控等功能，能有效应对自然灾害导致公网通信瘫痪等难题。基于北斗短报文的电力用户集抄通信功能也已在四川、重庆、浙江、河北、青海等省成功应用。

风电产业既是技术密集型产业也是资本密集型产业。大力发展风力发电已成为中国新能源战略的发展重点。甘肃、内蒙等地的电力系统在风电场加装北斗卫星时钟对时装置，利用北斗的同步精密授时功能对风场进行精准定位；并利用北斗通信功能将前端感知的温度、风速、转速、压力、电量、振动、测风塔位置等风场要素信息及时汇入风场数据平台，从而实现了全部设备智能化综合管理和无人值守。

2016 年 7 月，全国首个北斗光伏电站示范项目——中国北斗太阳能光伏电站重点项目开始启动，重点发展基于北斗卫星通信的“宇宙太阳能发电、北斗微波输电”技术。北斗对电力行业的支持进一步拓宽。

（二）应用前景

国家发改委、国家能源局发布的《关于促进智能电网发展的指导意见》提出，到 2020 年，初步建成安全可靠、开放兼容、双向互动、高效经济、清洁环保的智能电网体系。2017 年，国家各级电网授时系统北斗化改造工作将成为重点，重要油路、电网巡检的应急通信与位置服务保障应用将逐步展开。电力设备设施的亚米级测绘、电力传输设备短报文方式的动态监测、全网电力设备的同步授时、全程精确定位的巡检/抢修，均构成未来“北斗 + 电网”的应用场景。

六、智慧旅游

（一）应用现状

2016 年，基于北斗的精准定位服务逐渐走向旅游市场。中国电科 54 所提出我国首个基于卫星导航的智慧景区位置服务系统，并选取九寨沟景区作为首个应用景点示范。该系统充分利用北斗导航、物联网、云计算等新技术和便携终端设备，实现了人、车、基础设施之间的无缝连接、智能自感知和信息推送。四川青城山、黄龙等 10 个景区陆续应用了自由星北斗终端，景区内亚米级位置导航服务极大地方便了游客寻找休息区或出口。2017 年新年伊始，北京圆明园景区即引入“北斗技术”，推出基于北斗精准定位技术的“北斗智游星”系统，为游客提供旅游位置、导览、一键寻人等服务。

除了给游客提供各种智能服务，北斗定位还应用于野生动物保护。由中国航天科技集团公司九院 772 所研制的北斗卫星定位项圈，让野生动物寻找不再发愁。佩戴在青海藏羚羊、四川大熊猫颈部的北斗定位项圈，使人类对野生动物的迁徙追踪成为可能。对野生动物的定位追踪功能还可能逐步扩展应用到生态畜牧、旅游探险等领域。

（二）应用前景

随着人民生活水平的提高，以及我国休假制度的完善，外出旅游成为人们度假的首选，自驾游、个人游不断兴起，大众化、个性化的自助出游方式已渐渐成为主流。旅游主管部门、景区和游客都迫切需要通过便携、智能、可移动的“智慧旅游”综合信息系统作为纽带，旅游调度系统可根据需要测算游客与景区设施之间的距离、游客数量和位置移动的动态变化等，保障景区设施安全、自然环境安全、提高景区管理水平和效率。北斗智慧旅游终端系统可为游客提供景区智能讲解管理服务和景区信息实时发送服务功能。未来，随着旅游人数的增多，还可利用智慧旅游系统提供景区游客密度分布、游客密度预警等服务，提高游客旅游舒适度。

北斗智慧旅游手持终端还可以延展到海关领域。在各航空口岸设置“北斗电子导游”手持终端，帮助游客迅速了解当地攻略，免去语言不通、担心“黑导游”等障碍。北斗与旅游业的结合还可以走出国门，将北斗智慧游的模式复制到泰国、马来西亚、阿联酋、印尼等热门国际旅游地。

第四节 2016年我国北斗导航产业区域发展情况

一、环渤海区域

环渤海地区包括北京、天津、河北等省市，是我国重要的工业基地，同时也是我国重要的卫星导航芯片研发、终端设计和制造、地理信息数据服务基地。环渤海地区充分利用政策优势以及专业人才、研究单位和相关企业集中的优势，开始形成以引进技术设备、重大装备制造为主的产业格局。2016年环渤海地区卫星导航与位置服务产业的产值达353亿元，同比增长28%，全国占比约为16%。

2016年环渤海地区各省市积极布局，大力发展北斗卫星导航产业。其中，北京市、天津市、河北省三地在北京签署《京津冀信息化协同发展合作协议》，将促使三地北斗导航与位置服务产业在应用领域、市场和资源优势得以更大融合与发挥，促进三方优势互补、资源共享。北斗产业已成为三地开展信息协同的重要组成部分，京津冀正联合编制《京津冀协同推进北斗导航与位置服务产业发展行动方案（2017—2020年）》，将协同推进三地基于北斗导航的位置服务公共平台的建设，共同打造京津冀北斗导航位置服务运营平台，最终实现平台互通，协同发展，为更好地共同推进京津冀北斗卫星导航区域应用示范项目建设打下坚实的基础。通过三方持续创新北斗增值业务服务，将有助于提升示范项目社会化应用和商业化运营水平，持续扩大服务范围，共同推动京津冀北斗导航与位置服务产业的快速发展。

二、长三角区域

长三角地区包括上海、江苏和浙江等省市，电子工业基础扎实，人才资金齐备、市场资源优势明显，科研实力强劲，产业链覆盖较全，是国内主要的北斗导航产业研发、生产和应用地区，在芯片制造、天线制造等重点环节布局北斗导航产业发展，在高精度接收机研发、汽车应用生产和集成应用等方面具有一定优势，尤其在运营服务环节优势突出。长三角地区是我国互联网技术发展比较早的地区，具有良好的互联网企业基础，各省市通过需求牵引、政府引导、平台建设等多项手段，不断创新北斗+互联网的新模式，探索北斗导航与位置信息在更多领域的运用。2016年长三角地区卫星导航产业的产值达188亿元，同比增长16%，全国占比约为8.5%。

2016年，长三角卫星导航应用示范工程全面通过验收，已打造形成以北斗导航与位置服务重点实验室、北斗产品检测认证中心、北斗产业技术创新西虹桥基地为代表的北斗产业发展公共基础平台，集中研发了重点车辆监管、大众位置服务、社区矫正监管、智能公交和航运、高精度定位服务、WiFi室内定位等六大应用系统，超额完成北斗应用终端部署，取得了良好的示范效应和显著的经济社会效益，有力推动长三角地区在北斗卫星导航技术研发、技术应用、产业集聚与服务等多个方面的发展。如上海市研究推进高光谱卫星应用示范建设，加强高光谱卫星与北斗的卫星大数据建设，致力形成数据获取、分析处理和综合运用能力，推动上海市时空信息体系建设。江苏省大力推动北斗应用示范，“江苏油田勘探开发生产卫星技术综合应用示范项目”通过验收，江苏油田自主开发了油田勘探开发生产卫星技术综合应用平台软件系统。

三、珠三角区域

以广州、深圳、中山为代表的珠三角地区，依托区位、资金、市场机制等优势，形成了以引进、组装、制造卫星导航终端产品为主的产业格局，是国内最主要的卫星导航接收终端设备生产集散地。2016年珠三角地区卫星导航产业的产值约500亿元，同比增长23%，全国占比约为23%。

珠三角地区卫星导航产业经过十多年的发展，已形成明显的产业集聚效应，全国60%以上的民用车载卫星导航仪都出自珠三角，是终端集成和系统集成环节的最主要区域。同时，珠三角卫星导航相关企业数量全国第一，是国内GNSS产业配套能力最强、应用市场最成熟的地区。在北斗导航产业发展方面，珠三角地区广泛开展国家卫星导航应用示范系统工程，推广北斗产业发展，在测绘、航运、物流、机械控制等重点行业和关键领域全面应用北斗导航技术，并努力实现广东省卫星导航企业完成向北斗或以北斗为主导的双模格局转型的发展目标。此外，珠三角地区北斗上市公司已有多家，如中海达、海格通信、深赛格、同洲电子等，是北京以外上市公司最多的地区，获得国家多项重大专项支持的非上市公司南方测绘也在广州。2016 年，广东省印发了《广东省人民政府办公厅关于推动卫星导航应用产业发展的指导意见》和《广东省自主时空信息服务“十三五”规划》等政策文件，加快推动全省北斗卫星导航系统应用发展；深圳着力打造“北斗 + 众创空间”，重点建设基于北斗的时空信息服务与技术支撑平台，利用深圳在系统集成方面的优势，拓展北斗系统的运营与维护服务，助推深圳市北斗产业的发展。

四、西部地区

以四川、陕西、重庆为代表的西部地区，航天、航空部门的技术、设备、人才等优势明显，是我国卫星导航和位置服务行业重要的生产和应用基地。在北斗导航产业方面，西部地区侧重于军事、应急、防灾、减灾、地质监测等特殊领域的应用，主要发展以卫星零部件制造为主的产业格局，正成为北斗导航产业最具发展潜力的地区之一。2016 年西部地区卫星导航产业的产值达 146 亿元，同比增长 19%，全国占比约为 6.6%。

西部地区充分利用在军工以及重工业方面的优势，搭建区域级卫星导航应用平台，在位置服务数据中心建设、北斗“一张网”地基增强系统建设、卫星导航技术研发方面走在全国前列，拥有相关卫星导航企事业单位 800 多家，在北斗导航产业链各环节均有若干优势企业，如振芯科技、九洲电器、长虹电子等，产业基础坚实，龙头带动作用明显。2016 年，陕西省依托西安航天基地管委会和北斗开放实验室共同设立的“西安北斗 +”众创空间推动北斗产业发展；北斗防灾监测系统落户陕西巴山。四川北斗卫星导航产业联盟 2016 年年会暨发展论坛 6 月在四川绵阳举行；绵阳市建成绵阳智慧旅游服务体系和智能公共交通服务体系。全国首个北斗民用战略新兴产业研究院在重庆沙坪坝区正式成立，将依托科技创新实现“北斗 +”

新兴业态服务模式，扩大北斗民用技术的推广和应用，促进重庆市北斗产业发展。

五、华中地区

以湖北、河南、湖南为代表的华中地区依托在测绘科学领域的科研和人才优势，尤其是武汉大学、解放军信息工程大学、国防科技大学等军地高校在卫星定位导航与测绘应用领域的研发力量，逐步形成了以北斗高新技术人才培养、北斗芯片板卡研发、高精度北斗导航软件研制、高精度地理信息采集和测绘行业应用为主的北斗导航产业发展格局。目前华中地区拥有多个国家级公共服务平台、国家级认证中心和国家级工程技术中心，是我国推广应用北斗系统的重要地区之一。2016 年华中地区卫星导航产业的产值达 213 亿元，同比增长 17%，全国占比约为 9.7%。

2016 年，湖北省北斗产业继续稳步发展，现已建成由 91 个基准站、1 个主控中心和 3 个分中心构成，覆盖全省及周边地区的北斗地基增强基准站网，将为高精度导航和专业定位应用提供实时动态位置服务；湖北省测绘工程院与湖北省农业机械化技术推广总站签订了《湖北省北斗导航应用示范项目合作协议》，将以跨区作业的联合收割机为重点，在湖北全省范围建设开发北斗农机信息化作业智能调度系统。河南省出台了《北斗导航产业三年（2016—2018 年）发展行动计划》和《河南省空间信息产业发展“十三五”规划》，为北斗导航产业发展提供政策引导和保障；河南省空间信息应用工程技术研究中心正式挂牌成立，将着力开展北斗、高分行业和区域应用总体解决方案、专题应用研发和应用服务。湖南省 14 个市州已全部完成数字城市地理信息基础工程建设，建成了以“一网一库一平台”为核心的“数字湖南”基础工程体系，可为用户提供北斗高精度位置等服务，并为各行业提供基础性、公益性、应急性地理信息资源保障与服务。

第五节　2016 年我国北斗导航产业重点企业发展情况

一、光谷北斗

武汉光谷北斗控股集团有限公司（以下简称“光谷北斗”）是 2013 年 5 月在武汉东湖国家高新区注册成立的国家高新技术企业，注册资本 2 亿元。公司以“北斗卫星导航定位及地球空间信息产业的应用服务”为经营定位，以“北斗技术与应用、北斗运营平台、北斗产业园建设、北斗产业投资”为四大主营业务，向中外客户提供北斗卫星导航及地球空间信息应用的全面解决方案。光谷北斗是我国北斗五大产业集群中，中部地区北斗产业的龙头企业；是中泰北斗及地球空间信息产业合作的唯一总承包企业；是国家科技部认定的唯一以“北斗”为特色的国家级国际科技合作基地；是国家科技部、外交部、商务部、发改委、测绘局重点支持的“北斗走出去”企业；是积极响应习近平总书记建设“一带一路”号召，践行“北斗全球化”的全国行业排头兵。

北斗产业园建设方面，2016 年 6 月，在“中国中部国际产能合作论坛暨企业对接洽谈会”开幕式上，光谷北斗与泰国合作伙伴正式签署了关于共同在泰国投资建设“中国—东盟北斗科技城（武汉产业园）”合作协议，旨在打造“北斗走出去”国家战略的样板工程。2014 年黄石市人民政府与光谷北斗就在黄石市共建的“中国—东盟北斗科技城”也于 2016 年开工建设，旨在打造我国首个北斗国际化“样板间”。2016 年 10 月，光谷北斗与泰国一家上市公司就在其运营的 36000 亩的产业园实施北斗智慧产业园区管理系统签订了合作备忘录，计划总投资 2 亿元人民币。

技术创新方面，2016 年 11 月，公司荣获科技部“北斗及地球空间信息产业国际科技合作基地”认定并授牌，是目前我国唯一以“北斗”为特色的国际科技合作基地。2016 年度参加北斗国家标准制定 1 项，主持湖北省北斗标准 1 项。

二、千寻位置

千寻位置网络有限公司（以下简称“千寻位置”）由中国兵器工业集团和阿里巴巴集团合资成立，以“互联网 + 位置（北斗）”为理念，通过北斗地基增强全国一张网的整合与建设，基于卫星定位、辅助定位技术、云计算和大数据技术，构建位置服务开放平台，提供实时米级至厘米级、后处理静态毫米级的高精准位置服务，以满足国家、行业、大众市场对精准位置服务的需求。

主营业务包括高精度位置服务、位置数据服务、增强定位服务、A - GNSS 加速定位服务等。2016 年 5 月，千寻位置网络有限公司首次战略发布会在湖南长沙国际会展中心举行，会上发布了高精度位置服务产品系列——千寻跬步（Findm）、千寻知寸（Findcm）、千寻见微（Findmm），标志着国家北斗地基增强系统全国一张网正式提供服务。同月，千寻位置与海积信息公司签署了合作框架协议，双方将整合资源、携手面向高精度位置服务的海量市场，利用各自的技术开发力量，开发双方共同确立的项目，包括形变监测、互联网驾校等。9 月，千寻位置正式推出“精智生态圈”，提出未来将会从用户的需求出发，打造一个终端厂商、运营商、设计公司、芯片厂商、开发者多赢的精智生态系统，互联移动、合众思壮、海高思通信等第一批加入生态圈。10 月，阿里云栖大会上，千寻位置推出全球首个支持 A - 北斗的辅助定位平台，命名为 FindNow。该平台是世界上第一个全方位支持 A - GPS / A - GLONASS / A - 北斗三大卫星系统的标准化 A - GNSS 服务，最大特点是能够将传统定位耗时 30 秒以上的初始定位时间缩短至 3 秒。同月，千寻位置与展讯通信公司达成战略合作，将为展讯平台提供支持 A - GNSS 服务——FindNow，高精度差分定位服务并扩展星历服务技术，双方将充分发挥各自在技术、市场及位置服务平台上的优势，结合云计算、数据技术及既有的生态系统，构建完整的位置服务生态产业链，拓展北斗的应用市场并推进中国位置服务产业的完善。

三、中海达

广州中海达卫星导航技术股份有限公司（以下简称“中海达”）成立于

1999年，是国内测绘地理信息装备领域第一家。中海达抓住国内测绘地理信息产业发展之契机，以“专注、创新、坚韧”之精神，专注测绘地理信息装备制造、服务及解决方案提供。中海达以前瞻的技术引领整个行业的革新和发展，目前，产品应用于全球100多个国家和地区。

中海达业务类别涵盖GNSS产品、光电产品、GIS产品、三维激光、移动测量、海洋探测、无人机等装备制造；北斗高精度应用、农机自动导航、机械精密控制、室内定位等系统集成及解决方案；街景、2.5维、三维数据、管线探测、行业应用等数据及应用服务，产品及服务覆盖测绘地理信息全产业链。在北斗应用方面，主要产品和技术包括空间信息数据采集装备（高精度卫星定位产品、光电测绘产品、声呐探测产品、三维激光产品）、空间信息数据提供（2.5维和真三维空间数据、三维全景空间数据）、空间信息数据应用及解决方案（数字文化遗产解决方案、智慧城市应用解决方案、移动GIS行业应用解决方案、地质灾害监测、农机自动化、精密机械控制、CORS系统应用和无人机空间采集）等三大类。

2016年，中海达加快测绘地理信息产业布局。第一，兼并重组方面，先后并购星索导航、参股科微智能、投资武汉光庭、参股博创联动，进军惯性导航、测绘及水文领域无人船、高精度地图、农机导航等领域。同时，出资设立专注移动GIS业务的子公司满天星云及专业渠道销售公司，全面布局测绘地信产业。第二，科技研发方面，中海达及子公司入围四项国家重点研发专项。其中，中海达承担“海洋大地测量基准与海洋导航新技术”课题、海达数云承担“高灵敏度高分辨率激光雷达装置研制”课题、浙江中海达承担“面向突发事件的三维场景快速建模与可视化系统”课题、测绘公司承担“协同精密定位终端关键技术与关键器件”课题，科技实力尽彰显。第三，业务合作方面，中海达先后与中国水科院、千寻位置公司、国家水运计量站、四川省测绘地理信息局达成合作，全面提升中海达在工程施工定位、高精度定位服务、海洋测绘计量器研发、地理信息应用与服务等能力，强强联手，实力升级。第四，国际业务拓展方面，2016年中海达加大海外市场开拓，积极参与海外测量会议，亮相重量级展会。参加德国InterGEO展、出席GEO地球观测组织第13次全体会议、参加联合国第四次全球地理信息管理高层论坛、举办全球代理商大会。目前，中海达的海外业绩逐年增长，海外形象大大提升。

四、九洲集团

四川九洲电器集团有限责任公司（以下简称“九洲集团”或“九洲”）是军民融合发展的大型高科技企业集团，是国家从事二次雷达系统及设备科研、生产的大型骨干军工企业；是从事空管系统及设备、北斗卫星导航系统、物联网（RFID 射频识别、安全溯源、安防监控等产品）、电子政务和电子商务软件、通用航空等开发、制造、经营和服务的高科技企业。公司坚持军民融合发展战略，不断拓展产业领域，形成了基础产业、目标产业、机会产业、综合产业等四大类产业，并集中优势资源，聚焦发展国家倡导的战略性新兴产业。

2016 年，九洲北斗产业继续在设备研制和行业应用两大领域发力，加速产品与系统应用市场拓展。设备研制业务，依托九洲集团作为军事装备和民用产品大型制造商的优势，不断提升九洲北斗产品在军工市场和民用行业的装备化能力，在室内外无缝定位设备、机载北斗二号卫星导航设备、北斗二代高精度授时接口盒等研制方面取得突破。如九洲针对室内、室外无缝定位需求，推出了“亚米级室内外导航定位”系列产品，率先将北斗高精度定位和室内定位系统相结合，提高了导航与位置服务覆盖范围，有效解决了导航定位“最后一米”问题。该系统已成功应用于 2016 年 9 月举行的绵阳市第 4 届科博会展场内展位、观众及安保人员监管定位和导航。行业应用业务，九洲在 2016 年重点打造形成了基于四川省高精度导航与位置服务平台的应用、基于北斗卫星导航技术的特种应用、基于测绘及地理信息技术的特种应用等三大应用业务，加速推进三大应用在四川省乃至全国的快速推广。如以“北斗 + 熊猫”双国宝充分融合为基础，九洲与卧龙大熊猫国家级自然保护区签订了战略合作协议，并从 2016 年开始在都江堰大熊猫保护研究中心等景区开展试点应用。截至年底，智游星日使用最高达到近 3000 次。与此同时，智游星在“北斗 + 地标”“北斗 + 红色文化”中的应用示范作用也已逐渐体现，目前九洲公司已与九寨沟、碧峰峡、黄龙、圆明园、颐和园、井冈山等 10 余个著名景区达成合作意向。预计到 2017 年，智游星日使用量最高可达到 50000 次。空间信息领域应用方面，2016 年九洲公司与四川高速公路建设总公司达成战略合作关系，广泛推广形变监测、地质灾害监测、航飞等高精度位置服务的实际应用，将为四川高速公路建设施工以及路网管理提供全方位技术服务。目前，九洲公司已全面参与到绵九高速建设的位移监测实施中。

第六节 2017 年我国北斗导航产业发展环境分析

一、全球卫星导航产业竞争日趋激烈

2016 年，四大全球卫星导航系统的卫星星座和地面系统等基础设施更新换代和建设进入新的阶段。美国发射了第 12 颗 GPS－2F 卫星，实现了 GPS－2F 卫星全部部署，完成 GPS 现代化改进计划第二阶段的任务；美空军授予洛马公司第 5 和第 6 颗下一代全球定位系统卫星（GPS III 卫星）生产合同，以替换老化的在轨 GPS 卫星，全面提高性能满足军民商用户不断增长的需求。据悉，GPS III 首颗卫星将于 2017 年发射，该卫星的准确率将提高 3 倍；抗干扰力提高 8 倍；寿命比之前的批次提高 25%；首次使用新型 L1C 民用信号，用于使其能与其他全球导航卫星系统兼容操作。俄罗斯陆续发射了两颗“格洛纳斯”－M 卫星，改进了星钟和天线部分；第三代导航卫星“格洛纳斯”（GLONASS）－K 首颗业务星正式服役，设计寿命提高到 10—12 年，增加首个码分多址民用信号 L3OC，星载时钟稳定度更高。欧洲发射两批 6 颗“伽利略”全球导航卫星，实现初始运行能力。预计 2017 年，全球导航卫星系统在各类定位技术中仍将保持核心地位，四大全球卫星定位系统的国际竞争将更加激烈，美欧俄等发达国家和地区将继续发力加快全球卫星导航系统建设部署，以保持其在卫星导航定位领域的领先优势，并助推其夺取全球时空信息主导权；我国北斗全球系统也将持续建设和发展，2017 年预计发射 6—8 颗北斗卫星，加快为全球用户提供连续稳定可靠的服务。

二、法规标准规范等产业保障环境将持续优化

从近几年出台的北斗有关政策文件可以看出，国家和地方层面扶持北斗产业发展的态度毫不动摇，政策覆盖面越来越广，立法层级越来越高。可以

预见，作为国之重器，北斗导航产业仍将是未来政策扶持的重要产业，北斗发展也将迎来更加良好的法治环境。第一，国家卫星导航领域的基本法规《卫星导航条例》起草工作将稳步推进，北斗系统法制化管理值得期待，法律地位的逐步确立也将更加坚定各地区各行业各部门推动北斗应用及产业发展的信心。第二，以航天法立法为核心的法制航天建设将加快推进。按照《2016中国的航天》白皮书要求，今后一段时间，除了继续加快航天法立法外，也要研究制定空间数据与应用管理条例和宇航产品与技术出口管理条例等法规，为航天强国建设提供有力法制保障。第三，国家部门与地方政府支持北斗应用与产业化发展的有关政策有望继续加码。按照《中国北斗卫星导航系统》白皮书关于“构建产业保障体系”的部署要求，国家和地方层面有望继续出台有关产业政策，全国北斗卫星导航标准化技术委员会将持续加强标准化建设，着力推进基础、共性、急需标准的制订和修订，推动标准验证与实施，建立并完善北斗卫星导航标准体系。如《关于在行业推广应用北斗卫星导航系统的指导意见（送审稿）》已于2016年底获得交通运输部原则通过，有望2017年出台。第四，前期政策红利将逐步释放，政策实施效果渐现。2017年是“十三五”规划贯彻落实的重要一年，各项政策规划将加快落地，北斗产业凭借其庞大的辐射带动力、强劲的政策扶持和巨大的市场需求空间，将越发引起投资界、产业界的重视。

三、高精度定位技术创新及应用仍是各界关注焦点

高精度定位代表着未来位置服务的方向，是卫星导航与位置服务产业链中游的终端集成和系统集成环节的高附加值因素，也是北斗系统与GPS差异化竞争的关键。近两年，高精度定位技术及应用产业化已成为卫星导航领域国际发展热点和国内各界关注焦点，高精度基础设施陆续建设，高精度板卡、终端不断推陈出新，高精度行业应用解决方案不断创新。目前，测绘地理信息、无人机、位移监测、精细农业等领域已开展应用，移动智能终端领域应用探索也已然起步，如2016年谷歌在I/O大会上宣布下一代安卓N操作系统将支持GNSS原始观测量输出的API接口，有望为在移动智能终端上支持高精度卫星定位提供一个窗口。高精度技术及应用已不再是遥不可及，其条件和

基础正逐步成熟。第一，随着覆盖全国的北斗地基增强框架基准站网的建成及投入运行，北斗终端的定位精度将大幅度提高、达到厘米级，灵敏度和定位速度等指标也将得以提高，北斗系统服务质量随之将不断提升，逐步满足政府、行业和大众对北斗高精度定位应用需求，创造与 GPS 差异化的服务优势，加速推进北斗应用与产业化。第二，2020 年计划建成的“鸿雁星座”全球低轨卫星星座通信系统，不仅可为用户提供全球实时数据通信与综合信息服务，而且其导航增强功能也可为北斗增强系统提供信息播发通道，提高北斗定位精度。第三，2016 年发射的天宫二号搭载的全球第一台空间冷原子钟，也有望大幅提升北斗定位精度，缩小与 GPS 之间的差距。这台冷原子钟的稳定度将高达 10^{-16}次方，可以将航天器自主守时精度提高两个数量级，避开大气和电离层多变状态的影响，使得基于冷原子钟授时的全球卫星导航系统具有更加稳定精确的运行能力。此外，全国和区域高精度卫星导航、定位、授时服务运营服务平台的建设，也将催生一系列新型的商业模式、商业机会，带动整个位置服务产业的革命性变化。预计 2017 年底，高精度位置服务平台用户量将达到千万量级和日调用服务 10 亿次以上。随着技术水平不断提升、高精度位置服务应用解决方案和快速定位系列产品价格持续下降，北斗卫星导航应用领域将进一步扩大。

四、跨界融合仍是北斗卫星导航产业发展的重要方向

“互联网 +”时代，北斗系统作为空天地一体化的信息基础设施，与物联网、大数据、云计算、移动互联网、智慧城市等新一代信息技术产业的跨界融合趋势越来越明显，逐步成为培育北斗产业发展新动能、拉动北斗经济快速增长的重要抓手。2016 年，北斗与物联网、智慧城市跨界融合取得了显著进展。在智慧交通、城市燃气、城镇供热、供水排水、电力电网、智慧养老等多个行业对北斗精准服务的迫切需求牵引下，国家北斗精准服务网建立，并逐步为 317 座城市的相关行业应用提供精准服务，有效推动了智慧城市基础设施建设和管理的优化和完善，全面实现北斗的“百城百联”。在跨界融合已成共识的背景下，《“十三五”国家战略性新兴产业发展规划》明确提出加快卫星遥感、卫星通信与卫星导航融合化应用，利用移动互联网、物联网等

新技术，创新“卫星+”应用模式；推动“互联网+天基信息应用”深入发展，积极打造空间信息消费全新产业链和商业模式。相关领域专家认为，在国家信息化战略推进实施的“十三五”时期，“三融合”仍将是北斗发展的重要方向，一是“融网络”，即通过推动北斗系统与蓝牙、有限互联网、宽带移动互联网、卫星通信网等的融合，实现“北斗地基增强网+高精度位置服务网+宽带移动互联网”的互联互通，使北斗时空信息能够传输更快、位置更精、用法更巧、图像更清；二是“融数据”，即通过“北斗卫星导航系统+高精度遥感数字地图+导航网格码+云计算平台”的融合发展，提升北斗时空数据的应用价值；三是“融终端”，即通过推动“北斗导航+卫星通信+无线局域网+移动通信”一体化芯片研发，打造多功能融合的智能手机、平板电脑、可穿戴产品等信息终端产品。通过跨界融合，以北斗为基础的中国新时空服务体系将更加务实，逐步实现与新一代信息技术产业集群的联动发展。

五、地方北斗产业发展有望逐步脱虚入实回归理性

早在2014年，北斗产业同质化、低端化发展就已初露端倪，卫星导航定位专家指出“全国有上千家北斗导航企业，企业用北斗的牌子圈地，向政府申请项目和经费”。在庞大的市场需求驱动下，各省市纷纷出台北斗支持政策，一度掀起了北斗产业园建设热潮。目前，国内已有50余个北斗产业园区。很多地方并没有考虑当地技术、经济和社会发展的实际情况，甚至没有经过严格论证和考察分析就盲目上项目、建园区。从地方政府出台的政策文件上看，部分无发展基础和经验的地区设定的北斗产业发展目标远大且模糊，难以实现和考核。如某地提出要大规模建设高精度北斗智能手机和平板电脑及车载终端生产制造项目，但是近期要想在这些终端实现高精度定位，仍然面临着器件成本、天线、终端体积、实现方案、算法复杂度、标准、产业模式构建等一系列技术和挑战。从各地北斗产业园发展效果来看，某些产业园长时间未开发处于停滞状态，某些园区“改弦易辙”，不再以北斗产业为主。北斗产业发展的泡沫引起了国家和地方越来越多的重视，部分地区已开始寻求解决办法，如在规划北斗产业发展时，从以往建设北斗产业园向建立北斗研究院演进，从产业集群向科技和模式创新拓展，重点围绕北斗技术研发、

产品持续、检测检验、高精度位置服务、商业模式创新等开展业务活动。近两年来，全国各地建立的与北斗相关的研究院达10余家，重点分布在北京、深圳、天津、长沙、武汉等电子信息、空间信息等基础好的城市，如我国首个北斗信息安全领域军民融合协同创新平台——长沙北斗产业安全技术研究院在长沙建立。这种趋势向外界传递了一个积极的信号，表明地方政府在推进北斗产业发展上日渐成熟，回归理性，符合国家创新驱动发展战略、军民融合发展战略等的部署，也符合国家提出的“产业政策要准、微观政策要活、改革政策要实”的要求，还符合北斗卫星导航产业强调技术引领和开放性服务的特性。

六、“一带一路”倡议实施将加速北斗系统走出国门

按照“三步走”战略，目前北斗系统建设已走完前两步，形成了覆盖亚太地区的服务能力，北斗二号系统性能与其他卫星导航系统相当，为后续全球系统建设及全球化服务应用奠定了坚实基础。目前，我国已与巴基斯坦、泰国、阿盟、东盟等国家和国际组织，在科学研究、技术交流、宣传培训、产品输出等方面开展了系列合作，并深度参与国际卫星导航组织活动，探索建立海外运营机制，积极融入国际标准，逐步形成了政府引导、各方参与的国际合作模式。随着2016年《推动共建丝绸之路经济带和21世纪海上丝绸之路的愿景与行动》和《关于加快推进“一带一路”空间信息走廊建设与应用的指导意见》的接连发布，北斗技术、产品和服务“走出去”步伐将加快。实际上，毗邻东南亚的部分边境省市和“一带一路”沿线的部分省市已行动起来，将推动北斗产业“走出去”纳入当地发展规划之中。《中国北斗卫星导航系统》白皮书显示，计划2018年，面向“一带一路”沿线及周边国家提供基本服务；2020年前后，完成35颗卫星发射组网，为全球用户提供服务。近期，中国卫星导航系统管理办公室表示，我国将于2018年前后完成大约18颗全球组网卫星发射，接下来两年将是我国北斗卫星密集发射期，“一带一路”沿线国家和地区的北斗卫星导航地基增强系统建设步伐也将随之加快。在“一带一路”倡议深入实施、国家政策大力推动和国内外市场需求牵引下，北斗应用的产业化、市场化和国际化深度与广度都将得到大幅度提升，北斗应用

市场潜力也将得到极大释放，并与其他全球卫星导航系统携手，与各个国家、地区和国际组织一道，共同分担使命与责任，推动全球卫星导航事业发展，让北斗系统更好地服务全球经济科技发展和国家安全。

第七节　2017年我国北斗导航产业发展趋势展望

一、我国卫星导航产业总体规模测算

2016年7月，中国卫星导航定位协会发布的《2015年度中国卫星导航与位置服务产业发展白皮书》显示，2015年我国卫星导航与位置服务产业总体保持了高速发展态势，产业总产值达到1735亿元，同比增长29.2%。《国家卫星导航产业中长期发展规划》提到，到2020年我国卫星导航产业规模超过4000亿元。据此保守测算，2016—2020年的年均复合增长率约为18%，2017年我国卫星导航产业产值将达到2400亿元左右；若根据2006—2015年数据添加趋势线，2017年我国卫星导航产业产值规模也在2400亿元左右。但是该预测产值是在未考虑其他因素干扰的情况下得出的，需要对此进行修正完善。

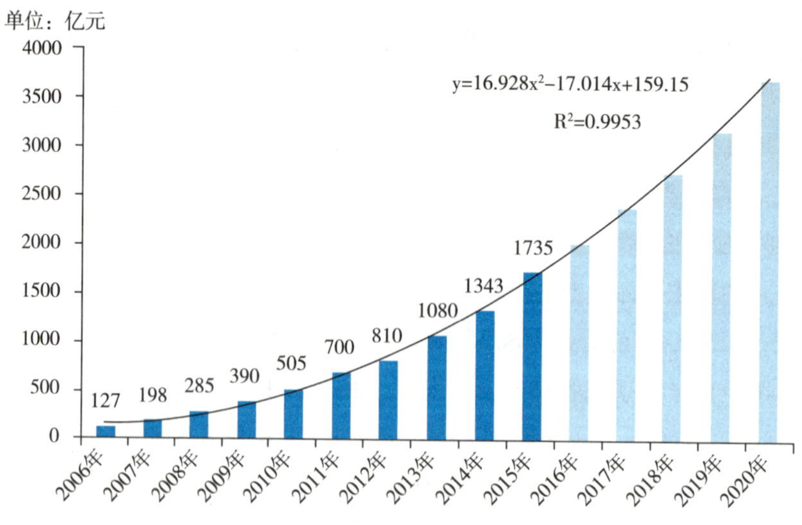

图16-2　我国卫星导航产业趋势预测

资料来源：中国卫星导航定位协会，赛迪智库，2017年2月。

从 2017 年及未来一段时期我国卫星导航产业的发展形势看，国家卫星导航领域的基本法规《卫星导航条例》将加快研究起草步伐，2017 年初，中国卫星导航系统管理办公室，在网上公开征求社会各界对卫星导航立法的意见和建议，预计 2018 年前后，该条例将出台。届时，我国卫星导航产业发展将获得法律法规保障，对于我国卫星导航产业规模高速增长具有极大的促进作用。加之，我国信息基础设施重大工程建设方案的落地、北斗全球系统建设的加速，以及空间段、地面段和用户段的逐步推进完善和国内外市场应用需求的爆发，我国卫星导航产业规模将在 2018 年出现较大增长，到 2020 年我国卫星导航产业规模或将远超 4000 亿元。参考各研究机构预测和数据，赛迪智库测算，2016 年我国卫星导航产业产值约 2200 亿元，2017 年产值在 2600 亿元左右，同比增长 18%。预计到 2020 年，我国卫星导航产业产值将超过 4600 亿元。

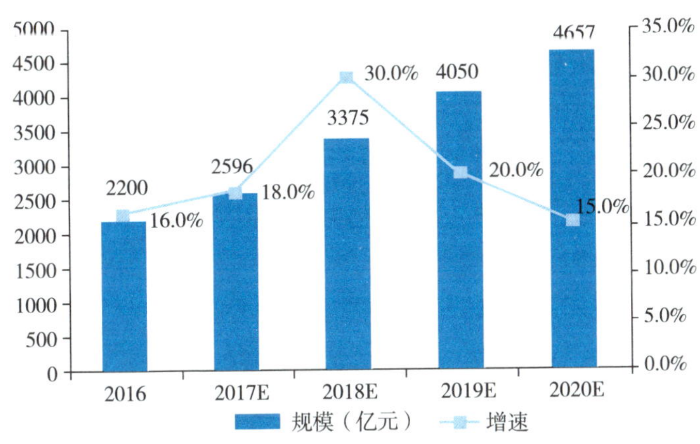

图 16－3　我国卫星导航产业规模

资料来源：赛迪智库，2017 年 2 月。

二、我国北斗卫星导航产业规模测算

2016 年，中国卫星导航系统管理办公室负责人表示，2015 年北斗系统直接、相关的产业总产值达 100 亿美元左右（约 650 亿元）。《国家卫星导航产业中长期发展规划》提出，到 2020 年我国卫星导航产业规模超过 4000 亿元，北斗卫星导航系统及其兼容产品对国内卫星导航应用市场的贡献率达到 60%，重要应用领域达到 80% 以上。据此保守测算，要达到预期要求的 60% 贡献率，2016—2020 年的年均复合增长率约 30%。

参考相关研究机构预测数据，结合对 2016 北斗系统发展现状及 2017 年形势预判，赛迪智库测算，2016 年我国北斗卫星导航产业规模约 1000 亿元，2017 年将达到 1350 亿元，同比增长 35%。到 2020 年该产值将超过 3000 亿元，占全国卫星导航产业规模 70% 左右。

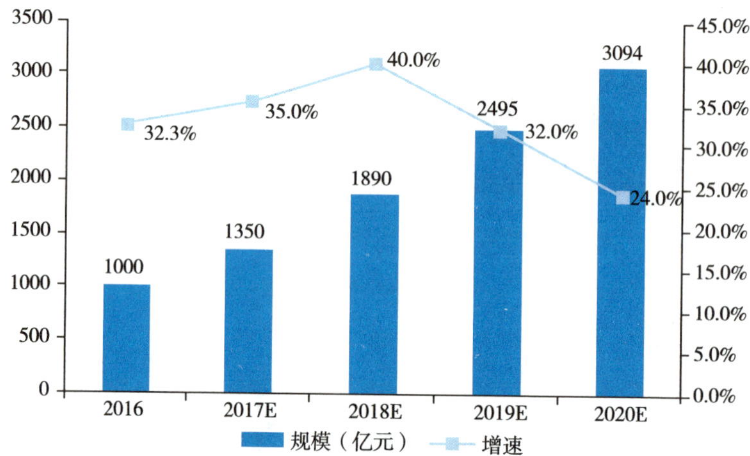

图 16-4　我国北斗卫星导航产业规模

资料来源：赛迪智库，2017 年 2 月。

企业篇

第十七章　2016 年我国中小企业取得的主要进展

2016 年作为“十三五”规划的开局之年，商事制度改革、“放管服”改革等一系列转职能、提效能的重大举措相继颁布实施为中小企业带来利好，本章在分析国内环境的基础上结合中小企业的发展状况归纳总结出中小企业发展存在的主要问题。从社会层面和企业层面详细分析了 2016 年我国中小企业发展面临的阻碍。

第一节　中小企业发展的国内环境

一、宏观经济下行压力依然较大

2016 上半年，在积极的财政政策、稳健的货币政策以及房地产新政的多重作用下，我国经济逐渐呈现出企稳迹象。但是，进入下半年以来我国宏观经济持续上半年企稳发展态势难度较大。外部经济波动的重现、内部扭曲的强化、金融风险的不断累计与间断性释放、结构性改革的全面实施等多重因素叠加作用下，我国宏观经济下行压力仍将持续。2016 年前三季度，我国 GDP 增长率均为 6.7%，成为 2019 年第二季度以来的最低值，反映出我国经济稳中向好的基础尚不牢固。

从我国中小企业信心指数来看，进入 2016 年以来，我国中小企业信心指数在上半年出现大幅波动，2 月以 53.5 的水平创下自 2013 年 12 月以来的最低值，经过大幅回升，于 4 月攀升至当年最高值 58.7 的水平，但之后几个月一直在 54.9—56.1 徘徊，低于往年较高水平，反映出我国宏观经济下行对中小企业影响依然存在。

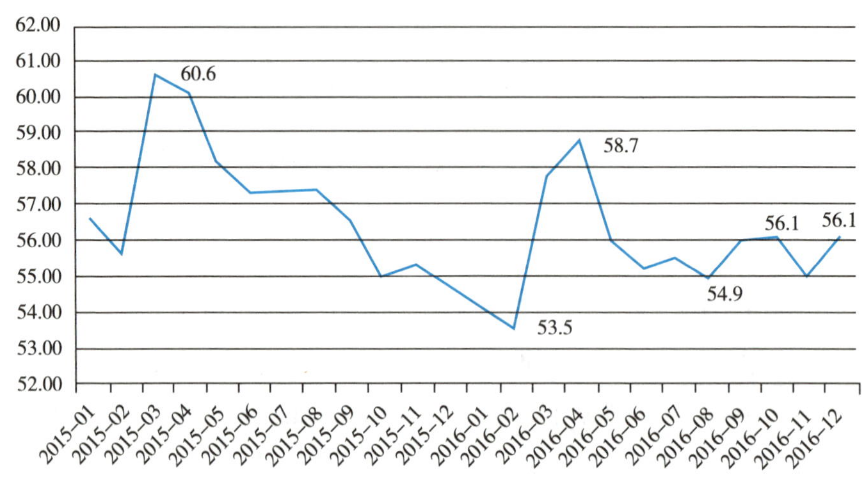

图 17－1　2015—2016 年我国中小企业信心指数

资料来源：Wind 数据库，2017 年 1 月。

二、中小企业较高的成本压力得以逐步缓解

长期以来，中小企业面临着较高的成本，制约了中小企业发展。从生产成本来看，随着原材料、土地、劳动力等要素成本的上升，我国企业的竞争优势正在逐步减弱。日前，波士顿咨询公司对全球前 25 位领先出口经济体的制造业成本进行了分析和对比，分析结果显示，中国相对美国的工厂制造业成本优势已经减弱到 5% 以内。除此之外，《2016 年全国企业负担调查评价报告》数据显示，50% 的企业认为生产要素成本负担较重。从融资成本来看，渣打中国中小企业 8 月报告数据显示，银行融资成本指标较 7 月并未明显改善，非银行融资成本指标进一步恶化。另据《2016 年全国企业负担调查评价报告》数据显示，55% 的企业认为融资成本负担较重。从税费负担来看，在现行税费体系下，企业的税费负担主要由税收、对全部或部分行业（企业）无偿征收的专项收入和政府性基金、企业承担的各项社会保险费、行政事业性收费 4 部分组成，其中行政事业性收费绝大多数是按照事项而非经营规模收取的，小微企业的负担相对较重。

为降低中小企业经营成本，我国政府推出了一系列有力的举措。一是出

台了系列举措打好降成本“组合拳”。2016 年 8 月，国务院印发《降低实体经济企业成本工作方案》，对开展降低实体经济企业成本工作做出全面部署，各地政府积极响应并围绕生产成本、用工成本、融资成本等方面提出一系列针对性举措。例如，如陕西省印发《降低实体经济企业成本行动计划》，计划明确每年为企业降低用工成本 41 亿元、用地成本 20 亿元、用能成本 53.5 亿元、融资成本 15 亿元、物流成本 30 亿元。山西省出台了《进一步促进工业稳定运行提质增效的若干措施》，共 20 条，其中缓缴资源价款、降低用工成本、降低物流成本等方面的措施将近 10 条，措施实施后预计 2016 年为企业减负或降成本至少 495.9 亿元。二是营改增试点的全面推开，为中小企业切实降低了税费负担。2016 年 5 月 1 日，营改增试点全面推开后，5 月至 11 月，四大新纳入试点行业累计减税 1105 亿元，税负下降 14.7%。1 月至 11 月营改增减税 4234 亿元。考虑到城建税及教育费附加和个人二手房减税因素，1 月至 11 月营改增带来的整体减税已达到 4699 亿元，全年减税 5000 亿元的目标将能实现。

三、商事制度改革持续推进，企业营商环境不断优化

简政放权的深入推进，大大降低了中小微企业发展的社会成本负担。2016 年 10 月 1 日，“五证合一，一照一码”登记制度正式实施。新的登记制度有效地缩短新设立企业的登记注册时间，大大地节约了企业登记费用，提高了办事效率。据国家工商总局的统计资料显示，截至 2016 年 10 月 13 日，全国已换发 56 万张“五证合一”执照。随着“五证合一、一照一码”改革的实施，企业登记全程电子化继续完善，投资创业的便捷性也相对提高。第三季度，网民对市场准入环境的正面评价比例高达 83.2%，其中，55.9% 的网民认为一站式服务工作机制大幅减少了企业创立时的制度性成本。新设立企业登记时间成本的节省，有效地缓解中小企业创业中存在的审批难、登记多等问题，方便了社会投资，激发全社会创业创新的热情。

四、“一带一路”倡议推动了中小企业跨区域合作

“一带一路”倡议提出 3 年多来，已经得到了 100 多个国家和国际组织的积极响应支持，40 多个国家和国际组织同中国签署合作协议，“一带一路”

的合作范围不断扩大，重大项目不断落地开花，为我国中小企业跨区域合作提供了机会。据商务部数据显示，2016 年前三季度，中国与“一带一路”沿线国家贸易额达 6899 亿美元，其中，民营企业出口占比保持首位。吉林、浙江、大连、青岛等沿线节点省市围绕跨区域合作推出了一系列有效的举措，显著推动了本地进出口贸易，具体而言，大连市建立三级责任制和五级调度制度推进外贸工作进行；青岛市完善跨境电商生态圈，“互联网 + 大外贸”新型商业模式逐步形成，为外贸转型升级注入活力。

金融服务体系为中小企业参与“一带一路”倡议保驾护航。商务部数据显示，2016 年前三季度，中国与“一带一路”沿线国家贸易额达 6899 亿美元，对沿线国家直接投资 110 亿美元。据统计，“一带一路”倡议实施以来，区域贸易和投资年均增速高于全球平均水平的近一倍。鉴于我国企业参与“一带一路”倡议面临着跨境贷款、结售汇、跨境人民币结算等需求，除此之外，沿线多为新兴经济体和发展中国家，政治、经济、社会发展相对滞后且缺乏稳定性，货币汇率波动频繁等现象一直是困扰企业参与跨区域合作的重要因素。我国政府不断完善“一带一路”沿线金融布局，为中小企业参与跨区域合作提供金融支持，例如，2016 年 11 月初，由中方倡议成立的中国—中东欧金融控股有限公司在拉脱维亚正式揭牌，其发起设立的中国—中东欧基金规模将达 100 亿欧元，计划撬动项目信贷资金 500 亿欧元。11 月 16 日，“一带一路”倡议落子非洲的重要金融基础设施之一——丝路国际银行在吉布提正式成立。该行由亿赞普集团、丝路亿商信息技术有限公司等中资企业，以及吉布提财政部共同发起。

第二节　2016 年中国中小企业发展状况

2016 年是“十三五”规划的开局之年，也是我国经济深度调整和推进结构性改革的关键一年，商事制度改革、“放管服”改革等一系列转职能、提效能的重大举措相继颁布实施，显著优化了中小企业营商环境，进一步激发社会投资热情，推动中小企业数量大幅增长。2016 年，我国中小企业延续了多年来强劲发展势头，在促进创新、吸纳就业、稳增长、调结构、惠民生等发面发挥了重要作用。

一、政策红利持续释放，中小企业发展环境进一步优化

（一）创业活力不断迸发，微观主体地位日益稳固

中小微企业[①]的创业热情持续高涨，新登记各类市场主体数量持续增加，进一步激发了市场活力。据国家工商总局统计，截至2016年9月末，全国新登记市场主体1211.9万户，比上年同期增长13.7%，平均每天新登记超过4万户，全国各类市场主体达8371.6万户。前三季度新登记企业401万户，平均每天新登记企业1.46万户[②]。社会投资创业热情仍较高，持续推进改革仍有巨大潜力。

（二）第三产业发展增速，产业结构调整成效显著

三次产业分布更加合理，第三产业新登记注册企业数量增幅较大。商事制度改革持续发力，进一步推动了产业结构的优化调整，三次产业新登记注册企业大幅增加，第三产业增速明显高于第一、二产业。国家工商总局的统计资料显示，截至2016年9月末，前三季度全国第三产业新登记企业325.2万户，同比增长27.6%，其中现代服务业和高科技企业加速发展，第三产业内部结构调整加速[③]。

（三）融资方式不断创新，企业融资压力有所缓解

“融资难融资贵”一直是困扰中小企业的核心难题。根据银监会统计，到2016年第三季度末，银行业金融机构用于中小企业的贷款余额为25.6万亿元，同比增长3.7%，进一步缓解了中小企业融资难融资贵等问题，财政部、工业和信息化部、国家税务总局等多部委多次发文，要五指发力、多措并举、形成合力，不断优化中小企业融资环境，共同解决中小企业融资难融资贵的难题。2016年，中国银监会、国家税务总局和各地区银行业金融机构联合开展

---

① 本书所称中小微企业与市场主体、新登记注册企业的含义大致相当，原因有二：一是各类市场主体和新登记注册企业中的中小微企业（含个体工商户）占比约为99.9%；二是当前尚未有中小微企业的全口径统计数据，只能用市场主体数量和新登记注册企业数予以近似描述。

② 中国政府网，2016年10月17日，www.gov.cn。

③ 国家工商总局网站，http：//www.saic.gov.cn/。

"银税互动"专项行动，将中小企业纳税人的"税务信用"与"贷款信用"相挂钩，对缓解小微企业融资难具有重要促进作用。截至2016年6月末，全国各省级国税局、地税局与466家省级银行机构签订"征信互认银税互动"合作协议，推出了230余项无抵押信用贷款金融产品，例如"税易贷""税融通""税添富"等，共为9万余户纳税守信企业发放了近1548.74亿元的贷款余额。

二、战略地位日益凸显，中小企业社会贡献进一步扩大

（一）投资规模稳步增加，社会投资进一步活跃

中小企业投资活跃，带动固定资产投资稳步增加。随着大众创业、万众创新战略的深入推进，2016年中小企业创业创新热情竞相迸发，带动社会固定资产投资稳定增长，但月度同比呈现缓慢下降趋势。据Wind资讯统计，截至2016年10月，我国固定资产累计完成48.4429万亿元，同比增速达到8.30%，高于同期GDP 6.7%的增速，投资拉动经济增长的效果依然强劲。其中，以中小企业为代表的民间固定资产投资累计完成29.7725万亿元，占全社会固定资产投资总额的61.46%，中小企业固定资产投资贡献全社会固定资产投资总额接近三分之二，对稳定经济增长速度做出重要贡献。但是中小企业在拉动社会固定资产投资稳步增加的同时，其固定资产投资却呈现稳中有降，且有进一步扩大趋势。

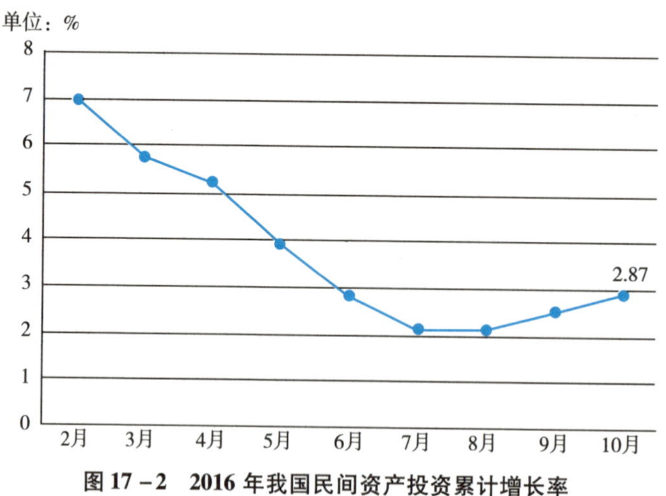

图17－2　2016年我国民间资产投资累计增长率

资料来源：Wind数据库。

（二）吸纳就业作用突出，社会稳定进一步得以巩固

作为吸纳就业的主渠道和主力军，新常态下中小微企业吸纳就业的效应越发突出。2016 年我国经济进入深度调整期，全社会就业压力进一步增强。但是新常态下经济调速换挡并没有影响中小企业就业主渠道和主力军的功能，吸纳就业效应依然突出。根据国家工商总局第三季度全国市场主体有关数据统计，截至 2016 年 9 月底，个体私营经济从业人员实有 2.97 亿人，比 2015 年底增加 1666.2 万人。其中，第三产业个体私营经济从业人员显著增长，实有 2.17 亿人，比 2015 年底增加 1418.5 万人，占增加总量的 85.1%。以个体工商户、私营企业为代表的中小企业仍然发挥着吸纳就业的主渠道作用，对巩固社会稳定做出了重要贡献。其中，从业人员少、规模较小的小微企业吸纳就业的带动作用更加明显。

（三）经济贡献成效明显，经济增长基础进一步夯实

中小企业不仅在吸纳就业、拉动社会投资等方面做出卓越贡献，而且创造出不菲的经济成就。中小企业对我国的 GDP 贡献超过 60%，占全国企业总数的 98% 以上，对税收的贡献超过 50%，提供了 80% 的城镇新增就业岗位，新增专利申请占比 70% 以上，中小企业是国民经济的重要组成部分，已经成为我国经济增长的重要推动力量。

第三节　2016 年中国中小企业发展存在问题

中小企业是促进国民经济和社会发展的重要力量，促进中小企业发展，对于促进科技创新、提供就业岗位、满足社会需要具有重要作用。然而受自身弱质性和市场环境波动的影响，中小企业普遍面临创业难、发展难、融资难，缺技术、缺人才、缺管理的“三难三缺”等问题。特别是当前中国经济步入“三期叠加”的新常态，中小企业无法完全依靠市场的力量去解决这些问题，亟须突破发展瓶颈，因此高效优质的公共服务供给成为破题开路的重要抓手。在当前大众创业、万众创新的新局面下，有效驱动中小企业公共产品和公共服务双引擎，不仅有利于助推中小企业转型升级，进一步激发中小

企业的创业热情和创新活力，更有利于“中国制造2025”“互联网+”行动计划、“供给侧结构性改革”等国家战略的顺利推进，从而打造中国经济新“增长极”。

一、社会层面

（一）公平竞争需要进一步保护

与中小企业互为主体的非公经济难以获得平等的市场与机会。国有企业等公有经济主体在市场准入、资源获取、政策优惠等方面往往享有优先地位，而民营企业等非公经济主体则面临更高的准入门槛、更窄的行业领域、更重的财税负担等。在与公有制经济主体竞争中，非公有制经济主体往往处于不利的市场竞争地位，“玻璃门”“弹簧门”现象仍较突出，尤其是在自然垄断性行业、公用事业等领域，民营资本进入的难度较大。大企业拖欠中小企业货款、中小企业进入壁垒和人才瓶颈等市场竞争不公平在一定程度上加重了中小企业负担，制约创新创业活力发挥，不利于营造推动中小企业健康发展的良好环境。

（二）公共服务有待进一步健全

针对目前广大中小企业普遍面临的资源碎片化、公共服务碎片化等问题，2011年工信部和财政部启动了中小企业公共服务平台网络建设，“计划用3—5年时间，建成全国中小企业公共服务平台网络”。各地方开始建设区域中小企业公共服务平台。在工信部和财政部的指导及支持下，各地方政府为域内中小企业打造了全方位、一站式、综合性的公共服务平台。平台以服务广大中小企业、促进中小企业健康、可持续发展为重要使命，以中小企业实际需求为导向，提供各类适用于中小企业的高水平、高效率服务。平台在开通运营初期，“基本形成信息通畅、功能完善、服务协调、资源共享、供需对接便捷、具有较强社会影响力的中小企业服务体系”，取得了显著成就，平台网络运营以来，初步形成了“1+X+N”的立体网络服务体系。平台网络采用政府组织，公益化和市场化运作相结合的模式，为全国中小企业提供了全方位的支持和帮助。

各地方中小企业公共服务平台在运营过程中存在很多不足之处，比如，平台运营的绩效考核机制尚未建立，运营绩效无法得以体现，难以通过科学系统的运营绩效评价指标体系来真实地反映中小企业公共服务平台运营状况；平台公共服务重点不突出，没有充分发挥枢纽平台政策资源丰富等优势，未形成吸引中小企业的精品服务等。但是最为突出和紧迫的是以下两个方面：一是平台的功能定位不明晰，相关主体关系不明确。平台整体功能定位不明晰，枢纽平台、窗口平台和产业集群平台之间职责不清，管理职能重合，枢纽平台既是服务管理方，负责监督、管理窗口平台和合作机构，又是服务执行方，负责帮助企业对接具体的服务需求。在实践过程中，服务对象无法统一，功能不够明确，导致枢纽平台工作重点不清，既要“掌舵”，又要“划桨”，“越位”与“缺位”并存，枢纽平台、窗口平台与合作机构之间联系松散，难以形成合力；二是缺乏整体有效的运营模式，难以解决平台公益性与营利性目标之间的冲突。中小企业公共服务平台在公益性与营利性之间的平衡，既要体现政府创建平台、服务中小企业的公益性要求即提供大量优质、免费性公共服务，又要解决作为市场化主体追求营利性要求即能够自负盈亏、自我发展的问题。平台的双重使命决定了公益性与营利性目标的平衡机制尚需持续探索。

（三）权益保护亟待进一步落地

2016 年 11 月新修订的《中小企业促进法（修订草案）》做出中小企业权益保护的顶层设计，专设“权益保护”一章，从拖欠货款解决办法、维权机制、保护财产权等方面明确做出规定，来减轻企业负担。目前，大企业拖欠小企业货款现象较为普遍；小微企业扶持政策原则规定多，可操作性弱，落实难；缺乏相关交易合同指导，维权渠道不畅，维权法律援助不足。因此，从顶层设计到精准落地，中小企业的权益保护工作尚需各方协同推进。中小企业处于市场弱势地位，在其发展过程中面临很多维权问题，应通过立法保障中小企业权益，维护市场公平竞争秩序。保护中小企业权益是颁布本法的出发点，因此本法采用 7 款条例对中小企业维权的主要方面进行了明确规定。

当前，来自行政机关的各类检查、评比多，培训、调研、会议多，仍然存在乱收费、摊派现象。《中小企业促进法（修订草案）》规定“任何单位不得违反法律、法规向中小企业收费和罚款，不得向中小企业摊派财物”。以规范政府行为，减少乱收费、摊派等现象。

大企业利用市场优势地位，侵害中小企业利益，各种潜在的和隐性的恶意拖欠现象较为突出，导致众多被拖欠的中小企业资金链紧张。针对这种不公平的市场环境，《中小企业促进法（修订草案）》明确规定“政府部门和大型企业不得违约拖欠中小企业的货物、工程、服务款项”。防止政府和大企业拖欠现象。

很多中小企业反映普遍面临缺乏投诉及维权渠道，导致其合法权益难以得到有效保护。为健全中小企业维权机制，维护中小企业利益，《中小企业促进法（修订草案）》提出了明确规定。从健全维权机制角度规定“中小企业对侵害其合法权益的行政执法行为有权拒绝和举报、控告。各级人民政府或者有关协会、商会中小企业维权服务机构应当公布联系方式，向中小企业提供维权服务。中小企业有权向中小企业维权服务机构要求提供维权服务”。从增设维权渠道，提升维权服务角度规定“司法机关应当加强中小企业诉讼渠道建设和法律服务，提高中小企业维权程序的透明度和便捷度”。

（四）营商环境尚需进一步改善

简政放权改革有效地减轻了中小企业负担，提高企业办事效率，但也存在改革力度、深度不够等问题，亟待进一步深化。行政审批环节众多、程序繁杂。环评、能评、可研、土地、规划等创业面临的行政审批环节众多，各项行政审批周期长、成本高，以批代管的情况较为突出，严重制约了企业的创业积极性。登记注册制度便利化、企业名称登记管理、优化企业经营范围登记方式、简化注销流程和办事程序等仍然存在改进空间，急需进一步深化简政放权，完善企业退出机制，畅通退出渠道；加快“僵尸企业”清理步伐，促进市场出清；推动中小企业自行选择经营范围，引导企业有序退出，不断提高企业开业率和存活率。建立健全简政放权举措政策效能动态评估制度，继续深化商事制度改革不断提升中小企业政策服务效能。

二、企业层面

当前，中小企业健康发展主要面临创业难、发展难、融资难，缺技术、缺人才、缺管理的“三难三缺”等问题，这些问题的存在从根本上了反映了我国中小企业发展环境还有待于进一步优化，尤其是高素质技术工人等高端人才匮乏、公共服务体系不完善、金融市场发展不完善、结构性矛盾突出等因素严重制约了中小企业健康发展。

（一）有效市场需求不足

由中国民生银行和华夏新供给经济学研究院联合发布的 2016 年 6 月民生指数显示，中小企业制造业综合指数为 43.2%，较上月下降 2.6 个百分点；非制造业商务活动指数为 42.6%，较上月下降 1.8 个百分点。“市场需求不足”是大部分受访中小企业排在首位的困难，这充分表明在世界经济复苏依然具有不确定性的大环境下，我国国内有效需求在规模和结构上出现“双重挤压”，供需结构矛盾突出[①]。2016 年尽管中央及地方政府出台一系列支持中小企业的政策措施，但中小企业特别是小微企业的经营困境并没有得到根本改善。“有效市场需求下降，经营融资成本上升”的双重困境进一步挤压中小企业的发展空间，严重制约中小企业的健康发展。渣打中国中小企业信心指数（SMEI）旨在追踪中国中小企业经营状况，2016 年 11 月数据显示中小企业经营现状略显改善，但未来仍将面临困难。中小企业面临的市场有效需求依然不容乐观。

（二）融资困境亟待改善

2016 年，“融资难、融资贵”依然是中小企业反映强烈的突出问题之一。中小企业融资渠道不畅，加剧中小企业融资难、融资贵问题。信用体系建设滞后，中小企业信用担保体系建设缺位，民间借贷利率较高，担保收费，进一步增加了小微企业贷款成本，导致中小融资贵的问题突出。2016 年 1—2 月份，民间固定资产投资[②]增速出现断崖式下跌，2016 年 1—6 月份，民间固定资产投资 158797 亿元，同比名义增长 2.8%。

中小企业申请贷款中间环节多、收费高、难度大，一些银行惜贷、压贷、抽贷、断贷行为时有发生。针对上述问题，国务院于 2016 年 7 月颁布《关于进一步做好民间投资有关工作的通知》，着力解决中小企业融资难融资贵等问

---

① 贾康：《市场需求不足是当前企业面临的主要困难》，http：//www.newsupplyecon.org/。

② 民间固定资产投资是指具有集体、私营、个人性质的内资企事业单位以及由其控股（包括绝对控股和相对控股）的企业单位在中华人民共和国境内建造或购置固定资产的投资。

题，旨在切实降低企业成本负担。民间投资企稳回升，国家统计局数据显示，2016 年 1—11 月份，民间固定资产投资 331067 亿元，增长 3.1%，增速比 1—10 月份加快 0.2 个百分点。

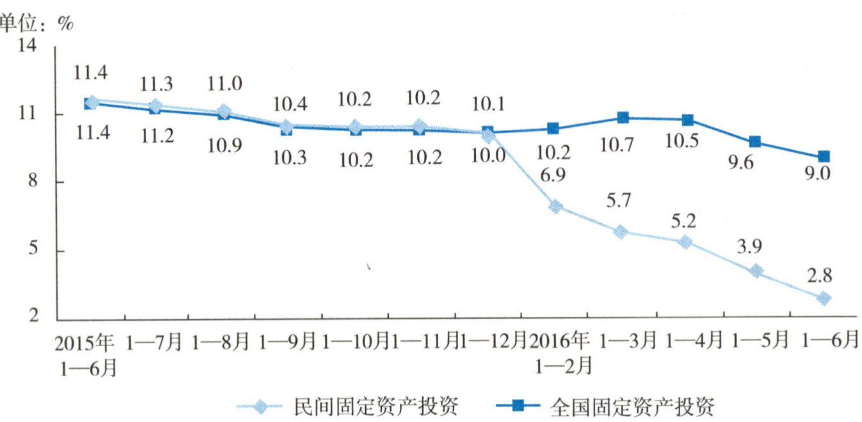

图 17－3　2016 年 1—6 月份民间固定资产投资累计增速

资料来源：国家统计局。

（三）税费负担依然沉重

2016 年 5 月 1 日，“营改增”在剩下的四大行业，即建筑业、房地产业、金融业和生活服务业全面推开，至此实现了对所有货物、服务的生产、流通和消费环节的增值税全覆盖，作为原增值税一般纳税人的中小企业，税负只降不升，而对于小规模纳税人（包括小微企业、个体工商户、家庭作坊式企业等），税负会有不同程度的下降，国家为了支持现代服务业中的小型微利企业发展，将纳入“营改增”范围的增值税一般纳税人应税服务年销售额标准提高到 500 万元，500 万元以下的都属于小规模纳税人，“营改增”前，研发和技术、信息技术、文化创意、物流辅助、有形动产租赁和鉴证咨询等六个领域现代服务业都按 5% 的税率缴纳营业税，改革后都按 3% 的征收率缴纳增值税，整体税负都将下降 40% 以上。国家税务总局数据显示，截至 2016 年 11 月 30 日，新纳入试点范围的四大行业共新增纳税人 1069 万户，其中小规模纳税人 934 万户，占全部试点纳税人的 87%。

社会保险费负担较重。据人社部统计，目前“五险一金”已占到工资总额的 40% 至 50%，远高于国际社会保险平均缴费水平。例如，我国企业需要缴纳基本养老保险的比例为20%，远远高于美国的6.2%，台湾地区的6%，加拿大的4.95%。

（四）转型升级攻坚在前

大多数中小企业仍处于价值链低端，低价格、低效益和高产能、高库存的局面短期内难以扭转，中小企业转型升级依然任重道远，尤其是小微企业转型升级的压力大。从行业分布看，小型微型企业主要集中于传统工业（包括采矿业、制造业、电力热力燃气及水生产和供应业）、批发业和零售业、租赁和商务服务业，转型升级的任务比较艰巨。小型微型企业低价格、低技术、低收益、低附加值的传统发展路径依赖，直接制约了其投入产出效益水平的提高，严重制约了转型升级进程。要“通过专、特、精、新的发展，在中小企业中打造一批专注于细分市场，技术和服务出色市场占有率高的中小企业单项冠军，同时在中小企业中开展智能制造，包括个性化生产、柔性化定制、协同生产、协同设计，运营大数据分析，海量分析等手段，促进传统企业的转型升级”①。

① 冯飞：《中国将多措并举，促进中小企业转型升级》，2016年7月17日，www.cankaoxiaoxi.com。

第十八章　2016年我国中小企业重点政策解析

在2016年印发的《关于发展众创空间推进大众创新创业的指导意见》（国办发〔2015〕9号）基础上，2016年《关于加快众创空间发展服务实体经济转型升级的指导意见》（国办发〔2016〕7号）、《关于推动小型微型企业创业创新基地发展的指导意见》（工信部联企业〔2016〕394号）等文件相继印发，进一步推动我国中小企业创业创新发展，营造浓厚的"双创"氛围。本章从出台背景、具体措施、政策解读几方面对2016年我国中小企业重点政策进行分析。

第一节　《关于加快众创空间发展服务实体经济转型升级的指导意见》

一、出台背景

为进一步促进众创空间向专业化发展，向大众创业万众创新提供低成本、全方位、专业化的服务，国务院研究出台了《关于加快众创空间发展服务实体经济转型升级的指导意见》（国办发〔2016〕7号）（以下简称《指导意见》）。相较于去年印发的《关于发展众创空间推进大众创新创业的指导意见》（国办发〔2015〕9号），本次印发的《指导意见》更加强调科技型创业的作用，积极引导科研院所、高校为创业创新增加技术来源，同时鼓励企业围绕主营业务方向和技术创新需求创办众创空间，提升众创空间中新企业、新产品得到认可和应用的速度。在创业投融资方面，《指导意见》更加突出创新投融资模式，鼓励各类天使投资、创业投资机构与众创空间相结合。

二、具体措施

1. 重点在电子信息、生物技术、现代农业、高端装备制造、新能源、新材料、节能环保、医药卫生、文化创意和现代服务业等产业领域加快建设一批众创空间。鼓励龙头骨干企业围绕主营业务方向，按照市场机制与其他创业主体协同聚集，形成以龙头骨干企业为核心、高校院所积极参与、辐射带动中小微企业成长发展的产业创新生态群落。

2. 鼓励科研院所、高校围绕优势专业领域，建设以科技人员为核心、以成果转移转化为主要内容的众创空间，为科技型创新创业提供专业化服务。依托国家自主创新示范区、国家高新技术产业开发区等试点建设一批国家级创新平台。发挥重点区域创新创业要素集聚优势，与科技企业孵化器、加速器及产业园等共同形成创新创业生态体系。鼓励龙头骨干企业、高校、科研院所与国外先进创业孵化机构开展对接合作，提升众创空间发展的国际化水平。

3. 按照《中华人民共和国促进科技成果转化法》有关规定积极落实科技成果使用权、处置权和收益权政策。对本单位科研人员带项目和成果到众创空间创新创业的，经原单位同意，可在 3 年内保留人事关系，与原单位其他在岗人员同等享有参加职称评聘、岗位等级晋升和社会保障等方面的权利。探索完善众创空间中创新成果收益分配制度。对高校、科研院所的创业项目知识产权申请、转化和运用，按照国家有关政策给予支持。进一步改革科研项目和资金管理使用制度，使之更有利于激发广大科研人员的创造性和转化成果的积极性。

4. 促进军民技术双向转化，积极引导民用领域知识产权在国防和军队建设领域运用，对符合相关规定条件的可以适用研发费用加计扣除政策。在符合保密规定的前提下，对向众创空间开放共享的专用设备、实验室等军工设施，按照国家统一政策，根据服务绩效探索建立后补助机制，促进军民创新资源融合共享。

5. 从财政资金支持、税收政策优惠、金融手段创新等方面支持众创空间的专业化发展。各有关部门和各省（区、市）要加强组织领导、示范引导、分类指导和宣传推广，为众创空间专业化发展创造条件，在全社会弘扬创新创业文化，激发创新创业热情。

三、政策解读

《指导意见》提出促进众创空间专业化发展，为实施创新驱动发展战略、推进大众创业万众创新提供低成本、全方位、专业化服务，更大释放全社会创新创业活力，促进科技成果加快向现实生产力转化，增强实体经济发展新动能。《指导意见》围绕众创空间的建设问题，从配套资源、创新服务、创新辅导方面提出了五大重点任务。从电子信息、生物技术、现代农业、高端装备制造、新能源、新材料、节能环保、医药卫生、文化创意和现代服务业等重点产业领域着手，根据重点产业需求和行业共性创建众创空间，形成以龙头骨干企业为核心、高校院所积极参与、辐射带动中小微企业成长发展的产业创新生态群落。通过聚焦高端创新资源增加源头技术创新供给，增强创新创业服务的专业性。《指导意见》更加强调科技型创业的重要作用，引导科研院所、高校要为创新创业增加技术源头供给，明确了众创空间建设的目的与重点，将有效缓解一哄而上建设众创空间的状况。《指导意见》中提到对科技型人才的激励方式，这将有助于吸引创新型人才向众创空间集聚。

第二节　《关于深化制造业与互联网融合发展的指导意见》

一、出台背景

2016年5月4日，李克强总理在国务院常务会议上提到“‘互联网+’是对‘中国制造2025’的重要支撑，要推动制造业与互联网的融合发展”。为深化制造业与互联网融合发展，加速旧动能向新动能的转换，激发制造企业创新活力，推广融合发展新业态模式，现出台《国务院关于深化制造业与互联网融合发展的指导意见》（国发〔2016〕28号）（以下简称《意见》）。

二、具体措施

1. 以激发制造企业创新活力、发展潜力和转型动力为主线，以建设制造业与互联网融合“双创”平台为抓手，围绕制造业与互联网融合关键环节，积极培育新模式新业态，强化信息技术产业支撑，完善信息安全保障，夯实融合发展基础，营造融合发展新生态，充分释放“互联网 +”的力量，发展新经济，加快推动“中国制造”提质增效升级。

2. 要坚持创新驱动，激发转型新动能；坚持融合发展，催生制造新模式；坚持分业施策，培育竞争新优势；坚持企业主体，构筑发展新环境。到 2018 年，制造业重点行业骨干企业互联网“双创”平台普及率达到 80%，成为促进制造业转型升级的新动能来源，制造业数字化、网络化、智能化取得明显进展；到 2025 年，力争实现制造业与互联网融合“双创”体系基本完备，融合发展新模式广泛普及，新型制造体系基本形成，制造业综合竞争实力大幅提升。

3. 组织实施制造企业互联网“双创”平台建设工程，支持制造企业建设基于互联网的“双创”平台，深化工业云、大数据等技术的集成应用，汇聚众智，加快构建新型研发、生产、管理和服务模式，促进技术产品创新和经营管理优化，提升企业整体创新能力和水平。鼓励大型制造企业开放“双创”平台聚集的各类资源，加强与各类创业创新基地、众创空间合作，为全社会提供专业化服务，建立资源富集、创新活跃、高效协同的“双创”新生态。深化国有企业改革和科技体制改革，推动产学研“双创”资源的深度整合和开放共享，支持制造企业联合科研院所、高等院校以及各类创新平台，加快构建支持协同研发和技术扩散的“双创”体系。

4. 组织实施“双创”服务平台支撑能力提升工程，支持大型互联网企业、基础电信企业建设面向制造企业特别是中小企业的“双创”服务平台，鼓励基础电信企业加大对“双创”基地宽带网络基础设施建设的支持力度，进一步提速降费，完善制造业“双创”服务体系，营造大中小企业合作共赢的“双创”新环境，开创大中小企业联合创新创业的新局面。鼓励地方依托国家新型工业化产业示范基地、国家级经济技术开发区、国家高新技术产业开发区等产业集聚区，加快完善人才、资本等政策环境，充分运用互联网，积极发展创客空间、创新工场、开源社区等新型众创空间，结合“双创”示范基地建设，培育一批支持制造业发展的“双创”示范基地。组织实施企业管理能力提升工程，加快信息化和工业化融合管理体系标准制定和应用推广，推动业务流程再造和组织方式变革，建立组织管理新模式。

5. 鼓励制造企业与互联网企业合资合作培育新的经营主体，建立适应融合发展的技术体系、标准规范、商业模式和竞争规则，形成优势互补、合作共赢的融合发展格局。推动中小企业制造资源与互联网平台全面对接，实现制造能力的在线发布、协同和交易，积极发展面向制造环节的分享经济，打破企业界限，共享技术、设备和服务，提升中小企业快速响应和柔性高效的供给能力。支持制造企业与电子商务企业开展战略投资、品牌培育、网上销售、物流配送等领域合作，整合线上线下交易资源，拓展销售渠道，打造制造、营销、物流等高效协同的生产流通一体化新生态。

6. 面向生产制造全过程、全产业链、产品全生命周期，实施智能制造等重大工程，支持企业深化质量管理与互联网的融合，推动在线计量、在线检测等全产业链质量控制，大力发展网络化协同制造等新生产模式。支持企业利用互联网采集并对接用户个性化需求，开展基于个性化产品的研发、生产、服务和商业模式创新，促进供给与需求精准匹配。推动企业运用互联网开展在线增值服务，鼓励发展面向智能产品和智能装备的产品全生命周期管理和服务，拓展产品价值空间，实现从制造向“制造+服务”转型升级。积极培育工业电子商务等新业态，支持重点行业骨干企业建立行业在线采购、销售、服务平台，推动建设一批第三方电子商务服务平台。

7. 推动实施国家重点研发计划，强化制造业自动化、数字化、智能化基础技术和产业支撑能力，加快构筑自动控制与感知、工业云与智能服务平台、工业互联网等制造新基础。组织实施“芯火”计划和传感器产业提升工程，加快传感器、过程控制芯片、可编程逻辑控制器等产业化。加快计算机辅助设计仿真、制造执行系统、产品全生命周期管理等工业软件产业化，强化软件支撑和定义制造业的基础性作用。构建信息物理系统参考模型和综合技术标准体系，建设测试验证平台和综合验证试验床，支持开展兼容适配、互联互通和互操作测试验证。

8. 实施融合发展系统解决方案能力提升工程，推动工业产品互联互通的标识解析、数据交换、通信协议等技术攻关和标准研制，面向重点行业智能制造单元、智能生产线、智能车间、智能工厂建设，培育一批系统解决方案供应商，组织开展行业系统解决方案应用试点示范，为中小企业提供标准化、专业化的系统解决方案。支持有条件的企业开展系统解决方案业务剥离重组，推动系统解决方案服务专业化、规模化和市场化，充分发挥系统解决方案促进制造业与互联网融合发展的“黏合剂”作用。

9. 实施工业控制系统安全保障能力提升工程，制定完善工业信息安全管理等政策法规，健全工业信息安全标准体系，建立工业控制系统安全风险信息采集汇总和分析通报机制，组织开展重点行业工业控制系统信息安全检查和风险评估。组织开展工业企业信息安全保障试点示范，支持系统仿真测试、评估验证等关键共性技术平台建设，推动访问控制、追踪溯源、商业信息及隐私保护等核心技术产品产业化。以提升工业信息安全监测、评估、验证和应急处置等能力为重点，依托现有科研机构，建设国家工业信息安全保障中心，为制造业与互联网融合发展提供安全支撑。

三、政策解读

为加快我国制造业与互联网融合的步伐，协同推进“中国制造 2025”和“互联网 +”行动，《意见》提出七大主要任务，包括：打造制造业企业互联网“双创”平台、推动互联网企业构建制造业“双创”服务体系、支持制造企业与互联网企业跨界融合、培育制造业与互联网融合新模式、强化融合发展基础支撑、提升融合发展系统解决方案能力、提高工业信息系统安全水平。《意见》以建设制造业与互联网融合“双创”平台为抓手，重点完善制造业与互联网融合的关键环节，积极打造融合新模式，充分发挥“互联网 +”的力量。加快推动“中国制造”提质增效升级，提升制造业综合竞争力。《意见》将对推动互联网和制造业融合发展具有重大意义。党中央、国务院高度重视制造业与互联网融合发展，习近平总书记在网络安全和信息化工作座谈会上指出“要着力推动互联网与实体经济深度融合发展，以信息流带动技术流、资金流、人才流、物资流，促进资源配置优化”。互联网日益成为我国驱动产业变革的主导力量，推动制造业与互联网的融合将有助于深化结构性改革，加快“中国制造”提质增效升级的重要举措。

第三节 《普惠金融发展专项资金管理办法》

一、出台背景

普惠金融这一概念由联合国在2005年提出，是指以可负担的成本为有金融服务需求的社会各阶层和群体提供适当、有效的金融服务，小微企业、农民、城镇低收入人群等弱势群体是其重点服务对象。大力发展普惠金融是我国全面建成小康社会的必然要求，受到党中央、国务院高度重视，党的十八届三中全会明确提出发展普惠金融。2015年《政府工作报告》中也明确提出要大力发展普惠金融，提高金融服务的覆盖率，让所有主体都能享受到金融服务。为加快建立普惠金融服务和保障体系，强化普惠金融发展专项资金管理，提高财政资金使用效益，财政部会同有关部门制定并印发《普惠金融发展专项资金管理办法》（财金〔2016〕85号）（以下简称《管理办法》）。

二、具体措施

1. 对符合条件的县域金融机构当年涉农贷款平均余额同比增长超过13%的部分，财政部门可按照不超过2%的比例给予奖励。对年末不良贷款率高于3%且同比上升的县域金融机构，不予奖励。实施涉农贷款增量奖励政策的地区包括河北、山西、内蒙古、辽宁、吉林、黑龙江、江苏、安徽、福建、江西、山东、河南、湖北、湖南、广西、海南、四川、重庆、贵州、云南、西藏、陕西、甘肃、青海、新疆等25个省（区、市）。财政部将根据奖励政策实施效果和中央、地方财力情况，结合地方意愿适时调整实施奖励政策的地区范围。

2. 专项资金贴息的个人创业担保贷款，最高贷款额度为10万元，贷款期限最长不超过3年，贷款利率可在贷款合同签订日贷款基础利率的基础上上浮一定幅度，具体标准为贫困地区（含国家扶贫开发工作重点县、全国14个集中连片特殊困难地区，下同）上浮不超过3个百分点，中、西部地区上浮不超过2个百分点，东部地区上浮不超过1个百分点，实际贷款利率由经办银行在上述利率浮动上限内与创业担保贷款担保基金运营管理机构协商确定。除助学贷款、扶贫贷款、首套住房贷款、购车贷款以外，个人创业担保贷款申请人及其家庭成员（以户为单位）自提交创业担保贷款申请之日起向前追溯5年内，应没有商业银行其他贷款记录。

3. PPP项目以奖代补政策面向中央财政PPP示范项目和转型为PPP项目的地方融资平台公司存量项目。其中，对中央财政PPP示范项目中的新建项目，财政部将在项目完成采购确定社会资本合作方后，按照项目投资规模给予一定奖励，具体为投资规模3亿元以下的项目奖励300万元，3亿元（含3亿元）至10亿元的项目奖励500万元，10亿元以上（含10亿元）的项目奖励800万元。对符合条件、规范实施的转型为PPP项目的地方融资平台公司存量项目，财政部将在择优评选后，按照项目转型实际化解存量地方政府债务（政府负有直接偿债责任的一类债务）规模的2%给予奖励。中央财政PPP示范项目中的存量项目，优先享受奖励资金支持。享受以奖代补政策支持的地方融资平台公司存量项目，通过转型为PPP模式化解的项目债务应属于清理甄别认定的截至2014年末的存量政府债务。

4. 用于PPP项目以奖代补的资金由中央财政从专项资金中全额安排，其他领域资金由中央和地方财政共担，东、中、西部地区中央财政与地方财政的分担比例分别为3∶7、5∶5、7∶3。地方财政分担资金应主要由省级财政安排，原则上东、中、西部地区省级财政负担比例应分别占地方财政分担资金总额的30%、50%、70%以上，市、县级财政分担比例由省级财政部门统筹确定。

5. 为减轻创业者和用人单位负担，专项资金安排支出用于对符合政策规定条件的创业担保贷款给予一定贴息。专项资金贴息的个人创业担保贷款，最高贷款额度为10万元，贷款期限最长不超过3年，贷款利率可在贷款合同签订日贷款基础利率的基础上上浮一定幅度，具体标准为贫困地区（含国家扶贫开发工作重点县、全国14个集中连片特殊困难地区）上浮不超过3个百分点，中、西部地区上浮不超过2个百分点，东部地区上浮不超过1个百分点，实际贷款利率由经办银行在上述利率浮动上限内与创业担保贷款担保基金运营管理机构协商确定。除助学贷款、扶贫贷款、首套住房贷款、购车贷款以外，个人创业担保贷款申请人及其家庭成员（以户为单位）自提交创业担保贷款申请之日起向前追溯5年内，应没有商业银行其他贷款记录。专项资金贴息的小微企业创业担保贷款，贷款额度由经办银行根据小微企业实际招用符合条件的人数合理确定，最高不超过200万元，贷款期限最长不超过2年，贷款利率由经办银行根据借款人的经营状况、信用情况等与借款人协商确定。

6. 创业担保贷款财政贴息，在国家规定的贷款额度、利率和贴息期限内，按照实际的贷款额度、利率和计息期限计算。其中，对贫困地区符合条件的个人创业担保贷款，财政部门给予全额贴息；对其他地区符合条件的个人创业担保贷款，财政部门第1年给予全额贴息，第2年贴息2/3，第3年贴息1/3。对符合条件的小微企业创业担保贷款，财政部门按照贷款合同签订日贷款基础利率的50%给予贴息。对展期、逾期的创业担保贷款，财政部门不予贴息。

三、政策解读

《管理办法》对涉农贷款增量奖励、农村金融机构定向费用补贴、创业担保贷款贴息及奖补、政府和社会资本合作（PPP）项目以奖代补四个使用方向进行了明确。同时，在专项资金安排支出方面，对符合条件的PPP示范项目的地方融资平台公司存量项目给予一定奖励，对中央财政PPP示范项目中的新建项目投资规模10亿元以上的最高奖励800万元。同时鼓励融资平台公司化解存量地方政府债务。为减轻创业者和用人单位负担，专项资金安排支出用于对符合政策规定条件的创业担保贷款给予一定贴息，这一举措将有效缓解创业融资难问题。《管理办法》对几种补贴的使用方向加以确认将有效提升补贴资金的使用效益，《管理办法》遵循惠民生、保基本、有重点、可持续的原则，将有效引导各地人民政府、金融机构及社会资金支持普惠金融发展，缓解市场失灵问题，提升普惠金融服务的适用性。

第四节 《关于推动小型微型企业创业创新基地发展的指导意见》

一、出台背景

小型微型企业创业创新基地作为聚集各类创业创新资源，为小微企业提供有效服务支撑的载体和场所，对小微企业创业创新发展起到了至关重要的作用。为深入贯彻党中央、国务院关于大力推进“大众创业、万众创新”和构建“双创”支撑平台的战略部署，从双创氛围、优化环境、规范服务、构建生态等角度推动小型微型企业创业创新基地的升级建设，工业和信息化部发布《关于推动小型微型企业创业创新基地发展的指导意见》（工信部联企业〔2016〕394 号）（以下简称《意见》）。

二、具体措施

1. 推动地方培育和建设 3000 个省级小型微型企业创业创新基地，形成一批特色鲜明、成果显著的小微企业双创基地，探索一套从孵化培育到产业化发展的有效机制。通过示范基地的辐射带动作用，提升小微企业双创基地建设和运营水平，不断提高创业创新服务能力，为各类创业创新主体健康发展提供有效支撑。

2. 推动小微企业双创基地完善信息网络基础设施，提高云计算、大数据、物联网等信息技术的应用能力，利用工业互联网、云计算平台、大数据中心等公共服务设施，为企业提供便捷、稳定、广覆盖、低成本的信息网络基础设施和研发、设计、制造、经营管理、营销、融资等全方位应用服务。

3. 推动小微企业双创基地以平台化的方式集聚优质创业创新资源。鼓励小微企业双创基地完善服务制度、提升服务水平、提高服务效率；鼓励各类服务机构入驻小微企业双创基地，提供专业化服务；鼓励发展众创、众包、众筹、众扶新模式，提高创业创新服务的能力和水平；鼓励建立并完善小微企业创业创新数据库，为入驻企业提供一站式、个性化服务。

4. 引导小微企业双创基地建立规范的创业服务质量管理和评估体系，明确服务标准，规范服务流程，依据企业对服务效果满意度的评价意见对服务机构进行动态管理，推动小微企业双创基地服务质量不断提升。

5. 引导小微企业双创基地构建各类创业创新主体紧密协作的网络，围绕产业链、打造创新链、优化供应链、完善资金链，形成产业资源集聚、企业多元互补、服务功能完备的创业生态环境。建设技术交易、信息技术服务、科技咨询、创业培训等公共服务平台，促进创新成果转化，加强知识产权保护和应用。构建入驻企业资源共享、原料互供机制，加强专业化协作。推动骨干企业与入驻企业合作共享，打造生产协同、创新协同、战略协同的创新产业圈。引导银行、投资机构、中小企业信用担保机构与入驻小微企业对接。引导和鼓励有条件的小微企业双创基地直接设立或引入专业股权投资基金，构建与创业创新相协调的资金链。

6. 推动小微企业双创基地全面推行绿色发展理念。鼓励利用闲置厂房、楼宇等场所改建小微企业双创基地，完善“三废”集中处理等公共基础设施；鼓励小微企业双创基地为入驻企业开展能耗在线监测与预警服务，帮助入驻企业降能耗、降成本，开展清洁生产技术改造，提升能源资源利用效率。推动新能源的使用和节能减排，实现小微企业双创基地绿色发展。

7. 加强小微企业双创基地与“互联网 +”融合。通过不断完善和提高汇集分析物业、企业、项目、技术、人才等信息的能力，加强智慧物流、智慧仓储、智能监控、智慧能源等平台建设，推动项目智能评估、健康体检、实时监控等精细化管理系统的应用，逐步提高小微企业双创基地智慧化水平。

8. 结合各种建设运营主体的特点和小微企业双创基地运营发展需求，有重点、有特色地打造小微企业双创基地核心竞争力，提高小微企业双创基地孵化和产业化能力。对于依托经济技术开发区、工业园区、产业集群（园区）等为基础建设运营的小微企业双创基地，要重点发挥产业资源集聚功能，构建从孵化到产业化的全链条企业培育能力。对于依托高校和科研院所建设运营的小微企业双创基地，要重点发挥科技创新的引领作用，提高科研成果转化率，打造科技含量高、影响力大、创新能力强、孵化效果好的小微企业双创基地。对于行业骨干企业设立运营的小微企业双创基地，要发挥骨干企业的带动作用，以及在研发资源、市场资源、信息资源等方面的优势，加强专业化协作和配套，支持入驻企业“专精特新”发展。

三、政策解读

为深入贯彻党中央、国务院关于大力推进大众创业万众创新和构建“双创”支撑平台的战略部署，从构建创业创新生态、优化创业创新环境、营造创业创新氛围的角度推动小微企业创业创新基地发展，《意见》提出七项任务，包括：（1）完善公共基础设施，实现服务信息化；（2）集成内外部服务资源，实现服务平台化；（3）构建服务质量管理体系，实现服务规范化；（4）推动产业有机联动，实现小微企业双创基地生态化发展；（5）打造环境友好型基地，引导小微企业双创基地绿色化发展；（6）提升信息技术应用能力，推动小微企业双创基地智慧化发展；（7）发挥各类主体优势，推动小微企业双创基地特色化发展。从推动小微企业双创发展的思路上实现了两个转变：一是从政府直接干预转向政府引导市场主导，以市场化的方式培育和引导小微企业创新创业；二是从直接扶持创业企业本身转向从营造创业创新氛围、优化创业创新环境、强化创业创新支撑能力、规范创业创新服务、构建创业创新生态的角度间接地去推动双创。《意见》以基地作为载体、以服务作为抓手，对我国小微企业创业创新基地的服务提供方式、基地运营模式和运营主体资格提出了重点发展方向，将更加有效地推动小微企业创业创新，加强其创业创新环境的适宜度和包容度，从更大层面、更深层次上推动创业创新。

第五节　《关于完善制造业创新体系，推进制造业创新中心建设的指导意见》

一、出台背景

20 世纪 80 年代以来，我国陆续建成了国家工程研究中心、国家工程技术研究中心、国家重点实验室等各类创新载体，创新能力不断增强，但由于制造业创新发展仍存在资源分散、创新链脱节、供给不足等问题，亟待出台相关政策完善制造业创新体系建设。按照《中国制造2025》战略部署，围绕制造业创新发展的核心任务，为统筹推进国家制造业创新中心和省级制造业创新中心建设，工业和信息化部印发《关于完善制造业创新体系，推进制造业创新中心建设的指导意见》（工信部科〔2016〕273号）（以下简称《意见》）。

二、具体措施

1. 围绕重点行业转型升级和新一代信息技术、智能制造、增材制造、新材料、生物医药等领域创新发展的重大共性需求，建设一批制造业创新中心。到2020年，形成15家左右国家制造业创新中心；到2025年，形成40家左右国家制造业创新中心。在有条件、综合实力较强的地方，建成一批省级/区域制造业创新中心，作为国家制造业创新中心的支撑和补充。通过突破重点领域共性关键技术，加速科技成果商业化和产业化，优化制造业创新生态环境，形成以国家制造业创新中心和省级制造业创新中心为核心节点的多层次、网络化制造业创新体系，显著提升国家制造业创新能力。

2. 面向战略必争的重点领域，开展前沿技术研发及转化扩散，突破产业链关键技术屏障，支撑产业发展。面向优势产业发展需求，开展共性关键技术和跨行业融合性技术研发，突破产业发展的共性技术供给瓶颈，带动产业转型升级。

3. 整合各类创新资源，依托现有或新组建的产业技术创新联盟，发挥行业骨干企业主导作用、中小企业协同配套作用、高校科研院所技术支撑基础作用、行业中介组织的保障服务作用，形成联合开发、优势互补、成果共享、风险共担的产学研协同创新机制。

4. 建立完善的知识产权管理制度，在制造业创新中心成员间形成知识产权协同创造、联合运营和收益共享。加强关键核心技术和基础共性技术知识产权战略储备，形成战略前瞻布局。加强知识保护，支撑和保障制造业创新发展。

5. 建立以市场化机制为核心的成果转移扩散机制，通过孵化企业、种子项目融资等方式，推动科技成果首次商业化应用和产业化。探索采取股权、期权激励和奖励等多种方式，鼓励科技人员积极转化科技成果。

6. 围绕重点领域组建标准推进联盟，研制对提升产业竞争力具有重要影响的关键技术标准，通过标准固化创新成果、推动创新成果应用、增强市场信心，促进标准与技术和产业发展的紧密结合。积极参加各类国际标准化活动，主导和参与国际标准制定，增加国际标准话语权，提升我国相关产业的国际竞争力。

7. 建立众创空间、新型孵化器等各种形式的平台载体，利用“互联网+”，为企业提供信息服务，加速创意孵化和技术成果产业化。推动互联网企业构建制造业“双创”服务体系，培育“互联网+”制造新模式。加强与各类投资基金合作，拓展创新创业投融资渠道，为企业“双创”提供持续支持。

8. 集聚培养高水平领军人才与创新团队，开展人才引进、人才培养、人才培训、人才交流。建立和完善人才培训服务体系，加强专业技术人才和高技能人才队伍建设，把创新精神与企业家精神、工匠精神有机结合起来，为我国制造业发展提供多层次创新人才。

9. 加强国际科技创新信息的跟踪、收集、分析，通过人才引进、技术引进、参股并购、专利交叉许可等形式，促进行业共性技术水平提升和产业发展。与全球创新要素深度融合，通过建立联合研发中心或实验基地等，开展联合研发。

10. 在资金支持方面，对于列入重点培育对象的省级制造业创新中心，争取地方财政资金支持，积极探索中央财政资金的支持方式。《中国制造 2025》中有关工程和国家科技计划项目对国家制造业创新中心和省级制造业创新中心申报项目予以倾斜。

三、政策解读

《意见》按照《中国制造 2025》战略部署，“一案一例一策”方式，统筹推进国家制造业创新中心和省级制造业创新中心建设。《意见》提出重点围绕新一代信息技术、智能制造、增材制造、新材料、生物医药等重点领域建设一批制造业创新中心，在每个领域布局一家国家制造业创新中心，形成支撑国家制造业创新体系的核心节点，利用国家制造业创新中心应汇聚该领域国内主要创新资源，采取产学研用相结合，以企业为主体，探索并完善运行机制。为此，《意见》提出八大主要任务：（1）开展产业前沿及共性关键技术研发、（2）建立产学研协同创新机制、（3）加强知识产权保护运用、（4）促进科技成果商业化应用、（5）强化标准引领和保障作用、（6）服务大众创业万众创新、（7）打造多层次人才队伍、（8）鼓励开展国际合作。从塑造制造业创新链条、优化制造业发展环境、加强制造业创新中心服务功能等维度入手，促进创新中心的发展，完善贯穿于创新链、产业链的制造业创新生态系统。《意见》作为指导和规范制造业创新中心建设、完善制造业创新体系的重要文件，明确了制造业创新中心设计的主要目标、基本原则、总体部署和具体任务，这将有助于聚集产业创新资源，提升制造业创新平台的水平，整合国内创新资源，形成本领域有较强影响力的制造业创新中心。

第十九章　2017年我国中小企业发展政策环境趋势

2017年中小企业发展政策环境有望继续得到改善，创业创新环境将持续优化，中小企业跨区域合作范围将不断拓宽，以“加强引导服务”为重点的中小企业知识产权战略将得到进一步贯彻落实，围绕“互联网+”主线推动中小企业信息发展的政策措施将不断丰富。随着税费减免政策不断落实，企业负担将进一步降低，尤其随着融资政策效果评估工作的推进，中小企业融资政策环境将进一步优化。

一、创业创新——政策环境持续优化

2016年，为了进一步激发创业活力和创新动力，各级政府创业创新政策频出。财政部、工信部、科技部、商贸部、工商总局五部委联合推动的“小微企业创业创新基地城市示范”工作深入推进，第二批15个城市入围城市示范，中央财政投入近百亿元，辅之以不同地方3—5倍的配套资金，财政支持力度空前。工业和信息化部、国家发展和改革委员会、财政部、国土资源部、国家税务总局2016年12月出台了《关于推动小型微型企业创业创新基地发展的指导意见》（工信部联企业〔2016〕394号），指导各地按照政府引导科学布局、因地制宜特色鲜明、市场主导主体多元、整合资源融合创新的原则，围绕服务信息化、服务平台化、基地生态化、基地绿色化、基地智慧化、基地特色化发展提出重点工作任务，加大了用地、财政、税收等方面的支持力度。工业和信息化部2016年持续开展了第二批国家级中小企业创新创业示范基地的申报评定工作，认定了99家国家级示范基地。此外，国务院办公厅2016年5月12日印发了《关于建设大众创业万众创新示范基地的实施意见》（国办发〔2016〕35号），认定了首批28家双创示范基地。各项政策举措推动大众创业万众创新进程深入推进，各地掀起的双创热潮热度不减。

2017 年，各项创新创业政策有望承接 2016 年的政策脉络，继续深化细化，双创政策环境不断优化。2017 年 3 月 5 日，李克强总理在第十二届全国人民代表大会第五次会议上所作政府工作报告中提出了将推动双创作为 2017 年重点工作任务之一，提出新建一批“双创”示范基地，鼓励大企业和科研院所、高校设立专业化众创空间，加强对创新型中小微企业支持，打造面向大众的“双创”全程服务体系，使各类主体各展其长、线上线下良性互动，使小企业铺天盖地、大企业顶天立地，市场活力和社会创造力竞相迸发。

二、跨区域合作——合作范围不断拓宽

为了支持中小企业“走出去”和“引进来”相结合、融入国内国际两个市场、利用国际国内两种资源，强化中小企业跨区域合作、加强中小企业跨区域合作区建设成为各级政府践行“一带一路”倡议、推动中小企业转型升级的着力点。截至 2016 年底，已经认定了中德（揭阳）中小企业合作区、中德（蒲江）中小企业合作园、中德（芜湖）中小企业合作区、中德（太仓）中小企业示范区、中欧（江门）中小企业国际合作区、中国（广州）中小企业先进制造业中外合作区六家国家级中外中小企业合作区。通过示范区建设系统优化中小企业跨区域建设环境，积累经验示范全国。

2017 年，中小企业中外合作区建设依然是促进中小企业“走出去”“引进来”的重要工作抓手，本着成熟一家批准一家的原则，继续推进国家级中小企业中外合作区的认定工作。未来工作将围绕两条脉络开展：一时适当扩充不同区域合作区建设，在目前以中德合作区建设为主基础上适当扩展中国—东盟合作区、中国—中亚合作区等领域。二是继续梳理国内外经验，在总结前期经验的基础上加强相关研究，加强合作区建设规律探寻和方向引导，进一步加大政策引导支持力度。

三、知识产权——坚持加强引导服务

2009 年开始，工业和信息化部和国家知识产权局联合启动实施了中小企业知识产权战略推进工程，并在 32 个城市从完善政策环境、构建服务体系、

培育知识产权优势的产业集群和中小企业等方面开展试点。推进工程实施后，中小企业知识产权意识显著提高，创新能力明显增强、具有知识产权优势的中小企业数量不断增加，知识产权服务支撑体系逐步建立，扶持政策取得积极成效。2016 年 12 月 22 日，国家知识产权局、工业和信息化部联合发布《关于全面组织实施中小企业知识产权战略推进工程的指导意见》（国知发管字〔2016〕101 号），引起了社会各界的广泛关注。该文件旨在深入贯彻国家实施创新驱动发展战略和知识产权战略的部署，落实《国务院关于新形势下加快知识产权强国建设的若干意见》（国发〔2015〕71 号）、《国务院关于扶持小型微型企业健康发展的意见》（国发〔2014〕52 号），通过政策引导和强化服务，提高中小企业知识产权创造、运用、保护和管理能力。

2017 年，总理政府工作报告中也明确提出要将开展知识产权综合管理改革试点，完善知识产权创造、保护和运用体系作为政府重要工作。可以预见，在中央高度关注下，在国知发管字〔2016〕101 号文件的指导下，中小企业知识产权环境将不断优化。具体来看，政策将围绕以下几方面发力：一是建立专利导航工作机制。充分发挥互联网等信息技术的作用，将专利信息资源与中小企业、产业发展三者深度结合，推动专利的高端运用。实现中小企业知识产权信息等各类服务的便利化、集约化、高效化。二是建立知识产权激励机制，激发中小企业创新活力。要促进高价值专利培育，推进产学研合作，建立健全订单式的专利技术研发机制，同时，优化知识产权考核评价体系，形成中小企业创新的良性循环。三是提升中小企业知识产权运营能力。要创新中小企业知识产权转移转化方式，进一步强化技术、资本、人才、服务等创新资源的深度融合与优化配置，破解科技创新成果向现实生产力转化不力、不顺、不畅的难题，打通科技成果转化“最后一公里”。四是加强知识产权保护力度，构筑中小企业知识产权的“防波堤”。要完善中小企业维权援助工作机制，加大知识产权执法力度，通过整合现有社会资源，开展有针对性的专项行动，加强中小企业知识产权保护力度，为激励中小企业创新发展提供强有力的保障。五是创新知识产权管理机制，探索中小企业知识产权管理新模式。要加强中小企业知识产权资产管理，实施中小企业知识产权托管工程，多策并举，全面优化中小企业知识产权管理的制度环境。

四、信息化发展——围绕“互联网 +”主线

2005 年以来，国务院有关部门联合实施中小企业信息化推进工程，取得了显著成效，涌现出一批具有明显信息化优势、市场竞争力强的中小企业，集聚了一批优质的信息化服务资源，形成了支持中小企业信息化和创新发展的服务网络。新常态下，按照党中央、国务院的决策部署，牢固树立创新、协调、绿色、开放、共享的发展理念，着力加强供给侧结构性改革，紧紧围绕“中国制造 2025”“互联网 +”、创新驱动等国家战略，支持中小企业参与产业链，打造创新链，都离不开中小企业围绕“互联网 +”主线提升信息化水平。在中小企业信息化政策方面，政策着力点围绕着完善中小企业信息化服务，降低中小企业信息化应用成本，提高中小企业信息化水平，培育新兴业态，打造新的增长点，推动中小企业创新发展等方面。

2017 年，中小企业知识产权政策环境营造将紧紧围绕 2016 年 12 月 30 日工业和信息化部发布的《关于进一步推进中小企业信息化的指导意见》（工信部企业〔2016〕445 号）文件精神，在以下几方面发力：一是以信息技术提升研发设计水平。要充分发挥计算机辅助（CAD/CAE/CAPP/CAM）系统应用的作用，通过构建基于互联网的开放式研发平台，推广应用数字化产品建模工具、三维及虚拟现实模拟设计方式，为中小微企业提供用户参与式的研发设计、仿真与验证分析，实现大中小企业协同研发与产品设计的网络化。二是以信息技术改造生产制造方式。要充分发挥工业互联网和自主可控的软硬件产品为支撑作用，推广“智能制造”信息化集成应用产品和解决方案，提升智能工业控制系统的应用水平，推进生产制造流程的柔性化改造和智能化转型，为先进制造中小企业提供信息化支撑，实现信息技术与现代制造业的深度融合。三是以信息技术提升经营管理能力。要充分利用云计算、大数据、移动互联网等信息技术提升中小企业以租代建、支持核心业务发展、覆盖企业经营管理链条的便捷信息化服务水平，推动经营管理信息化向商业智能（BI）转变和关键环节的整合与创新，提高经营效率和管理水平，提升经营管理信息系统的集成程度，为中小企业降低信息化应用的成本和门槛，实现中小企业内外部管理信息的互通与共享。四是以信息技术优化市场营销。

要充分利用信息化拓展市场空间，发展社交型电子商务和基于大数据的精准营销，构建覆盖采购、生产和销售等全链条的产品品质追溯系统，优化互联网产品质量监督环境，为精准化营销提供更为广阔的发展空间。五是探索互联网金融缓解中小企业融资难。要加快拓宽中小企业融资渠道，发展投融资公共服务平台，通过集聚各类金融资源，营造良好的金融创新环境，协作解决小微企业融资难题。六是引导大型信息化服务商服务中小企业。要支持大型服务商向小微企业和创业团队开放各类资源，支持大型信息化服务商与地方政府、有关部门、工业园区、产业集群等开展务实合作，培育第三方信息化服务市场。七是完善中小企业信息化服务体系。要推动服务机构专业化发展，打造特定行业、领域的信息化服务平台，建设各种中小企业创新创业服务平台，通过集聚整合专业服务资源，为中小企业信息化难题提供对策。八是加强案例研究和应用宣传。各地要结合区域发展实际开展信息化相关创新政策试点，开展中小企业信息化示范推广行动。各地通过举办信息化经验交流会、试点示范工程推广会、信息化产品与服务展示推介会，普及信息化专业知识和应用技能。通过加强跨区域合作与交流，总结和推广中小企业信息化建设的成功模式和经验。

五、税费减免——切实降低企业负担

2016 年，中央和地方各级政府非常关注中小企业税费负担问题，各项减税降费举措不断推出，取得了较好的效果。仅通过营改增一项，即为企业减少税收负担 5700 多亿元。为了促进企业创新，财政部、税务总局在 2016 年 9 月出台措施，对符合条件的公司股票期权、限制性股票和股权奖励延长纳税期限，切实减轻技术入股税收负担。在行政性收费方面，2016 年取消了 37 项行政事业性收费，大幅减轻了企业负担。各种减费降负政策为企业营造了更好的发展环境，为企业适应新常态、化解经济下行压力创造了条件，也为稳增长、调结构营造了空间。

2017 年，结构性减税和普遍性降费依然是主旋律。2 月 8 日的国务院常务会议决定进一步清理和规范涉企收费，持续为实体经济减负。2017 年 3 月 5 号总理政府工作报告中，明确提出 2017 年要进一步减税降费。减税方面，加大中小企业结构性减税力度：一是扩大小微企业享受减半征收所得税优惠的范围，年应纳税所得额上限由30万元提高到50万元；二是降低企业科研成本，科技型中小企业研发费用加计扣除比例由50%提高到75%。降低企业非税负担方面，一是要全面清理规范政府性基金，取消城市公用事业附加等基金，授权地方政府自主减免部分基金。二是进一步取消或停征中央涉企行政事业性收费35项，力争收费项目再减少一半以上，保留的项目要尽可能降低收费标准。各地也要削减涉企行政事业性收费。三是减少政府定价的涉企经营性收费，清理取消行政审批中介服务违规收费，推动降低金融、铁路货运等领域涉企经营性收费，加强对市场调节类经营服务性收费的监管。四是继续适当降低"五险一金"有关缴费比例。五是通过深化改革、完善政策，降低企业制度性交易成本，降低用能、物流等成本。通过各方努力，使企业轻装上阵，创造条件形成我国竞争新优势。

六、融资拓宽——加强政策落实效果评估

多年来，针对中小企业融资难、融资贵问题，各级政府不断探索新举措扩充中小企业融资渠道、降低融资成本。在银企合作方面，工信部与中农工建交等国有商业银行签订战略合作协议，引导商业银行加大对中小企业融资支持力度，银监会也提出商业银行中小企业融资"三个不低于"目标，并适当放开主体限制，大力发展中小银行和村镇银行。在直接融资市场方面，不断完善多层次资本市场，不断完善新三板改革突破，探索分层转板机制，并鼓励发展区域股权交易市场（新四板）。在互联网金融方面，不断加强引导和监管，推进中小企业股权众筹合法化进程。在风险分担机制构建方面，探索推进银担合作、政银担合作、政银保担合作模式，加强政策性担保体系建设，构建中小企业信贷再担保风险补偿资金池。多重政策合力下，中小企业融资环境不断优化。

2017年，中小企业融资政策在延续以往政策脉络的基础上，将重点完善政策支持体系，着力加强各项政策的落实评估环节。多年来中小企业政策落实方面存在的"最后一公里"问题与一直以来存在的重政策出台、轻政策评估不无关系。预计中小企业融资政策效果评估将重点围绕中小企业融资环境

的整体评价展开，立足于政策的最终受众——广大中小企业的最终感受，从融资难不难、贵不贵、快不快、够不够几个关键方面展开，切实反映中小企业感受，客观评价各地中小企业融资的整体环境，通过不同地区横向比较、同一地区不同时期的纵向比较，反映宏观融资环境的变化，以此促进各地中小区域相关部门切实加强服务、改善中小企业融资环境。

第二十章　2017年我国中小企业发展趋势展望

预计2017年随着宏观经济触底企稳，中小企业内需逐渐回升，创业创新动力将持续迸发，融资压力将不断缓解，中小企业发展信心有望不断增强。尽管如此，由于整体宏观环境仍处于下行通道，小型企业压力将变得尤为明显，东中西部地区差距将进一步拉大，政策落实仍存在“最后一公里”问题，中小企业转型升级仍任重道远。因此，还需要进一步推进体制机制改革，优化中小企业发展环境，完善科技成果转化机制，激发中小企业创新活力，完善投融资体系，助力中小企业实现创业创新发展。

一、对2017年发展形势的基本判断

（一）宏观经济触底企稳，中小企业内需有望回升

2016年前三季度，我国GDP增长率均为6.7%。2017年1月16日，国际货币基金组织（IMF）估计，中国2016年经济增速为6.7%，印度为6.6%，这也意味着，中国经济增速重回全球第一。最重要的是，如今的“全球第一”速度，是在经济质量优先的供给侧结构性改革进程中实现的。这说明，我国政府着力实施的创新宏观调控、以简政放权释放市场活力、以创新驱动和“双创”激发全社会创造力等一系列“组合拳”取得了显著成效。

从消费来看，除8月和9月以外，2016年其余月份社会消费品零售总额同比增速均高于上一年数值，经济复苏态势良好。8月，社会消费品零售总额同比增速降至2016年最低值，之后经过缓慢回升，社会消费品零售总额同比于11月升至2.3的水平。但自从2014年5月份以来，社会消费品零售总额同比值不断下滑，2015年1月份，社会消费品零售总额同比降至最低值0.76%，之后缓慢回升至8月份的1.96%的水平，9月份回落为1.60%。从环比来看，2016年2月，社会消费品零售总额环比为1.6%，经过大幅滑落，5月降至

-0.5%，创下2015年5月以来的最低值，7月CPI环比回升至零点以上，但10月又降至-0.1%。

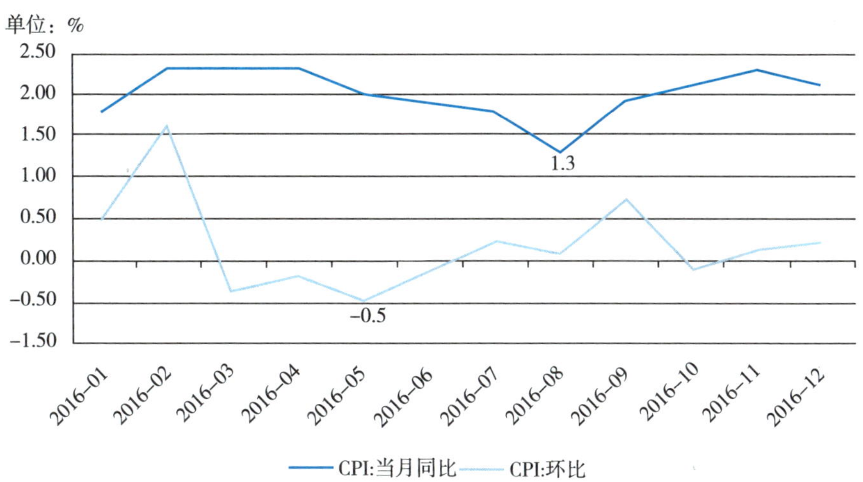

图20-1　2016年我国社会消费品零售总额

资料来源：Wind数据库，2017年1月。

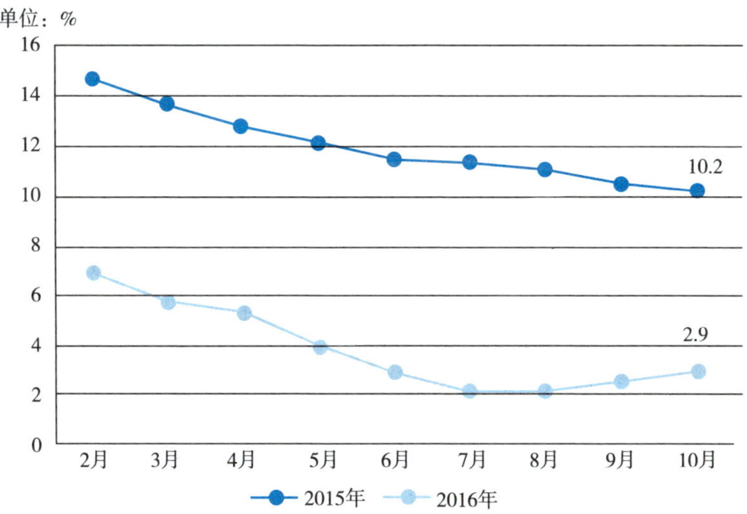

图20-2　2015—2016年1—10月我国民间资产投资累计增长率对比

资料来源：国家统计局，2017年1月。

投资方面，1—10月期间，民间固定资产投资同期累计增长率低于去年水平。以10月为例，民间固定资产投资累计增长率为2.9%，增速较上一年同期回落7.3个百分点。但进入下半年以来，我国民间资产投资累计增长率开始呈现缓慢上升态势。

从工业品出厂价格指数来看，2016年前8个月，工业品出厂价格指数（PPI）延续同比负增长的趋势，成为自2012年3月以来第54个月当月同比负增长。8月份，创下近六年来最大同比降幅，9月份PPI同比水平增至零点以上，并于12月升至2011年10月以来的最高值。从环比来看，PPI环比围绕零点略有波动，进入下半年以来，PPI环比缓慢攀升，12月以1.6%的水平实现2002年以来的最高值。

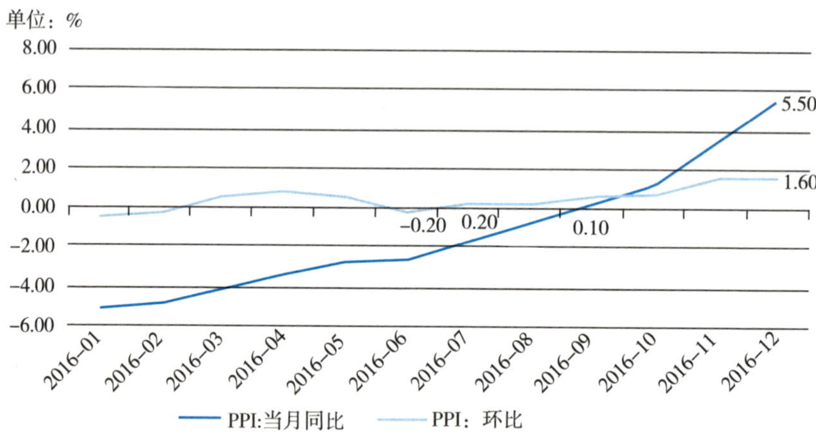

图20－3　2015年1—9月工业品出厂价格指数（PPI）变化情况

资料来源：Wind数据库，2017年1月。

2017年，随着以“去库存、去杠杆、去产能、降成本、补短板”为核心的供给侧结构性改革深入推进，困扰我国经济发展的深层结构性问题有望进一步破解，经济发展质量进一步提升，发展速度也有望保持目前已经显现的良好复苏势头。国内经济基本面趋暖以及国内市场消费升级势必利好企业，为中小企业发展提供坚实的内需基础。

（二）创业创新深入推进，创业创新动力有望持续迸发

2016年国务院及相关部门围绕创业创新领域先后出台了20多项指导性文件，推出了“互联网＋”11个领域行动计划等政策举措，打造了汇集“众创”“众包”“众扶”“众筹”的“四众”平台，“双创”政策体系框架初步形成，极大地激发了创业创新活力，调动了创业创新积极性，使我国成为全

球创业活动最活跃的区域之一。财政部、工业和信息化部、科技部等五部委联合启动小微企业创业创新基地城市示范工作，全国已有30个城市作为双创城市示范全国，为小微企业创业创新发展营造良好环境。此外，中央和地方系列“双创”扶持政策以及“三证合一、一照一码”等商事制度改革形成叠加效应，激发了百姓投资创业的热情，促进了市场主体快速增长，创业创新蔚然成风，创业投资大幅增长，成为社会投资的新热点。数据显示，2016年上半年，全国新设市场主体783.8万户，比去年同期增长13.2%，平均每天新登记超过4万户。目前，全国各类市场主体达到8078.8万户。

新创中小企业活跃指数稳步增长。2016年第三季度，国家工商总局通过对新设立的小微企业一周年调查问卷分析显示，新设小微企业总体比较活跃，活跃指数为69.9%，超八成开业企业实现营收，创新和涉网企业盈利比例高。中小企业景气指数从2016年2月份的98.90稳步提升到5月份的99.90，由此可见中央和地方前期出台的一系列稳增长政策进一步推动中小微企业快速复苏。

2017年，随着国家“创新驱动”“大众创业，万众创新”战略的持续推进，以及各方促进创业创新政策的逐渐显效，可以预见企业创业创新环境必将愈发完善，中小企业创业动力与创新活力必将进一步迸发，中小企业有望迎来新一轮创业创新高潮。

（三）融资环境不断优化，融资压力有望继续缓解

2016年，针对中小企业融资难、融资贵的问题，中国银监会、国家税务总局与银行业金融机构联合开展“银税互动”活动，通过实现纳税人的“纳税信用”与“贷款信用”挂钩，对缓解小微企业融资难具有重要促进作用。截至6月末，全国各省级国税局、地税局与466家省级银行业金融机构签订“征信互认银税互动”合作协议，推出了230余项无抵押信用贷款金融产品，例如“税易贷”“税融通”“税添富”等，共为9万余户纳税守信企业发放了近1548.74亿元的贷款余额。中小企业融资环境在政策扶持下不断优化，根据银监会的统计，截至第三季度末，银行业金融机构用于小微企业的贷款（包括小微型企业贷款、个体工商户贷款和小微企业主贷款）余额25.6万亿元，同比增长13.7%。

2017年，融资政策有望进一步细化。在金融支持实体经济的大政策背景

下，随着银监会对民营银行牌照的逐渐放开，面向中小企业的金融实体不断增加；信贷支持中小企业“三个不低于”政策的持续推进，中小企业信贷融资总量及覆盖率不断增长；多层次资本市场建设日益推进，中小企业融资渠道有望不断拓宽；各级中小企业融资担保、再担保体系将日益完善，中小企业融资门槛有望继续降低；面对中小企业的新型融资产品不断推出，中小企业选择范围有望越来越大。整体来看，长期困扰中小企业发展的“融资难、融资贵”问题有望继续得以缓解，整体融资环境有望持续改善。

（四）发展信心略有好转，中小企业未来预期依然谨慎

2016 年中小企业生产活动整体有所复苏，销售状况温和改善，中小企业发展信心略有好转，但中小企业对未来预期更为谨慎，亟须树立市场信心。从渣打中国中小企业信心指数（SMEI）看，截至 2016 年 11 月份，中国中小企业信心月度指数波动明显，但较 2015 年持续下降的趋势略有改善，出现初步企稳的良好态势。最新的 11 月份数据显示，中小企业经营现状略显改善，但未来仍将面临困难。11 月 SMEI 三个分项指数中，经营现状指数由上月的 55.6 略升至 55.7，其中增长动能指数由于销售提速和产成品库存下降而从上月的 6.9 升至 9.0。但预期指数降至近 10 个月以来最低值 57.0，表明受访中小企业对经营前景的预期更为谨慎。信用指数亦由 10 月的 53.3 回落至 52.3。中国中小企业信心指数和中国中小企业发展指数尽管并不能代表所有中小企业对当前经济发展实际的判断，但也在一定程度上反映了目前中小企业的普遍心态，中小企业对未来前景态度愈趋谨慎，经营缺乏持续性动力。

2017 年，国内外经济形势不确定性较大，在外部经济环境未完全回暖前，预计中小企业对未来的预期依然谨慎。

二、需要关注的几个问题

（一）整体发展处于下行通道，小型企业压力尤大

2016 年，我国中小企业发展整体处于收缩状态，中、小企业制造业采购经理人指数（PMI）基本处于荣枯线（50）以下，小型企业下行压力尤大，PMI 指数全年处于 49 以下，需要重点关注。从 PMI 具体分布来看，2 月降至当前最低水平，之后虽略有回升，但 7 月又降至荣枯线以下，8 月，我国制造

业采购经理人指数重回荣枯线之上，并实现小幅增长，11 月以 51.7 的水平实现当年最高值，反映出我国经济在进入下半年以后企稳趋势明显。从不同规模企业的 PMI 来看，大型企业 PMI 全年均处于荣枯线以上，2016 年 11 月，大型企业 PMI 比上月回升 4.3 个百分点，升至全年最高水平；中型企业 PMI 基本处于荣枯线上下浮动，在 4、5 两个月的 PMI 指数分别为 50 和 50.5，处于荣枯线以上，其余月份指数皆低于 50，虽然 2016 年第四季度有所回升，但下行压力明显。截至 2016 年 12 月，小型企业制造业 PMI 已经连续 29 个月低于荣枯分水岭。

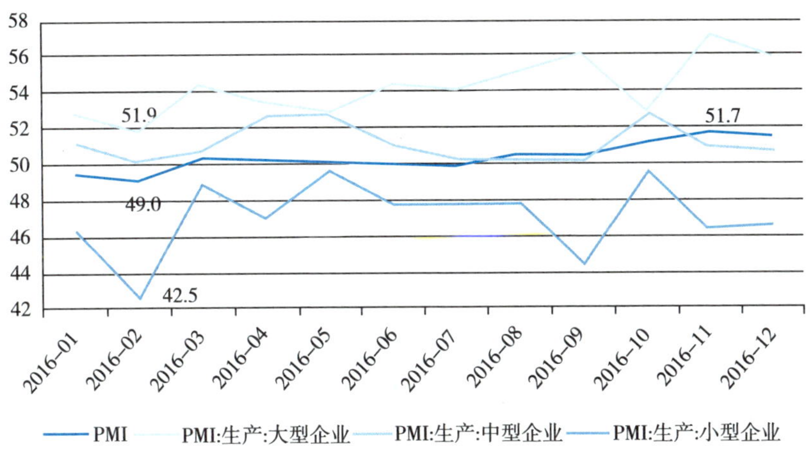

图 20－4　2016 年我国制造业采购经理人指数（PMI）

资料来源：Wind 数据库，2017 年 1 月。

2017 年，由于制造业所处外部环境短期内难以发生根本性变化，制造业转型升级依然任重道远，各种制约因素依然存在，中小企业自身在人才、资金、技术、信息等资源方面的劣势和短板决定了大中小型企业之间 PMI 分化的趋势将依旧延续，加之目前中小企业内在发展信心不足的因素，预期中小企业尤其是制造业中小企业处境依然较为严峻。

（二）东中西部差异化发展，地区差距进一步拉大

2016 年我国中小企业发展呈现出不同的变化趋势，从中小企业发展指数（SMEDI）（渣打银行）来看，东部地区中小企业发展指数呈上升趋势，从第一季度的 92.5，上升到第三季度的 92.7；而中、西部地区中小企业发展指数

普遍呈下降趋势，西部地区从第一季度的 91.6，下降到第三季度的 89.9；中部地区发展状况最差，且下降趋势最为明显，从第一季度的 92.2 下降到第三季度的 84.9，下降了 7.9 个百分点。2017 年，我国东、中、西部中小企业地区差异恐将进一步拉大，阻碍我国中小企业整体转型升级步伐。因此，2017 年需要重点关注中、西部，尤其是中部地区的小微企业，可以适当给予政策倾斜。

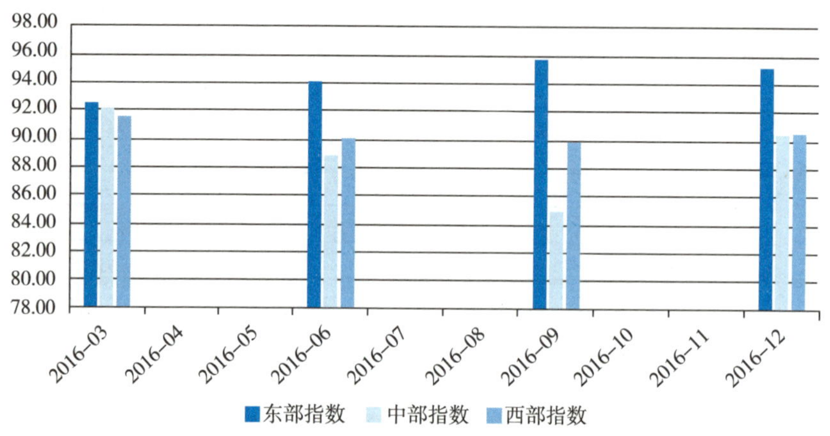

图 20－5　2016 年我国东中西部中小企业发展指数

资料来源：Wind 数据库，2017 年 1 月。

（三）投融资内生动力不足，转型升级任重道远

2017 年，虽然我国中小企业外部融资环境有望不断优化，但却面临投融资内生动力不足的问题。民间固定资产投资一直是拉动我国中小企业发展的重要引擎，也可以反映出中小企业的发展状态。但自 2016 年以来，我国民间固定资产投资持续下降。截至 2016 年 9 月份，我国民间固定资产投资累计同比增长率已经下降至 2.47%，较去年同期降低 7.94 个百分点，而这一数据在 2005—2015 年间的平均值是 32.75%。这说明民间投资推动我国中小企业增长的力量正在急剧减弱。与此同时，我国中小企业内在融资需求也呈不断下降趋势。自 2015 年以来，我国中小企业贷款需求指数持续（中国人民银行）下降，2016 年第三季度双双跌至 2009 年以来的最低点，中型企业 2016 年第三季度的贷款需求指数为 52%，小型企业的贷款需求指数为 55.8%，与去年同期相比分别下降 2.6 个和 5.6 个百分点，均为 2009 年以来的最低水平。这些数据都说明我国中小企业生产经营动力不足。

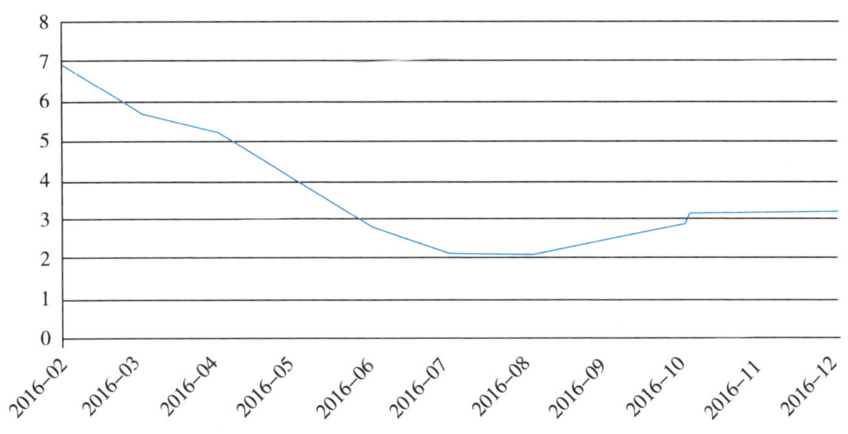

图 20－6　2016 年我国民间固定资产投资

资料来源：Wind 数据库，2017 年 1 月。

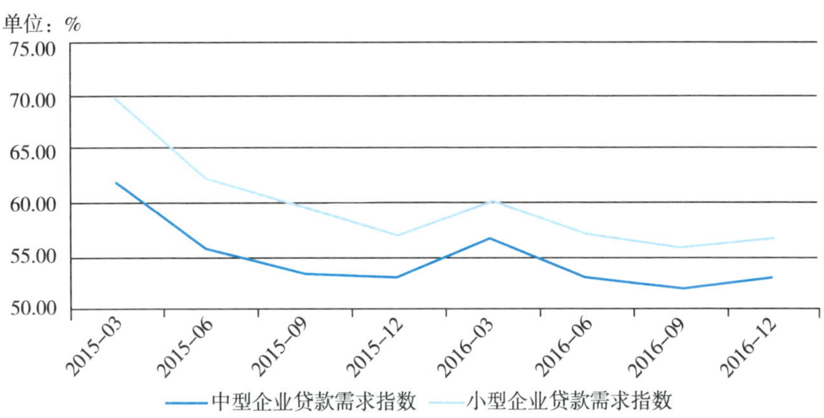

图 20－7　2015 年至 2016 年我国中、小企业季度贷款需求指数

资料来源：Wind 数据库，2017 年 1 月。

（四）政策落实有待加强，仍存在“最后一公里”问题

“最后一公里”并不是一个新问题，但 2017 年我国中小企业仍然面临这一难题。事实上长期以来，政府出台的各项扶持中小企业发展政策，在落实的过程中都很难解决“最后一公里”问题，减弱了政策实施效果。形成“最后一公里”现象的原因很多，既有主观认识方面的不足，又有地区差异的因素，还有政策制定的精准性不高、落实效果评估的缺失以及体制机制等方面的问题。

基于造成“最后一公里”问题原因的复杂性以及改革进入深水区，存在阻碍多、难度大等问题，清除政策落实阻碍具有长期性和艰巨性的特点。展望2017年，我国中小企业发展面临的国内外形势依然比较严峻，中小企业转型升级刻不容缓，要勇于抓住新一代信息技术带来的机遇，以“中国制造2025”为发展契机，大力发展“专精特新”中小企业，勇于破除体制机制束缚，推进各项扶持政策切实落地，尽快实现我国中小企业转型升级。

三、应采取的对策建议

（一）继续推进体制机制改革，优化中小企业发展环境

继续大力推进体制机制改革，为我国中小企业创造良好的发展空间，释放企业创业创新活力。一是进一步加强税收方面的支持力度，在加大对中小企业税收减免的同时，关键要注重政策的落实效果。二是继续缩减行政事业性收费，减轻中小企业生产经营负担，引导中小企业将更多的精力投入产品和技术创新。三是继续推进商事制度改革，实行“一照一码”“多证合一”和企业简易注销登记制度，降低中小企业市场准入门槛。四是大力开展中小企业“互联网+”专项行动，打造以信息化平台为支撑的中小企业“互联网+”生态体系，在此过程中，对于中、西部中小企业适当予以倾斜，促进全国中小企业协同发展。

（二）完善科技成果转化机制，激发中小企业创新活力

切实完善我国科技成果转化机制，形成以企业为主体的产学研金政合作体系。一是进一步推进科技成果使用、处置和收益管理改革，加大对科技成果承接、转化和产业化的以及创新企业和创新人员的财政补贴力度，例如可以采取一次性奖励、股权奖励等方式，对于创新成果转化起到关键作用的创新企业和创新人员以激励。二是继续鼓励科研院所人员、高校毕业生创业，壮大创业创新队伍，从源头上为中小企业创业创新活动增加活力。三是大力促进科技金融平台的发展，可以采取引入国内外知名创业投资机构，建立互联网众筹平台等方式，依靠市场化力量，自发引导科技成果完成转化过程。

（三）完善投融资体系，为中小企业提供资金支持

继续完善中小企业投融资体系建设，为中小企业提供资金支持。一是深

化投融资机制改革，进一步降低投资门槛，完善中小企业创业补贴政策，设立中小企业贷款风险补偿专项资金，探索构建完善的“银行 + 企业 + 平台”的融资模式，创新政府、银行、企业的风险分担机制，缓解中小企业融资难题。二是进一步发挥中小企业发展基金的引导作用，撬动社会资本，为中小企业、尤其是小微企业提供资金支持。三是完善助保贷风险保证金制度，健全中小企业投融资担保体系，构建起政府牵头的中小企业融资担保平台，为中小企业、尤其是小微企业提供融资担保。四是鼓励并支持中小企业直接融资，扶持条件较好的中小企业在创业板、新三板上市，为中小企业发展尤其是初期发展提供资金保证。

（四）加强政策落实，解决“最后一公里”问题

全面开展各项专项行动，加大力度缓解中小企业政策落实“最后一公里”难题。一是加大相关部门，尤其是地方政府相关部门的重视程度，将政策落实效果与地方政府绩效考核挂钩，从制度入手提高政策的执行效果。二是深入调查研究，明确各项政策难以落实的各个关键点，有针对性的探索解决思路，让中小企业切实享受到“政策红利”。三是建立政策落实效果评估机制，选取相应指标，构建科学合理的指标体系，对政策落实效果进行评估。四是建立相应的监督检查机制，如开展中小企业政策落实监督检查专项行动，对于政策落效果较好的地区予以鼓励。

产 业 篇

第二十一章　2016年我国战略性新兴产业取得的主要进展

2016年，我国战略性新兴产业增加值实现了高于全部规模以上工业4.5个百分点的较快增长，日益成为拉动经济增长的新引擎。以企业为主体、产学研用联合的协同创新体系正在加速形成，新一代信息技术、核电、航空航天、轨道交通、电力装备、海工装备等领域创新取得新突破，在国际上形成了较强的竞争力；京津冀、长三角、珠三角和中西部区域间分工协作态势逐步显现，上至国家、下至省市的产业政策陆续出台，战略性新兴产业发展环境得到持续改善。但也必须看出，我国经济发展驱动力的转换还需要一个过程，战略性新兴产业发展过程中还存在体制机制束缚、标准缺失、“走出去”面临贸易保护困境、新产品新技术推广应用难、跨领域高层次综合型人才缺失等诸多制约新兴产业发展的因素。

第一节　我国战略性新兴产业发展概况

一、战略性新兴产业日益成为拉动经济增长的新引擎

根据国家统计局数据，2016年，战略性新兴产业增加值比上年增长10.5%，高于全部规模以上工业4.5个百分点。从重点行业看，2016年，电子、汽车行业现价增加值占工业增加值的比例已分别达到7.5%与6.9%，这两个产业对我国工业增长的贡献率为27.9%，智能手机、智能电视、集成电路、光电子器件、新能源汽车等产业的快速发展对我国工业的增长做出了重

要贡献。从重点企业看①，2016 年 1—5 月，规模以上企业（战略性新兴产业 27 个重点监测行业）的营业收入增速达 11.5%，比同期工业增速高 8.6 个百分点，比 2015 年同期增速高 0.1 个百分点。规模以上企业利润增速达 15.9%，比上年同期高 1.47 个百分点，比同期工业高 9.5 个百分点。从主要区域看，新兴产业对区域经济增长的支撑作用日益突出。2016 年第一至第三季度，贵州省的计算机、通信和其他电子设备制造业的增加值增长了 63.5%；重庆市的战略性新兴制造业增加值同比增长 22.6%，拉动重庆工业经济增长 2.8 个百分点，贡献率为 26.5%；天津市生产的节能和新能源汽车达 3.61 万辆，增长 44.5 倍；江苏省的工业机器人产量增速达 50% 以上。

二、若干重点领域已形成较强的国际竞争力

我国在新一代信息技术、核电、航空航天、高端装备等领域均实现了突破，在部分领域具有较强的国际竞争力。在新一代信息技术领域，国内自主研发的第一个超大规模分布式系统“飞天”，获得第三届世界互联网大会创新成果奖（最有代表性的 15 项科技创新成果之一），“飞天”作为阿里电子商务交易平台的技术支撑，已成功支撑 2016 年“双 11”每秒 17.5 万笔交易创建，每秒 12 万笔的支付峰值，这表明阿里巴巴公司的云计算能力已居于全球前列。在核电装备领域，2016 年 9 月，英国政府正式批准欣克利角 C 核电项目，中国广核集团将参与项目投资建设，这是我国第一次向发达国家出口拥有自主知识产权的三代核电技术。在轨道交通装备领域，2016 年 5 月，我国自主研发的时速 160 公里 CRH6F 型城际动车组，获得型号合格证和制造许可证；7 月，我国拥有自主知识产权的标准动车组顺利完成 420km/h 交会试验，标志着我国动车组相关技术达到世界前列。在航空装备领域，我国自主设计的大飞机 C919 已完成大部分地面试验，ARJ21——700 新型涡扇支线客机已经正式投入商业运营，我国大型客机发动机的验证机已进入详细设计阶段。在电力装备领域，2016 年 1 月，国电泰州二期 2×100 万千瓦超超临界二次再热燃煤发电工程 4 号机组已经成功通过满负荷试运行，目前已移交生产。在海

① 《战略性新兴产业对经济社会发展贡献日益突出》，国家发改委政策研究室子站，2016 年 7 月 15 日。

工装备领域，2016 年 8 月，我国具有自主知识产权的“海斗”号无人潜水器的最大下潜深度达 10767 米，这标志着我国已成为世界第三个能够研制万米级无人潜水器的国家。

三、以企业为主体、产学研用联合的协同创新体系正在加速形成

以企业为主体的技术中心、公共技术平台、产业联盟等创新网络平台正在加速形成。从创新平台建设看，如北京市以推进制造业创新中心建设为主要抓手，已经形成动力电池、3D 打印、高档数控机床等 11 个技术创新中心（国家级或市级）的建设运营方案，并制定产业技术创新路线图。当前，石墨烯材料应用研究已进入世界前列，北京可信开放高端计算系统已经到了实质产业化阶段，28 纳米芯片制程工艺已经进入量产阶段。从行业创新联盟建设看，如南京市通过对未来网络产业创新中心、北斗产业研究院、中科院先进激光技术研究院等 20 余家新兴产业重大平台给予重点支持，区域协同创新能力得到明显提升；再如深圳市实施“产业链 + 创新链”融合专项，以华大基因、华为、腾讯、光启、超多维、深圳先进院、创新投等作为主要发起单位，联合行业内的产、学、研、资、介等相关单位，分别组建了基因、云计算、移动互联网、超材料、新材料、3D 显示和大数据等产学研资联盟。

四、新兴产业区域间分工协作态势逐步显现

我国京津冀、长三角和珠三角地区的创新资源较为富集，这些地区已经成为我国新兴产业发展的主导区域。长三角的上海、杭州、宁波、无锡等地区在物联网、石墨烯、云计算、生物医药制造等领域具有优势。环渤海地区在新一代信息技术、航空航天、海工装备、节能环保等领域具有一定实力。珠三角地区在移动互联、新能源汽车、节能环保等领域发展较快。此外，中西部地区在光电子、硅基新材料等新兴领域也形成了特色优势，如湖北省在光电子信息、生物新能源、环保材料等方面发展速度较快，贵州在大数据领域发展迅猛，西南地区成为我国硅材料和核电装备制造基地，西北地区聚集了我国主要的新能源（风能、光伏）发电项目。经过多年发展，我国新兴产业区域间协作分工逐步显现。以新一代信息技术产业为例，珠三角地区主要

承担制造职能，形成了多级零部件供应企业；长三角地区兼具制造和研发职能；中西部地区的四川省软件与信息技术服务业、集成电路、北斗导航等领域实力全国领先，成为我国重要的网络游戏研发运营中心、软件产业基地和计算机生产基地。再如新能源汽车领域，整车生产企业已分布于环渤海、长三角、珠三角、中西部等地区，天津市依托力神、贝特瑞、比克等龙头企业成为动力电池生产的重要基地，上海依托上汽集团等企业不断加强在锂离子电池、燃料电池等领域的投入，珠三角地区依托比亚迪、比克等企业成为锂离子电池生产和组装基地。

五、新兴产业政策环境得到持续改善

在国家政策方面，已经出台了一系列利好于新兴产业发展的政策措施。2016 年 3 月，工业和信息化部、中国人民银行、中国银行业监督管理委员会联合发布了《加强信息共享促进产融合作行动方案》，要求工业和信息化主管部门建立重点企业和重点项目融资信息对接清单、建立产融信息对接服务平台，要求银行业金融机构加大精准支持力度、创新金融支持方式及完善产业链金融服务①。3 月，国家发展和改革委员会、国家开发投资公司、国投所属中国投融资担保股份有限公司签署《战略性新兴产业融资担保风险补偿金合作协议》，三方将共同在战略性新兴产业领域开展项目融资风险补偿试点工作，京津冀等 8 个试验区将开展首批试点②。12 月，国务院印发《“十三五”国家战略性新兴产业发展规划》，部署了包括集成电路发展工程、人工智能创新工程、生物技术惠民工程、新能源高比例发展工程、数字文化创意技术装备创新提升工程等 21 项重大工程。

在地方政策方面③，多省市积极谋划布局新兴产业未来 5 至 10 年的发展蓝图。如江苏省、湖北省、安徽省、贵州省等编制了战略性新兴产业“十三五”规划，将战略性新兴产业作为优先重点发展的产业，摆在构建现代产业

① 《三部委关于印发〈加强信息共享促进产融合作行动方案〉的通知》，工信部联财〔2016〕83 号，工信部财务司。

② 《国投与发改委、中投保签署融资担保风险补偿金合作协议》，国家开发投资公司。

③ 陆平、黎文娟、孙虎、张洪国：《我国新兴产业发展态势、问题及政策研究》，《工业和信息化研究》2016 年第 5 期。

体系的突出位置。目前，大部分省市已制定了落实“中国制造2025”的行动方案或实施意见。一些地区已出台新兴产业细分领域的规划布局。如河北省出台了先进装备制造、电子信息、信息服务、新能源汽车等专项产业规划。四川省编制了七大战略性新兴产业和五大高端成长型产业发展规划，出台了产业指导目录和产品年度培育计划，制定了燃气轮机、增材制造、高端医疗设备、大数据等重点产业发展路线图。一些地区通过规划引导资金、技术、人才、土地、项目等各类要素资源集聚，配套各项政策措施，促进新兴产业快速发展。如安徽省设立战略性新兴产业创投基金，广东省设立了战略性新兴产业创业投资引导基金，重庆市组建了战略性新兴产业股权投资基金。另外，一些地区通过建设新兴产业示范基地的方式，促进高端产业和新兴产业集聚发展。

第二节　我国战略性新兴产业发展的主要制约因素

一、体制机制束缚与标准缺失制约行业发展

一方面，我国战略性新兴产业仍面临一系列体制机制障碍。自改革开放以来，随着国际经济形势的不断变化，我国制度改革和体制机制调整做出了一系列努力，目前，改革逐渐进入深水区，改革红利不断减少，而部分新兴产业起步较晚，尚未形成具有规模效应的竞争市场，缺乏自我创新能力与维持发展的内生增长机制。例如，受外资技术外溢、中美经贸合作关系不确定性增强等因素影响，导致以软件及信息技术服务为主的新一代信息技术产业增速下滑，由传统钢铁、化工、建筑材料等传统行业延伸出的新材料行业受经济疲软影响，整体增幅放缓。另一方面，国际标准竞争更加激烈，我国行业标准缺失问题急需解决。我国在提出《中国制造2025》战略规划基础上，在新兴产业领域也在积极推进行业标准制定工作。如国务院发布《促进大数据发展行动纲要》，在大数据行业标准与体系框架方面取得了积极进展；在石墨烯行业也率先在全球启动了国家标准制定工作。但我国新兴产业标准化制

定存在具有自主知识产权标准少、企业参与意识不强等问题，行业标准缺失带来的技术、接口、产品品质参差不齐，山寨产品不断增加等问题。以 LED 显示屏为例，2016 年，我国 LED 显示屏行业发展稳步提升，但行业标准缺失导致市场上虚假产品增多，LED 显示屏行业间价格竞争愈演愈烈，虽出口额逐年上涨，但也引发了一系列贸易壁垒、成本上涨等问题。我国急需制定有利于新兴产业发展的技术标准体系。

二、部分新兴领域“走出去”面临贸易保护主义困境

新兴产业因其“朝阳性”，吸引了众多风险和投机资本进入，加上“十二五”时期以来，各地热捧新兴产业，使得新兴产业规模扩张很快。大量社会资本的进入，为产业发展提供了重要保障，但不加引导的盲目投资产生了一些负面作用，部分领域已经引起了发达国家的阻挠和防范。随着国内企业的迅速崛起，不少国家“中国威胁论”日渐抬头，中国企业尤其是中国企业并购外国企业，已经面临着更多的刁难和更为严格的审查。如美国因为顾忌华为是思科强有力的竞争对手，因此对华为进入美国市场进行打压；金沙江欲并购飞利浦在美芯片和车灯公司，由于无法解决美国外国投资委员会“有关国家安全的顾虑”，并购宣布失败；华润集团子公司收购仙童半导体公司也因担心无法通过美审查而被拒绝。近几年来，美国正在不断收紧对任何有可能会提升中国高精尖技术或者是军事力量的限制，使得中国企业进入美国市场存在多重障碍。未来在大力提升自主创新能力的同时，可以加大与欧洲老牌工业强国的合作，在进行跨国并购时要充分了解国内和标的国家的政策，必要时聘请国际中介机构，引进国际化人才，对于一些重要和敏感领域，要注意保密、低调，重视舆论引导的作用。

三、新产品新技术市场培育和推广力度亟待加强

创新产品的供需对接不到位，导致部分企业创新活力低迷。目前我国已有相当部分企业的创新产品性能已达到国内、国际领先水平，但国内用户不愿意承担使用国内产品的风险，在招标中设置了较高的门槛。一些民营企业反映，在申请专项建设基金项目过程中，如果没有国资背景或者政府担保，

难以通过银行审批。同时，市场制度建设滞后，市场环境跟不上新兴产业领域发展形势。由于新兴领域发展变化快，新兴产业往往面临制度规范滞后等问题，如贵州省大数据行业缺乏高效、权威、可行的大数据交易制度，行业存在很多不规范的行为，导致客户信息存在泄露风险，影响大数据产业的健康发展。国内专利侵权违法成本低，知识产权保护力度不够，如新的工业设计存在被模仿的风险。一些新兴行业的相关标准偏低，鼓励“低价中标”导致质次低价的产品充斥市场，优质的创新产品得不到很好的应用。

四、跨领域高层次综合型人才缺失

战略性新兴产业是典型的技术密集型产业，处于高技术的顶端或前沿，而人才是发展战新产业的根本。人才问题突出表现在两个方面：一是高端人才的需求总量缺口较大，人才供需结构性矛盾突出。战略性新兴产业的快速迅猛发展，对人才的需求量暴增，而传统产业特别是供给侧改革中产能过剩行业低技能工人供给过剩，目前多领域、跨学科具有领头作用的高素质人才严重缺乏，结构性供需矛盾难以在短期内缓解。部分高技术新兴产业表现得尤为突出，如我国生物医药与软件研发等新兴产业人才需求旺盛，目前的人才培养难以满足产业发展的人才需求。二是地域差距带来的人才资源分布不均衡，导致战略性新兴产业的人才需求也存在地域差异。京津冀、长三角、珠三角地区人才较集中，为该地区战略性新兴产业发展提供了相对足够的人才支持，而东北、中西部等区域新兴产业发展的急需人才很难得到满足。

第二十二章 2017年我国战略性新兴产业发展需要关注的问题

战略性新兴产业新技术、新业态、新模式不同涌现，2017年我国战略性新兴产业发展，亟须关注几个热点问题：一是聚焦积木式、渐进式和颠覆式三类创新，加快体制机制改革，处理好政府与企业、大企业与中小企业的关系，加大人才和资金保障力度，激发新兴产业创新活力，推动新兴产业发展。二是正确看待分享经济发展过程中存在的问题，创新分享经济新业态的监管方式：不断创新监管理念、深化政府与分享经济的合作、动态把握平台与供需方的关系、不断完善信任机制。三是我国需积极应对“机翻时代”的挑战，加速计算机翻译产业体系规划布局，抢占国际信息流动战略新支点；同时，要积极开展制造业领域信息互译体系预研，助力“中国制造”扬帆出海。四是针对混合现实、石墨烯、碳纤维、增材制造等新产业，要加大产业分析，以需求为导向，不断完善产业发展环境，促进产学研协同创新，加快标准体系建设，积极探索产业发展新模式，促进我国混合现实、石墨烯、碳纤维、增材制造等新兴产业健康发展。

第一节 推动新兴产业发展需聚焦三类创新

新兴产业是我国乃至全球经济复苏振兴的关键。事实上，国际金融危机产生的一个重要原因就是全球新兴产业发展乏力，一方面旧的产品供给过剩，另一方面新的产业发展不足，从而导致全球经济发展低迷。我国供给侧结构性改革中补短板的核心就是要发展新兴产业。然而，发展新兴产业关键要看创新活力，对我国而言，没有创新领域的体制机制变革，新兴产业发展就不可能取得巨大成功。

一、新兴产业发展亟待创新领域的供给侧结构性改革

（一）创新驱动的新兴产业大规模出现往往是新一轮经济周期的开始

创新是推动经济周期循环往复的重要力量，当创新不足或缺少新兴产业时就会带来经济危机。2008 年国际金融危机爆发时，全球几乎没有能够带来巨大消费和就业的新兴产业，直到苹果手机问世并带来手机产业的颠覆，全球电子信息消费才略有起色。其他新兴产业，比如核能利用，从二战原子弹爆炸后就没有多少颠覆性进步；生物医药、新材料产业甚至连清晰的产业边界都没有；航天领域自美国几十年前登陆月球后鲜有开创性发展。世界经济发展历程表明，只有出现大规模的创新和新的产业，才能重启新一轮经济增长。最先创新的企业或个人，往往是颠覆性创新，之后，由于技术外溢，会有更多的企业进入这些行业，并开始渐进式创新；遇到瓶颈后，一些相关大企业会消亡，行业随之衰落，从而等待下一轮创新带来新的经济发展周期。

（二）发展新兴产业必须进行创新领域的体制机制改革

德国工业 4.0 等战略的本质是加快开启新一轮创新周期。为了应对经济危机，德国制定了工业 4.0 战略，美国计划发展工业互联网，日本、韩国等也都有类似的发展战略，其实质是意欲通过商业模式创新和技术创新，加快开启新一轮的经济周期。这些国家历史上曾经过多轮经济周期洗礼，因此，创新发展新兴产业有经验也有体制保障，而我国则存在明显的短板，亟待创新领域的体制机制改革。在 2008 年国际金融危机之前，我国制造业发展的主旋律是“引进 + 吸收 + 再创新”，由于是跟随发达国家发展，因此对创新制度安排要求并不太紧迫，虽然国家设立了“863”“973”等科技攻关，但存在多与市场脱节的现象。当前全球各国处于一个创新竞赛的局面，我国急需实现创新体制的市场化转变，只有在市场体制下，创新活力才可能被激发，创新动力才能源源不断。

二、创新领域供给侧结构改革应重点关注三大类型

（一）积木式创新

强调创新的协同性、拼插性，需要打通技术、组织、商业、资本之间的

分割与壁垒。正如《制造业创新中心建设工程实施指南》（以下简称《指南》）中提到的那样，当前创新载体从单个企业向跨领域多主体协同创新网络转变，创新流程从线性链式向协同并行转变，创新模式由单一技术创新向技术创新与商业模式创新相结合转变。这种情况在电子信息产业领域最为明显，对创新更强调其集成能力。如乔布斯的苹果手机，所有的技术之前就已经具备，乔布斯做了创新集成，像搭积木一样把各种看似无关的创新集成在一起。特斯拉汽车也是这种情况。对于这类创新重点是搭建集成创新平台，把有资金的和各个有技术创新能力的人聚集在一起，采用市场化的运作方式，明确未来各自的收益，提高各个参与人参与创新的积极性。

（二）渐进式创新

强调稳扎稳打、步步为营，需要区分行业共有技术难题和行业“私有”技术难题。渐进式创新是经济发展周期中必不可少的阶段，它需要一步一个脚印，不断突破制约行业发展的各种关键技术和瓶颈技术。这种创新在机械装备行业领域最为明显，所以有专家称在这种行业内不存在弯道超车。例如，在航空航天、汽车、机械等行业都会用到的橡胶密封件，只能不断突破，不断增加创新投入，企业才能在全球竞争中取得先机。对于这类创新，从创新管理的角度来说，应该严格区分共有技术难题和“私有”技术难题。对于共有技术难题，国家可以组织攻关，而一旦攻关成功，同类产品进口价格会随之大幅度下降，从而可以惠及国内整个产业链条。对于“私有”技术难题，应该让企业自己去解决，谨慎补贴，避免造成市场中的不公平竞争。

（三）颠覆性创新

能够对行业组织结构、产品结构等带来巨大影响，需要宽容失败，需要军民融合。当前，很多颠覆式的创新想法，往往会招来各种非议，且缺乏一种“容忍”颠覆式创新的氛围。未来在全球新一轮经济周期竞争中，如果不能为颠覆式创新提供包容的环境，我国可能很难胜出。一般而言，颠覆性创新往往会首先在军工领域完成，比如互联网等技术最早就服务于军事用途。该领域具有需求倒逼创新的特征，可见，军民融合是推动颠覆性创新的重要阵地，但在我国军转民、民参军目前仍存在一定障碍，需要更多的制度创新。

三、加快体制机制改革，激发新兴产业创新活力

（一）为创新和新兴产业发展提供稳定的外部环境

在城市化和工业化发展中，不可避免地产生了大量的结构性矛盾，致使投机盛行、脱实就虚现象突出，非常不利于企业创新和新兴产业发展。例如当前一些所谓的新兴产业投资基金，很多并没有投入到产业发展和成果研发中，而是进行了市场投机。如果不对投机行为进行合理管制，我国创新大业和抢占新一轮科技革命制高点的国家战略就会被不断延后，形成不了全社会创新发展的合力，在国际创新竞争中必然会落败。

（二）要处理好两大关系

一是要正确处理政府与企业的关系。未来，除了涉及国家重大战略的技术研发，或者具有行业公共技术难题性质的研发之外，对于企业的创新活动政府不应干预，特别是不应对“私有”性质的技术难题进行所谓的补贴，以避免不公平竞争产生。建议成立新兴产业专家委员会，甄别哪些是共用技术。

二是正确处理大企业与中小企业的关系。大企业是行业龙头，创新投资能力强，我国很多关键性的技术突破往往要靠大企业。除了需要增加投资外，创新能够成功的一个重要因素就是可以不断试错，比如，电子新材料制作工艺除了配比正确外，对温度、研磨次数等都有特定的要求，这些窍门很多都是在试错中发现的。大量中小企业分摊了创新试错的成本与风险，中小企业对我国发明专利贡献度接近70%。日本20世纪就制订了类似于税收累进的制度，倒逼大企业分离出更多的中小企业，德国有很多中小企业，成就了隐形冠军。未来我国既要鼓励大企业采取资本运作等方式，充分利用中小企业的创新成果，又要防止大企业利用资本优势对中小企业实施不正当竞争。

（三）要保障两大资源

一是人才资源。受新一代技术进步影响，新时期人才需求和就业形势正在发生剧烈变化。为了适应工业4.0，欧盟提出了“工作4.0”概念，用以建立新的人才库。在工业4.0时代，人才不仅要有跨领域协作能力，还应具有大数据分析能力，我国应在这方面加强就业指导。在调研中发现，不少地方

创新人才“引不来、留不住”，其主要原因就是缺少产城融合，产业园区生活不方便；有不少国有企业因为缺乏激励机制，致使人才流失。

二是资金资源。鼓励金融创新，打击投机。改善中小银行的经营环境（如实现中小银行全国联网，异地跨行取款等）；支持直接融资，包括发行企业债券，中小板、创业板上市等；降低资金投资风险，发展投资担保、再担保业务等；鼓励各种产业基金，如新兴产业发展基金，中小企业发展基金等。

（四）打造三大功能平台

各地落实《指南》应重点把握制造业创新中心的三大功能平台。一是投资信息咨询平台。在当前的新兴产业投资中，存在政府没钱投、银行不愿投、很多民间投资者不敢投的现象，原因在于缺少客观的投资信息支撑，建立科学公正的投资信息平台势在必行。二是成果中介服务交易平台。不少研究成果被卡在最后一公里，其重要原因就是，优秀的研发人员不了解资本投资，而投资者也不了解哪些是优秀的科研成果和科研工作者。因此，要建立中介服务平台，把研究成果推向市场。三是科技攻关平台。要依托各种技术中心、研发机构，成立各种科技攻关平台。这种平台既可为国家重大项目攻关，也可通过收费等方式，为个体企业提供工艺改进攻关等服务。

（五）加快各类产业园区功能转型

我国各类产业园区大多是改革开放后为追赶世界工业发展建立起来的，具有时代特征，总体上以扩大产业规模、招商引资、发展高技术产业为目的。经过多年的发展，产能出现过剩，不少传统产业园区的历史使命已经完成，迫切需要加快功能转变，从之前靠低廉要素招商发展转向今后的凝聚资源创新发展。在这一过程中，根据产业特点和区域特点的不同，应坚持优化创新资源配置这一主线，自下而上发挥各地创新活力。在廊坊等地，产业园区新兴产业发展采用了产城融合的模式，园区招商管理交给了地产商，而地产商在利益驱动下也乐于发展高新产业，并建立创新中心。再如，在不少装备产业园内，往往具有“大企业＋中小企业”集群发展的特征，中小企业创新的难题是买不起检验检测设备，而大企业提供公共服务平台中小企业又担心技术被窃取，而这类创新难题一旦得到解决，就会激发整体的创新活力。同样，在生物医药等领域，实验设备非常昂贵，北京周边一些园区提供了这类公共实验设备，已吸引到一些生物医药领域的创新创业人才和企业。

第二节　分享经济新业态的监管方式亟须创新

以优步、空中食宿、淘工厂等企业为代表的分享经济模式正在生产生活各领域兴起。这些新的经营模式在快速发展的同时，也逐渐显露出自身存在的一些问题，给行业监管带来新的挑战，构建适合其发展特征的监管思路与体系，对分享经济的健康与长远发展至关重要。

一、分享经济发展过程中存在的主要问题

（一）分享经济平台与劳动供给方的关系模棱两可

分享经济整合众多碎片化、未充分利用的劳动资源产生经济价值，带给劳动者更多自主权。但平台中的劳动供给方是界定为雇员还是独立承包商仍不明确，这导致劳动者承担额外运营风险、缺乏劳动保障等问题。如2013年美国加州的“优步”司机诉诸法律，要求认定其劳动者身份，最终“优步”以1亿美元补偿金与38.5万名司机达成和解，和解后的“优步”司机的身份是独立承包商。如果“优步”平台与司机被认定为雇佣关系，司机能够获得与正常劳动者相同的劳动保障，但会导致平台运营成本大幅增加。

（二）课税对象、适用税种及税率尚不明确

在分享经济模式中，需求方通过第三方支付平台将资金返回给平台企业，扣除平台收入后余下部分进入到供给方账户。从资金的流向来看，第三方支付平台、平台企业、供给方都应是纳税主体，然而当前我国税收制度对分享经济商业模式的纳税主体没有具体规定。分享经济平台企业多注册为科技类创新型企业，缺乏在专业领域的合法运营资质，也没有法律法规对其应缴税种进行规范。

（三）用户对平台保护隐私数据的能力缺乏信任

由于分享经济中的闲置资源供给方通常是由数目庞杂的不确定的个人或

组织构成，分享经济平台利用“上帝视角”实时地调配资源，以达到资源的最优配置，但平台也可以通过“上帝视角”记录用户信息及活动数据（包括用户地理位置、账户日志、应用活动、移动设备信息、电话记录、网络连接信息等）。分享经济平台获取了大量用户相关信息，但缺乏平台内部及外部的监管机制，存在用户隐私侵犯及数据滥用的隐患。

二、分享经济监管面临的挑战

（一）难于界定分享经济平台的法律主体地位

2014 年新修订的《消费者权益保护法》第 44 条已规定了网络交易平台提供者的民事责任，但分享经济平台与网络交易平台是存在交集的两个不同范畴。对于分享经济平台，我国尚未有明确的法律法规定义其法律地位，缺乏追责依据。一些平台企业打着非交易平台的幌子，实质上从事商业性的资源分享活动。例如，微商平台已存在资源分享和交易行为，但消费者在微商平台上购买了问题产品，微商平台以仅作为社交平台而不是交易平台为由，不负担或仅负担极少的责任。

（二）难于兼顾分享经济与传统行业竞争者的利益

现行法律法规没有规定分享闲置资源的经营模式应承担和传统竞争行业相同的税费负担和社会责任。分享经济平台决定了交易的方式和条件，并能够对交易价格产生影响。如果平台滥用这种影响力，通过控制价格等方式来操控市场，打压传统行业竞争者，很可能造成不正当竞争。由于难以兼顾分享经济、传统行业竞争者及公共利益，地方政府往往联合传统行业竞争者反对分享经济的发展，并以现行法律对其经营合法性提出质疑。

（三）难于建立隐私数据监督保护机制

目前，关于个人数据管理的法律体系还不完善，法律仅规范信息公开，停留在鼓励和倡导数据开放的层面，数据开放过程中还没有建立起有效的隐私数据保护机制，缺乏数据开放的细则，如个人隐私和信息如何保护的规则并不明确。目前，大多数企业靠自身定的规则来承诺对隐私数据的保护，鉴于技术和企业管理的原因，单凭企业的公信力，并不能真正保护个人隐私数据。

要建立起完善的隐私数据监督保护机制仍需时日。

三、分享经济的监管方式探讨

（一）对分享经济应持包容态度，不断创新监管理念

分享经济的兴起有其自身的经济和社会合理性，如对技术、基础设施等资源的充分利用，并体现了社区交互、任务协作、权力分散等特征。政府对分享经济应持有宽容的态度，政策导向应发挥分享经济的优点、修正其发展缺陷，而不应采取封杀手段遏制其存续发展。应制定鼓励分享经济发展的产品、服务及安全标准，倡导行业自律和社会监督，强化平台型企业的平台管理责任，推动形成完善高效、全社会共同参与的多元监管体系。

（二）探寻在税收、信息共享等领域的契合点，深化政府与分享经济的合作

通过政府采购服务等方式，引导分享经济平台承担部分社会责任，深化地方政府与分享经济平台之间的合作，将分享经济逐步纳入政府监管范围。例如，“空中食宿”替美国加州政府代为收取资产占用税、观光税、酒店税、增值税等税种；美国加州政府利用“优步”平台收集的交通信息数据，利用该数据进行城市交通状况实时分析，从而更好地服务于城市交通管理。平台企业也应积极寻找与政府的契合点，充分发挥在解决就业、缓解交通拥堵、有效利用闲置资源等方面的优势，积极履行纳税义务和守法义务。

（三）根据资源、交易行为及个体属性特征，动态把握平台与供需方关系

应抓住分享经济的本质特征，实现分享经济与传统经济的错位监管。例如，根据资源的权利属性、交易属性、交易主体属性对分享经济进行界定，可根据资源供需匹配的时间、所有权是否发生转移、交易个体是否是商业主体等特征，改变固定不变的平台—供需方关系的确定方法，进而实现分享经济的监管边界动态化，使分享经济处于可控、安全的发展范围。

（四）完善信任机制以防范安全风险

建立由政府、协会、第三方信用服务企业、分享经济平台等多方参与的信任机制。应加强政府与平台的信用数据共享，强化对失信行为的联合惩罚

力度，降低供需双方的信任成本。如英国政府致力于采用GOV. UK Verify认证系统，与平台分享犯罪记录检查。在第三方服务方面，应打破不同平台之间的边界，实现跨平台收集交易双方评价等记录。如TrusCloud公司通过跟踪用户在社交网站、点评网站及交易平台的数据记录，为分享经济平台提供第三方客户信用评级服务。

第三节 布局“机翻时代”助力“中国制造”扬帆出海

2016年9月，谷歌公司发布了《谷歌神经网络机器翻译系统：弥合人类翻译与机器翻译差距》的报告，引发了社会的广泛关注，业界认为这是计算机翻译技术突破的里程碑。“机器翻译”正加速接近人工翻译水平，“互联网+计算机翻译”模式使跨语言交流无缝衔接，必将对全球经济文化合作交流产生革命性影响。我国需积极应对“机翻时代”的挑战，加速产业技术布局，抢占国际信息流动战略新支点。

一、神经网络技术将计算机翻译系统带入实用时代

（一）谷歌神经网络翻译系统对机器翻译发展具有里程碑意义

谷歌报告《谷歌神经网络机器翻译系统：弥合人类翻译与机器翻译差距》①，其核心是基于神经网络算法和谷歌自然语言大数据库的计算机翻译新思路。传统的机器翻译先对句中单词进行翻译，然后再把翻译后的词组组合成句，而新翻译系统根据大数据比对，把整句话作为基本单元转换成目标语言的现成句式，还可以连续几句甚至整段查找合适的目标语言进行直接转换。由于这种模式翻译的句式是现实存在的，因此大幅提高了译文的准确性和流畅度。新翻译系统通过海量信息搜索、大数据挖掘和神经网络算法，凭借超级计算机的强大运算能力模拟人类思维模式，极大提高了这种思维模式的速

① 《Google's Neural Machine Translation System: Bridging the Gap between Human and Machine Translation》

度和广度。从目前来看，虽然该系统翻译效果还不完美，但凭借超神经网络算法的强大自学习能力，预计在不久以后，跨语言无缝转换的“机器翻译”时代就要来临。

（二）翻译系统的革命性突破将极大地推动跨语言交流合作进程

神经网络翻译系统的革命突破，使信息在不同语言间的无缝转换成为可能。伴随互联网海量搜索、文字识别、语音识别等信息收集辅助手段，海量的书籍、文件、资料、音视频信息，以及实时新闻、消息、数据，仅需花费极少的成本、很短的时间就能被转换成多种语言的资料，甚至语音信息，这将极大地降低跨语言研究学习成本，提升跨语言交流合作效率，深化不同国家、地区、文化间的相互理解，加速全球一体化进程。

二、“机翻时代”将加速我国制造业国际合作进程

“一带一路”国际合作战略的核心是推动我国制造业国际化进程，一方面通过产业投资开拓国际市场，一方面也通过合作交流提升我国产业发展水平，机器翻译系统将为我国制造业“走出去”提供很大帮助。

（一）机器翻译为我国制造业“学不来、学不好”的核心技术开辟情报获取新途径

随着供给侧结构性改革的深入，我国制造业正由原来的模仿跟随战略向创新超越战略转变。为阻止我国的快速超越，发达国家加紧了对我国核心技术的封锁，技术引进、投资并购等常规途径获取核心技术越来越难。而关键技术的突破和产业化不是一朝一夕可以实现，如何开辟获得外国先进技术情报和研究信息的新途径，是我国产业技术研究领域亟须解决的问题。在“机翻时代”，计算机无缝翻译配合互联网检索，海量国外技术研究资料，产业应用动态、新闻、论文等直接、间接的重要情报和研究成果可及时转换成中文内容，技术情报研究范围和深度将大幅扩展，这将有助于提升我国产业技术创新的效率。

（二）机器翻译为我国制造业“引进来、走出去”提供信息交流的贴身服务

随着“一带一路”进程的推进，我国企业国际投资并购、技术交流、产

能合作活动高度活跃，企业对目标国家经济、技术、市场以及社会生活情报的需求变得前所未有地深入和迫切，对产业信息准确性、时效性的要求越来越高，而语言不通成了巨大障碍。在“机翻时代”，无缝自然的机器翻译系统可以更为快速地搜索研究国外产业和市场发展情况，降低企业“走出去”的技术难度，提升企业参与能力，有助于企业、商会、各级政府等产业部门全面对接目标市场。

（三）机器翻译为我国制造业在国际竞争中“立标准、定规则、树品牌”架桥铺路

掌握国际话语权是争夺全球市场和产业链利润分配的关键。制造业国际话语权，将在行业标准的国际推广能力、对国际产业投资和贸易规则制定的影响力，以及企业品牌的国际知名度等方方面面体现。提升国际话语权，涉及大量文献、规则、法律条文以及各类语言文字的交流活动，然而由于语言隔阂和文化差异，我国企业参与国际标准制定、竞争规则协商的信息不畅、能力不足、积极性不高，应对国际产业仲裁、商业诉讼更是避之不及，能主动发起诉讼的更是少之又少。在“机翻时代”，语言藩篱被大幅削减，在促进我国制造业“引进来、走出去”的同时，更有助于我国企业主动参与国际标准、国际规则的制定，有助于企业积极应对国际争端，有助于我国企业、产品、中国制造、中国品牌的宣传推广。

三、加紧布局“机翻时代”，助力“中国制造”扬帆出海

计算机翻译是后互联网时代国际信息交流的加速器，谁控制了机器翻译系统谁就能掌握国际信息流动的主动权，这不仅对我国制造业“引进来，走出去”具有积极意义，还将对国家信息安全产生重要影响。目前，国际产业巨头已抢占先机，我国需积极应对计算机翻译时代的挑战，发展自主可控的商用计算机翻译系统，抢占国际信息流动战略新支点。

（一）加紧规划布局计算机翻译产业体系

一是加强宣传引导，提高各部门、企业对发展计算机翻译技术重要性的认识，加强对国外技术跟踪研究，提升社会对计算机翻译应用的关注度。二是设立计算机翻译科技及产业专项、建设计算机翻译产业创新中心，集中优

势资源推动核心技术攻关，推动翻译标准、规则体系构建，加速示范应用和技术推广。三是针对“机翻时代”新特点，重新审视传统信息保密管理体系，提高对中文信息资源的保密意识，梳理、规范可能信息外泄的网络信息源。

（二）开展制造业领域信息互译体系预研

我国制造业要搭上“机器翻译”时代的高铁，还要加快制造业重点领域信息互译标准的建设。一是根据各类信息内容的重要性和紧迫性，尽快确定制造业重要信息领域翻译顺位排序；二是组织各行业领域技术、法律、产业专家，对重要词汇、短语、行业惯用说法、惯用描述进行分类整理，形成通用的制造业信息互译标准集；三是对各类国内外制造业相关重要新闻、信息、资料、文献来源进行分类整理，建立核心互译检索源，为“机翻时代”制造业信息互通互译打下坚实基础。

第四节　促进我国混合现实产业发展的几点思考

混合现实技术（Mixed Reality，MR）通过实时采集人眼看到的“真实”世界信息，并把虚拟数字对象叠加在真实场景信息上，构建物理实体和虚拟对象共存二元世界，用户借助特殊的输入、输出设备，可以与虚拟世界、现实世界同时进行实时的交互。混合现实融合了虚拟现实（VR）和增强现实（AR）两大技术，实现了虚拟环境与真实环境实时融合，真实感和交互性更强，沉浸性好，应用场景更广泛，有望成为继计算机、智能手机后新一代计算平台。

一、混合现实产业发展动向

（一）产业基础

从虚拟现实技术的出现到混合现实产品面世，大致经历了三个阶段。一是20世纪50—70年代，虚拟技术理论和概念从无到有，处于在实验室探索技术阶段；二是从20世纪80年代到21世纪初，计算机软硬件技术的不断进步提升了VR设备的可操作性和体验性，虚拟技术由实验室进入应用试验阶段，如任天堂推出 Virtual Boy VR 游戏；三是从 2010 年开始进入新的发展阶段，虚拟现实新产品和新应用不断推出，产业呈现蓬勃发展的局面。随着佳能发布 Mreal MR 眼镜以及 Magic Leap 公司裸眼 MR 应用宣传视频的展示，虚拟现实进入混合现实发展阶段。

混合现实涉及产业众多，包括虚拟现实工具与设备、内容制作、分发平台、行业应用和相关服务等，应用于军事、民用以及科研等多领域①。混合现实产业经过多年的技术积累和应用探索，目前已具备了一定的发展基础。

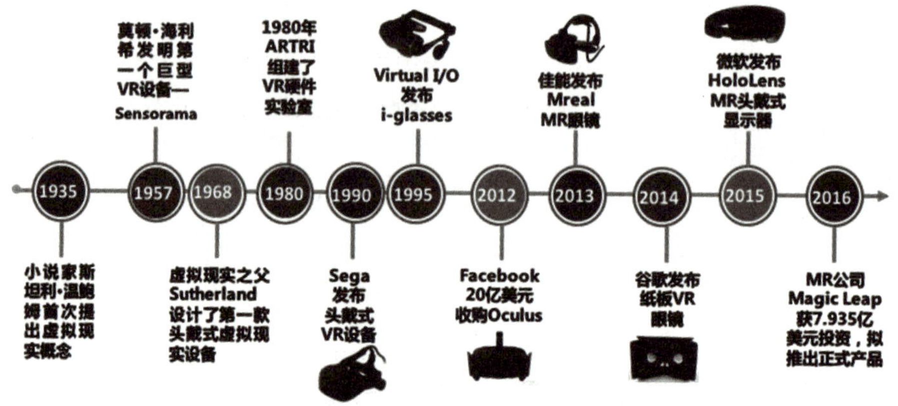

图 22－1　混合现实产业发展历程

一是技术不断成熟，产业化能力增强。混合现实技术是综合运用高速计算、三维成像、传感、智能识别、显示等技术，把虚拟世界和真实世界融合，创造出一个新的三维世界。随着硬件计算能力、3D 建模、三维图形的生成显示、数据采集等技术不断取得突破，混合现实技术逐渐成熟，许多技术已经大规模产业化应用，如计算机为其提供了实时的硬件平台，显示设备利用了电视与摄像机的显示技术，而虚拟现实技术的软件则以 CAD 和计算机图形技术为基础。

二是产品逐步面市，应用领域不断拓展。目前，混合现实领域第一批产品已面市，向产业化迈出了关键性一步。国外公司推出的产品包括微软的 Hololens、佳能的 MReal 以及 Waveoptics 的眼镜“幽灵”等。其中，微软全息眼

① 中国电子技术标准化研究院：《2016 年虚拟现实产业发展白皮书》。

镜 HoloLens 拥有投射新闻信息流、模拟游戏、收看视频查看天气、辅助 3D 建模、协助模拟登陆火星场景等多方面的功能。国内企业还没有真正意义上的混合现实产品，但是亮风台 HiAR Glasses、奥图、青橙视界、众景视界等也都推出了针对不同应用的增强现实眼镜，产品向混合现实方向稳步推进。

三是产业链雏形初具，市场前景广阔。2016 年被业界认为是虚拟现实产业发展的元年，国内企业已经覆盖虚拟现实产业链上游零部件、加工、下游终端、应用等领域，且呈现出快速发展的态势。IDC 报告显示，中国 2016 年第三季度 VR 硬件出货量达 20.4 万台，环比增长 367.9%，并预测，2017 年中国 VR 市场将持续上升，全年同比增幅将达 441.2%。混合现实是虚拟现实的进一步发展，虚拟现实的快速发展为混合现实发展夯实了基础。据 Markets and Markets 预测，2016—2020 年间，混合现实将以 75.2% 的复合年增长率增长，到 2020 年形成 4.5 亿美元的市场规模。

（二）发展趋势

一是混合现实将成为新一代计算平台。从计算平台的发展来看，先后经历了大型机、个人计算机和移动设备，目前混合现实产业发展方兴未艾。与传统计算机相比，混合现实更加直观。混合现实将改变传统的人机交互方式，传统意义上输入、输出设备将会消失，整个世界都会变成信息交互与展现的舞台。混合现实再一次延伸人的身体和感官，人可以连接任何对象，人与虚拟世界和真实世界的信息沟通更加自然、实时，生活和工作更加高效。未来，混合现实设备将朝着集成度高、重量轻、体积小的方向发展，佩戴更加舒适。据专家预测，2020 年以后，MR 有望取代 PC 机和智能手机，成为人们办公和个人生活的主要计算设备，虚拟计算时代将会到来。

二是生态化竞争将成为产业发展的主要模式。混合现实具有产业链长、技术点分散、应用市场广阔的特点。目前，混合现实设备、应用等标准尚不统一，以设备为核心的生态系统之争将会愈演愈烈。企业凭借自身优势构建设备供应商、应用开发者、消费者三方共赢的“平台 + 应用”闭环生态圈，将成为混合现实产业发展大势所趋。国外科技巨头，如微软、谷歌和苹果等企业，通过自主开发或者通过投资的方式布局硬件、软件、内容、应用和服务的产业链环节，积极构建从开发、制造到消费的生态系统，抢占技术制高点和标准话语权。国内企业发挥自身优势构建形式多样的发展生态，如暴风科技利用自身视频内容平台和用户资源优势切入硬件市场，借助暴风魔镜建立起自身的产业生态；京东集团发挥自己的平台优势，集成软件设备和内容制作分发平台等各个环节的优势资源，构建京东VR/AR产业联盟，通过广结盟、深对接，构造软件+硬件+内容+服务的一个多维度多层次的产业生态。

三是MR+应用创新将推动产业快速发展。随着技术壁垒不断被突破，MR产品将加快进入市场，为行业应用提供新的设备技术支撑，MR应用会产生大量行业应用系统，反过来随着混合现实应用领域的不断拓展，行业应用将推动混合现实产业进入发展快车道。从目前发展趋势看，MR应用有望首先从游戏行业爆发，从任天堂的Pokemon Go游戏短时间内风靡世界这一事件，预示了MR可能在游戏领域率先获得应用突破。在设计领域，已经有多家企业开始采用混合现实，如微软合作伙伴Finger Food Studios已经利用HoloLens进行全息设计与研发，设计的产品包括全尺寸的卡车、全尺寸的全息部件、船运集装箱等；同期，国内企业中建一局则探索混合现实技术在建筑全产业链、全生命周期的深入应用。另外，在医疗、教育、视频直播等行业，陆续有公司尝试采用混合现实，以期提高交互的真实性，获得更高的工作和学习效率。

二、混合现实产业发展中面临的问题

（一）研发积累不足，关键技术仍存瓶颈

混合现实关键技术包括三维显示技术、三维建模技术、传感测量技术和人机交互技术等，其中在三维显示、虚拟对象与真实环境的同步叠加、定位跟踪等环节还存在技术难点。国外在相关领域的技术积累和技术创新能力已领先于我国，如magic leap的光场显示可以消除虚拟世界和真实世界叠加时产生的眩晕感；Waveoptics研发的波导全息技术使用光子晶体来控制和映射光线，精度能够达到纳米范围。相比较之下，我国混合现实产业链主要布局在硬件制造环节，技术研发以初创公司为主，三维显示、人机交互等关键环节的研发力量明显不足，关键技术攻关能力亟待提升。

（二）关键环节薄弱，产业链尚不完善

混合现实行业涵盖硬件、系统、平台、开发工具、应用以及消费内容等诸多环节。产业链涉及芯片、手机、电视机、可穿戴设备等硬件设备制造，操作系统、应用软件等软件开发环节以及视频网站、在线售票平台、影视娱乐公司、体育公司等内容服务平台等①。目前，我国混合现实产业的企业主要集中在硬件领域，在应用开发、内容提供等环节企业布局较少，在操作系统、内容制作工具等领域存在缺失，产业链布局尚不完善，混合现实产业生态还需加大培育力度。

（三）标准建设滞后，配套协作不足

混合现实产品应用处于起步阶段，尚没有形成成熟的行业标准。目前，行业内的企业囿于自身产品领域，不同企业的产品数据接口以及底层软硬件平台标准不一致。整体态势是，国外主要企业凭借平台或硬件优势，如微软依托 HoloLens、Intel 依托 Alloy，打造产业生态，以形成行业事实上的标准；国内混合现实发展起步晚，产业发展处于跟随状态，企业实力还不足以主导制定行业标准。与智能手机、个人电脑等较成熟的产业标准相比，混合现实的标准还需要进一步完善。同时，产业上下游发展缺乏有效规范，平台间、设备间的兼容性普遍较差，产业协同发展能力有待提高。

三、发展混合现实产业的几点思考

（一）以需求为导向，明确发展目标

把握混合现实将成为新一代计算平台的大势，围绕混合现实硬件、软件、终端、行业应用以及服务平台的发展需求，以产业创新发展为导向，分领域、分层次，明确不同阶段发展目标。近期目标应重点突破实时动态环境建模与三维图形生成、立体显示与高精度传感器、系统开发应用等基础技术，加快培育混合现实应用市场；远期目标应在三维全息技术、体感交互、新的计算模式等前沿领域掌握发展主动权。

① 赛迪智库：《国内外虚拟现实产业发展研究》，《软件与信息服务研究》2016 年第 3 期（总 46 期）。

（二）完善标准体系，规范行业发展

我国应抓住全球混合现实行业还没形成有效标准和规范的发展机遇，加快构建混合现实产业标准体系，以标准规范推动产业健康有序发展。一是由行业管理部门牵头，尽快组建由产学研用机构、单位组成的产业联盟和标准化委员会，开展混合现实标准的研究制定工作；二是加快培育一批混合现实领域的龙头企业，通过产品和服务的市场占有率优势，形成行业事实上的标准；三是积极开展国际交流与合作，鼓励有实力的企业和相关机构开展国际标准研究，推动我国混合现实领域的重大创新变为国际标准，提升我国在全球中的地位和话语权。

（三）突破技术壁垒，夯实产业基础

围绕混合现实关键技术及重点环节的技术难点，整合科研机构、主要企业的科研力量，加大技术攻关力度，尽快突破技术壁垒，掌握产业创新和产品创新主动权。依托重点科研院校、企业研究院和实验室，大力支持科研创新机构开展三维全息成像、微型高分辨率显示器件、高速数据处理软硬件等关键基础技术攻关，筑牢混合现实创新基石。同时，加快混合现实关键基础技术的产业化，利用我国企业在智能手机、虚拟现实业已形成的产业化能力，推动企业加快对混合现实技术的集成创新、应用创新，尽快把技术转化为产品，夯实混合现实产业基础。

（四）探索应用模式，推进行业应用

借鉴家电、智能手机等领域的发展经验，利用我国市场容量大，消费者对新产品勇于试用的优势，鼓励企业加快推出性价比高的混合实现产品，积极探索混合现实产业新业态、应用新模式。支持我国企业率先在已具备一定基础的视频、游戏等领域开展混合现实应用，并在家装、教育、医疗、军事等领域加大应用示范，促进新型应用与虚拟现实互动发展。

第五节 石墨烯产业发展的思考与建议

2004 年，英国科学家 A. K. Geim 和 K. S. Novoselo 首次提取单层石墨烯，

作为新世纪的高科技产物，石墨烯可广泛应用于晶体管、锂离子电池、超级电容器、触摸屏等领域。2007 年以来，美国、日本、欧盟等世界各国针对石墨烯的投入层出不穷，创新成果加速显现。我国也陆续加大对石墨烯的重视程度，一批支持文件不断印发，一揽子成果持续出炉，一系列产业园区先后落成。目前，我国在石墨烯产业化方面已经走在了世界前列，但是，我国依然面临着技术水平薄弱、低端产品盛行、资本市场热炒等问题，亟须在产学研用协同、石墨烯标准化等方面发力。

一、国内外石墨烯产业发展现状

（一）国外通过重大工程牵引，着重石墨烯尖端应用

一是各国政府持续加大研发投入。自石墨烯被首次合成以来，各国政府高度重视石墨烯技术研发，力图早日在这种颠覆性材料方面取得突破。2007 年，关于石墨烯硅材料、器件的技术得到了日本学术振兴机构的资助；2008 年，美国启动碳电子射频应用项目，投资 2200 万美元支持石墨烯晶体管的研究；2011 年，英国将石墨烯列为重点发展的四项新技术之一，投入 5000 万英镑进行支持，并于 2015 年投资 6000 万英镑建设国家石墨烯研究所；2012 年，韩国原知识经济部预计六年内将向石墨烯提供 2.5 亿美元的资助；2013 年，欧盟推出石墨烯“未来新兴技术旗舰项目”，计划在十年内投资 10 亿欧元，致力于将石墨烯从实验室推向社会。

二是重点企业加强谋篇布局。在各国政府对石墨烯重视程度不断加大的同时，各国企业也纷纷对其谋篇布局。韩国三星注重石墨烯专利积累，目前是全球拥有石墨烯专利数量最多的公司，在石墨烯 CVD 制备、触摸屏等方面有很强的实力；美国 IBM 重视石墨烯在晶体管、传感器等方面的应用，研发成功了世界上首个石墨烯射频接收器，可使手机、平板电脑等设备速度更快、能耗更低；芬兰诺基亚重点研究石墨烯在柔性显示方面的应用，取得了一些专利；日本东芝重视石墨烯在触摸屏方面的应用，其专利涉及石墨烯透明导电薄膜等方面；另外，日本索尼、韩国浦项公司等都在石墨烯的研发方面有所建树。

三是标志性成果不断涌现。2010 年，A. K. Geim 和 K. S. Novoselo 以其在

石墨烯研究方面的卓越贡献荣获诺贝尔物理学奖，引发了全世界研究石墨烯的热潮。此后，一系列标志性成果不断涌现。2011 年，三星发布石墨烯场效应晶体管（FET）；2012 年，IBM 成功利用单层石墨烯制成透明电极的 OLED 元件；2013 年，名古屋大学开发出有望在电子元件和医疗领域得到应用的“弯曲纳米石墨烯”；2014 年，美国科学家首次制造了石墨烯红外线图像传感器；2015 年，我国成都创威新材料开展石墨烯—橡胶复合材料产业化；2016 年，韩国和瑞士科研人员联合开发了新型石墨烯光电探测器。

（二）国内通过政策支持，强调石墨烯快速落地

一是政策支持不断加码。作为一种有可能起到颠覆性作用的先进材料，石墨烯受到我国各级政府的高度关注。近年来，国务院、发改委、工信部等密集出台相关支持文件，高度重视石墨烯产业发展。另外，黑龙江、无锡、宁波等省市对于石墨烯的政策支持也不断加码，积极推动石墨烯的产业化进程。

表 22 –1　我国出台的石墨烯相关产业政策

时间	部门	文件支持
2015 年	国务院	《中国制造 2025》提出“做好石墨烯等战略前沿材料提前布局和研制”。
2015 年	工信部、发改委、科技部	《关于加快石墨烯产业创新发展的若干意见》提出将石墨烯打造为先导产业，并在 2020 年形成完善的石墨烯产业体系，实现石墨烯标准化、系列化和低成本化。
2016 年	工信部、发改委、科技部、财政部	《关于加快新材料产业创新发展的指导意见》提出积极开发前沿材料，包括石墨烯等基础研究与技术积累。
2016 年	全国人民代表大会和中国人民政治协商会议	《中华人民共和国国民经济和社会发展第十三个五年规划纲要》提出大力发展石墨烯、超材料等纳米功能材料。
2013 年	无锡	《无锡石墨烯产业发展规划纲要》
2014 年	宁波	《宁波市石墨烯技术创新和产业发展中长期规划》
2016 年	黑龙江	《黑龙江省石墨烯产业三年专项行动计划（2016—2018 年）》

资料来源：赛迪智库整理，2016 年 12 月。

二是技术成果层出不穷。我国石墨烯技术起步较晚，但发展势头迅猛。从石墨烯专利数量来看，目前，我国石墨烯专利数量已经超过一万件，占据

全球的一半左右，位居世界第一，涌现出中科院、浙江大学、清华大学等一批科研实力较强的科研机构。在技术成果方面，近年来我国在石墨烯的规模化制备技术、锂离子电池、复合材料应用等方面取得了很多突破。

表 22－2　我国石墨烯研究机构及成果

时间	机构	成果
2015 年	中科院大连化物所	成功将 FeN_4 结构限域在纳米石墨烯骨架中。
2015 年	清华大学材料学院	在石墨烯应变传感器、石墨烯膜材料等方面取得进展。
2015 年	中国科学院上海硅酸盐研究所、宾夕法尼亚大学和北京大学	发现了一种三维石墨烯管的“超级材料”，具有强力学、低密度、高导电等特性。
2015 年	上海交通大学物理与天文系	在二维类石墨烯晶体锡烯实验制备方面取得重要突破。
2016 年	中科院山西煤炭化学研究所和山西三维集团股份有限公司	开发石墨烯低成本可控生产技术，“石墨烯储能——高性能超级电容器技术”获重大进展。
2016 年	宁波材料所	石墨烯基重防腐涂料进入大规模示范应用阶段。

资料来源：赛迪智库整理，2016 年 12 月。

三是各类产业园区持续发酵。2011 年 10 月，江苏常州成立了国内首个基于石墨烯材料及应用的产业化基地——江南石墨烯研究院。此后，宁波、重庆、无锡、青岛等地建设了一系列石墨烯产业园区。通过石墨烯专业园区搭建了完善的公共服务平台，为产学研用协同发展提供了基础。目前，江南石墨烯研究院已孵化出常州第六元素、二维碳素等企业，青岛石墨烯产业园区培育了赛瑞达、海纳尔等企业，其他石墨烯产业园区也培育了各自的代表性企业。

四是企业不断推出石墨烯重磅应用。在制备方面，宁波墨西科技推出年产 500 吨的石墨烯生产线，厦门凯纳具备十吨以上的石墨烯生产能力；在添加剂方面，青岛赛瑞达实现了新型石墨烯海洋防腐涂料的使用；在膜材料方面，二维碳素发布了石墨烯发热膜，重庆墨希推出了石墨烯柔性手机；在锂离子电池方面，东旭光电研发了世界首款石墨烯基锂离子移动电源——烯王。

二、我国石墨烯产业发展存在的问题

（一）部分概念和认识亟待厘清

一是混淆石墨烯和石墨的概念。虽然石墨烯最早是从石墨中发现的，但是作为制备石墨烯薄膜的主要方法——CVD 法，是以甲烷和乙炔等含碳气体为原料，对于石墨的需求并不大。有一些地方政府混淆石墨烯与石墨的概念，认为只要有石墨矿就可以发展石墨烯，导致部分地区盲目上马了石墨烯项目。

二是把石墨烯的微观性能扩大为宏观性能。石墨烯虽然有极强的导电性、导热性和较高的强度，但这只是单原子厚度石墨烯的性能。仅就散热性能来说，由于石墨烯易团聚，很难进行大型器件的散热，更适合于极微小器件。而部分企业把石墨烯的微观性能扩大为宏观性能，对消费者造成了一定的误导。

三是过高估计石墨烯在半导体材料方面的应用。目前，对于石墨烯在半导体方面的应用还处在理论假设和概念宣传阶段。石墨烯导电性强，性质更接近于导体，虽然氧化石墨烯能够表现出类似于半导体的性质，但是它的性能差强人意，石墨烯在半导体材料方面的应用仍然任重而道远。

（二）政策资金的统筹力度有待加强

一是产业布局乱。近些年，受市场炒作、投资冲动等因素影响，各地上马了很多石墨烯项目，全国有 20 多个省市进行了产业布局，涉足企业近 500 家。目前，国内石墨烯产业发展不仅受到国际打压，还面临国内的激烈竞争，挖人才、抄技术、压价格等问题十分突出，一哄而起看上去热火朝天，但结局很可能“几败俱伤”。

二是投入资金杂。国家对石墨烯的投入很多，比如国家自然科学基金、石墨烯产业基金等。但是支持渠道分散，项目数偏多，持续性不足，渠道之间未形成协同效应，还有些研究方向搞几年就停了，总体效果不太明显。

三是研发力量散。我国对于石墨烯的研发力量十分充裕，全国各地有很多高校、科研院所、企业投身石墨烯研究，但是力量分散，相互之间协调性不足，甚至出现了恶性竞争等现象，导致很多科研成果不能顺利地转化为实际生产力。

（三）产品质量和技术水平亟须提升

一是低端产品盛行。目前，我国石墨烯应用主要集中在石墨烯粉体方面，将石墨烯作为添加剂用于涂料、复合材料、导电添加剂等规模大但对品质要求不高的领域，产品附加值较低。真正附加值较高的石墨烯尖端应用领域，如半导体芯片、光电探测器等，国内企业鲜有涉足。

二是低成本制备技术尚未突破。在国家政策支持以及学术界、产业界的共同努力下，近年来，石墨烯的成本降低了很多。但是对于实际应用来说，石墨烯的价格仍较高。目前，6—10 层的石墨烯售价约 50—150 元/克，对于少层石墨烯来说，价格更为昂贵。另外，石墨烯的生产过程伴随着大量废酸的排出，化学试剂处理会导致其成本增加。

三是专利分布不合理。我国石墨烯产业专利数量很多，但是质量较差，真正具有颠覆性意义的“杀手锏”产品很少。目前，石墨烯方面国内专利分布较多，国际专利布局较少；专利单位高校多，企业少；实用新型专利多，原创基础专利少。

三、促进我国石墨烯产业发展的建议

（一）加强石墨烯产业顶层设计

一是研究制定石墨烯国家级产业发展规划。近年来，国务院、发改委、工信部等部门出台了一系列政策文件，支持引导石墨烯产业发展。下一步，应充分发挥国家新材料产业发展领导小组的作用，切实加强相关规划政策统筹，研究制定国家层级石墨烯发展战略，明确石墨烯产业发展的阶段、目标、任务、重点工程、资金来源等，确定合理的组织架构，推动人才、技术、工艺和应用协同发展，促进上下游环节并行发展，保障各区域因地制宜地协调发展。

二是推动石墨烯标准化制定。目前，各地对于石墨烯的真伪鉴定、层数界定、产品规格等标准不一，使得石墨烯产品的质量难以区分，阻碍了石墨烯产业的正常发展。通过集合政府部门、优秀石墨烯企业、科研院所、检测机构等的力量，制定石墨烯国家标准，在石墨烯材料、表征测试、环保安全、产品质量等方面提出规范，能够对石墨烯以及石墨烯制品进行质量检验、价值判断，以标准化引领产业化，从而引导石墨烯产业健康有序地发展。

（二）推动石墨烯产业应用发展

一是整合资源加强产学研用协同攻关。石墨烯产业技术门槛较高，从研发到实际应用需要跨越“死亡谷”，单纯依靠企业或者科研院所难以实现产业化。通过建设产用合作平台，推动生产单位、高校、科研机构和用户等相互配合，集中各自优势资源，形成研究、开发、生产、应用、售后服务一体化的高效系统，提高产业链从科研成果到产业化的整体效率，降低转化成本。

二是加强知识产权保护。石墨烯产业化应用的快速发展离不开知识产权的有效保护。目前，应加强石墨烯专利分析，研究其知识产权保护机制；同时，应鼓励企业、科研机构、高校加大石墨烯专利在海外的布局，谋求石墨烯国际化协同发展。另外，应瞄准石墨烯制备、半导体器件应用等关键领域，引导和支持石墨烯产业应用发展。

（三）做好石墨烯产业概念普及

一是加强对媒体报道的监督。目前，我国科研界、产业界、资本界和媒体界对于石墨烯的认识有偏差，对于石墨烯的了解存在一定的误区，很多企业打着石墨烯产品的旗号大肆宣传，部分媒体受到企业的利益输送，过分夸大石墨烯产品的效用，使得部分消费者受到欺骗，在社会上造成不良影响。应加强媒体对石墨烯报道科学性、真实性的监督，合理引导产业发展。

二是做好石墨烯概念普及。我国很多民众对于石墨烯与石墨、石墨烯电池等概念不甚清楚，容易受到部分媒体、企业的蛊惑，造成经济损失。应当在社会上普及石墨烯概念，增强民众鉴别能力，从需求端倒逼石墨烯产业快速发展。

第六节　碳纤维产业发展的思考与建议

碳纤维（carbon fiber，CF），是一种含碳量在95%以上的高强度、高模量纤维的新型纤维材料，分为聚丙烯腈（PAN）基、沥青基、粘胶基碳纤维。碳纤维复合材料作为结构件或功能件已广泛应用在航空航天、工业和体育休闲用品三大领域。碳纤维以其质轻、高强度、高模量、耐高低温和耐腐蚀等特点最早应用于航天及国防领域，如大型飞机、军用飞机、无人机及导弹、火箭、人造卫星和雷达罩等，且航空航天领域用碳纤维的性能等级相对而言是最高的。在工业领域，碳纤维广泛应用在汽车、电缆、风能发电、压力容器、海洋产业、电子器件、工业器材和土木建筑等；在体育休闲用品领域，高尔夫球杆和钓鱼竿最早获得应用，近年来，自行车、网球拍、羽毛球拍等体育用品也越来越多地使用碳纤维材料，一般使用T300级碳纤维就可以满足需求，但为了提升产品性能，部分部件也已开始使用T700级甚至更高性能碳纤维。

一、国内外碳纤维产业发展现状

（一）聚丙烯腈基碳纤维材料成为产业发展主流

聚丙烯腈（PAN）基是当今世界碳纤维发展的主流，占碳纤维市场的90%以上。用树脂将碳纤维固化（复合）后可以作为碳纤维增强塑料（Carbon Fiber Reinforced Plastic，CFRP）进行使用。航空客机使用的CFRP中，树脂占到了体积分数的约40%，使用弹性（刚性）较高、热收缩/硬化收缩较小。

随着碳纤维的不断发展，碳纤维在工业领域和航空航天领域的应用范围不断扩大，占比也呈上升趋势。预计到2020年，碳纤维的需求总量将达到15.73万吨，年均复合增长率达到13.62%；到2024年，全世界总体需求有望达到21.92万吨，尽管增速有所放缓，但复合增长率仍达到11.38%。其中增速最快的工业领域，未来十年复合增长率将达到14.52%，而最近5年的复合增长率更是高达17.55%。工业领域碳纤维消费占总消费的比例将从2015年的63.55%逐步提升至81.63%。航空航天领域的需求在未来5年进入快速发展期，而体育休闲领域在世界范围内应用相对成熟，需求量每年稳定增加。

（二）美、日等发达国家垄断碳纤维核心技术

当前，世界碳纤维产业发展存在较为严重的两极分化情况。在T300等低端领域，由于技术门槛较低，引资正在出现竞争加剧的情况。但在高端领域，目前依然被东丽、三菱人造丝等公司所掌控。从产业链技术看，包括PAN原丝生产中的聚合、喷丝、牵引以及碳化等步骤，依然只有少数公司能够掌握，

这些行业的利润份额占整个行业的一半以上。在小丝束碳纤维市场上，日本企业所占有的市场份额占全球产能的49%；在大丝束碳纤维市场上，日本企业所拥有市场份额占全球产能的52%，美国企业所拥有的市场份额占全球产能的24%，日美两国合计拥有全球76%的大丝束碳纤维生产能力，处于明显的主导地位。目前全球碳纤维制造的主导者是日本和他们设立在欧美的工厂，其次是依靠欧美航空航天市场健康发展的美国HEXCEL和CYTEC公司，以及依靠强大工业创新体系的德国SGL公司。不过，随着中国在碳纤维领域投入的不断增大，中国碳纤维产量占世界份额在不断提高。

（三）我国碳纤维产业发展势头强劲

我国从20世纪60年代开始研发聚丙烯腈基碳纤维，最早从事碳纤维研发的机构主要为中科院山西煤化所、长春应用化学研究所、化学研究所（北京）。五十多年来，我国碳纤维产业从无到有、从小到大，但发展速度相比发达国家仍然缓慢。近十五年来，在国家大力扶持下，国内碳纤维产业取得了重大突破，碳纤维及应用领域的技术水平和产业化程度出现了加速发展的势头，进入前所未有的发展新阶段，在国内初步形成了以江苏、山东和吉林等地为主的碳纤维产业聚集地。数据统计，2010—2014年期间，我国碳纤维产能从6445吨增至15000吨，增长了2倍，年均增长23.5%，目前我国生产的碳纤维全部为小丝束，其中12K占比超过90%，1K、3K、6K各有产量。

（四）我国碳纤维市场需求不断提升

据统计，2015年国内碳纤维市场需求约为11000吨，随着我国国民经济的发展以及国防工业战略地位的进一步提升，未来几年我国碳纤维需求量将进入一个快速增长的时期，预计到2020年，国内碳纤维的需求将达25000吨，年均增长速率约15.5%。目前国内碳纤维体育休闲产品领域的应用占总产量绝大多数，而在民用航空、交通工具、新能源装备、工程建设等方面的应用虽然已经开始起步，但应用水平偏低，复合材料的设计水平不足，配套的材料缺乏，相关的应用标准体系不健全，导致应用领域窄。此外，树脂、上浆剂等配套材料品种少、性能不足，复合材料用辅助原料还不能完全实现自主供给，部分品种还依赖进口等，不仅制约了碳纤维复合材料在高端制品上的应用，同时还严重影响着国产碳纤维的市场应用。

未来随着我国基础工业的进一步发展，碳纤维在工业领域的应用比例将得到提高，预计 2020 年，国内碳纤维在航空航天、体育休闲和工业应用三大领域的用量比例为 6%、44% 和 50%，需求结构向国外靠拢。

二、我国碳纤维产业发展存在的问题

（一）碳纤维产业链尚不完整

目前，我国企业无法掌控原丝生产，主要在合成材料和终端产品环节进行发展。从市场应用看，世界碳纤维主要应用在汽车制造、压力锅炉等工业领域，而中国更多地用在体育器材等消费环节。这从侧面说明国内碳纤维产品仍无法应用于高端产品领域。目前，我国碳纤维产业发展正处在一个转折点上，文体产品需求市场接近饱和，如何生产满足军工、建筑、风电、汽车等领域的合格材料成为行业发展的关键。

（二）与世界先进水平存在较大差距

我国多数碳纤维生产企业在装备技术、生产工艺方面与世界先进水平仍有较大差距。冷战期间，碳纤维的生产与销售受到西方国家的垄断限制，至今仍对我国进口相关技术与产品设立层层阻隔，严重阻碍了我国碳纤维产业的发展。我国企业只能使用一些非禁运通用型碳纤维生产设备，价格昂贵，技术落后，无法在生产线自动化程度与生产技术方面和国外同行竞争。

（三）人才短缺制约产业发展

我国碳纤维产业的人才难以满足高端产品的研发设计需求。碳纤维的生产技术在不断革新，而我国仍缺少相关方面的技术人才，在技术开发、流程设计、材料研发等方面缺乏掌握核心技术的研发与生产人员，既没有稳定的开发设计团队，也缺少技术与数据积累，导致产品在质量、成本与生产设备与技术方面远远落后于美日等发达工业国家。

三、促进我国碳纤维产业发展的思考与建议

（一）营造良好的研发环境

碳纤维产业涉及机械设计、自动化、高分子材料在内的许多领域，科研

环节进入门槛很高，研发力量相对薄弱的企业无法在市场上立足，而具备一定实力的企业或科研院所也需要在前期投入大量资金用作研发生产，风险比较高。为鼓励和扶持企业与科研院所进行研发，必须维护营造良好的研发环境，保护企业与科研人员的积极性。要协调产业内资源的合理分配，避免低水平重复建设，节约研发成本。要加强知识产权保护，保障企业与科研人员的利益分配，促进产学研融合发展。

（二）加大技术攻关力度

目前，国内碳纤维产业发展的整体水平还比较低，虽然个别产品在产量与质量方面已经接近国际先进水平，但还远远无法满足国内巨大的市场需求。要加强 PAN 原丝生产技术的研究，努力提高聚丙烯腈原丝生产的产率、纯度与质量，降低企业生产成本。要加强表面加工技术的研究，合理设计工艺流程，着重研发关键设备，力争做到提产、提质、增效。

（三）扩大碳纤维产品的应用领域

目前，国内民用碳纤维产品的主要市场仍停留在体育休闲领域，对所需产品的质量要求较低，利润率也不高，市场也日趋饱和，不利于产业向高端发展。要进一步开拓国内碳纤维产品的应用市场，鼓励和引导企业增加高端产品的研发投入，逐步满足无人机、民用航空、汽车等领域的需求，从而增加产品的销售利润，提高我国碳纤维产业的发展水平。

第七节　增材制造产业发展的思考与建议

增材制造又称 3D 打印，起源于 19 世纪美国照相雕塑（Photosculpture）和地貌成形（Topography）技术，是一种以数字模型文件为基础，运用粉末状金属或塑料等可黏合材料，通过分层加工、逐层叠加成型的方式来构造物体的技术。相对于传统的材料去除—切削加工技术，增材制造是一种“自下而上”的制造方法，已广泛应用在航空航天、生物医学、工业产品设计开发、复杂小型金属精密零件、医疗植入物与医疗模型、金属铸造模、石油化工等领域。2016 年，是国内增材制造技术向民用化发展的元年。国外资本市场纷纷加快向增材制造产业转移，带动了国内资本也加大 3D 打印投入，使 3D 打印由综合应用逐步转变为行业专业应用。

一、增材制造产业发展现状

（一）桌面级 3D 打印市场进入销售红海，呈现爆发式增长

近年来，桌面级 3D 打印机以其占用空间小、成本低、打印速度快、结构简单等优势，市场认可度逐渐上升，受到了众多 3D 打印厂商的青睐，目前已经形成了以材料、软件、装备、服务等为核心业务的较成熟的产业生态。据 CONTEXT 公司发布的一份调查报告，2016 年全球 3D 打印设备销售量的 96% 来自桌面级 3D 打印机，全球桌面级 3D 打印市场份额上涨了 27%。全球桌面级 3D 打印正逐渐向家庭化、娱乐化、个性化定制发展，涉及教育模具、首饰设计、时尚家具等个性化定制领域。桌面级 3D 打印的用户群体主要有“创客”、艺术品设计从业者或爱好者等，主要面向家庭、学校以及部分办公场所。在全球市场排名中，2016 年前三季度，排名前五的 3D 打印供应商分别为：XYZprinting（市场份额 22%）、Ultimaker（市场份额 9%）、M3D（市场份额 7%）、FlashForge（市场份额 6%）、Monoprice（市场份额 6%）。从前三季度看，中国台湾的 XYZprinting 成为全球领先者，而 3D Systems、Stratasys 逐渐退出了消费级 3D 打印机市场，Monoprice 等桌面级 3D 打印厂商逐渐填补了市场空白。

（二）工业级 3D 打印略显疲软，但仍是收入增长主力军

虽然桌面级 3D 打印设备的出货量远高于工业级 3D 打印设备，但从销售收入来看，工业级 3D 打印设备却仍远高于桌面级 3D 打印设备的销售收入。据调查显示，工业级 3D 打印的销售收入占整个 3D 打印市场的 78%，是全球 3D 打印设备销售收入的主要组成部分①。虽然工业级 3D 打印在过去几年整体呈现疲软状态，但在金属 3D 打印领域获得了快速发展。作为 3D 打印“皇冠上的明珠”，金属 3D 打印是最前沿、前景最好、门槛也最高的技术之一。根

① 肖医：《2016 年 3D 打印回顾：盈利艰难工业级或可破局》，2016 年 12 月 13 日，见 http://oa.yesky.com/3dprinter/419/107162419.shtml。

据 CONTEXT 公司的报告显示，2015 年金属 3D 打印设备在全球的销量同比增长了 35%；2016 年上半年，金属 3D 打印设备在全球的销量同比增长了 17%。2016 年 9 月，通用电气（GE）斥资 14 亿美元收购了两家世界排名前五的金属 3D 打印公司（瑞典的 Arcam 公司和德国的 SLM Solutions 集团），加快 3D 打印在航空发动机零部件方面的布局。另外，医疗器械、核电、造船等领域金属 3D 打印应用端市场也正在逐渐打开。2016 年前三季度，工业级 3D 打印排名前五的企业分别是 Stratasys（市场份额 35%）、EOS（市场份额 19%）、3D systems（市场份额 10%）、SLM Solutions（市场份额 6%）、Concept Laser（市场份额 5%）①。

（三）技术层面存在诸多瓶颈，但材料层面不断取得突破

近年来，我国 3D 打印整体处于新兴技术产业化的初级阶段，在技术层面仍存在诸多发展瓶颈。在 3D 打印领域，存在着一个打印速度与打印精度不可兼得的悖论，高精度的 3D 打印会使设备的打印速度降低。为突破这一技术瓶颈，3D System、惠普、Stratasys 等工业级 3D 打印领军企业积极探索创新，不断研究 3D 打印流水线作业平台，力争实现 3D 零部件打印的快速、集约化发展。例如，惠普研制出了一款新型工业级 3D 打印机——Multi-Jet Fusion（多射流熔融 3D 打印机）。该款 3D 打印设备的打印速度比市场上其他 3D 打印设备的速度快 10 倍以上，且具有同样精度和强度。在材料层面，3D 打印设备在导电性材料、生物墨水材料、可促进骨再生的 3D 打印植入物材料等领域的研发都取得了积极进展。

（四）国家层面高度重视，政策利好 3D 打印行业发展

世界各国都非常重视 3D 打印行业在本国的发展，如美国将 3D 打印产业发展列为国家战略。我国也十分重视 3D 打印产业发展。2012 年，亚洲制造业协会联合清华、北航、华中科大等高校成立了中国 3D 打印技术产业联盟，以促进我国 3D 打印技术的市场化与产业化进程。2013 年，科技部将 3D 打印技术纳入了国家“863”计划。同年，中国 3D 打印技术产业联盟计划在未来

① 《2016 年桌面 3D 打印机上涨 27% 工业级停滞不前》，2017 年 1 月 5 日，见 http://office.pconline.com.cn/873/8733885.html。

选择10个工业城市，建设3D打印技术产业创新中心（首批），以促进3D打印技术产业化。该计划总投资2000万元，地方政府按照1∶1配套扶持。2015年，工信部联合财政部、发改委共同制定发布了《国家增材制造（3D打印）产业发展推进计划（2015—2016）》，首次明确将3D打印列入国家战略，并对国家增材制造（3D打印）产业的发展做出了整体计划，以提升在航空航天等领域的制造水平，提高增材制造在国际市场上的占有率，在我国初步形成较完善的增材制造产业体系。2016年10月，中国增材制造产业联盟成立，以协同推动增材制造材料、工艺装备、关键部件等产业链条的研发及产业化，推进增材制造在重点行业的创新应用。

二、增材制造产业发展存在的问题

（一）未来发展面临内部挑战和外部环境变化的双重压力

IBM商业价值研究院发布的一份报告显示，我国3D打印企业面临着内部挑战和外部环境变化的双重压力。从企业内部看，3D打印企业面临着生产制造和成型用的耗材成本过高、生产组织方式落后、研发投入不足以及技术推广应用困难的压力。从外部环境看，在制造业服务化与跨界融合趋势日益明显的背景下，3D打印产业在市场推广和技术应用等方面仍存在较大发展空间。

（二）企业整体处于亏损或微利状态

从全球范围看，受到产业化、原材料、技术以及成本等因素的影响，国内外3D打印企业在市场化方面较为滞后，产业化发展受到限制，整体处于亏损或微利状态，处于产业发展导入末期、发展初期。数据显示，2016年全球3D打印市场尚未突破100亿美元大关①，占比还不到制造业产值的千分之一，距离主流生产方式仍有很大差距。从国内看，3D打印新三板及地方板块挂牌公司总资产规模都比较小；3D打印企业总资产规模偏小，仅有先临三维超过5亿元人民币，其他家企业规模均不高于1亿元人民币。

① 张涛：《3D打印2017年将迎爆发期》，2017年1月6日，见http：//news. xinhuanet. com/itown/2017－01/06/c_ 135960147. htm。

（三）受材料、技术及成本等限制尚未形成完整产业体系

目前，我国增材制造产业还面临材料短缺、成本过高、推广应用不成熟、缺乏知识产权保护和专业级应用技术欠缺等一系列问题，导致关键核心技术基础薄弱，产业化进程缓慢。在材料方面，我国增材制造技术所需的耗材严重短缺，增材制造打印材料仅仅有 ABS（丙烯腈－丁二烯－苯乙烯）、光敏树脂、石膏粉（硫酸钙水合物）、PC（聚碳酸酯）、尼龙、塑料、无机粉料、陶瓷等 10 多种，而且 3D 打印原材料的生产厂商少，导致大多数材料价格昂贵。部分 3D 打印材料依赖国外进口，也导致打印材料成本和售价过高。我国增材制造技术目前缺乏激光器、软件、材料等核心技术，3D 打印关键性材料的“缺失”已成为影响我国增材制造产业发展的重要制约因素，寻找优秀的 3D 打印新材料企业和优质的 3D 打印材料成为增材制造产业关注的焦点。

三、促进我国增材制造产业发展的建议

（一）完善增材制造标准化体系

为加快推进增材制造技术的应用推广，美国自 2002 年开始发布增材制造领域的相关技术标准，在增材制造技术原材料、技术工艺、检验检测等方面都做出了明确的标准规定。我国于 2016 年 4 月才开始在国家层面展开增材制造技术标准化工作。未来，我国应在增材制造技术、保障、应用三个方面加强标准化体系建设。在技术方面，研究制订增材制造工艺、装备、材料、数据接口、产品质量控制与性能评价等行业及国家标准；在保障角度，在航空航天、汽车、家电、生物医疗等领域对增材制造开展质量技术评价和第三方检测认证，在检测、认证、基础数据格式等方面建立标准；在应用方面，根据增材制造在不同领域的应用特点，对增材制造的技术标准进行划分，制定基于增材制造的产品设计标准和规范，促进增材制造技术的推广应用。

（二）加快推进产学研协同创新

依托科研院所等研究机构，鼓励增材制造龙头企业合作开展增材制造相关技术与专用材料的研发创新，力争在航空航天、生物医疗、建筑建材、汽车零部件等方面突破一批核心技术。积极开发探索满足增材制造发展的各类

金属与非金属材料，完善增材制造产业链条，进一步降低增材制造技术与材料的研发成本。积极搭建增材制造工艺技术研发平台，建立以企业为主体，产学研用相结合的协同创新机制，加快提升一批有重大应用需求、广泛应用前景的增材制造工艺技术水平。

（三）坚持“服务”和“设备”两种模式协同推进

作为工业4.0时代最具有发展前景的先进制造技术之一，增材制造以“整体制造、一次成型”为主要特征，与传统制造的“全球采购、分工协作”特征相比，增材制造技术从各种应用的原型生产逐渐演变为可使用部分部件和产品生产，免去了切割和钻孔，减少了物流环节，节约了时间和成本。未来，提供专业的增材制造服务模式与传统3D打印设备购买两种模式将在一段时间内长期并存。因此，增材制造应坚持走“服务”和“设备”两种模式共同推进的道路。增材制造技术产业链的不断延伸和技术的不断成熟，将推动增材制造技术越来越广泛的应用，通过3D打印创造的新型工业模式将为未来制造业发展带来巨大的商业空间。在工业模式方面，3D打印应探索建立以“智能云网+个人智造+家庭智造+网络社区智造”为代表的新型工业模式。

（四）积极探索基于“云平台”的3D打印新模式

随着云计算、移动互联网等新一代信息技术的快速发展，全球进入高度信息化时代，“云”作为信息化的重要载体，越来越多的产品被装有传感器等电子部件，网络平台的作用将进一步凸显。未来，增材制造技术的发展应以3D打印设备为切入点，通过基于“云”的3D打印网络平台，提高客户对增材制造内容和现实体验的黏性，以挖掘更深层次的商业价值。商业影响力的平台不断涌现。如借鉴Shapeways公司通过基于互联网的3D打印平台，实现打印设备与互联网、物联网、智能物流互联互通的模式，有效对接供应商与用户之间的信息沟通，满足客户个性化的定制需求，同时降低打印设备的闲置率，提高设备使用效率。

第二十三章　2017年我国战略性新兴产业发展趋势展望

2017年，全球新一轮科技革命和产业变革持续推进，智能微尘、4D打印、通用机器智能、神经形态硬件、数据经纪人、量子运算、智能工作空间、立体显示技术、对话用户界面、虚拟个人助理、商业无人机等投资热点不断涌现，新业态、新模式将带来就业市场的新变化，我国战略性新兴产业将继续保持快速发展的态势，对各地转方式调结构的作用进一步增强；同时，在大众创业万众创新的大背景下，新兴产业领域将会涌现出一批科技型中小企业；此外，考虑到新技术新产品的市场效果与预期存在一定差距，建议各地一方面要立足自身优势理性介入新兴产业细分领域，另一方面要重点打造新兴产业发展的良好环境，为产业发展提供政策保障。

第一节　2017年战略性新兴产业总体形势判断

一、总体快速发展，将继续成为推动各地转方式调结构的新动能

2016年我国战略性新兴产业保持了快速发展态势，其增加值高于全部规模以上工业4.5个百分点，新产业和新模式已成为各地方经济发展的重要依托，如2016年重庆保持GDP增速全国第一，战略新兴产业产值增速超过50%。2017年上述趋势将更加明显，主要基于如下判断：2017年的经济形势持续不乐观，将倒逼全球新兴产业继续抢位发展。国际货币基金组织此前预

测2016年全球经济增速为3.1%，比之前预测下调0.1个百分点①，对2017年全球经济的预测也做出了相应下调，全球经济低位徘徊的情形下，全球发展新兴产业的力度预计还将加大，科研成果产出预计将持续增多，中国各地发展新兴产业的诉求也将进一步加强，必然倒逼新兴产业快速发展，其在地方经济发展中的贡献将进一步提升。

二、随着“双创”工作持续推进，新兴产业领域将会涌现出一批科技型中小企业

2016年，各地落实大众创业万众创新热情高涨，据不完全统计，仅2016年上半年，央企新建双创平台100多个，全国新登记企业同比增长28.6%，平均每天1.4万户，专利申请增加37.8%，技术合同成交金额增长11.6%，“双创”各项政策在提高我国创新能力、供给水平方面发挥了重要作用②。2016年是“十三五”规划的开头之年，各地都在编制制造业“十三五”规划，从规划内容看，目前各地“十三五”规划纷纷将创新创业作为未来的兴业之本，创新大赛在全国多地都有举办，社会反响强烈，新三板等适合中小科技型企业创业融资的金融平台影响力越来越大。伴随着双创工作的推进，2017年还会涌现出更多的创新科技型中小企业。

三、一些领域成为投资热点，但未来发展依然会是波浪方式前行

根据Gartner2016年发布的新兴产业成熟曲线来看，当前新兴产业吸引投资的领域非常多，大致包括智能微尘、4D打印、通用机器智能、神经形态硬件、数据经纪人、量子运算、智能工作空间、立体显示技术、对话用户界面、虚拟个人助理、商业无人机、物联网平台、微数据中心、智能机器人、互联家庭、机器学习、任职专家顾问、软件定义安全、自动驾驶汽车、碳纳米管

① 新华社伦敦：《国际货币基金组织下调全球经济增长预期》，2016年1月19日，http://news.xinhuanet.com/world/2016-01/20/c_1117828216.htm。

② 发改委：《上半年双创“六增长”超400亿元引导基金将投入运作》，2016年8月26日，http://finance.huanqiu.com/roll/2016-08/9362297.html。

电池、增强现实、虚拟现实等。上述这些新兴产业很多还都处在触发期和期望膨胀期①，会吸引大量的资金投入到相关行业。但是就如成熟曲线所揭示的那样，很多新技术往往会在波浪起伏中前行，到一定阶段后，由于现实与期望差距拉大，会带来一定的新兴产业发展泡沫，目前美国等发达国家已经出现这种情况，市场不断期待，不断包装故事，存在很多击鼓传花的现象。但不可否认，确实会有很多新兴产业会成功跨越幻灭期和复苏期，进入成熟期，2017 年增强现实和虚拟现实等新兴产业一定会给市场投资带来惊喜。

四、产业间交叉融合加速，新模式和新业态将会催生就业市场新变化

2016 年大数据、云计算、智能化、移动互联网、无人机等行业在国内蓬勃发展，大批投资资金和人才加入到这一行业中，2017 年与其相关的人才需求预计还将持续增长。事实上，2016 年欧盟国家已经出台了人才 4.0 规划，用以配合工业 4.0 发展需求，这些欧盟国家认为，未来随着新业态、新模式的不断增多，人们的就业结构和就业方式也会发生相应的转变，例如在未来对大数据分析、智能化生产方面的专业技能要求越来越高，必然带来这方面的人才服务需求；未来人们之间的合作方式将更加有弹性，跨界融合发展要求各领域的人才可以迅速组成团队，进行合作分工，项目完成后团队解散，成员继续加入新的团队。类似这种快速转换的职业模式对未来人才培养也提出了新的要求。配合《中国制造 2025》实施，也需要类似的人才培育计划。2017 年，在电子商务、新能源、教育培训、O2O、医疗保健、互联网、网络安全、物流快递等行业一定会产生更多的人才需求，在大数据、云计算、机器人等领域，也将会产生更多的人才储备需求，满足上述人才需求的培训和再就业行业，也会因此而蓬勃发展。

---

① 孟海华、全利平：《〈Gartner2016 年度新兴技术成熟度曲线〉全解读》，2016 年 2 月 9 日，http：//mt. sohu. com/20160817/n464744769. shtml。

五、产业发展仍需政策护航，打造新兴产业发展环境将成为各地政策发力重点

传统产业发展手段多为土地、劳动力、投资、项目驱动，这种产业发展对于产业跟随阶段的中国比较有效，受全球经济长期持续低迷影响，国内制造业产能过剩、投资下滑明显，需要创新驱动新兴产业发展。但之前在这方面所积累的政策手段比较有限，近两年来，深圳、上海等地正在加快探索新的产业政策手段，促进新兴产业发展，2017 年，在新兴产业发展环境培育方面还将继续成为各地政策发力的重要方向。政策手段主要包括 3 个方面：一是产业投资基金支持新兴产业发展。自 2015 年设立 400 亿元规模的国家新兴产业创业投资引导基金后，各地纷纷响应，产业创业投资引导基金遍地开花①，2017 年预计国家层面的产业投资引导基金将出台。二是打造创新创业投资环境。2016 年工信部发布了创新中心建设工程指南②，2017 年，以创新中心为主体，促进创新研发投入、产需对接等方面的创新政策手段还会进一步增加，各地将加快创新环境打造方面政策的探索，特别是深圳、重庆、上海、北京等地，新的创新政策值得期待。三是加大推广应用。一批不同行业的综合推广应用平台市场需求会越来越大，一些应用平台预计将应运而生。

第二节　节能环保产业

一、制造业绿色化发展为产业提供巨大市场空间

制造业绿色化发展是调整产业结构、培育制造业新优势、实现制造业稳定可持续发展的必然途径。我国制造业绿色发展水平与发达国家还有差距，制造业作为我国主要碳排放源，其二氧化硫、氮氧化物、烟粉尘的排放量分

① 顾彦：《戒掉政策依赖 引导新兴产业创新发展》，《中国战略新兴产业》2016 年 9 月 15 日。

② 工业和信息化部：《关于完善制造业创新体系，推进制造业创新中心建设的指导意见》，2016 年 8 月 19 日。

别占全国污染物排放总量的88%、67%和86%左右①，同时也是主要污染物减排的重点和难点领域，制造业绿色转型依然存在巨大空间。通过运用绿色的理念、资本、技术和制度来实现制造业高效率、高水平的发展，不仅能够大大缓解资源能源和产能过剩压力，有效改善供给侧结构，显著提升工业经济增长活力。在推进传统制造业绿色改造、清洁生产、节能降耗等专项技术改造，以及开展资源高效循环利用、资源再生利用、循环生产、再制造等领域，为节能环保技术与装备带来巨大的市场空间。

二、国家政策及资本投入助推产业快速发展

近年来，国家推动生态文明建设力度不断加强，一系列重大政策的发布和对资本的引导将助推节能环保产业快速发展。2016年，出台了多项环保领域的国家政策，为节能环保产业发展创造了良好的政策环境。2016年5月20日，中共中央、国务院发布《国家创新驱动发展战略纲要》，将生态环保作为9个重点领域的技术发展方向之一。2016年5月31日，《土壤污染防治行动计划》出台，简称“土十条”，作为我国未来一个时期土壤污染防治工作的纲领性文件。2016年9月14日，工信部发布的《绿色制造工程实施指南（2016—2020年）》中提出，到2020年，要突破节能关键技术装备，节能产业产值要到1.7万亿元。要提升重大环保技术装备，力争突破50项环保技术装备，环保产值达到2万亿元。开发资源综合利用使用技术装备，突破100项重大资源综合利用技术装备。2016年9月29日，发改委和环保部联合印发《关于培育环境治理和生态保护市场主体的意见》，提出了2020年环保产业的发展目标，包括行业规模迈上新台阶，产值超过2.8万亿元，年均增长保持在15%以上；企业发展取得新突破，培育形成50家以上产值过百亿元的企业，打造一批国际化的环保公司②。这些政策为我国节能环保产业的发展描绘出一幅壮阔蓝图，坚定了广大节能环保企业发展的信心。

① 国家工业和信息化部：《绿色制造工程实施指南（2016—2020年）》，2016年9月14日，见http：//www.miit.gov.cn/newweb/n1146285/n1146352/n3054355/n3057542/n3057545/c5253469/content.html。

② 国家发改委、环境保护部：《关于培育环境治理和生态保护市场主体的意见》，2016年9月29日，见http：//www.sdpc.gov.cn/zcfb/zcfbtz/201609/t20160929_820598.html。

三、PPP 模式推进企业向全产业链延伸

目前，PPP 公私合营模式在环保领域积极推进，相关领域 PPP 项目大规模入库并落地，为节能环保产业的快速发展引入大量增量市场，在 2016 年这些项目大幅落地后，2017 年，可期待相关企业业绩快速释放，促使行业规模和公司业绩呈现爆发式增长。这些项目中，流域水环境治理和生态建设、河段生态综合整治、污水处理厂及配套管网等大型投资项目占到全部投资额的八成以上，是未来节能环保企业开拓业务的重点领域。这些综合类环保项目，促使各企业整合节能环保产业上下游资源，打通从设备采购、设计施工到运营维护的全产业链各环节，加快从设备制造商向总承包商和综合服务提供商的转变。未来，节能环保服务领域的增长将进一步加快，其对节能环保产业的贡献也将超过节能环保设备制造领域，对节能环保产业的发展的引领作用将日益凸显。

第三节　新一代信息技术产业

一、内部环境渐好与外部风险提升并存

从内部看，国内供给侧结构性改革将重塑新一代信息技术产业组织结构、产业结构、商品结构、政策结构，产业发展重点从数量增长转移至全产业链组织生产和共性技术协同创新上来，如减免税负增加科研人员自由度等，势必对整个产业的生态产生有益影响；《中国制造 2025》的不断推进将对我国新一代信息技术产业带来整体水平的提升和重点领域的跨越；工业和信息化部的工业强基工程等一系列举措，则剑指制约我国新一代信息技术产业发展的卡脖子问题，有望填补关键基础材料、基础工艺、基础元器件等的空白。可以预计，随着国内市场回暖和不断被挖掘出来的新需求，我国新一代信息技术产业的需求侧情况还将好转，而随着国家下大力气对供给侧进行系统性改革，我国新一代信息技术产业的生产技术和产能，将会得到显著提升。

从外部看，国外环境会持续波动，甚至有大幅恶化的可能性，政治不确定性相对更高，我国新一代信息技术产业进出口贸易不容乐观。随着特朗普当选美国总统，美国对我国的敌意有增无减，贸易战爆发的可能性大增，关税保护、贸易壁垒、技术封锁、政治干预等有损自由贸易的行为可能大增，针对我国新一代信息技术产业进行制裁、技术封锁、各类调查、征收高关税、原料和成品禁运都是大概率事件，对美进出口可能存在较大风险。欧洲情况也不乐观，欧洲经济恢复比较缓慢，各国之间差距加大裂痕加深，国内矛盾激烈、失业率升高、难民问题严重，因此短时间内欧洲市场的需求不会有大规模的提升，保持平稳已经属于比较乐观的估计。日本、韩国则潜在政治风险，对于我国企业来说，日韩企业大多属于竞争关系，因此关联相对美欧较小。印度、印尼、越南等新兴国家由于国际金融、政治的混乱和世界长时间的持续经济低迷普遍被“打回原形”。

二、集成电路产业实力将进一步增强

在国家集成电路产业投资基金的支持下，2017 年我国集成电路产业很有可能加速发展。一是产能将持续扩大。如中芯、华力等大企业等在大基金和地方政府的支持下继续布点，由于我国在集成电路领域缺口较大、市场也不断增大，加之美国对我国芯片出口可能出现新的变化，因此经过产业规划的大型企业的布点不会造成宏观的产能过剩。二是自主可控技术不断增强。随着集成电路科研部署的落地和针对瓶颈的协同创新的开启，一些长期制约我国集成电路产业发展的技术门槛和设计门槛可能被攻克。三是新的集成电路体系持续推进。以新载体、新技术、新理论、新理念为依托的新集成电路系统研究还将继续，如量子芯片等颠覆性技术可能不断获得新成果。

三、物联网、大数据、虚拟现实、人工智能等行业快速增长

2017 年，物联网、大数据、虚拟现实和人工智能的初级商用有可能借互联网经济东风，凭借互联网巨头 BAT 的强大实力走入寻常百姓家。同时，工业用物联网、大数据系统组成的智能工厂、智能企业、智能产业链有可能获得一定进展；工业检修用、设计用 VR 设备可能在高技术企业和装备制造业中

率先铺开；较高级的人工智能研发可能取得一些成果。从商业角度看，物联网等概念将有更大的品牌价值，可能迎来新一轮的快速增长；从生产力角度，早日投入实际应用意味着更早地进行改进完善，也意味着生产力革命的先人一步。

第四节 生物产业

一、政策红利推动我国创新药和仿制药迈入新阶段

对已经批准上市的仿制药进行一致性评价，目的是提升我国的仿制药质量和制药行业的整体发展水平，优胜劣汰，同时使仿制药在质量和疗效上与原研药一致，在临床上可替代原研药。2016 年，国家食品药品监督管理总局（CFDA）重点开展仿制药质量和疗效一致性审核工作，审查结果令人震惊，待批生产的 1622 个药物临床试验项目的 80% 新药临床数据涉假，此次一致性评价将预示着高质量仿制药新时代即将到来。CFDA 预计，2018 年前需要通过仿制药一致性评价的有 289 个品种、17740 个批准文号或注册证号，涉及 1817 家国内生产企业、42 家进口药品企业。如此密集的批号将会倒逼我国药品生产企业加大研发投入。

在创新药方面，CFDA 发布《总局关于解决药品注册申请积压实行优先审评审批的意见》指出，在解决注册申请积压的同时，对防止艾滋病等疾病的创新药、列入国家科技重大专项的药品、转移到境内生产的创新药和儿童用药、采用先进技术治疗优势明显的创新药等实行优先审评，同时加快临床急需新药进口的审批。在 CFDA 药品审评全面提速的基础上，优先审评又为创新药、儿童药、临床急需药、国内首仿药等高质量品种提供了快速通道，国内创新药龙头以及一线仿制药企业将在未来得到政策的大力支持。

二、基因编辑获重大突破助力精准医疗快速发展

精准医疗主要是指应用现代遗传技术、分子影像、生物信息等技术，结

合患者生活环境和临床数据，实现精准的疾病分类和诊断，制定具有个性化的疾病预防和诊疗方案。主要由风险的精确预测、疾病精确诊断、疾病精确分类、药物精确应用、疗效精确评估、疗后精确预测等几大部分组成。自2015年奥巴马首次在国情咨文里提出“精准医学”以来，各国纷纷开始布局精准医疗。目前，我国基因组学和蛋白组学方法的研究走在世界前列，分子影像、靶点、大数据等技术基础雄厚，正在向技术研发、临床转化、与产业培育的交叉融合与协同创新方向发展。

基因编辑技术作为精准医疗中重要技术之一，在2016年取得了长足进步。CRISPR/Cas9技术研究取得新进展，韩春雨团队发现NgAgo能对DNA进行高效地切割编辑，尽管技术受到广泛质疑，但却带动了对基因编辑技术的研究。作为生物技术研究领域的革命性工具，未来，“CRISPR－Cas9专利”将会逐步明朗，NgAgo基因编辑技术研究的将会得到不断深入，相应技术的完善将会推动精准医疗的发展。

三、生物燃气大产业时代推动生物能源快速发展

沼气是有机物经微生物厌氧消化而产生的可燃性气体，拥有良好的抗暴性和较高燃值。近年来，我国对环保日益重视，不断减少化石能源的使用，并鼓励利用新技术、新能源减轻温室效应和促进生态良性循环，生物质能得到前所未有的发展。科技部从国家战略高度，部署推进了我国生物燃气产业的发展。《世界能源》杂志提出展望，预计到2030年，中国天然气需求量将从现在不到2000亿立方米达到4000亿立方米。除国内生产和进口外，天然气缺口仍将达到2000亿立方米。

未来一段时期，以厌氧消化为核心技术的三级网络系统的加速构建和物联网的应用，将推动我国生物燃气产业向前发展。其中，互联网＋三级网络加速生物燃气产业的发展。通过构建生物燃气产业互联网平台，在全生命周期内实现农业废弃物收储运、资源化生产、产品销售的跟踪管控。再则，生物燃气发展促进农业产业升级。以生物燃气产业发展带动区域养殖、种植、肥料、燃气等行业的优化与升级，最终构建以“农业废弃物收储运—资源化处理—产品销售与利用”三级网络为核心的良性产业生态圈。

第五节　高端装备制造产业

一、智能制造装备继续保持快速发展的良好势头

在信息化浪潮的推动下，制造业将会逐渐实现柔性化、数字化以及控制系统的高度集成化。因此，将会在人工智能技术、智能控制组件等领域催生大量的市场空间。未来，智能制造装备将作为信息化与工业化高度融合的代表，拥有极大的发展空间。作为出口型制造大国，我国若要改变以往低端、廉价的形象，需要进一步在智能制造装备领域“补短板”。为支持智能制造装备的发展，工信部发布了《智能制造发展规划（2016—2020 年）》，并组织实施智能制造试点示范专项行动。此外，随着中德合作的进一步加深，国家将构建开放、共享、协作的智能制造产业生态，推动生产装备智能化升级，逐步形成新型制造体系。

二、细分行业增速分化更加明显

我国不同细分行业发展速度不尽相同，轨道交通装备优势明显，海工装备发展进入快车道，智能制造装备仍有极大的上升空间。随着“一带一路”建设成效的逐步显现，轨道交通迈入黄金发展期。2016 年被媒体称为高铁“走出去”爆发元年，中国高铁的版图已经扩展到了亚、欧、非、美等五大洲数十个国家，具备与老牌铁路强国进行竞争的底气。近几年，凭借我国在基础建设、劳动力成本等方面的明显优势，海工装备领域初具国际竞争力。目前国际海洋工程装备制造业已经开始呈现“欧美—日韩—中国”的转移势态。2015 年，我国承接海工装备订单 59 亿美元，占全球市场份额的 42%①，竞争地位显著提升。我国虽然在工业机器人、高档数控机床等智能制造装备领域取得了一定成果，但是总体而言，产业创新能力与国外差距仍较大，核心零

① 数据来源：中智科博产业研究院。

部件对外依存度高。由于智能制造装备高度依赖于工程制造技术基础与发展经验的积累，所以行业主要被美国、日本、德国等发达国家垄断。我国还需要继续加强产学研协同创新，稳扎稳打，逐步争取在智能制造装备领域的国际地位。

三、顺向研发将成为高端制造业主流研发趋势

过去，我国倾向于通过引进国外技术，再进行消化吸收的方式来发展装备制造业。现在发现，这样的研发方式存在一些弊端：由于高端装备制造业领域具有技术集成性，核心技术很难通过拆散后研究获得，逆向研发模式不但不适用，还会制约我国自主创新的积累。随着《工业强基工程实施指南(2016—2020年)》等政策的发布，核心基础零部件（元器件）、先进基础工艺、关键基础材料和产业技术基础的重要性逐渐得到关注，顺向研发将成为今后我国高端装备制造业的主流研发态势。制造企业针对基础关键技术的自主研发将受到鼓励，国家将通过资金补助奖励、试验验证平台建设、基础共性和行业应用标准制订验证等方式对企业进行扶持。中央财政也将持续支持推进“工业强基”，推进首台（套）重大技术装备保险补偿试点等工作的实施。

四、高端装备制造业“走出去”风险增加

随着“一带一路”倡议的实施，我国高端装备制造业逐渐深入参与国际市场运营活动。但是近些年国际形势风起云涌，2016年，国际金融危机与中东北非裂变的“后遗症”与“选举年”因素叠加，世界及地区秩序主导权的博弈更趋激烈，贸易保护主义和反全球化浪潮再次抬头，对我国装备制造企业海外投资受到的国际潜在威胁也在不断加剧。在这些因素的影响下，高端装备制造业“走出去”将面临一场硬仗。高端装备价值高，若投标海外市场，则投入庞大、成本提高，影响波及范围广。高端装备制造业“走出去”考验的不但是企业实力，更是国家的风险处置能力、国际形象和潜在国际实力。因此，高端装备企业参与国际竞争的时候需要重视风险防范和控制，充分评估潜在风险威胁，并提前做好应对措施。

第六节 新能源产业

一、政策逐步完善，推进新能源行业合理发展

一直以来，我国都面临巨大的能源需求压力，未来这一趋势也很难彻底转变。为此，发展新能源、缓解能源压力是我国面临的一个长期、艰巨的课题。为此，我国很早就开展新能源的产业布局，陆续出台了大量政策措施扶持新能源行业的发展。随着行业逐步成长，我国的新能源政策也从普适性的推动行业增长逐步向引导企业做精做优方向转变。例如，我国光伏行业已经逐步进入补贴下调时代，未来补贴将全部取消。又如，能源局发布的《能源发展“十三五”规划》中，明确提出，“十三五”时期，要将非化石能源的消费比重提高到15%以上，煤炭消费比重降低到58%以下，同时也提出，要“提高能源系统效率和发展质量”。国家发改委、财政部、国家能源局发布《关于试行可再生能源绿色电力证书核发及自愿认购交易制度的通知》提出，自2018年起，适时启动可再生能源电力配额考核和绿色电力证书强制约束交易，将推动降低直接补贴强度。可以预见，“十三五”期间，国家将继续出台相关政策，推动新能源相关行业合理发展、逐步壮大，这无疑将对光伏等新能源产业和企业形成倒闭压力，推动企业加快产品和技术升级，尽早适应市场竞争。

二、竞争进一步加剧，行业加速洗牌

从发展阶段来看，新能源行业发展正从成长期向成熟期转变，市场增长逐步稳定，行业盈利能力有所下降，总体投资增速放缓，核心技术已经大量积累，新产品和新应用持续放缓，行业竞争格局初步形成，各领域已经出现了一批竞争力较强的龙头企业，产业集中度逐步提高，新企业进入行业难度和门槛加大。目前，就国内情况来看，新能源行业中生产端产能过剩问题仍未解决，尤其是光伏、风电等产业，由于前期地方强烈的投资冲动，大批项

目盲目上马，已经出现了较为严重的弃风、弃光现象。未来，随着行业进一步成熟，龙头企业在技术创新、产品成本控制、品牌竞争方面能力更强，对产业链的掌控力更高，加深对中小企业利润空间的压缩。可以预见，未来，创新能力弱、转型速度慢、缺少特色产品和模式的中小企业，将面临被洗牌、被淘汰的风险，新能源产业集中度将进一步提升。

三、降低成本将成为新能源行业未来的重点发展方向

目前，全球石油供给过剩的局面并没有彻底改变，对新能源行业的应用和发展仍然有较大冲击。近年来，随着市场投资规模的逐步扩张、技术的不断进步、应用的逐步推广，光伏、风电等领域新能源产品的应用成本大幅度降低。据报道，在2016年国内“领跑者”项目招标中，出现了低于当前的民用电价，国外部分地区的光伏发电成本达到燃煤发电成本的一半左右。不过，总体上其与传统能源的成本仍然存在较大差距，仍是限制新能源产品推广的重要制约因素之一。可以预见，加大对成本的控制，提高产品效率将是新能源行业的发展重点。《能源发展“十三五”规划》中明确提出，未来要提高能源系统效率和发展质量。国家能源局也提出，未来5至10年内，风电成本要继续下降四分之一。因此，对于新能源相关企业，要进一步加大研发力度，改善成本结构，推进相关组件成本持续降低，提高技术效率，早日实现大规模应用。

第七节　新材料产业

一、标准化将成为新材料产业下步工作重点

在标准化方面，长期以来我国材料型号成千上万，且材料标准体系仍以传统材料标准为主，新材料产业标准体系尚未建立，非常不利于新材料产业的可持续发展，为下游产业整合带来各种麻烦。随着工业转型升级的深入，对新材料提出了更高、更多的要求，急需建立新材料标准体系，预计2017年

在一些投资热点的新材料领域，由龙头企业发起、行业联盟发起或者国家引导下的标准制定工作会有所推进。

二、大规模产业化和低成本化工作将加速技术攻关和实践

长期以来，限制我国新材料产业发展的重要因素是产业化成本控制不力。一些关键新材料如何降低成本是确保产业较快发展的关键，受此影响，预计低成本技术会持续跟进，同时采用复合材料技术生产物美价廉的材料将成为航空、船舶、汽车等领域的重要产业实践。

三、绿色低碳和智能化生产技术将更加普遍

2016 年 11 月 4 日，在人类应对气候变化的努力中具有历史性意义的《巴黎协定》正式生效。因此在合金材料生产、高性能高分子材料生产中，将加强对温室气体排放的控制和国内基础原材料产能的控制等，进一步倒逼绿色低碳技术的应用。与此同时，预计行业的信息化水平和智能化生产水平在 2017 年会有一个长足的进步，一些智能化示范工程预计会在新材料行业内开展。

四、新材料推广应用有望获得突破

长期以来，困扰我国新材料产业发展的一个重要瓶颈是从研发到应用最后一公里难以打通，其中有垄断因素，也有应用风险因素，基于此，预计 2017 年在新材料推广应用方面可能会有一些新的政策实施，比如可能会在全国建立一些新材料推广应用中心，在重大装备首台（套）保险的基础上，可能会在新材料领域推广这一政策。

五、产业布局调整仍将持续

例如在有色金属工业“十三五”规划当中，提出要优化冶炼企业布局，提升综合竞争力。“十三五”期间，将会解决资源、能源、生态环境压力的基础上，进一步平衡成本因素，优化资源配置，铜、铝、铅、锌、锑等产业将

会面临新的行业洗牌和优化布局，总体来看，从分散到集中，从全国到沿海，从中国到世界会成为这种布局调整的重要形式。

第八节　节能与新能源汽车产业

一、整车产销规模将进入平稳增长阶段

2016年末，财政部、科技部、工业和信息化部、发展改革委等四部委发布通知，调整新能源汽车补贴标准，除燃料电池汽车外的各类新能源车型，2019—2020年中央和地方补贴标准退坡20%，补贴资金采取经核查后拨付的方式。受到财政补贴退坡政策影响，新能源汽车的产销增长速度将逐步放缓，难以保持2015年的爆发式增长，或将维持在或略低于2016年的增长水平。

二、小型低价电动汽车或成行业爆发点

目前，我国新能源汽车起步价格近半数在10万—20万元的区间范围，价格在20万—30万元区间的紧随其后，低于10万元的车型也占近20%的比例。随着新能源汽车补贴的逐年退坡，同时，考虑到新能源汽车的技术突破、运行环境等因素影响，未来起步价低于20万的电动汽车将会得到消费者更广泛的接受。

三、围绕充电基础设施的竞争将更激烈

《电动汽车充电基础设施发展指南（2015—2020年）》提出了未来五年充电桩的规划布局。国家电网表示，2017年将建设2.9万个充电桩，到2020年达到建成12万个充电桩的目标。从市场需求看，按照慢充桩与快充桩5:1的数量配比，预计到2020年，我国充电基础设施的潜在市场空间有望达2000亿元。2017年及以后时期，新能源汽车充电基础设施的建设将继续保持快速增加的态势，围绕充电基础设施领域的竞争将更趋激烈。

四、动力电池行业或将出现较大分化

我国新能源汽车产业的政策趋势是逐步从政府扶持走向推动市场化，未来动力电池下游需求将逐步减少政府采购和示范运营的数量。近年来，新能源汽车动力电池的产能投放增速大于行业需求增速，将有可能发生阶段性产能过剩的情况。2017 年可能会是动力电池供求的分水岭，整个行业可能会出现分化。同行业的竞争仍将激烈，但部分行业龙头企业的地位正在逐步巩固。从技术上看，LiFSI、硅碳负极、钛酸锂动力电池，以及石墨烯导电材料等新材料新技术有望取得突破并实现规模化应用，一大批缺乏技术创新能力的中小动力电池生产企业将失去竞争优势。

五、产业资本的投资力度或继续加大

近年来，越来越多的产业资本和其他社会资本投资新能源汽车领域，特别是去年的跨界造车，成为新能源汽车发展过程中的一个重要事件。随着产业发展政策的进一步完善，产业发展环境的逐步优化，技术发展趋势的进一步明朗，以及产业秩序的治理整顿，新能源汽车产业的前景正在逐步向好。今后，传统汽车企业向新能源汽车转型发展的态势将更为显著，各类社会资本也更将新能源汽车作为投资重点。

国际篇

第二十四章　2016 年世界工业发展综述

2016 年，全球经济复苏依然乏力，全球工业发展进入低速增长阶段，复苏动能依然不足。全球需求持续低迷，消费品、原材料、装备制造等重点行业生产冷热不均，细分行业增长延续分化。全球外商直接投资及全球贸易量大幅下滑，但全球并购交易依旧持续高涨。受全球经济低迷和投资放缓等因素影响，主要发达国家工业复苏困难，新兴经济体制造业增速稳中趋缓，最不发达经济体工业总体发展较为脆弱，出口增速大幅下滑，吸引外资能力有所下降。另一方面，随着互联网、大数据、云计算等新一代信息技术的快速发展，互联网与制造业深度融合，不断催生出新的业态、新的商业模式和新的经济成分，带动传统制造业转型升级，推动制造业生产方式不断向智能化绿色化方向发展。

第一节　总体现状

一、全球制造业保持低速增长，复苏动能依然不足

2016 年，受全球经济低迷和投资放缓等因素影响，全球工业发展进入低速增长阶段，全球经济增长 2.2%，是 2009 年以来最低的增速。主要发达国家工业增长呈现微弱复苏态势，而新兴经济体工业增长总体缓中趋稳。2016 年，全球制造业 PMI 值虽一直处于 50 的景气荣枯分界线以上，连续 12 个月实现温和扩张，但全年 PMI 平均值为 51，低于前两年全球制造业 PMI 均值，扩张幅度明显收窄，显示全球制造业复苏动能依然不足。2016 年 12 月，全球制造业 PMI 指数由 11 月份的 52.1 升至 52.7，为全年最高水平，制造业略显

复苏势头。据联合国工业发展组织发布的《2016 年第四季度全球制造业增长报告》显示，2016 年四个季度，全球制造业产值同比分别增长 2.1%、2.3%、2.4%、2.7%，四季度制造业增速有所提升，但全年增长相对疲弱。受英国脱欧、美国大选及全球地缘政治等因素影响，全球经济增长还将面临着一系列不确定性，未来全球制造业增长前景堪忧。

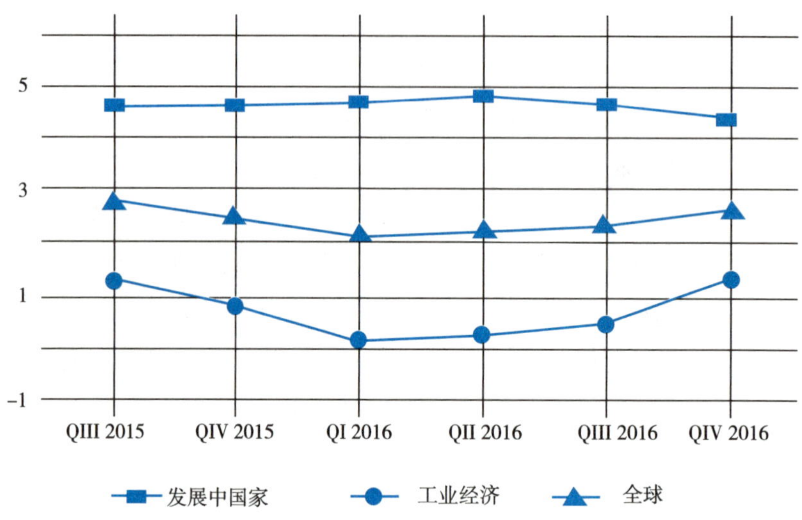

图 24－1　全球制造业产值季度同比增速

资料来源：联合国工发组织，2017 年 1 月。

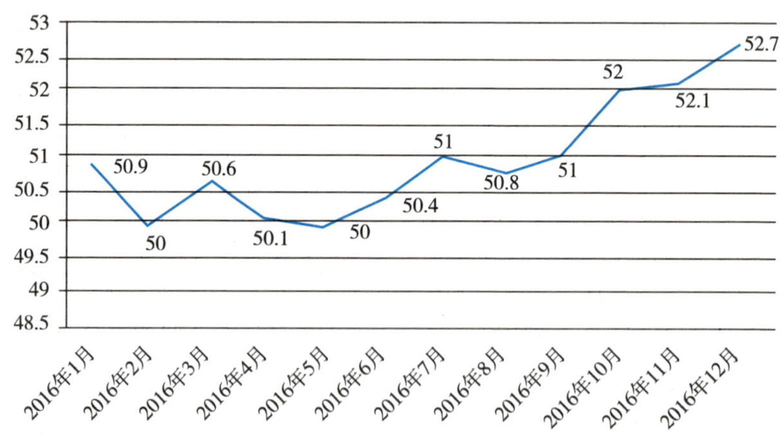

图 24－2　2016 年 1 月—2016 年 12 月全球制造业 PMI 值

资料来源：摩根大通，2017 年 1 月。

二、发达国家制造业复苏艰难，新兴国家制造业增速稳中趋缓

2016 年以来，主要发达经济体工业复苏势头微弱。受民间消费支出、美元升值等因素影响，美国工业生产表现良好。美国供应管理协会（ISM）公布的数据显示，2016 年 12 月美国制造业 PMI 值从 11 月份的 53.2 升至 54.7，创 2014 年 12 月以来最高。2016 年，美国全年非农就业人数增加 216 万人，创下 1999 年以来最高纪录；而欧元区受英国脱欧、财政状况低迷等因素的共同作用，制造业整体增速缓慢，2016 年欧元区工业 PPI 均值同比下降 2.3%，欧盟工业 PPI 均值下降 1.9%。欧元区制造业 PMI 值一直处于扩张状态，全年 PMI 均值达到 52.4，比去年上升 0.2 个百分点，显示欧元区制造业处于温和复苏态势。在九州岛地震、实施负利率、加码财政刺激措施等因素的叠加影响下，日本制造业增长依然低迷。2016 年，日本制造业 PMI 均值为 49.98，制造业整体处于萎缩态势；反映制造业活动的领先性指标—日本大型制造业信心指数，2016 年四季度为 7.5，低于三季度的 12.7，表明日本大型制造企业的乐观程度有所下滑。新兴经济体工业整体呈现低速增长，稳中趋缓。金砖国家中仅印度制造业处于扩张状态，其他国家工业增速不断下滑。其中，巴西和俄罗斯 2015 年以来工业增长一直处于下滑状态；2016 年中国规模以上工业增加值同比仅增长 6.0%，2015 年该数值为 6.1%，2014 年为 8.5%，下滑态势明显。

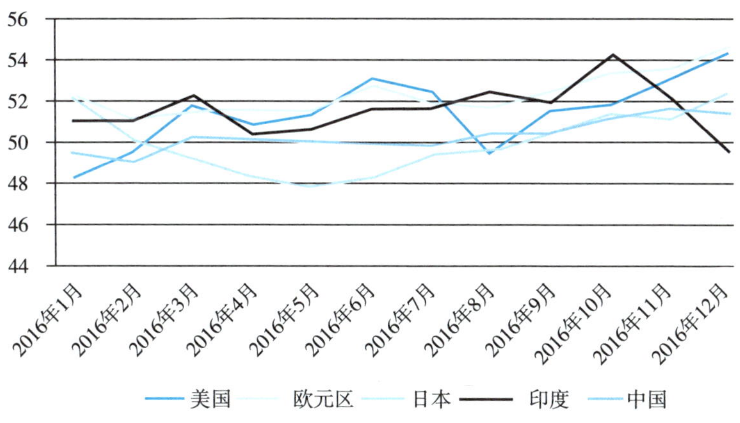

图 24－3　2016 年 1 月—2016 年 12 月全球主要经济体制造业 PMI 值

资料来源：Wind 数据库，2017 年 1 月。

三、互联网和制造业深度融合，智能制造引领全球

随着互联网、大数据、云计算等新一代信息技术的快速发展，互联网与制造业深度融合形成的叠加效应、聚合效应、倍增效应不断催生出新的业态、新的商业模式和新的经济成分，推动制造业生产方式向智能制造发展。例如，在3D打印领域，根据Future Market Insights报告显示，2016年全球3D打印医疗器械市场规模约为2.796亿美元，未来10年复合年增长率将有望达到17.5%；在智能可穿戴领域，据IDC发布的研究报告显示，2016年全球智能手机发货量达到14.7亿部，同比增长2.3%；全球可穿戴设备的出货量达到1.019亿台，到2020年之前，将达到2.136亿台。同时，VR/AR设备、智能家居设备、无人机等智能硬件产品异军突起，推动着整个行业维持较高的增长速度。IDC还预计全球VR/AR行业收入将从2016年的52亿美元，增长到2020年的1620亿美元，年复合增长率高达136%。随着“德国工业4.0”“美国工业互联网”以及“中国制造2025”的加速推进，智能制造正引领新一轮制造业革命，成为全球工业发展的焦点。

四、全球需求持续低迷，重点行业产能过剩问题严重

国际金融危机爆发以来，全球经济复苏乏力，全球贸易增速不断下滑，造成全球制造业整体有效需求严重不足，原油、页岩油气、铁矿石、电解铝、太阳能光伏等行业产能过剩问题严重。2016年，全球粗钢平均产能利用率为69.3%，比2015年下降0.4个百分点。2016年第四季度，全球消费者信心指数为97，相比第三季度下降了两个点。全球大宗商品价格低位徘徊，2016年全球国际油价均价水平仍处于历史较低位，40—50美元/桶是全年油价主流运行区间，这使得巴西、俄罗斯、委内瑞拉、中东等资源能源国家外部需求大幅下滑，企业效益严重恶化，对外投资意愿降低，制约全球工业投资增长。

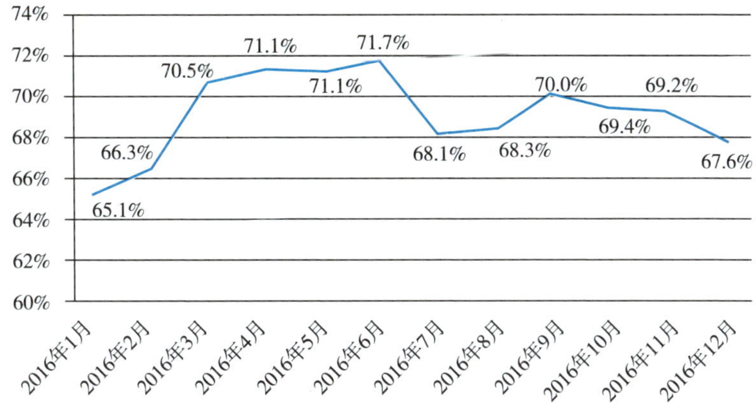

图 24－4　2016 年全球粗钢产能利用率

资料来源：国际钢铁协会，2017 年 1 月。

五、全球跨国企业并购交易活动持续活跃

在世界经济低迷及低廉融资成本的驱动下，2016 年全球并购交易依旧持续高涨。据彭博统计显示，2016 年全球并购交易总数约为 2.81 万宗，总交易额约为 4.4 万亿美元。其中，并购交易额超过 100 亿美元的有 55 宗，累计规模达到 1.6 万亿美元。分行业看，生物医药、消费品、半导体等行业的并购表现十分活跃。在生物医药领域，制药巨头 Shire 以 320 亿美元的价格收购 Baxalta，成为 2016 年第一单大型并购交易；在消费品领域，英美烟草公司（BAT）以 494 亿美元收购美国雷诺兹烟草，成为全球最大的上市烟草公司；在半导体领域，高通以约 470 亿美元的价格收购高性能、混合信号半导体供应商 NXP，成为史上最大的芯片收购交易；日本软银集团以 314 亿美元的价格收购英国芯片设计公司 ARM，创下公司史上对欧洲科技公司的最大收购交易。据汤森路透统计，中国企业是 2016 年全球跨境并购的主要力量，企业跨境并购交易额达 2210 亿美元，几乎是去年两倍多，再创历史新高；美国公司的并购交易总额为 1.65 万亿美元，同比下降了 18%。

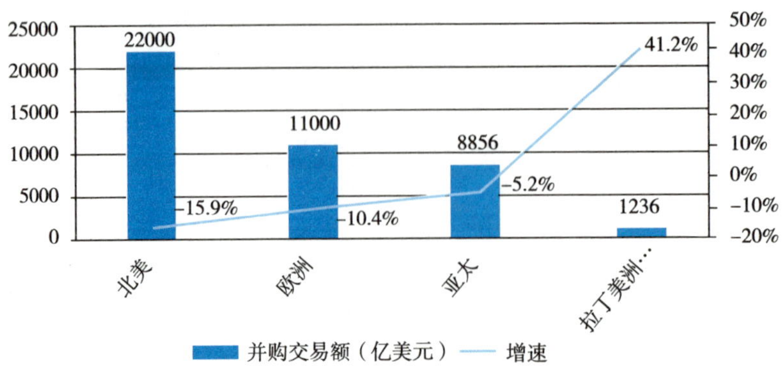

图 24－5　2016 年全球分区域并购交易情况

资料来源：Bloomberg，2017 年 1 月。

六、新商业模式带动传统制造业转型升级

近年来，随着物联网、云计算、虚拟现实、大数据、人工智能等技术的交叉融合多点爆发，平台经济、数字经济和共享经济等新的商业模式正成为全球经济发展的主要内容。2016 年我国数字经济规模达到 22.4 万亿元，GDP 占比达 30.1%。这些新的商业模式将通过对传统产业进行供应链流程的再造、流程的整合、流程的创新来实现传统产业的升级改造。Uber、Airbnb、滴滴、摩拜、OFO、eBay 等企业正借助于互联网、移动支付、大数据等手段实现供需两端的对接，在全球掀起“共享”潮流，带动了钢铁、化工、玻璃等传统产业的发展及转型。

七、全球外国直接投资大幅下滑

受全球经济复苏乏力、贸易保护主义抬头及地缘政治风险等因素的影响，全球外国直接投资呈现大幅下滑态势。2016 年，全球 FDI 流量约为 1.52 万亿美元，同比下降了 13%。据联合国贸易和发展会议 2017 年 2 月 1 日发布的《全球投资趋势监测报告》显示，2016 年流入发达经济体的外国直接投资下降了 9%，约为 8720 亿美元。与此同时，流入发展中经济体外国直接投资同比下降了 20%，约为 6000 亿美元。中国、新加坡、巴西和印度等国家位居全球前十大外国直接投资目的国之列。

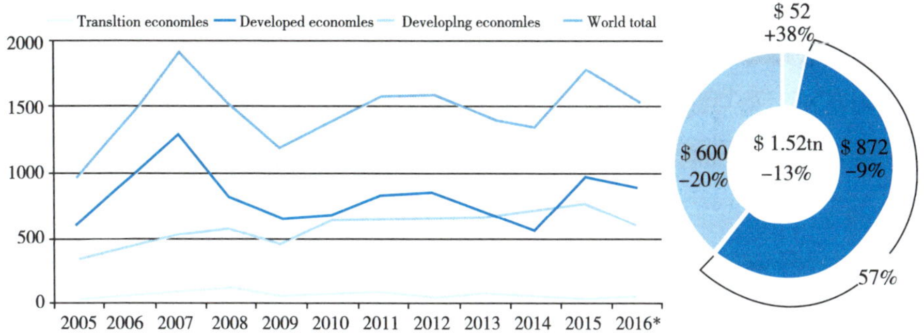

图 24－6　2005—2016 年全球和集团经济体外国直接投资流入量（单位：十亿美元）

注：不包括加勒比地区的离岸金融中心

数据来源：联合国贸易和发展会议《全球投资趋势监测报告》，2017 年 1 月。

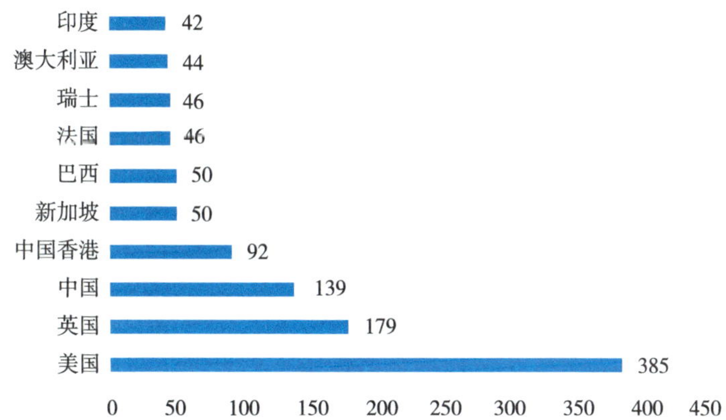

图 24－7　2016 年全球前十大外商直接投资经济体（单位：十亿美元）

资料来源：联合国贸易和发展会议《全球投资趋势监测报告》，2017 年 1 月。

八、全球贸易量大幅下滑，新兴国家贸易下滑速度剧烈

2016 年全球贸易形势异常严峻。荷兰经济政策研究局于 2017 年 2 月 24 日公布的数据显示，2016 年全球商品进出口同比增长 1.2%，增速低于 2015 年的 2%，为 2009 年进出口大幅下降以来的最低增速。发达经济体的进出口创 2013 年以来最低增速，一些新兴经济体的进出口也在萎缩。据世界贸易组织（WTO）公布的数据显示，全球进出口贸易额占 GDP 比重从 2008 年的 52% 下降至 2015 年的 45%，下降了 7 个百分点，相当于倒退回本世纪初的水

平，并将2017年全球贸易增长由2.8%下调至1.7%。长期以来一直被视为全球贸易增长引擎的新兴经济体贸易下滑速度剧烈。2016年，巴西、俄罗斯全年贸易进出口增速均呈现萎缩态势，中国货物进出口总值同比下降0.9%，其中，中国出口13.84万亿元，下降2%；进口10.49万亿元，增长0.6%；贸易顺差3.35万亿元，收窄9.1%。

第二节　主要特征

一、世界工业维持低速向好增长态势

近年来，全球经济在复苏中仍显脆弱，增长动力明显不足。根据IMF发布的《世界经济展望报告》，2017年全球经济增长率预计为3.4%，考虑到美联储加息、欧洲政局不稳、全球贸易保护主义抬头等因素的影响，全球经济仍将在低位徘徊。受惠产出及新订单扩张均加速的利好影响，2016年12月摩根大通全球制造业采购人经理指数上升至53.8，为2014年以来的最高水平。中国、英国和美国的制造业产出正稳步回升，预计全球工业生产将继续回暖，但是受限于各国政策变动和结构调整的影响，世界经济正处在动能转换的换挡期，传统增长引擎对经济的拉动作用减弱，人工智能、3D打印等新技术虽然不断涌现，但新的经济增长点尚未形成。

二、发达国家工业生产形势持续好转

发达国家加快了产业结构调整步伐，纷纷启动“再工业化”战略，重视对新产品新技术的培育，推动工业复苏的势头不断加快。美国供应商管理协会发布的数据显示，2016年12月，美国ISM制造业PMI为54.7%，环比上升1.5个百分点。其中，新订单指数为60.2%，环比上升7.2%；产出指数为60.3%，环比上升4.3个百分点；就业指数为53.1%，环比上升0.8个百分点；原材料库存指数为47%，环比下降2个百分点。在订单向好和库存降低的背景下，美国工业有望保持继续扩张，预计2017年美国工业生产将会出现

稳定增长态势。日本2016年12月PMI终值为52.4，高于初值51.9以及11月的终值51.3。这已是该指数连续第四个月高于荣枯分界线50，显示活动扩张速度为2015年12月以来最快，日本出口、工业生产和消费者支出最近显示出复苏的迹象。但欧元区12月Markit综合PMI终值为54.4，创下2011年5月以来最高，自2016年第四季度虽然重拾扩张势头，但是受英国脱欧、法国大选、难民危机等因素的影响，欧盟工业生产面临很大的波动。与此同时，受订单增加的影响，德国工业将进一步复苏。总体而言，发达国家工业生产经过长期的调整，开始进入缓慢复苏的轨道。

三、新兴经济体工业增长明显加快

得益于大宗商品价格缓慢回升以及经济政策调整与改革的成效逐步释放，新兴经济体的经济增速大幅下滑势头得到抑制，总体呈现缓中趋稳的发展态势。2016年以来，巴西、俄罗斯经济形势将有所好转，工业生产形势明显改观。2016年印度工业增长保持强劲增长势头，据印度中央统计办公室（CSO）发布的数据显示，2016年11月，印度工业生产指数（IIP）同比增长5.7%，为近13个月以来最高值，但由于没有进行完整的基础工业化，工业产业结构相对较为单一，基础设施落后使得经济可持续发展能力欠缺，印度工业持续扩张受到很大限制。与此同时，受益于低廉的劳动力成本和政府的大力扶持，东盟国家正在成为跨国制造企业转移的热点地区，菲律宾、越南、印尼、马来西亚等国家借助外资投入的持续增长，正在加快推动劳动密集型产业发展，工业生产将实现持续扩张。新兴经济体经济增长虽然出现向好势头，但仍将面临各种风险和挑战。此外，主要发达经济体经济政策的不确定性以及各种地缘政治风险等问题均不容忽视。

四、全球贸易争端加剧，总体贸易额略有下滑

受发达国家贸易保护主义抬头的影响，TPP、TTIP等区域自贸协定受阻，全球自由贸易陷入新一轮低迷状态。随着发达经济体出现逆全球化倾向，以TPP、TTIP、TISA为代表的自贸协定谈判陷入僵局。新兴国家正在推动新的区域性经济组织，全球贸易规则正在深刻变革，出现了以双边代替多边的趋

向。发达国家将进一步掀起对新兴经济的贸易救济调查，中美、中欧、美欧之间的贸易摩擦将不断增多，全球贸易战有可能不断上演。国际货币基金组织（IMF）在2016年10月《世界经济展望》报告中指出，在全球经济增长持续低速增长态势的同时，2017年全球贸易量增速预计在2.5左右，大大低于2008年之前全球贸易增长7%的速度，贸易收缩成为常态。

五、全球直接投资略有增长，“一带一路”沿线国家成跨国投资热土

受全球经济增长疲软以及世界贸易增长乏力等因素影响，跨国公司削减资本开支，同时影响其利润再投资规模，企业间大型并购活动下降。据联合国贸易和发展会议（贸发会议）发布报告称，2016年全球FDI流入量下降13%，至1.52万亿美元。流入发达经济体的FDI总量从2015年的历史高位下降了9%，至8720亿美元。经济增长放缓和大宗商品价格下跌则对流入发展中经济体的FDI造成较大影响，发展中经济体FDI流入量总体减少了20%，至6000亿美元。受全球政治不稳定性的影响，未来FDI流动的不确定性仍然很大，投资增长的潜力空间有限，预计2017年全球FDI将保持小幅上升趋势。与此同时，我国加大了对外投资力度，特别是“一带一路”沿线国家成为我国企业投资的热点地区。据统计，2016年1月至11月份，我国企业在境外开展直接投资达到1617亿美元，较上年同期增长了55.3%。对“一带一路”沿线的53个国家直接投资达到了133.5亿美元，占同期总额的8.3%，一批加工制造、技术研发、资源开发等领域的投资并购成功实施。在我国的大力推动下，“一带一路”倡议得到了欧亚国家的积极响应，中哈、中巴、中泰等产能合作日益深化，激发了沿线经济发展的活力。2016年11月份“一带一路”重大倡议首次写入联合国大会决议，彰显出“一带一路”合作共赢强大的感召力和广阔前景。

第二十五章　2016 年主要发达经济体工业发展动态

2016 年，主要发达国家工业复苏步伐缓慢。美国工业呈现如下状况：一是传统工业部门的增长出现明显分化，钢铁和能源行业衰退，汽车行业增长。二是新兴工业部门投资出现放缓，并购交易出现下滑。三是技术创新力度持续加大。四是全年贸易逆差扩大至自 2012 年以来最高水平。五是就业大幅改善但问题仍存。欧盟经济总体保持了平稳复苏的态势，各国对工业发展的重视程度有所提升，欧元区制造业处于扩张阶段，未来发展前景较好。欧盟不断加大在研发创新领域的投入，瑞士、德国、芬兰等成员国创新实力均处全球领先。日本工业发展整体变化不大，企业在研发投入和投资支出上稳中有升。日本商品贸易保持增长，并在多年来首次实现顺差，失业率仍保持在较低水平。

第一节　美　国

一、发展概况

美国是当今世界上规模最大的工业化国家，工业门类齐全，体系完整，既包括钢铁、汽车、化工、石油、飞机、机械、造船、电力、采矿、冶金、制药、食品等传统工业部门，也包括微电子、计算机、宇航、新能源、新材料等新兴工业部门，其中电子电器、光电、宇航、清洁能源、生物制药等居世界领先水平。

受制造业新订单、生产和雇佣指数全面上升带动，2016 年 12 月美国 ISM

的 PMI 从 11 月的 53.2 升至 54.7（后调整为 54.5），高于预期的 53.7，创 2014 年 12 月以来新高。制造业新订单指数上升 7.2 个点至 60.2；生产指数上升 4.3 个点至 60.3；雇佣指数上升 0.8 个点至 53.1；新出口订单指数上升 4 个点至 56。

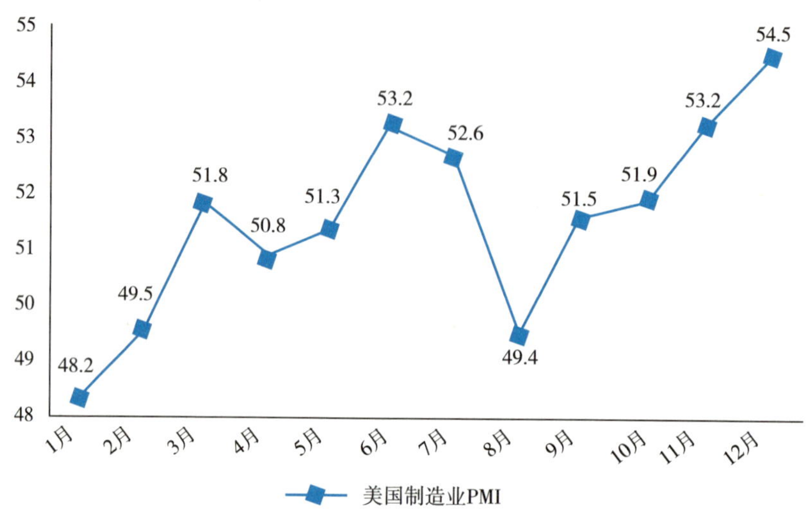

图 25－1　2016 年 1 月—2016 年 12 月美国 ISM 制造业 PMI 值

资料来源：美国供应管理协会（ISM），2017 年 3 月。

（一）传统工业增长分化明显

2016 年美国传统工业部门的增长出现明显分化，钢铁和能源行业衰退，汽车行业增长。2016 年，美国粗钢产量下降 0.3% 至 7862 万吨。从 2016 年全年来看，美国钢铁公司净销售收入为 102.61 亿美元，同比下滑 11.3%；营业利润持续亏损，亏损额由 2015 年的 3.02 亿美元减少至 0.59 亿美元；税息折旧及摊销前利润（EBITDA）由 2015 年的 2.02 亿美元激增 152.5% 至 5.10 亿美元；归属上市公司股东净利润由 2015 年的亏损 16.42 亿美元减少至亏损 4.40 亿美元。2016 年，美国钢铁公司钢材发货量为 1499 万短吨，同比小幅减少 3.6%。2016 年，美国煤炭产量预计为 7.43 亿短吨（6.74 亿吨），较 2015 年下降 17%，跌至 1978 年以来最低。美国石油产量已经从 2015 年底时的 920 万桶/天减少至 2016 年底时的 880 万桶/天。但是石油库存则从 4.51 亿桶上升至 4.79 亿桶。2016 年美国原油进口量比 2015 年增加。2016 年，美国汽车产量为1219.81万辆，微增0.8%。2016年，美国汽车销量为1786.58万辆，微增0.1%。2016年美国车市大力优惠、刺激销售，另外轻卡需求旺盛，轻型车销量连续7年实现增长。

（二）新兴工业投资放缓并购下滑

2016年美国新兴工业部门投资出现放缓，并购交易出现下滑。2016年，美国的清洁能源投资下降7%，仅为586亿美元，投资放缓主要是受到美国国会在2015年12月决定延长投资税减免政策的影响。在利好政策延期的背景之下，开发商没有理由继续赶建风电和光伏项目。2016年，包括谷歌、Facebook、亚马逊、苹果、eBay等在内的10家互联网巨头的并购活动增长了7%，但是远低于2013年和2014年的水平。2016年这10家互联网巨头并购活动和2014年比减少35%。在10家企业中，谷歌是最活跃的并购者，自2012年共收购超过105家企业。但是，2015年和2016年谷歌的并购活动就已经从2014年的35宗下降至不足20宗。Facebook在2012年和2014年收购的企业数量都超过10家，但是2015年和2016年则分别收购了7家和8家企业。

（三）技术创新力度持续加大

美国白宫科技政策办公室（OSTP）于2016年5月和6月相继成立了美国国家科学技术委员会（NSTC）机器学习与人工智能小组委员会（MLAI）和网络与信息技术研发（NITRD）人工智能专门工作组，并于2016年10月重磅推出这两个新领导部门分别完成的《为未来人工智能做好准备》报告和《国家人工智能研发战略规划》。2016年12月，又跟进发布了一份关于人工智能的报告——《人工智能、自动化与经济》。据统计，从2011年到2014年，美国联邦政府的制造业研发投资由14亿美元增至19亿美元，增长35%。在此背景下，以高端制造业技术创新和清洁能源技术投资为代表的领域成为推动美国制造业复兴的关键，而以国家制造业创新网络（NNMI）为代表的公私合作成为制造业复兴的驱动力。

（四）贸易逆差达到4年最高水平

出口在美国经济复苏中具有关键的作用。2016年，美国出口总额为2.2094万亿美元，较2015年减少517亿美元。美国进口总额为2.7117万亿美元，较2015年减少499亿美元。2016年全年，美国贸易逆差上升0.4%至

5023亿美元，贸易逆差扩大至自2012年以来最高水平，其中服务贸易顺差2470.82亿美元，货物贸易逆差7500.07亿美元。美墨年度贸易逆差扩大，美中贸易逆差增幅次之。月均贸易逆差下降了3.2%，至443亿美元。货物贸易中，最大逆差仍然来自中国，不过数量减少到3470亿美元（12月环比降低9%）。此外与日本、德国、墨西哥也存在数额较大的逆差。2016年全年，经常项目逆差上升3.9%，达到4812亿美元，是2008年以来最高的年度数据。

（五）就业大幅改善但问题仍存

2016年美国的就业状况大幅改善。根据美国劳工部（DOL）2017年1月公布的数据显示，美国2016年12月季调后就业人数增加15.6万，远低于预期值17.5万，但是薪资增速创7年来最快，暗示美国劳动力市场持续走强，美国经济有望继续走坚，且美联储在2017年可以进一步加息。美国劳工部指出，12月新增就业人数主要出现在医疗领域以及社会援助领域，过去三个月，平均新增非农就业人数为16.5万；2016年整年的新增就业人数为220万，低于2015年的270万；社会援助领域的增加反映了个人和家庭服务行业就业人数的增长。特朗普计划加大基础设施建设投资并大幅减税的计划可能鼓励美国企业增加雇佣人数，使美国经济增速在未来几年进一步加速。

二、产业布局

美国工业的分布大体上分为三大地区。在东北部，所属十四个州的面积仅占国土面积的8%，却集中了50%的制造业，80%的钢产量和90%的汽车产量。在西部，航空、造船、电子和导弹等工业部门工业产值占全国工业产值的10%。在南部，石油、化工、造船和军工等工业部门工业产值占全国工业产值的20%。

美国工业的分布呈现出由东向西向南发展的趋势。西起密西西比河，东至大西洋沿岸，南起俄亥俄河和波托马克河，北至密执安湖、伊利湖和安大略湖岸以南，以及新英格兰南部的东西狭长地带被称为美国的制造业带，是美国工业发展最早的地区。战后，在西部太平洋沿岸的加州，一些与军事有关的新兴工业部门，如造船、飞机、导弹、电子、汽车装配等得到巨大发展。

南部得克萨斯等州的产油区，逐步发展成为重要的石油化工中心。20 世纪 70 年代以来，经济和人口出现南移现象。被称为阳光地带的南部和西部工业发展较快，其速度大大超过东北部地区。近年来，越来越多的传统制造业开始向成本更低的美国南部地区集聚，美国南部地区制造业呈现快速发展势头。

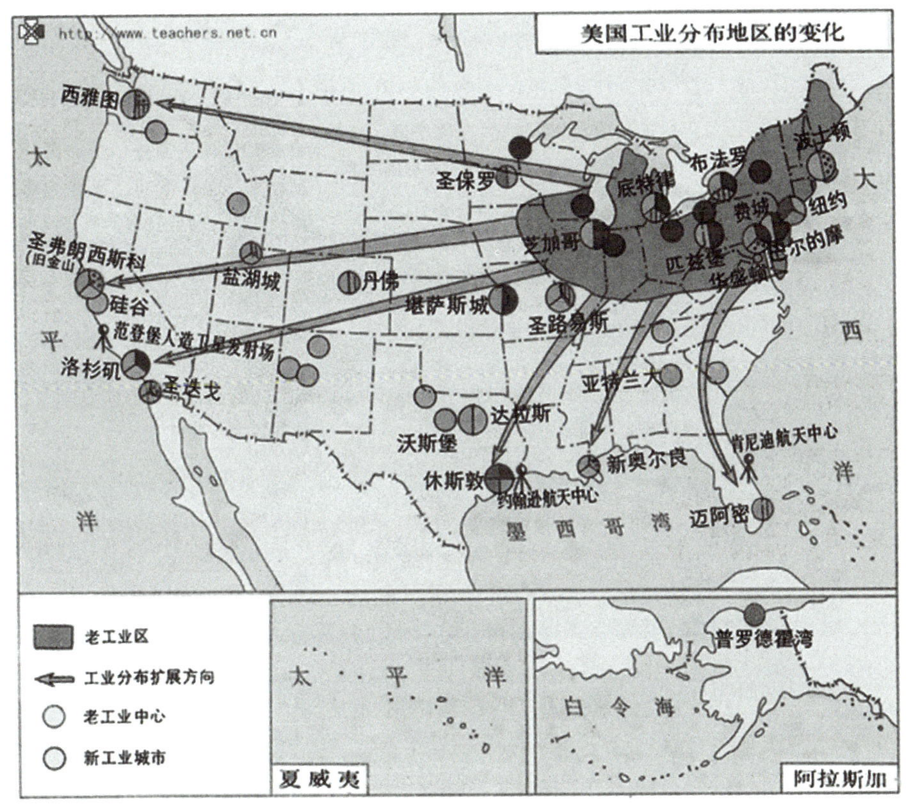

美国工业分布地区的变化

图 25－2 美国工业分布地区的变化

资料来源：赛迪智库整理，2017 年 3 月。

三、政策动向

2008 年金融危机之后，为促进美国经济复苏，奥巴马政府把重点放在重振制造业上，推出了一系列政策措施。

表 25－1　2009—2016 年美国重振制造业的重要政策

时间	标题	主要内容	对制造业重要影响
2016. 10	美国国家人工智能研发战略规划	规定了一个高水平框架，该框架可用于确定人工智能所需要的科学和技术并追踪研发投入的进度并最大化投入的影响。确定了联邦资金资助的人工智能研发的优先顺序，该顺序考虑了对于人工智能对社会和全世界的长期转型的影响的人工智能近期的能力	推动人工智能发展并释放企业和工人的创造潜力，确保美国在人工智能的创造和使用中的领导地位
2015. 10	美国创新战略（2015版）	包括三大创新要素和三大战略举措。三大创新要素是投资创新生态环境基础要素、推动私营部门创新、打造创新者国家，三大战略举措旨在创造高质量就业岗位和持续经济增长、推动国家优先领域突破、建设创新型政府	重点聚焦先进制造、精准医疗、脑计划、先进汽车、智慧城市、清洁能源和节能技术、教育技术、太空探索、计算机新领域等 9 大战略领域
2014. 11	美国振兴美国制造业和创新法案	实施制造业创新网络计划，在全国范围内建立制造业创新中心	加快美国制造业的技术创新及商业应用的步伐
2014. 10	美国振兴美国先进制造业 2.0 版	为美国的先进制造业发展总结了 3 大支柱：加快创新、保证人才输送管道及改善商业环境	保证美国先进制造业良好的发展势头
2014. 4	美国学徒计划	资助社区学院和雇主合作，设立适应未来工作需要的培训项目，投入学徒培训扩大计划	培训包括高级制造业、信息技术和医疗等行业所需的高级技术工人
2013. 3	美国机器人路线图	强调机器人技术在美国制造业和卫生保健领域的重要作用	提出了未来 5 到 15 年制造业机器人所要解决的关键能力
2012. 3	美国制造业创新网络计划	计划建设一个包含 15 个制造创新中心的全国性网络，专注于 3D 打印和基因图谱等新兴技术	利用高科技全面提升美国制造业，将美国转变成全球的高科技中心
2012. 2	美国先进制造业国家战略计划	围绕中小企业、劳动力、伙伴关系、联邦投资以及研发投资等提出五大目标和具体建议	促进美国先进制造业的发展

续表

时间	标题	主要内容	对制造业重要影响
2011. 11	美国制造业复兴计划	从投资、贸易、劳动力和创新等方面提出了促进美国制造业复兴的四大目标及相应的对策措施	确定美国保持制造业全球竞争力的路径
2011. 6	美国先进制造业伙伴关系计划	创造高品质制造业工作机会以及对新兴技术进行投资	提高美国制造业全球竞争力
2011. 2	美国创新战略（2011版）	新的创新战略提出了五个新的行动计划	在美国重点优先领域实现突破
2010. 8	美国制造业促进法案	大规模投资清洁能源、道路交通、改善宽带服务，消减企业部分关税	破解制造业发展难题
2009. 11	美国“再工业化”战略	促进制造业增长，让美国回归实体经济	推动美国制造业回归
2009. 9	美国创新战略（2009版）	注重国家创新基础架构建设，鼓励有效创业的竞争市场，推动国家重点项目取得突破	充分发挥创新潜力，促进新就业、新企业和新产业

资料来源：赛迪智库整理，2017 年 3 月。

四、发展趋势

从 2016 年主要经济指标来看，美国经济增长已回到稳步复苏的轨道，财政赤字和失业率大幅下降，制造业迎来较强复苏势头。根据 2017 年 2 月高盛的预计，美国 GDP 在 2017 年增长 2.2%，核心 PCE 物价指数升至 2%。预计随着就业市场逐渐恢复，2017 年美国的经济活动势头将逐渐加快，美国的制造业也将实现增长。

（一）制造业将实现增长

制造业占美国经济比重为 12%。金融危机以来，美国政府出台了多项举措振兴本土的制造业。彭博数据显示，2017 年 2 月美国制造业产出月率增长

0.5%，好于预期的增长0.4%，前值为增长0.2%。2月产能利用率为75.4%，不及预期的75.5%，好于前值75.3%；2月制造业产能力利用率75.60%，前值为75.1%。美国制造业产出连续6个月增长，暗示受大宗商品价格上涨推动对机器和其他设备需求，美国制造业复苏进程加快。近几个月来油价下滑、美元走强及库存过剩风险消退刺激了制造业复苏。特朗普政府减税和放松监管等措施也是制造业复苏的推动力之一。因此，预计2017年美国制造业将实现增长。

（二）工业互联网大发展

金融危机以来，美国提出了“再工业化”（Reindustrialization）的战略。由于软件和互联网经济发达，美国侧重于借助网络和数据的力量提升整个工业的价值创造能力。这一次的工业革命以智能机器为主要工具，融合了互联网技术、移动互联网技术、大数据、智能分析技术。2017年，通用电气将在全球开展更多的工业互联网落地项目。预计到2020年，将有超过500亿台机器连入工业互联网。

（三）汽车业生态大变革

汽车业是美国制造业的重要支柱。金融危机以后，美国汽车业经过业务整合、资产重组，整个行业的效率大有改观。预计2017年美国新车销量约为1720万辆，较2016年销量下滑2%左右，但是年轻成年人（18岁到35岁之间）的汽车需求依然强劲。届时，美国将连续三年新车销量超过1700万辆。在电动汽车领域，美国通过《美国复兴和再投资法案》、《美国清洁能源与安全法案》、新的燃油经济性标准（CAFE）以及调整各类电动汽车的税收优惠等措施，引导美国汽车工业将重心转向插电式混合动力汽车和纯电动汽车（BEV）。预计2017年美国政府将出台更多的刺激方式，尤其是税费方面的奖励，鼓励电动汽车的推广。此外，美国早在多年前即已启动无人驾驶汽车研究。2016年1月，美国交通部（DOT）宣布了在10年内投资40亿美元的无人驾驶汽车推动项目提案。2017年3月，美国加州DMV最新发布的一系列草案，不再要求测试时车上必须有驾驶员。并且，制造商们无需再在车上安装方向盘与踏板，只要它们并不是必要的。预计2017年美国无人驾驶汽车将迎来进一步的发展。

（四）传统能源重被关注迎来转机

美国新任总统特朗普从来不讳言其对传统化石能源的青睐。传统能源产业与共和党有着长久的利益瓜葛，多年来一直是其坚定支持者。早在竞选阶段，特朗普就声言要让美国能源走向独立，要大力发展传统能源产业。白宫网站披露的“美国优先能源计划”中指出，美国拥有价值50万亿美元的未开发油气储备，美国要充分利用这些资源，减轻对外国石油的依赖。实际上，近几年美国国内的油气产量已在显著增长。美国智库新美国安全中心的报告显示，美国国内原油日产量2010年为540万桶，2015年增至940万桶；天然气年产量则由21.3万亿立方英尺，增至27万亿立方英尺。2017年1月，在特朗普走进白宫后的第一周就签署行政命令，重启此前被奥巴马否决的“拱心石”XL输油管线及被联邦法院暂停的达科他通路管线的建设，预计2017年，美国国内油气产业的机会将会更大。

第二节 欧 盟

一、发展概况

欧盟是世界上最具影响的区域一体化组织，它集政治实体和经济实体于一身。欧盟工业占国民经济比重较大，主要工业部门包括钢铁、机械、化工、汽车、船舶、飞机、电子等。2016年，欧盟经济延续了之前平稳复苏的状态，逐渐在摆脱债务危机带来的不利影响，经济增速预期向好。

（一）现状特点

1. 经济保持稳定复苏

在经历全球金融危机后，欧盟经济持续复苏，2016年经济增长延续上年趋势向好。2016年增速是自2010年以来新高，特别是罗马尼亚、葡萄牙、保加利亚、荷兰等国的增速较快。与此同时，欧盟仍面临着一系列的不确定因素，为经济增长未来趋势预测增添了更大难度。

据欧盟统计局数据显示，2016年第四季度欧元区19国GDP环比增长

0.5%，同比增长1.8%；欧盟28国环比增长0.6%，同比增长1.9%。2015年，该增速分别为1.7%和1.9%。2017年2月，欧洲统计局将2017年欧元区经济增长预期上调0.1%，由原来的1.5%调至1.6%，同时预期通货膨胀率由1.4%上调至1.7%。欧盟鼓励各国加大财政刺激，以应对2017年由英国脱欧等问题带来的负面影响因素，继续推动欧盟经济复苏。由于被认为企业税率过低，为打击企业避税行为，欧委会将对欧洲企业进行更为严格的利润报告方式审查。

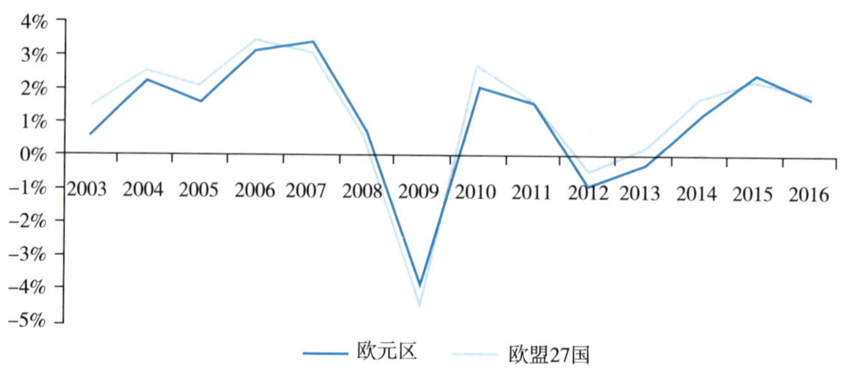

图25-3 欧盟27国、欧元区19国的GDP增长率

资料来源：欧盟统计局，2017年3月。

分国家看，2016年第三季度，欧盟全体成员国的国内生产总值都实现增长，各国经济稳定上升的趋势明显，与第二季度相比，欧盟各成员国的GDP增长处在0.1%到0.8%之间。其中保加利亚、葡萄牙增速最快，达到0.8%，荷兰、塞浦路斯、斯洛文尼亚和西班牙为0.7%，德国和法国仅为0.2%。罗马尼亚2016年全年的GDP增长接近5%，连续两年成为欧盟经济增速最快国家。欧洲央行多年的大规模货币刺激政策以及持续低迷的原材料价格为欧盟经济复苏创造了条件，然而欧洲经济日益加剧的不平等，居高不下的失业率数据，以及生产率方面优势逐渐被赶超等也同时伴随。

尽管经济有所回暖，但专家认为欧盟投资水平仍未恢复到金融危机之前水平，针对欧盟财政刺激计划使投资更多地流向了经济发展较好的德国，目前德国投资增速已经超过欧元区平均水平。欧委会预测受到欧盟基金的资助，波兰公共和私人投资额也将有所增加，未来将成为影响欧元区发展的主要动力。

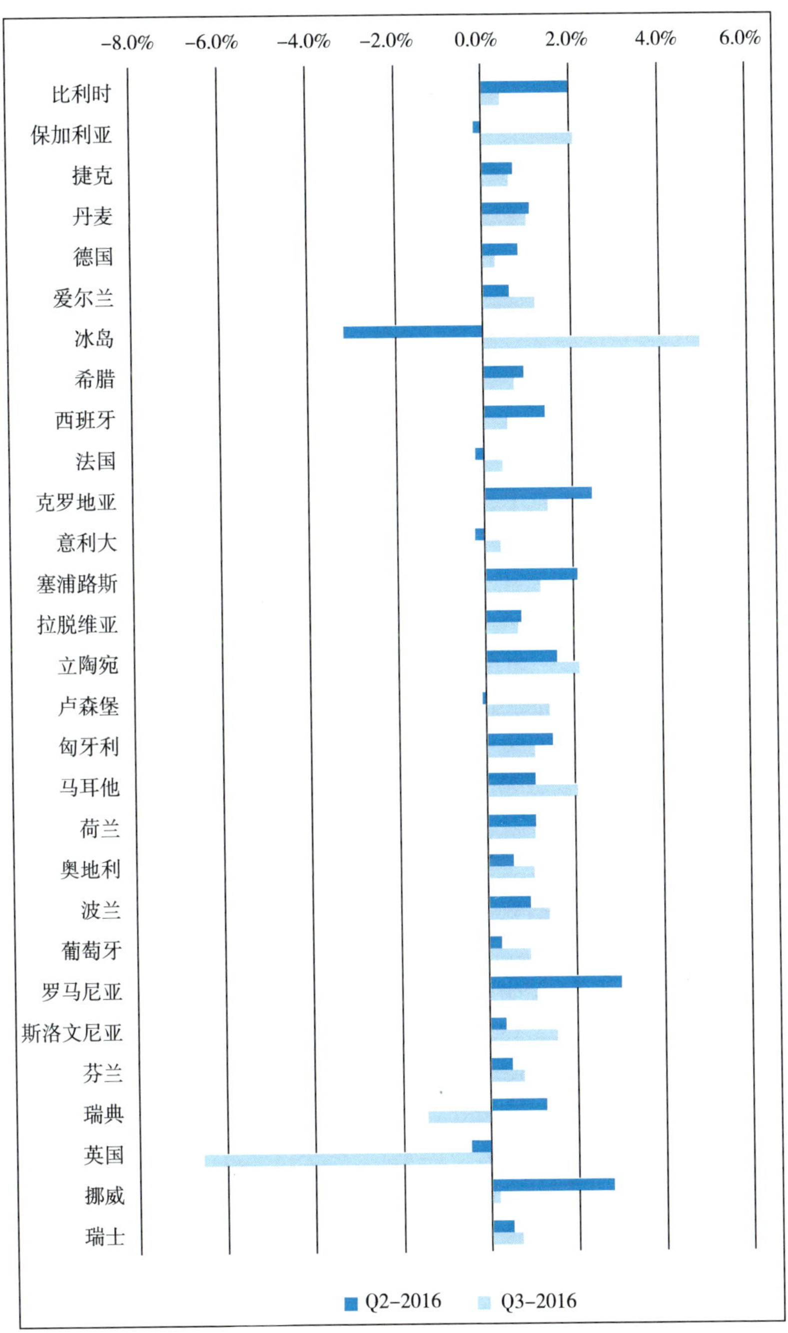

图 25－4　2016 年第 2 和第 3 季度欧盟 29 国 GDP 增速对比

资料来源：欧盟统计局，2017 年 3 月。

2. 工业发展水平处在回升阶段

欧盟各国重新重视工业发展，试图使工业和技术创新成为经济社会发展的新动力，继续保持欧洲在全球的竞争力。欧洲统计局数据显示，从产出角度看，欧盟最大的经济部门仍是工业，工业占总价值增值（GVA）的19.3%，其次是公共管理、防务、教育、健康等（19.1%），批发零售、交通、旅店和食品（18.9%），以及房地产（11.2%），专业科技服务（10.9%）。经过20年发展，不同行业的贡献度变化明显，专业科技服务占比增加了2.4个百分点，公共管理、防务、教育、健康以及房地产分别增加1.1和1个百分点，工业占比降低4个百分点，农业、渔业和林业降低1.1个百分点。在就业方面，工业行业就业比重从1995年的20.9%下降到2015年的15.4%。多年来欧盟制造业工艺和技术水平都令欧盟工业处于全球顶端，欧盟各国在新的工业政策推动下，竞争力将迎来更大提高。根据Markit公布的数据显示，进入2016年以来，欧元区制造业扩张明显，特别是在2016年年末制造业PMI达到54.9，1月到12月平均值为52.45，高于2015年的52.1。

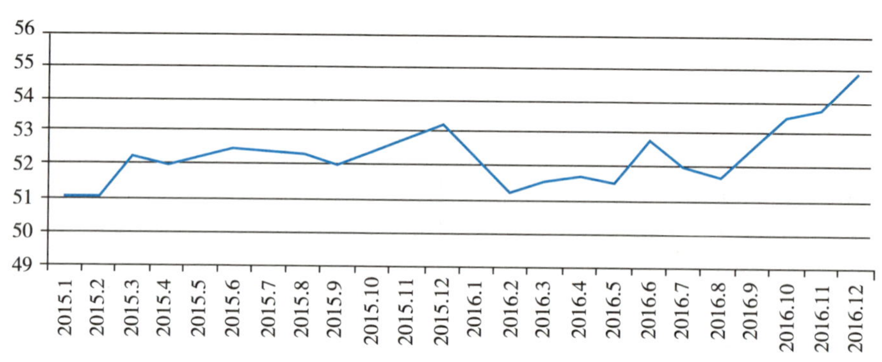

图25－5 欧元区制造业PMI指数（2015年1月到2016年12月）

资料来源：Markit，2017年3月。

分国家看，德国、意大利、爱尔兰等国制造业景气程度均处在较高水平，其中意大利机械制造业、西班牙、法国制造业均好于预期，未来发展前景较好。与此同时，欧盟制造业产能利用率水平也高于上年同期，平均产能利用率达到81.5%的水平。

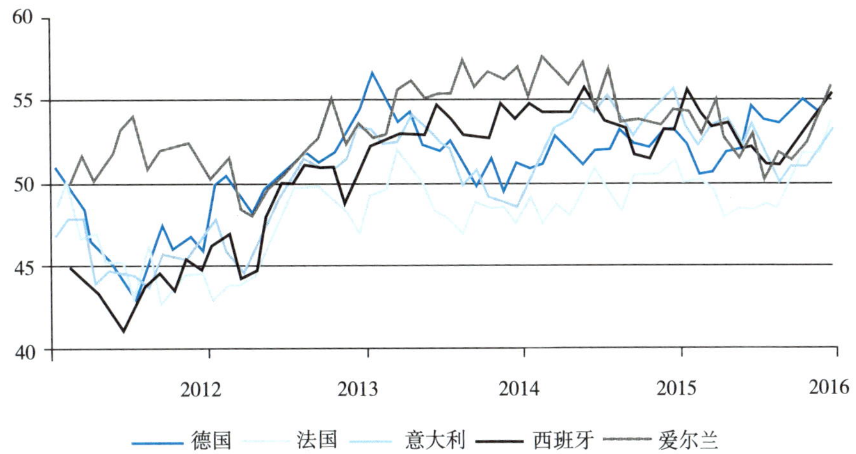

图 25－6　2012—2016 年欧元区主要国家制造业 PMI 指数

资料来源：Markit，2017 年 3 月。

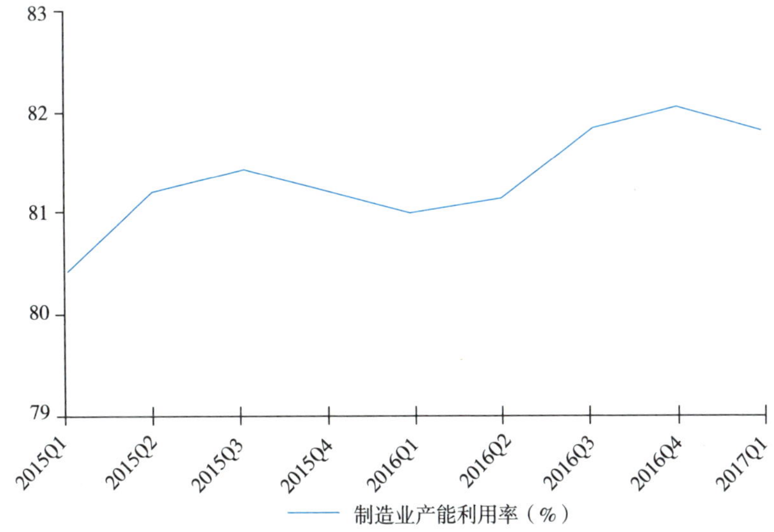

图 25－7　2015—2016 年欧盟制造业产能利用率

资料来源：欧盟统计局，2017 年 3 月。

3. 创新实力居全球领先位置

金融危机对欧盟经济造成了一定冲击，但是未能撼动其世界第一大经济体的地位。欧盟占据着全球产业分工上游，德国、英国、法国、荷兰等核心国家在技术、人才、管理、品牌等方面优势突出。

在欧委会发布的“2016全球企业研发投入排行榜”中，德国大众位于首位，韩国三星电子、美国英特尔以及中国华为分别位于第2、3和第8位。此项研究调查了2015/16财年全球2500家企业投入的研发（R&D）费用，其中包括欧盟的590家和瑞士的58家企业。此外，欧委会还发布了《欧盟创新评分板报告2016》，该报告对欧盟整体及各成员国的8个领域25个创新指标进行了评估并计算出分数，报告指出，从全球范围看，欧盟的创新程度仍然领先于许多国家。

4. 欧洲企业迎来并购热潮

欧盟是全球优质企业的聚集地。在金融危机和债务危机的阴影之下，2012年到2014年，欧盟企业整体实力有一定下滑，但伴随经济形势的好转，2015年，欧盟企业实力体现出一定恢复。从《财富》杂志对世界500强的企业的排名情况看，2012年到2015年，欧盟上榜企业的数量逐渐减少，上榜企业的整体排名有所后移。目前，欧洲市场企业参与到兼并收购的案例越来越多，并购涉及的行业覆盖了从食品、个人商品到石油服务等各个领域和范围。由于融资成本和金融资源的优势，中国企业也成为欧洲市场并购交易的重要参与方。

5. 就业情况有所改善

主权债务危机给欧盟各成员国带来巨大就业压力，2016年，欧盟统计局数据显示，欧元区和欧盟28国失业率分别为10%和8.5%。欧盟委员会预计欧元区2017年的失业率将从10%降至9.6%，2018年将继续下降至9.1%，持续改善就业情况，并预计欧盟今年的失业率将从2016年的8.5%降至8.1%，2018年将继续下降至7.8%。

虽然失业率增加的形势得到一定逆转，但和全球其他地区相比，欧盟失业率的总体水平依旧较高，2016年美国失业率为4.9%，俄罗斯为5.3%、日本为3.1%。捷克、德国、马耳他、英国和挪威的失业率均低于5%，上年仅有两个国家低于5%。多数国家失业率在7%到14%之间，西班牙的失业率好于上年为19.6%，而希腊则仍处于高于20%的水平，高居23.5%。此外，欧盟内部各国就业形势的差距逐渐缩小，多数国家的失业率均有所下降，仅挪威、奥地利、爱沙尼亚失业率出现小幅上升。

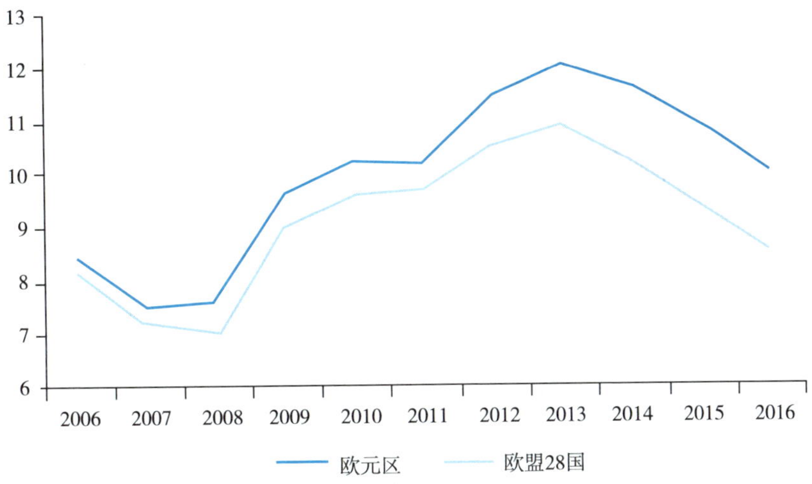

图 25－8　欧元区和欧盟 28 国的历年失业率（2006—2016）

资料来源：欧盟统计局，2017 年 3 月。

（二）政策动向

1990 年的“开放与竞争环境下的工业政策：共同体行动的指导方针”是欧盟制定的第 1 个欧盟层面的工业发展政策。自此之后，欧盟出台了大量的工业发展政策和工业发展战略。欧盟在世界工业中的领导地位得益于其工业政策和战略，一方面，这些策略为欧盟各国创造良好工业发展环境，极好地促进了创新、人才流动、行业标准制定等；另一方面，在激烈的国际经济竞争中，降低了各成员国独自建设工业体系的难度和风险，有效提升了整个区域的协同发展能力。近些年，欧盟各国加强了对工业尤其是制造业的重视程度，进一步制定了一系列促进工业发展的政策和战略。2016 年，欧盟并未出台重大的经济及工业政策，而更多的工作侧重于推动自由贸易及贸易战略伙伴以及能源合作上。欧盟正在着手与日本和美国签署新的贸易协定，以推动其贸易伙伴关系。与此同时，欧盟与阿塞拜疆合作的“南部天然气走廊”项目，将更有利于欧洲实现能源安全和多元化其能源来源。

（三）发展趋势

1. 工业生产将实现稳步增长

近两年欧盟工业已经显示出明显的复苏之势，工业生产指数、产能指数、制造业 PMI 指数等多项指标均呈现出扩张趋势。尽管欧元区危机依然存在，然而更多观点倾向于认为欧洲经济将朝着更好的方向发展。2017 年，欧盟各国制造业 PMI 以及欧元区整体 PMI 都呈现了更高的扩张态势，制造业就业率也得到了不断改善。在欧盟振兴制造业的一系列举措和政策的推动下，欧盟工业投资、欧盟工业领域兼并收购活动将会得到更大提升，西班牙、荷兰、法国等国工业也将会得到进一步改善。在当前欧洲央行延续量化宽松政策不变的前提下，欧盟各国工业产品和技术创新优势将会得到更好的发挥，欧盟工业将继续实现稳步增长。

2. 制造业加速朝数字化智能化发展

欧委会研究预测指出，产品和服务的数字化今后将以每年超过 1100 亿欧元的速度增加欧洲收入。欧盟委员会在 2016 年宣布制定有助于欧盟工业企业采用最新数字技术的相关计划，促进企业在数字领域投资。该计划具体措施包括支持并将工业数字化的国家动议以及所有行业相关服务相连接，以及通过战略伙伴关系和网络促进投资。协调欧盟各成员国和地区的产业数字化规划，利用欧盟公私合作关系吸引投资，投资 5 亿欧元建立泛欧盟数字创新枢纽网络，建立大规模试点项目来加快物联网、先进制造业及相关技术的发展，并健全相关法律。① 新计划还将在 5G 通信和网络安全等领域制定统一标准，促进公共服务现代化。“欧洲云”项目也已经列入该计划以提供一个虚拟环境，进行存储、管理、分析和重复使用大量的研究数据。欧盟委员会将针对工业数字化领域，加强各成员国之间的合作，联合公私领域共同投资，形成资源更为充裕的云基础数字技术创新发展平台。

3. 绿色能源等项目推动欧盟绿色经济

欧盟工业历来注重绿色发展和节能减排的环保目标，近期谷歌公司与挪威及瑞典两座风力电站达成购电协议，对欧洲数据中心提供电力绿色化的支持。如同以上绿色能源项目类似的绿色项目在欧洲还将陆续进行，逐步使欧洲企业通过采用更为绿色的能源来推动绿色经济的整体发展。此外，近期出台的欧洲林业计划也为欧洲绿色经济发展指引了思路。欧洲林业行动计划中要求欧洲各国在 2020 年前必须遵循 3 项原则，包括利用资源，尽量减少废弃

① 欧盟工业数字化计划。

物，循环利用资源，通过用可再生的木质产品取代不可再生的产品和燃料等方式降低气候变化的影响等。

二、重点国别

（一）德国

德国是全球工业化历史最长、工业化水平最高的国家之一，工业在国民经济中的地位十分重要。总体来看，产业结构层次高、创新能力强、产品品质高和外向型是德国工业的核心特点。制造业是德国工业的核心，德国制造业则代表着全球制造业的最高水平，以机械制造业为例，德国机械制造业的31个部门有17个占据全球领先地位。近些年，工业增加值占经济总量的比重保持在20%左右，德国制造业向全球市场提供的产品种类之多，超过世界其他任何国家。

金融危机以来，欧盟经济整体形势持续低迷，德国经济也出现了一定波动，2016年德国经济实现了较快发展，经济增速为1.9%，创下近五年来最高经济增速。

德国采取的是社会市场经济模式，也称为政府引导型市场经济。其主要特点是，自由竞争与政府控制并存、经济杠杆与政府引导并用、经济增长与社会福利并重。德国国家宏观调控政策对其工业的成功有着重要影响。下面是近年来比较重要的德国政府出台的工业相关政策措施。

表25－2　近年来德国工业相关政策措施

时间	标题	主要内容
2016.10	数字化教育战略2030	德国政府推出了数字型知识社会的教育战略，作为全面促进德国数字化教育的行动框架，内容涉及5个重点行动领域。
2016.5	电动汽车补贴计划	德国内阁通过了一项总额为10亿欧元（合11.3亿美元）的补贴计划，为购买新电动汽车和建设全国范围的充电网络提供补贴。
2016.3	数字化战略2025	德国经济能源部发布《数字化战略2025》，总结了《数字化行动议程（2014—2017）》框架下实施的一系列重要计划与措施。

续表

时间	标题	主要内容
2015.4	新的德国工业 4.0 平台	在之前三大行业协会组建的工业 4.0 平台的基础上，将在更为广泛的包括政治及社会领域在内的基础之上建立一个新平台，并且在研究主题和组织结构上都将有新的定位。
2013.4	德国工业 4.0	主要分为两大主题，一是“智能工厂”，重点研究智能化生产系统及过程，以及网络化分布式生产设施的实现；二是“智能生产”，主要涉及整个企业的生产物流管理、人机互动以及 3D 技术在工业生产过程中的应用等。
2012.7	生物精炼路线图	加强生物技术研发创新，推进传统化学工业的转型。
2011.8	第六能源研究计划	第六能源研究计划被命名为“环保、可靠和经济的能源供应研究”，重点资助那些对加快德国能源供应结构调整步伐十分重要的战略优先领域，包括可再生能源、能源效率、能源储存系统、电网技术以及可再生能源在能源供应中的整合。
2010.8	国家可再生能源行动计划	目标涵盖温室气体排放、可再生能源、能源效率等方面，其行动计划和措施要点则包括可再生能源开发、能效提升、核电和化石燃料电力处置、电网设施扩充、建筑物能源方式和效率、运输机车能源挑战、能源技术研发、国际合作总计七方面内容。
2010.7	德国高技术战略 2020	重点关注气候/能源、健康/营养、交通、安全和通信五大需求领域，并着眼于应对各个需求领域的最重要挑战来确定“未来项目”，以开发和引领世界新的未来市场。
2009.8	电动汽车国家发展计划	这项计划耗资 5 亿欧元。德国政府计划投入 1.15 亿欧元在 8 个地区试验推广电动汽车，1.7 亿欧元研发为电动汽车提供动力的电池并优先研制国内产品。
2009.6	低碳经济战略	包含 6 个方面的内容：环保政策要名副其实；各行业能源有效利用战略；扩大可再生能源使用范围；可持续利用生物质能；汽车行业的改革创新以及执行环保教育、资格认证等方面的措施。
2007.9	德国能源与气候一揽子计划（IECP）	该计划包括 29 项关键事项；另为配合计划推进，2007 年 12 月，德内阁提出 14 项法规修订建议。

资料来源：赛迪智库整理，2017 年 3 月。

（二）法国

法国的主要工业部门有汽车制造、电器、造船、机械制造、矿业、冶金、纺织、军工、化工、动力、日常消费品、食品等。近些年，新兴核能、石油化工、海洋开发、航空航天等新兴工业部门开始快速发展，但传统工业部门仍然在工业体系中占主导地位，以钢铁、汽车和建筑为三大支柱。法国的核电设备能力、石油和石油加工技术、航空航天、钢铁、纺织等产业的竞争力都位于世界前六位。近年来，随着第三产业的发展，工业在国民经济中的比重总体呈现下降趋势。

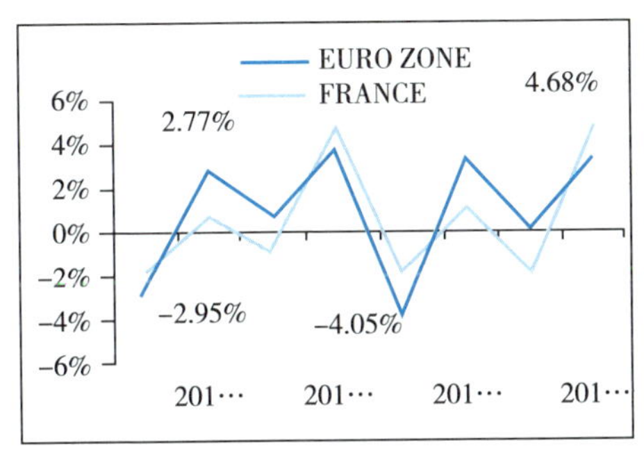

图 25－9　欧盟和法国经济增长率

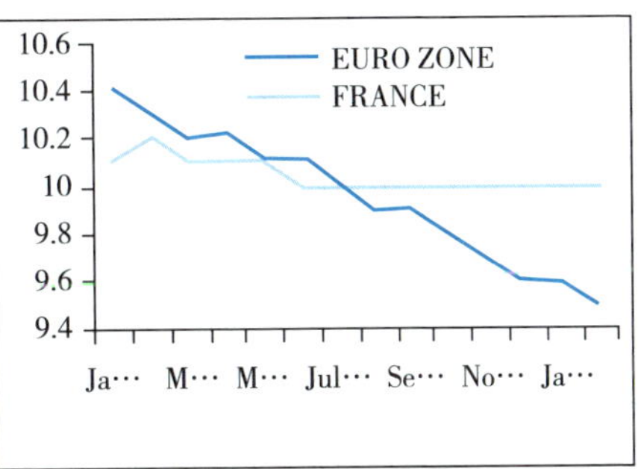

图 25－10　欧盟和法国失业率

资料来源：欧盟统计局，2017 年 3 月。

金融危机对法国经济造成了严重影响。2012 年法国的国民经济总产值衰退明显，与 2011 年相比倒退了 1.7%，失业率达到 10.3%。进入 2013 年，情况仍没有好转。2013 年第一季度，法国国内生产总值环比萎缩 0.2%。随着国际和欧洲经济环境改善、国内需求增长和企业竞争力加强，法国经济出现了暂时的好转，国内生产总值第二季度环比增长 0.5%。但是第三季度国内生产总值又重新出现了 0.1% 的萎缩。2015 年，法国经济进入复苏的一年，经济增长率不断攀升。法国全国统计和经济研究所数据显示，经初步统计，2016 年法国经济增长为 1.1%，低于法国财政部此前预期的 1.4%。

法国非常重视工业发展，在国家层面出台了多项综合发展战略，针对新能源汽车、风电、光伏发电、潮汐能发电以及生态工业等重点行业颁布了多项政策措施。

表 25－3　近年来法国主要工业政策一览表

时间	标题	主要内容
2016. 11	数字技术行动计划	法国宣布两项旨在推进国内数字技术的新行动计划，分别是增材制造和物联网（IoT）领域。
2016. 11	法国高速宽带计划	法国计划在高速宽带计划框架内，在2022年前铺设覆盖全部100个省级行政区的新一代高速宽带，为所有企业和个人提供不低于30兆比特每秒的高速宽带服务。
2015. 4	“未来工业”计划	“未来工业”计划是“新工业法国”第二阶段核心，通过数字技术改造实现工业生产的转型升级，和以工业生产工具的现代化帮助企业转变经营模式、组织模式、研发模式和商业模式，从而带动经济增长模式的变革，建立更具竞争力的法国工业。
2013. 9	新工业法国	重振计划涵盖了多个重要工业领域，总体可以归为能源转型、医疗健康、数码技术、交通运输四大类。共包括34个具体项目。
2012. 10	电动汽车补贴政策	将购买一辆电动汽车可享受7000欧元（约合9036美元）环保津贴的政策延长至2013年，同时把优惠对象扩大至企业和公共机构用车。
2012. 1	“生态技术目标”行动计划	“生态技术目标”行动计划共提出了87项措施，这些措施旨在增强绿色工业的竞争力，该行动计划将从2012年开始实施。
2010	光伏系统补贴政策	政策补贴分为两类：普通集成系统和高审美度集成系统，分别给予不同程度的补贴，在某些特定地区，政策补贴额将会大大增加。
2009	电动汽车和可充电混合动力汽车发展计划	显示了法国政府发展低碳汽车的决心。

资料来源：赛迪智库整理，2016年。

（三）英国

英国是欧盟内第3大经济体，全球第6大经济体。英国工业化历史悠久，基础雄厚，工业体系发育完善。目前，英国的主要工业行业包括：机械、电子、电子仪器、汽车、航空航天、采矿、冶金、化工、轻纺、造纸、印刷、出版、建筑材料、食品、饮料、烟草等。其中，生物制药、航空航天和国防是近些年来英国最具创新力和竞争力的行业，也是英国政府在工业研发投资方面的重点领域。英国发达的工业体系依仗国内丰富的能源，英国是欧盟成员国中能源最丰富的国家。能源产业在英国经济中占有重要地位，近年来英国政府强调提高能源利用效率和发展可再生能源，并确立了建设低碳经济的目标。

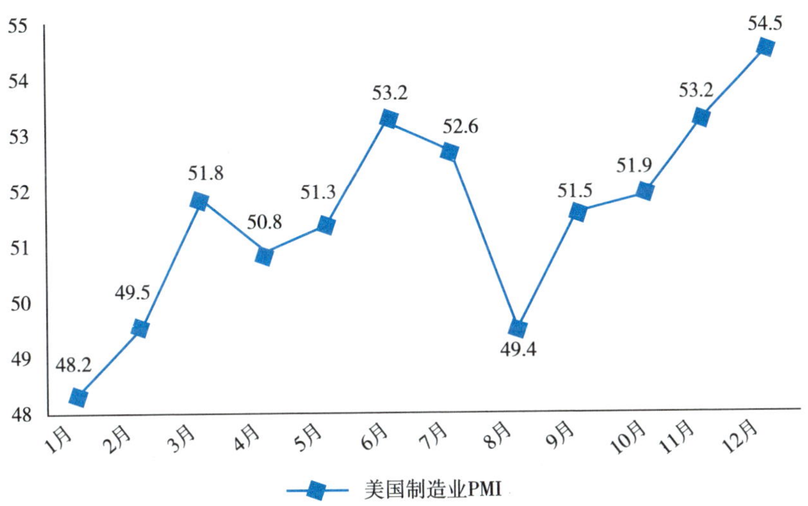

图 25－11　英国 GDP 增长率（2005—2015）

资料来源：欧盟统计局，2016 年 1 月。

2008 年的金融危机同样打击了英国的经济发展，在 2008 年和 2009 年英国经济经历了最为艰难的发展过程，2011 年到 2013 年间，英国经济动荡不定，但从 2013 年第 3 季度以后，英国经济开始出现较为稳定的复苏势头。2014 年，英国的经济增长率达到 2. 99%，增速创下 2007 年以来的最高水平，失业率也降至 6 年来的最低水平，薪资水平增速也开始高于通胀水平。但从 2014 年第 4 季度起，英国的经济增速明显放缓，2015 年，英国的经济增长速度比 2014 年整体有所放缓。2016 年英国经济增速为 1. 8%，低于此前预期。

从 2009 年至今，英国政府连续出台了多个和制造业发展有关的全国性计划。旨在增强英国制造业的竞争性，促使其可持续发展，提高制造业的智能化程度，减少未来的不确定性。

表 25－4　近年来英国推动工业发展的主要政策

时间	标题	主要内容
2016	数字经济法案	建设世界一流的数字基础设施、支持新兴数字产业、简化政府利用数据提供公共服务的方式和加强对公民数字世界的保护等。
2014	工业战略：政府与工业之间的伙伴关系	增强英国制造业的竞争性，促使其可持续发展，并减少未来的不确定性。
2013. 10	未来制造业：一个新时代给英国带来的机遇与挑战	在通信、传感器、发光材料、生物技术、绿色技术、大数据、物联网、机器人、增材制造、移动网络等多个技术领域开展布局，形成智能制造布局。
2012. 11	2012 能源法案	支持低碳式发电，计划到 2020 年将总发电规模提高两倍。
2011. 12	先进制造业产业链倡议	支持汽车、飞机、可再生能源和低碳技术等领域，政府计划投资 1. 25 亿英镑，打造先进制造业产业链，从而带动制造业竞争力的恢复。
2011. 8	绿色经济转型计划	以政府投资为主导，大力促进商用技术的研发推广。
2010. 10	国家基础设施规划	加大资金投入，支持低碳经济的科技基础设施建设。
2010. 4	绿色产业振兴计划	发展和普及电动车，建设更多风力电场。
2009. 7	低碳工业战略	将核能发展作为向低碳能源经济过渡的主要部分。
2009. 7	可再生能源战略	加强对可再生能源电力、热力和交通运输燃料的利用，确保到 2020 年英国能源供应的 15% 来自可再生能源。
2009. 7	英国低碳转换计划	这项计划是英国到 2020 年的行动路线图，它要求所有方面都向低碳化发展。

资料来源：赛迪智库整理，2016 年。

第三节 日本

一、发展概况

2016 年，日本全年经济运行情况呈现弱复苏，与上一年度相比经济复苏的趋势变化不大。整体来看，私人部门消费不足，企业投资水平不高，制造业扩张缺乏动力，货币通货紧缩严重，通胀率仅略高于零，贸易状况改善明显，六年来首次出现贸易顺差，受劳动力人口数量下降影响，失业率仍保持在较低水平。日本制造业 PMI 指数在 2016 年全年呈现先降后增的状态，受到消费拉动等因素影响，年初和年末处于较高水平，PMI 指数超过 52，而 3—8 月则位于全年的较低水平，低于 50 的荣枯线，位于收缩区域长达 6 个月之久，其他月份均高于 50，该数据显示整体表现水平弱于上年。日本国内个人消费并未出现较大幅度增长，不利于带动经济复苏。

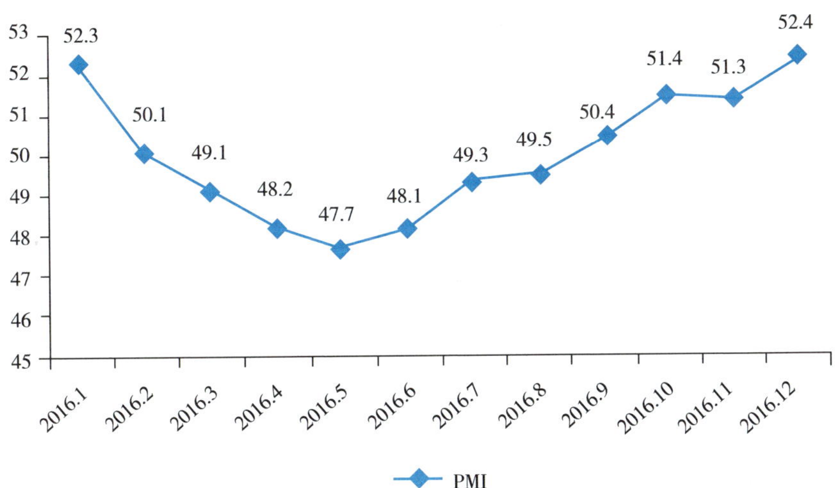

图 25－12　2016 年 1—12 月日本制造业 PMI 指数

资料来源：汇丰银行，2017 年 3 月。

二、产业布局

日本的工业结构已超越重工业时代，以附加值高、消耗资源少的技术密集型产业为主导。随着IT技术的世界性变革，日本产业结构逐渐向技术信息化和产业服务化方向发展。汽车、电子、机械、化工等产业是日本的传统强势产业，一直在全球范围内处在重要地位。但近年来，受国内经济衰退、经营目标失误以及创新缓慢等原因影响，日本制造业相继减产，传统行业竞争力优势有所下降、发展相对缓慢。尽管如此，日本的汽车、航天、机器人、电子信息、新材料等行业领域仍在全球产业分工体系中居于重要地位。

从地理分布来看，日本的工业主要集中于太平洋带状工业区，包括该地区沿岸的东京湾、骏河湾、伊势湾、大阪湾和濑户内海等海域狭长地带。该地带占全国总面积的20%，集中全国了60%的人口和9个百万人口以上的大城市，产生全国70%的工业产值，其中钢铁工业产值和化学工业产值的80%左右来自该工业带。在战后日本经济起飞过程中，形成了9个主要中小工业区，即北海道、八户、常磐、鹿岛、东海、关东内陆、北陆、大分和有明海沿岸工业区。沿海地区分布成为日本工业区的分布的一个明显特点。在全国大小14个工业区中，除关东地区属于内陆工业区外，其余13个都处沿海地区，在这13个工业区中，除北海道、北陆和有明海沿岸工业区外，其余10个都在太平洋一侧，形成了沿太平洋的带状工业地带。这种工业布局与日本的地理条件、区位优势、自然禀赋情况以及对外贸易在日本经济中的地位有关。太平洋沿岸工业带为日本节省了大量能源和资源物流成本，经济效益十分明显。

三、政策动向

2016年以来，日本工业方面重视先进技术的发展，针对新能源汽车、物联网技术、机器人、人工智能、IT创业等领域先后发布了“新产业结构蓝图”中期方案、EV·PHV路线图、人工智能发展路线图、支援优秀年轻IT人才提供开发资金等政策及措施。依然将科技创新作为工业发展和经济增长的切入点，考虑到全球各国在科技方面的日趋激烈的竞争，不断推动制造业的智能化和新能源技术的应用，试图继续保持日本在科技和工业领域的竞争力，弥补劳动力欠缺等带来的不利影响。

表 25－5 近年来日本主要扶持工业发展的政策措施

时间	标题	主要内容	对制造业重要影响
2017.3	支援优秀年轻 IT 人才提供开发资金	针对在 IT 领域拥有独创技术的个人扩大创业支援	围绕 AI（人工智能）及 IoT（物联网）、机器人等领域支持鼓励创业
2017.3	人工智能发展路线图	分三阶段推进利用人工智能大幅提高制造业、物流、医疗和护理行业效率	实现人工智能（AI）的产业化
2016.4	EV・PHV 路线图	到 2020 年，使日本国内纯电动汽车和插电式混合动力车的保有量达到 100 万辆	推动纯电动汽车和插电式混合动力车的发展
2016.4	“新产业结构蓝图”中期方案	利用物联网、大数据以及机器人技术在金融、医疗、教育、能源、物流和制造业等广泛领域创造出新的服务与业务	力图解决因人口下降引起的经济增长乏力等问题
2016.2	2016 日本经济财政白皮书	从就业改善、个人消费、薪酬福利等方面分析日本经济发展	薪酬增长、劳动时间削减等改善未提高个人消费，不利于产业经济复苏
2015.6	2015 年日本制造业白皮书	报告介绍了日本制造业的现状、问题及未来的发展方向，并提出了振兴日本制造业应采取的措施	日本制造业在积极发挥 IT 作用
2015.5	网络安全新战略	制定了新的《网络安全战略》，提出了“信息自由流通”“对使用者的开放性”等 5 项原则	对制造业中应用物联网等 IT 技术提高网络安全规则
2015.1	机器人新战略	该战略制定了 5 年计划，旨在确保日本机器人领域的世界领先地位	发展先进制造业重点领域
2014.12	新版量化宽松政策	进一步扩大正在实施的量化和质化宽松政策	为制造业复苏提供货币政策刺激

续表

时间	标题	主要内容	对制造业重要影响
2014. 11	290亿美元经济刺激计划	刺激计划将于2014年12月27日定案，主要是向地方政府提供资金，将作为家庭购买燃料等其他商品的补贴费用	重振日本地方经济
2014. 4	日本上调消费税	从2014年4月1日起将消费税率从目前的5%提高至8%	影响企业投资积极性
2013. 4	日本新经济增长战略2013	日本政府提出了新经济增长战略，将医疗和健康产业作为未来日本新经济增长战略的重心	从医疗产业促进日本经济的发展
2013. 1	日本央行实施量化宽松政策	发表“关于摆脱通货紧缩、实现经济可持续增长”的共同声明，力争实现物价上涨2%的目标，取代此前1%的通胀率目标，维持基准利率在0—0. 1%区间不变	提供货币政策刺激制造业复苏
2012. 7	日本再生战略	提出今后将重点投资节能环保、健康医疗和农林渔业三个领域	提高日本制造业全球竞争力
2010. 6	新经济增长战略	战略指出要着重拓展有望带来额外增长的六大领域：环境及能源、医疗及护理、旅游、科学技术、促进就业及人才培养	确定日本保持制造业全球竞争力的领域

资料来源：赛迪智库整理，2017年3月。

四、发展趋势

（一）工业生产出现回暖但复苏仍不容乐观

2016年，日本工业生产保持回暖迹象，但复苏的势头依然不足。从工业生产相关数据来看，日本工业生产指数等数据有所改善，但并未有明显大幅增长，出口方面首次实现顺差，但是由于受到美国政府经济政策和日元汇率波动的影响，日本工业生产是否能够实现进一步增长仍难以判断。

（二）美国退出TPP对日本贸易发展造成阻碍

2017年初，美国新当选总统特朗普在就职日宣布退出跨太平洋贸易伙伴关系（TPP），该协定已经在2016年11月由日本通过，并且已经有12个国家通过谈判达成了协议，日本力图通过其推动对外贸易进一步发展，扩大外部需求。美国的退出显示其由一直倾向支持的自由贸易向贸易保守主义的转变，未来美日贸易之间的不确定性将加大，美国作为日本最大贸易伙伴国可能对日本外贸发展造成一定阻碍，日本在贸易方面必须谋求更加多样性的发展与合作。

（三）企业对外投资意愿进一步增加

2016年第四季度数据显示，日本企业投资同比增加3.8%，这一现象显示出日本企业对于未来经济较为乐观的态度。在日本相关的产业政策刺激之下，未来日本的汽车产业和新技术相关产业将会进一步加大研发投入，从而保持在全球的技术竞争力。丰田公司已宣布未来将加大对英国和美国的投资，其中对英国工厂投入2.4亿英镑，提升其供应链有效性。在特朗普为提升美国制造业就业而进行的高关税等相关举措下，本田汽车也不得不转变汽车制造产地的策略，放弃对墨西哥、加拿大等地投资，加大对美国的投资。

（四）制造企业谋求多样化创新发展

面对机器人、人工智能、物联网等新技术的普及与应用，日本传统的大型制造企业也在谋求多样化转型发展，不断拓展新的业务领域和增长点，努力保持自身的竞争力。如，日本多个大型电机企业计划增加对自动驾驶汽车等新一代汽车的投资，其中日立2018年度之前计划向开发和量产投入总额5千亿日元的资金，松下计划增产车载电池。两家公司的投资涉及超过1万亿日元，同时还会缩小电视领域业务，推进业务与资源整合。此外，本田公司宣布将在今年成立名为“R&D Center X”的新研发中心，主要负责探索机器人技术、智能移动系统、能源管理等新兴技术。本田公司也将成立新的人工智能研发机构R&D Center X将在东京成立，未来发展方向将以人工智能软件开发为重点。

（五）全球经济不确定性因素继续增加

日本与全球经济关系紧密，当前全球经济各种不确定因素增加，也将会为日本经济和工业发展造成一定的困难。奉行贸易保护主义的美国总统特朗普执政后正在大刀阔斧进行各项涉及贸易和制造业的改革，对于日本企业的投资和战略目标都有一定的影响。欧洲经济也正在面临英国“脱欧”、法国和德国大选以及难民危机等一系列考验。拉美和加勒比地区经济在2016年仍然呈现平均收缩1.1%，原材料价格等因素将影响该地区经济发展。在逆全球化思潮的影响下，日本经济发展将更加重视加强合作，并推动市场开放和对外贸易增长，为日本经济发展形成更为成熟稳固的增长动力。

五、企业动态

在2016年公布的全球500强企业排名中，日本的世界500强企业数量进一步下降，从2015年的54家降至52家。排名前50位的日本企业仍然是丰田汽车、本田汽车和日本邮政控股公司三家企业，其中本田汽车超越日本邮政控股公司位列第36位，排名有所上升。丰田汽车延续上年表现落后大众公司，总排名上升一位排在第8位。在前100名中，日本有7家企业，其中软银集团超越JX跻身第92位，总体来看进入前100位的日本企业排名均有所上升，整体表现好于上年。

第二十六章 2016 年主要新兴经济体工业发展动态

2016 年，新兴经济体工业发展整体呈现稳中趋缓态势。巴西制造业持续保持低迷状态，进出口增长均呈现大幅下滑态势，吸引外资有所下降；印度制造业表现突出，为近两年来最佳，传统产业也有所增长。俄罗斯工业生产略有回暖，资金外流问题有所减缓，但对外贸易形势仍然严峻。南非制造业略有回暖，但仍低于全球金融危机前水平，汽车工业发展后劲大。墨西哥工业生产整体稳中有升，汽车产业产能继续提升，航空工业发展强势，食品工业增长迅速，但进出口贸易同比下降。韩国制造业呈现持续萎靡态势，产品出口增速大幅下滑。台湾地区经济的总体发展迎来了动荡，当局虽采取一系列措施来提振经济发展，但整体经济的发展依然呈现低迷状态，产业结构转型依旧是阻碍台湾地区社会经济发展的一大顽疾。

第一节 巴 西

一、发展概况

巴西位于南美洲东部，幅员辽阔，是拉美第一大国、世界第五大国。巴西拥有拉丁美洲最为完善的产业体系，经济实力居拉美首位。自 2011 年以来，巴西经济增长明显放缓，2015 年和 2016 年，受国际大宗商品价格大跌、通货膨胀居高不下、失业率高企及国内消费萎靡等因素影响，巴西出现严重的经济衰退。巴西地理统计局（IBGE）公布的最新数据显示，2016 年国内生产总值（GDP）下跌 3.6%，这是继 2015 年 GDP 下滑 3.8% 之后，巴西经济连续第二年出现衰退，工业增加值下跌 3.8%。失业率为 11.5%，全国有 1180 万人失业。通胀率高达 6.29%。

（一）工业产值持续下滑

巴西地理统计局（IBGE）公布数据显示，2016 年巴西工业总产值下降幅度为 6.6%。工业产值出现了连续三年下降的情况，2014 年和 2015 年的降幅分别为 3% 和 8.3%。2016 年 12 月，受调查的 24 个行业中，16 个行业的产值出现环比增长。其中增长最快的为：计算机、电子及光学产品环比增幅达到 15.2%，成衣制造及制品环比增幅达 10.9%，汽车行业环比增幅为 10.8%，家具行业环比增幅为 9.6%。这些迹象表明，巴西的工业生产正在经历“触底回升”的过程，工业经济可能出现复苏。

（二）就业和传统制造业生产低迷

受经济衰退等因素影响，2016 年巴西工业生产持续萎缩，就业形势严峻。巴西劳动和就业部数据显示，2017 年 1 月巴西正规就业岗位连续第 22 个月下降。2016 年巴西正规就业岗位减少 132 万个，与之相伴的是失业率走高，2016 年巴西失业率为 11.5%，为 2012 年以来新高，失业人数为 1180 万。

据巴西汽车生产商协会（Anfavea）公布的数据显示，巴西 2016 年汽车产量下降了约 11%，是 2004 年以来的最低水平。巴西全国汽车销售商联合会认为，2016 年巴西经济继续衰退、就业率继续降低与信贷条件持续恶化是造成汽车销量下滑的主要原因。

（三）进出口增长均呈现大幅下滑态势

国际大宗商品价格持续下跌严重打击以大宗商品出口为主的巴西经济的发展，巴西外贸形势严峻。据巴西工贸部统计数据显示，2016 年，巴西对外贸易总额为 2953.3 亿美元，比 2015 年同期（下同）下降了 11.9%。其中，出口额为 1693.0 亿美元，同比下降 2.9%；进口额为 1260.3 亿美元，同比下跌了 21.7%。贸易顺差 432.7 亿美元，同比增长 221.9%。铁矿石是巴西最主要的出口商品之一，由于全球外需不足，铁矿石需求减少，巴西的铁矿石出口量不断减少，出口价格降低。

（四）中小企业融资压力加剧

由于失业率不断攀升以及工业产出大幅下滑，近年来，巴西的通胀水平一直居高不下。巴西国家地理与统计局发布数据显示，2016 年通胀率为 6.26%，比 2015 年的 10.67% 有明显降低，降低到巴西政府设定的 6.5% 的上限以下。由于政策不断的收紧，中小企业融资难问题一直难以解决，中小企业获得资金支持的难度将进一步提高，其面临的生存和发展环境恶劣。

二、产业布局

二战后，巴西吸引外资水平增加，重工业比重得到大幅提升，工业结构趋向多元化发展。东南部沿海是殖民者最早入侵的地方，工业基础好，巴西工业主要集中在东南沿海地带。里约热内卢和圣保罗位于巴西东南部沿海地区，气候条件适宜，对外交通便利，是巴西人口分布最密集的地区，经济发展速度快。因此，圣保罗、里约热内卢等地区是巴西的重工业主要集中地。其中，圣保罗邻近的米纳斯吉纳斯州水资源较为丰富，且拥有铁、锰、镍等资源，农产品主要以咖啡、棉花、甘蔗为主，其优越的资源条件为其工业发展提供了有利条件。在近海地区的库巴唐建有大型炼油厂和钢铁企业，其周围集聚了一些新的工业区。巴西钢铁业主要集中在东南部，粗钢产量占生产总量的 93.5%；在此之外，南部占 3.9%，北部占 2.6%。钢铁生产主要分布在巴西 27 个州中的 9 个州。

三、政策动向

为有效抑制通胀，实现高就业率，促进工业发展，近些年，巴西政府出台了一系列政策措施，确保经济恢复增长。

自 2014 年 12 月起，巴西政府通过基础设施投资计划、提高燃油税、进口税、个人贷款税和化妆品税等措施来刺激工业发展。

2015 年，巴西政府正式宣布实施新一轮改善交通基础设施投资计划。为不断推动巴西对外贸易的发展，刺激并创造更多就业机会，巴西发展、工业和外贸部正式宣布启动国家出口计划，旨在鼓励小微企业及中型企业出口更加多样化，生产更高技术含量的产品，提高企业的出口量等。巴西政府还推出了以光伏为焦点的分布式发电的国家级激励计划，这项名为 ProGD 的激励计划涵盖了税收激励和设立信用额度等一系列措施。政府还计划为分布式清洁能源电站设计补贴项目。另外，发展银行 BNDES 也在为学校和医院的光伏电站项目以特别费率进行融资。

2016 年，巴西沿用了 2014 年和 2015 年的工业刺激政策。落实对中小企业的激励政策，进一步促进就业，并加强了光伏产业的布局。

2017 年 2 月，巴西政府与欧盟签署了 600 万美元的投资合作协议，用于未来三年在不同领域开展投资合作。其中，航空和海上运输、科技、公共创新、人权和农业为优先领域。

四、发展趋势

（一）工业生产形势仍不容乐观

受国内外经济环境的影响，2016 年巴西国内通货膨胀高企，就业形势严峻，建立在内需基础上的经济增长显得难以为继。同时，巴西工业受国际市场波动影响较大，制造业多以初级加工品为主，不利于本国工业竞争力的提升。再加上巴西央行不断加息，增加了企业的融资成本，降低了企业的投资意愿。在全球经济复苏乏力、内部缺乏资源的条件下，工业增长前景不容乐观。巴西经济总的来说在 2016 年仍处于微弱的发展阶段，工业发展十分缓慢，发展前景不容乐观。

（二）对外贸易形势严峻

在全球新兴经济体经济复苏缓慢、美元走强、国际大宗商品价格不断下跌的背景下，全球能源、原材料新增需求放缓。外部需求的减少对巴西出口产生了全方位影响，即便是最具竞争力的出口产品，如铁矿、蔗糖、大豆等，也遭遇了国际市场价格的下跌。以资源出口为主的巴西经济受到严重冲击，出口前景难以乐观。随着各大经济体经济增速放缓，全球贸易保护主义势头不断抬头，巴西贸易前景十分严峻。

（三）绿色产业发展势头迅猛

近年来，巴西在新能源和新兴产业的投资逐年增加。目前，巴西政府正在抓紧研究出台光伏发电产业鼓励政策，为 2017 年规划运营的 61 座太阳能电站所需的 2GW 太阳能设备提供支持。2016 年，波音与巴西飞机制造公司

EMBRAER的合作进入实质性阶段，共建新能源研发中心，将对可持续性航空生物能源及生物燃料实验展开研究。同时，巴西政府推出各种信贷优惠政策、设立专项信贷资金等一系列金融支持政策。巴西正利用自身的独特优势，借助新技术减少对传统能源的依赖，在新技术新能源的利用上实现节能减排，积极发展绿色环保产业。

五、企业动态

进入2016年以来，巴西制造企业发展艰难，跨国企业也不断缩减在海外市场的投资。2015年，美国《财富》世界500强排行榜中，巴西上榜企业仅2家，分别为巴西石油股份有限公司、巴西JBS公司，而在2016年，巴西上榜企业已有7家，分别为巴西石油股份、伊塔乌联合银行控股公司、巴西银行、巴西布拉德斯科银行、巴西JBS公司、巴西淡水河谷公司和Ultrapar控股公司。在能源领域，作为能源出口大国，2016年受国际油价持续下跌的深刻影响，巴西能源公司经营惨淡。世界第一大铁矿石生产和出口商巴西淡水河谷公司，铁矿石总产量创下3.488亿吨的历史新高，与前一年相比增长0.9%。尽管部分传统矿区产量有所下降，但北部地区产量提升明显，位于帕拉州的卡拉加斯矿区去年产量达到了创纪录的1.48亿吨，同比增长14.3%。在航空领域，作为南美航空工业的“领头羊”巴西航空工业公司瞄准巴西空军的作战需求，2015年4月研制的新型运输机KC－390成功完成首飞，标志着巴西航空工业史上的一项重大技术突破。

第二节 印 度

一、发展概况

印度位于亚洲南部，是南亚次大陆最大的国家，也是世界上经济发展最快的国家之一。在全球经济形势复杂多变、大部分金砖国家经济都在放缓的背景下，印度近几年的经济表现却是个明显的例外。

2016年，印度经济增速领衔全球，经济增长势头稳健，企业商业运营环境明显改善，经济增速达到7.6%，是全球经济增长最快的主要经济体。在印度政府大力发展制造业的政策环境下，2016年，印度工业实现较快增长，印度中央统计办公室（CSO）数据显示，2016年11月，印度工业生产指数（IIP）创造了近13个月以来最高值，同比增长了5.7%。其中，制造业、耐用消费品、电力部门、采矿业和资本品的工业生产指数同比分别增长5.5%、9.8%、8.9%、3.9%和15%。

（一）制造业扩张动能不足

受内部需求放缓和外部竞争压力增大等因素影响，2016年印度制造业虽处于扩张态势，但扩张动能不足。汇丰银行数据显示，2016年1—11月，印度制造业PMI值一直处于50荣枯线以上，但2017年1月2日，Markit发布的数据显示，2016年12月份印度制造业PMI下降为49.6，环比下降2.7个点，是2016年以来第一次低于荣枯线50。其中，产出和新订单都是2016年来的第一次下降，企业购买能力和就业也都有所降低，投入成本则出现快速增长。

（二）传统产业有所增长

延续去年产业发展的态势，2016年印度传统制造产业发展稳定。

钢铁产业方面，在全球钢铁去产能的大背景下，印度的钢铁产能却逆势增长。印度在2016年采取了一定措施维护本国钢铁制造行业，并大量减少了从中国进口钢铁的数量。国际钢铁协会的数据显示，2016年7月份，印度钢铁产量达到810万吨，同比增长了8.1%，助推世界钢铁产量同比增长了1.4%，达到13370万吨。

汽车行业，得益于印度经济的不断恢复、庞大的人口基数及廉价的劳动力成本，2016年，印度汽车产业需求明显改善，汽车产销量增长显著。2016年1季度的印度汽车产量就达到2186655辆，销量达1791129辆。

（三）制造业吸引外资能力增强

近几年，印度政府放宽了外资投资的限制，跨国企业在印度的发展环境不断改善，印度制造业对外资的吸引能力不断增强。印度产业政策与促进局发布的数据显示，2016年，印度吸引外商直接投资新增股权投资额（FDI equity inflows）达到464亿美元，同比增长了18%。安永会计师事务所发布的调查报告显示，在接受其访问的500多家跨国企业中，接近30%的跨国企业认为印度是2016年最受欢迎投资目的国，60%企业把印度作为排在前三位的投资目的国，印度成为全球最具吸引外资的国家。随着印度投资政策的宽松化，目前，苹果、华为、小米、联想、富士康、三星、LG、高通、波音等集团等跨国企业都在印度开展了新一轮的投资。

二、产业布局

印度独立之初，工业高度集中在少数沿海大城市，仅孟买、加尔各答和阿默达巴德三个邦的工业产值占全国工业总产值的70%以上。近年来，印度工业过分集中的状况已有改善。目前，印度有五个比较重要的工业区：一是以加尔各答为中心的工业区。该工业区以纺织服装行业和机械制造业为主，也是全国最早形成的工业区，其纺织服装产值占全国纺织服装总产值的40%，机械制造产值占全国机械制造总产值的30%。二是以孟买—浦那为中心的工业区。该工业区主要发展棉纺织工业，机械、化工、炼油等产业近来也发展较快。该工业区棉纺织工业占全国棉纺织工业总量的30%。三是以阿默达巴德为中心的工业区。该工业区主要以纺织、钢铁、机械制造等传统工业为主，规模相当于加尔各答的一半。四是以马德拉斯—班加罗尔为中心的工业区。该工业区是发展最快的工业区，规模接近于加尔各答区。该工业区大力发展电力、飞机制造、造船、炼油等工业部门，轻工业和重工业并举推进。五是以那格浦尔为中心的工业区。该工业区有印度“鲁尔区”之称，为20世纪50年代发展起来的重工业区。

三、政策动向

印度总理莫迪自2014年5月上台后，推出一系列改革措施，包括放宽外国直接投资限制、进行税收改革、重新修订劳工和土地征收方面的法规，大力发展制造业、铁路和智慧城市等，在排除政治阻力推进改革方面显示出大刀阔斧的决心。在制造业领域，印度政府启动“印度制造”升级版2.0，以进一步促进印度制造业发展。2015年11月，印度政府宣布，将放宽15个主要行业的外商直接投资标准，包括矿业、国防、民用航空和广播，以鼓励外商投资并刺激经济增长。2015 年 11 月 10 日，印度工业政策和促进部宣布对跨国零售商放松了本地采购要求，取消对部分行业的外商投资限制，涉及从建筑到棕榈油生产等行业。鉴于移动技术和 App 在创造就业方面的作用，2015 年 12 月，印度政府宣布了 1.6 亿美元的自主就业和人才利用培养计划，支持该技术领域的初创公司。

为了进一步促进印度民众创业，用政策优惠推动技术创新，印度政府发起一项开创性举措。2016 年 1 月 16 日，印度推出“创业印度 崛起印度”计划，将对创新与创业进行严格定义以保障政策执行，引入“创新企业”概念，这类企业将可享受包括政府扶持基金在内的相关优惠政策。印度商工部工业与政策促进局将起草负面清单，详细列出何种企业不符合“创新企业”标准。此外，向符合条件的“创新企业”投资的投资商在享受程序性宽松之外，将获得额外的投资收益豁免。根据该项计划，印度政府将在未来 4 年内设立一项总额达 1000 亿卢比的基金，用于支持制造业、农业、卫生和教育等领域的创业项目，同时还将设立一个信贷保障机制，协助创业公司从金融机构获得信贷。该项计划将激励印度全民族的创业精神，助力印度经济较快发展。2016 年 6 月，印度政府又出台了《2016 年印度全面改革外资直接投资规定改革法案》（简称《印度 FDI 改革法案》），进一步放松了外资进入印度一些关键领域的投资限制，如国防、药品、农业、民用航空、分销、零售、保险等。

四、发展趋势

（一）制造业发展前景广阔

制造业是印度经济发展的短板，短期内该国落后的道路、港口等基础设施，将拖累本国工业的发展，也对吸引外资带来不利影响。2014 年 9 月莫迪政府宣布的“在印度制造”系列新政致力于增强在印度投资兴业的吸引力，给计划投资的国内外企业提供一站式服务，并改革劳动法律和税收，简化审批程序，吸引各界在印度投资设厂，扩大当地就业。2015 年 8 月，富士康与印度马哈拉施特拉邦政府签署协议，将在未来 5 年投资 50 亿美元新建一座电子产品制造工厂。随着莫迪政府在制造业和外国直接投资领域改革措施的生效，各国企业前往印度投资基础设施和制造业，未来印度制造业将有很大的增长空间。

（二）电子信息制造业领域投资潜力大

印度政府的“数字印度”计划要求建造光纤网络并使印度能在电子产品制造上自给自足以及在印度农村推广宽带等。按照当前情况，国内生产严重满足不了国内需求。据德勤印度经济公司的报告，印度电子硬件产品的需求量激增，预计到2020年达到4000亿美元。据估算，印度国内生产量将会达到1040亿美元，生产量和需求之间的差距将会达到2960亿美元。印度政府也在尝试让私人制造商加入国防电子行业来推动国内制造业的发展。随着国内需求的不断增加，未来印度电子信息制造领域的投资将不断增强。

（三）吸引外资能力有望进一步增强

随着需求日益上扬，印度经济进入快速发展阶段。印度总理莫迪近年来开展的外交之旅，为印度带来接近360亿美元的外国直接投资。联合国发布的“全球投资趋势监测”报告显示，近些年，印度的电力、燃气、水、信息通讯等服务业吸引外资增长最快。基于工业发展的迫切需求，莫迪政府希望在基础设施建设等重点领域吸引更多投资。随着印度政府宣布放宽建筑领域的FDI政策，其中重点强调印度政府将于2020年前建设完成100个智能城市的计划，未来印度吸引外资能力将会进一步增强。

五、企业动态

2016年印度企业表现活跃，不断扩大产能合作，开拓国际市场，跨国企业经营绩效不断攀升。2016年《财富》世界500强企业中，印度入选7家。分别为印度石油公司、印度塔塔汽车公司、信实工业公司、印度国家银行、巴拉特石油公司、印度斯坦石油公司、Rajesh Exports公司。

2016年4月，塔塔汽车公司商用和乘用车在印度的总计销量为35978辆，比2015年同期增长了11%。其中，乘用车销量为11161辆，比上年同期增长了7.9%，轿车销量为9451辆，比上年同期增长了5.9%。在钢铁领域，印度几家大钢企在2016年都进行了产能扩张。印度京德勒钢公司称，在位于印度东部奥里萨邦的直接还原铁厂升级改造完成后，该公司计划将成品钢材年产能提高50%，达到500万吨以上，在本财年将粗钢产量提高6.3%至1340万吨，将炼钢年产能从目前的1400万吨提高至1800万吨。渣打银行对中国、印度、印尼和马来西亚四个国家，年营业额介于3000万至1亿美元的中型企业首席执行官和首席财务官展开的调查显示，印度受访企业最为乐观，其中97%相信公司将在未来五年实现增长。此外，71%的印度企业计划拓展新的国际市场。

第三节　俄罗斯

一、发展概况

俄罗斯位于欧洲东部和亚洲大陆的北部，是全球国土面积最大的国家。俄罗斯一向重视工业发展，特别是重工业中的能源与采矿业。近年来，俄罗斯逐步由单一重视重工业发展转向轻工业和通信等行业多元化发展。国际金融危机后，俄罗斯经济增速明显放缓。受全球能源价格持续走低影响，俄罗斯经济从2013年下半年开始一路下滑，陷入零增长局面。在同时遭受西方经济制裁、国际石油价格持续下跌的影响下，2014年以来，俄罗斯经济陷入严重衰退。2016年，俄罗斯经济下降趋势明显减缓，一季度GDP同比下降了1.2%，二季度同比下降了0.6%，前10个月同比下降0.7%。通胀率为5.5%。农业、化工、轻工业、机械制造业等领域已经出现不同程度的增长。

（一）工业生产略有回暖

俄联邦统计局的数据显示，2016年，俄工业产值同比增长了1.1%。其中，矿产开采业增长2.5%，加工业增长0.1%，水、电、气生产分配增长1.5%。化工、轻工业、机械制造业等领域出现一定增长。国防工业领域劳动生产率更是出现“爆炸式”增长，给民用工业发展带来积极影响。工业在2015年同期3.3%降幅的基础上，增长了3.0%。前三个季度企业部门盈利同比增加了20.6%。俄罗斯近两年大力实施进口替代政策，目前俄工业领域从国外进口各种制品的总量已减少10个百分点，这是一项重大进展。

（二）对外贸易形势严峻

受乌克兰危机及卢布汇率大跌等多重挑战，2015 年俄罗斯贸易量下滑严重，2016 年下滑态势有所减弱。根据俄罗斯海关统计，2016 年，俄罗斯对外贸易额为 4712 亿，比 2015 年下降了 11.2%；商品出口总额为 2876 亿美元，下降了 17%；商品进口额为 1836 亿美元，下降了 0.4%；贸易顺差为 1039 亿美元，下跌了 1.5 倍。

中国继续保持俄第一大贸易伙伴地位，2016 年中俄贸易额达到了 695.3 亿美元，同比增长 2.2%。2016 年，欧盟在俄进出口贸易总额中所占比重为 42.8%。2017 年 1 月，与欧盟的贸易总额占俄罗斯外贸总额的 45.4%，同比上升 3.7%。俄罗斯与欧盟贸易额比 2015 年同期上涨了 60%，达到 173.5 亿美元，其中，俄对欧盟出口额同比增长了 60%，为 130 亿美元；欧盟对俄出口额同比增长约 50%，为 43.5 亿美元。

（三）资金外流现象有所缓解

在美欧等西方国家的经济制裁与国际油价下跌的双重打击下，2015 年俄罗斯经济出现严重的资金外逃现象，2016 年这一现象有所减缓。2015 年，俄罗斯资本净流出额为 575 亿美元，2016 年降低到 154 亿美元。俄罗斯央行则认为，银行系统外债偿还强度下降，是促进俄罗斯资本净流出大幅度减少的主要原因。同时，受全球原料价格复苏、商品出口下滑减速、商品进口稳定、工资和服务赤字缩减等因素的影响，2016 年，俄罗斯的国际收支往来账户盈余为 222 亿美元，相比 2015 年的 690 亿美元，有了大幅度的降低。

二、产业布局

俄罗斯工业建立在丰富矿产资源的基础上，工业主要是大型重工业、森林工业、军事工业。主要分布在欧洲部分，有莫斯科和圣彼得堡工业中心。俄罗斯的主要工业区包括西伯利亚工业区、圣彼得堡工业区、莫斯科工业区和乌拉尔工业区。其中，西伯利亚工业区以石油、机械、森林工业和军事工业为主。圣彼得堡工业区以石油化工、造纸造船、航空航天、电子为主。莫斯科工业区以汽车、飞机、火箭、钢铁、电子为主。乌拉尔工业区以石油、钢铁、机械为主。

俄罗斯的欧洲部分集聚着俄罗斯重要的工业部门——国防工业。中央联邦区、伏尔加河沿岸联邦区和西北联邦区等三个联邦区是俄罗斯国防工业企业的集聚地，企业数量占整个联邦国防工业企业数量的80%、工业产值占整个联邦国防工业产值的64%、职工人数占整个联邦国防工业职工数量的76%，其中仅中央联邦区就拥有约一半的俄罗斯国防企业。与此同时，国防工业在各联邦区内的分布极不均衡。如西伯利亚联邦区80%以上的国防企业都集中在西西伯利亚，而新西伯利亚州、鄂木斯克州和阿尔泰边疆区的国防企业数量竟然占到全区的70%。

三、政策动向

为了应对西方国家制裁，扶持本土生产商，保护本国消费者利益，促进工业复苏，2016年俄罗斯政府继续采取大力扶持中小企业发展、实施进口替代政策及刺激汽车产业发展等一系列应对举措，促进国内投资，对遏制危机的蔓延取得了一定的效果。但由于俄罗斯经济结构比较单一，行业垄断现象普遍、外资投资领域限制多、政策法规不健全等因素使得经济政策的效果较小。

2016年1月，俄罗斯经济发展部制定了“2016年反危机计划”，5000亿卢布左右的预算资金被投入使用，其中，3100亿卢布主要用于工业领域，并主要向地方制造业倾斜；250亿卢布用于银行的资本重组和业务经营。同时，俄罗斯经济发展部否决了对中小企业减税、推行航空运输业增值税零税率等建议。

2016年1月，俄罗斯联邦政府决定拨款43.48亿卢布（约合5503万美元），支持和补贴俄罗斯地方工业园区的基础设施建设工作。主要用于工业园的交通、通讯、水电等基础设施的建设、改造等方面。

2016年2月，俄罗斯总理签署命令，拟订在罗斯托夫州的古科沃市、鞑靼斯坦共和国是卡马河畔切尔尼市和滨海边疆区的大卡缅市，分别新建3个跨越式发展区。其中，古科沃市和切尔尼市是功能单一的城市，面临较为严重的失业问题，跨越式发展区的建立能有效促进城市经济的多元化发展，提高对投资的吸引力，有效化解就业压力。在大卡缅市建立的跨越式发展区，则是主要用于解决该地区的经济发展问题。

2016 年 4 月，俄罗斯政府为促进国内生产，向工业发展基金会账户划拨 100 亿卢布（约合 1.5 亿美元），工业发展基金会计划向国内四家大型企业提供 8 亿卢布（约合 1200 多万美元）的贷款。此外，工业发展基金会具有向国内企业提供年利率为 5% 的长期贷款权利。一季度，工业发展基金会收到了 94 份贷款申请，总额约为 187 亿卢布（约合 2.8 亿美元）。

2016 年 5 月，俄罗斯批准欧亚经济联盟与越南之间的自贸协定，对大多数商品降低关税或收取零关税，但对从越南进口的部分轻工产品、钢管、汽车、肉类、糖、等依旧征收进口关税。这份自贸协定，不但能够推动双边贸易增长、加强经贸联系，而且还有助于欧亚经济联盟参与亚太地区的一体化进程。

四、发展趋势

（一）工业生产仍将持续低迷

受制于美欧对俄的一系列制裁措施、国际油价暴跌导致的外需不振、潜在产出量限制、叙利亚危机等因素持续影响，过度倚重能源经济的俄罗斯工业生产不断萎缩。同时，俄罗斯卢布成为新兴市场中贬值最严重的货币，导致产品价格上涨，竞争力下降。从 2015 年 1 月份开始，卢布兑美元汇率继续走低，到 2016 年 1 月 18 日，俄罗斯卢布兑美元汇率冲向 79∶1。俄罗斯国内的投资环境和市场氛围日益趋紧，加之预算收入的减少给俄罗斯投资增长和工业发展带来了不利影响。

（二）绿色工业发展前景良好

近年来，为了实现工业的绿色可持续发展，创造新的就业机会，俄罗斯政府开始积极发展应用先进清洁能源技术，优化提升本国传统能源消费结构，通过制定一系列发展绿色经济的国家政策，大力发展绿色低碳经济。2015 年俄罗斯工业和贸易部提出刺激工业的税收优惠新措施，计划总值将达 1590 亿卢布支持企业投资开发，对现有产能进行现代化改造，加快俄罗斯高科技设备的折旧速度，利用技术进步促进节能减排，增强工业生产活动的发展动力。此外，俄罗斯的大型矿产开发企业不断增加对环保研发领域的投入。俄罗斯政府已经批准“2012 年—2020 年国家环境保护计划”，旨在发展绿色经济，减少企业对环境的污染。

（三）汽车产业将有望实现快速增长

汽车产业作为俄罗斯重要支柱产业，对俄罗斯经济发展一直起着重要的作用。但近两年来，受俄罗斯经济低迷及 2013 年底汽车贷款优惠结束等不利因素影响，俄罗斯汽车市场不景气。针对当前俄罗斯汽车产量下降和进口车需求下降的现状，俄政府 2016 年加大对汽车产业的扶持力度，政府预算将继续支持汽车消费市场，包括提振市场需求、提供以旧换新补贴等。同时，俄政府希望汽车制造企业推出适度保守的价格政策，竭力为消费者创造方便的购车条件。在俄罗斯政府大力支持下，汽车产业有望进入全新发展阶段。

五、企业动态

受欧盟和美国对俄罗斯严厉经济制裁、卢布的大幅贬值及国际能源价格大幅下跌的影响，大部分俄罗斯企业无法从国际市场融资，企业经营压力增大，2016 年俄罗斯企业亏损较多。2016 年《财富》世界 500 强企业中，俄罗斯仅入选 5 家，分别为俄罗斯天然气工业股份公司、卢克石油公司、俄罗斯石油公司、俄罗斯联邦储蓄银行和俄罗斯外贸银行。

第四节　南　非

一、发展概况

2016 年，南非 GDP 增长速率为 0.3%，低于南非财政部预测的 0.5%。2016 年，限制南非经济增长的主要因素包括，严重的旱灾和农业歉收、全球大宗商品价格低迷以及货币汇率的大幅度波动。餐饮住宿、交通和服务业是推动南经济增长的主要行业，制造业对经济的拉动作用较小。

（一）制造业略有回暖

由于南非 2014 年上半年经历了史上时间最长的铂矿罢工，给南非工业发展带来严重影响，2015 年整年都处于下滑态势。2016 年，伴随国内环境稳定，制造业发展略有回暖。南非统计局的数据显示，2016 年 6 月，制造业产量同比上涨了 4.5%，环比增加了 0.7%，实现两个月连续上涨，5 月同比涨幅为 3.9%。扣除季节性影响，制造业产量在第 2 季度比第 1 季度增加了 2%。这种增长主要来自化工产品、木制品、纸、石油产品、塑料制品和橡胶产量的增加。2017 年 1 月，制造业产量同比上涨了 0.8%，但仍低于全球金融危机前水平。

（二）贸易顺差进一步下降

受国外市场需求不足、兰特贬值、主权信用状况和消费者财务状况恶化等国内外因素的共同影响，南非贸易困境进一步加剧。据南非国税局统计，2016 年 1 月到 2016 年 9 月，南非货物的进出口总额为 1119.3 亿美元，比 2015 年同期下降了 12.9%。其中，出口货物总额下降了 9.9%，为 565.4 亿美元；进口货物总额下降了 9.9%，为 553.9 亿美元。贸易顺差为 11.6 亿美元，比去年同期下降了 137.5%。分国别看，2016 年 1 月到 2016 年 9 月，中国、德国和美国是南非主要出口对象，出口额分别为 47.2 亿美元、43.3 亿美元和 41.4 亿美元。进口方面，中国、德国、美国和印度是南非主要的商品进口国，进口额分别为 99.2 亿美元、68.6 亿美元、37.1 亿美元和 23.4 亿美元。

（三）就业形势恶化

南非是失业率较高的国家，其失业率长期保持在约 25% 的高位，增加就业人数一直是南非政府经济政策的核心目标。但南非经济走势低迷，劳动力增长快于就业岗位增加，致使 2016 年南非失业率不断上升。据南非统计局统计，南非 2016 年第 3 季度新增就业岗位个数比两个季度有一定提高，达到 30 万个，但是失业率还是上涨了 0.5%，达到 27.1%，成为 2003 年以来的最高纪录。更令人担忧的是，青年人的失业率高达 38.2%。

（四）汽车工业发展后劲足

汽车工业是南非最大的支柱产业，约已占南非制造业产出的 29%。目前，大众、宝马、丰田等许多国际知名品牌都在南非建有工厂。受南非经济增速放缓及成品油价格上调导致的国内购车者趋于谨慎等因素影响，2016 年南非汽车行业销量有所下滑。据南非汽车制造商协会发布数据显示，2016 年 8 月汽车销量为 46146 辆，同比下降 9.49%，但仍后力强劲。

二、产业布局

南非产业集中于几个大城市及周围地区，而广大黑人居住地及城镇则没有稍有规模的工业。长期以来，南非工业集中于四个地区，它们是比列陀利亚地区—维特瓦特斯兰德—弗里尼欣三角地区、德班—派思城地区、伊丽莎白港—尤膝哈格地区和开普半岛。这些地区只占全国面积的3%，却拥有全国73%的工厂，生产全国80%的工业品，雇佣76%的工人。这四个工业区，除威瓦斯兰工业区是因为当地矿业兴起应需要而建立的工业区外，其他三区均为海港，是利用海港运输上的便利，辅以当地较廉价的劳工及市场而兴起的工业区。其中，威瓦斯兰工业区西起兰德芳坦，东至斯普令，长约100公里，为南非共和国最大的工业区，产品约占全国工业成品的40%，主要有机械工业（以制造矿用机械为主）、服装工业、钻石工业及日用品工业等。开普敦工业区是为利用港口输入原料便利而兴起的工业区，有纺织工业、服装工业、汽车装配业及炼油工业，工业产品约占全国的15.5%。德班工业区是以造船工业、化学工业、炼油工业为主，占全国产品的15%。伊丽莎白港工业区主要是轮胎工业、制鞋工业及汽车装配业等。

三、政策动向

为应对经济增速下滑，稳增长和增加就业成为南非政府2016年经济政策调整的主旋律。南非政府相继推出了扩大基础设施建设领域投入、为中小企业减税等多项措施，加快调整本国产业结构，试图寻找新的经济增长点。

2016年4月26日，南非贸工部投入300亿兰特，开展“黑人实业家计划”，希望能够借此改变南非经济结构，促进南非社会经济转型。南非政府将黑人系统性纳入了国家社会经济发展的战略，转变国家工业的所有权结构，希望实现包容性的增长。

2016年5月，南非私有部门向南非小微企业提供了15亿兰特的基金支持，以帮助小微企业度过经济难关。基金由南非私有部门自筹并发放，并号召希望政府也在小微企业的生存方面做出贡献。

2016年5月，非洲发展银行在其成员国实施了“促进就业战略”，计划在到2026年，为青年人创造2500万个新的就业岗位。“促进就业战略”是非洲发展银行促进非洲大陆经济转政策的一部分，在撒哈拉以南的非洲，未来十年每年都约有1100万年轻人加入求职市场。因此创造就业对于促进非洲经济增长、减少贫困以及创造共享繁荣至关重要。

2016年6月，南非贸工部拨款5500亿兰特，主要以资金和补贴的形式激励黑人创业者和实业家的工作，到7月，项目收到107份申请，此次拨款意在刺激南非经济转型。

四、发展趋势

（一）制造业有望实现微弱增长

由于南非各经济体的持续罢工、电力短缺发展瓶颈、劳动力市场问题、疲软的国内市场需求和国际能源资源价格大幅下跌等因素的存在，南非经济形势不断恶化。目前，国内经济金融风险有所上升，制约经济增长的短期因素和中长期因素复杂交织，经济低速缓慢增长态势已成定局。随着短期内南非劳资纠纷或电力故障问题进一步恶化，基础建设部分放缓，南非制造业发展后劲不足。为促进制造业发展，提升制造业竞争力，南非贸工部推出金额达57.5亿兰特的制造业竞争力提升计划，随着一批外资企业纷纷投资南非制造业，南非正在积极承接全球产业转移，将会有助于南非制造业实现微弱增长。

（二）出口将保持在低速增长水平

出口对南非经济具有举足轻重的影响，约占南非GDP的30%。其中，欧盟是南非最大的制成品市场，目前南非对欧洲的出口约占南非总出口的20%。东南非共同市场早在2000年就启动成员国90%的产品互勉关税，现在扩大到东非共同体、南部非洲发展共同体，这对南非来讲，将面临一个扩大两倍的市场。南非政府近年来出台的一系列保增长、促就业的经济调整政策，以及新兴经济体对南非投资和贸易的不断增长，将在一定程度上促进南非贸易的发展，使南非出口保持在低速增长的水平上。

（三）工业绿色转型步伐不断加快

南非的工业发展正由传统模式向绿色工业经济转型，南非政府已经出台一系列鼓励措施包括对环保和绿色经济企业的政策倾斜和税收优惠，鼓励私营企业投资绿色经济，着力解决能源短缺问题。在南非政府推出的“可再生能源保护价格”“可再生能源财政补贴计划”“可再生能源市场转化工程”“可再生能源凭证交易”以及“南非风能工程”等一系列财政措施支持下，南非绿色工业将得到快速发展。在新能源领域，南非政府鼓励吸引私人投资进入可再生能源领域，自 2011 年以来南非可再生能源领域吸纳 1930 亿兰特私人投资，累计生产了 632.7 万千瓦清洁能源。绿色清洁能源将成为南非未来能源发展的主要趋势。

五、企业动态

受国际大宗商品大幅下跌、南非国内电力供应不足、商业信心不振、劳工关系紧张等国内外因素影响，2016 年南非企业经营处境依旧困难，但是比 2015 年有了很大改观。2016 年，南非吸收外资情况突破了全球下滑的普遍趋势，吸收外资规模比 2015 年增长了 38%，总额达到 24 亿美元。

南非—中国经贸协会发布的《2015—2016 年度中国企业在南非发展的报告》中指出，南非是非洲的门户和非洲社会经济最发达的国家，已经逐步成为中国企业“走出去”的重要地区。2015 年，在南非投资的中国企业超过了 300 家，大中型企业数量约为 140 家。中非合作论坛在很大程度上鼓励了中国企业到南非投资的信心，为两国之间的投资和贸易合作提供了新契机。

第五节　韩　国

一、发展概况

韩国位于朝鲜半岛南部，是亚洲第四大经济体。作为亚洲新兴的发达国家之一，制造业是韩国经济持续增长的重要支柱，其中，汽车、半导体、造船、石油化学、钢铁等产业长期位居世界前列，产品品牌享誉全球。受韩国亲信干政、国内经济危机不断、三星 NOTE7“爆炸门”和现代汽车罢工事件、韩进海运破产，加之全球贸易保护主义抬头、中国进口需求减少等外部因素共同影响，韩国2016年度经济增速放缓，GDP为1.51万亿美元。受全球经济增速放缓、逆全球化的抬头等负面因素的影响，韩国国内生产、消费、投资复苏势头不如预期，韩国央行于2016年年初对韩国全年经济增速预测仅为2.8%，基本与2015年韩国经济2.6%的增速持平。受国际原油价格下跌拖累，2016年韩国工业增长下滑幅度较大，韩国央行公布2016年1月工业生产者价格指数仅为98.52，环比下滑0.5%，同比下滑3.3%，持续刷新自2010年3月以来指数新低。面对错综复杂的国内外经济形势，韩国政府出台了一系列的政策，力促民生消费，促进经济增长。

（一）制造业呈现持续萎缩态势

受特朗普贸易保护主义、国际大宗商品持续下行、国内制造业景气低迷等不利因素影响，2016年以来，韩国制造业增长动力不足，萎缩态势明显。2016年12月，韩国制造业PMI值自2015年6月达到最高值50.50后回落至49.50，之后小幅上扬。其中，PMI在2016年4月升至50.00，是继2015年底来首次上升至50枯荣线以上。2016年12月，韩国制造业企业景气指数（BSI）为72，同比上涨9个基点，环比上涨1个基点，为2016年最高水平，

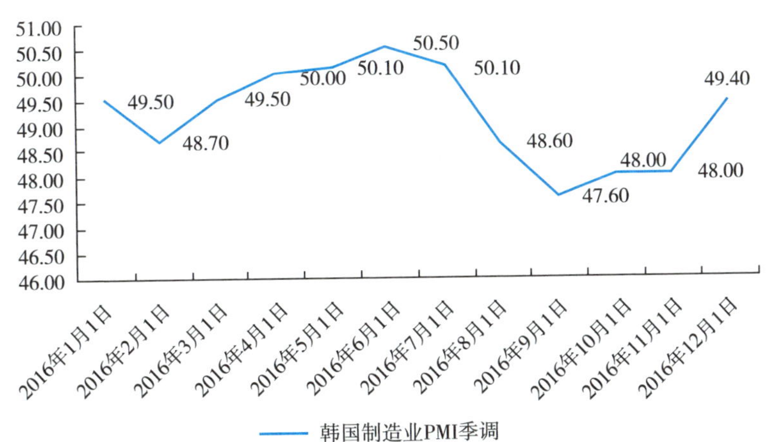

图26－1　2016年1月—2016年12月韩国制造业PMI值

资料来源：赛迪智库整理，2017年1月。

持续低迷的制造业景气有所回升。具体来看，2016年12月，韩国大企业BSI指数为80.00，中小企业为62.00，环比分别上涨3个基点和下降2个基点；

制造业产品销售价格 BSI 指数 97.00，环比上涨 4 个基点，销售、生产、新收订单、效益、原材料购买价格等指数均有所回暖；纸浆造纸、非金属矿物等制造业领域小幅下跌，木材、焦炭炼油、化学工业等制造业领域小幅上涨。2016 年韩国制造业发展形势有所好转。

（二）出口增速大幅下滑

全球经济增速放缓、美国加息、国际油价下跌以及人民币、日元汇率持续走低等因素对韩出口造成了不利影响。2016 年，韩国出口额为 4955 亿美元，同比减少 5.9%，出口形势依然严峻。根据韩国银行公布数据显示韩国 11 月进出口物价均大幅上扬。当月出口物价指数为 83.99，环比大增 4.1%，月度出口物价涨幅创 2009 年 2 月以来最高值。

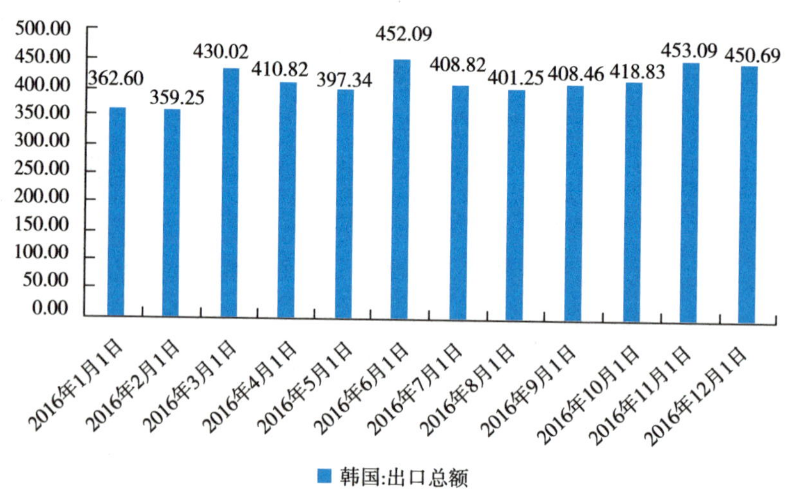

图 26－2　2016 年 1 月—2016 年 12 月韩国出口总额（单位：亿美元）

资料来源：韩国央行，2017 年 1 月。

（三）汽车产业发展减缓

全球经济低迷、韩国国内个人消费税下调措施延长至 6 月底结束，以及薪酬团体交涉长期化伴随着罢工引起的产量下降等因素影响，现代、起亚、韩国通用、雷诺三星、双龙五大整车厂商发布 12 月国内新车销量，同比下降 5.9% 达 164852 辆，但全年总体销量同比增长 0.6%，达到 1588572 辆。韩国汽车业龙头现代汽车公司遭受了长达数月的罢工，汽车产量大幅减少，现代和起亚汽车的销量仅约787.6万辆，跌破800万辆，在国际汽车市场上跟位于第四名的雷诺日产间的差距也进一步拉开，呈现出“缩水现象”。韩国通用597165辆，同比下降4.0%；雷诺三星257345辆，同比增加12.3%；双龙155844辆，同比增加7.7%。

由于全球长期经济衰退和受新兴市场汽车需求低迷的影响，韩国2016年汽车出口为262万辆，较2015年的297万辆同比下降11.8%。出口额继2015年同比下降6.4%之后再次同比下降11.3%，为406亿美元。

（四）电子信息制造业市场竞争力强

2016年，韩国的半导体产业占整个GDP总量的5%，以三星电子和SK海力士为龙头，有两万多家大中小企业支撑着这一产业。根据日本半导体制造装置协会最新公布的报告显示，2016年韩国半导体设备销售额共计76.9亿美元，占全球半导体市场份额的18.65%，较2015年有所增加，连续第二年成为第二大市场。其中，2016年虽然受Galaxy Notc7“爆炸门”影响，但从三星的业绩报告来看，各项指标依然保持不同程度增长，全年营业收入435.35亿美元，营业利润29.24万亿韩元，创历史第二高纪录，半导体业务带来的营业利润占一半以上，在半导体设备的投资额为113亿美元，同比增长13%；SK海力士销售额预计达142.34亿美元，同比下降达4.8%。

二、产业布局

目前，首尔、釜山已经成了韩国经济发展的两大区域，经过20世纪50年代韩国城市规划中重视基本消费品以恢复经济发展的阶段，这两大经济区域快速发展。韩国电子信息产业主要分布在科研中心和科技力量雄厚的大城市附近，三星把半导体工厂布局在利川，集成电路生产布局在龙仁，这些城市都以首尔为中心呈环状分布。

韩国重化工业是其产业主体，其布局有两大特点。首先是沿海地区。韩国矿产资源匮乏，工业原材料主要依赖进口，因此沿海地区成为重工业的首选地带。如，东南沿海在京仁地区的仁川，东海岸的束草、三陆等地有机械、玻璃、水泥等工业。其次是工业团地模式。是指为一些工业企业提供同一场所和公用设施而开辟的特定工业区。韩国从20世纪70年代开始采取限制城市发展的政策，形成以中心城市为主体的经济、人口圈。限制措施主要包括在中心城区增加居民人数和固定资产投资，鼓励企业进行外迁，并给予外迁企业优惠政策。

三、政策动向

为实现经济发展的实质飞跃，2016年韩国政府采取一系列措施，包括实施宽松货币政策、产业结构调整、造船产业优化、调整应对非关税贸易壁垒政策及签署韩美、韩英、韩越、韩蒙、韩俄、韩印、中韩等自贸协定等，进一步刺激内需，扩大出口，增加就业，提升制造业竞争力，为经济增长注入活力。

2016年1月，韩中首次为帮助韩国企业在中国市场发展而共同设立基金，韩国母基金出资400亿韩元，深圳市投资控股有限公司和中国民间机构各出资300亿韩元，其余由两国基金管理公司出资。该基金由中国风投公司Fortune Link和韩国的SV Investment共同运作，将用于帮助生物、IT（信息技术）和移动、媒体等领域优秀的韩国中小企业和风险企业开拓中国市场。

2016年4月，韩国经济副总理兼企划财政部部长柳一镐称将推进“4+1改革”，即在四大改革（劳动、公共部门、金融、教育）的基础上再推进“产业改革”，除了继续加快对造船、钢铁、石化等不景气制造业领域的结构调整速度，将着力培育新兴产业和服务业。

2016年5月，韩国金融委员会召开“第三轮产业竞争力强化及产业结构调整磋商会议”，将造船业、海运业定为急需进行结构调整的产业。海运业方面，韩国海洋水产部、金融委员会、产业银行将组成联合专项工作小组，进一步探讨支援方案。造船业方面，韩国政府要求大宇造船提交一份包含增加裁员数量、改善薪酬体系、控制成本等具体实施方案。

2016年8月，韩国时任总统朴槿惠主持召开第二次科技战略会议，敲定旨在发掘新增长动力、提升国民生活质量的九大国家战略项目，包括人工智能、虚拟现实（VR）、无人驾驶汽车、精密医疗系统等。未来创造科学部将在十年间投入2.21万亿韩元（约合人民币134亿元）推进这九大项目。

2016年10月，韩国政府出台应对造船企业结构调整不良影响的政策。政府将在2020年前订购250艘船舶，并将根据各公司的不同情况，对具有竞争力的领域进行集中资金扶持。政府计划至2018年将三大造船公司的船坞数量从目前的31个缩减至24个，同时将员工人数裁减至4.2万名。

2016年12月，韩国银行公布《2017年货币信用政策运营方向》，由于韩国2016年全年经济增长势头缓慢和内需市场物价上涨压力不大，2017年将继续维持“货币宽松政策”。韩国政府发表《2017年经济政策方向》，提出了2017年经济政策重点，一是加大出口支持力度，扩大贸易金融支援规模，从今年的221万亿韩元提高到229万亿韩元，向对外经济合作基金（EDCF）拨款1.6万亿韩元，加大对企业投标新兴国家工程项目的援助，并新设5000亿韩元规模的“增进新兴国家经协基金”，扩大与美国的原材料贸易规模、改善贸易结构，计划今后20年每年从美国进口280万吨页岩气等；二是推进多、双边贸易协定谈判，重点推进区域全面经济伙伴关系（RECP）、韩英自贸协定等多项多、双边贸易协定谈判。

四、发展趋势

（一）工业生产后劲不足

受全球经济放缓、国际大宗商品价格下行、美国加息等因素的影响，韩国国内消费萎靡，经济低迷，就业形势严峻，工业持续低迷。2015年11月，韩国央行曾预测2016年韩国经济增速为3.2%，但央行于2016年2月将增速预测值下调至2.8%，LG研究所更将增长预期下调至2.6%。由于韩国国内内需不足、汽车行业低迷等因素影响，韩国出口额自2016年1月连续7个月较2015年同比降低，韩国工业后劲不足。

（二）汽车行业持续低迷

自2005年起，韩国已经连续10年蝉联了全球第五大汽车制造国。2014年，日元贬值导致韩国汽车出口减少，但在新款车型上市等内需市场扩大的推动下，韩国汽车总产量同比小幅增长。2015年，随着现代汽车推出的多功能运动车（SUV）销量的继续增长，在所有车型中所占比重预计将提高。2016年，500强韩国现代汽车排名上升至84名，但受世界经济增速放缓、新兴市场汽车需求减少等多方面影响，其销量低迷，营收和净利润不涨反降。

（三）出口不景气整体呈波动上行趋势

近两年，受发达国家经济低迷、中国经济增速放缓及国内市场购买力下降等因素影响，韩国进口市场急剧萎缩，出现进出口贸易极不平衡的现象。受全球经济疲软、韩国产品在主要市场竞争力下降影响，2016 年韩国出口不景气，导致韩国经济失去最大引擎。据韩统计厅数据显示，20 世纪 70 年代韩国出口年均增长率高达 38.5%，而近五年该数值仅为 2.8%，单月出口额从 2015 年 1 月至 2016 年 7 月连续 19 个月负增长，打破韩国出口负增长纪录。2016 年 8 月虽短暂反弹增长 2.6%，但此后增减反复不断，难以保持明显的增长态势。

五、企业动态

作为后起工业化国家的韩国，大企业集团数量众多，韩国大型企业在全球影响力不断提升。2016 年，在《财富》杂志公布的全球 500 强企业中，韩国入围企业数量为 15 家，比 2015 年的 17 家减少 2 家。其中，三星电子排名第 13 名，与上年保持一致；现代汽车排名第 84 位，比上年上升 15 位；浦项制铁（POSCO）排名第 173 名，比上年下降 11 位；LG 电子排名 180 名，比上年下降 5 位。2016 年韩国制造业企业经营非常困难，经济低迷，资金状况正在变得越来越差，将直接导致企业停止生产新商品，集中处理过剩库存；同时还间接反映出投资萎缩、失业增加等问题。据韩国统计厅 5 月 31 日公布的数据显示，2016 年 1—3 月，制造业平均开工率在 72%—73% 间徘徊；4 月再次跌至 71%。

第六节　墨西哥

一、发展概况

墨西哥是拉美经济大国，北美自由贸易区成员，世界最开放的经济体之一，同 46 个国家签署了自贸协定。工业门类齐全，石化、电力、矿业、冶金和制造业较发达。工业是墨西哥国民经济中最重要的部门之一，拥有比较完整且多样化的工业体系，基础设施完备，主要分为轻工业和重工业两大部门，其中轻工业包括食品、纺织、制革、服装、造纸等行业，重工业以钢铁、化工、汽车、机器制造等为主。

墨西哥作为拉美地区制造业的代表，工业发展水平较高，受到北美自由贸易协定签署的影响，贸易壁垒消除，墨西哥制造业在北美以及南美地区面临着良好机遇。然而近年来，墨西哥制造业非但没有迎来飞速发展，反而呈现萎靡之势。制造业在 GDP 中占比从 20 世纪 80 年代的 23% 下降到了如今的 17.6%。对美国经济的高度依赖，让墨西哥制造业在对外贸易中的比重达到 70%，然而对于国内经济和就业率影响却十分有限。

（一）工业生产整体稳中有升

自北美自贸协定签署以来，墨西哥制造业经历了结构调整和产业集中化发展，部分产业发展良好，如汽车产业和零部件产业，而纺织、玩具等制造业正在逐渐被淘汰，甚至完全消失。然而，随着中国劳动力成本不断上升，墨西哥制造业继而成为全球投资热点，也成了中国制造企业投资的热点地区，两国制造业工人平均工资从 2013 年显现出较大差异，到 2015 年进一步加大。

（二）汽车产业产能继续提升

墨西哥国家汽车工业协会（AMIA）数据显示，2016 年 12 月墨西哥生产汽车 242495 辆，同比增长 8.8%，出口 216645 辆，同比增长 4.8%。2016 年全年生产汽车 346 万辆，同比增长 2%，出口 277 万辆，同比增长 0.3%。对美国的出口占到墨西哥汽车出口的 3/4，12 月增速达 9.6%，全年增速为 7.1%。这些数据表明，虽然特朗普竞选时一再威胁要对墨西哥汽车征收高额关税，但无论是 12 月份还是全年，墨西哥汽车生产和出口都保持了强劲增长。

（三）航空工业发展强势

墨西哥下加州目前拥有约 100 家航空工业企业，年产值近 20 亿美元，其中 70% 出口到美国，其他出口欧洲和加拿大，下加州是墨全国航空工业发展最强劲的地区，波音、空客、美国国防部和墨西哥国防部都是下加州航空企业的采购商。下加州航空工业创造就业岗位 33300 个，预计未来十年就业岗位翻番。

（四）农业食品工业增长迅速

据墨西哥农业部统计，2016 年墨农业食品工业总产值增长 3.5%，远超预期 2.3%。2015 年农业食品工业增长率高达 5.8%。墨农业食品工业由农工业和第一产业构成，2016 年，在第一产业 4.1% 的增长率强势推动下，墨农业食品工业生产总值大幅增长。2016 年，墨农业增长率 5.8%，畜牧业增长 2.1%，渔业增长 0.6%，反映出全国范围内良好的第一产业增长势头。同时，墨食品加工业增长 2.6%，烟草饮料工业增长 5.3%。

（五）进出口贸易同比下降

墨西哥主要出口原油、工业制成品、石油产品、服装、农产品等，主要出口对象国为美国、加拿大、欧盟、中美洲、中国等；主要进口食品、医药制品、通讯器材等，主要进口来源国为美国、中国、德国、日本、韩国等。2016 年外贸总额 7760 亿美元，其中出口 3807.7 亿美元，进口 3952.3 亿美元，同比分别下降 2.7%、4.1% 和 1.2%。

二、产业布局

20 世纪 80 年代以来的贸易自由化促进了墨西哥产业布局改变，工业开始向靠近美国市场的北部州转移，北部和西北部的墨—美边境地区成为墨西哥新的制造业中心，并以此为中心向周边地区辐射。墨西哥中部和南部地区出现了非工业化和第三产业化的趋势。中部地区服务业增长迅速，成为全国服务业最发达的地区，外国跨国公司拥有的金融服务业、民航和商业机构主要集中在墨西哥城及周围城市。由于经济的开放和宏观经济政策的调整，中部地区的传统工业部门面临国外进口产品的激烈竞争，处境困难。除了纺织业和电子产品、汽车业仍然具有一定竞争力外，中部地区的其他传统产业都逐渐萎缩。南部地区主要从事农业、农产品的加工以及石油化工。近年来，随着中部和北部劳动力价格的上涨，北部、中部的一些劳动密集型产业开始向南部地区转移，但目前内部地区经济仍然以农业为主。

分行业看，墨西哥纺织行业主要集中在墨西哥州及周围地区，墨西哥州占 31.5%；墨西哥联邦区占 17.5%；普埃布拉州占 11.7%；依达尔戈州占 7.0%；哈利科州占 4.5%；阿瓜斯卡连特斯州占 3.5%；其他州占 24.3%。

瓜达拉哈拉是美国在墨西哥电子产品的生产基地。墨西哥汽车生产企业主要在以下各州进行生产，包括阿瓜斯卡连特斯、下加利福尼亚、奇瓦瓦、联邦区、哈利斯科、墨西哥州、新莱昂、普埃布拉、克雷塔罗、圣路易斯波托西、索诺拉、瓜纳华托等。通用、奔驰和尼桑汽车公司在阿瓜斯卡利埃特洲、瓜纳华多洲建有汽车厂。

三、政策动向

2016 年 7 月，墨西哥财政与公共贷款部宣布将修改出口加工业相关政策，以便增加墨出口附加值。墨西哥税务总局局长表示，墨西哥急需改变出口加工业政策，因为该政策已经实行了 40 年，效果并不尽如人意，没有使国内供应链增值。墨西哥财政与公共贷款部已经要求全国出口加工业委员会提出修改建议。

2015 年 11 月，墨西哥经济部在墨西哥工业年会中，提出了墨西哥工业政策的五大核心内容，其中强调了制造业创新、加强对外贸易和优化经商环境等促进工业发展的重心和要点。具体内容如下：一是以创新为基础的促进政策，是 21 世纪制造业和生产链形成的关键要素；二是加强外贸和投资政策，填补价值链空隙；三是推动形成创业文化、扶持中小微企业发展，将中小微企业融入全球生产链；四是优化营商环境，简化公司手续，行政审批网络化；五是致力于完善服务企业和消费者的高效市场职能。

第七节　中国台湾地区

一、发展概况

近年来，受外需不足的影响，以外向型经济为主的中国台湾地区经济陷入低迷状态，产业转型面临着诸多困境。2016 年，台湾地区经济略有回暖趋势，虽然外部经济环境带来一定负面影响，加上外贸出口波动与内部消费、投资动能不足的双重压力，经济增长有所放缓，工业生产也呈波动升上趋势。

台湾当局采取了一些积极举措来推动产业转型，但仍然缺乏稳定增长的长期动力，工业生产面临着新一轮调整，主要有以下特点：

（一）经济问题困局依旧，工业生产略有波动

2016 年，台湾地区经济问题依然是导致台湾陷入困局的主要因素，全年经济增长维持在 1% 上下。上半年经济增长平均值为 1%，同年 8 月，经济增长率基本稳定在 1.22%，同年 11 月达到 1.24%。2016 年台湾地区工业发展的整体态势良好，但 2 月生产年增率出现负增长，3—4 月工业生产逐渐回暖，同年 5 月工业生产稳步发展。截止到 2017 年 1 月，台湾地区工业生产指数为 104.77，连续 6 个月同比正增长，年增率可达 2.77%。其中，建筑产业生产指数同比增长 12.41%，电子零组件产业生产指数年增率高达 12.02%，产能机械设备产业生产指数年增长超过 4.39%。制造业生产指数增长 3.80%，用水供应产业同比增长 0.96%，矿业和土石采取产业生产指数下降了 5.51%，汽车及其零部件生产年减率约为 13%，电力产业和燃气供应产业同比下降 23.12%。

（二）外贸投资表现欠佳，对陆出口略有下降

受外部大环境影响，2016 年台湾地区贸易、投资以及消费整体表现欠佳，其中，外贸形势严重影响了台湾整体经济发展态势。2016 年 1—9 月，贸易出口额持续下跌，同年 10 月逐步回升，增长率由负转正为 9.4%，11 月贸易增长率取得可喜成绩，贸易出口金额达到 243.4 亿美元，增长率高达 12.1%，创下 27 个月以来的历史新高。2016 年台湾地区的外商直接投资增长放缓，截止到 2016 年 10 月，外商直接投资跌幅为 8.9%，投资总额可达 102.9 亿美元，同比增长 178.9%。但投资总额的增长并不意味着台湾在整体投资环境方面有所改善，而是在几家大型企业并购案的作用下，致使外商直接投资总额显著增加。据中国海关总署统计，截止到 2016 年 9 月，台湾地区与大陆地区的贸易总额为 1275.5 亿美元，较 2015 年同比下降 7%，这主要还是受世界经济深度调整和外需放缓的影响，两岸以加工贸易为主的产业格局因此受挫，贸易总额出现了较大幅度的下跌。

（三）半导体产业逐步回温，结构性问题依旧存在

半导体行业是台湾地区最大的支柱型产业，但是全球需求下滑和市场竞

争日趋激烈的大环境并没有阻挡台湾地区半导体产业的发展。2016年上半年，台湾地区半导体产业受到全球经济疲软的影响，增速放缓。从下半年开始，市场对终端电子产品的需求上升，物联网、自动化等新兴科技的进一步发展，对台湾地区半导体产业的发展起到积极的拉动作用。2016年1—11月，台湾地区在全球最具竞争优势的半导体产业方面有了较为长足的发展，集成电路出口总额高达709亿美元，增长率增幅创下近6年以来的峰值，年增率达11.1%，其中，对大陆的出口份额占到54.8%，较上年同比增长22.5%。晶圆代工产值在2016年超越9000亿美元，年增率约8.6%。DRAM产值也取得了一定发展，但由于价格过低，较上年同期减少12.5%。台湾地区半导体产业目前面临着来自全球的激烈竞争，特别是大陆地区集成电路产能的不断提升，对台湾地区晶园代工造成了明显冲击。

（四）对外投资发展放缓，对陆投资持续增长

2016年对外贸易态势整体发展放缓，截止到10月，台湾地区整体出口呈现负增长态势，同年11月对外贸易出口总额高达243.4亿美元，年增长率增至12.1%。台湾地区的五大出口市场主要集中在中国大陆、中国香港、美国、日本以及欧洲，从2016年10月开始，台湾地区对大陆的出口额和增长率领先于其他四大出口市场。2016年1—11月，大陆地区与台湾地区的贸易总额为1613.8亿美元，较2015年同比下滑4.9%。其中，台湾地区对大陆地区出口额为1249.8亿美元，较上一年同期下滑3.0%。大陆地区已成为台湾地区的主要进口来源地和贸易伙伴。为鼓励外商对台投资，台湾地区当局一直积极对外招商，2016年投资环境略有改善，截止到2016年11月底，大陆批准了3072个台商投资项目，较2015年的2288个同比上涨了19.6%。大陆地区实际使用台资约折合16.9亿美元，较上年同比上涨了17%。

二、产业布局

经历了多年的发展过后，台湾地区已经形成了以电子信息产业为支柱、部门比较齐全的工业体系，工业地域分布格局主要分为北、中、南三大地区，各区域根据自身资源和发展特点重点发展不同产业。北部地区是台湾地区最重要的工业区域之一，工业发展规模最大且产业门类最齐全，产业囊括了纺

织、食品、造纸、机械、电子、化工、金属制品、半导体等。80 年代以后，中部工业开始快速发展，目前台湾中部地区企业数量较多的行业主要集中在金属制造业、机械设备制造业和塑胶制品制造业。南部工业历史发展以传统产业为主，随着高科技产业不断发展，台湾地区南部工业整体向着高科技产业方向发展。台湾地区南部地区过去是台湾地区的重化工业中心，主要产业囊括石油冶炼、化工、钢铁、制造、纺织等。20 世纪 70 年代台湾地区工业建设中的炼铁、石化及造船都集中在高雄县市，目前高雄已成为台湾地区最大的石化工业中心。目前，台湾地区南部产业结构已朝高科技化转型，科技产业与传统产业的比重日趋平衡，并且极具发展潜力。

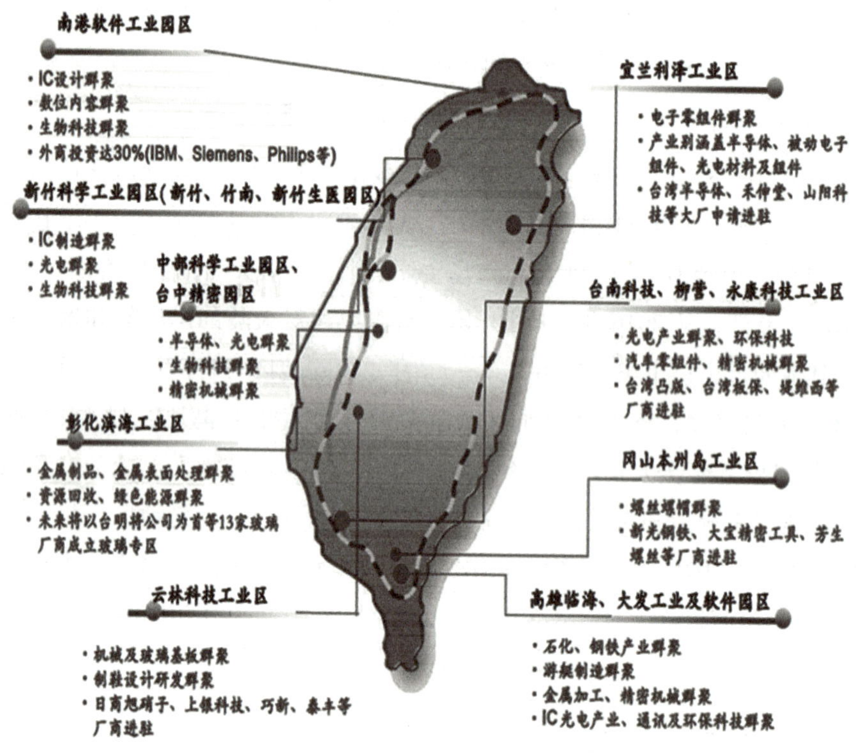

图 26－3　台湾重点工业园区分布情况

资料来源：赛迪智库整理，2016 年 1 月。

三、政策动向

全球制造业在工业4.0浪潮驱使下，纷纷寻求制造智能化转型之道，以应对产业变革提升国际竞争力。德国提出工业4.0作为“2020高科技战略”十大未来计划之一，而美国与日、韩也各自以对应策略推动智能制造发展，台湾则启动生产力4.0创造产业成长新动能。2016年以来，台湾地区全力推动“生产力4.0”，借由产业科技优势发展智慧工厂，实现大量、多样的数字化生产，“智能制造”成为两岸开展合作的核心。在工业信息领域，台湾将开展软硬件整合、重视大数据与物联网增值应用以及与大陆地区的合作，提升台湾在全球供应链生产的关键地位。

2016年，台湾当局“国发会”制定经济增长“保二”的目标，虽制定一系列政策措施遏制经济恶化，但因其政策大多空有其表，创新流于形式，很难从根本上改变台湾地区经济发展面临的内外结构性问题，经济发展前景很难乐观。

2016年，台湾民进党上台执政，两岸经贸合作发展受阻。民进党“去中国化”政策倾向愈加明显，并推行“贸易保护主义”和“逆全球化”，严重阻碍了两岸经贸合作的制度化和机制化，恶化了两岸合作的发展环境。然而，两岸经贸合作对大陆地区内需市场的依赖将进一步增大，大陆地区经济社会的转型结果将对两岸经贸合作产生巨大影响。

四、发展趋势

（一）工业生产略有回暖

2016年，台湾地区经济发展面临的内外部环境变数依旧很多，增加了经济发展的不确定性，经济呈现低速增长但略有回暖趋势。据台湾“经济部”统计处的数据显示，台湾地区2017年初工业生产指数为104.77，同比增率约2.77%，较2016年2.32%的比率略有回升，同时实现了2016年年初确立的经济增长“保2”的目标。电子零组件业、制造业、矿业、产能机械设备业、建筑工程业为台湾地区工业生产的发展以及整体经济的发展提供了动力。在台湾地区经济增长预期不高的背景下，台湾地区工业生产虽有回暖，但仍以低增长率缓慢发展。受原材料价格续挫、出口动能减缓等因素影响，台湾地区整体的工业发展状况恐将持续走缓。

（二）传统产业向智能化方向转型发展

受中国大陆地区经济增长放缓和产能过剩的影响，台湾地区钢铁、石化、汽车等传统产业面临着转型升级的困境。因应企业成长需求，2016 年台湾地区企业加速了数字化转型并持续增加其 IT 预算及支出，并导入更多创新的技术应用及营运模式以建构企业竞争力。随着信息技术的不断推广应用，台湾地区传统产业的智能化水平将进一步提升。

（三）两岸电子信息产业的要素资源整合将进一步加快

长期以来，台湾地区依托 IC 代工成为全球重要的信息及通信产品主要设计及制造地。2016 年，台湾地区电子信息产业产值约 543 亿美元，较上一年同比下滑 2%。消费电子产品的营收在整个电子信息产业中占据领军地位。台湾地区电子信息产业的集中度进一步提高，直接作用于 IC 制造代工、IC 设计、IC 材料与设备等行业的健康发展。截止到 2016 年年底，IC 制造代工同比上升 10.7%，IC 设计同比上升 19.2%，这一增速得益于大陆智能手机的广泛应用。其次，由于电子行业存储器供不应求、缺货涨价，存储器较 2015 年成长了 15.1%。与此同时，面板、LED、EMS 等产业出现了不同程度的下滑，苹果公司出货量减少以及大陆地区电子产业的崛起都是直接导致台湾地区以上产业出现营收下降的原因。随着中国大陆大力推动集成电路产业发展，两岸相关企业的战略合作与兼并重组不可避免，两岸电子信息产业的要素资源整合将进一步加快。

（四）外资撤离步伐加快，吸引外资能力需要加强

全球主要工业国家外资直接投资（FDI）存量占 GDP 比率的平均值是 33.6%，台湾地区只有 13%。20 多年前的台湾地区曾出现过“外资争相投入热”，现在却成为“投资旱渴症”地区。2016 年以来，英国巴克莱证券、加拿大丰业银行开始相继退出台湾地区金融市场，加上大陆市场的迅猛发展以及 MSCI 持续调高大陆地区权重，台湾地区市场陷入困境。伴随着工业生产的持续低迷，未来台湾地区对外资的吸引力仍将进一步下降。

五、企业动态

根据最新公布的2016年《财富》杂志世界500强企业排名，鸿海科技集团以总营业额1412亿美元，名列第25，为台湾地区排名最靠前的企业。台湾地区鸿海科技集团连续九年在台湾地区大型集团企业中称霸，主要原因在于鸿海集团实施多元化经营策略，扶持多家子公司上市，以并购参股模式在全球的智财权布局中获取战略性地位。同时，经过多年的快速发展，台湾地区形成了以电子信息和石化产业为主导的产业格局，除鸿海集团外，涌现出台塑集团、台积电等一大批具有全球影响力的品牌企业。台湾地区号称“中小企业王国”，拥有120多万家中小企业，占企业总数的比例高达98%，并创造了80%的就业机会，是台湾地区财政收入的重要来源和现代工业发展的重要基础。随着两岸经济合作的不断加快，两岸中小企业的交流与合作正在成为重要合作领域。

第二十七章　2016年重点行业发展情况

受美联储暂缓加息、英国脱欧公投等不确定性影响，全球经济的复苏步伐减弱，工业化经济体、新兴经济体和发展中经济体都处于低增长期。在全球经济增长低迷的背景下，2016年全球重点行业生产冷热不均，细分行业增长延续分化。分行业看，原材料行业生产平稳增长，主要产品价格总体上呈现上升态势。世界全球装备制造业产业总体保持低速增长态势，细分行业增长延续分化。消费品行业增长呈现分化态势，发展中国家与发达国家消费品工业增速继续放缓，发达国家部分消费品行业增长接近停滞甚至多个出现负增长，EIE及其他发展中国家制造业增速下滑明显。电子信息制造业主体动力来源偏离，全球市场规模进一步增长，亚洲和其他新兴经济体市场成为发展新动力，发达国家产业增速放缓。

第一节　原材料工业

2016年全球经济较2015年有所放缓，国际贸易持续低迷，主要经济体走势分化。一年来，全球化学品产量增速放缓，同比增长2.2%，较2015年增速下降0.5个百分点。全球炼油能力增长缓慢，乙烯新增产能大幅减少。

2016年，美国化学工业产值增长4.8%，欧洲增长0.7%，巴西下降4.4%，加拿大化工销售额下降10.3%。国际油价触底反弹，大庆、布伦特、WTI原油价格分别由年初的23.68美元/桶、30.7美元/桶和31.51美元/桶上涨到年底的49.65美元/桶、53.59美元/桶和52.17美元/桶。受原油价格上涨因素影响，主要化工产品价格震荡上行。2016年1—11月，全球粗钢产量略有下降，纳入统计的66个国家粗钢产量为14.7亿吨，同比增长0.4%。除欧盟、美洲和非洲粗钢产量略有下降以外，其他地区粗钢产量均出现不同程度的增长，其中中东粗钢产量同比增幅最大，同比增长6.7%。从全球各地区粗钢生产情况看，2016年1—11月全球粗钢产量14.7亿吨，粗钢产量排在前5位的分别是中国、日本、印度、美国和俄罗斯，其中中国粗钢产量占全球粗钢产量的50.3%。从全球钢材价格总体情况来看，2016年钢材价格呈现“上行—回调盘整—再上行”的态势。全球铜供应过剩有所缓解，世界金属统计局数据显示，2016年1—11月，全球铜市场供应过剩1.7万吨，2015年同期过剩2.48万吨；根据IAI的数据，2016年1—11月，全球原铝产量为5301.1万吨，同比减少0.2%；世界金属统计局数据显示，2016年1—11月，全球铅市场供应短缺6.6万吨，而上年同期为供应过剩8.80万吨。2016年全球铜、铝、铅、锌价格总体均呈上升趋势。2016年全球市场复苏缓慢，建材行业市场仍然表现低迷。从水泥行业来看，虽然世界经济缓慢复苏，但油价走低、下游需求不振等因素导致部分国家水泥需求出现下滑，但中国依然名列第一，2016年水泥总产量约为23亿吨。据估计，2016年，全球稀土（包括轻、中重稀土）产量约为19.88万吨，较2015年（19.7万吨）几乎持平。而2016年全球REO稀土消费量约为14.77万吨。

第二节　装备制造业

2016年，美联储暂缓加息，英国脱欧公投等不确定性影响全球经济的复苏步伐。在世界制造业增长方面依旧不容乐观，美国和日本作为世界上第二和第三大制造商，其较低的增长率对世界制造业的增长产生了消极影响。同时，发展中经济体以及新兴工业化经济体的增长前景也堪忧。中国作为经济危机之后兴起的最大的全球制造商，发展平稳，推动了新兴工业化经济体的平均工业增长率的增加。尽管工业化经济体、新兴经济体和发展中经济体都处于低增长期，但全球工业生产并没有出现衰退的迹象。据联合国工业发展组织发布的《2016年第一季度全球制造业季度报告》指出，2016年第一季度的增长率为0.3%。

2016年，全球工业机器人市场需求仍加速增长，目前，工业大国纷纷提出机器人产业政策，如德国工业4.0、日本机器人新战略、美国先进制造伙伴计划、中国“十三五”规划与《中国制造2025》等国家级政策，皆纳入机器人产业发展为重要内涵；增材制造产业增长势头强劲，2015年全球增材制造产业产值已接近51.65亿美元，同比增长24.9%，2016年增材制造的行业规模将超过70亿美元，2018年将达到125亿美元；全球车市冷热不均，中国为最大市场，据LMC发布的数据显示，上半年全球轻型车新车销量为4591.2万辆，2015年同期为4432.3万辆，同比增长3.6%。

第三节 消费品工业

2016年，大宗商品价格下降、全球需求疲软、投资环境不确定性增加很大程度上影响全球经济增长。2016年，全球制造业增速继续下滑，但下滑趋势放缓。2016年3季度，整体制造业仅同比增长2.4%，低于2015年同期0.3个百分点。在此背景下，消费品工业整体增长疲软。

与整体制造业相比，消费品行业增长呈现分化态势。2016年3季度，消费品各子行业中，仅食品与饮料、纺织、木材加工（不含家具）、基本药物产品和医疗器械增速高于整体制造业，增速分别为3.3%、3.1%、2.9%、3.4%和4.6%。烟草、服装、皮革与鞋帽、造纸、印刷与出版、橡胶与塑料、家具与其他制造业增速均低于整体制造业，特别是烟草、印刷与出版两个行业，增速为负，分别同比下降8.0%和1.0%。

与2015年相比，2016年3季度除纺织、皮革与鞋帽、木材加工（不含家具）、医疗器械五个行业增速分别高于上年同期0.5个、1.2个、0.7个、0.5个和1.4个百分点外，其他行业增速均低于上年同期。

表27－1 2015—2016年前3季度全球主要消费品行业产出同比增速

行业	2015Q1	2015Q2	2015Q3	2015Q4	2016Q1	2016Q2	2016Q3
食品和饮料	2.4%	3.0%	3.6%	3.1%	2.4%	2.3%	3.3%
烟草	1.0%	3.5%	－1.5%	8.9%	－3.4%	－2.6%	－8.0%
纺织	2.9%	3.0%	2.6%	2.8%	4.9%	3.8%	3.1%
服装	2.7%	3.0%	3.6%	1.8%	2.1%	1.9%	0.8%

续表

行业	2015Q1	2015Q2	2015Q3	2015Q4	2016Q1	2016Q2	2016Q3
皮革与鞋帽	1.4%	1.0%	0.3%	0.9%	1.3%	1.4%	1.5%
木材加工（不含家具）	1.9%	1.6%	2.2%	2.9%	3.7%	3.5%	2.9%
造纸	0.1%	1.2%	1.7%	1.5%	1.8%	0.7%	1.0%
印刷与出版	-0.5%	-0.8%	-0.8%	-0.6%	0.6%	-0.1%	-1.0%
橡胶与塑料	2.8%	2.9%	3.4%	2.8%	2.6%	2.0%	1.7%
基本药物产品	5.7%	4.4%	5.0%	4.5%	4.8%	4.3%	3.4%
医疗器械	3.4%	4.5%	3.2%	0.9%	3.9%	3.0%	4.6%
家具及其他制造业	4.6%	4.5%	5.4%	3.9%	3.9%	1.9%	1.6%
整个制造业	2.8%	2.5%	2.7%	1.9%	2.1%	2.2%	2.4%

资料来源：UNIDO，2017 年 1 月。

第四节　电子信息产业

受全球经济和世界各国经济发展态势对世界电子信息制造业的影响，2016 年世界电子信息产业市场规模约为 2.3 万亿美元，同比增长 2.9%。从区域发展格局看，亚洲和其他新兴经济体市场将成为带动全球电子信息制造业发展的新动力来源，美国、欧盟、日本等发达国家和区域的产业增速将有所放缓，各国经济增长差异化的走势将使全球电子信息产业的主体动力来源发生改变。

受全球经济低迷影响，全球消费电子产品市场规模进一步萎缩，智能手机销量增速持续放缓，由两位数增长进入个位数增长阶段；平板电脑、笔记本电脑出货量持续衰退。2016 年第三季度数据显示，全球 PC 出货量同比下滑 5.7%，已连续八个季度下滑，创业内最长纪录；全球平板电脑出货量同比下降 14.7%；全球平板电脑应用处理器市场规模比去年同期下降 34%；全球智能手表出货量较上年同期下滑 51.6%。苹果、三星等国际品牌和联想等国内品牌受到需求疲软和利润下滑影响，均已减少在相关产品上投入资源，营业收入也受到影响。根据企业三季度最新财报，苹果营业收入同比下降 8.9%，三星营业收入同比下降 7.5%。

第二十八章　2017 年世界工业发展趋势展望

展望 2017 年，世界工业发展面临着新的机遇和挑战。新一轮科技革命和产业变革不断催生新产业新模式，智能制造正在引领全球制造业深刻变革。大宗商品价格趋稳，通货膨胀压力缓解。高端制造业将继续回流欧美，新兴经济体加快承接产业转移，新一轮全球产业格局深刻调整。另一方面，发达国家政策变动和地缘政治冲突给全球经济带来负面影响，美国加息预期扰动国际金融市场，有效需求不足和贸易保护制约全球投资和贸易增长。预计 2017 年世界工业仍将处于低速向好增长态势，欧美发达国家工业生产形势持续好转，新兴经济体工业增长明显加快，全球贸易争端加剧，总体贸易额略有下滑，对外直接投资略有增长，“一带一路”沿线国家成新的跨国投资热土。

第一节　全球科技创新不断催生新产业新模式

受国际金融危机以及一些宏观周期性因素的影响，世界经济在“新平庸”中增长。经济衰退往往孕育着新兴产业发展的重要机遇。新一轮科技革命和产业变革正在推动全球步入一个新兴产业蓬勃发展的关键时期，主要发达国家及一些新型国家纷纷加强新兴产业领域战略布局，力争通过发展新技术、培育新产业创造新的经济增长点。信息、生物、新能源、智能制造领域不断突破和相互融合，成为产业变革最重要的技术方向。新一代信息技术向网络化、智能化、泛在化方向发展，与生物、新能源、新材料等技术相融合，推动产业结构向高级化演进，成为提升产业竞争力的技术基点，为全球工业增长提供了新的增长动力。技术创新与商业模式、金融资本深度融合，催生新的经济增长点和就业创业空间。

第二节 大宗商品价格回升有利于新兴经济体经济复苏

随着大宗商品价格趋稳，通货膨胀压力缓解，发展中国家商品出口将增加，工业生产形势将有所好转。世界银行在最新一期《大宗商品市场前景》报告中预测，2017 年能源、金属等大宗商品价格将出现较大幅度上涨。世界银行这份报告将今年原油价格预测维持在每桶 55 美元，比 2016 年上涨 29%。在假定供应进一步收紧和中国及发达经济体需求旺盛的情况下，金属价格预测从 2016 年 10 月期报告预测的 4% 上调至 11%。农产品价格预计 2017 年整体上涨幅度在 1% 以下。根据世界贸易组织（WTO）最新公布的经济数据，在所有新兴市场中，大宗商品出口占俄罗斯出口总量的比例达到 70% 左右，其次是巴西（51%）、印度（35%）、印度尼西亚（35%）。随着国际油价的上涨，巴西、俄罗斯、印度尼西亚等新兴国家经济将摆脱通货膨胀的压力，继续实现缓慢复苏，有利于工业生产的持续扩张。

第三节 产业转移加快全球产业格局调整

新一轮全球产业转移和要素重组加速发展，主要突出表现在两个方面，一方面，随着中国制造业原材料成本、土地成本、环境成本和劳动力成本上升，劳动密集型产业继续向东南亚、南亚和非洲等具有成本优势的地区转移。另一方面，今后一个时期内，高端制造业将继续回流欧美。美国新任总统特朗普提出“买美国货、雇美国人”，推动制造业回归，并成立了制造业委员会，特别是美国将采取一系列减税举措，将加快制造业回流的速度。美国麻省理工学院的研究表明，33% 的海外美国企业考虑将制造业务回迁本土。波士顿咨询公司的研究报告估计，现在美国制造商品的平均成本只比在中国高 5%，到 2018 年美国制造的成本将比中国便宜 2—3%。目前，惠而浦、福特汽车等制造业组装业务已部分回迁美国。发达国家再工业化和落后国家的工业化进程将引发全球产业格局的深刻调整，加剧各国产业竞争，但是对提高全球工业整体发展水平带来积极影响。

第四节　智能制造引领全球制造业深刻变革

随着移动互联网、智能终端、大数据、云计算、物联网等新一代技术研发和产业化取得重大突破，互联网跨界融合趋势明显。特别是在传统工业领域，智能制造、智能交通、智能家居等逐渐从概念走向现实，迈入高速发展期。企业生产也从以传统的产品制造为核心转向提供具有丰富内涵的产品和服务，互联网企业与制造企业、生产企业与服务企业之间的边界日益模糊。互联网技术的发展正在对传统制造业的发展方式产生颠覆性、革命性的影响。通过产品生产全生命周期过程中设备间的逻辑互联，实现快速、高效、个性化、多样化的产品供应，形成柔性的生产方式和合作方式。随着新一代信息技术的突破和扩散，重大装备和产品的智能化日益突出，数字车间、智能工厂建设正在全球推广。从某种程度上讲，智能制造正成为全球制造业发展的大趋势。美国、德国、日本、中国等都推出了面向未来的先进制造战略，智能制造正在引发全球制造业新一轮的深刻变革。

后　记

当前，随着“一带一路”、供给侧结构性改革、“中国制造2025”等战略的持续推进，国家对实体经济的支持力度不断加大，我国工业经济发展正面临着重要机遇期。由中国电子信息产业发展研究院赛迪智库编撰完成的《2016—2017年中国工业发展蓝皮书》，旨在全面展现2016年全国工业发展的基本情况，并对2017年工业经济发展和转型趋势作出展望。

本书由卢山担任主编，宋显珠、王鹏担任副主编。全书逾70万字，分为前言、综合篇、行业篇、企业篇、产业篇和国际篇六个部分，各篇章供稿人和部门分工如下：前言（卢山）；综合篇第一章（工业经济所）、第二章（工业经济所）、第三章（产业政策所）、第四章（工业科技所）、第五章（信息化中心）、第六章（装备所）、第七章（节能所）；行业篇第八章（装备所）、第九章（原材料所）、第十章（消费品所）、第十一章（电子所）、第十二章（软件所）、第十三章（互联网所）、第十四章（软件所）、第十五章（安全产业所）、第十六章（军民所）；企业篇（中小企业所）；产业篇（规划所）；国际篇（世界工业所）。

本书在研究和编写过程中得到了工业和信息化部各级领导和专家的大力支持与指导，在此致以诚挚的感谢！本书参考和引用了大量统计数据、资料等，在此向相关行业协会、企业一并致谢。

思想，还是思想
才使我们与众不同

编 辑 部：赛迪工业和信息化研究院
通讯地址：北京市海淀区万寿路27号院8号楼12层
邮政编码：100846
联 系 人：刘 颖 董 凯
联系电话：010-68200552 13701304215
010-68207922 18701325686
传 真：0086-10-68209616
网 址：www.ccidwise.com
电子邮件：liuying@ccidthinktank.com

研究，还是研究
才使我们见微知著

信息化研究中心
电子信息产业研究所
软件产业研究所
网络空间研究所
无线电管理研究所
互联网研究所
集成电路研究所

工业化研究中心
工业经济研究所
工业科技研究所
装备工业研究所
消费品工业研究所
原材料工业研究所
工业节能与环保研究所

规划研究所
产业政策研究所
军民结合研究所
中小企业研究所
政策法规研究所
世界工业研究所
安全产业研究所

编 辑 部：赛迪工业和信息化研究院
通讯地址：北京市海淀区万寿路27号院8号楼12层
邮政编码：100846
联 系 人：刘 颖　董 凯
联系电话：010-68200552 13701304215
010-68207922 18701325686
传　　真：0086-10-68209616
网　　址：www.ccidwise.com
电子邮件：liuying@ccidthinktank.com